中国近现代稀见史料丛刊【第三辑】

张剑 徐雁平 彭国忠 主编

贺培新集（下）

贺培新 著

王达敏 王九一 王一村 整理

凤凰出版社

泳斋说邮

目 录

中国之部

按：贺培新是一位学养深湛、独具历史和审美眼光的集邮家。他收藏的邮品广涉海内海外。1947 年，他根据自己对中国邮票史的研究，写出《泳斋说邮 · 中国之部》一书，分 37 期刊于该年《天津民国日报》3 月 9 日至 7 月 29 日的《民园》上。在《泳斋说邮》总题下，作为附录，《民园》上又刊出林敏中著《台湾邮政史略》、徐昌成著《古代邮政述略》。本书仅录贺培新所撰文字，不收林、徐之作。

1949 年 3 月，贺培新将家藏全部书籍文物捐献给国家，唯留装帧精美的邮票一册在手，时供清玩。贺氏不幸离世后，邮册由家人保管。“文革”开始后，贺氏妻女倍受凌辱，被驱回河北乡间，此册亦随之化为灰烬。天壤间幸留此三十余篇说邮文字，雪泥鸿爪，聊供后人涵咏矣！

（一）论前清正式邮票

（1）海关大龙票　（2）海关小龙票　（3）红印花加盖票　（4）清一次日本石印票　（5）清二次有水印票　（6）清三次无水印票　（7）清三次加西藏票　（8）庚子加盖及剖票　（9）福州中立票　（10）汉口中立票　（11）清三次加宋字票附大国字票　（12）清三次加楷字票。

【海关大龙】　中国邮政局之设肇始于清光绪四年七月二十四日，发行邮票则始于同年八月，自是始收寄民间函件。以其时邮局皆附设于各地海关之内，而邮票之图案为龙纹（海关西人马斯 H. B. Morse 所绘），故集邮家称第一次所发行之邮票曰海关大龙。曰大龙者，以别于光绪十一年所发行之小龙票而言也。

溯同治初年，总理各国事务衙门负责转递各国公使团之往来函件，是为邮政之萌蘖。至同治五年，改由总税务司行之，是为海关兼办邮政之始。其时津浦铁路尚未兴筑，函件往来津沪间乃用轮船。而冬季津沽海口冻封，邮递迟滞，乃又于光绪二年，创设冬令递信机关，由天津、烟台、镇江、上海各地海关互递邮件，由是邮政之规模渐具。然不收寄民间信件，亦无邮票之发行，故论吾国邮政者可从略也。

“海关大龙”邮票之发行，以银两计值，计三种为一组，曰“一分银”“三分银”“五分银”。又以发行先后之不同，而纸质版模大同小异，遂有“薄纸狭边”“薄纸阔边”“厚纸光齿”“厚纸毛齿”之别。

【海关小龙】 后七年，于光绪十一年，发行小型龙票，其银值亦三种，与大龙同，而纸质不同。自光明处映视之，中有太极图印文，此所谓“海关小龙”者是。十一年发行者曰“小龙毛齿”，十五年发行者曰“小龙光齿”。此只因齿孔机之新旧而生差别，图形初无二致。

光绪二十二年夏历二月初七日，总税务司赫德(Robert Hart)奏准清廷，成立国家邮政局，即以赫德为总邮务司，改邮票之银值为洋值，因在日本所订印之正式邮票不及应用，遂提取各地邮局邮票，由上海海关造册处用黑色阿拉伯字，加盖“暂作洋银”字样，以应时需。因加盖之字极小，故集邮家号之曰“小龙加小字”。乃有广东合浦县北海分局，距上海最远，缴票到处之时，已为光绪二十三年三月。其时加盖之期已过，遂临时改用阿拉伯大字短距离之版模加盖之，故集邮家又号之曰“小龙加大字”。以其来自北海也，故别称之曰“北海票”。物以罕而见珍，故“北海票”极名贵，而笔者幸获有之。

【红印花加盖】 同年，御史陈璧奏请征收印花税，以补国库之不足，于是向英国定制红色三分值印花票一种，旋陈氏之议以遭物议而寝。适值国家邮政局成立，且实行邮汇制度，需用较大数值之邮票，遂利用此印而未发之红印花票，加盖“大清邮政”及“暂作洋银”等字样，以代邮票行使，是为“红印花加盖票”。计加盖之数值为八种，曰

“大字一分”“小字二分”“大字二分”“小字四分”“大字四分”“小字一元”“大字一元”“大字五元”。而“小字一元”票传当时只加印四十枚，即改用大字加盖，故“小字一元之红印花加盖票”为国邮中最珍罕之品，巍然领袖华邮而占居首席。吾国集邮大家上海周今觉氏，曾于二十年前，在英伦邮票展览中以重价（传为英金三千磅）购得此品之“四连票”一种。据集邮家之统计，此票之获存于全球者，至多不过三十枚，而四票相连者，则绝无而仅有。周氏自诩为东半球最罕贵之华邮精品，洵不诬也。

【清一次日本石印】　中国自国家邮政局之成立，即在日本定印正式邮票。由海关法籍西人费拉尔（De Villard）设计绘图，纸质明薄，映视之有太极图文。自“半分”至“一角”票，其图为龙；“二角”至“五角”之图为鲤；“一元”至“五元”之图为雁，集邮家称之曰“清一次日本石印票”。此票计自“半分”至“五元”全十二枚。发行仅五阅月，图案之英文发现错误，“大清帝国邮政”误为“帝国大清邮政”，遂仍由费拉尔重行设计绘图，寄交英京滑铁卢公司用钢版凹印。图案仍为龙鱼雁，而花纹特精，纸质白厚，纸中“有太极图”与“无太极图”之分。

【清二次有水印】　盖上项邮票于光绪二十四年发行者，纸中有太极图印文，集邮家称为“清二次有水印票”。同为全十二枚，自“半分”至“五元”为止。

【清三次无水印】　光绪二十八年起陆续发行之上项邮票，以纸中无太极图印文，集邮家称之为“清三次无水印票”。虽亦为“半分”至“五元”，然以色泽之不尽同，二、四、五、十等分数多见重出，故须二十枚始窥全豹也。

【清三次加西藏】　宣统元年冬，我国初在西藏创办邮政，设总局于拉萨，设分局于各主要地。嗣因币制不同，遂于宣统三年，由英国滑铁卢公司用中、英、西藏三种文字，加印黑色字于“清三次无水印票”上而发行之。字分三排，一排为华文，暂作值数；二排为英文印度币值；三排为藏文西藏币值。是为西藏专用之加盖票，集邮家称之曰

“清三次加西藏票”。此票自“半分”至“二元”，全十一枚。

【庚子加盖·剖票】 “庚子加盖”乃光绪二十六年，八国联军之难，由英军于“清三次无水印票”上，加盖英文 B.R.A.字及“五分”字。“剖票”乃某地某种票缺乏时，临时以另一种票剖分为二，以代替之。我国剖票计有福州、重庆、长沙、夔州四种，当时皆用“清无水印”之“红色二分”及“棕色四分”剖之。盖剖票已失其完整独立之精神，而“庚子加盖”乃英军蛮举，集邮者庸可勿论也。

【福州中立】 宣统三年十月，武昌革命成功，民国肇建。时邮政当局以国体既更，大清国票不宜再用，遂令上海海关造册处，以“清三次无水印”票上，横盖“临时中立”四字，计十五种。除“三分”加盖红色外，余为黑色。于民国元年一月三十日，交由福州邮局发行，全四枚，是为“福州中立票”。

【汉口中立】 福州票发售数日，旋因加盖文字受各方指摘，遂悉数收回，另由海关造册处加印“中华民国”四字于其上，与原盖“临时中立”字交互成十字形，共八种，亦有红黑二色，全八枚，于同年三月二十日起，分别发交汉口、南京、长沙各局出售。嗣又以遭非议，又复次第收回销毁。当时以汉口发行最全最多，故集邮家统称之曰“汉口中立票”。

【清三次加宋字】 临时中立票既废，而新票未成，遂将“清三次无水印”票一律加盖“中华民国”四字，亦有红黑二色，于民国元年三月下旬起陆续发行。计分三种，一为海关造册处加盖，字为宋体，全十七枚，即本节所论者是。

【大国字】 二为上海商务印书馆加盖，亦为宋字，而中华民国之“国”字特大，故改称之曰“大国字”，仅“一分”“二分”两种。

【清三次加楷字】 三为英滑铁卢公司加盖，字为楷体，是曰“清三次加楷字票”，全十五枚。

盖国家当鼎革之际，绝续坛化之交，国号定制，人号定见，亦如汉高祖之忽趣造印，忽趣销印，自古如斯，殊不足异。此有清创设邮政以来，所有正式邮票之大较也。

（二）论前清纪念邮票及欠资票

（1）万寿纪念票及加盖票　（2）宣统登极纪念票　（3）清欠资票及加盖票

【万寿纪念】　清光绪二十年夏历十月初十日，为慈禧太后六十寿辰。其时尚为海关邮政时期，由总税务司赫德提议发行纪念邮票，通称之曰“万寿纪念票”。海关法籍人费拉尔绘具图案，寄由日本石印，是为“万寿日本版”。仍用关银计值，纸质明薄，有太极图印文。张幅有大有小，计“一分”至“六分”为小型票，“九分”“十二分”“二钱四分”三种为大型票，全九枚。至光绪二十二年，国家正式邮局成立，因加盖洋码之故，日本版票不敷应用，复依式在上海重印之，是为“万寿上海版”，亦全九枚。上海版之印制，盖专为加字之用，故当时未经加盖而发出者，为数极少，获之者，以罕而见珍也。上海版之万寿票，别有无太极图文者，乃当时上海海关造册处处长莫伦道夫（P. G. Von Mollendorff）呈请印制，专备馈赠各国驻华使节及中国高级官员之用，并未正式发行，只邮史中纪念品而已，集邮家称之曰“万寿莫伦道夫票”。

【万寿加盖】　万寿票之加盖面貌繁多，今可以五种该之。（一）“万寿加小字”全十枚，发行于光绪二十二年十一月二十九日。原票只有日本版，而无上海版；（二）“万寿日本版加大字长距”，发行于光绪二十三年三月间。长距者，数目字加盖华文，距离稍长，反是则为下述之短距矣；（三）“万寿上海版加大字长距”，此票发行日期及加盖字体，与“日本版长距”并同；（四）“万寿日本版加大字短距”，发行于光绪二十三年五月间。以上三种，俱全九枚；（五）“万寿上海版加大字短距”，此票发行日期及加盖字体，与“日本版短距”并同。但此票以有修饰版，于原版有异同，故其全为十枚。

【宣统登极纪念】　清德宗于光绪三十四年崩，溥仪入承大统，改明年为宣统元年。同时发行全三枚之纪念邮票，是为“宣统登极纪念”。此票由英国滑铁卢公司以雕刻铜版双色套印，中心图案为北京天坛祈年殿，两旁双龙盘绕，富丽悦目。其特异处，于票之下方载有印票公司之英文名称，在中国邮票中别开生面。后三十余年，中国在抗战期间所发行之“美国开国百五十年纪念票”下端，乃亦载有中文之美国钞票公司字样，与此票可谓无独有偶、异曲而同工矣。

【清欠资】 中国欠资票之发行，始于光绪三十年三月，其时由上海海关造册处取“清三次无水印票”，加盖黑色中英文欠资字样，是为“清暂作欠资”，全六枚。同时复在英滑铁卢公司定印正式欠资票，票幅略等于普通邮票之半。光绪三十年十一月发行者全八枚，为蓝色；宣统三年发行者但有“一分”“二分”二种，为棕色，而鼎革之变作矣，是为“清正式欠资票”。

【欠资加盖】 国变后，邮政当局于发行“福州中立票”之际，并令由海关造册处，以蓝色欠资六种、棕色二种，加盖“临时中立”字样，交由福州邮局同时发出，旋亦同时收毁，全八枚，是为“中立欠资票”。民国元年，复将余存之蓝色欠资及新自英京运来之棕色欠资等票，委由海关造册处加盖红色宋体字“中华民国”，是为“宋字欠资”。同时并委滑铁卢公司，将未起运之蓝、棕二色欠资票，扫数加盖黑色楷体字“中华民国”，是为“楷字欠资”。以上二者俱全九枚。

（三）论民国早期之正式邮票及加盖限省票

（1）帆船票及加盖限省 （2）总理双单圈及加盖限省 （3）北京版烈士及加盖限省 （4）帆船附加振捐 （5）帆船加盖暂作 （6）民国早期航空

【帆船票及加盖限省】 民国成立，除以前清邮票加盖中华民国字样临时代用外，另行发行正式邮票一组，其图案计“半分”至“一角”，绘帆船行水，背景为黄河铁桥上有火车飞驶，集邮家称之为“帆船票”。其“一角三分”至“五角”绘一农夫刈禾，背景为天坛，称曰“农获票”。元数票绘国子监大成门之牌楼，因国子监为中国之学宫，故称曰“宫门票”。但集邮家为简便故，往往不论此种邮票之图案为三种，而统称之曰“帆船票”。帆船票其版凡三，而加盖限省者凡六。

其发行于民国二年五月者，为英滑铁卢公司用雕刻铜版所印，是为“伦敦版帆船票”，自“半分”至“十元”全十九枚。其发行于民国四年及六年者，为北京财政部印刷局雕版另制，是为“北京老版帆船票”，自“半分”至“二十元”全二十二枚。其自民国十二年起陆续发行者，乃财政部印刷局二次雕版印制，而纸质有厚薄之分，是为“北京新版帆船票”，自“半分”至“二十元”全二十四枚。

其加盖限省票则有：(1)《帆船老版加新省歪头》。歪头者，加盖限新省之限字偏左故也。此票发行于民国四年，自“半分”至“一元”全十六枚；(2)《帆船老版加新省直头》。直头者，限字已移正也。此票发行于民国五年，自“半分”至“二十元”全二十二枚；(3)《帆船新版加新省》。此票发行于民国二十二年，就中棕色“六分”一种最缺，自“半分”至“二十元”全二十四枚；(4)《帆船加滇省》。此票发行于民国十五年，加盖至“五元”票为止，全二十枚；(5)《帆船加吉黑》。发行于民国十六年，加盖亦至“五元”，与滇省同，全二十枚；(6)《帆船加川省》。发行于民国二十二年，仅发行“一分”“五分”“五角”三种，全三枚。

【总理双单圈及加盖限省】 民国十七年，北伐完成，奠都南京。邮政当局以帆船票用之过久，且票上列有外国文字，于是由英国德拉卢公司订印新邮票，以孙总理遗像为图案，取消外国文字，惟初印者误将上方党徽白日之外圈印作双线，集邮家呼之为“总理双圈票”，于民国二十年九月发行，自“一分”至“五元”全七枚。嗣经改正，改双线为单线，是为“总理单圈票”。单圈票又有“窄版”“阔版”之分，“窄版”者，民国二十一年发行，自“二分”至“五元”全八枚；“阔版”者，民国二十二年发行，自“二分”至“五元”全十一枚，二者均用无水印之白洋纸。因各地币制之不同，而有限省之加盖，计有“双圈加滇省”，自“一分”至“五元”全七枚。“双圈加新省”，自“一分”至“五元”全七枚。“单圈加滇省小字”，自“二分”至“五元”全七枚。“单圈加滇省大字”，自“二分”至“五元”全九枚。“单圈加新省小字”，自“二分”至“五元”全七枚。“单圈加新省大字”，自“二分”至“五元”全九枚。“单圈加川省”，自“二分”至“五元”全八枚。加盖字一律为黑色横列，其小字为伦敦德拉卢公司加盖，大字为北京财政部印刷局加盖。

【北京版烈士及加盖限省】 十七年既发行总理遗像票，同时由北京财政部印刷局印制“革命先烈票”一组，计“半分”“二分半”者为邓铿像，“一分”“五角”者为陈英士像，“三分”“三角”者为廖仲恺像，“八分”“十三分”者为朱执信像，“一角”“一角七”者为宋教仁像，“二角”“四角”者为黄兴像，是为“北京版烈士票”。纸质白厚无水印，于民国二十一年起陆续发行。以票之面积有长短之不同，故又有“高版”“矮版”之分，计“高版”自“半分”至“五角”全十二枚；“矮版”自“半分”至“五角”全六枚。

此外有“烈士加滇省”，自“半分”至“五角”全十二枚。“烈士加川省”“烈士加新省”，同全十二枚。是三者均为财政部印刷局加盖大字，自民国二十二年起陆续发行，惟限新省者另有上海加盖一种。

【帆船附加振捐】 民国十年黄河决口，水灾綦重，邮局为救济起见，乃以北京老版帆船票上，加盖“附收振捐”字样，以所得捐款充救济之用，是为“附加振捐票”，由北京印刷局加盖，计三种。“二分作一分”“六分作五分”加盖为红色，“四分作三分”加盖为蓝色，全三枚，此为吾国邮史上唯一之慈善票。

【帆船加盖暂作】 自民国十一年起，先后共发行“加盖暂作”票九种，皆用老版新版帆船票为之，皆由北京财印局加盖，加盖皆为宋体铅字，上方为华文“暂作几分”，下方为西方值数，计老版三分“暂作二分”为红色，新版灰色四分“暂作三分”为红色，老版三分“暂作一分”红色，新版三分“暂作一分”红色，新版三分“暂作一分”黑色，新版四分“暂作一分”红色，新版二分“暂作一分”红色，新版十五分“暂作五分”红色，新版十六分“暂作五分”红色，全九枚。

【民国早期航空】 民国十年七月一日，邮局举办北京上海间航空邮务，其通邮方法，北京济南间邮件为飞机载运，济南上海间仍用火车，并于同日发行第一次正式航空邮票，由北京财政部印刷局承印，纸质白厚无水印，自“十五分”至“九角”全五枚，均为双色套印，以万里长城为背景，上有飞机一架，机尾为五色国旗，是为“首次航空票”。至民国十六年，南京国民政府成立，改以青天白日为国徽，复由北京财印局因“首次航空”图案之旧，颜色、枚数、纸质均不稍异，仅易机尾之五色旗为青天白日旗，重印航空票一组，于民国十八年发行，是为“二次航空票”。民国二十一年，以首二次航空票所绘之飞机过大，与背景长城比例不合，遂又改版，仍由北京财印局承印，图案仍为飞机与长城，用单色，票形狭长，纸质白薄无水印。至二十六年六月，又添印“二元”“五元”二种，是为“三次航空票”，自“十五分”至“五元”全十枚。

民国二十一年，欧亚航空公司开辟沪新线，航机直飞新疆迪化，并于是年十一月廿七日载运邮件向沪回飞，而新省邮局事前未预请领航空票，乃临时用木刻航空二字加盖于“帆船老版加新省三角”及“新版加新省一角五分”票上，权代航空票贴用。至二十二年六月八日，因航空邮资变更，又将“帆船新版加新省五分”及“一角”两票一并加盖，是为“帆船新省加盖航空票”，自“五分”至“三角”全四枚。此种“加盖航空票”发行数量甚少，本当名贵，但以加盖之木戳粗劣，又手工加盖，真赝难办，购求者遂多裹足不前耳。

此外又有所谓“京奉航空票”，以其为奉天军阀之所为，非国家邮局所举办，故识者不论也。

（四）论民国近期邮票

甲、民国近期正式发行邮票

（1）港版总理像及烈士像票 （2）纽约版总理像票 （3）中信

版总理像票 (4) 挂号及快信邮票 (5) 邮政储金图邮票 (6) 百城版总理像票 (7) 重庆中华版总理像票 (8) 重庆大东版总理像票 (9) 伦敦新版总理像票 (10) 中信新版总理像票 (11) 上海大东新版总理像票 (12) 军邮 (13) 伪北京仿版总理像烈士像票 (14) 伪北京新民版总理像票

【港版总理像及烈士像票】 自民国二十六年,倭寇肇卢沟桥之变,国家遭旷古未有之大难,而邮票之变化亦多矣。盖我总理像及烈士像票,向由英伦及北京两处印制,二十六年事变后,库存日减,增印维艰,遂改由香港中华、大东两书局及商务印书馆分别承印,计烈士像票均商务所印,总理像票则有中华版与大东版之别,集邮家总名之曰"港版"。盖"中华版之总理像票"其边齿为十六,而"大东版之总理像票" 齿尖为十八,此其大别。

"中华版总理像票"自民国二十七年十一月起陆续发行,又有下列五种之别,一曰"空心格半扣",自"一元"至"五元"全三枚;二曰"空心格全扣",只"一元""二元"全二枚;三曰"实心格大齿",自"二分"至"二十元"全十六枚;四曰"实习格小齿",自"二分"至"十元"全六枚;五曰"实心格有水印",亦有全扣、半扣之分,但皆自"一元"至"二十元"全五枚。其细微区别处,邮书均详载之,兹不俱赘。

"大东版总理像票"自民国二十九年起陆续发行,亦有无水印与有水印之别。其无水印者,自"五分"至"二十元"全十二枚;有水印者,自"五分"至"二十元"全十枚。逮太平洋战起,香港陷落,中华、大东、商务三家印就之票,统归中华厂整理,因之曾有"大东版中华打齿之票"嗣于伪"上海加盖暂售票"中发行。其原票虽未经正式发行,落于集邮家手中者计有六种,自"八分"至"二十元"。小数值为无水印,大数值为有水印。

"商务版烈士像票"乃系将北京财政部印刷局之母版运港,改由商务馆重印者,因数值增多,其版式遂有极微之差别,民国二十八年起陆续发行,亦有无水印与有水印之分,其无水印者,自"半分"至"五角”全十九枚，有水印者同。其无水印者最后又有薄纸之发见，计八种，自“一分”至“四角”。

【纽约版总理像】　总理像票除港版外，别由美国钞票公司印制一组，是曰“纽约版总理像票”。其图案及四周花纹与港版完全不同，票幅亦较小，纸质白，无水印，于民国三十年三月开始发行，计自“半分”至“廿元”全十六枚。

【中信版总理像】　民国三十年十二月后，因倭寇与英美构衅，夺取香港，而国际形势变更，香港印票事务亦停顿，而所谓“港版”者遂告结束。邮政当局委四川中央信托局印制总理像邮票，自民国三十一年九月起陆续发行，图案仿纽约版，而中央肖像面向左偏，与港版、纽约版相反。最初发行者为“一角六分”，旋因邮费变更停售，各票均有西文字母暗记，“一角六分”用 TS，“二角”“三角”“五角”同，“四角”为 TH，“一元”“二元”则为 ASO，“一元五角”为 OS，其他数值之票，各有不同，发行至三十四年为止，计自“一角”至“五元”全十三枚。当重庆印制此票之时，正我国抗战最难苦之期，因原料缺乏，所用之纸，至为复杂，计有“有条纹土纸”“无条纹土纸”“中国道林纸”“外国道林纸”，故此票原值种类虽只十三，若别以纸质则为廿九，细别齿孔，更为复杂矣。

【挂号及快信】　民国三十一年十二月四日，重庆邮局实行邮资加价，同日发行新邮票二种，一为淡红花衬墨绿色花缘，中印“国内挂号信函起重二十公分”及“邮资已付”字样；一为黄花衬红色花缘，字样同前，惟“挂号”二字改为“快递”，前者系用于国内挂号，后者则用于国内快信，二者均无票值，全二枚。

【邮政储金图】　中央信托局印刷厂于印制前二项邮票外，于抗战末期又续印邮政储金图邮票，计自“四十元”至“二百元”全四枚。闻此票除作邮资行用外，兼可用诸储金及包裹，然未见邮局公告，各邮刊记载亦多不同。

【百城版总理像】　港版邮票停印后，邮政当局除委四川中央信托局印票外，同时并委福建南平之百城印务局分任印票之责，其图案仿中华版，但印刷均一律单色，分“无齿”“点线齿”“混合齿”“有齿”四种，票值自“四元”至“一百元”凡八种，若以齿别之，共有二十种之多。抗战末期，又有“南平仿中信版”之印制，票值自“三角”至“一百元”十四种。其用纸亦至复杂，有“宣纸”“中国道林纸”“外国网纹纸”“外国条纹纸”“外国光道林纸”“外国薄道林纸”之分，以纸别之，共有二十六种之多，尚有无齿一种。

【重庆中华版总理像】 当民国三十三年，我国邮票除由重庆中央信托局南平百城印务局印票外，同时并委重庆中华书局印制总理像票。版式与已往均不相同，线条粗劣，所用均属内地所产土纸，十足表现工业落伍国家抗战时期物货缺乏之象征也。票值自“四角”至“一百元”全十枚，而“百元”者迄兹尚未发行。

【重庆大东版总理像】 此票印制情形，与前节重庆中华版同。惟版式亦属另制，与其他总理像票不同，票值自“二元”至“二十元”全四枚。

【伦敦新版总理像】 溯自国府西迁，重庆邮政当局除委国内各地印制邮票外，同时并由英伦续印总理像票。其版式与前单圈同，但刷色均为单色。日本降伏以后，始发行“一元”“二元”二种，今年又发行“廿元”“卅元”“五十元”三种，近于国币加盖票中，又见“四元”“五元”二种。年来邮资屡增，此项新邮之印制种类绝不止此，但此后于加盖国币票中或可随时发见。若以原票值发行，恐不可能也。

【中信新版总理像】 此票发行于三十四年，版系别制，上为党徽及中华民国邮政字，左右下为中文及阿拉伯数字票值，环以花纹，中为总理像，自“二十元”至“二百元”全六枚。

【上海大东新版总理像】 此票为抗战胜利后，邮政当局首次委上海大东书局印制之票。用薄纱票纸，别制新版，线条花纹精细美观，刷色鲜丽。国家当胜利之顷，此项新邮，颇足增人美感。票值自“二十元”至“五千元”全十一枚，惟五千元者为双色套印，其他均为单色。

【军邮】 当七七事变抗战军兴，邮政当局应时势之需要，各省组织战地临时邮局以利军事，同时并发行加盖“军邮”邮票。此项军邮邮票之加盖，均属适合当时邮资。计抗战期中所盖军邮票值，有“八分”“一角六分”“五角”“一元”“二元”五种。其加盖地域有四川、浙江、广西、广东、湖南、湖北、江西七省。各省加盖字体不同，邮票版类互异。闻此项军邮为优待军人寄递之需，每月每人只限一件，并不收费。复以邮资屡增，又行印制前线作战无票值之军邮一种。

【伪北京仿版总理像烈士像】 当抗战军兴，北平沦陷，伪当局曾改财政部印刷局为华北政务委员会印刷局，当时沦陷地域邮票尚由上海邮政管理局供给，迨至三十年，始由北京仿制。所仿版式有“单圈”“中华”“大东”“烈士”各种，自“一分”至“二十元”全十八枚，分有胶无胶单色双色。就中仅“有胶八分”一种，于民国三十年六月十五日发行，出售半月，即因华北六省加大小字票之发行而停售，故此仿版票，后悉加华北字发售之。其全部未加字之原票，于伪邮政七周赠品纪念册中发见，正日本降服之日也。

【伪北京新民版总理像】 此票开始印制于三十三年下季，乃华北伪邮政当局委新民印书馆用平版印制者。自“一元”至“五十元”共六种，亦于三十四年春，加盖华北字后始发行。其未加字原票，则只于邮政七周赠品纪念册中发见“五十元”一种。后续于集邮家手中发见“二元”“五元”“十元”三种，则与前述仿制版原票同属未经正式发行之票也。

乙、民国近期之加盖邮票

（1）港版五分暂作三分四分 （2）港版八分暂作七分 （3）半分改作一分 （4）五角改作四角 （5）十六分加盖平信附加 （6）十六分划线五角 （7）十六分改作五角 （8）改作二角 （9）伪上海加盖暂售 （10）伪暂售再加国币 （11）上海加盖国币 （12）重庆上海加盖国币 （13）开封加盖国币 （14）木戳暂代邮票

【港版五分暂作三分四分】 民国二十九年九月二十三日起，内地邮资又行加价，本埠平信，由二分增至四分，外埠五分增至八分。邮局遂将各局积存最多之“五分”票港版者，加盖改值，以资应付。加盖之票为四分、三分两种。“暂作四分”者统由香港加盖后，分发各地；“暂作三分”者，则由各邮区自行加盖就地发售，而面貌因之繁复矣。计浙江二种，上海五种，江西二种，湖南二种，四川三种，甘肃七种，全二十一枚。“暂作四分”乃加盖于大东版无水印票，“暂作三分”则加盖于中华版、大东版票。其大东版且有有水印及无水印之分。

【港版八分暂作七分】 民国三十年十一月一日起，内地各省再加邮资，外埠平信由八分增为十五分，于是以八分票之一部加盖“暂作七分”，以便配合应用，计浙江加盖有用锌版字，三种；江西者用铅字，一种，福建者亦铅字，二种；四川者为东川邮区加盖，一种。字均黑色，全七枚，分别加盖于中华版、大东版票上。

【半分改作一分】 四川邮政总局鉴于邮资加价后，半分票无所用之，故自三十一年五月间令各地管理局，将半分票自行加盖“改作一分”应用，计湘粤加盖十二种，福建江西各一种，广西四种，加盖之字一律红色，全十八枚，分别加盖于香港版、北京版烈士像及纽约版总理像各票。

【五角改作四角】 民国三十二年，四川邮政总局以四角不足用，令饬所辖各地管理局，将五角票加盖“改作四角”。计东川者为四号方体字，一种，西川一种；云南者为五号楷字，一种。湘粤西川作“四”；云南东川作“肆”。全五枚，分别加盖于大东纽约版总理像及商务版烈士像票。

【十六分加盖平信附加】 民国三十一年十月间，四川邮政当局感于开支增大，乃有战时附加费之决议，计平信附加一元。是时中信版一角六分票，已在内地各处分别出售，遂即通令停售，并由各区邮局自行加盖“国内平信附加已付”八字，而以一元一角六分之价出售。旋又以此议被挠缓办，遂又分电各地邮局收回成命。惟偏僻之地，交通不便，未及接到缓办之令，已于是年十一月一日开始发售加盖票，并依新规定收寄邮件矣，未几令到随即停售，故此种加盖票流出甚少。又以各地邮局自行加盖，故字体大小，距离远近，字色黑红，多有不同。计有江西、福建、西川、云南、贵州、河南、陕西、甘肃、广东、湖南、东川、湖北、安徽、广西十四种，其东川、湖北、广西，并有粗齿票之发现。

【十六分划线五角】 民国三十一年十二月四日起，四川邮政总局奉准增加邮资。计国内平信五角，挂号信一元，快信二元。因此，五角票之需用甚巨，乃利用“平信附加”之票，将原加盖之“国内平信附加已付”两行八字划去，并于票上方横盖五角二字，是为“划线五角”，计有四川、广西、江西、福建、东川、云南、广东、河南、陕西、贵州各处，除西川、广东外，均有粗细齿票之别。此外，湖南则有粗细线二种，湖南分机器加盖，与机器手工双加盖，并有加盖于东川者，甘肃有机器加盖，手工加盖，长短距离之别，加以粗细齿孔不一，共有十二种，最为复杂。

【十六分改作五角】 以邮资增加之故，五角票用途特多，又以十六分票形成废物，于是令知各地管理局，于十六分票上自行加盖“改作五角”字样发售，计有总局、东川、广西、湖南、广东、西川、贵州、河南、陕西、浙江十处。西川、贵州加盖两次，故有初版再版之分。以上除浙江外，均有粗齿票之发现，详记之，有廿三种之多。

【改作二角】 以邮资增加之故，而感北京版、港版、纽约版之十三分、十六分、十七分、二十一分、廿八分等奇零数票配用困难，于是各地管理局，自行加盖“改作二角”，自民国三十二年四五月间，陆续发行，计贵州九种，广西十种，湖北四种，甘肃八种，福建五种，东川三种，江西九种，湖南九种，广西十四种，陕西四种，河南七种，云南五种，西川七种，全九十六枚。各地加盖，版式不一，多属因陋就简，审别困难，亦物质缺乏环境中之特产物也。

【伪上海加盖暂售】 自民国三十二年十一月一日起，华中华南各地邮资增收新附加费百分之百，外埠信函邮资，自一元起码，因之分角数票用途锐减，而元数票需要激增，是时适自香港运到前中华、大东各局印就未交之票二十余箱，送交上海邮局应用，遂以其一部，委上海永宁公司加盖“暂售”，自“二角五分”起，至民国三十四年，加盖数值竟达“伍千元”。我国邮票加盖数值，□此□登峰造极，该项加盖票，共分十一次发行。迨至发售第十次、第十一次之时，敌人已降服矣。此种票分别加盖于中华版、伦敦版、大东版、商务版、纽约版，全有百余枚之多，故此项加盖暂售票不特票值数字惊人，其全枚数，亦打破我国加盖邮票之空前记录也。

【伪暂售加盖国币】 民国三十四年九月，日本降伏后，国币对上海伪币比值为一比二百。当时邮政当局，将“暂售”第十一次印就之票，再以一比二百加盖国币，自“一角”至“五元”计七枚。此项双重加盖票，在我国为创举，分别加盖于中华版、商务版、纽约版票。

【上海加盖国币】 国土重光后，国币邮票需用日繁，上海邮政当局即以库存港版烈士有水印无水印票，加盖国币字样，自“三元”至“一百元”全十二枚。其加盖阿拉伯字数值，在上方党徽之上，此与后者加盖国币票不同之点。

【重庆上海加盖国币】 民国卅五年初，邮政当局以沪渝存票，委上海永宁公司、重庆中央信托局、大东书局三处加盖，截至三十六年三月，已分十余次发行，计加盖于伦敦版、中华版、大东版、商务版、纽约版、新伦敦版，自“十元”至“一千元”已发售至五十种以上矣，现仍在继续加盖之中，未来枚数，或将超出伪上海加盖暂售票之上亦未可知。然因胜利后有大东新版总理像三千元五千元票之发行，或者加盖数值，即止于国币千元耶。

【开封加盖国币】 日本降伏，交通梗阻，开封邮政当局以总局国币邮票不能运到，临时以伪北京仿版烈士票加盖国币应用，计二角加盖国币十元、四角加盖二十元、三角加盖五十元三种，加盖之票有有胶无胶之别，其无胶者尚有报纸、白纸、米色纸之分。加盖票值虽只三种，集邮家则以九种为全豹也。

【木戳暂代邮票】　当民国二十六年冬，敌寇深入，而抗战军南移，彰德、焦作等地相继沦陷，而伪组织应运而兴。各地邮务不能保持联系，交通阻隔，邮票之来源中断，彰德、焦作、磁州、淇县各邮局，劫后重设，乃临时刻邮票形式之木戳，暂代行使，约在二十七年一月初旬开始使用，票值只有五分，用红色印泥盖于信封之上，或另纸片上，然后仍用邮戳盖销。而当时邮戳纪年，有曰“二年”者，盖以伪华北临时政府成立之二年也，斯亦抗战期中一沈痛痕迹耳。此所谓“二年”之邮戳，约在二十七年二月以前。二月以后，即伪组织亦知正朔之不可擅易，复改邮戳为二十七年矣。当时以浩劫之余，人民流离走散，函件极少。又因各信寄至外埠，外埠邮局多不承认此种“木戳代票”之为有效，多向收信人索还信封，退交原寄局追补邮资。此等“木戳代票”之封，行用时间，仅两月有余，益以以上二因，故得流入集邮家之手者极少，然此种信封，其历史之意义颇大，集邮家允宜以为宝也。

丙、民国近期之限省邮票

（1）上海加盖限新省贴用　（2）中信版百城版限新省　（3）西川加盖及渝中华版加盖限新省　（4）中信版限新省改作　（5）粤区加盖　（6）广东汕头加盖暂售　（7）限冀省限鲁省　（8）限台湾省贴用　（9）限东北贴用　（10）伪华北六区加盖　（11）伪华北蒙疆折半　（12）伪华北蒙疆原值　（13）伪华北加盖新民版　（14）伪蒙疆改值

【上海加盖限新省贴用】　此票于民国二十八年起，在沪局集邮处及迪化邮局先后发行，其加盖版模，造自上海，又由上海邮局供应处加盖，故称曰“上海加盖”。原票多数为港版，加盖之字为黑色，与北京加盖区别甚微，计五种：（1）加盖伦敦版总理像票，有“双圈二分”一枚，单圈自“一分”至“廿五分”全六枚。（2）加盖中华版总理像票，自“二分”至“五元”全十二枚。（3）加盖大东版总理像票，自“五分”至“廿元”全十四枚，内有有水印无水印，及八分空钮实钮之分。（4）加盖北京版烈士像票，自“一分”至“四十分”全六枚。（5）加盖商务烈士像票，有水印者自“一分”至“四十分”全八枚，无水印者自“半分”至“五十分”全十四枚。

【中信版百城版限新省】 自太平洋战事发生后，上海邮局供应处之新省加盖港版票来源中断，因另以中信版及百城版总理像票，在内地加盖“限新省贴用”字样，于民国三十一年十二月起陆续发行。字体改用新五号宋字，横列于人像之上，其字或红或黑，加盖于中信版总理像票者计三次：第一次，有有条纹无条纹土纸、中国道林纸、西洋道林纸四种，自“一角”至“五元”全十七枚。第二次，纸别与第一次略同，自“一角”至“五元”全十三枚。第三次，仅中国道林纸一种，自“一角”至“二元”全四枚。加盖于百城版总理像票者，有有齿无齿之分，有齿自“四元”至“一百元”全九枚，无齿自“十元”至“一百元”全六枚，字均黑色。

【西川加盖及渝中华版加盖限新省】 以上二种乃继中信版百城版加盖之后而为之者，“西川加盖”乃用中华版一角票，大东版五角有水印票，商务版二角票三种，其加盖字体与中信百城版略同，均黑字。“渝中华版加盖”仍由中华书局用新五号仿宋铅字为之，仅加盖于“四角”“三元”两种票，字亦黑色。

【中信版限新省改作】 此项票用中信版限新省土纸为之，一角原票改作一角二分，二角五分原票改作二角四分，以民国三十三年八月一日新省邮资增加，定本埠印刷品为一角二分，外埠为二角四分。此是项加盖改值票之所以作也。

【粤区加盖】 民国三十一年五六月间，华中各地旧法币价值跌落，广州邮局则早按军用票计值售票，而邻近各地使用旧法币之区域仍多，售票以法币计值，差额约在六倍以上，为杜绝私运取巧、邮局损失起见，乃自六月一日起，交寄信件均须到邮局当面购贴，同时将邮票加印“粤区特用”字样，于六月三十日起发行。此项邮票在广州就地加印者字体为篆文，周以椭圆之花边，是为“粤区特用票”。计伦敦单圈及纽约版、中华版、大东版无水印、烈士无水印各票均有，加盖之字或红或黑，全廿二枚。嗣沪总局又于同年十一月二十日，发行加盖粤省新版票，字为楷书，“粤省贴用”四字，分列于票中原框之四角，是为“粤省贴用票”。计加盖于中华版实心格大齿者七枚，加盖于大东版无水印者亦七枚，加盖于大东版有水印者五枚，加盖于纽约版者十四枚。

【广州汕头加盖暂售】 广州邮局于三十四年七月至九月间，曾有三种加盖暂售票之发行，一为粤省贴用中华再版八分“加盖暂售四百元”，一为粤省贴用中华一角“加盖暂售二百元”，一为港版欠资二元“加盖暂售一百元”。汕头邮局是时亦有烈士一分“加盖暂售四百元”之发行。均在日本降伏前后行用，为时甚暂，而集邮家得者亦稀，可称超时代之产物，故欠资票一种，本当于后节别论，今不俟别论，亦一并划入也。

【限冀省限鲁省】 当华北六区加字票发行之前，即有上海邮政总局供应处为华北印制加盖限省票之消息传闻内地。迨六区加字票发行后，又有“限冀省限鲁省”票北运到平、未被伪邮政当局采用之说，当时沪上集邮家，曾有于邮商购得此项加盖之单枚票者，均疑不能决，直至伪华北邮政七周纪念册赠品之发行，此二种票始获以真面目见天下。盖该票既未经正式价售，而其出现之日，适日本降伏之时，亦邮中之纪念物耳。“限冀省”加盖于中华版、大东版、商务版票，自“半分”至“二十元”全十七枚。“限鲁省”所加盖之版别与冀省同，自“半分”至“二十元”全十六枚。惟商务版票有有无水印之分，其他均为无水印票。

【限台湾省贴用】 日本降伏，脱离祖国怀抱五十余年之台湾亦光复，当时台湾邮政局用日本无齿邮票九种，加盖“中华民国台湾省”字样而行用之，此台湾光复后第一次发行之票。厥后上海邮政总局供应处，用商务版无水印票加盖，自“二钱”至“一元”全五枚，又用新伦敦版加盖“五十钱”“二元”二种。最后则用上海新大东版票加盖，自“五十钱”至“一百元”全七枚，均以一比三十左右折合加盖，盖台币与法币比值为一比三十也。

【限东北贴用】 国家胜利年余，东北九省发行限东北贴用票有三种：(1) 北平中央印制分厂(即前北京财政部印刷局)加盖，原票用伪新民版总理像为之，自“五角”至“四元”全五枚。(2) 上海加盖，用中华版、大东版、商务版票，自“一分”至“二角”全六枚。(3) 北平中央印制分厂另行印制单色限东北贴用票，自“五分”至“五十元”全十四枚(东北流通券与法币比值为十二比五)。最后又有上海大东新版加盖限东北贴用一百元、三百元、五百元三种巨额票发行。

【伪华北六区加盖】 自民国二十九年下季，天津上海间汇水逐渐发行差额。翌年，遂成二与一之比。趋利者往往在上海购邮票而售之于华北各地，获利倍蓰。华北邮政当局讲求对策，遂有交寄邮件邮资在二角以上者，须到邮局当面购贴之限制。当时上海邮局有供给华北限冀省限鲁省等票之议，而未经华北邮局采纳，遂由伪华北政委会印刷局，将各版邮票加盖华北各地名。计有河北、河南、山东、山西、苏北、蒙疆六区，于民国三十年七月一日起，同时发行。加盖字一律黑色，字体有大小之分。此项“华北六区加盖大小字票”发行至三十一年六月底止。综而论之，“小字票”，河北全四十一枚，河南三十七枚，山东三十九枚，山西三十八枚，苏北四十一枚，蒙疆四十四枚。“大字票”，河北七十一枚，河南五十七枚，山东六十枚，山西五十六枚，苏北五十二枚，蒙疆五十九枚。此项邮票全数竟达五百九十五枚之多，所加盖各原票，则有伦敦版、北京版、中华版、大东版、商务版，又有有水印无水印之分，面貌繁多，头绪最乱，其中又兼有非正式发行之票多枚，俗所思票者。集邮家之精神，固应似韩信将兵，多多益善，然终为吾国邮史上最复杂之一项，略似国史中之五胡乱华时期。本编意在约举梗概，未便一一详述矣。

【伪华北蒙疆折半】 自民国三十年十二月十五日起，华南华中各地国内邮资增加一倍，而华北沦陷区则以币值较高并未增加，为表示邮政统一起见，特加印减半数值之票，以便南北均可通用，于是将原有之河北、河南、山东、山西、苏北五区字样之票不用，而另于票之上方横加华北二字，并于下端加印票面半数之值，是为“华北折半票”。蒙疆亦同取消其原有之加大小字票，而重印“蒙疆折半票”，二者俱于民国三十一年五月一日开始换发，六月一日起实行贴用，加盖之字为黑色隶书，值折半后均为整数，例如“三分”“五分”“十三分”“十七分”“五元”等票则一律废而不用，故此项加盖，较六区大小字为少，而所用原票，除单圈北京版及港版外，有“北京仿版”。北京仿版者，自香港陷落，邮票来源中断，华北邮政当局遂令伪华北政委会印刷局，仿伦敦版单圈总理像票之式样，另行制版重印，计总理像烈士像者共为十八种，刷色略似伦敦版，而花纹较粗，油墨暗淡少光采，原票于伪邮政七周纪念册赠品中发行之，前文已概述矣。计“华北折半票”全六十三枚，“蒙疆折半票”全五十枚。

【伪华北蒙疆原值】 自民国三十二年十一月起，华北各地邮资增加百分之一百或十五，因之与内地取得平衡，发售之票自无减半之必要，所有前印之折半票以售罄为度，不再续印，而另行印发仅加“华北”二字之票，依原票值出售，是为“华北原值票”，加盖字体仍用折半票之“华北”原字。“蒙疆折半票”加盖亦同，但加盖于伦敦版、北京版、中华版、大东版各票者，为数极少，以原票之将尽也。嗣后发行，则全用北京仿版票为之。顾北京仿版邮票之印制，始于民国三十年以前，其初印者，用纸涂胶均称上选。嗣以国际战局日趋严重，原料浸以缺乏，由次胶渐至于无胶。其无胶票，用纸亦益趋杂乱，较渝版票有过之而无不及。由是以观，当时应付世界战局之日敌，已属强弩之末，内心既已乱矣。此项票用纸之复杂，不独开吾国邮票之新纪元，即世界邮票用纸亦无与伦比，故附著之。“华北原值加盖票”，其有胶者计总理像烈士像全十五种，若以胶别及版别论之，则共有三十六种之多，其无胶者亦有十五种，若以纸别，则亦有五十余种之多，其票面自“一分”至“二十元”。“蒙疆原值加盖票”自“一分”至“五元”全十三种，因用量不多，所发行各票均为无胶，若以纸别，则共为三十六种。

【伪华北加盖新民版】 民国三十四年五月初，华北加盖票继北京仿版之后发行者，又有“新民版总理像票”，“一元”至“五十元”六种，票面上端加盖“华北”二字，与前加盖仿版者同，是为“华北加盖新民版”。闻有烈士像票，但迄敌寇降伏并未发行。此票原由伪新民印书馆用平版石印印成，粗劣异常，用纸亦杂，若以纸别，共为十八种。

【伪蒙疆改值】 自民国三十四年四月一日，邮资增加后，蒙疆邮政当局将发行未久之小额票收回，复取库存蒙疆加盖大小字邮票，委当地新闻社附设之印刷局加盖增值数字，是为“蒙疆改值票”，计“半分”“一分”者改“一角”。“二分”“四分”“五分”者改“五角”。“八分”者改“一元”。其加盖版别有伦敦版、中华版、大东版、商务版，以及北京仿版无胶各票，发行未久，敌寇降伏，蒙疆伪邮政当局亦从之而终。

丁、民国近期之航空邮票

（1）香港版航空 （2）上海加盖日值航空 （3）限新省航空 （4）航空票加盖防空 （5）航空票加盖国币 （6）大东新版航空

【香港版航空】 航空邮票原由北平财政部印刷局印制，事变后，母版运至香港，乃改由商务印书馆承印，故曰“香港版”，亦曰“商务版”。“香港版”与“北平版”，其区别处有三：（一）北平版之票字，第十笔之点与第九笔之勾相连，香港版则不相连；（二）北平版之齿孔为十四度，香港版为十二度至十三度；（三）北平版之背胶黄厚有光，商务版则白薄无光。“香港版航空票”有有水印与无水印之别，其水印乃一篆文邮字，其用纸与中华大东总理像及商务烈士像水印票之纸相同，该纸乃向外国定制，专印邮票之用。“港版航空”与北平版票面相同，均自民国二十九年起陆续发行。有无水印二者，各全十枚。

【上海加盖日值航空】 民国三十年，上海邮局因华北华中各邮航线均用日本航机，邮资须缴日金，乃发行加盖航空票，按日金出售，自同年十二月二十三日起陆续发行，用“香港版”航空票加印“寄日本信函航空费已付”字样，计为“五角”加盖“一角”，“九角”加盖“一角八分”，“一元”加盖“二角”，“二元”加盖“三角五分”四种。后发现“水印一元”加盖“二角五分”，加盖距离不同者二种，共六种。嗣因国内寄往日本之航空邮资，自三十一年六月起，改为函信日金六角、明信片二角五分。遂复发行九角改二角五分，二元改三角五分划线再改六角，二种全八枚。

【限新省航空】 民国三十二年春，因后方开辟中苏邮路，航空正式通行，因此新疆邮局特将航空票上加盖“限新省贴用”字样，用楷字木戳以银朱印泥手工加盖，是为第一次之“航空票限新省”，有北京版香港版有水印无水印之别，全十五枚。续发行木戳黑字者，亦手工加盖，用票亦与前同，全十一枚。最后又发行铜戳黑字者，仅加盖于北京版二角五分一种。虽属一枚，若以先后论，上者为第二次，此为第三次耳。

【航空票加盖防空】 民国三十四年秋季，政府空军屡袭敌伪所据各要地，敌伪政府为唤起人民共图国防起见，乃于八月九日，由上海邮局发行防空邮票一组，用港版航空票加盖之，计“一角五分”暂售“一百五十元”、“二角五分”暂售“二百五十元”、“六角”暂售“六百元”、“二元”暂售“一千元”四种，中印巨型炸弹轮廓形。该票发行之日，适原子弹发现于广岛上空。十一日日本接受波斯坦宣言，十五日而日本降。此“防空航空票”适成谶物矣。

【航空票加盖国币】 民国三十五年春，上海邮局供应处为适用于当时邮资，将库存之航空邮票北京版香港版有水印无水印者，加盖国币“二十三元”“五十三元”“七十三元”“一百元”“二百元”五种，以版别论之，全为十二枚。

【大东新版航空】 当加盖国币航空票发行之时，上海邮政当局又委大东书局另印新型航空票一组，但迄今仅发行“二十七元”一种，度以邮资递增不适于用之故。该票为蓝色，下为总理陵园全景，两旁数值，上右为一巨型飞机，左为“中华民国航空邮票”字，平版石印，图案甚新颖，而微欠精美。

戊、民国近期之欠资邮票

(1) 港版总理像加盖欠资　(2) 商务版欠资　(3) 中信版欠资　(4) 上海改作欠资　(5) 大东新版欠资　(6) 限东北贴用欠资

【港版总理像加盖欠资】 我国欠资邮票，以前最大数值至三角为止。抗战以还，连年战祸，内地交通梗阻，一般商货，多赖邮递，又以邮资屡增，欠资情形发生亦多，且其数目往往达数十百元之巨，而以往之欠资票多不适用矣，乃于民国二十九年三月，先用港版总理像“一元”“二元”者，加盖“暂作欠资”字样，以代行使。“一元”者加盖黑色，“二元”者红色，全二枚。

【商务版欠资】 民国二十九年，邮政当局除发行港版总理像暂作欠资票外，一面由商务印书馆印制正式欠资票一组，其版式刷色与前北京版黄色欠资相似，惟票面自“半分”至“二元”全十一枚。

【中信版欠资】 中央信托局印刷厂，除承印总理像邮票外，同时印制直型欠资票一组，是曰“中央版直型欠资票”，自“一角”至“二元”全七枚，计绿蓝红紫四色，与以往之欠资票回乎不同，继又印横型者一组，是曰“中信新版横型欠资票”，票幅较往昔之欠资票为大，较普通之正式邮票为小，俱红色，计自“二元”至“三十元”全六枚。

【上海改作欠资】 民国三十二年十一月起，上海邮局除发行暂售邮票外，并发行“改作欠资”一组，计“二分”改作“一元”、“五分”改作“二元”、“一角”改作“五元”、“二角”改作“十元”四种，乃用商务版欠资票以黑色加盖者。

【大东新版欠资】 民国三十五年，光复后之上海邮政当局，除委大东书局印制总理像新版邮票外，并印制欠资邮票一组，票面仿中信新版横型者，而花纹不同，色则易红为紫，自“五十元”至“二百元”全五枚。此为胜利后之首次欠资票。

【限东北贴用欠资】 民国三十四年胜利后，北平邮政当局委北平中央印制分厂，印制总理像限东北贴用邮票一组，同时又印“限东北贴用欠资票”一组，发行于三十六年春季，票幅之大小，与历次之直型欠资票同，蓝色，以东北流通券出售，票值自“一角”至“五元”全六枚，下方有“限东北贴用”字样。我国欠资邮票之有限区，此为创例。

己、附载

【附载一】 当民国二十六年邮资增加后，“四分”“二角五分”等票用途减少，邮局遂将“单圈四分”加盖“暂作一分”，于民国二十六年四月发行，又将“二角五分”加盖“暂售一角”，于民国二十七年七月发行，原票均有阔窄版两种。此后复将“北京版烈士四角”加盖“暂作八分”而发行之。以上各“加盖暂作票”之发行，适为抗战初期，各邮书之记载，其类别与时间多有不同，故附载于此，全五枚。

【附载二】 在抗战期中，我邮局曾发行节约建国储金邮票，该项票多用各版邮票加盖之，有曰“节建储金”四字者，有曰“节建储金暂作△△”八字者，并另印制林故主席肖像票一组，又古泉图票一组，而各省加盖不一，种类相当复杂，虽属邮局发行，而非用于寄递，虽非用于寄递，要为邮局发行，故集邮家或收之，或舍之。今附载于此，其别似有八十余枚不同者。

【附载三】 抗战后期，因物价指数有增无已，包裹资费，尤见庞大，向之大数值票今已不适需用，故邮政当局遂有“包裹印纸”之发行，图案采用后方山景公路中邮运汽车开行，计有“五百元”“一千元”“三千元”“五千元”“一万元”“二万元”六种。

【附载四】 自敌寇降伏、东北光复年余以来，而国家战乱未已，东北尤甚，其邮局行政所不能达之各地，多用昔日伪满邮票，加盖木戳胶戳“中华暂用”字样，临时应用，原为一时权宜之计，宁料萑符遍野，不可爬梳，而临时性之加盖票发现至今，闻加盖地方之不同者已有三百余处，而类别已逾三千余枚，使集邮家望洋而兴叹。斯邮史中之畸形，亦吾胜利国之异态也。

(五) 论民国以来之纪念邮票

民国以来之纪念邮票,约可分两时期三部门言之。第一时期自民国元年起,至二十六年卢沟桥事变止,是曰“民国早期纪念票”。第二时期自抗战起,至胜利后之今日止。此一时期再分两部:一曰“民国近期抗战区纪念票”;二曰“民国近期沦陷区纪念票”。兹先述“民国早期纪念票”。

甲、民国早期纪念票

(1) 光复及共和纪念 (2) 洪宪纪念 (3) 邮政二十五年纪念 (4) 宪法纪念 (5) 大元帅纪念 (6) 统一纪念 (7) 奉安纪念 (8) 西北科学考察团纪念 (9) 谭院长纪念 (10) 新生活运动纪念 (11) 邮政开办四十周年纪念

【光复及共和纪念】 此票为民国肇建后第一次发行之正式纪念邮票,最初图案为我国全图,中印大中华民国字样,自“一分”至“十元”,印就犹未发行。适袁世凯氏继任总统,意欲以本人肖像印入票中,民党据理争之,旋经调停,乃改印纪念票两组:一印孙中山先生像,是为“光复纪念”;一印袁像,是为“共和纪念”,均自“一分”至“五元”各全十二枚。此项票实一而二、二而一,以性质论则同,以面貌论则各异,文字及人像固不同矣。其余图案细微处亦多异,最显著者,人像旁之嘉禾,光复票为方生之稻状,共和票为成熟之麦状。说者谓前者象征民国之发展滋长,方兴而未艾;后者显示袁氏丰盛之收获,心满而气盈。而共和票之麦,芒颖特出,谑者又谓象征袁氏之野心勃勃,为异日僭帝之兆焉。

【洪宪纪念】 民国四年十二月,袁氏僭窃帝号,改明年为洪宪元年,曾由财政部印刷局印制纪念票一组计八种。旋以帝制议寝,此票未及发行而毁。今所存者,为当时分发各邮局之样张,故均印有英文“样本”字样,并有加印“限新省贴用”字样者,集邮家通称之为“洪宪纪念样票”。此样票共存三种:“五分”者为红色,图案为正阳门;“一角”者为蓝色，图为天安门；“五角”者为绿色，图为太和殿，下方均印有“中华帝国开国纪盛”字样。我国纪念邮票之图案采用风景，此为开端，色彩精美，且富历史之价值。故虽未正式发行，集邮者似不可缺。

【邮政廿五年纪念】 我国成立正式邮局，始于清光绪二十二年，至民国十年三月二十日，恰届二十五周年。交通部饬邮局于是年十月十日发行纪念票一组，图案为人像，中为当时大总统徐世昌，左为国务总理靳云鹏，右为交通总长叶恭绰，是为“邮政二十五年纪念”。此外有加盖限新省一组，同时发行，计“一分”“三分”“六分”“一角”全四枚。

【宪法纪念】 民国十二年十月十日，北洋军阀曹锟以贿选获任总统，同时颁布宪法，并发行“宪法纪念”邮票，以当时制定宪法之场在天坛，故即以天坛祈年殿为图案，另有加盖限新省者，均于民国十二年十月十七日发行，计“一分”“三分”“六分”“一角”全四枚。以当时政情，此票终未能发行于粤桂滇黔四省。

【大元帅纪念】 民国十六年六月，号称安国军将领孙传芳、张宗昌等，拥戴张作霖为海陆军大元帅，就职于北京怀仁堂，并印纪念票一组，迟至十七年三月一日张氏寿诞，方始发行，中绘张像，是为“大元帅纪念”，计“一分”“四分”“一角”“一元”全四枚，别有印“限新省”“限吉黑”者。此票当时仅通行于直隶、山东、奉天、吉林、黑龙江、新疆六省，其余各省均不予承认通用。故此票缺“限滇省”，与后来“谭院长纪念”之缺“限吉黑”盖同一性质。

【统一纪念】 民国十七年六月，国民革命军北伐成功，南北统一。未几，东北军将领亦通电服从中央，奉、吉、黑三省及热河区同时易帜。民国成立以来纷扰十余年，至是始形成全国统一之局，因于十八年四月十八日，发行“统一纪念”票一组，中绘蒋公像，别有加盖“限新省”“限吉黑”“限滇省”各一组，计“一分”“四分”“一角”“一元”全四枚。

【孙总理国葬纪念】 民国十八年六月一日，孙总理遗榇奉安于南京紫金山，各国使节咸来参加，典礼隆重。邮政当局特于奉安前二日发行纪念邮票，中绘总理陵墓祭堂，四周绕以嘉禾，是为“孙总理国葬纪念”。亦有加盖“限新省”“限吉黑”“限滇省”各一组，计“一分”“四分”“一角”“一元”全四枚。

【西北科学考查团纪念】 民国三十一年，瑞典考古学家斯文赫定(Sven Hedin)商取我政府同意，组织西北科学考查团，往中国西北各地探查亚洲文化古迹，并要求我政府于是年六月三日，为发行纪念邮票一组，以售票赢余补助该团经费，是为“西北科学考查团”纪念票。图案以故宫所藏元代名画“沙原散牧图”缩印票中，票中上下方有华文“西北科学考查团纪念”九字，字下并有拉丁文译名及日期，写明一九二七至一九三三年字样，为该团预定在中国考查之年限。吾国为学术团体发行纪念票，仅此而已，其意义至为深长。惟当时此票之发行，仅在北平、汉口、上海、广州四处，邮局窗口出售一二小时即止，所余之票多为当事者囤购而去，故流传于今者，新票多而销盖票稀，实寄信封尤不可见，不知者至疑此票未经正式发行，实乃误也。闻刘半农氏当时随团赴西北，在西北时且有数函贴用此票，直寄其北平之家。半农逝后，笔者尝浼友人向刘夫人索让一二，竟不可得。今半农夫人亦逝，此等世界孤品之实寄信封，其下落益不可问。惜哉！惜哉！

【谭院长纪念】 民国十九年九月，国民政府行政院谭故院长延闿举行国葬，邮政当局特印纪念邮票，至二十二年一月九日始发行，中印谭氏戴目镜之遗像，著中国便服，有缓带轻裘之致。此票有一特点，即票上无国名，亦无邮政字样，良以谭氏所御既为中国服，而票上文字为篆书，此二者俱为吾国所特有，无俟更列国名，而世界人士一望可知也。计“二分”“五分”“二角五分”“一元”全四枚，另有加盖“限新省”“限滇省”二组。时东北已沦陷矣，故无“限吉黑”之发行耳。

【新生活纪念】 民国二十三年二月，政府当局以国民消沈无远志，礼义不修，廉耻道丧，爰本革命必先革新之义，倡导新生活运动，并于二十五年一月一日，发行纪念邮票一组，即以新印之盾形标志、灯塔及礼义廉耻四字为图案，是为“新生活纪念”。计“二分”“五分”“二角”“一元”全四枚，无加盖限省票。

【邮政开办四十周年纪念】 邮政当局继“邮政二十五周年纪念票”之后，又于民国二十五年三月廿日，发行“邮政开办四十周年纪念”票一组，图案每枚不同，“二分”票中心圆形，内绘骆驼队行于雪地中，道旁有帐幕，为塞北游牧生活之景，上空有飞机一架。最奇者，上下隐有“今昔”二文字。“今”字作阴文，字体肥硕，隐约见之于天空飞机之左，颇似云彩。“昔”字为阳文，字体瘦而略斜，隐约见之于骆驼队及帐篷之间，非细察之不能办。俱见巧思，别饶异趣。两旁则绘轮船、火车及帆船等物。“五分”票之图案为江中停泊轮船、帆船各数只，天空飞机，岸上邮运汽车，隐寓水陆空交通之意。“二角五分”票中绘上海邮政管理局巨厦；“一元”票则为南京交通部全景，两旁绘邮政信筒二；全四枚。此票图案美丽，集邮家多爱之。

乙、民国近期抗战区之纪念票(附胜利还都后之纪念票)

(1) 美国开国百五十年纪念票　(2) 节约建国纪念票　(3) 中华民国创立卅周年纪念票　(4) 赈济难民附捐票　(5) 国民党五十年纪念票　(6) 国父逝世二十周年纪念票　(7) 平等新约纪念票　(8) 林故主席纪念票　(9) 蒋主席就职纪念票　(10) 胜利纪念票　(11) 蒋主度六秩寿辰纪念票　(12) 国民大会纪念票　(13) 还都纪念票

【美国开国百五十年纪念】 民国二十八年，中国抗战已届二载，国民政府再由汉口而迁重庆，沿海及长江要埠均已失陷，情势至为不利。时适至美国开国百五十周年纪念，政府为表明抗战到底领土完整之决心，并宣示与美国友好起见，我邮政当局于七月四日发行“庆祝美国百五十年纪念”邮票一组。票为美国钞票公司印制，票幅最大，票中绘我国全图，图中横书“中华民国”四字，左方上绘我国青天白日满地红国旗，次绘美国之星条国旗。以国旗印入邮票，在国邮中已为首次。以外国国旗入票，则尤为创举。上方横书“美国开国百五十年纪念”十字，下方横书“中华民国邮政”六字，左上角右下角为票之中西数值。计“五分”绿色，“二角五分”蓝色，“五角”棕色，“一元”红色，全四枚。盖我国此时不发纪念邮票为时已久，此票一出，世界集邮家争相购求，即华北沦陷区在敌伪统制之下，对后方之沟通联络几于断绝，而此票当时由天津租界秘密输入者，为数实多。即笔者在当时，韬晦故都，草间偷活，且曾购留数百组之多，以分赠友好，其兴奋之情绪可见矣。

【节约建国纪念】 民国三十年，我政府为自力更生，实行一面抗战一面建设政策，励行国民精神总动员，倡导节约建国运动，邮政当局于六月二十一日发行“节约建国纪念”票一组。图案绘矿山、田野、公路、工厂、起重机等，票为中华书局印制，上方正中书“节约建国”四字。国邮中书标语，此为开端。计“八分”绿色，“二角一分”棕色，“二角八分”橄绿色，“三角三分”红色，“五角”蓝色，“一元”紫色，全六枚。另为便集邮人采购，特印小全张无齿者一种，颜色票值与正式发行之票均同。此种小全张纪念票，世界各国时有发行，在我国尚为创举。据香港邮刊所载，又有此票小全张有齿者之样张发见。

【中华民国创立三十周年纪念】 民国卅年十月十日为我国创立民国卅周年纪念日，时国府方于战时行都进行坚苦抗战之际，而汪精卫亦方成立其伪南京政府庆祝还都，日本亦正盛大举行其立国二千六百年纪念之时，我邮政当局饬由驻沪邮政总局供应处，用中华版、大东版、商务版、总理像、烈士像等票，加盖十种以资纪念，是曰“中华民国创立三十周年纪念”。计“一分”“二分”“四分”“八分”“十分”“十六分”“二十一分”“二十八分”“三十分”“一元”，于票面两旁加字双行，曰“中华民国创立”“三十周年纪念”，下方以较小之字横印“三十年十月十日”等字样。是为我国第一次之加盖纪念票云。

【赈济难民附捐】 我国自抗战军兴以来，由华北而黄河流域，而长江流域，凡军事所经，民众流离转徙，待救孔亟，邮政当局倡议发行“赈济难民附捐”邮票一组。此票原于三十年以前即委美国印制，后以战时运输困难，往往又在海运途中被炸损失，复经补印，至三十三年始悉数运抵重庆，全六枚。计“八分加八分”“二十一分加二十一分”“二十八分加二十八分”“三十三分加三十三分”“五十分加五十分”“一元加一元”。然其时邮资已再增矣，为适应邮资计，再由重庆邮政总局加盖票值，为“二元加二元”“四元加四元”“五元加五元”“六元加六元”“十元加十元”“二十元加二十元”。票幅较“庆美”纪念票略小，票中绘难民扶老携幼逃荒之图，以赤地千里、无家可归为背景，每票图案花边各自不同，颇富古典作风，印制精美，罕与伦比。另印有有齿小全张一种，上书“共拯饥溺”四字，右为“交通部邮政总局发行”，左为“中华民国三十年”等字。然此票实际发行之日，则为三十三年十月十日。

【中国国民党五十年纪念】 民国三十三年十二月二十五日，发行中国国民党五十年纪念邮票一组，由重庆中央信托局印刷厂承印。时在抗战后期，内地物资缺乏，用国产无光白纸，中绘国民党创始者孙中山先生遗像，计“二元”绿色，“五元”赭色，“六元”紫色，“十元”蓝色，“二十元”红色，全五枚。

【国父逝世二十周年纪念】 民国三十四年三月十二日，为国父孙中山先生逝世二十周年纪念日，政府为追崇起见，饬由邮局印制“国父逝世二十周年纪念票”一组。亦为重庆中央信托局印制厂用国产白纸印制者，图案为国父御中国服像，中上方为党徽，左方直书隶体“国父逝世二十周年纪念”十字，右上角左下角为中西方数值，下方为“中华民国邮政”六字。国父像邮票着中国服者仅此而已。古雅气息，不使“谭院长纪念票”专美于前，惜纸质墨色不逮耳。计“二元”“五元”“六元”“十元”“二十元”“三十元”全六枚。

【平等新约纪念】 民国三十二年，中美英并肩对日作战，美英二国自动与中国订立平等条约，废除一切不平等条约，交还租界，撤销治外法权及领事裁判权。我国争取三十年而未得之平等自由，一旦而取得之。举国一致以为新中国最大光荣，当由邮政当局发行“平等新约纪念”邮票一组，由美国印制，票幅与“难民票”相同，三色套印，设计美观，寓意远大，图案绘蒋主席戎装左顾像，左方绘自由神像，高举火炬，照耀票中幅所绘之中国地图，下方自左而右，横列英中美三国国旗，上方隶书“平等新约纪念”六字，下为楷书“中华民国邮政”六字，再下为“民国三十二年”，边框绕以自由钟及梅花回纹，为我国纪念票中之最富历史性者。此票于三十四年七月七日始发行，计“一元”“二元”“五元”“六元”“十元”“廿元”全六枚。顾前于民国二十八年发行之“庆美纪念”票上，曾绘中国全图，图有东三省内外蒙而无台湾，此票地图，则并台湾而绘入吾国领域之内。其必胜信念之高涨，于此可见。迨抗战胜利，收之桑榆，失之东隅，倘“升汾之阜，以望商邑”，恐不禁有“呜呼”之叹矣。

【林故主席纪念】 林故主席安葬之后，政府饬邮局发行纪念邮票一组，由美国双色套印，上方横列“林故主席纪念邮票”八字，其下正中为党徽，两旁为螺旋抱柱，中印林故主席遗容，着中国服，最下横书“中华民国邮政”，两下角为中西文数值，林主席像印黑色，其外边衬色，每票随数值而不同，此与其他纪念票不同之点。我国纪念票伟人像之御中服者，原仅“谭院长”“国父逝世廿年”两票，得此则鼎足而三耳。此票于卅四年八月一日发行，计“一元”“二元”“五元”“六元”“十元”“廿元”全六枚。

【蒋主席就职纪念】 民国三十二年，林主席逝世，同年十月十日国庆，蒋委员长正式就中华民国国民政府主席之职，当由邮政当局委美国印制“蒋主席就职纪念”票一组，三色套印，图案上方横列篆书“蒋主席就职纪念”七字，次为楷书“中华民国三十二年十月十日”，中部偏左绘蒋主席戎装半身肖像，后为青天白日满地红国旗，下方偏左为“中华民国邮政”六字，右角为中西文数值，印刷精美，直至三十四年十月十日方始发行，计“二元”“四元”“五元”“六元”“十元”“二十元”全六枚。

【胜利纪念】 民国三十四年八月十日，日寇投降，我八年抗战终告胜利，实我中华民族空前之大庆也，政府特命邮政局委重庆中央信托局印刷厂，赶印“胜利纪念”票一组，采用国产白纸，图案中部偏左绘蒋主席肖像，像左隶书“庆祝胜利”四字，右偏为青天白日满地红国旗，上方偏右横书“中华民国邮政”六字，下方偏左横书“中华民国三十四年”八字，左上角右下角为中西文数值。此票因仓卒急就，印制微欠精细，而构图则生动有力，于三十四年十月三十一日发行，计“廿元”“五十元”“一百元”“三百元”全四枚。

【蒋主席六秩寿辰纪念】 民国三十五年十月三十一日，为蒋主席六秩寿辰，邮政当局预委上海大东书局及大业印刷厂两家，承印“蒋主席六秩寿辰纪念票”一组，图案四周为篆书寿字花边，上标篆书“蒋主席六秩寿辰纪念”九字，中绘蒋主席戎装半身肖像，下书“中华民国邮政”，最下书“民国三十五年”，两角为中西数值。发行之日因印就不多，只由平、汉、京、沪、豫、粤、汉七处售卖，后始陆续发行全国。该票计有大东版无胶一组，大业版有胶无胶、东北贴用、台湾贴用各一组，国币票值计“二十元”“三十元”“五十元”“一百元”“二百元”“三百元”全六枚。东北贴用以流通券计值，“二元”“三元”“五元”“十元”“二十元”“三十元”；台湾贴用以台币计值，“七十钱”“一元”“二元”“三元”“七元”“十元”。大业版齿孔粗，大东版齿孔细，此其显明之区别。

【国民大会纪念】 民国三十五年十一月十五日，在南京举行国民大会，邮政当局特发行“国民大会纪念”邮票一组，预委大东书局上海印刷厂用平版印制。图案中绘国民大会堂全景，上横书“国民大会纪念”六字，以梅花七朵为□旁边纹，下书“中华民国邮政”，两下角为中西文数值，计“二十元”“三十元”“五十元”“一百元”全四枚。另有加盖限东北贴用者，以流通券计值，为“二元”“三元”

"五元""十元"。限台湾贴用以台币计值,为"七十钱""一元""二元""三元"各全四枚。

【国民政府还都纪念】 民国三十五年五月五日,国民政府以抗战胜利,自重庆还都南京,至今年此日,适为周年,邮政总局特于是日发行"国民政府还都纪念"邮票一组。以首都中山陵为图案,居票之右偏,图下横书"中华民国邮政"字样,上方横列"国民政府还都纪念"八字,左方直书中文数值,左下角横书西文数值,更以梅花朵散落于图字之间。计"一百元"绿色,"二百元"蓝色,"二百五十元"红色,"三百五十元"棕色,"四百元"紫色,全五枚。此外有"东北贴用"一组,以流通券计值,为"二元""四元""六元""十元""廿元";"台湾贴用"一组,以台币计值,为"七十钱""三元""七元五""十元""廿元,各全五枚。

丙、民国近期沦陷区之纪念票

(1)新嘉坡陷落纪念票 (2)"满洲建国"十年纪念票 (3)华北交还租界纪念票 (4)蒙疆邮电纪念票 (5)上海收回租界纪念票 (6)华北邮局五周纪念票 (7)蒙疆东亚战争二年纪念票 (8)华北参战一周纪念票 (9)"南京还都"四周纪念票 (10)华北政会四周纪念票 (11)"还都"四周华北加盖票 (12)上海收回租界周年纪念票 (13)华北邮局六周纪念票 (14)蒙政五周纪念票 (15)汪葬纪念票 (16)蒙疆迈进增产纪念票 (17)华北参战二周纪念票 (18)上海收回租界华北加盖票 (19)"还都"四周加盖暂售票 (20)华北政会五周纪念票 (21)华北邮局七周纪念票

【新嘉坡陷落纪念】 民国三十一年一月,值华北行用分区加字邮票之时,伪华北邮政当局发行加盖"新嘉坡陷落纪念票"一组,用红色五号铅字,加盖于河北、河南、山东、山西、苏北五区大字票之中下方,横列两行"新嘉坡""陷落纪念"七字,加盖之票计有商务烈士四分、中华原版修版八分、大东八分、伦敦版单圈四分数种。第一次发行于二月十六日,厥后所谓"大东亚博览会"于六月一日、八月一日分别在北京、天津两地开幕。此项加盖纪念票，乃由伪华北邮政当局重印若干，续在会场发行，是为发行之第二次。计河北四枚、河南三枚、山东四枚、山西四枚、苏北五枚，全廿枚。

【“满洲建国”十年纪念】　民国三十一年三月，适“伪满建国”十周年，伪华北邮局发行加盖纪念票一组，仍加盖于五区大字票中下方，用红五号铅字横列两行“满洲国建国”“十周年纪念”十字，加盖之票计有商务烈士四分、中华再版二分、原版修版八分、大东八分等票，发行久之，日本邮会请求续印，遂经华北邮局特印。此种特印票中，发见伦敦版单圈二分票，按纪念票之再版或特许加盖，惟日本行之，他国所未有也。计河北四枚、河南五枚、山东六枚、山西七枚、苏北五枚，全廿七枚。

【华北交还租界纪念】　当民国三十二年，英美对我废除不平等条约之时，日本在我沦陷区域，亦以交还租界为号召，汉口天津租界定为四月一日同时交还。伪华北邮局特于三月三十日，发行纪念邮票一组，用六号铅字红色，加盖于华北折半邮票之上，加盖之票为仿版四分改二分，十六分改八分，大东八分改四分，全三枚。

【蒙疆邮电纪念】　民国三十二年四月十六日，为蒙疆邮电事业成立五周年，伪蒙疆政府交通总局特于是日发行纪念票一组。票由日本精版株式会社承印，中绘华表，天空有双鸽对飞，纸质白色，有蒙文水印。计“四分”红色，“八分”蓝色，全二枚。

【上海收回租界纪念】　民国三十二年八月一日，上海公共租界及法租界由伪汪政府收回。上海伪邮局发行加盖纪念票一组，加盖于中华版五分、十六分，纽约版红八分、五角四种，上为“收回租界纪念”，两旁为“三十二年八月一日”，下为数值，计“五分”改值二角五分，“八分”改值五角，“十六分”改值一元，“五角”改值二元，全四枚。

【华北邮局五周纪念】　民国三十二年八月十五日，为华北伪邮政总局成立五周年纪念，发行加盖纪念票一组，用六号铅字红色加盖于仿版四分改二分，中华八分改四分，仿版十六分改八分，全三枚。

【蒙疆东亚战争二年纪念】 民国三十二年十二月八日，伪蒙疆政府交通总局发行“大东亚战争二周年纪念票”一组，票由日本帝国印刷局印制。中绘战云中两兵士穷兵黩武之恣态，计“四分”青绿色，“八分”桃红色，全二枚。

【华北参战一周纪念】 民国三十三年一月九日，为伪汪政府参战一周年纪念。伪华北邮局发行加盖纪念票一组，加盖于华北原值票下方，用六号铅字红色二行横排“参战”“一周年纪念”七字，计加盖于华北加字票仿版四分，中华一角，全二枚。

【“南京还都”四周纪念】 伪上海邮局于民国三十三年三月二十九日，发行“还都纪念邮票”一组，由日本印刷局承印，共四种。“五角”橘黄色，“一元”淡绿色，图案以国旗衬底，上饰棉花及稻穗，并用篆字阳文“中华民国邮政”、阴文“还都四周年纪念”字样，又“二元”蓝色，“五元”红色，图案在左上角为党徽，中绘南京紫金山远瞩及国府外景，文字与前者相同，特均为阳文耳。其彩色，乍视之与日本纪念票无异，亦时会为之也。

【华北政会四周纪念】 民国三十三年三月三十日，为伪华北政务委员会成立四周年纪念，伪华北邮局发行加盖纪念票一组，加盖于华北原值邮票下方，用六号铅字红色，加盖于仿版“九分”“十八分”“五角”“一元”四种，加盖之字为“政务委员会”“四周年纪念”十字，其五角票版型有不同者三种，全四枚，细分之为全六枚。

【“还都”四周华北加盖】 “南京还都”四周年纪念邮票，于民国三十三年七月，经伪华北邮局加盖改值发行。计原票五角，加盖黑色五号铅字“华北九分”；壹元，加盖红色“华北一角八分”；二元，加盖红色“华北三角六分”；五元，加盖黑色“华北九角”，全四枚。时伪华北准备银行券，与伪华中储备银行券，为一比十八，此票系照比值加盖。

【上海收回租界周年纪念】 民国三十三年八月一日，为上海租界收回周年纪念，由伪上海邮局发行纪念票一组，票为日本承印。计“三元”黄色，“六元”蓝色，上横书篆文“中华民国邮政”，左上角为党徽，中绘上海市区地图，用白色衬托旧租界之范围，下横书篆文“收回租界周年纪念”，左下角为中文数值，全二枚。

【华北邮局六周纪念】　民国三十三年八月十五日，为伪华北邮政总局成立五周年纪念，循例发行加盖纪念票一组，仍用六号铅字加盖于华北原值仿版“九分”“一角八分”“五角”“一元”。前三种之字为红色，后一种为蓝色，全四枚。

【蒙政五周纪念】　伪蒙古政府于成立五周年之期，发行纪念邮票一组，时为民国三十三年九月一日也，票为日本印制。“八分”蓝色，为云王遗像；“四分”红色，为蒙文组成之天马图，票面均有篆书“蒙古政府成立五周年纪念”十一字，全二枚。

【汪葬纪念】　民国三十二年十二月六日，因汪精卫之病逝，伪华北邮局发行“汪氏葬典加盖纪念邮票”一组，用六号铅字，加盖于华北无胶仿版“二角”“五角”“一元”“二元”四种，票面下部印“汪主席”“葬典纪念”七字，全四枚。若以纸及版型别之，则为全十七枚。

【蒙疆迈进增产纪念】　民国三十三年十二月八日，伪蒙疆政府交通总局发行纪念票一种，票为日本印，上书“迈进增产”四字，中绘重工业工厂之一部，用示重工业新建设之意，票面为八分。

【华北参战二周纪念】　民国三十四年一月九日，伪华北邮局发行“参战二周年加盖纪念票”一组，用六号铅字，加盖于无胶华北原值票下部，为“参战二周年”“纪念”七字，除“五角”字用红色外，余均黑色，加盖数值为“二角”“五角”“一元”“二元”四种，全四枚。若以纸与版型别之，则全为二十三枚。

【上海收回租界华北加盖】　上海收回租界周年纪念邮票于民国三十四年二月，经伪华北邮局加盖改值发行，计三元，加盖“华北五角”；六元，加盖“华北一元”，全二枚。

【“还都”四周加盖暂售】　民国三十四年三月三十日，伪上海邮局发行“还都四周纪念票加盖暂售票”一组。计“五角”加盖“暂售十五元”；一元，加盖“暂售十三元”；二元，加盖“暂售六十元”；五元，加盖“暂售二百元”，字均黑色，全四枚。

【华北政会五周纪念】 民国三十四年三月三十日，伪华北邮局发行“华北政务委员会成立五周年纪念票”一组，华北历次发行纪念票，皆以现行邮票加盖。此则用北平风景为图案，制版特印者。计“一元”为天安门，“二元”为北海公园，“五元”为中山公园，“十元”为万寿山，均用报纸，“一元”“五元”有白纸者，全四枚，细别之全六枚。

【华北邮局七周年纪念】 民国三十四年八月十五日，适为日本降伏消息公布于世界之第一日，而伪华北邮局于是日发行“华北邮政总局成立七周年纪念票”一组，其印制方式与“政会五周票”同，图则采华北风景。计“五元”为山西五台山，“十元”为开封铁塔，“二十元”为天津万国桥，“三十元”为山东泰山，“五十元”为北平邮政总局大楼，全五枚。若以纸别，全为十六种。

丁、附载

泳斋说邮稿止于中华民国三十六年五月中旬，据“近代邮刊”所载消息，谓我国邮政当局为增加收入提倡集邮起见，拟定由本年四月起，至三十七年三月止，按月发行纪念邮票一组。据所载种数名称，列举梗概如左：

【汽车行动邮局纪念】 本年三月一日，为我国在南京首创“汽车行动邮局纪念”，拟于四月间发行纪念票一组。计“一百元”“二百元”“二百五十元”“三百五十元”四种，全组共九百元。并云已委上海大东书局印制，图案为汽车邮局在行政院前接收信件之图，全组恐印制不及，或将随印就之先后，而陆续发行云。

【工程师节纪念】 拟于六月发行。

【邮政五十周年纪念】 已在美国印制，七月间约可发行。

【教师节纪念】 拟于八月以孔子及先贤像发行纪念票。

【记者节纪念】 拟于九月发行。

【邮航廿五周年纪念】 拟于十月发行，并闻邮政总局拟于国庆日，将局内所存历次各版邮票公开展览。

【国内名胜风景票】 拟于十一月发行七组，每组十二枚，全为八十四枚，图案为首都、陪都、北平、杭州、武汉、黄山、庐山等名胜古迹。

【宪法实施纪念】 拟于十二月发行。

【大总统就职纪念】 可能于三十七年一月发行。

【农民节纪念】 拟于三十七年三月发行。

【童子军票】 拟于三十七年三月发行

（六）结　论

溯自民国二十五年冬，国共两党合作之势成，廿六年而共起抗战。廿七年起，边区地带即有邮票之发行，有时以木戳印纸代作邮票，面貌已甚多矣。胜利后，续有解放区邮票之发行，则地域尤多，计有东北、张家口、山东、安徽、河南、延安等处，约其类别，不下数百种。此类邮票，西人收藏，较全较富，盖以胜利前外国教会遍全国，胜利后又以军调部为沟通，搜求为便也。国人则以交通所限，致逊一筹。日后我国集邮家，倘欲求解放区邮票之全，恐有待于中西邮人之合作与探讨。夫集邮之道，以奇为功，以博为用，原宜泯除国籍与党籍。说邮，则尤宜综核名实，经纬赅备，岂宜偏漏一端？第以孤陋寡闻，取材无所，不能道其全，则毋宁舍之以俟异日，读者谅之。

泳斋说邮只说中国而不说外国，以外国票为作者所不收也。庄生云：“鹪鹩巢于深林不过一枝，鼹鼠饮河不过满腹。”欧阳子云：“物常聚于所好，而常得于有力之强。有力而不好，好而无力，虽近且易，有不能致之。”吾国邮票，千态亿形，变化万端，至繁复矣，世界各国，无与伦比，纵好之而有大力，犹不能尽致也。夫亦曰“足吾所好，玩而志焉”已耳。说邮亦若是也。就其可说者而说之，不可说者留俟后之群子，殆亦曾文正所谓“掘井及泉”，以视“广掘数十百井，身老力疲，皆无见泉之日者”为有间矣。伪满洲国邮票，其性质在中外之间，在可说不可说之列，然为作者所收，容俟另编，或竟不说。中华民国三十六年五月中浣泳记。

补 遗

（三）论民国早期之正式邮票及加盖限省票附欠资（此三字原遗）民国早期欠资（原遗）

民国正式欠资票，发行于民国二年，图案与清正式欠资票大同小异，纸质白薄，无水印，色深蓝，由英国滑铁卢公司承印，是为“伦敦版欠资”。后因帆船票改由北京财政部印刷局承印，复于民国四年，由该局另行镌版印制一组，一切均与伦敦版相同，是为“北京版蓝欠资”。二者各全八枚。

民国二十一年，依照国际联盟新例，欠资票应改为橘黄色，遂由北京印刷局重制另印，除图案略有变更外，又将票上洋文字取消，其纸质齿孔则均与蓝欠资无异，是为“北京版黄欠资”，全八枚（以上两节原遗）。

研究资料汇编

目　录

一、传记与剪影

贺孔才先生

潘伯鹰

想用短短的一篇文字来记述贺孔才先生，我竟不知如何下笔才好。他是一个多才多艺、风裁峻整而肝胆照人的人。我知道的如此之多，而我的表现能力却如此之短！

当吴北江先生在北京讲学的时候，我正年十六岁，得受业门下。那时同门中如张心泉、柯燕舲、贾献廷、马紫波诸位都是年龄很大的老学长。随后来了与我年龄相差不远的几位：吴稚鹤、曾履川、贺仲弼贺孔才兄弟。北江先生是贺氏兄弟祖父松坡先生的门生，松坡先生则受业于吴挚甫先生，他们祖孙父子传学的渊源是这样的。

那时，我所看见的孔才是一个眉宇清爽、目光射人的十几岁少年。对于老学长，我觉得他们和老师差不多，心里总有些畏悚，所以格外容易亲近像孔才、稚鹤，年龄与我相似的人。而孔才则因才情发越，议论有味，使我更喜欢他。

我们那时都还在中学读书，吴先生讲学日期都在星期日，我们都是以余力来学作文的。我一面对付学校的功课，一面学写字，学作文，读吴先生口授的书，一面又贪玩躲懒，时常觉得忙不过来。看见孔才写给我的诗竟是一手绝好张廉卿字体。我有时到他家里（宫门口东廊下）又看见他临的欧阳率更醴泉铭、皇甫君碑，一笔一画，如硬铁一般。（我记得他指着字笑着说："我们写字先求像个铁打的。再求像铁铸的。铸的比打的还好。"）我又看见他刻了许多印，大大小小，印得纸上鲜红鲜红。我又读他的许多首文章。我奇怪他何以会弄这许多把戏，却又如此闲暇！

这是他少年时的事情。现在他已早成了一位卓绝的文家了。北方许多有关系的文字，大书深刻在丰碑巨碣上的，多出自他的手笔。我常觉得杜工部赞美李北海的诗“风流散金石……碑版照四裔”，是文人最上的光荣。唐时颜真卿，宋时苏轼，皆是以文学忠节的君子，文书双绝，留下最瑰玮的巨迹。金时元好问晚年也以碑版负一代伟望，但书法似无甚大名。元时赵孟頫书法独造入微，而碑文稍觉少宽博雄伟之气。今世文章老辈渐就零落，有一二生存的巨公，间或因年老而不能戒得，不免授人口实。所以知道这种事情须得文章节概与年龄德望都到家的人才担负得起。孔才年纪不到四十，敦品励节，暗然无薄世的浮名。然而二十年后，海内碑版，总要归于一个地方的。

关于他的刻印，还有一个有趣的逸事。当时有一个大官，请他刻一副印，照润格送钱来。但他不照润格，要那人出到二百元的高价。理由是，大官有钱，应比例多出。等到那人将钱送来，他覆信却说：“我的刻印可以白送你。现在饥民遍野，你的钱，我已经用你的名义全数捐出了。请你将印章和收条都收下罢。”他为人倜傥慷慨，笑傲公卿，类多如此。

至于我个人和他的交谊故事，说不胜说。我想还是不说罢。

按：该文发表于《十日杂志》第23期《今人志·绘海楼之八》第205页，1936年5月20日出版，署名凫工。

贺孔才先生

周昭贤

贺孔才（培新）先生在平居住三十余年，抗战期间，读书自娱，广植桃李，态度似极清闲，人生观似极淡泊，人们提起他，都以“文人”

“名士”相称。然而，他果真是这样一个人吗？不。抗战期间，能与他患难相交的人都知道，先生在闲散淡泊之外，另有一个“不能为外人道”的积极而有意义的生活——他的清闲淡泊，正隐藏了八年来他生龙活虎般的秘密抗敌的地下活动。

四月一日，记者因事到河北省政府教育厅去，当与贺翊新厅长谈话时，言语间提到先生，始知先生近来居止。翌日黄昏，于暖风吹拂中，记者遂以最愉快的心情去拜访。

北平的西海靠近德胜门，这里一片静而美的水，不像北海那么名闻遐迩。不过，它有它的特点，它有它的韵调。如果北海可以比作富丽堂皇的“帝王家”，那西海正像是一个地道的“隐士庐”，纯朴干净，淡雅宜人。先生的“庐居”就在这水的西岸，正是面湖而居。

这天傍晚，记者的车来到湖畔。沿岸已没有什么人，只有喜鹊在老树上叫，幽静的水在湖里荡漾着流。想到离此不远的北海，此刻正是游人络绎，多得像过江鲫的时候，这里却这么静，相形之下，感觉此地真是北平的净土。“城市山林”，这里当之无愧。

于鸟语波声中，记者车抵先生门外。下车以指轻叩大门后，片刻双扉哑然而开，经过传达，记者投刺以入。这时暮色已苍茫了，模糊中看见一个小而雅的庭院，屏门上有“海西草堂”四个字。这里有松有竹，联想门外一片春水，那境界纯粹是江南风味。记者在客厅里坐了不久，贺先生出来与记者相谈。

他的容貌看起来已是四十余岁的人，清秀的脸色，文雅的风度，很难让人置信，他曾是一位不畏死难的敌后工作同志(按:民国二十七年以来，先生担任了中央宣传部华北宣传专员办事处的北平最高文化宣传工作)。他领导着多少青年同志，在思想上、文化上与敌人奋战，直底胜利。这期间多少抗敌组织都被敌人侦破，工作人员流血牺牲，唯有先生这一支，却用种种方法遮过敌人的耳目幸免了。先生曾以幽默的口吻对记者谈过一个道理:“你没有真凭实据，反正不能轻易抓我。”

他回忆着对记者追述几年来悲愤苦闷的往事。他说:“我在中大作秘书长时,有一次中大附中邀我去讲演,在当时的环境里,我讲什么呢?敌人的耳目遍地皆是,这真叫人发愁。结果我把《论语》打开了,尽量的摘出高节不屈的句子,才作成一篇讲演的纲领,题目定为‘如何作一个完人’。表面上虽然讲的是圣经贤传,骨子里可针对实事,给了学生许多精神上的暗示。”

抗战期间,先生作诗数百首,其中与同志友好咏怀之作,最近已辑成《岁寒集》。平津沦陷期间,敌人压迫重重,无辜的同胞蹂躏垂死,压榨殆尽。先生以黑暗闷人,咏“月”诗独多。关于抗战时,先生“只吟诗,不写文”一点,记者曾经询及,他的答复幽默殊甚,他说:“中国诗解释起来,仁者见仁,智者见智,各有不同,这样讲既讲得通,那么说有时也过得去。当日我这些抗节不屈、忧感为国的歌咏,即或不幸一旦被敌发现,我也可以和他们胡讲,使他们听得不着边际。这不比文章,一是一,二是二,那他们会从纸上直接抓住你真实的思想。”由此看来,先生的风趣,已经在抗战时期应用到敌人身上了。

他是有名的书法家,主张以唐人的字为基础,而尤推崇欧虞两家,进而上溯汉魏,是以其笔势不拘一家一派,注重糅合融通,独具风格。篆书方面,他对周代铜器和石鼓文鉴识最精,提到金石篆刻之学也是他最喜好的。由吴昌硕、赵之谦上溯秦汉三代的古录,无不讲究,所镌印章已不下两千方,凡友来求,有求必应。他曾说:“我自己练字、学艺术却拿人家的纸和石头来用,何乐而不为呢?”这种妙言妙语,珠联玉串,谈起来滔滔不绝。

提到先生的著作,二十六年原有《天游室集》出版,因其中颇多抗敌作品,是以平津沦陷时期,不能流传。先生的《饮雪集》乃选自沦陷期间,诗中富于抗节性者,本报已相继觅求,逐渐发表。此外尚有《史记评注》《文范注》《诗范注》三种,尚待付梓。关于他的文学主张,他以为学文应当由近代入手,追溯古代,知今然后求古。他最喜读《孟子》《庄子》《史记》的文章,集部则最爱韩愈、杜甫、陶渊明、陆游等人的作品。当他在大学教课的时候，所发讲义由《尚书》到曾文正的文章，皆为富于民族爱国意识者。这部讲义皆经先生亲手注点，近正印订成书，定名《文编》。

先生在家日常生活无所不作，一草一木皆其所好。常说："一事不知，儒者之耻。"但他最怕称他为"文人"或"诗人"，因为他对"诗人"或"文人"的期许和看法过高。他的思想在"七七"以后有一个极大的转变，他深恶痛绝吟风弄月、无病而呻的所谓"文人"或"诗人"。他说："国难时期文人是不能卸其责的。"他又说："没有民族意识的文学家永远不会在中国历史上占一席地位。"

记者在最初走进客厅时，就曾仔细留意那些简单设陈的。惹记者注意的是明朝殉国皇帝崇祯御笔"无逸"两字的匾额和明朝学者陈眉公的墨迹，记者依稀记得写的是："无波古井水，有节秋竹竿。"这都足以代表屋主人的性格。

这幽静的湖滨，晚来人静，八点钟就像是更深夜半了。记者与先生的谈话告一段落时，顾视窗外，只见夜幕沉沉，遂即告辞。最后先生以"逸豫可以亡身，忧劳可以兴国"两句话告诉记者，期与共勉。当然这正是"无逸"两字的涵义。

按：该文发表于《天津民国日报》1946 年 4 月 6 日第 3 版《学人剪影》。

题海西草堂雪景

刘凌沧

丙戌岁暮，造访天游先生之海西草堂。时大雪竟日，故都皆呈银色，而西海一带，风景绝佳。草堂院落不深，而诗意独厚。门前老柳婆娑，庭院则松竹交丛，修竹映雪，倍增新绿，叶上积雪盈寸，压枝欲垂，松针积雪若团团絮球然。而空气清冽，沁人心脾，得此息游之所，夫复何求。宜乎诗人之常得佳句也。爰摄影数幅，以志佳景，愿与读者共赏之。凌沧摄影并记。

按：该文发表于《天津民国日报画刊》1947年2月12日第3版，署名凌沧。题目为编者所拟。

舍弟孔才简传

贺翊新

舍弟培新，字孔才，清光绪廿九年（1903年）五月廿四日在河北省冀县信都书院出生（是时先祖松坡先生在信都书院主讲）。先祖母和先祖说："这个孙子额宽、鼻高、腿大，一脸聪明相，将可以继承你的文章事业。"（是时先祖已失明）

一九〇六年，先祖辞去信都书院教职，全家迁居于故城县郑家口先曾祖家中。孔才每天早晨起床后，必定先去给爷爷奶奶点烟，做些零星事。先祖母每天给他糖饼吃。先祖给他作了许多打油诗，笑他嘴馋。

一九〇八年，孔才入学读书，每天放学后，便去先祖身旁问字，并听故事。入学不久学写字，常在先祖手中问字的写法。又常常一手拿旧帚，一手提水桶，在地上练习写大字。九岁时给人写春联。十岁给人写条幅对联等。

民国五年，去城内高等小学读书。民国七年，考取北平市立第四中学，住在校内读书。民国十年，领导同学驱逐校长，被学校开除学籍。在补习班内学外文和数学，准备以同等学力报考大学。民国十一年考取国立北平法政大学。

孔才自幼喜书法和刻印章。十岁时曾向先曾祖要了一块长方形的图章石，找了一部《六书通》，自行揣摩刻印，刻好了磨掉再刻。把石头磨的没有了，另向先曾祖要了一块再刻。练习了好几年，居然刻得相当好了，有些朋友请他刻图章。他看到了齐白石先生的篆刻，大为欣赏，多方找人给他介绍齐先生。后来由朱某人的介绍，见到了齐先生。齐先生对孔才刻的印章颇为嘉许。孔才要求拜在齐先生门下学篆刻，得到了齐先生的应允。孔才的篆刻自此时仿齐先生刀法，进步很快。在法政大学读书时，拜秦树声为师学书法，拜吴北江为师学诗文。在这几年中，他的诗文、书法、刻石都有很大的进步，同时结交了很多诗文书画朋友，前来求他写字的、刻图章的、作诗文的人，络绎不绝。民国廿四年，刻印舍弃齐白石，参考汉印及名家印谱，自成一家，更见纯清。

民国十三年在法政大学毕业，任国立北京大学造型美术研究会导师。十四年应成达中学的聘请，在成达中学教国文。十七年北伐告成，北平市政府成立，何市长其巩邀他到市府任秘书。民国廿年北平市政府派他在颐和园整理颐和园所存古物。为避免每天奔波，他住在颐和园内，整理了二年，白天工作，夜晚潜心读书，诗文更见进步。民国廿四年，华北政务委员会成立，被邀在该会任秘书。

民国廿六年抗战军兴，我和德新弟都南下参加抗战工作。孔才以父母年迈不便远离，在家侍奉父母，闭门不出，将乡间田地卖出，以维持全家生活。廿八年应北平私立中国大学何校长之邀，到该校任教。更以“邦有道，贫且贱焉耻也。邦无道，富且贵焉耻也”为题，在学校演讲，以讽刺汉奸。

孔才在教育文化界的朋友很多，朋友中有的受命在北平作抗日工作的，逢到困难，常去找他设法，孔才都尽心竭力去帮助他们。中央宣传部派到华北担任宣传专员的卜青茂，更是孔才厅上的常客。日本无条件投降，宣传部派卜青茂接受日本人在天津办的一个规模庞大的报纸，恢复《天津民国日报》。卜专员虽作宣传工作有年，但是他对于办报毫无经验，不知如何着手。他去问计于孔才，孔才对他说：“你们宣传专员办事处的一般人，没有一个办报内行的人。他们舍死忘生的跟你工作多年，于情于理都必须安置他们。如今之计，我可以帮你物色一批对于办报内行，而没有参加过敌伪组织工作的人，到你报馆里工作。由宣传专员办事处工作人员在名义上担任报馆各部门的负责人，各部门都设一副手，由我介绍的人去担任，负责实际工作责任。”卜青茂按照孔才的安排去做，很顺利接收出版报纸，并且办理的成绩很好，每日销行七万余份。

三十六年，在河北省通志馆任纂修。三十七年九月任国史馆北京办事处纂修，负责在北京搜集资料，并作传记。

孔才对于版本、书画、印石及其他古玩的研究颇有心得，能鉴别其真伪。对于以上各物搜集了很多，国内各名画家的作品，孔才大部分都有收藏，扇面一种即有二百余面。白石先生对于孔才这个学生特别喜爱，给孔才刻了印章数方，画二十余幅，扇百十余面。其中花卉、草虫、山水、人物，应有尽有。

姻侄王泽恒，以前在北平时，曾经从孔才学篆刻及书法，现在台北颇负盛名，在各大学美术系教篆刻和书法，暇时搜集了孔才的一部分遗作，拟为孔才出版一本纪念册以纪念孔才，要我给孔才写一小传，附载在纪念册上。兹就记忆所得，把孔才的生平事迹择要写出来，以供参考。

贺翊新记述。一九八七年十二月。

按：该文发表于《印林》第11卷第5期，1990年10月1日版，第1-2页，署名贺仲弼。收入本书时编者将个别段落删除。

贺培新

马国权

贺培新（1903—1951）字孔才，号天游，笔名贺泳。斋名天游室、潭西书屋。河北武强人。

祖贺涛，字松坡，早年肄业保定莲池书院，为桐城吴汝纶挚甫、武昌张裕钊廉卿高足，以桐城派古文名家，复涵濡周秦两汉，有出蓝之誉。挚甫着其子闿生北江师事松坡。培新幼承祖训，攻治古文辞。一九二一年，从其祖入室弟子吴闿生游，为吴氏文学社骁将。同门若于省吾思泊、吴兆璜稚鹤、潘伯鹰凫公、曾克耑履川及齐燕铭诸公，皆一时文坛俊彦。

培新未冠即嗜书法篆刻，书学于秦树声氏；篆刻则问艺于齐白石，未几而神似，用刀恢闳雄放，面目虽近乃师，然不喜欹侧作势，若“闽侯曾克耑字履川印”“涵负麐主所作诗文字”两巨印，即足见其旨趣，可谓善学。此二十后所作也。一九二五年，齐白石题其印集云：“消愁诗酒兴偏赊，浊世风流出旧家。更怪雕镌成绝技，少年名姓动京华。”其后两年，白石又为其印作题诗：“商也起予余愿足，壮夫怜汝宦情违。高人可作今难作，不见湘山未敢归。”“贺生刀笔胜昆吾，截玉如泥事业殊。小技那应从白石，无情何不慕南狐。孔才仁弟已将蓝出青，丙寅、丁卯两年所刊印共得六本，余为评定后，复为题记之。兄齐璜时同居京华。”嘉许备至。

曾克耑有《孔才镌印歌》：“长虹百丈青苍摩，神物宁肯歼幺么。恍接籀斯传真谛，胡不勒铭镇边裔？龙蟠虎踞风云生，惊飚争撼凤皇城。妙技屠龙成莫试，霜锋徒蕴山川精。苍崖吼裂霜天寒，紫云陊地蛛丝残。女娲炼余石犹莹，造化何术逃镵刊。蜿蜒蛟龙奋牙角，矫如鹏翼云霄搏。宝气朱霞腾壮采，丹砂琥珀供盘餐。招邀神鬼下为证，妖要乱领敢相干！自有光精射斗极，宁畏毒雾重遮漫。知君高举摩天鹄，嗟予犹宝荆山玉。磨琢封侯印倘成，万里西征飞食肉。洴澼千金为买方，真当为子疗皲瘃。吁嗟乎！秋原碧血来腥风，龙兴蛇仆谁矣穷。愿共昌黎为刻画，四方上下逐云龙。”颇善状培新刀笔豪横之态。

王北岳先生《印林见闻录》云：“白石老人性倔强，门下从客三千人，然偶有不适，即摒之墙以外。画家王雪涛，与(孔才)先生同为老人门人，所绘花鸟直逼老人。是时，旧都伪作老人画出售求利者颇多，老人以为系王所为，即告之曰：'今后勿来我家！'王大恚，自是废旧求变，终于自成一家。……(孔才)先生之印，既得老人神髓，老人亦不愿先生长相从，顾以先生恭谨过人，无可措词。一日，忽谓曰：'侧君中意于君，不来为妙！'先生知其意，自是除祝寿拜年则不登齐府。后博参吴昌硕、赵之谦之法，仍主朴茂一路。三十以后，以先秦古玺为依归，隽逸错落，变化不可端倪。有《武强贺培新印草》(亦名《迂轩印存》)。"

历任北平市政府秘书，北平市古物评鉴委员会委员，中国大学国学系副教授、教授、秘书长，河北省通志馆、国史馆编纂，文名籍甚。旧京学校及文化学术机构人士、报业编辑，多出其门下。今台湾著名篆刻家王北岳，即培新得意弟子。

新政刚建成，培新响应号召，将累代所藏图书一万二千七百余册、文物五千三百七十件献诸公库，曾获嘉奖。后被聘任为中央文化部文物事业管理局办公室主任，方与重寄，展其所长，后政治风暴忽至，情绪不能支，遽萌轻生之念，遂卒团城，闻者莫不痛惜。

著有《天游室文编》《潭西书屋诗钞》《说印》等，皆为时贤所重。

一九八五年七月十三日，后作增补。

按：该文原载马国权撰《近代印人传》，上海书画出版社1998年版，第395－399页。

贺孔才先生生平简表

贺　仁

贺培新，字孔才，男，1903年5月24日生于河北省故城县郑家口。

1916年7月—1917年7月，故城县立高小毕业。

1917年8月(14岁)—1920年1月(17岁)，京师公立第四中学肄业。

1920年8月(17岁)—1924年5月(21岁)，国立北京法政大学专门部毕业(14岁小学毕业后，在北京四中攻读二年多，即直接考入大学)。

1924 年 5 月(21 岁)—1926 年 4 月(23 岁),国立北京大学造型美术研究会导师。

1925 年 8 月(23 岁)—1928 年 6 月(26 岁),私立成达学校国文教习。

1928 年 7 月(28 岁)—1931 年 4 月 ,北平特别市政秘书。

1933 年 6 月—1935 年 8 月,行政院驻平政务整理委员会秘书。

1935 年 10 月—1937 年 7 月,平津卫成司令部及冀察绥靖主任公署参议。

1936 年 6 月—1943 年 4 月,中国大学秘书长兼国文系教授。

1947 年 5 月—1948 年 12 月,河北省通志馆纂修。

1947 年 9 月—1949 年 4 月,南京国史馆纂修。

1949 年 5 月—1949 年 6 月,中国人民解放军四野南下工作团研究室学习。

1949 年 6 月—1949 年 11 月,武汉市军事管制委员会文教接管部顾问兼武汉大学接管组交接联合办公室主任。

1949 年 12 月—1951 年 12 月,中央文化部文物局办公室主任。

1951 年 12 月 18 日不幸去世。

按:该文原为文物局所撰《关于贺泳同志自溺问题的审查意见》第一部分“简历”。“简历”后两行为:“1949 年 12 月调文化部文物局工作。1951 年 12 月 18 日自溺于北京北海公园冰水中身亡。”贺仁先生撰此简表时,对原文略有更动。为避免重复,《审查意见》收入本书时编者将“简历”部分删去。

二、贺培新批语辑存

《涵象轩诗集》批语辑存

《秋日江行　乙丑八月十四日》 兴象淋漓。(卷四,第12页)

《凉亭闲坐示元泽元昭　戊辰五月三十日》〔我年未强仕,闻战屡心惊。饱暖随儿嬉,何以厕群英。〕 四句意淡语平而神髓似杜;纯是杜公神韵,由于沈酣者深,无意中便能得神。(卷五,第8-9页)

《携妻女由大连搭日本船赴天津中途遇风　戊辰十月二十五日》 此首逼真杜陵,雄奇变幻,音在弦外,纯是哀痛,迫切之旨最足发人深省。(卷五,第12页)

《到大连值暴雨逆旅楼上闲眺　戊辰十一月十四日》 慷慨激昂,其声悲壮。(卷五,第13页)

《戏咏玉琢醉钟馗像　辛未三月二十四日》 名隽。(卷五,第15-16页)

《汤冈子温泉予去岁一至其地而千山在望惜未往游唫诗寄意　辛未四月十三日》 此首直是华严之境。(卷五,第16页)

《阿城晨起出行郊外　辛未四月十五日》 收韵飘飘欲仙,意境绝似易实甫。(卷五,第16页)

《寄赠李静澄校长静澄辽宁人兵起未久即微服入关　辛未十一月十八日》 沈痛迫切,悲壮激烈,兼而有之,令人不忍卒读。(卷五,第18页)

《再来大连翌日即赴海滨搭船回里　壬申二月二十八日》 气骨意态纯是少陵。(卷五,第19页)

《所居门前有小邱时登其上　壬申十月九日》　一气承转，意态雄杰。（卷六，第4页）

《步月　癸酉六月三十日》　一片仙气，非复人间所有蹊径。（卷六，第6页）

《种瓜　癸酉七月九日》　写田家风味，妙造自然，乃绝似陶公。（卷六，第6－7页）

《田家　癸酉七月十日》　寂寥幽静之境，以精妙之笔出之，亦有仙气。（卷六，第7页）

《摘梨　癸酉九月九日》　前幅词采华妙，亲切有味。（卷六，第7－8页）

《长城失　癸酉九月十一日》　倒戟之势，呜咽之音，最似汉魏歌行。（卷六，第8－9页）

《感怀再叠声字韵　癸酉九月十二日》　神气奋厉。（卷六，第9页）

《登北海假山有怀南宫旧居　癸酉九月十三日》　寄兴无端，最为超纵。（卷六，第9页）

《僦居西山别墅早起　癸酉九月十四日》　清澹中笔底饶有变化。（卷六，第9页）

《古都即事　癸酉九月十七日》　首尾浩然。（卷六，第10页）

《孤愤　癸酉九月十八日　东北各省失陷二年于兹矣》　起处飘姚跌宕。（卷六，第10页）

《回城赋此寄慨　癸酉九月二十日》　唐人作中佳者。（卷六，第10页）

《题明人饥鹰睡雀图　癸酉十月二十二日》　忧乱之旨。（卷六，第11页）

《题洎庐山山水画箑　癸酉十月二十三日》　此等题画小诗皆清幽淡远不着力，中自有逸致，雅似拙园。（卷六，第11页）

《忆滨江旧游　癸酉十月二十六日》　起四句兴会淋漓。（卷六，第

12 页）

《东客来　癸酉十月二十七日》　后幅神气峻厉无前，最似杜公。（卷六，第 12 - 13 页）

《焚香　癸酉十月三十一日》　仙气。（卷六，第 13 页）

《病痞　癸酉十一月十三日》〔食少值岁荒，省米亦可喜。〕　趣语解颐。（卷六，第 14 页）

《题黄谷原月下琴声图　癸酉十一月十四日》　萧远中有傲睨。（卷六，第 14 - 15 页）

《题查梅壑溪桥曳杖图　癸酉十一月十九日》　诗境超妙，纯乎化境。（卷六，第 15 页）

《中和篇　癸酉十一月二十六日》〔宜于四象外，更增中和名。〕　独具伟识，此下以文章之气行之。（卷六，第 15 页）

《读困斋诗　癸酉十一月二十七日》　空灵之境。（卷六，第 15 - 16 页）

《赠张忠孙中将　厚琬　癸酉十二月十六日》　整练中自有奇气。（卷六，第 16 页）

《送友人赴赣　癸酉十二月二十二日》　似初唐。（卷六，第 17 页）

《题淞沪战争被毁园林像片　甲戌四月三十日》　作者近作多灵奇空逸超妙之境，此在古人似孟浩然、李太白，在近人似邓和父、易实甫，而不为实甫之荒诞、和父之浅易，能于坚卓中出灵气，深至中见自然，固能自契乎中和之旨也。（卷六，第 18 页）

《忧乱　甲戌五月五日》　后幅寄兴无端，慨深神远。（卷六，第 18 - 19页）

《梦游滨江酒楼醉后题春秋即景时二首于屋壁既醒不能尽举其词乃挑灯补缀成篇偶尔戏笔其格调大似词曲虽为体不纯然痛饮黄龙之念竟时萦梦寐间是则差堪自解者因录而存之　甲戌五月七日》　二首奇情壮采，实诗中最高之境，令人百读不厌。（卷六，第 19 页）

《贺松坡先生德配苏太夫人八十四寿诗　甲戌五月十日》　笔势

起落不平，意绪来脉甚远，经营数十字小诗，用力不减数千言大文。（卷六，第20页）

《予腹中痞块中西医皆断为瘿瘤为诗纪之　甲戌十月十一日》襟抱冲夷，词旨奇诡，大合天倪。（卷六，第21页）

《冤愤　甲戌十月十二日》　意气不减当年，南山铲尽之咏。（卷六，第21页）

《扰扰篇　甲戌十月二十一日》　气潜转而意深婉，汉魏之音。（卷六，第21－22页）

《植文竹文竹花卉名与书传所载者异义　甲戌十月二十二日》用笔千回百转，愈转愈深。撷千圣之精义，阐古今之名理，此直世间有数大文，不可以诗论也。（卷六，第22页）

按：以上文字由编者据李葆光撰《涵象轩诗集》（1935年春刊于北平）辑出。

《涵象轩文集》批语辑存

《余母褚太夫人六十寿言　壬戌九月》　前幅笔势起落不平，拗折奥衍；后幅咏叹之神理，尤近韩公。（文一，第29－30页）

按：以上文字由编者据李葆光撰《涵象轩文集》（1935年春刊于北平）辑出。

《刘淑度印稿》批语辑存

印文：冰心

批语：王郑二印皆较前大进，笔情老健，卓然有以自见，已属不能再好。冰心印以此方为最，下方亦好。心字作圆笔者未佳也。绍虞印虽未到纯熟之境,亦自磊磊大方,如此进功,前途未可量哉！即此冰心一印,寥寥数笔,当代作家,自白石先生外,未见有能为之者。欣佩！欣佩！(第 26 - 27 页)

印文:羡钟汾

批语:羡字不及前作羡君印,然通体匀称。(第 29 页)

印文:淑度所藏

批语:此印较之自用名印更佳。(第 31 页)

印文:淑度所藏

批语:与前印大致相埒。(第 31 页)

印文:淑度所藏

批语:微有扐叔意。(第 31 页)

印文:张伯麟印

批语:老健绝伦。又批:此印前已评定之矣,真老手也。(第 33 页)

印文:岑生

批语:有白石先生劲健之气,而无其苍浑。壬申二月。(第 35 页)

印文:白雪斋主

批语:白斋二字,居然名印。雪主亦非刀法不佳,特雪字取篆法太繁,与主之简过不相称矣。终不失为好印,无须翻刻也。(第 37 页)

印文:郑小箴

批语:小印亦尚工雅,拓未精耳。(第 38 页)

印文:郑小箴

批语:郑小二字皆工,箴作箴,□不作厂,□不作丿更好。(第 39 页)

印文:挚哉

批语:气力弥满,成体之作。(第 41 页)

印文:挚哉

批语:此印甚佳。(第41页)

印文:苏淑芬

批语:有古意,未到纯熟之境,然笔力甚老健。(第42页)

印文:苏淑芬

批语:新作与前作所差至微,然便已无疵可指,得失寸心知,作者当亦有悟矣。壬申二月。(第43页)

印文:沈聪如

批语:皆安矣,佳作也。又批:但此印已精,无须磨去。只将如字□略修,使其平行可矣。如字□再稍柔便与沈字□之势合矣。又批:此印与周越然印在抝叔、萍翁之间,聪明毕见。(第44-45页)

印文:柏年印信

批语:刀法如宝剑切玉,此印便已成家,佩慰无量。又记:愿得此印者宝重用之,即以重金求当代所谓名手为之,自白石先生外,无能办此者,故我非无叹也。(第46-47页)

印文:高翰

批语:弱。(第48页)

印文:兼三

批语:稳健。(第49页)

印文:苦禅

批语:古朴可用。(第50页)

印文:贞白校订金石之印记

批语:老到,见有古意,允为佳制。(第52页)

印文:化民女史书画之印

批语:虽不经意作,却极自然大方。(第53页)

印文:小桥流水人家

批语:章法篆法亦有小桥流水之意,可谓与印文相发明也。(第54页)

印文:田秋林印

批语:秀稳。(第 55 页)

印文:陆树仁印

批语:此印与刘师蕴印便已进步白石翁,作者进德之猛,弥足令人叹服,鄙人所不及也。(第 56 页)

印文:刘转坤印

批语:四字不易篆,虽能手为之,不能出色也。(第 57 页)

印文:郭希汾印

批语:此印其刀法之峭利,章法之错落,已窥白石先生之藩。惜气力稍弱耳,然即此已为时贤所不能梦到也。欣赏!欣赏!(第 58 页)

印文:王真

批语:气体未充,章法不团聚矣。(第 59 页)

印文:吴让周印

批语:气体不贯,则失浑穆气也。(第 60 页)

印文:张韵堂印

批语:刚健绝伦,深得白石先生家法,但不及前二印浑成。正学庐记。(第 61 页)

印文:启贤

批语:印体及布置尚好,惜笔画未稳。(第 62 页)

印文:西谛藏书

批语:摹白石翁大致不差,书字似宜□为妥。(第 63 页)

印文:李佩琦印

批语:此纯萍翁之作,刚健古朴,前无古人,萍翁有传人矣。(第 64 页)

印文:吴让农印

批语:小印工秀可用,让字改一篆法更佳。(第 65 页)

印文:胡位斌印

批语:此等应以汉官印及吴缶庐为法。(第66页)

印文:乐道人之善

批语:五字印平稳,无奇特处,边跋已有规模。(第67页)

印文:才惭绣虎

批语:才字本不易刻,如此篆法在此印中尤未安详,余之字皆极佳也。(第68页)

印文:孙荣彬印

批语:平正而笔画未十分稳健,不得谓为佳制也。(第69页)

印文:赵连海印

批语:此等应以赵㧑叔为法。(第70页)

印文:慧修长寿

批语:边少差,文佳。(第71页)

印文:许毅之印

批语:稳健无疵。(第72页)

印文:少卿

批语:整齐严肃而错落参差,刀法尤高简可喜。(第73页)

印文:绿天庵

批语:工则工矣,稍嫌板滞。(第74页)

印文:陈景三

批语:工稳少趣味。(第75页)

印文:摩雅

批语:此印工极雅极,如此作去,便能独步当代。(第77页)

印文:淑度

批语:用刀尚工而章法不贯注,度字尤未安详,□误矣。(第79页)

印文:淑度

批语:牙印刻得如此,已自不易,大可用也。(第81页)

印文:淑度

批语:印体似残砖,差可用。(第 81 页)

印文:淑度

批语:分布未工,刀法尚好。(第 81 页)

印文:杨思泰印

批语:杨字□未工。又批:齐先生嫡派。(第 82 页)

印文:李丽贞

批语:不俗亦不佳。(第 83 页)

印文:郑振铎印

批语:刀法亦工,但稍弱耳。(第 84 页)

印文:高君箴印

批语:平正大方,渐入佳境。(第 85 页)

印文:化民

批语:笔画未工。又批:近俗(第 86 页)

印文:轶庵

批语:腕力不逮。又批:此与前白文印皆强有魄力。(第 87 页)

印文:刘师仪印

批语:未稳。又批:笔姿尚活动,再求精稳。(第 88 页)

印文:鲁迅

批语:迅字佳,鲁字未甚安稳。(第 100 页)

印文:旅隼

批语:隼字佳,旅字宜作□便佳,参此篆法金文中恒有之也。(第 101 页)

印文:张凤鸣印

批语:与赵学涛印皆为成体之作,而此印尤工。惟刀法章法篆法皆少变化,近雷同,不得谓非一小疵。得手应心,不期然而然,古今作者正多不免此病。吾意功力既深,仍当于此时时加意,必能神奇变化,不主故常,如史公左氏之文,方能在艺术界占重要地位,永垂不朽。不然者将如为文者所谓印板文字匠,不免为识者所讥之,曰:小技亦寓大道，能言者未必能行。鄙人区区，固不足与此，然一得之愚，不敢不开诚道破，愿吾贤留意焉。壬申十月。（第102-103页）

印文：修白

批语：此刻极大方超脱，不落凡蹊。常作此□，便与流俗远矣。（第104页）

印文：修白

批语：此印刀法最苍劲，必多作此等，乃可增长笔力。惜白字如此篆法未佳。（第105页）

印文：竹本虚心是我师

批语：一印中篆体必须一律，方圆兼有。不善用之，则不能相安。（第106页）

印文：竹本虚心是我师

批语：凡七字印，第一行必三字，不问笔画多少。此古人定法，俗手所不知也。（第107页）

印文：竹本虚心是我师

批语：是字最佳。（第107页）

印文：琦生

批语：雍容自然，苟能如□便更佳矣。（第108页）

印文：琦生

批语：此印真到好处，为近刊第一。（第108页）

印文：赵怀昌印

批语：此印未成。（第109页）

印文：赵怀昌印

批语：刀法甚工稳，似明印，再加以苍老，便成汉凿印矣。（第109页）

印文：振铎长寿

批语：长方印刊四字最难，无论横排竖排皆难，自然宜避之。（第110页）

印文:振铎长寿

批语:稳妥。(第110页)

印文:董璠之印

批语:之印二字笔画见弱,印字有意求奇,鄙人所不喜也。(第111页)

印文:董璠之印

批语:精整可喜。(第111页)

印文:师仪

批语:此印最有古趣,近刻印当以此为第一。戊辰四月十四日。(第112页)

印文:师仪

批语:此刻与前刻小方并美。(第112页)

印文:世代书香世代医

批语:此印第一行三字,第二、第三两行皆作二字,便合古法。前两行作三字,末一行作一字,大不可。此谓推让习气,能手所不为也。刀法亦未工。(第113页)

印文:世代书香世代医

批语:此印排列是矣。(第113页)

印文:刘淑度

批语:再求工稳。(第114页)

印文:刘淑度

批语:稳健无出色处。(第114页)

印文:郝荫潭印

批语:此印仅汉凿体,尚老到。(第115页)

印文:郝荫潭印

批语:气息苍古,而刀法未免太烂。(第115页)

印文:宋哲敏

批语:于快利中寓圆秀,所谓刚健含婀娜者。此境最高,为时流

俗所不能喻。至于章法之错落有致，尤其余事。为之击节叹赏。（第116 页）

印文：风雨如晦鸡鸣不已

批语：晦字□每字上一笔以少占面积为是□。雨字、鸡字、鸣字皆甚稳无疵，此一印以如字、晦字少差，不然便是精印也。已向活动的路上走，风字、已字尤出，然风字应作□，不应作□。（第 117 页）

印文：磊磊印

批语：刀法无削琢气，然亦未能尽稳。印字如此刻法甚不古雅，不如□□□之为美观也。（第 118 页）

印文：栖霞女士

批语：此体与齐白石先生相近，特尚未工，□不妥。（第 119 页）

印文：琪武长寿

批语：此印在作者近刻中为最工之作，即此已可与当代名刻家相颉颃。然及能事则犹有未至，再能雍容雅纯，出乎自然，便自成家。（第 120 页）

印文：吴启华印

批语：此印稍具生动意，二刀法又未工，然在此中尚称好印。（第121 页）

印文：吴启华印

批语：刀法尚工，而态度未雍容。（第 121 页）

印文：镏

批语：此种前人多为之，其实不易作好。（第 122 页）

印文：刘绍坤印

批语：此种刻到好处，可以追步㧑叔。此作略有规模，尚未至耳。（第 122 页）

印文：少平

批语：二字最难篆，虽能手为之不能出色，此刻刀法尚不平庸。（第 123 页）

印文:柬鹿张氏藏书

批语:数印皆稳妥,可用,但以此印为最苍健古拙,居然传世之作也。(第123页)

印文:赵文玉印

批语:无疵谬,亦无特殊精采,刀法工矣,气象再求浑穆。(第124页)

印文:羡钟洙

批语:羡、洙二字工极,惜钟字少逊,不然即此印已能独步一代矣。二十年十一月正学庐观。(第124页)

印文:许地山

批语:此三字不易排列,只可如此,此印颇高古。(第125页)

印文:从吾所好

批语:篆法欠雍容,下刀亦自苍老。(第125页)

印文:徐绍德

批语:笔情见弱,印太大,手力有所不逮也。(第126页)

印文:张云鹤印

批语:刚健磊落,得白石先生之神,当代无此作手。(第126页)

印文:绍虞

批语:大小二印皆未能工,边太宽,亦由字为之耳。(第127页)

印文:涵碧

批语:碧字被侵占,有推让习气,边尚佳。(第127页)

印文:马云

批语:此种亦宗秦汉,明人多为之,无一能工者,仍以避去不为为是。(第128页)

印文:时还击剑学书

批语:未能脱去削琢气,便不能远俗也。(第128页)

印文:展軨

批语:工则工也,所少者生动耳。(第129页)

印文:丽金

批语:二字刀法工极,边栏亦佳,惟丽字下作□不作□,金字下两笔离开作□更好,此印略修之可矣。(第 129 页)

印文:建生小印

批语:条石刊四字最难,虽能手见而生畏。(第 130 页)

印文:挹芬轩

批语:瘦劲圆秀,极佳。(第 130 页)

印文:刘百恒印

批语:此印刀法甚工,尚少生动之致。(第 131 页)

印文:子林

批语:二字极难篆刻,如此已自绝佳。(第 131 页)

印文:化民 胡位斌印

批语:白文小印似汉人,朱文未佳。(第 132 页)

印文:姒艮成印

批语:瘦劲通神,雍容闲雅。(第 132 页)

印文:师仪白笺

批语:峭利有余,老到逊之。(第 133 页)

印文:淑度近况

批语:拓小章不可过用力。(第 133 页)

印文:世间那有清凉散犀角牛黄要自磨

批语:事倍功半。(第 134 页)

印文:淑度敬贻

批语:秀利而且活动。(第 134 页)

印文:展軨珍藏

批语:未能挥洒自如。(第 134 页)

印文:耐轩

批语:朱文印老秀绝俗。(第 134 页)

印文:玉田孙荣彬字挚哉

批语:稳健大方。(第136页)
印文:田培林字伯苍
批语:习气不可学。(第136页)
印文:赵正平印
批语:再求浑穆。(第136页)
印文:刘百泉
批语:再求深稳。(第136页)
印文:淑度长寿
批语:刀法工极,失之于板。(第137页)
印文:心持半偈万缘空
批语:缘字少逊,余字佳。(第137页)
印文:德县刘师仪字淑度印
批语:平稳无疵。(第137页)
印文:字曰贞白
批语:不为不工,差少奇气耳。(第138页)
印文:景逸
批语:小印再峭利,便极精美。(第138页)
印文:初月楼
批语:圆形印刊得如此大方。(第138页)
印文:厚圣
批语:少精气。(第139页)
印文:蔚卿
批语:工雅绝伦。(第139页)
印文:迪生
批语:未能大雅。(第139页)
印文:徐水世医女子
批语:水字好。(第139页)
印文:韫青小印

批语:印字未佳。(第140页)

印文:刘尚一印

批语:尚字尚好。(第140页)

印文:王洪熙印

批语:再求峭利。(第140页)

印文:吴书韵印

批语:工雅可用。(第140页)

印文:贺埙

批语:未安。(第141页)

印文:葛天义

批语:秀雅。(第141页)

印文:即此是学

批语:差可用。(第141页)

印文:孙凤祥

批语:板滞。(第141页)

印文:韫青

批语:深稳。(第141页)

印文:张俊英印

批语:刀法工。(第141页)

按:以上文字由编者从宋致中主编《齐白石贺孔才批刘淑度印稿手迹》(西泠印社2004年版)辑出。刘淑度先生是著名篆刻家,曾先后师从贺培新、齐白石二位先生。

《随园文钞》批语辑存

卷 一

《天官论》 闳识通论,允为大文。此与题跋碑志等小篇乃若非出一手。作家于文体各有偏擅，信然。

《礼制阴阳论》　论有通识，文亦排奡自喜。

《陈平论上》《陈平论下》　上下二篇所论汉高、陈平心迹皆极是。后篇前幅文尤警策。

《辨惑论》　此与退之《与孟尚书书》《伯夷颂》等篇同符，皆所谓特立独行不顾死之士。虽行文远逊退之，要为先生最佳之文。

《上王罕皆先生书》　士之无所凭藉，而能自拔于世俗尘埃，其事至难。苟或能之，无论成就之深浅高下，皆不愧为特立独行豪杰之士，观先生之文可见矣。后幅重在"盖连虽不肖"一转，立身全在此等处着意。若无此转，则义无取矣。

《寄钱容斋夫子书》　质朴雅健，学韩公。

《贺李子敬下第书》　义高而言诡，气充而词沛。皆刻意摹退之，最见先生风格。

《与戈芥舟书》　俯仰揖让，雍容闳雅，其蔼然仁者之言，尤君子所易取也。

《答秦紫峰书》　权衡藻鉴，分析精微，先生于诗之道深矣。

《复堂易贯叙》　此先生讲经之文，亦自渊懿充畅。然不免于平。

《许氏族谱序》　博雅渊懿。

《重修边氏族谱序》　渺然深思，睾然高望，通篇慨叹，神情至为雄远。

《任丘县志大序　代》　大气包举，总括无遗，尤有雍容浩博之观。

《任丘县志小序十二首　代》　通敏闳博，典覈朴茂，蔚为大文，最见先生学力浩博处。

《戈芥舟盘山游草序》　前幅苍莽有气势，惜中间引入诗句，殊为减色，然究不失为先生之佳文。

《唐文读本序》　守先待后，以道自任，卓然不朽之文，宜先生之自得之也。惟中间一譬，用意不能警策，词句亦欠高古，反为全文之累。私意自“譬之”云云，至“无可疑者”，节去更佳。

《江路记程叙》　中幅神情洋溢，气象闳伟，命意尤高。前幅不免率字率句。阑入诗句，又其一失也。

《戈寅岚印谱叙》　于篆刻之学，言之至为详覈。足见前人为学之勤，无所不通。

卷　二

《高海观小传》　简要有精神。先生志传之文，多繁碎，欠剪裁。如此小篇，乃胜大篇远甚，可取法。

《刑科掌印给事中芥舟戈公传》　提顿有法，局度恢拓，春容大雅。《集》中记事文字，此为诣极之作。

《亦珊李公传》　喷薄恣肆，凌纸怪发，先生骋才极势之文，亦《集》中记事文之最佳者。虽锤炼不必尽古，而精采奕奕，固足传载其人于不朽。

《关帝庙碑记　代陆邑侯》　气势骞举，识议闳伟，宜先生之自得之也。昔韩公《平淮西碑》尚磨治不用，而易以段文昌之作。邑侯之不能用此文，固其所也。

《吴公筑德州盐店口记》　学韩公《南海神庙》，虽不必即与相埒，而气魄句法多近似之。

《祭许夫人诔》　公四言韵语乃远胜其碑志之文，词能渊雅，气能奔放也。然亦苦太多耳。

《阅兵赋　并序》　体制似仿枚乘《七发》，词采大雅，惜深意馀蕴较少耳。

《随园赋》　骋才极势，浩然大观，尽其才力所至而为之。所不逮古人者高古耳。

《豕鸟说》　恢诡似庄，先生佳文也。

《盗解》　自道所得，文似诸子。

《秋崖说》　立意极精，而中间杂引诗句，姚惜抱所谓“破坏文体不可学”者，盖大家所不为也。

《题孙可之与贾希逸书后》 琢炼坚实，光彩焕发，《集》中佳文。然首尾无一字点题，几不知为何而作，亦似于义法微有不合耳。

《忧惧箴 并序》 两箴皆高古拔俗，后篇尤胜。

《器物铭十七首》 皆有古趣。

《棣友斋铭 并叙》 铭词大雅可诵，前叙欠润色剪裁。

《弹织女文 并叙》 采藻纷披，词意诡玮，《集》中佳文。

按：以上文字由编者从贺培新编选《随园文钞》辑出。该书钞稿本现藏国家图书馆，由贺培新1949年3月捐献。

三、著作序跋

贺孔才印集序 壬戌

徐鸿玑

天下之技众矣，致力凝神于其一焉，均足以有得而享荣名。况篆刻之学，穷文字之源流，于往古之事，易有所发明者乎？武强贺子孔才，某之同门友也，工诗辞，能文章，有轶才，殆将有为者。乃捐弃世好，从白石山人为篆刻之学。一日携其刻印数百方示某，某玩视既毕，乃作而言曰：夫篆刻之学，非世之所谓雕虫小技者乎？小之者，非以其无大享用于世乎？然往古之事，年代绵远，欲求其迹，《诗》《书》而外，舍于古碑残器求之，莫由也。篆刻自秦汉以来，绵延数千百年间，文字虽流衍变迁，而古法赖以不坠，苟为之者，勿弟以刀法相矜饰，而究极乎古篆籀之文，益以彷徨乎荒林破冢之间，手剔臭蟫，别其朱紫，必能因以有所发明，以享用于世，则昔之小之者，安知不以是而惊叹绝赏之、而重大之乎？不然，徒神其技，虽有独到之处，突过前人，使观者骇难惊异则有之矣，小技之讥恐不免。然以方寸之心，欲研磨数千百年来之古物，而将有所发明，难矣！好君者惧于侧，仇君者嗤于傍，即千百年之枯骨遗骸，亦将彷徨而有所待，唯君其勉之。

北江师云：精湛卓绝，所谓险语破鬼胆者。又云：寓规勉之意于赞诵之中，可谓藻不妄抒。后半精悍之色见于眉间，胜境超诣。

按：该文原载《泗溪文稿》卷一，油印本，现藏国家图书馆，由贺培新1949年3月捐献。

孔才诗文序 戊辰

徐鸿玑

汉魏以降，文学之不振久矣。李唐中叶，韩退之崛起，创为古文之学，而还之古初。柳州飚发，争鸣于一时。于是文章之业，赫然为百代之宗。欧曾苏王承之，矩矱犹存。是后数百载之间，师传中绝矣。逮至有清，张吴两先生承曾公之后，布教大江南北。贺先生起而应之。当国家雍熙之际，严若有虞赓歌唱和之盛，不其懿欤？乃不廿年间，三先生相继逝世，门弟子散之四方，昔时风流遗韵，稍稍衰歇矣。鼎革以还，吾师北江先生笃守家学，继往开来，设帐于京师，列其墙者数百人，于是三先生之教，赖以不坠。民国初元，某来京师，得识贺先生文孙孔才。因获列吾师门下，孔才并延主其家。孔才质直豪爽，于人之过差，不肯曲讳。以故所与游好，率能有以益之。间读其所为文，多惊心动魄之观，傲岸一世之概。其独到处，为同门诸子所不及。吟诵之余，不禁心焉向往。既大孔才之不坠先业，益叹贤人君子流风遗泽沾被后人者，深且远也。一日，出其所为文辞三卷，属为题其首。某尝以谓，孔子之道大矣，门弟子难悉窥其全，故其见于后者，论世有《春秋》之作，诲学有弟子《论语》之书。而子思所作《中庸》，观其所之，表扬先德，恢宏大道者，然后知传圣人之道而昌明之，仍当属其孙曾，有非他人所能及者矣。今观贺子之文，表扬先德、阐发师门之学者为多，窥其意量所在，殆亦犹子思之于孔子，其学业授受之渊源，固如是乎？然则不才如某，虽慨慕于门墙之外，又乌能窥其涯略乎？兹以孔才一言之乞，所以宠荣之欤？抑所以增愧也欤？

北江师云：用意亲切有味，文亦渊雅。

按：原载《泗溪文稿》卷一，油印本，现藏国家图书馆，由贺培新 1949 年 3 月捐献。

贺孔才印集序

吴稚鹤

赵㧑叔氏以秦汉法为印章，于是明以来五百年，纤巧伤雅、气弱不举之习稍稍革矣。昌硕吴氏出，取法赵氏，源本秦汉，超轶前人，卓然为一代宗。白石齐璜亦同时震耀于京师，而以不拘绳缠、高古得天趣见长。师曾陈衡恪更述吴氏说，亦得自为一家名当世，岂非所谓习于古者深而后变而大之者乎？

武强贺培新孔才，余之同学也，倜傥有奇气。弃世之所尚，独为篆刻，奇奥古拙，秦汉之风往往出腕下，盖有得于斯道也久矣。既为余制印数十方，复得拓本十余册，光怪陆离，莫不毕具。既私庆余之幸，复叹其艺之精也。天下事何不可为哉！岂必食方丈、驾千乘而后快欤？侍妾数百，华榱广厦而后乐欤？合于心，适于志，无违其意。世誉之不知喜，非之不知止，行己之所欲，磅薄万物，独游乎数千载之上，浩浩乎傍皇而不知其所止，非有独得者岂能为之乎？呜呼！可尚也夫！癸亥春三月，同门弟秣陵吴兆璜谨序于京师宣武城南之静灵堂。

按：该文发表于《华北画刊》1929 年第 31 期第 2 版，署名稚鹤。

贺孔才印集序

李鸿翱

鸿受业桐城吴北江先生之明年，秣陵吴子稚鹤出印拓百方曰：“此同门武强贺孔才之所作也。”鸿受而观之，遒古高穆，光气逼人，浸浸乎秦汉之风矣。呜呼！高尚之艺术，世人殚毕生之力，首皓齿摇，往往不能希踪一二，而孔才弱冠竟能之，得无使人骇且羡耶？日迈岁越，谫陋甚焉，而归咎于所业之艰邃者，皆强颜而自恕者也。且夫微眇之业多矣。士之立世也，徇世则悖道，尚志则违今，前古以来，越此者希矣。彼之绝虚誉，屏众欲，不馁于世之笑侮，汲汲然于寂寞之业，而必适其心之所尟者，代有其人焉。孔子之《春秋》，庄周之《内外篇》，屈原之《离骚》，史迁杜陵之所作，岂有他哉？乱愈亟而志弥坚，侮愈甚而行弥迈，非豪杰奇特之士，其谁能之。虽然，语治道于稼穑之场，农者弗顾；夸絺绤于祁寒之季，市者嗤之。非不当也，夫亦时势使然也，岂非命哉！岂非命哉！同学弟剑城李鸿翱谨序。

按：该文发表于《华北画刊》1929 年 8 月 18 日第 32 期第 1 版，署名寄尘。

贺孔才印集序

方福东

吴子稚鹤汇孔才所刻印数百以示余。余寡陋不知金石之道，无从识其神妙，但觉醇古可味也。既而读吴子之序，乃稍稍悟其术，以观孔才所作，则其奥折易窥也。

孔才年方弱冠，治印不下数千方，上至秦权汉玺金石残刻之古拙变化，下逮唐宋以降历朝印家之所为，博采众长，审同析异，贯通融会，冶于一炉。然恒自秘不示人，余于此乃有不获已于无者。

近世人士稍有能自鸣一艺，乃张其实，高其名，以炫耀一世，甚者以为取利之途，于是其事乃懈，甚且举发千年古人所传者，毁其名于一朝也，可不哀哉？夫文章大道，浮嚣之士，毫毛未有得，则贬斥古人、凌踔先贤以自尊。世人不察是非，妄跟其说，从而为之播扬。其名誉益高，而其品格乃益卑矣。晚近工篆刻者，如吴昌硕、齐白石、陈师曾诸先生，皆负盛名，虽谆谆自戒，然习尚所趋，彼其所得，与古篆籀之书，果合与否，非余所敢知。第金石篆刻，其术虽属于游艺，要皆洞彻古今，能知其甘苦，然后得成一家，自持其说于不败。孔才以高迈之资，专到沈潜，视古人而无愧，乃能力矫世风，而暗自苦厉，琢磨以期于大成，其用心亦苦矣。世之好名而不务实者，得毋滋愧矣乎？癸亥重阳，同学弟方福东谨序。

按：该文发表于《华北画刊》1929 年第 33 期第 2 版，署名障川。

贺孔才印集序

曾克耑

同门武强贺培新孔才，博学多艺能，年才逾冠而刻印千余方。余尝受而览之，矫变若龙蛇，璀璨若云锦，古朴若彝鼎，廉利若剑戟，疏朗若星月，千态万状，毕出腕下，苍劲遒朴，冶秦汉于一炉，盖得其师白石老人之传，世所谓难能可贵者。而孔才独不自矜惜，友朋有所求，脱手与无所吝。说者以孔才学周秦汉魏之文章，旁及钟鼎篆隶无不学，濡古至深，故虽艺事，亦矫然脱俗远甚，以视世之沾沾以一技自鸣，其所为曾不能得古人毫末，即自视伟然，若将迈越前古，得一二盗虚声者，揄扬而标榜之，群即以绝艺在是者，则诚天渊之判矣。抑知孔才禀其祖松坡先生之学，承桐城吴北江先生之教，志量所注，故将以文章政事名当世。所以刻雕而不辞者，特以自娱乐，供友朋之好，夫其绪余为之耳。夫其绪余，已专精若是，则其所目追而心摹，专精而致志者，岂复可量哉！然则世之知孔才者，不当以是为孔才重，然即以是而推其可重者，固不难想象得之矣！呜呼！其可羡也夫！其可畏也夫！

同门闽侯曾克耑序。

按：该文发表于《华北画刊》1929 年第 46 期第 2 版，题为

"贺孔才印集序"。收入《颂橘庐丛稿·文存卷二》时，题为"孔才印存序"。此据文存录入，取画刊题目，以与《贺孔才印集》其他序文一致。

【校记】

〔璀璨〕画刊作"灿烂"。〔苍劲遒朴〕画刊作"苍劲遒古"。〔盖得其师白石老人之传世所谓难能可贵者〕画刊作"盖世所谓难能可贵者"。〔矜惜〕画刊作"矜贵"。〔脱手与〕画刊作"脱手与之"。〔群即以〕画刊作"群即以为"。〔则诚天渊〕画刊作"则天渊"。〔其祖松坡〕画刊作"其家松坡"。〔承桐城〕画刊作"又承桐城"。〔友朋之好〕画刊作"朋友之好"。〔夫其绪余〕画刊作"夫其余事"。〔推其〕画刊作"推知其"。

题贺孔才印集

郭曾沂

旁行画革走重溟，一变胠庐再蜡丁。眼看六书委榛莽，独持寸铁战风霆。文何以后分流别，仓吏而今邈典型。斗室闭门有千古，人间富贵等秋萤。

按：该诗发表于《华北画刊》1929 年第 39 期第 2 版，署名匏厂。

题天游室集

吴闿生

文章之事，以闳伟瑰丽为极则。二马班扬李杜韩柳所以雄视百代者用此，曾文正公所以推廓桐城之文派者亦唯此，濂亭先生诏吾师松坡公以闳肆之境亦缘是也。孔才毓自名家，不坠祖泽，而其才力之猛锐足以济之。用能宏此造就，良非偶然。今孔才春秋方盛，勉自为之，吾未测其所终极也。丁丑九秋吴闿生题。

按：该文原载《天游室集》卷首，1936年梓于北平，题目由本书编者所拟。

天游室集序

李鸿翱

余曩读左氏文，未尝不疑其浮且夸也。及侍桐城吴北江先生门，然后知左氏幽深诡眇，旷二千余载，罔有能识之者。且左氏不独以文章擅绝千古也，其于胜败之机，兴亡之兆，祸福之端，靡不恳挚勤剀，反复婉曲，诏之以大道，勖之以仁义。又然后知左氏之心，殆欲祖述尧舜，拟迹丘圣，独昭千古也。惊飙突卷，炎曦夺耀，海飞岳倾，鸟绝猿啸，沈昏淆垫，万象震悼，夫非世之所谓凄酷者乎？时阳布和，玉卉锦柯，庶汇骀荡，兢秀争华，百物于以丰硕，元元于以欢歌，夫非世之所谓康乐者乎？天下之势，阴盛则阳衰，乱极则治兴，此消彼长若旋毂。然炫奇儇异之俦，逞私走险之辈，恒数十载，或数百载，乘隙而崛兴，据势而摇毒。士君子之于世，昕夕兀兀，推仁吐义，躬蹈口画，毕生不敢少懈者，亦惧其行或疏，而滔天之祸，自我而启；其志或惰，而淫荡之风，自我而渐也。

曾文正公积诚修文，奋起于流离之际，出其所蕴而大乱以平。张、吴、贺三先生继之，而文教复兴。曾几何时，国崩民蹙，干戈载野，血流骨暴，亘十余载，而互持不解，殆所谓否极之代乎？天下之事，其败之也易，若疾风之卷落叶，若神驹之下峻坂。其复之也则甚艰，如一手而挽万牛，若注沧溟于平畴，况膺大道之重者乎？况积俗之难返乎？

武强贺君孔才，源本家学，从北江先生游最久。其讲学也，摘隐探幽，罔间亲疏，一倾尽之。其有所作也，矞皇典丽，卓越超妙，殆将继吾师而起者。况其诗若文，拳拳卫道，讽时之旨，又远希左氏于千载之上。使有文正之遇，殆将树奇勋于斯世；有盲左之业，殆将垂伟词于异代。虽然吾读文正遗书，知其屡阻艰险，乃幸底于成耳。以昌黎大儒，尚仅许左氏以浮夸，知遇之不可恃也，宁始于今日哉？君子之于道也，积其诚焉耳矣，尽其心焉耳矣。其所谓至当者，捐躯殚精以趋之；其所谓否者，蹈刃忍饥以避之。孰肯囿于成败、毁誉之迹乎？或遇或不遇，或知或不知，又曷足道哉？中华民国十四年丰城李鸿翱序

按：该文原载《天游室集》卷首，1937年梓于北平。

跋孔才先生抗战之诗

《天津民国日报》

贺孔才先生，武强望族，诗古文辞、篆刻书法并冠绝一时。七七事变以来，奉侍重闱，息影北平，伪政府当局多方敦请，峻辞不应。平居抱瓮灌畦，韬光养晦，对后生多方启诲，鼓励其爱国思想，为国家培植正气。方之古人，殆管幼安之流亚欤？先生诗文真力弥漫，元气淋漓，俊逸豪雄，兼而有之。而八年之间无只字发表，读者渴想已久。兹值国家光复后之第一佳节，特就先生诗稿中辑录有关时局之诸断句，以为我双十增刊之点缀。

二十六年八月，日寇进扰，先生曾有团城杂诗三十首，其《纪事》十三首中有句云："追北胥攻楚，平西度总戎。会看收冀北，指掌下辽东。"又云："岁歉应诛纣，为霖倘伐邢。封豨驱域外，重与肃严扃。"《读班孟坚燕然山铭》句云："云辎腾瑰玮，金甲耀峥嵘。截海剿凶虐，恢闳大汉声。"《艰难》句云："中原已见龙蛇没，万古终回江汉东。"二十七年，《津沽晤兄》句云："石炼天终补，时危梦屡残。平生奇绝意，

不与岁时阑。”二十八年《和忍暗》句云：“徒劳笑樵子，一梦鹿藏蕉。”二十九年《放歌》句云：“君不见蛟龙轩海倏颓波，变化何异杯旋螺。樵夫掩面莫愁绝，日暮途穷荆棘多。”按：樵夫樵子，均指日寇而言，谓日寇之徒劳无获，败灭旋踵也。《看菊》句云：“我笑畦边万绿丛，惹蝶牵蜂斗芳馥。不知天外正斜阳，顷刻霜飞遭殄戮。”按：此谓汉奸勾结敌人，苟图富贵之可笑，而预言其下场也。《和会厂》句云：“雨濡三辅地，龙跳九天门。”《酬厚盦》诗云：“八表雷霆迅，三关虎豹摧。轩腾待天马，珍重写云台。”三十六年《和六厂》句云：“就烹大蟹犹喷沫，既倒狂澜尚作潮。”《惊蛰降雪》诗云：“虽寒不太甚，纵雪不能多。大气已潜转，颛顼能奈何。犹复逞寒威，每每挥霜戈。心劳力弗济，幻景皆蹉跎。萌芽茁厚土，惴耎蠕深窠。惊雷一朝震，好雨来滂沱。万卉蓬勃起，百羽翩翾过。抗车笑螳臂，赴烛怜飞蛾。劝君且安坐，一意调阳和。”按：此盖已确知日寇大势已去，犹恣意横行，故比之为就烹之蟹、既倒之澜、抗车之螳臂、赴烛之飞蛾也。《和古函》句云：“枕戈要办虏全枭，临川更作河清颂。”《题长河打纤图》句云：“要看赤手挽狂澜，收入孤篷放意眠。”《题牧羊图》句云：“不能号令真徒然，前溪听我鼓鼙鞭。”按：此盖渴望胜利，而作起义杀敌之痴想也。《寄伯愉稿》句云：“辉煌族类光，莽荡乾坤大。伫见阴霾消，转眼江天霁。”三十一年《指疾瘳》诗云：“元气自蕴培，内力增抗拒。病菌聚而歼，流毒不能腐。新机朝暮变，精悍见眉宇。指掌理大千，生龙与活虎。”《病喉》诗云：“天君号司命，告尔马走俦。灭此乃朝食，不者性命休。输血始济弱，攻毒方有瘳。众擎重易举，独注功难求。针注兼药涤，细菌穷追搜。刚风扫败箨，势不斯须留。匡床酣昼睡，猛省全神收。一笑三千年，一举凌九州。”按：此两诗前篇断因我方抗战力逐渐雄厚而必胜，后篇谓得盟邦的接济与协力而必胜也。三十二年《和子高》句云：“不见雷电光，日烨烧蛇尾。”按：此似已预知原子弹之发明与应用。《陟琼岛浮图观雪》句云：“会看云汉见昭回，万古沉冤聊一雪。”卅三年《和榆园》句云：“犹有烈士心，惊雷出肺腑。幽潜震虫蛰，风雨占十五。萧萧闻马挝，夜起看部伍。正气摧利兵，执梃挞秦楚。”按：此皆为联盟国之围攻，与国盟军收复失地驱逐敌寇出境写照。三十四年《和叔存》句云：“天风吹散云，会饮黄龙酮。横揽大江流，浩歌传万楮。鲸拔沧溟开，日曜龙鳞聚。大义伸百族，利甲包圜土。”《和榆园叔存》诗云：“起看江河走东海，滔滔日夜吞乾坤。”先生前在三十年，有《春雪》诗四绝，其末首云：“浮云荡尽丽朝阳，转眼寒消雪沃汤。大地终归春覆育，颠风戾雪总荒唐。”此诗不啻为我国今日苦尽甘来之整个写照。编者特辑录于末，以为本年胜利后第一双十节之祝辞。

按：该文发表于《天津民国日报》1945 年 10 月 10 日第 3 版，题为“国庆珍屑”。现题为本书编者所拟。

【校记】

〔独注〕《天游室诗未刻稿》作“孤注”。〔猛省〕《天游室诗未刻稿》作“猛醒”。〔日烨〕《天游室诗未刻稿》作“烨烨”。〔会看〕《天游室诗未刻稿》作“何时”。

题贺孔才先生治印

《天津民国日报画刊》

孔才先生之文名、书法，固已驰名海内。而治印之工，直上追秦汉，而自成一格。清刚古朴，纯乎汉法。方寸之石，元气充沛。结构功夫纯自文学蕴蓄中得来。本期选刊二印，为“宝树”“竹节松贞”，峻拔古穆，气象万千，兼撷众长，不主一体。清丁敬身《论印》诗云：“古人篆刻思离群，舒卷浑同岭上云。看到六朝唐宋妙，何曾墨守汉家文！”之句，可为先生咏矣！

按：该文发表于《天津民国日报画刊》1946 年 1 月 20 日第 2 版。题目为本书编者所拟。

题贺孔才先生临虢季子白盘

刘叶秋

贺孔才先生篆书，苍劲朴厚，兼擅众长。颇自矜重，而不肯轻为人作。此临《虢季子白盘铭》，为先生大篆精品，原迹书于象牙片上，此为未刻前摄影，牙质滑不受墨，而先生挥洒自如，一若施于绢素，端凝古穆，气味深醇，恍睹三代彝器。且笔笔精悍，真力弥漫，如百练之钢，绝无渣滓。盖已臻炉火纯青之境，得心应手，无不如意。天资学力，两无间然。而书之能事尽矣！

按：此文发表于《天津民国日报画刊》1946 年 3 月 10 日第 3 版，署名澄碧。注"霜桧楼藏照"，霜桧楼乃贺培新弟子刘叶秋斋名。刘氏时任《天津民国日报》副刊主编。题目为本书编者所拟。

文编序

卜青茂

总集之作，肇自中古。《诗》《书》尚矣，厥后有王逸《楚辞》，综缉宋玉，下及汉廷诸人之作，大氐以屈原为宗。挚虞《文章流别》稍后出，然残阙不完，其佚时时见于他书。求体例精而行世最古，以梁萧统《文选》为首屈。世之习汉魏六朝文者，用是为圭臬。自余如真氏《文章正宗》、姚宝臣《唐文粹》之属，率以明道经世为旨，征文考献者取法焉。然传习视萧选为远逊，意其有不足厌服人意者与？

有清乾嘉之际，士大夫群务于训故考据。桐城姚鼐独持义理、考据、词章三者不可偏废之说，绍述其乡老方望溪、刘才甫之绪，自奋于文，复类纂古文辞，以树标的，学者望风而趋。于是，《类纂》一书始与《文选》争席，殆又胜之。曾文正公私淑姚氏，雄深博大，奄有千古，杂钞经史百家,垂示后世,闳规大启。自来选文者,莫之与京,可谓盛矣！盖惟知文,而后可以言去取。非深于文,则必不能厘定别白汰渣而存精。故伯乐一顾,而马群遂空。蔡邕倾耳,而焦桐呈响。选文之道,亦犹是已。

吾友武强贺孔才先生,少承庭训,长事大师,耳熟前辈流风绪论,每都讲上痒,口演指画,学者莫不相悦以解,虽于敌寇侦伺、士气消沉之顷,聆其议论,瞻其风采,无不感激鼓舞,思抚剑而起也。呜呼！传载古人之精神于千百世下,宁有愈于此者乎？今先生裒集历年讲授所得,有《文编》之作。其去取至当,厌乎人心,审择评注,取便初学,略仿姚氏、曾氏之旧,约之而取其精,传世行远,殆无疑也！

国家当危急存亡之秋,内外交讧,杀人盈野,天下震动,人不知死所,奸黠者争徇利禄,谄谀事贼,危邦本而不顾。先生独俭德避难抗节以与强暴横逆相角,夷然不为所动。乃复取圣哲一贯之至文,衡量而殿最之,择其可兴可劝,言之尤炎炎大者,勒为是编,以诏后进,冀扬天地正气,挽国运颓风于万一。其至心盛业,令人惊服！谓非豪杰之士而能之与？《诗》曰:“风雨如晦,鸡鸣不已！”《易》曰:“内文明而外柔顺。”其先生之谓矣！

青茂喜友君如千古上人,又习知其志事。兹值倭寇降伏,国土重光之际,亟取是编刊布之,并揭其选文之原委及大旨如此。若夫潜研而深索,以成德达材,蔚为国器,是在读者！

中华民国三十四年十一月赵县卜青茂序。

按:此文原载《文编》卷首,天津民国日报社,1946 年 7 月天津初版。

文编跋

孙鸿章

吾国文章，为前圣精意所寄。小之身心动作之微，大而古今兴衰之变，质诸百世而不悖，放之四海而皆准，瑰玮壮观，尽萃于是，岂独炎黄子孙所不容忽，抑亦列邦才俊所当致意者也。第去古既远，歧说滋众，醇疵白黑，纷然杂陈，虽古之志乎此者，擿埴冥行，犹往往汩丧其才，泛滥无归，况今世百学争鸣之世，欲求其并营兼顾，相得益彰，不亦难哉？

吾师孔才先生为清末古文大家贺松坡先生之孙，幼秉家学，复受业于桐城吴北江先生之门，孜孜于是且三十年。继诸老之后，毅然擅斯文之统。其读书，于异说纷纭之中，独洞幽旨。其著书，务厘判其得失正伪，折中于一是。其诲徒，则阐发作者之精神，而心知其意，昭然若揭，日月而行，何其盛也！既怵然于绝学之凋敝，乃选古今述作之有关于国族生民之大者，得至文百四十余首，号曰《文编》。名家评注咸被斟采，偶有创见，亦并列焉。诚国学之要津，后生之轨范也。志乎此者，将专心致志，期跻乎古人之域乎？则由是而阶进焉，以穷源而造极，将广包众揽，德以润吾身乎？则乘流而逝，不知所抵止已。韩公云："思义患不明"，"既学患不行。"学者潜玩深思，心知其意，而一践吾躬。圣贤豪杰，将郁起滂兴，而莫可测量。藐予小子，敢不勉夫！

鸿章为录其书既成，爰敬书于后。

中华民国三十三年四月二日受业故城孙鸿章谨识。

按：该文原载《文编》卷尾，天津民国日报社 1946 年 7 月天津初版。

文编 贺培新纂 卅五年七月初版

东 林

选编文集本来是一件繁难而重要的工作，尤其是在中国这条浩大的大海里，要想广征斟采的捞出一部副于理想的选本来，盖非博学而具慧眼的人莫办。

我这样说，会有人认为是故做耸人听闻的。然而，我们以选本和各家专集的流行，与他的作用来比较，便可看出它给予人们的影响的重大了。关于这一点，我们可以从历史上寻出许多的实证。譬如萧统选编的《文选》，至今已有千五百年，它还能完整的流传着，而他自己的《昭明太子集》却已成了残本，并且也鲜为一般人所注意。唐代诸诗人的专集，却不如《唐诗三百首》之类给人的印象深。《古文辞类纂》与《惜抱轩全集》在市间流布的情形，也是极明显的例子。这原因说来很简单，就是因为选本能够在最经济的条件下，给予一般读者窥得上下古今或一朝代的作家的精华，在这里可以获得他们的需要。

不过，选编文集是见仁见智各有不同的。这就是说，一部选本里是寄寓着选编者的意向。因此，一部选本对于一般读者的影响，是至巨且深的。所以，我们对于每一部选本，都须要仔细的加以检讨与分析。

《文编》是一部最近出版的选本，并且已为几个大学采做了教材。所以我们对它的估价，是应该急需注视的工作。

翻开这部书的目录，所列的篇目，大多不出《古文辞类纂》与《经史百家杂钞》的范围。我们知道，《古文辞类纂》与《经史百家杂钞》是桐城派树立文风的示范的书籍。然而却未把桐城派整个的精髓，明显的发露出来。《文编》正是摘取了《古文辞类纂》中的精液，并斟采桐城派各家的评解，以揭出桐城派的文学理论和精神所在，补填了《古文辞类纂》所示的不足。

谈到这里，我们便会生出一个问题来，就是“桐城派究竟对于新文学思潮有没有作用”?

在新文学运动的初期,桐城派曾经遭受过极炽烈的攻击。在当时,攻击者是目桐城派为反动势力的。然而,殊不知桐城派的树立与发展的路程,是时时在依循着时代思潮而前进的。就是对于新文学运动,亦有着极大的助力。关于这一点,我们可以从姚鼐兴建桐城派的文学基础,中经曾国藩的辟开新路,至吴挚甫、严复、林琴南诸氏介绍西洋文学,及科学思想上的一条线索,便是一个明证。即后来梁启超、胡适之、陈独秀等人的理论,亦多受到桐城派的影响。所以周作人说:“今次‘文学运动’(按:即指新文学运动)的开端,实际还是被桐城派的人物引起来的。”

这段话似乎离题甚远,然而,藉此正可说明了《文编》的纂者,只择取桐城派所尊崇的文章,并不是固执不经的举动。

近二三十年来,书肆里常有各种的选本出版,但大都是些东拼西凑来做投机发卖的商品。这般人选编的方法,只是顺着手头的方便,以达到速成为目的。至于所选的文章的价值如何,他们是不加计较的。所以,这些版本给予读者的影响如何,更是不言而喻的了。

《文编》分上下二卷。上卷是选取汉以前的文章,下卷是斟录晋以下至清末的作品。文中加有注释,篇后并酌采名家的评解。全书条理分明,系统一贯,勤慎之情,灼然可见。使执教者可以得教授的方法,使自修者亦可得到一条明朗的轨迹,绝非一般“熏莸白黑”“纷然杂陈”的“剪本”所可比拟。

《文编》实在是一部使研究文学或其他学科的人们,感到最经济而实用的选本。

按:该文发表于《天津民国日报》1947 年 6 月 24 日第 6 版《文艺·书评》。

文编出版广告

《天津民国日报画刊》

武强贺培新(孔才)先生纂《文编》现已出版。研究国学者的恩物,古人文艺精华的总汇。理想的课本,自修的圭臬。最宜于大学、高中采用的国文教材,也是自修的良好国文读物。两大特色:(一)选择精审:是编分上下二卷,自经史诸子及历朝诸大家名作,选择精审,条贯井然,昭示读者以为学之途径;(二)评注精详:是编采诸家评注,斟酌损益,务求简明,提要钩玄,撷精豁晦,极便读者。本书平装两巨册,印刷精美,定价低廉。

按:该文发表于《天津民国日报》,1946 年 10 月 27 日第 5 版。题目为本书编者所拟。

跋贺先生所赐印册

崔家焜

窃窥夫周秦两汉之印,苍劲古朴,如铸如蚀,似非刀笔所能为,亦非人力所能致,盖吾国文化艺术愈古而益美,时代不同而历年悠远,天然之剥蚀点染有以致之,又不独印章为然也。厥后学者天赋日漓,专精之功又逊于古,而古意亦渐违轶矣。故旷观数代,虽间有作者,囿于时尚,无复古初瑰玮之观。清之季世,赵悲盦之谦首出,始直追秦汉,卓然大雅,洎晚近吴缶庐昌硕、齐白石璜两先生继起,一以浑穆之气,一以奇纵之势,各擅胜场,而印学于以大昌。

吾师天游先生少尝从齐先生问法,实兼擅三家之长,驰骋周秦两汉之间,变化雄奇,复饶异趣。齐先生尝谓:"治印之道无他,钝丁画沙,快剑切玉。"惟吾师能为兼至。而新城王晋卿先生树枏,亦称游丝萦汉,孤烟袅空,实于当代独辟一境。家焜从先生学治印且十年,愧无一得，然于先生治印之精意，则尝思其故矣。先生治印非徒以印法为之也，早岁即以能书名于时，今则大而益化，自三代吉金，周秦汉魏之石刻，晋唐人之名帖，张颠怀素之狂草无不习。先生之印盖以书法为之耳：精整工细者晋楷也，雍容大雅者魏唐之名碑也，浑厚古穆者古籀篆也，纵横奔放者狂草也，此吾师之印所以不可及也。抑犹未尽焉，吾师固又以文名矣。幼习家学，复亲炙于桐城吴北江先生之门，绍斯文一脉之传，不愧于古之作者。先生之印盖又以文章之道为之耳：精工整练者箴铭赞颂也，春容方雅者序跋传记也，苍浑雄古者碑志制诰之文，而放纵繁丽者，则雄辩宏议之篇，与铺扬藻饰之赋，皆足以眩神荡气卓绝不磨之作也，此吾师之印之所以终不可及也。虽然，吾师之智既足以博通古今，淹贯中外，经纶万汇，而操之若虚，蕴蓄于中而靳而未施者，固亦多矣，治印恃鳞爪焉耳。呜乎！鳞爪隐见于云霞开阖之间，疲形惫精，竟不得而窥其全，况其所蕴蓄而不肯轻以示人者哉。呜乎！可不勉夫。

按：该文发表于《天津民国日报》1946年9月16日第6版《文艺》，署名仲明。

贺孔才先生治印

刘叶秋

武强贺孔才（培新）先生治印，绝类离群，不尚墨守，自成作家。平生鄙六朝唐宋为无足取，尝诏笔者曰："赵撝叔（之谦）白文印多逼真汉人，以板重胜；朱文印少古朴之致，但婉妙工秀婀娜之美，自成一格。缶庐（吴昌硕）所诣夐乎远矣兼师秦汉，尤得力猎碣封泥，而益以雄浑变化朴茂之观，其风力回过前人，足以追还八代。近今白石先生（齐璜）不主故常，自我作古，倚斜奇纵，笔力万钧，崇之者则以为纯乎创造，非之者则以为闭户造车，实则专取秦权及汉凿法，而自成其郛廓，何能全轶古人之外而独辟一天地耶？仆之治印凡数变，然鄙六朝唐宋元明为不足取，及不欲为一家所囿，二义始终一贯，年来时游神于三代鼎彝款识、殷虚卜辞、周秦古录之间，拟兼攘众美，剂其所未逮，某之犷悍，某之媚弱，皆所谓不逮也。槐堂（陈师曾）才力有余，惜其早世，工力未至，盖终身未能脱缶庐窠臼，其精作已升堂入室，率然之作多不堪入目。古人云：'虽不能至，心向往之。'又云：'有志未逮，仆之谓矣。'"先生虽谦以自牧，而其卓识绝诣，固昭昭在人耳目，实非余子所能仿佛。

兹觅得数印，以公同好。世有真赏，当能玩其妙也。

按：该文发表于《天津民国日报》1946 年 9 月 19 日第 6 版《民园·艺术》，署名澄碧。

题蒋主席六十寿序并寿画

《天津民国日报画刊》

为庆祝主席六旬寿诞，北平党政军各机关首长，由李主任宗仁领衔，共五百有余人列名，公献寿序一篇，由当代文学艺术家贺天游氏撰文，由书家顾随氏书册，册页外函，仍由贺氏用大篆题签。另献当代画家名画四巨轴，每轴均由贺氏用大篆题端。计齐白石画桃，题云"桃熟千年"；溥心畬画山水，题云"山容万古"；徐燕荪画人物，题云"富贵寿考"；徐悲鸿画松柏，题云"松柏长青"。画轴外函则由辅大文学院长沈兼士氏题签。贺天游先生为北方文坛重镇，寿序洋洋千言，瑰奇浩大，蔚为大观！已成历史上最重要之文献矣。

按：该文发表于《天津民国日报画刊》1946 年 11 月 2 日第 1 版。题目为本书编者所拟。

题贺孔才先生篆书联

《天津民国日报画刊》

贺孔才先生(培新)篆书精绝,颇自矜重。近以其弟子刘峄莘、汪元澄于本月十八日结婚,特集《诗经》语,作钟鼎字为联以贺。文曰:“五月鸣蜩,夜向辰载骖载驷;三星在户,士与女鼓瑟鼓琴。”佳句浑成,天衣无缝。书势朴茂,高古自然。落款钤印,无一不妙。先生得意之作也。

按:该文发表于《天津民国日报画刊》1947年5月21日第3版。题目为编者所拟。

四、齐白石批孔才印草

印文:学道爱人

批语:凡天然印不易为。此石刊四字,宜作为两行,每行二字,庶不见做作。古人无天然印,实不雅观也。此不正之石,可不为为是。(第 48 页)

印文:贺植新印

批语:此印乃弟近刊四十八石之第二也。余愿兄胸中须罗秦汉人,不必独有白石也。(第 49 页)

印文:李炳璜印

批语:此印似烂铜印,少浑圆之气。然古铜印之浑圆系冶成,自无方角。李君此石能一日数用,五年后必成汉人印矣。孔才其进何勇也。(第 50 页)

印文:警涵

批语:水旁,此汉人印篆之法,不宜常刊,宜篆此“水”字。警字篆法上节少松。(第 51 页)

印文:李维

批语:古雅。维字尤佳。(第 52 页)

印文:邦理私印

批语:条石篆四字最难,古今人亦不喜刊。(第 53 页)

印文:仲宏

批语:二字刀法超劲,余愿吾贤师法舍短。(第 54 页)

印文:李志群印

批语:李、群二字似汉刻,志字末笔太硬,印字末笔惜将成圆画

也。(第55页)

印文:擢星

批语:篆法有别趣,此石乃朱文中之最佳者。不独言弟,即居京师之刊印家,刻此二字不过如是。(第56页)

印文:启之

批语:条石刻得古雅可观,篆法虽工,然字亦有关系耳。(第57页)

印文:离明

批语:刀法最工,纯似钝丁刻画。隹字有趣,惜内字未工也。(第58页)

印文:气以率志

批语:笔画似拙,却不甚版刻;篆法可观,却非做作。(第59页)

印文:贺培新印

批语:此印乃弟近刊四十八石之第一也。居于北京诸刻印家,见此印必欲语人曰:贺培新之刊印,可惜乱来。即嫉辞也。(第60页)

印文:孔才十五以后所作

批语:篆法乃见用心,其刀法未到十分纯熟,觉散乱。此中三昧非独在用心,亦与年俱进。(第61页)

印文:谢玉树印

批语:玉字未成篆文,无论古今人刊过,不得为法。可添一笔,改一笔,玉便成篆文矣。(第62页)

印文:楚芳

批语:芳字往下三笔过于硬。(第63页)

印文:筱山

批语:二字似扐菽刀,虽工,笔画未稳。刻此等印,见扐菽“扐菽”此印,便知是非。(第64页)

印文:天下第一等人忠臣孝子世间惟两般事耕田读书

批语:宜常用常擦,方去笔锋,便是好印。(第65页)

印文:行吾敬与人忠

批语:行字不雅观,敬字与行字有推让之病。(第66页)

印文:贺迪新印

批语:凡刊石有篆法得心之字,刀法亦有得手处,把石不可忘却。余亦正有此病。此篆法刀法与前第一印、第二印雷同。(第67页)

印文:喧波

批语:此喧字即吴让之所谓让头舒足为多事。波字佳。(第68页)

印文:张熙兢印

批语:纯似烂铜文,故古人印易为,余此言为世人所窃笑也。弟近刊四十八印,此印止。(第69页)

印文:宗寿蘅印

批语:衡字相连处似有雕琢,寿字佳。(第70页)

印文:宗寿勋印

批语:此印佳。笔圆秀,惟寿字最有态度,惜钩未平,不如前印矣。(第71页)

印文:贺启芳印

批语:刻石不宜过烂,偶尔为之可矣。贺字浑得可爱,近来所刻,此算佳者。(第72页)

印文:植新之印

批语:此刻篆虽似古金石,只可偶尔为之。(第73页)

印文:定远之印

批语:刀法有趣,章法不团聚。(第74页)

印文:李炳瑗印

批语:大局虽匀,字字却少精力,李字外且不足雅观。(第75页)

印文:子建

批语:赵无闷善篆印,然子字不易佳。余尝篆此子字,样式真难看也,愿吾弟舍吾所短。(第76页)

印文:南宫李葆光所作

批语:笔画老键,如有朱厚色深之印泥泥之。近刻为此第一。(第77页)

印文:贺培新

批语:贺字之脚,或直下,或“见”样可矣。似此似未安稳,其中三昧非可言传。(第78页)

印文:孔才

批语:二字有味,子字工矣。此后,凡刊有子字之印,以此圆笔最好。(第79页)

印文:钦明文思安安

批语:此印弟必以为佳矣,却不能如前刊之李雅之印耳。白石五月十六日。培新案:李维,误作李雅。(第80页)

印文:于永辛印

批语:古雅。(第81页)

印文:蒋成瑞印

批语:印字窃恐不入时宜,似匠心过用。(第82页)

印文:玉伯

批语:玉字及印边甚入古,伯字未工,且用此“白”字,即伯字也,不必有人旁,宜更刊。(第83页)

印文:玉伯

批语:二字及印边佳,惜时人必骂也。(第84页)

印文:贾廷琳君玉父

批语:似黄莫父,虽工整而不版,未易下刀,宜以此刊法问人。(第85页)

印文:贾廷琳印

批语:古人之作,知者难逢。(第86页)

印文:贾廷琳印

批语:较前印尤工,虽有破笔画而不见做作,真可谓不假雕琢。

篆法、刀法不必轻舍。(第 87 页)

印文:贾廷琳印

批语:贾字、琳字有心占长,即有推让之意,不老实矣。(第 88 页)

印文:子和

批语:二字有趣,通印入古。苟能印印如此传作也,即此可不至销灭矣。(第 89 页)

印文:景篴

批语:伪造汉印也,前一字其趣味与古人乱真。(第 90 页)

印文:李楷芬

批语:条石不去刻印家习气,有心为古,翻堕流俗。(第 91 页)

印文:兆璜长寿　轩堂

批语:上一印纯正,殊不易篆,秦汉人有天趣在老实也。(第 92 页)

印文:宗达伯　许恩冕印

批语:上一印轻重自然入古。此刻法不独众人不能知,即刻印家未必人人有此心手。(第 93 页)

印文:明东

批语:东定之,昔人木定之,亦有此法,汉人所不为也。(第 94 页)

印文:贺印

批语:贺印二字中离未免太远,似有心为好,虽好不自然。(第 95 页)

印文:兆璜长寿

批语:辛酉七月后,所见孔才弟所刊之石,篆法入古趣,刀法浑成。只此兆璜一印,足可令人惊佩,白石。愿弟稳守兆璜印以名家,不必取巧翻俗,白石又及。(第 96 页)

印文:培新白笺

批语:辛酉七月后,白笺印效前兆璜,尤觉痛快。前印如椎画沙。此印如宝剑之截玉,刊印之道止矣。(第97页)

印文:吴兆璜摹两汉金石

批语:吴兆璜摹两汉金石之印,殊可使用,弟为余所刊者不及此远矣,所谓弄巧翻拙耳。(第98页)

印文:植新　馨山

批语:二石平平,下一印篆法最妥。(第99页)

印文:鵌之

批语:此印近拙,拙者古也,时流不能知其中之三昧。(第100页)

印文:潘式印信

批语:无做琢气,自然古雅,即好刻手也。(第101页)

印文:桐城吴氏北江

批语:桐城印,惜北字独窄。(第102页)

印文:贺氏收藏

批语:大方。(第103页)

印文:别存古意

批语:纯是秦汉想思,不假琢雕,自然古雅。白石山翁。(第104页)

印文:王翰清印

批语:刀画少见单弱。(第105页)

印文:庆濂

批语:篆势大雅,不易得人知得。(第106页)

印文:木卿

批语:古趣,似嫌印泥太湿。(第107页)

印文:木卿

批语:比前小印尤佳,佳在木字甚拙。(第108页)

印文:木卿

批语:不似石印,亦不似今人所为。妙品也。(第109页)

印文:觉禅道人

批语:此印笔画亦秀,却不见单弱,真能事无惭。(第 110 页)

印文:张氏心泉

批语:小印能得笔情超古。(第 111 页)

印文:仙舫

批语:舫字不如仙字之稳。(第 112 页)

印文:邓乃昌印

批语:乃昌二字,毛笔何能写出。(第 113 页)

印文:明父

批语:明字末笔未免放松。(第 114 页)

印文:子靖

批语:脱尽凡格,不见做作,即为佳刻。(第 115 页)

印文:豫滑尚氏收藏汉魏六朝金石文字书画之印

批语:逐目惊人,吾子真可畏也。齐璜记之,以问来者有同情否。(第 116 页)

印文:抱阳山人

批语:凡一艺名家,不欲为前人所误,笔画异人处,必须留心。(第 117 页)

印文:燕赓

批语:瘦硬通神,却为服李阳冰者非之,吾弟勿听也。(第 118 页)

印文:尚宗周印

批语:四字古极,雅极,此时之京华刻印家不能梦见,即吾辈亦不常有也。吾子刻石止乎此矣。白石山翁。(第 119 页)

印文:杨溥之印

批语:秀硬可人。(第 120 页)

印文:刘振铎

批语:虽佳,无奇特处。(第 121 页)

印文:佩贞

批语:小印不易工,此即工矣。(第 122 页)

印文:张宝琳印

批语:用刀之力,若宝刀截玉如泥。(第 123 页)

印文:瓯卜

批语:此篆法却过无闷,然非弟绝作。(第 124 页)

印文:明东

批语:其篆法足见吾子用心,毫不让人。(第 125 页)

印文:心泉持赠

批语:无闷多此篆法,在无闷不常多佳作,弟可不为。(第 126 页)

印文:胡宗照印

批语:过于瘦,瘦必露刀锋也。此印非印石,其坚如铁,胡君强我刻之,费力至大,成功勉强如此。培新记。(第 127 页)

印文:友三

批语:二字佳,用笔真个爱人。惜二又字不相连,似有推让气习。总之令人细看不能释手。(第 128 页)

印文:秣陵吴兆璜二十以后书

批语:朱文印甚工,非寻常有意刊钟鼎文字之流,死于木板之下。近代钟鼎字多木板出书。(第 129 页)

印文:闾生之印

批语:吴先生之名第二字不易刻,况印内又有之字,此篆法即算工矣。(第 130 页)

印文:觉负轩

批语:刀法硬峭。(第 131 页)

印文:勿斋主人

批语:此石形,此字样,无论何人不能弄好。(第 132 页)

印文:贺植新印

批语:老诚。(第 133 页)

印文:锡明

批语:篆法聪明,非此办法不可。(第134页)

印文:醉爱逃禅

批语:佳。(第135页)

印文:峰孙

批语:熟极反生,寻常眼孔不能知其微妙处。(第136页)

印文:莆五

批语:工则工矣,惜上下余红太匀也。(第137页)

印文:颖民

批语:前人无此篆法,前一字非此篆法不可。妙哉!妙哉!(第138页)

印文:何世珍印

批语:此印固佳,不如周尚文之妙。培新案:周尚文,或先生误记,拙作曾有尚宗周印,蒙先生所许,或指此也。(第139页)

印文:昌威之印

批语:古趣。(第140页)

印文:陈氏

批语:篆法似吾辈所为,吾弟近朱赤耶。(第141页)

印文:怀宁何世珍印

批语:老硬,非少年人所为,可佩。(第142页)

印文:琬君

批语:无闷所无。培新案:此印刻成曾为吾友潘百英所许,余则自谓不如前印。今白石先生面谓余曰:此为弟精制,赵无闷不能到也。益证百英之识印过余远矣。(第143页)

印文:瑞芝

批语:芝字又不可变动矣,谓为工,非誉词耳。(第144页)

印文:笃之

批语:之字又不可变动,吾小名阿芝,吾弟可为刻之。二字芝字、

之字均可用。(第 145 页)

印文:云青

批语:此印佳。惜云字左直一笔,似有欺青字之势,故末笔亦然。(第 146 页)

印文:峻如

批语:峻字不如如字之稳。(第 147 页)

印文:长荣

批语:截玉如泥,人所不能到也。(第 148 页)

印文:宋桢之印

批语:刻成,想见快心。(第 149 页)

印文:贺又新印

批语:笔画平稳,不失古法。(第 150 页)

印文:浩然

批语:告低于水,然字与水平身,却见自然些。(第 151 页)

印文:谢溥

批语:单刀绝妙。(第 152 页)

印文:冯浩

批语:二字老到,虽有笔画相连处,绝无雕琢气。白石。(第 153 页)

印文:北山居士

批语:此四字殊不易篆,北字尤难言矣,非如此篆法不可。即如此篆法未佳,用心犹未苦也。白石山翁过目。(第 154 页)

印文:澹然为怀

批语:怀字吾弟已自言,然刀法犹妙。怀字不成篆法,宜更刊。培新记。(第 155 页)

印文:孔才

批语:二字态度翩翩,无论何人不能再有作法。(第 156 页)

印文:静虚堂主

批语:从此印以后,平通者不言。(第 157 页)

印文:长安林郎

批语:恐过于放恣。(第 158 页)

印文:怀宁潘氏

批语:潘字水傍上窄下宽,有溪水出江之势,然在印中未古也。(第 159 页)

印文:兆鼇

批语:此上窄下宽之字,不独无病,而且佳。(第 160 页)

印文:方氏美

批语:方字过于圆,故生缓弱。(第 161 页)

印文:秋醒斋

批语:真稳。(第 162 页)

印文:养晦斋

批语:谨防人曰学烂铜文也。(第 163 页)

印文:葆文

批语:下一方留红太齐,幸稍斜,无嫌也。(第 164 页)

印文:子範

批语:範字车字倘直下到边尤妙。其印如未出京,可为再刊。(第 165 页)

印文:贺氏君质

批语:君字次之。(第 166 页)

印文:贺子尊者

批语:两边留红太匀。(第 167 页)

印文:文潮

批语:好矣!好矣!(第 168 页)

印文:张国模印

批语:老到十分,未学枯硬,真妙手也。(第 169 页)

印文:守拙

批语:拙字斜倒之势,能见丰姿。(第170页)

印文:心泉

批语:此二字不易篆,能至如此,苦心可见。(第171页)

印文:光显

批语:古趣,妙品也,不可多见,与昔人何处分别。(第172页)

印文:峰孙

批语:子过于大,似欲压倒峰字也。(第173页)

印文:雨人

批语:别无办法。(第174页)

印文:曾克耑印

批语:此篆法我也曾为过,四字不显明。(第175页)

印文:履川

批语:老诚至此,令人三揖。(第176页)

印文:孔才眼福

批语:福字最佳,眼字次之,尊字二字又次之。(第177页)

印文:养浩所作

批语:横直笔画过于方正,作字移于他处难认识也。(第178页)

印文:小溪书画

批语:小字两边二画既斜,溪字之水傍刊正更好。(第179页)

印文:陈汝翼印

批语:汝字稍长,故翼字下节笔不能痛快挥出也。(第180页)

印文:自存

批语:余亦为自存篆过二字,不如弟刊之佳。(第181页)

印文:遐子

批语:篆法与印边妙绝。(第182页)

印文:守庐

批语:浑厚可爱。(第183页)

印文:乌已锋印

批语:乌已印三字工绝,惜锋字左右皆短。锋若可索回,乀可直下。金下可添一横,即好矣。(第 184 页)

印文:张铣

批语:长字下太宽,偶尔一印可矣,若字字之长字下宽,未免带江湖习气。铣字之金字亦短。(第 185 页)

印文:丽斋

批语:比前印无推让意,然上下留红太匀,斋字亦却觉短。(第 186 页)

印文:履川金石文字

批语:佳矣。(第 187 页)

印文:闽侯曾克耑印

批语:圆而未弱,自是高手。(第 188 页)

印文:秣陵之吴

批语:篆法、刀法皆入上古,时流绝无此梦。(第 189 页)

印文:方云龙印

批语:过于硬,余亦有此病。(第 190 页)

印文:仲笙

批语:人字太窄,竹字太小,幸刀法自工。(第 191 页)

印文:仲弼

批语:此仲字得之矣,正合吾意。(第 192 页)

印文:忍盦

批语:工极!工极!(第 193 页)

印文:贺迪新印

批语:工极!工极!迪字好篆,故弟名印无此工者。(第 194 页)

印文:贺培新印

批语:四字不如迪新印,宜自摹刊一石,永宝用之。(第 195 页)

印文:乃昌

批语:好则好矣,昌字过于短,亦有小病。(第 196 页)

印文:耕田读书

批语:老辣。(第197页)

印文:耀文

批语:耀字长不见长,文字短不见短,造化自然耳,妙品。(第198页)

印文:王梅峰印

批语:峰字病在山字短,右下垂一笔短,与乌已锋同病。(第199页)

印文:世其孝忠

批语:其字下两笔宜"丌",使人无可说也。(第200页)

印文:老尚收藏　尚宗周读书记

批语:工。(第201页)

印文:兴汉

批语:"又"更好矣。(第202页)

印文:孔才所作

批语:以孔才所作佳。(第203页)

印文:傅桂馨印

批语:工秀。(第204页)

印文:菊客

批语:菊字可怕,吾每见之欲逃。(第205页)

印文:公谅

批语:古趣妙极,吾弟再用工十年不能过此。(第206页)

印文:蔚照之印

批语:之字上窄下宽,却有小病。蔚、照二字大方。(第207页)

印文:土秀才王三

批语:秀雅。(第208页)

印文:祖孙父子叔侄兄弟同年会试科甲联元

批语:却有古意,非有心为之也。(第209页)

印文:老曾

批语:好。(第 210 页)

印文:江瀆

批语:水字二笔短,工字下横长,有推让之意,非自然也。(第 211 页)

印文:养浩二十五以后所作

批语:费力无多,字字见古,不似刀刻,何也?(第 212 页)

印文:吴防之印

批语:防字末笔过斜,似余旧时刻也。(第 213 页)

印文:李葆光读

批语:无烟火气。(第 214 页)

印文:刚主

批语:别无篆法,工极。(第 215 页)

印文:逢源之印

批语:偶尔为之可矣。(第 216 页)

印文:闾生之印

批语:似汉作,聊备一格可矣。(第 217 页)

印文:张学山印

批语:生机欲动。(第 218 页)

印文:仁父

批语:二字虽柔而未弱。(第 219 页)

印文:游戏人间

批语:笔轻力大,截玉如泥。(第 220 页)

印文:虎口余生

批语:口字本小不见小,得之三昧。(第 221 页)

印文:大曾

批悟:曾字有味,在上二画。(第 222 页)

印文:履川长寿

批语:小字比长字宽。(第 223 页)

印文:李荣骐印

批语:笔法超稳无纵横气,看之寻常,为之不易,可谓得三昧。(第 224 页)

印文:陈继圣印

批语:印字少短,使陈字稍长不见短促。陈字直长取势,印字末笔以横长取势,故不妨字短促也。(第 225 页)

印文:文粲

批悟:文字离天别地,粲字顶天立地,故有一嫌其矮,一嫌其长。(第 226 页)

印文:双凤

批语:佳矣。(第 227 页)

印文:潘绳祖印

批语:笔法秀劲,工雅,不见奇特,非深知三昧者不能做出。(第 228 页)

印文:其武

批语:其字顶天立地不见长,武字不见短,得之矣。(第 229 页)

印文:毅

批语:石过六分只刊一字,有求我刊者,我亦不乐为。(第 230 页)

印文:吴防

批语:方字笔力见柔弱。(第 231 页)

印文:伯芝

批语:别无篆法,能事止矣,前人未必有此。京华不识字人,独能认识陈字,再不认识贺字,何也?(第 232 页)

印文:博如

批语:如龙,如蛇,如云,如烟。无闷所刊小印有如字,诸公以为孰非?(第 233 页)

印文:吴懋

批语:置之伪汉印中,人必曰:今人真不能也。余曰:真汉人未必过此。(第 234 页)

印文:何世珍印

批语:余不喜摹古,见人摹仿,又不能似,深耻之。吾弟与余同趣志,此印似古刊,何也?(第 235 页)

印文:齐家女

批语:刊得甚好。惜齐家女暂无所用耳。(第 236 页)

印文:阿梅

批语:秀绝。(第 237 页)

印文:易门

批语:门字上应擎天,方不见短。(第 238 页)

印文:汝翼

批语:汝字将末笔抽出,与翼字称矣。(第 239 页)

印文:陈翼

批语:羽字稍窄。(第 240 页)

印文:雪涛

批语:佳。得印者有作才情不负此刊。(第 241 页)

印文:王润德印

批语:用笔老实,喜者自多。(第 242 页)

印文:雨亭

批语:与前名印笔画相称。前人享大名者,如悲庵,朱白文不似一手出,余以为病也。(第 243 页)

印文:又新诗印

批语:亦工。(第 244 页)

印文:徐鸿玑印

批语:使刀不痛快,篆画工矣。(第 245 页)

印文:又新吟草

批语:立、斤恐近徐三庚,吾弟羞矣。(第246页)

印文:又新　又新女史

批语:二印皆妙。乙丑冬十月好小兄齐璜再读因记。(第247页)

印文:殷治

批语:刻印至此,可谓神乎技矣。他日如有赏鉴家与贺子无宿冤者,应论在前清诸名人之上。(第248页)

印文:寄痴

批语:寄字非此篆法,必不能妙。(第249页)

印文:世纶长寿

批语:工正至极。(第250页)

印文:李芝翰墨

批语:余怕刻朱文,看此印弟亦有受苦之态,故古印只有白文,可想朱文古人亦怕也。(第251页)

印文:李海崑印

批语:与前世纶印同趣。(第252页)

印文:仙岛

批语:仙字人旁稍长,或可矣。(第253页)

印文:赵怀昌印

批语:变态不易为,为之则危。(第254页)

印文:少平

批语:平字下直短,将似丁黄篆法。弟如多福,亦可传之千秋。(第255页)

印文:信都

批语:平稳。此二字不能篆得妙绝,不可言传处。(第256页)

印文:李炳芳印

批语:工雅且秀劲。(第257页)

印文:李晖

批语:篆法、刻法俱佳。(第 258 页)

印文:衡六

批语:六字似宜稍上,使之下余红,有多少六字不见矮也。衡字佳。(第 259 页)

印文:萍翁

批语:吾无言矣,日来作画无不使此印者。(第 260 页)

印文:但恨无过石涛

批语:似烂铜文,近丑态也。刻印有似秦汉人者,吾侪耻之。(第 261 页)

印文:赵蕴辉

批语:三字病在字字分明,毫不互混,笔画亦太均。(第 262 页)

印文:漳滨老农

批语:水旁宽窄二字相同,少见版刻,似非弟辈所作。老字"一"笔过于歪,多无力。(第 263 页)

印文:少平

批语:又是少翁来了,我见欲怕。(第 264 页)

印文:怡空散人

批语:疏密有趣,惜空字似稍宽。(第 265 页)

印文:春及堂

批语:乀向内抱,不如直下为好。及字乀以不出石边工矣。(第 266 页)

印文:王英保印

批语:平稳。(第 267 页)

印文:毓荃侍观

批语:见字上稍长,下脚故不畅舒。(第 268 页)

印文:樾山堂所得石刻

批语:朱文篆法、刻法至此,能事尽矣。(第 269 页)

印文:聂氏书钤

批语:耳字不长脚,古雅之至。(第 270 页)

印文:曾经栾城聂氏收藏

批语:三百年哪有此物在尘世,称之者可对之下拜,妒之者必隔座骂人。(第 271 页)

印文:性存

批语:子之之柔弱正似悲盦。(第 272 页)

印文:慕姚

批语:悲庵之流亚欤? 何其跳出吾圈也。(第 273 页)

印文:武福鼐

批语:古极,妙! 妙!(第 274 页)

印文:春泽

批语:转乀未是也,不如向外。(第 275 页)

印文:王氏雪涛

批语:秀雅可人。(第 276 页)

印文:小溪藏画

批语:下半部佳者多于上半部,其进可见也。(第 277 页)

印文:游心物外

批语:余看古今刻印家,无人不做削,非吾过言也。不做不削者,自能钦佩,不以吾为妄耳。(第 278 页)

印文:泊庐

批语:此印,吾与孔才弟外,天下人有梦见者,吾当以画百幅为赠,请订交于晚年,何如?(第 279 页)

印文:十年雪牧归来

批语:钟鼎之字乃冶金也,学者大愚。弟刊此十字,欲与世之愚蠢者同侪耶? 余甚耻之。余佳。(第 280 页)

印文:杨溥

批语:“杨溥”似此,吾弟以为何如?(第 281 页)

印文:杨八

批语:古拙有余,亦不可得。(第 282 页)

印文:栾城聂氏

批语:秀硬之笔,非削印家能梦见。(第 283 页)

印文:易门

批语:此二字难篆,古人非其字不刻之谓也。(第 284 页)

印文:包鹭宾印

批语:四字工矣,惜各离异。(第 285 页)

印文:王宏

批语:上下余红相并,此为小病。二字甚工。(第 286 页)

印文:王宏

批语:易翁名字,皆不易篆。吾弟为刻过多,惊人者何少,只能怪其字,不责刻者之心手也。(第 287 页)

印文:赵国士子

批语:赵字见矮,子字见长。(第 288 页)

印文:王宏印信

批语:小印工矣。(第 289 页)

印文:颢斋

批语:好在有拙趣。(第 290 页)

印文:濱阳漫士

批语:秀则秀矣,殊不易拓。(第 291 页)

印文:括囊

批语:妙!妙!别无篆法矣。(第 292 页)

印文:宏读本

批语:自然。(第 293 页)

印文:天白小印

批语:小印此为最工。若是萍翁请刻,一定不能天然也。(第 294 页)

印文:王宏之印

批语:四字笔画皆少,必见散疏,刻工未随意也。(第295页)

印文:道僧

批语:二字虽老诚,未免令人心畅。(第296页)

印文:吴兆璜记

批语:余刊印由秦权汉玺入手,苦心三十余年,欲自成流派,愿脱略秦汉,或能名家。每下刀偏不似刀刻,反类铸冶。孔才弟近作已与余同此病,余怜之,因为记。兄璜。(第297页)

印文:兆元之印

批语:无闷之佳者。(第298页)

印文:殷氏善夫

批语:赵先生之朱文过于柔弱,亦不如此印。(第299页)

印文:百竟盦审藏记

批语:此印不能谓不佳,惟竟字略似徐三庚。幸只此一字,若字字如是,即入江湖气习矣。(第300页)

印文:丁卯

批语:工而且拙,何得古人神体至此。(第301页)

印文:养浩

批语:朱文比白文更难刊,刀情篆法尽矣。(第302页)

印文:消闲小品

批语:昔人谓书家腕底有牛蛇之鬼神。看孔才此印草,自知诚非虚语。白石。(第303页)

印文:白楼

批语:妙! 喜白楼得此有用。(第304页)

印文:留得春消息

批语:已成流派,下笔自工,毋容一一挑拨。(第305页)

印文:玄隐庐

批语:趣。(第306页)

印文:孤云

批语:妙!妙!(第307页)

印文:亚琴

批语:此印太似汉人,余看时不愿长揖。(第308页)

印文:素道人

批语:足见聪明。(第309页)

印文:郭瑄书画

批语:凡某某书画印,因书画二字看得最多,入目不能惊心。(第310页)

印文:啸霞

批语:啸字比霞字平稳。(第311页)

印文:房山王氏收藏记

批语:凡横刊印,或直条印,以及圆印,或腰圆,无论是何高手,总之无谓。(第312页)

印文:抱一守中

批语:神妙。(第313页)

印文:鹤叹所作

批语:鹤字非此篆法不称,叹字无此佳矣。(第314页)

印文:武平亭畔人家

批语:工而且妙。(第315页)

印文:蚤夜以孜

批语:余只知言工。此印之工,如有请余说明者,余不能也。(第316页)

印文:曾克耑印

批语:稳重至极。(第317页)

印文:履川长寿

批语:深于秦汉印篆之理者,看此长字便知作者之心苦。(第318页)

印文:孔才

批语:孔字已一笔恐人认作己字也。刀法还工。(第 319 页)

印文:马忠尉印

批语:忠字上有余红,尉字下有余红,与一印大局未合者。忠尉二字,上下余红匀也。(第 320 页)

印文:吴兆璋印

批语:无意中纯是汉人手笔。余不愿死于汉人印侧,亦间有酷似汉印者,皆因工力所至也。(第 321 页)

印文:贺培新印

批语:名印经刻太多,虽工不足怪也。(第 322 页)

印文:孔才

批语:此二字,余曾刻过,皆寻常。工至此,不能再有。(第 323 页)

印文:下笔如有神

批语:篆法局格太稳。(第 324 页)

印文:惕盦审藏之印

批语:世人以为盦字腰脚稍窄,余不论也。(第 325 页)

印文:孔才所作

批语:四字格局无可办法,谁也不能出色。(第 326 页)

印文:孔才父

批语:三字无疵。(第 327 页)

印文:孔才摹金石文

批语:孔字末笔曲折,虽有法,未免多于琐屑,可不用。(第 328 页)

印文:芗吾

批语:二字可观,好在芗字下窄,吾字下不多窄也。(第 329 页)

印文:孔才持赠

批语:大方可爱。(第 330 页)

印文:贺五

批语:五字下如不空白好矣。(第 331 页)

印文:水竹村人书画之印

批语:恐得者虽求之,未必不舍而藏之也。(第 332 页)

印文:畦丁

批语:妙! 妙! 丁字似土中取出,将化欲化泥也。真妙!(第 333 页)

印文:诜如

批语:邓赵之佳者。(第 334 页)

印文:静琴阁

批语:工极。余从来不能刻琴字,独吾能工真可起予者。(第 335 页)

印文:绛云馆

批语:三字各有态度,合而成章,非凡手能梦见。(第 336 页)

印文:杜若居士

批语:四字别无篆法也,工极。(第 337 页)

印文:君亦

批语:君字体上小,大有古趣。(第 338 页)

印文:吟者咏絮之庐

批语:好! 好! 好! 不再有办法矣。(第 339 页)

印文:物闲阁

批语:此印非不工,因二门字所害也。(第 340 页)

印文:般若龛

批语:余素不喜刻条石,篆法虽工到十分,不见巧处。(第 341 页)

印文:燕笙

批语:最工妙。(第 342 页)

印文:仲清

批语:此二字不易为,此即好。(第 343 页)

印文:臧玉海印

批语:拙见长。(第 344 页)

印文:长乐陈烨

批语:乐字腰稍窄。(第 345 页)

印文:玄隐庐

批语:玄隐二字与庐字惜不联合,隐字与庐字倘宽些好矣。(第 346 页)

印文:孔惠

批语:古拙有味。(第 347 页)

印文:正学庐

批语:余为弟刻过此三字,未工,弟亦未工,何也?(第 348 页)

印文:梦来

批语:来此式稍好,梦字难为。(第 349 页)

印文:王贻牟印

批语:好。(第 350 页)

印文:纪南

批语:真是爱人之作。余老矣,不然更字为纪南,好请弟刊印也。(第 351 页)

印文:陈承志印

批语:志字难篆,弟与余同。(第 352 页)

印文:泊庐所藏金石书画印

批语:比弟自刻之收藏印工多矣。(第 353 页)

印文:正学庐主

批语:大金石家自家用印,宜更刊。(第 354 页)

印文:孔才手稿

批语:好! 最好!(第 355 页)

印文:孔才手钞

批语:不好也不是,好也不是。(第 356 页)

印文:贺

批语:能用。(第 357 页)

印文:惕龕

批语:易字似小,心字似大,上之余红平平。(第 358 页)

印文:孔才启事　培新之玺　贺氏孔才　贺氏书钤

批语:以下四小印工同。(第 359 页)

印文:师友不必与吾事

批语:将似悲龕,到底不坏。(第 360 页)

印文:网罗秦汉近唐虞

批语:好。(第 361 页)

印文:培新印记

批语:未免大烂。(第 362 页)

印文:贺四

批语:太好。(第 363 页)

印文:翊新上书

批语:上字第二笔若稍上些,即不与书字数横相浑更好。第一笔不出头尤佳。(第 364 页)

印文:贺植新印

批语:较培新二字好篆多矣。(第 365 页)

印文:得天盖尤

批语:得天二字工雅古全矣,盖字笔画无轻重,故稍逊耳。(第 366 页)

印文:哼哼虫乱天下矣

批语:无疵可说。(第 367 页)

印文:培新白笺

批语:弟自家印,不工者居多。(第 368 页)

印文:丁卯

批语:工! 工! 工! 余于是印最钦佩者,丁字也。(第 369 页)

印文:冷透须眉

批语:圆转自然,几许苦心能到。(第370页)

印文:阿芝

批语:此赠余印,篆刊虽工,惜条石,余所不喜,赠物情也,亦当宝之。(第371页)

印文:哀高丘之无女

批语:印语之字合篆法者,其印必佳。前印不如此印,一见便知。(第372页)

印文:鹏风九万

批语:前朝刊印多名家,是谁能刻此四字。(第373页)

印文:孔才过目

批语:用之于字画书籍,不得污坏前人手迹。(第374页)

印文:虎变

批语:虎变,真有变化。(第375页)

印文:万寿无疆

批语:凡不正之石,绝无佳作。(第376页)

印文:与天无极

批语:若死于许氏说文者,不篆此与字,此印必丑。(第377页)

印文:千仞振衣

批语:下刀如写草书,惟我与汝有是。(第378页)

印文:庖丁

批语:余爱极,爱极。(第379页)

印文:丁卯百印

批语:善篆丁字,丙寅丁卯二年已刊丁字,亦无不佳。(第380页)

印文:臣将为镰

批语:大雅,不似唐以后人刊。(第381页)

印文:齐立震

批语:古铸铜从何分别。(第 382 页)

印文:峙青

批语:我所怕之字,弟亦常遇着。(第 383 页)

印文:一洗古今为快

批语:略似无闷,不亚工细。(第 384 页)

印文:拥蕙盦

批语:盦字不如拥字长,却见短。(第 385 页)

印文:君玉

批语:颇似铸铜,非有心能到。(第 386 页)

印文:贾廷琳印

批语:较弟名印佳,琳字欲至此,非白石法不可。(第 387 页)

印文:谦益堂

批语:只此作法。(第 388 页)

印文:雨洲

批语:神物也,虽有学力不能为此印。腕下有鬼神,信然。(第 389 页)

印文:继曾

批语:此印以下,人力所能到者,皆不加墨。(第 390 页)

印文:冯镡

批语:条石似此二字,算极工之作。(第 391 页)

印文:陈汝翼书画印

批语:美至此,真不易得。(第 392 页)

印文:翼白

批语:翼字有飞腾万里之态,真像形也。(第 393 页)

印文:慎步

批语:慎字似短非短,乃笔画轻细故也。(第 394 页)

印文:逸庐

批语:逸字无论是何高手,篆刊不能不丑。(第 395 页)

印文:小溪

批语:工！工！小字稍短,好极！若再短一丝见做作矣。(第396页)

印文:敏于事而慎于言

批语:字体之紧严,笔画之参差,稀密皆自然,无寻常古今人做作气。(第397页)

印文:紫波

批语:此字似过于短,紫不如波字之大方。(第398页)

印文:帘村

批语:村字是可怕之字,柔弱削印者刊之反不见丑。(第399页)

印文:孙容图印

批语:妙极！白石外无人知得。(第400页)

印文:春榆

批语:榆字未是,春字态度不佳。(第401页)

印文:郭曾炘印

批语:郭君何人,可不孤负此印否。(第402页)

印文:正学庐主

批语:弟所刊之正学庐,以此印第一。(第403页)

印文:培

批语:培字大烂,不独世人欲骂,我辈亦然。(第404页)

印文:孔才画记

批语:丹青将老,此印能施用。(第405页)

印文:孔才吟草

批语:四字丰度翩翩,无论诗学如何好,此印能相称。(第406页)

印文:海珊

批语:珊字难篆,此即工矣。(第407页)

印文:爱时进取将以惠谁汜汜放逸亦同何为

批语:印语甚好,篆亦可观。(第408页)

印文:沈忧令人老

批语:好在前刊三字,若前刊二字,寻常削印匠家肠肚矣。(第409页)

印文:雄鸡一声天下白

批语:谚云:捉得猪叫便是屠人。刊印至此,可称屠人首领。(第410页)

印文:浩湖

批语:无意,不免似汉人,亦是一病。(第411页)

印文:吾闻壮夫重心骨

批语:心字如"心"稍佳。(第412页)

印文:吟诗一夜东方白

批语:夜字不易篆,我见亦怕。(第413页)

印文:养空

批语:此二字本来易篆,即好矣却非多大工夫。(第414页)

印文:倚剑楼

批语:剑字见歪小。(第415页)

印文:少年心事当拏云

批语:又是心字难工,通章只年事二字未丑。(第416页)

印文:客枕幽单看春老

批语:工。幽、单二字尤工古。(第417页)

印文:弹琴看文君,春风吹鬓影

批语:二语与刻相工。(第418页)

印文:泊庐

批语:此庐字校正学庐之庐字多矣。(第419页)

按:批语辑录自《齐白石手批师生印集》,徐自强,张聪贵编,北京图书馆出版社2000年版,第48-419页。

印文：白云山人

批语：此印有白山人三字，殊难篆刻。此刻要算工稳。

印文：仙实

批语：人旁本不易篆，山字稍低下。若是无闷，篆缩上一半。实字真老实，有连边之嫌。

印文：子和父

批语：实有古趣。

印文：王思桂印　许恩冕印

批语：上一印安详。

印文：济川

批语：纯汉人刊铜。

印文：赵家容印

批语：篆法甚有态度。

印文：刘文机印

批语：稳稳。

印文：桐城吴氏北江

批语：佳过白文。

印文：方福东

批语：浑。

印文：涵九

批语：喜方硬。吾常有此刻法。

印文：孙文锦印

批语：几乎便是汉刻，非弟上品。

印文：永新刘□文印信长寿

批语：非不工也，各所好也。

印文：惠君贻惠

批语：浑雅。

印文：启之轶尘

批语:小印易工。
印文:陈彝长乐印
批语:字松非法。
印文:涧于言事
批语:天然,非人工。
印文:平父
批语:无二篆法。
印文:竹铭
批语:竹字无论何人,别无篆法。
印文:少平
批语:二字不易刻,不怪未用心。
印文:易门启事
批语:四字也,苦了孔才刻到此工。
印文:餐雪斋主
批语:此石想见太嫩,不然恐似烂铜。
印文:河涧纪氏□献陶斋藏书之印
批语:若石坚能刊至此,本事更高矣。
印文:周士钦印
批语:古印也。

按:以上印文批语辑录自严昌等编《齐白石诗文集》,湖南人民出版社2010年版,第400-425页。

五、《岁寒集》

岁寒集序

榆　园

天假强胡，明掩卢沟之月。人思壮士，寒生易水之风。问复旦以何时，怅浮生之似梦。乃荆榛满目，种愁恨于万千；而松柏有心，聚朋侪之三五。乐数晨夕，聊作唱酬盼饮；至以非遥，先吟竞病当岁。寒而共励，匪斗尖叉。积之有年，裒然成帙。今则仰瞻玉宇，幸日月之重光；完我金瓯，岂燕云之仅复。绝异新亭之泣，徒慨河山不同。空谷之音，竟伤禾黍。乙酉长至榆园。

天游以自种瓜豆见饷赋谢

勤　斋

贺侯有天游，胸次绝尘埃。兴来一咳唾，九天珠玉皆。门墙多桃李，芝兰绕庭陔。天葩吐异臭，来从亲手培。孰令经国手，蜷伏城西隈。神龙不受控，嘘气腾云雷。室前方丈地，畺城千里开。豆棚兴瓜

编者按：《岁寒集》1946年2月由天津民国日报社出版，编者为张铸时、齐纪图。书中作者六人：贺培新（天游）、张子高（勤斋）、邓以蛰（钝厂）、许用康（榆园）、刘晚松（晚松）、俞大酉（古函）。贺培新、俞大酉之作，已分别收入《天游室诗》、《涵沧室诗》中。为体现《岁寒集》的完整性，这里仍予保留。

架，列宿分野排。膏泽常及时，响濡到根荄。固本而强干，元气自滖洄。时会一朝至，果实累千枚。遑云三四折，百折未少摧。是真儒者效，何用牛刀猜。分饷幸见及，臭味倘许谐。远报乏琼词，唾余公勿咍。

勤斋赠诗次韵奉酬

天　游

苍苍累九万，野马与尘埃。鲸吞豺狼噬，惨矣天下皆。飞龙有天步，瞬息遍九陔。烟云横变化，掉鬣雄风培。谁令噤湫水，瑟缩藏山隈。天凝地牢闭，八表无惊雷。我欲叩帝阍，日照天颜开。飞廉御鸾凤，陆离霄汉排。指执云雨师，膏泽苏枯荄。颓波倒八海，手挽随滖洄。咄咄百不遂，摛藻追邹枚。虞罗羁鹳鸽，蹉跎颜色摧。所欣对夫子，披豁无嫌猜。风骨崚嶒并，嗜好酸咸谐。穷坚老弥壮，吾党狂堪咍。

天游见和埃字韵并手钞纪泊居师遗札见投感而再赋

勤　斋

拓地争寸土，趋利到织埃。而谁以易之，滔滔天下皆。焉得忘忧草，树列森庭陔。因材见天心，倾覆栽者培。我行独踽踽，合隐西山隈。今身在尘网，犹耳南山雷。缅怀泊居翁，重雾为我开。交君识天游，六凿得安排。感此平生意，细雨润枯荄。死生师友间，一日百潮洄。校书揖雄向，摛藻踵邹枚。卓哉千秋抱，太息岁月摧。昔翁与君祖，论文两无猜。躬守暗然道，腹难时宜谐。吾侪今复尔，付与世人咍。

勤斋再和余亦再答

天　游

茗谈沦清思，俗念逐飞埃。衡门饥亦乐，但愿年年皆。忧来睇萱草，痛定循兰陔。哀哀寸草心，网极春晖培。松贞屈涧底，花好埋墙隈。郁陶宵不寐，侧耳惊蚊雷。夫子重格物，讲肆资宏开。崇儒勇卫道，口吻邪诐排。九天作霖雨，廿载膏春荄。驱江指沧海，万里容沿洄。求福本直道，诗云藟施枚。等闲抗寒饿，那便雄图摧。裁诗托微眇，句句烦商猜。厌人滋味厚，中节音声谐。狂言前已太，吾敢重嘲咍。

偕天游观勤斋所藏墨石

榆　园

东瓯贤守旷襟抱，勤斋曾大父春陔先生曾守温州。归来便与烟霞老。翰墨淋漓笠仗图，春陔先生六十绘此图自为题辞。似此传家堪永宝。君侯继起称达人，旧学新知迈等伦。已令英才归化育，更从尘海觅奇珍。天高八月秋容肃，石顽墨艳储深屋。天游为勤斋治印文曰：石头墨艳之室。古雅绝伦。清赏招邀贺监同，陆离光怪惊心目。瑟瑟磷磷不厌多，云根山骨肆搜罗。一品未应夸海岳，仇池宁肯羡东坡。骚人况受隃麋供，易水饶州各珍重。麝角都经妙手煎，龙纹曾作天家贡。自从丧乱几经秋，关山戎马不胜愁。文物半随兵燹尽，荆榛空见故宫留。多君二妙还充积，大几明窗乐朝夕。观君赏鉴识君心，贞比长松坚如石。

勤斋约与榆园先生同观所藏旧墨奇石并悬曾文正公所书楹帖于室精采得未曾有日暮而退充然意得君故以数石属篆因刻还之翌日榆园有诗又次韵兼眎二公

天　游

论文不共千秋抱，那保区区百年老。矜形矜色两何居，守贞守黑良为保。山川精气钟异人，散为万物皆殊伦。曾侯树立甚宏达，曾公联书杜句云：树立甚宏达，结交皆老苍。张子好古罗奇珍。入门陡觉天地肃，苍松数丈轩高屋。千岩万壑寄雄深，奇芬异采醒心目。足吾所好遑求多，清姿逸品差能罗。平生寓物不留物，六一愧对非东坡。云涛雪浪千番供，心藏腹写权轻重。归来凛凛看霜锋，龙蛇划起君前贡。握手一笑三千秋，嘉会同销万古愁。石烂桑枯云狗幻，百年回首谁能留。花残秋老群阴积，骇浪孤舟风雨夕。吟蛩衔恨抗寒宵，声声欲裂阶前石。

约榆园天游观所藏奇石旧墨并出曾文正为先曾大父书联悬之二公皆有诗依韵奉酬

勤　斋

人生树立贵宏抱，结交意气要苍老。曾侯联语非寻常，翰墨况为稀世宝。真赏岂宜轻示人，祇为二公殊等伦。何妨更发枕中秘，昔者曾暴敝帚珍。高客到门我起肃，昂头一笑头打屋。斗室方丈真堪小，千古英豪恍在目。二公著作等身多，二十八宿胸中罗。云龙追逐九霄上，天马下注千丈坡。森然槎枒怪石供，幽人贞介邱山重。琳琳琅琅乌玉玦，诗械宜作君子贡。独恨北来瞬四秋，一日欢笑十日愁。不有友朋通气类，江山信美恐难留。诗来使我纾郁积，窗前明月净秋夕。待挽银河洗甲兵，更呼高朋醉一石。

读天游师及榆园勤斋同赏墨石之作步韵敬题

古　函

清明至德常在抱，君子忘忧亦忘老。由来所乐非穷通，适心得道斯为宝。长安闹市隐高人，风骨文章并绝伦。赏奇析义发高咏，片楮流传世所珍。我获拜观心起肃，天风宝气生尘屋。昭昭譬揭日月行，烂烂光华照心目。忧患茫茫比岁多，妖氛毒雾森天罗。一年容易秋又至，飘萧败弃堆层坡。遥闻展转娱清供，奇姿逸品千金重。真赏难期世俗人，瑰宝固应知者贡。鬼神呵护几经秋，端为骚人洗客愁。瘦骨嶙峋怪石匹，雅怀古淡墨花留。区区鄙吝总山积，面墙扪钥送朝夕。何当聆法虎丘山，点头一笑效顽石。

次均答友见讯

勤　斋

中年伤哀乐，世变杂悲喜。有常而无常，天道难臧否。坡公不云乎，识字忧患始。胡为不自觉，更思囊哲比。恶夫佞者佞，阿彼美人美。坚贞凛松柏，臭味纫兰芷。是皆物为祟，一丛堆故纸。达智早抽身，迂愚钻往里。从来个中人，不朽今余几。洸洋漆园叟，立言尤诙诡。圣人苟不死，大盗无由已。招我南溟游，未明呼我起。泠然御清风，九天俯而视。峨峨须弥山，渺焉一芥子。八极云路驰，谈何周道砥。瞬息控于地，到眼多萋菲。回顾苍苍间，晶莹绝瑕玼。挽子跨蛟虬，凌风一掉尾。

次韵和勤斋

天　游

颜子操箪瓢，陋巷常独喜。夷齐首阳饿，政亦自取否。孟韩辟异端，煌煌有终始。羞与管晏俦，那得信陵比。众善或不善，独美斯为美。谣诼妒蛾眉，粪坏薄蘅芷。千秋磊落人，心血呕在纸。抱道郁不施，诛奸书卷里。正气有肃杀，幸免能有几。口吻冰霜含，风雪恣吊诡。卫道罔恤身，不死不自已。所以感人深，弃匕箸立起。如何有悔心，趑趄左右视。文物宁祟予，自祟端由子。宝墨光如玉，大砚平于砥。饱学融中西，箸书才岂菲。今朝忽阴沍，大雪白玼玼。两海掠寒归，濡毫续貂尾。

叠韵和天游

勤　斋

古之圣人徒，闻过则有喜。恶夫佞者何，彼口唯心否。吾爱贺夫子，岂伊今日始。述焉而有作，奚啻老彭比。好而知其恶，恶而知其美。审音放郑声，挹芬袭沅芷。下笔风雨快，云烟纷满纸。阴阳肆开阓，河岳为表里。才难补其然，四海宁有几。正襟侃侃谈，时复杂奇诡。岂果好辩哉，盖亦不得已。所以一晤对，令人肃然起。小阁点高文，昨者举以视。义正而辞严，力矫欧阳子。君近评欧公《送徐无党序》，独抒己见，发前人所未发。入古作者林，因风相磨砥。我诗何足道，君意良不菲。白圭玷可磨，磨则光发玼。作歌拜嘉惠，聊以佐尘尾。

叠韵再和勤斋

天　游

衡门望邻里，游从时可喜。追欢造文字，磋磨定臧否。法度溯宗匠，境界拟古始。奏雅黄钟叶，立德白玉比。排击有深衷，推崇无溢美。心田施耰锄，性畹树兰芷。四海风涛骇，露布飞万纸。人物浪淘空，兴亡斜照里。苍茫数人纪，今古凡易几。蜗斗与槐安，何者非奇诡。贞元关定数，大难会当已。挥手谢蓬蒿，明堂歌喜起。沉沉此何日，束手瞪相视。高卧有匡床，成名资竖子。同心结金石，永期交厉砥。昨者奉书币，致使采葑菲。为言皆尚同，未宜光独玼。往矣楚大夫，泥涂吾曳尾。

三叠韵和勤斋

天　游

福兮祸所倚，致悲因失喜。决死可求生，转泰由极否。招侮岂偶然，自伐端祸始。遂令曹瞒辈，误把刘琮比。六月夏生凉，轩窗朝睡美。幽香袭堂奥，光风泛兰芷。脚底一声雷，急雨透窗纸。狂飚吹海立，腾蛇斗云里。茫茫万城郭，未溺今余几。幻蜃兼化禽，陆离杂恢诡。三年艾则求，七年病未已。微禹吾其鱼，反风禾尽起。遐方侧耳闻，邻里刮目视。沈痛贤共愚，奋猛吾与子。勉旃学道心，圣域平如砥。养根而竢实，古义良不菲。卜国亦如是，磨砻光有玼。不见雷电光，烨烨烧蛇尾。

倒押喜字均再和天游

勤　斋

万事有大忌，虎头而蛇尾。磋磨功不施，璞玉何由玼。古训昭日星，何敢妄自菲。恨笔不能毫，纵砚平如砥。矧乃燕赵间，腾踏遇夫子。变化感震电，能令眇者视。叱咤驱风雷，能令蹶者起。虽欲往从之，终末由也已。老仆翻然道，适得一计诡。从来徒手搏，身其果余几。城北有许翁，句满锦囊里。何不往叩之，文书驰一纸。令争秀竞芳，会汀兰岸芷。以逸而待劳，并难况具美。主人谓然叹，尔乃管乐比。何以策尔勋，谬云自隗始。峰回路忽转，泰来先极否。自笑郑侨鱼，少焉洋洋喜。

勤斋倒用前韵有作再和

天　游

警句探骊珠，险韵履虎尾。焕采金吐芒，刮垢玉生玼。友声歌鸣雁，德音咏采菲。斥卤变膏腴，荦确化平砥。蛇蝎避谗佞，表里完君子。眼中无全牛，三年皆洞视。密勿秋毫合，啸咤风云起。河图凤不至，圣亦叹吾已。当仁有不让，守义敢自诡。鼓舞澜可回，畏缩身余几。与公坐嗒丧，久在樊笼里。蟠胸足恠奇，朅来书数纸。不琢宝虎璜，无言芳兰芷。颦笑自天仙，宁待啼妆美。奈何苦抽竭，萁豆春蚕比。相煎又自缚，要问作俑始。高始见霸王，谁旋天地否。鬼语问兴衰，哀矜而勿喜。

四叠韵答天游

勤　斋

结习本难忘，见猎更心喜。一触当即发，所慎在臧否。画图乐观成，惨淡意经始。本末差谬处，毫厘千里比。闻乐思韶武，托兴尽善美。萧艾乌足论，所论兰蘅芷。色香之所差，薄薄一层纸。体贴能入微，鞭辟斯近里。作者千千万，成者古今几。或以自怡悦，或以恣吊诡。卷之欲忘言，放之不自已。飞鸟相与还，白云坐看起。夫惟近自然，尤难等闲视。怀此颇有年，持叩大君子。周行倘示我，践履获平砥。报答琼瑶赠，裁句惭词菲。瓦缶鸣乌乌，顽石希玭玭。质劣学不笃，难以附骥尾。

天游勤斋用喜字韵叠相唱酬复倒用韵勤斋属和

榆　园

连日诵新诗，开缄惊又喜。珠玑纷满目，身世忘屯否。九州正鼎沸，谁欤为祸始。乱世期苟全，敢将管乐比。缅怀古贤达，修能含内美。所以流芬芳，江蓠间辟芷。贺子人中龙，赋贵洛阳纸。张侯笔有神，藏冰玉壶里。茫茫万人海，知音能有几。兴来斗尖叉，崇论屏浮诡。两贤岂相厄，酣战乃不已。张侯贾余勇，欲令偏师起。晋楚两大邦，曹郐宁等视。词源况倒流，自顾成余子。技痒难复休，致刃须由砥。郢人斤成风，应不嫌才菲。快雪放新晴，楼台光玭玭。珍重岁寒时，相期作龙尾。

按：家藏抄本题为“次和孔才芷皋喜字之作”，许用康文孙许起复先生供稿。“自顾成余子”句下自注：芷皋孔才以喜字韵迭相唱和，并倒押前韵。芷皋属予同作。诗末自注：有春斋主人作于甲申（约 1944 年）。

榆园先生见和五叠韵奉答

天　游

孤往避腥臊，桃源差可喜。太平心自致，造化不能否。古贤尽如是，不自陶公始。世乱春秋治，木铎由人比。孟氏笑蚓操，庄生说颦美。牢愁逃麹蘖，忠耿托茝芷。精微蕴方寸，糟粕留千纸。神游天地外，形困尘埃里。不有千秋心，自拔看有几。吾师道自尊，吾友文多诡。欲从既竭才，欲罢何由已。半涂喜开凿，轩然大波起。雷霆寂无声，太华坐平视。刖足献荆璧，入穴探虎子。巨刃待磨砻，谁操天下砥。贱子性疏狂，多公宥庸菲。黔驴技止此，非玉那能玼。计得亦何伤，苍蝇附骥尾。

五叠均呈榆园天游

勤　斋

结交平生欢，赏奇如日喜。但愿仲由甫，大明邦国否。劳者常思歌，三百篇托始。惟辞正而葩，惟义兴兼比。离忧屈灵均，称物寄内美。馨香满怀袖，杜蘅杂芳芷。榆园诗骚宗，一篇传万纸。长抱贞松心，独坐幽篁里。双手扛巨鼎，用力似无几。黄钟叩则鸣，声势云波诡。天游思如泉，滚滚来不已。兴酣矫若龙，宛转瞬伏起。东岱与西华，万仞矗相视。点缀其间者，培塿数贱子。同在风涛中，焉敢不厉砥。高歌动鬼神，愿奢忘才菲。青天色苍苍，白日光玼玼。舒予晓晓音，新我翛翛尾。

古函问为诗六叠韵示之

天　游

世事蕉覆鹿，光阴蛇掣尾。骤进鸟奋翮，恬退玉韬玼。穷奢岂云厚，安贫匪自菲。往往柔克刚，水石看磨砥。的亡鉴小人，暗章保君子。生灭共一尘，彭殇坐等视。深山虎豹窟，大泽蛟龙起。至道江河行，万古流未已。退之狎浮屠，诃斥言多诡。淡与泊相遭，于艺成者几。斗进得丧中，苦较锱铢里。旭书所以神，一挥尽万纸。盈室竇菉葹，益贵兰蕙芷。不饱罍杂烦，未觉林壑美。杜陵深识此，许身稷契比。苏州宁弗高，未宜学经始。枯淡华不生，流易才沦否。大钧须远去，韩公诏侯喜。

酬勤斋招饮

榆 园

耆旧溯襄阳，岁时重荆楚。堂堂张枝江，不与凡近伍。折柬来见招，孟陬日逾五。一上君子堂，清风入肺腑。座中多人英，谈笑邈今古。春盘罗珍羞，玉壶酌清醑。饮罢诵先芬，精神寓缣楮。兹会岂寻常，宁羡德星聚。世变几时休，是处非安土。且尽今日欢，忧天亦何补。

次均答榆园见酬

勤 斋

江山有巴蜀，褴褛犹蛮楚。公诗吞大邦，肯与曹郐伍。置我青云间，去天不尺五。群仙摩肩袖，清韵溢肺腑。武强气魄雄，怀宁心貌古。三星罗草堂，一尊进桂醑。非关主人豪，多愧先生楮。恐或非偶然，后来视此聚。我览自云中，春光被率土。娲皇犹未歇，小漏且须补。

按：该诗发表于《天津民国日报》1945年10月25日第2版《副刊·乙酉唱酬集》，题为"次韵答榆园兼呈天游钝厂"。

【校记】

〔置我〕日报作"舞我"。〔桂醑〕日报作"贵醑"。〔多愧〕日报作"有愧"。〔犹未歇〕日报作"正努力"。

勤斋约饮榆园先生有诗勤斋次均亦作余倒均奉和

天 游

垂翅困樊笼，忧天无寸补。俯仰四壁书，是中有乐土。风虎逐云龙，由来以类聚。耿耿元精含，偶然溢豪楮。赏音不在弦，见性非关醑。高词媲皇坟，闭门自千古。犹有烈士心，惊雷出肺腑。幽潜震虫蛰，风雨占十五。萧萧闻马挝，夜起看部伍。正气摧利兵，执梃挞秦楚。

次和天游倒均之作

榆　园

忧天天竟倾，亟待娲皇补。不然禹域中，那复有宁土。士马若云屯，糇粮犹山聚。煌煌露布文，雄风知满楮。饮至定非遥，香郁盈尊醑。养晦待纯熙，杜门勤学古。乐与素心人，相对披肝腑。嗟彼夸毗子，识倘知二五。甘作虎之伥，奚止哙等伍。蜉蝣阅朝暮，衣裳空楚楚。

天游倒押楚字均榆园答之余亦倒均奉和

勤　斋

忧天抑乐天，赤手两无补。独有移山心，河决犹捧土。缅怀于越王，教训兼生聚。茹苦资卧薪，垂宪帛与楮。运筹藏帷幄，折冲示尊醑。多难足兴邦，义岂间今古。焉得天下士，伐肝涤脏腑。新知涵美欧，幽情追三五。再兴周汉后，永谢鲁卫伍。谁欤导先路，一齐服众楚。

连日与榆园勤斋唱和钝厂默然不发一语因叠原均奉酬二公兼挑钝厂

天　游

狂风乱春序，永日含凄楚。避世逃虚空，寥落欲谁伍。矫首数飞凫，三三兼五五。瑰章联翩至，字字镂肝腑。笑对双鲤鱼，临风怀万古。邓公无马癖，烂醉盈樽醑。百转蕴诗肠，不肯吐向楮。君看垓下战，数骑犹能聚。攘臂角雌雄，建国各分土。那便拆天吴，从容将绽补。

得天游挑战之作戏和一首

榆　园

朔雪酿春寒，苍翠杳平楚。闭户擘吟笺，敢与诗豪伍。但期道性情，坦率类宋五。迭奉琼琚辞，锦心而绣腑。觥觥高密侯，照座须麋古。将军欲巧胜，从容酌春醑。弯弓故不发，何由见豪楮。异军纵突起，应敌有生聚。所苦众诸侯，旁观色如土。我思张子房，运筹终有补。

按：该诗发表于《天津民国日报》1945年12月8日第3版《民园·乙酉唱酬集》，题为“和天游挑战之作并柬勤斋”。

【校记】

〔苍翠〕日报作“青翠”。

读榆园戏和天游挑战之作成倒均一首

勤　斋

空谷有佳人，茅破牵萝补。谓钝厂。岩岩泰山尊，大不让撮土。谓榆园。龙虎飞动姿，吟啸风云聚。谓天游。贱子百无能，三年刻一楮。来往风流涧，浊醪混清醑。即事发讴歌，非今亦非古。赖与素心人，披襟吐肺腑。举一昧反三，拔十愧失五。闻道翰墨场，两军欲对伍。且从壁上观，敢云张吾楚。

按：该诗发表于《天津民国日报》1945年12月11日第3版《民园·乙酉唱酬集》，题为“读榆园和天游挑战之作倒韵戏作”。

【校记】

〔岩岩泰山尊，大不让撮土〕日报作“泰山何岩岩，高不让撮土”。〔贱子百无能〕日报作“独我百无似”。〔拔十愧〕日报作“得十而”。

叠均再和榆园勤斋二先生

天　游

杜老句惊人，脱字知难补。安命赖有诗，不王由无土。中窾全牛解，落笔群灵聚。玄文鬼觊幽，宝墨光生楮。方寸作甘霖，万家醉春醑。平生畏师友，著作追往古。伐毛洗骨髓，革面易脏腑。学养贯三才，阴阳定二五。九万鲲鹏游，宁屑蜩鸠伍。斯道果何居，拜倒庚桑楚。

酬勤斋

榆　园

满目尽疮痍，可怜剜肉补。深羡避秦人，世外得安土。宁知天地宽，但觉忧悲聚。有米况如珠，有币皆用楮。销愁愁更愁，难恃杯中醑。独喜诵君诗，抗心希往古。情味何所似，玉浆清浊腑。成句。同声必相应，却异微言五。所欣樗栎材，获与鸾凤伍。若较唱酬辞，自惭邹敌楚。

呈榆园先生

勤　斋

贱子拙学诗，谬云勤能补。五湖三江外，宁我无寸土。天风西南来，飘萍吹忽聚。卜邻近榆园，幽事溢毫楮。遣兴相为诗，消愁偶斟醑。愁深兴转浓，高吟托千古。一重复一掩，诗人真肺腑。赓歌拜手再，投地具体五。大哉昆仑渠，岭泷敢与伍。伫看三峡流，浩荡吞吴楚。

按：该诗发表于《天津民国日报》1945年12月22日第3版《民园·乙酉唱酬集》，题为“四叠韵呈榆园”。

【校记】
〔大哉〕日报作“谅哉”。

勤斋召饮榆园天游及余三人三公居相近榆园先有诗三公反复唱和余寓稍远兼不能诗天游却以诗挑之勉一步韵博诸公一噱耳

钝 厂

迁化感殊端，箪瓢纳辛楚。欢爰各有投，置我麋鹿伍。乱头赴抉石，裂指未余五。好色日见希，厉音戛肺腑。赖有张枝江，慰情胜获古。素心事招邀，捐裘设春醑。谈宴乐无穷，篇章纷入楮。俊逸与清新，千花齐攒聚。我独空告归，曳杖走尘土。大雅原有佚，恹恹竟何补。

按：该诗发表于《天津民国日报》1945年12月7日第3版《民园·乙酉唱酬集》，题为“勤斋召饮榆园天游皆有诗步韵同作”。

钝厂应挑有作四叠韵奉答兼呈榆园勤斋

天 游

慷慨扬清宫，浩歌发激楚。甘作木石居，不与鸡鹜伍。昌黎座上客，鬼俦十去五。戛骨洞吾肌，劙肝置子腑。丧乱遇三公，敻哉思旷古。仰天忽大笑，寒江变春醑。淡抹醉西施，浓云透琼楮。元气灏淋漓，八方风雨聚。霸业覆手成，定封听裂土。一战万世利，问君岂小补。

钝厂应挑有作天游答之五叠韵为二公贺兼呈榆园

勤　斋

史公千载人，月表纪秦楚。风云太纷纶，错综得参伍。号令嬗已三，历年数才五。展卷一溯洄，浩气荡襟腑。来者之视今，亦犹今视古。所以横槊人，临江酾芳醑。慷慨短歌行，星月光生楮。云鸟新阵开，堡垒桥头聚。远轻千里疆，近固一尺土。欲就丁卯翁，叩操何术补。

和钝厂

榆　园

大江抱舒州，形胜扼吴楚。峨峨独秀峰，俨与嵩华伍。中有贤达人，清名迈阳五。风月畅襟怀，锦绣为心腑。高卧长安城，已觉前无古。写成淡墨诗，快酌梅花醑。琅琅大雅词，芳芬溢毫楮。张侯敞琼筵，同心得欢聚。偶唱巴人曲，羹尘而饭土。殿后有雄狮，岂待笙诗补。

按：该诗发表于《天津民国日报》1945年12月15日第3版《民园·乙酉唱酬集》，题为“叠韵和钝厂”。

【校记】

〔快酌〕日报作“兼酌”。〔岂待笙〕日报作“岂类笙”。

次均答榆园

钝　厂

雅颂启骚赋，扬马继屈楚。洋洋望江海，浩荡焉可伍。敦穆及先生，赠我韵言五。劲气溢襟袂，层云荡胸腑。蜀道高接天，敻绝邈自古。峨巅倘可攀，奋然思挈醑。三年徒抱疴，镂叶不成楮。幽居喜屡过，良俦获时聚。愤懑岂疾世，寥落犹怀土。我亦梦家山，破茅待萝补。

连日与榆园钝厂勤斋唱和往返十余篇由勤斋招饮始也五叠均呈三公

天 游

劈地起三峰，断处飞云补。直上戛斗牛，峍屼无寸土。困虎使风行，饥凤衔竹聚。亦有燕雀朋，倦飞楼檿楮。揖仙乞霞佩，攀天挹琼醑。魏晋事茫茫，不觉岁月古。游从脱形骸，忧乐关肺腑。有时骇世俗，伴歌效阳五。诗阵法森严，吾其敢失伍。受犒厌壶浆，收威凛夏楚。

奉答天游倒叠来韵兼呈榆园勤斋

钝 厂

大海浩茫茫，一粟宁足补。万仞立崇丘，不辞一撮土。贱子抑何为，百衲聊腋聚。淡抹出浓云，效颦俨在楮。腐朽得神奇，寒江变春醑。多谢君子才，言谑意偏古。持此永无忧，飞觞涤肺腑。醉眼凝世人，至道返三五。弯弓非不发，千钧畴能伍。揽衣起徘徊，中夜歌声楚。

按：该诗发表于《天津民国日报》1945 年 12 月 14 日第 3 版《民园·乙酉唱酬集》。

【校记】

〔春醑〕日报作“清醑”。

前均已不拟复作继思吾侪今日之乐岂偶然哉应道其归宿六叠均赓一首

天　游

飞霞漫长空，飞飚猎棘楚。断雁与惊凫，零落自成伍。迩来酬唱词，篇章各已五。甫曰泣鬼神，坡云愁肺腑。平地生膏腴，此乐宁让古。天风吹散云，会饮黄龙酺。横揽大江流，浩歌传万楮。鲸拔沧溟开，日曜龙鳞聚。大义伸百族，利甲包寰土。彩笔许同干，阙遗珍重补。

天游师以与许张邓诸先生会饮唱酬之作见眎次均奉和兼呈三公

古　函

退之称文伯，笔将造化补。华风吹死草，膏泽润下土。千载追遗风，见有文星聚。意气凌沧洲，珠玑落豪楮。乱耳无丝竹，浇愁有清酺。兴酣五岳摇，歌成还太古。怪底诗肠鸣，芒角生肺腑。墨兵迭往还，笔阵列三五。四海方鼎沸，万民苦行伍。莫作鼓鼙声，此声最酸楚。

七叠韵有寄

天　游

大壑长虚空，总待山泉补。嘉葩含美实，沃壤真吾土。秋水隔伊人，梦魂偏易聚。麝月照双心，香云落满楮。寄意梅止渴，写情茶当酺。一体化鲲鹏，奇绝足千古。室回静氛埃，梅香浸肺腑。东皇苦留客，花放才三五。卫文心塞渊，騋牝森成伍。桐梓伐瑟琴，升虚以望楚。

和天游榆园叠韵诗

晚　松

禹域久沈沦，天赖娲皇补。北定眷中原，完我九州土。鲁齐与季真，比邻海滨聚。流连文字饮，千毫与万楮。狂态醉宾筵，樽不空醇醑。羲皇以上人，安知今不古。杜陵太瘦生，雕镌及心腑。才薄愧随州，长城言擅五。越分逼诗坛，失律乱行伍。仰企屈三闾，雄风振骚楚。

按：该诗发表于《天津民国日报》1946 年 1 月 3 日第 3 版《民园·乙酉唱酬集》。

倒用前韵

晚　松

君诗如大邦，抗衡齐与楚。我诗如孱国，碌碌曹邻伍。遭逢值叔季，帝皇隔三五。羊求幸不弃，亦得倾肺腑。两君天下士，高谊尚论古。相交若饮醇，浓味醉琼醑。唱和富吟情，大句生毫楮。三径盍朋簪，往往德星聚。我今混俗吏，绸缪感桑土。沈忧似杞人，渴望危天补。

按：该诗发表于《天津民国日报》1946 年 1 月 3 日第 3 版《民园·乙酉唱酬集》。

钝厂以江南春景画箑头见赠赋谢

天　游

半生不识江南春，披图置我桃源津。一叶渔舟迷远近，浑忘世代真逃秦。幽人无事不出门，卧看云烟睥俗人。沧桑云狗瞬千劫，青毡世守今犹存。云林黄鹤画绝伦，道州书法尤传神。生来入骨爱风雅，落花红雨常微醺。病心偶作西施颦，漂泊干戈百不伸。散发江湖容独往，尼山掩袂伤亡麟。滔滔世难茫无垠，鸥波浩荡谁能驯。好为士林珍国手，要看斡日回乾坤。

过天游室茗饮出视钝厂江南春景画诗及酬画诗天游旧以团扇属书久未就亟书还之并和其韵为媵

勤　斋

屡饮君家武彝春，香留舌本味津津。万事皆当争微尚，亦如文字耽周秦。坐拥书城长闭门，我来疑作武陵人。到眼江天舟一叶，益信桃源今尚存。贺监自是太白伦，笔惊风雨泣鬼神。异哉一滴不入口，坐令邓侯酒独醺。谬采下逮东施颦，三年一诺意未伸。郊原浩荡思偶放，敢云驽骀骖翔麟。朅来意气动八垠，茶铛酒觥无由驯。还君团扇舒长啸，欣看豪俊收乾坤。

按：该诗发表于《天津民国日报》1946年1月17日第3版《民园・乙酉唱酬集》，题为“过天游室茗饮读钝厂江南春景画箑及天游酬画诗天游旧以团扇属书亟书还之并和其韵为媵”。

【校记】

〔益信〕日报作“更信”。

依韵奉答天游见赠之作

钝　厂

长安落魄三十春，晚逢贺监释迷津。道人精爽信逸群，远避热客胜避秦。牙签满架深闭门，六艺咀英思古人。词源字窟珠吐轮，随成随灭不暇存。珠光的皪殊夺伦，波澜掀舞如有神。读诗看字不厌频，心神冲融甚于醺。落魄之子舒笑颦，低头障面一日伸。天玄地邃倘可通，掷笔放歌等获麟。先生天游无垓垠，处置六凿如伏驯。我亦摒挡学解事，扁舟一叶任流坤。

按：该诗发表于《天津民国日报》1946 年 1 月 25 日第 3 版《民园·乙酉唱酬集》。

【校记】

〔我亦摒挡学解事，扁舟一叶任流坤〕日报作“鲁哉区区思贺监，还道同时共一坤”。

前均再答钝厂勤斋

天　游

人与万物争青春，扬帆涉海茫无津。贤豪进德等图霸，要驱六国西朝秦。旧游断绝公侯门，来向江湖拜散人。尺棰寸刃纵难假，口中舌有风霜存。壶天欲唤刘伯伦，杜老衔杯歌有神。我今不饮非不饮，临风三嗅常余醺。会心时自舒轻颦，屈抑全凭知己伸。江河万古有不废，终使天骄识凤麟。异时健步轻天垠，矫矫龙性今柔驯。海下由来王百谷，浑沦元气包乾坤。

钝厂邀访天游出门适遇榆园不约而同欣然偕往纵谈移晷归而有作邀榆园同赋仍用天游春字韵

勤　斋

昔醉滇池三月春，万里风烟通五津。今饮燕市酣高卧，梦里西行犹到秦。有客有客呼出门，道逢饭颗山头人。款关同入天游室，温语一笑交相存。吾侪还往非常伦，结交有道文有神。世无韩公为呼酒，浩浩云云不待醺。笑谈正可舒心颦，由来大义终全伸。似有英灵自天降，翩然披发骑麒麟。问谁挥斧豁崖垠，谁将东海鲸为驯。要看忠爱杜陵叟，濡染大笔支乾坤。

按：该诗发表于《天津民国日报》1946年1月26日第3版《民园·乙酉唱酬集》，题为“钝厂邀访天游适遇榆园不约而同欣然偕往纵谈移晷归而有作邀榆园同赋仍用天游春字韵”。

【校记】

〔正可〕日报作“已自”。〔由来大义终全伸〕日报作“忘言亦教双眉伸”。〔要看〕日报作“请看”。

前读天游钝厂画扇唱和诗嗣与钝勤二公不期同访天游又睹钝厂书勤斋书及三君子唱和之作因次韵率成一首兼呈三公

榆　园

烽烟惨淡春明春，安得桃源一问津。草丝正作伤心碧，桑枝低绿还思秦。杖藜惘惘行出门，道逢知己成三人。更难访戴得同趣，此中疑有天意存。梓堂诗画两绝伦，伯高挥毫如有神。秘监宜膺谪仙号，醇醪之味心为醺。走也敢效西家颦，诗思如云卷复伸。却缘天上张公子，要驱驽马追飞麟。矫首茫茫望九垠，饥鹰岂易为愁驯。勒石浯溪知有日，定倾东海洗乾坤。

按：该诗发表于《天津民国日报》1946年1月29日第3版《民园·乙酉唱酬集》，题为“用天游韵奉和天游钝厂勤斋”。

叠韵赓和榆园勤斋

天　游

卅年旅食京华春，怏怏空歌据要津。况堕胡尘又八载，欲东入海西驰秦。腥臊欲去无逃门,云霄遥企神仙人。涂炭糟糠溷形迹,故园松菊聊心存。大含元气细无伦,英华咀嚼通鬼神。绿涨葡萄江变酒,轰然一醉天为醺。天颜舒惨笑以颦,蠖屈泥蟠几日伸。但拨阴霾光日月,等闲功业图麒麟。吾儒至道昭无垠,枭鹰易狎鲸能驯。起看江河走东海,滔滔日夜吞乾坤。

六、故旧诗文辑存

题贺孔才诸子中正月刊

齐白石

文字无灵欲不平，越难识字越相轻。谁能斯世无偏向，不薄今人爱古人。

按：该诗原载《齐白石全集》第10册，湖南美术出版社1996年10月版，第96页。

孔才携雪涛画嘱题

齐白石

全删古法自商量，休听旁人说短长。岂识有人能拾取，丝毫难舍是王郎。

按：该诗原载《齐白石全集》第10册，湖南美术出版社1996年10月版，第126页。

消愁诗酒兴偏赊

齐白石

消愁诗酒兴偏赊，浊世风流出旧家。更怪雕镌成绝技，少年名姓动京华。

孔才弟乙丑刻印书后，璜。

按：该诗原载徐自强、张聪贵编《齐白石手批师生印集》，北京图书馆出版社2000年5月版，第520页。原诗无题，编者取首句为题。

汉玺秦权匠趣殊

齐白石

汉玺秦权匠趣殊，冶铸惟子解从予。蛇神牛鬼推君有，活虎生龙捉者无。下拜独怜双蝶美，久传还羡六家俱。工夫深处残灯识，休欲人逢誉大巫。

孔才仁弟所刊，齐璜题记。

按：该诗原载徐自强、张聪贵编《齐白石手批师生印集》，北京图书馆出版社2000年5月版，第521页。原诗无题，编者取首句为题。

摹磨琢削可愁人

齐白石

摹磨琢削可愁人，与世相违我辈能。快剑断蛟成死物，昆刀截玉露泥痕。伪炉潍县与人殊，鼓鼎盘壶印玺俱。笑杀冶工三万辈，汉秦以下士人愚。解耻镌铜笑铸铁，青年贺赵大廷真奇绝。生龙活虎马行空，击电流云天忽烈。

牟平赵生大廷乙丑冬来京华拓自刊印赠余，余题三绝句兼书孔才弟此印草后。小兄璜按：该诗原载徐自强、张聪贵编《齐白石手批师生印集》，北京图书馆出版社 2000 年 5 月版，第 526 页。原诗无题，编者取首句为题。

世人皆骂效予为

齐白石

世人皆骂效予为，洗尽凡刀做削非。村水细流天欲倒，印草内有水竹村人书画印。馆云四布雨斜飞。又有绛云馆印与天无极印、雨洲印。商也起予余愿足，壮夫怜汝宦情违。此句孔才更为“天乎怜汝壮心违”，孔才真起予者。高人可作今难作，不见湘山未敢归。湘山去湘潭城一百里，世乱至极，余不能归也。

卷面题诗共三本，皆孔才弟丁卯所刊也。璜。

按：该诗原载徐自强、张聪贵编《齐白石手批师生印集》，北京图书馆出版社 2000 年 5 月版，第 527 页。原诗无题，编者取首句为题。

贺生刀笔胜昆吾

齐白石

贺生刀笔胜昆吾，截玉如泥事业殊。小技那应从白石，无情何不慕南狐。

孔才仁弟已将蓝出青。丙寅、丁卯二年所刊印共得六本，余为评定后复为题记之。兄齐璜时同居京华。

按：该诗原载徐自强、张聪贵编《齐白石手批师生印集》，北京图书馆出版社 2000 年 5 月版，第 528 页。原诗无题，编者取首句为题。

自唐以来

齐白石

自唐以来，能刻印者惟赵悲庵变化成家，然刻十印之中，最工稳者只二三也。孔才弟属拓印草，不丑者或十之一二，启余者培新也，所刻之印新稳者较多，孔才犹谦谦若虚，真古人风趣耳。

乙丑冬，兄璜记。

按：该文原载徐自强、张聪贵编《齐白石手批师生印集》，北京图书馆出版社2000年5月版，第522－523页。原文无题，编者取首句为题。

刻印无论古今人

齐白石

刻印无论古今人，不能印印皆佳。前明文、何终身不善变，一生无一佳印合称此日之名声。前清西泠六家，惟丁君有数印能过当时人物。至赵无闷，白文多，佳者十居五六，可谓空绝前人也。余此部中稍有七八印可观，亦可谓平生幸事。

孔才仁弟勿笑余言狂且妄耳。癸亥四月廿五日，白石山翁灯下记。

按：该文原载徐自强、张聪贵编《齐白石手批师生印集》，北京图书馆出版社2000年5月版，第524－525页。原文无题，编者取首句为题。

孔才弟之信余刻印

齐白石

孔才弟之信余刻印，如和尚之信佛。余感其意，故言其所短，自知其长也。此后自去其病，以秦汉印为师，无须乎老萍饶舌耳。辛酉五月十七日又记归之。

按：该文原载徐自强、张聪贵编《齐白石手批师生印集》，北京图书馆出版社 2000 年 5 月版，第 529 页。原文无题，编者取首句为题。

净业湖畔访贺天游

谷钟秀

湖光荡漾涤尘襟，五柳门前十丈阴。中有幽人三亩宅，更饶古意一张琴。风雷震撼人间世，耕钓长存社稷心。未假斧柯甘袖手，时时匣剑作龙吟。

按：该诗发表于《天津民国日报》1946 年 11 月 25 日第 7 版《文艺 · 诗录》，署名樵风。

天游再和前韵并贶以所著书叠韵答谢

谷钟秀

自惭身着薜萝襟，不耐风云接地阴。末路惟耽陶令酒，高山却识伯牙琴。古今照耀鸾皇侣，造化镌巉琬琰心。贶我一编勤洛诵，敢追韩孟学联吟。

按：该诗发表于《天津民国日报》1946年12月5日第6版《民园·诗录》，署名樵风。

天游三和前韵叠韵奉答

谷钟秀

隆冬节届苦穷阴，何日春回畅远襟。老马识途空自诩，闲云出岫早无心。气冲牛斗酆城剑，音合宫商清庙琴。华国正须濡大笔，宁容泽畔久行吟。

按：该诗发表于《天津民国日报》1946年12月7日第6版《民园·诗录》，署名樵风。

颐和园遣兴兼示孔才 四首

籍亮侪

城居不适意，病卧思青山。青山亦无数，路阻不可攀。贺子知我意，招隐城西偏。云扃对崖壑，赁取无几钱。子真玉皇吏，谪往蓬莱间。朝拥百城坐，夕对孤鸥眠。孔才时以市政府委员整理园中古物。兴来发吟咏，泉石飞毫端。吾生有山癖，遇子尤天缘。清风扫尘榻，佳日开愁颜。笳鼓满天地，不碍诗人颠。惜哉笔已退，引玉难为砖。

廿年莽烟尘，四海厌兵革。九州神圣域，一半狐兔宅。斯园亦云幸，岿然故都侧。惜无轩冕入，剩为鱼鸟得。迩来开禁门，公然饷来客。似我瘰疾人，亦得一椽托。西湖六桥影，苏门春水色。园中湖堤仿西湖苏堤，六桥山后苏州河仿苏州城内家家临水。千里梦不到，倏尔樽前落。蓬瀛本仙山，可望不可即。几日海生尘，转有秦人迹。

名园数十里，高据山之脊。昆湖在其南，湖水一色碧。中间排云殿，巍巍百余尺。凿天抗云甍，浮波缭丹壁。当时一举手，所费千万亿。四海奉一身，为乐未终极。山川秘灵秀，王者与阖辟。时来掌中收，时去泯焉息。吁嗟今视昔，暴暴不知易。

卜居园之隅，庭轩自娱适。当户草凝翠，拱檐杏流赤。居此近一旬，出门路未识。信步稍攀登，亭阁出林隙。石岚乍入袖，松颠可飞屐。俯瞰如带流，仰有穿溜石。西山千万峰，颔底与之逆。茫然感兴废，万籁一时寂。忧端复为谁，回首尽陈迹。

按：该诗原载籍亮侪著《困斋诗集》卷四，1932 年壬申冬日籍氏家藏本，第 17 页。

孔才招游玉泉山前均赋赠

籍亮侪

老来无所恋，所恋在山水。日日踏崎岖，两屐已没齿。游侣得健者，神王岁犹绮。虽则连猿臂，那能随骥尾。脚底山是画，眼前泉是醴。洞口隐云根，佛头刻石髓。搴裳陟崔巍，策杖拨榛杞。病夫能勿疲，不疲惟乐此。

按：该诗原载籍亮侪著《困斋诗集》卷四，1932 年壬申冬日籍氏家藏本，第 19 页。

昨日玉泉之游孔才发兴先行留简力约余乃强起而往至则力疾攀登尽兴始归翌日彼此各示所作因更烹鱼同酌泛湖赏月连日游宴歌咏极一时之欢成次韵三首

籍亮侪

君行已在山，我起未朝食。从之心实怯，止乎时可惜。况有大官浆，杏橘杂白赤。孔才携有杏露、橘露，和泉饮之极甘。感君情拳拳，尔乃行得得。天下第一泉，由来名甚籍。欲偿齿舌求，敢爱腰脚力。四美二难具，无感乃顽石。

前日玉泉游，十九未曾到。尚颇动豪情，作诗以自劳。狂奴今愈狂，轻身逐年少。九州颠与涯，艰险久所冒。岂有跬步间，而不穷蕴奥。何年华藏塔，其侧东岳庙。壁上佛犹完，洞中日不照。须臾出其上，绝顶俯万窍。名胜四十八，金碧旧辉耀。劫后访基扃，烧痕余磝硗。归来读君诗，一往神魂杳。病苦敢何尤，居然在人世。清风明月夕，得难失之易。出户买双鱼，嘉客招即至。把桨泛舟回，醉残珪未坠。明日看新篇，定有惊人意。

按：该诗原载籍亮侪著《困斋诗集》卷四，1932 年壬申冬日籍氏家藏本，第 19－20 页。

子建与孔才唱和往返数叠因次一首

吴闿生

落日未落犹骑危，新月冉冉稍入扉。冥鸿不下弦罿挥，物我倏然两不知。科头自在羲皇时，焉知八代骤而驰？清尊中贮醪与酏，开颜佐以二妙诗。万生喙息困炎曦，微吟使我凉生髭。吁嗟世事今安归，威弦不控群扬麾。五三旧六道已非，丘轲余泽光徒垂。海山仙人金缕衣，惊鸾自照浣花溪。神光四溢芬徆鞮，云霞万顷何由披。

按：该诗据吴闿生著、余永刚点校《北江先生诗集》录入，黄山书社 2009 年 12 月版，第 126 页。发表于《四存月刊·艺文》1922 年第 14 期第 1 页，题为《孔才见示与子健唱和诗往返各至数叠余方病瞀勉和一首》。

世言作诗不必为韵所缚此不知诗者也诗家自有本原岂韵所能束乎戏用韩公送无本韵示王余斋贺孔才潘百英吴稚鹤诸子

吴闿生

西山论文法，贵在激其瞻。匹马突坚阵，所恃唯一敢。天风吹万山，一一皆可揽。蛟龙舞云汉，一蹴落重窞。却惜千金珠，逡巡抚其颔。中宵天地变，日月互吞噉。手摘万明星，磨莹去黤黮。王母哭相劳，天颜欢不惨。掉臂至京游，微风与淡澹。蔚蓝明万里，霞色乱朱菡。轻舟漾明镜，鱼蟹出葭菼。沅芷与澧兰，千秋欻同感。差饱不娱宾，尝讥公父歜。腼肥使应客，岂惜藜羹糁。惠余能屡遇，鼓我姑坎坎。元气灏盘空，精神非简椠。饱食不疗饥，何以愈顑颔。六经足腴泽，宁我悴惨惨。根氏自盘困，何有蚍蜉撼。取险一娭娱，助子涤立览。

按：该诗发表于《四存月刊·艺文》1923 年第 20 期，第 5－6 页；又发表于《实学》1926 年第 5 期，第 61－62 页。

题唐伯虎渔乐图手卷有水竹村人题字用孔才韵

吴闿生

六如逸兴凌江水，倚醉含毫风露起。半夜寒声落画檐，万里烟波濯纨绮。何人渔唱正清哀，江波森森风飔飔。欲呼李白骑鲸去，更作苏耽化鹤来。坦席江皋一莞席，胜侣两三更浮白。聊从股掌玩婴儿，莫问风云弥大泽。宙合苍茫似覆盆，千秋成败几槐根。请将唐介疏狂态，往问沧浪水竹村。李子健云：无限感慨，以清婉之笔出之，弥觉境高神远。谷九峰云：缩千里于咫尺，豪迈之气，奇诡之趣，令人不可逼视。

按：该诗发表于《天津民国日报》1945 年 12 月 20 日第 3 版《民园·北江诗稿》。

天游兄鉴阅报见有贺净业湖新居诗依韵敬和即希鉴察祗颂道绥

刘晚松

缅昔柴桑居，高风植五柳。作记写桃源，落落世罕有。故都乐肥豚，幽居眷吾友。燕许盛文章，艺林称巨手。当论李西涯，抗迹水东叟。祖砚与榲书，根柢极深厚。元九夸州宅，流连狎诗酒。独甘微蕨味，未妨岁月久。故物重青毡，清白誓无负。读书味道腴，有为兼有守。夙擅桐城文，义法珍授受。树帜向词坛，卢王兢前后。唱和驰吟笺，往往呼下走。出处有同调，键关卜无咎。广厦千万间，寒士交相偶。追踪杜陵翁，此愿能伸否。远企净业湖，剑气干牛斗。

按：该诗发表于《天津民国日报》1946 年 1 月 18 日第 3 版《民园》，题下署“刘晚松拜启”。

携华女登北海白塔望雪遇贺三孔才同步什刹海观流

张子高

昨友遗我一瓢雪，友人赠白糖。今晓九天霏玉屑。披衣着帽呼女儿，来向江头陟崂嵲。其时淞露塞太空，天容海色墨淡浓。宫墙角楼依稀见，长春亭子影溟蒙。绣柱画梁琼宇下，苍松高映矮壁赭。寒鸦数点栖铁枝，若与素娥添都冶。我方办色女办声，谓余落皑窸窣鸣。细听果然摩作响，万类何由得其平。平生江海古狂客，掉头独立在咫尺。笑掬栏前一团霜，云餐可解内肠热。翩然搴衣下高台，泽畔行吟归去来。易水正照衣冠白，玉泉倘湔屈贾哀。哀怨沉沉何处泻，化为漂霰自飞洒。世间秽迹填九衢，天空精灵笼四野。

按：该诗发表于《天津民国日报》1945年11月26日第2版《文艺·诗页》，署名勤斋。

奉和天游近作

张子高

禹鼎铸百怪，刻画须良工。巧匠竟袖手，此理恐非公。前不见古人，后不见来者。天地日悠悠，怆然泪盈把。诗人叹喟声，烈士万古情。澄然定其睛，翕然养其精。夫岂忘苍生，门前印潭月，沉沉分外明。

按：该诗发表于《天津民国日报》1946年3月23日第3版《民园》，署名勤斋。

次和天游自诡

张子高

呢呢儿女相汝尔，眼前勃溪何由止。声色臭味眩小儿，不磷不淄惟颖水。东坡须眉殊自喜，忽然鳞甲动弗已。顷刻风软波复平，炯然自在明镜里。

按：该诗发表于《天津民国日报》1946年4月26日第3版《民园》，署名勤斋。

褧园因天游邀同赏菊天游先有诗褧园索赋因次天游韵

张子高

愿人长寿花长好,那知同以风尘老。共隐长安年复年,一笑相逢苦不早。海西草堂今贺公,联翩来就丛菊丛。画图文字纷满眼,袖手聊解嘲雷同。书来乞诗入诗册,即事讴歌备一格。焉得把菊醉篱东,忘言坐送夕阳红。

按:该诗发表于《天津民国日报》1947 年 1 月 9 日第 6 版《民园·诗录》,署名勤斋。

元旦再和天游兼示褧园

张子高

欲吐胸哽舒怀抱,事业难成人易老。悠悠误落尘网中,多君人海抽身早。故园漫漫几秋风,相判一醉旧菊丛。争奈国在山河破,万方多难一概中。堂堂宪章黄绫册,旧邦新命标新格。岁月休教逐水东,卅六年度日初红。

按:该诗发表于《天津民国日报》1947 年 1 月 14 日第 6 版《民园·诗录》,署名勤斋。

甲子春节联句

贺又新

甲子初交大雪飞迪新,弟兄欢宴复何归翊新。挥毫落纸诗千首又新,酒阵重斟八百围培新。自注:一九二四年甲子春节,予兄弟姐妹七人欢宴于故城郑家口村宅中。瑞雪纷飞,长兄首唱。予年十五岁又十个月。

按：该诗原载贺又新著《吟香咏絮之庐诗钞》卷一，未刊。作者哲嗣张宜先生注："母亲之长兄贺迪新字启之、仲兄贺翊新字仲弼、叔兄贺培新字孔才、四弟贺植新字建之、五弟贺德新字立之、长姊贺仲新。其中，翊新、培新、德新系母亲同父母兄弟。"

思兄寄京

贺又新

青青草色遍平原，旖旎繁英映丽天。对此韶光成感喟，光阴荏苒惜华年。看花回忆去年春，花间置酒歌且吟。唱和连篇无尽兴，天伦真乐杳无垠。祇今离乱各西东，中原惨淡听悲鸿。何日方能睹平治，雪飞威袭汉王风。空庭日暮渐黄昏，芳花寂寞带啼痕。微物有情还坠泪，欲呼真宰问存仁。自注：以上二诗系一九二四年甲子予十六岁，在武强县萧张村避难时作。　北江先生评云：乱离中常才喜作愁苦语。作者独能从温柔富丽中着手，最见才情，而用意尤为深婉。

按：该诗原载贺又新著《吟香咏絮之庐诗钞》卷一，未刊。"二诗"指该诗及其前一首《思故乡》。

雪中和兄寄京

贺又新

一得新篇读，夷然百虑开。狎寒松有秀，霜冷菊初栽。浩荡云驰骤，飞扬雪倒回。苍茫迷向背，惆怅意中来。自注：一九二四年甲子作于郑家口，年十六岁。

按：该诗原载贺又新著《吟香咏絮之庐诗钞》卷一，未刊。

雪后同长兄迪新仲兄翊新叔兄培新登北海白塔联句

贺又新

千山白皑皑，万树开琼花。迪新 拥培根深奥，覆压枝横斜。培新 晶莹光万顷，点点翻寒鸦。冻合吟肩耸，苦学温八叉。翊新 登高极目眺，玉宇净无暇。谁将曲径扫，蜿蜒如长蛇。又新 岑岫纷倾倒，颠风散乱葩。培新 归途相顾笑，未老鬓成华。又新 自注："一九二五年乙丑，予年十七岁，来京后之次年作。北江先生评云："兴会高华。"长兄年二十九岁，仲兄二十七岁，叔兄长予五龄。

按：该诗原载贺又新著《吟香咏絮之庐诗钞》卷一，未刊。贺培新撰《雪后登塔同伯兄仲兄翊新妹联句》与此诗颇有异同，见《天游室诗》卷二。

辛巳夏晨与兄游西海

贺又新

西山在眼画不如，明霞五彩飘空虚。两岸垂杨鸣宿鸟，一湾绿水长新蒲。浮空万点红玛瑙，盖溪十里碧氍毹。荷盖承珠鱼窜水，乱蛙跳草鸭藏芦。树下苔深人迹少，天边云淡鹤飞孤。同游争说风光好，欲将西子比西湖。江南山水天下无，梦魂不到思有余。锁钥北门关自壮，攀登曩亦劳形躯。天时人事百不遂，冀州横览输飞凫。风旋雷转总莫测，乐天安命心常舒。繁市喧声起红日，相将归伴东坡居。

按：该诗发表于《天津民国日报》1946 年 2 月 15 日第 3 版《民园·空谷吟》。作者哲嗣张宜先生注："本诗作于一九四二年。……原题《游西海》。其中，'五彩'作'五色'，'荷盖承珠'作

‘荷叶呈珠’,‘西子’作‘西海’,‘乐天安命’作‘高瞻远瞩’。”见贺又新著《吟香咏絮之庐诗钞·辑佚》,未刊。

次和孔才游琼岛看雪 一九三九年

许用康

天公做玉戏,始信天难老。高卧学袁安,门庭都不扫。谁遣玉龙斗,残甲飞空林。开窗见奇景,藉此映冰心。雪月竞寒光,快饮银瓶倒。心与迹俱清,无复纤尘绕。多君事幽讨,绝顶畅高襟。不有青云志,难为白雪吟。

按:该诗据家藏抄本录入。许用康文孙许起复先生供稿。

赠贺天游秘监五言排律十二韵

许用康

此日谈风雅,销沉实可哀。素心期共印,青眼为谁开。君有凌云气,人如旧雨来。清芬遗砚在,老手斫轮推。班马声华重,钟王法度该。奇书供点笔,虚室绝尘埃。顾我成衰叟,论交见异才。诗豪刘梦得,词客贺方回。读律惭无补,匡时念已灰。生涯劳讲席,世事付深杯。味以芝兰契,霜宁竹柏摧。会伸怀古意,联袂上金台。

按:该诗发表于《天津民国日报》1945 年 10 月 23 日第 2 版《副刊·诗页》,署名用康。家藏抄本题为“赠贺孔才 一九四〇年”。许用康文孙许起复先生供稿。

【校记】

〔衰叟〕家藏抄本作“衰朽”。

应天游招往大同中学看菊

许用康

天高风日清，敛此秋容肃。谁将东篱花，移植在庠塾。缤纷炫五色，巨细罗万族。信美不胜收，如入锦绣谷。辛苦育英才，乃并寒花育。一睹傲霜姿，令人厌尘服。娓娓畅清言，花香茶正熟。归来坐松轩，襟袖余芳馥。

按：该诗发表于《天津民国日报》1945 年 11 月 2 日第 2 版《副刊·诗页》，署名用康。家藏抄本题为"应天游招往大同中学校看菊"。许用康文孙许起复先生供稿。

【校记】

〔炫五色〕家藏抄本作"绚五色"。

谢天游治印

许用康

草书神似傅青主，篆刻真逾米紫来。眼底传人许吴赵，指端奇气郁风雷。长留典籍增颜色，划削巉岩见异材。勒石燕然待椽笔，不应词客拟方回。

规模直上追秦汉，近代文何未足尊。砥砺允为多士范，声名岂杂印人存。交情从此盟金石，什袭还应付子孙。他日天涯倘睽隔，摩挲不异数朝昏。

按：该诗发表于《天津民国日报》1946 年 6 月 13 日第 3 版《民园·有春斋诗》，署名榆园。

天游出口斗韵集属评并读其庚辰除夕诗及勒石诸文

许用康

才名绮岁满京华，知读奇书破五车。难得连篇吟口斗，次山谷口斗韵至三十叠。不关险韵斗尖叉。贺兄品自风流重，用唐书贺知章本传陆象先语。许子评宁月旦夸。一语令人心魄动，延秋门上有栖鸦。乱鸦点黑延秋城，二十九迭韵中句也。

立身直与白云齐，论世还如照水犀。八叶箕裘绵武隧，千秋椽笔接昌黎。暂教枳棘栖鸾凤，快睹风沙走駃騠。屈指年华未强仕，贤关圣域任攀跻。

按：该诗发表于《天津民国日报》1946 年 7 月 29 日第 6 版《民园·有春斋诗》，署名榆园。家藏抄本题末自注：一九四〇年。诗末有贺培新评：一气奔泻而下，而忽勒忽纵。贱子虽不敢承，然不敢以私谦而废公论也。许用康文孙许起复先生供稿。

谢天游赠丝瓜

许用康

承筐如见龙肝美，满架知余翠带长。大嚼冰霜寒酒胆，细调蜜汁润诗肠。交情却乏琼琚报，隔宿犹留齿颊香。忽忆故侯身世苦，种瓜时傍掖门旁。

按：该诗发表于《天津民国日报》1946 年 8 月 26 日第 7 版《文艺·有春斋诗》，署名榆园。

谢天游赠瓜 一九四〇年

许用康

小试经纶手，循墙遍种瓜。门庭清风满，知不羡山家。正苦炎曦永，甘瓜好镇心。琅玡侈投赠，那及此情深。

按：该诗据家藏抄本录入，许用康文孙许起复先生供稿。

谢天游赠所纂文编

许用康

当代人师定属君，即论词翰亦超群。陆机述藻终成赋，萧统宏材善选文。斟酌百家传艺彀，明邓伯羔撰《艺彀》，考订旧文，研求古义，颇称精核。天游自叙引学必至彀之语，故用之。渊明千古溯皇坟。余生便有诗书癖，赏析奇疑肯倦勤。

按：该诗发表于《天津民国日报》1947年1月31日第6版《民园·诗录》，署名榆园。

人日过天游海西草堂

许用康

结采逢人日，烹茶话旧盟。门依寒沼静，雪映草堂明。素抱关忧乐，神州苦甲兵。望君作霖雨，引领有苍生。

按：该诗发表于《天津民国日报》1947年3月10日第7版《文艺·有春斋诗(复旦集)》，署名榆园。家藏抄本题为"人日踏雪访海西草堂主人"，诗末自注：有春斋主人丁亥作(一九四七年)。许用康文孙许起复先生供稿。

自怡庵自题

郭风惠

念载客游,栖止靡定。恒自署所居曰自怡庵,实传舍也。今卜居乡县,僦屋数楹,略安书剑,自怡之庵,符定名矣。怡何事,庵何若?不自陶写,何以惬怀?乃赋鄙句示友好焉。

公自视为朱门,贫道如游蓬户。冷语谁解嘲,自谓吾引取。十载长安居,华屋熟无睹。鼎移城就芜,感此伤肝俯。敛我问舍心,家山觅片土。茆檐环坯垣,赁作梁鸿庑。阴雨预绸缪,罅漏频涂堵。北舍安帐帷,南屋置铛釜。朋来无榻留,往往讷豪语。幸无鬼瞰临,妻孥喻甘苦。预名自怡庵,愿虚天为补。中庭何所有,风月递为主。隙地拓两弓,杂卉莳半圃。秋月筛叶云,春风荡花雨。小属谁之园,持问庾开府。何以饰我室,断烂签轴聚。佛贱金无颜,鼎残铜折股。款识办吉金,摩挲到片羽。持此敝帚赏,时作家珍数。业不计千秋,愁堪销万古。居贫人所嗤,吾贫何与汝!

按:该诗原载《风惠楼诗剩》卷上,1940年版,魏洲平先生供稿。据郭风惠《以自怡庵诗寄示贺孔才表弟孔才答诗嘲其达反诗调之》,《自怡庵自题》所云"友好",即贺培新。

以自怡庵诗寄示贺孔才表弟孔才答诗嘲其达反诗调之

郭风惠

窃果狐未得,诡云恶涩酸。寓言出西哲,抉微见肺肝。推此忮与求,人情纷万端。我本澹荡怀,货利无忘干。清到啖螬李,宁止人笑贪。遮头一把茅,讵谓损达观。作达亦有限,尘网不我宽。使我游倮国，立毁裳与冠。大地遍腐鼠，久矣愁鹓鸾。夸何发其异，而不察所安。手弯猎者弓，口讪渔人竿。反嘲倘不受，诗海观回澜。

按：该诗原载《风惠楼诗剩》卷上，1940年版。魏洲平先生供稿。

盛暑过贺孔才培新谈诗饮酒夜分始归 壬戌八月十一日

李葆光

檐上浮屠耸以危，矮垣映日锁双扉。中有佳人彩笔挥，我入访之人不知。蛩音满地听移时，回头一见笑声驰。用何为乐酒与酏，更披幽愤裁新诗。不知天上收丹曦，但觉夜久凉生髭。逝波岁月去不归，四方扰扰翻旌麾。勋业未立朱颜非，对食不餐泪交垂。安得山鬼女萝衣，群游麋鹿老深溪。不然抗兵临被鞮，万马蹂尸骨纷披，犹胜低首在尘泥。成澹堪云：逝波四句凭空突起，声情喷溢而出。

按：该诗发表于《四存月刊·诗》1922年第12期第5页，题为《盛暑过孔才谈诗饮酒夜分始归》。此据李葆光著《涵象轩诗集》卷二录入，1935年春刊于北平，第25－26页。

孔才许为文以序吾诗久而未就今寄稿来奇纵甚赋此为谢三次前韵 丙寅十二月二十日

李葆光

公文一何奇，豪纵复贴妥。屈宋做衙官，郊翱侍右左。提刀望八荒，生杀尽由我。嗟予螳臂雄，讵免鲸吞祸。戴盆而上山，蜉蝣脚已跛。诗成不自珍，公反以为可。试往与之角，披靡石碎卵。但见五云中，公来如奔马。我欲持斧迎，回翔不遽下。忽而挟我去，谁能禁御也。方今岁律终，冰霜被四野。满耳号寒声，无人辟大厦。暴客已入门，不见门焉者。凛凛如椽笔，径往向君假。一扫玄冥威，与世返朱夏。岂有七尺躯，老死江西社。雕虫小技耳，何足齿大雅。爆竹一以鸣，百神齐降嘏。孽狐作休咎，一丘尚破硪。北江先生云：有奇气。

按：该诗原载李葆光著《涵象轩诗集》卷四，1935 年春刊于北平，第 26 页。

题孔才所镌印谱 丁卯四月二十九日

李葆光

试取娲皇石，闲摹秦相文。勒铭才益显，补缺志何勤。薪火千秋接，兵戈九域分。凭君刀笔健，往立鄮侯勋。祝果忱云：起得苍劲，末韵趣语。

按：该文原载李葆光著《涵象轩诗集》卷五，1935 年春刊于北平，第 1 页。

孔才作蜂蜜诗盛陈甘苦之义读罢题一绝于其后 癸酉十月四日

李葆光

蜂蜜山头花乱飞，蜂蜜山子在哈尔滨东，居民多以养蜂为业，予往年曾至其处。蜂巢覆后雁南归。因君触动铜驼感，茹苦尝甘味总非。北江先生云：高格。

按：该诗原载李葆光著《涵象轩诗集》卷六，1935 年春刊于北平，第 10－11 页。

夜雨和孔才声字韵

李葆光

沟渠应满谷应平，起看畦花意暗惊。乞有千枝争锦绣，都随一雨失光荣。北园梨叶僵垂地，南陌蒲稍放过城。荡尽蚊蝇虽一快，无如满耳乱蛙声。

按：该诗发表于《四存月刊·诗》1922年第14期第1页。

七夕前一日孔才见和叠均奉酬

李葆光

银汉高居忽自危，天孙昨夜下瑶扉。云锦霞绮随指挥，舞遍尘海无人知。神清骨冷气拔时，幽人志与仙同驰。仙口不甘馆与醺，惟吐五色光君诗。诗笔亢健凌秋曦，问年几许颔未髭。潇江菰秀雁南归，征夫此去疲军麾。一水相望渺是非，天上人间泪同垂。重重身畔御寒衣，尚想纤手浣清溪。事殊扦侮出重鞮，谁将冤愤向天披，借君妙翰书金泥。

按：该诗发表于《四存月刊·诗》1922年第13期第3页。

游北海观擎露盘归再次前均示孔才

李葆光

仙掌百寻云外危，探取冷露穿天扉。帝怜其愚未忍挥，一赐盈盘不自知。归来大笑三更时，渴难自饮徒奔驰。君吞到腹甘如醺，化珠万颗洒新诗。我才方君宿见曦，空对云垒捻吟髭。忆昔赤帝斩蛇归，手劈幽谷进旌麾。范增竖儒枉腹非，国祚四百永光垂。铜雀无端易朝衣，铜仙有泪飘荒溪。荀吴破鼓摘鸢鞮，德公采药山荆披，道艺虽高死涂泥。

按：该诗发表于《四存月刊·诗》1922年第14期第2页。

孔才来诗多忧虑之旨乃三次前均和之

李葆光

不须痛苦论时危，岂有伟才老荆扉。昔闻名利一笑挥，欲从尘外求相知。草木枯荣谓有时，抵死不供人驱驰。群儿指腹索粥酏，自比蠹鱼食书诗。忽忽戎马移星曦，寸功未效腮生髭。高木出墙众禽归，秀民雷动依戎麾。渊明漫云悟昨非，不取英明万古垂。苏卿几日解褐衣，控马扬鞭出山溪。后载阴符前狄鞮，六国印绶相连披，直抉幽谷一丸泥。

按：该诗发表于《四存月刊·诗》1922年第14期第2－3页。

和答孔才

潘伯鹰

林林万亿汇，殭萎不得苏。茫茫瞩中区，郁怨通天衢。两间城矣大，乐土如丸乎。西方稍稍觉，侈口和平呼。我东华夏域，犹复肆刳刳。劳劳终靡盬，赪尾怜鲂鱼。骨化战尘飞，魂归城已屠。乘除炎势辈，幻如蜃气嘘。彼曹固易改，吾宁堪再墟。惟知竞雄长，焉惜生民辜。儒生无寸柄，弄笔伏穷庐。顾有纵横心，黎元难欲纾。忧天众所笑，自视还哑如。贺子名家传，同师幸共途。高蹈道与义，抗志在诗书。雄心勃复起，未觉孤吾徒。维昔太夫子，名德驰坤与。屹然作大师，导世办纯诬。门下多彦硕，大才旷代无。小者纷混籍，至今垂楷模。今门皆少壮，揖让思唐虞。倘复莲池盛，大声启瞆愚。燕赵多豪士，悲歌颓誓扶。拨雾还太清，安识独非吾。呜乎蓄此意，空文徒自娱。愧负编贝齿，盘食无华猪。学成亦安用，闭户锄园蔬。去去莫复道，方今觚不觚。试登太华巅，磷火交横趋。和歌意未极，悲愤何由摅。

按：该诗发表于《四存月刊·诗》1922 年第 13 期第 4 页，署名潘式。

武强贺孔才先生培新

潘伯鹰

孔才与余同受业于桐城吴北江先生，少相知爱。三月一日，余方归自君家，忽被逮，君走慰余家："伯鹰一日系狱不出，生计吾为任之。"昔君祖考松坡先生，以文章道德继吴挚甫先生为北方大师。君今翰墨风采与先德辉映，世皆已仰之。而余所欲正告天下者，君敦义重交之节如此也。

大儒逝已久，世变日以新。慷慨天地间，寤寐吾谁亲。高踪固莫接，犹及交其孙。夫子少年时，吐辞超西京。意无贾长沙，耻复准过秦。雁行谒吾师，立雪闻传经。短翮依文鸾，微光伴长庚。苍蝇附骥尾，亦致千里程。悠悠日月迈，事势迫吾生。抚颔忽有须，望道茫无津。所余忧患身，穷途更拘囹。曾参遭谗口，子长况家贫。嗟乎鲍叔牙，挺起相哀矜。人生重立节，穷达非所论。姬幽孔亦厄，列举恐不胜。纵观载籍上，急难凡几人。所得逾古贤，足以傲千春。幽囚诚苦痛，感此鸿毛轻。道义立本质，摛藻成其文。如何妄庸辈，谬意能相分。辽哉哲人教，卓立留典刑。奇辞昭伟度，江汉流声名。

按：该诗发表于《学衡》1932 年第 76 期《文苑·南冠集》，第

137－138 页，署名潘式。

寄贺三孔才

潘伯鹰

浮云奄忽竟何之，怅望高天窈窕思。凭杖辛勤将口腹，政须缄札慰流离。腾腾自遏吞牛气，兀兀从销服骥悲。四海解人推季子，萧条异地复同时。

按：该诗发表于《国闻周报》1934 年第 11 卷第 37 期《采风录》，第 2 页，署名凫公。《玄隐庐诗》中题为“南昌寄贺三孔才”。

赠孔才

潘伯鹰

三峰拔地五千仞，置身华顶何崇峻。眼穿力竭不可到，颠踬犹思尺寸竞。昆仑玄圃朝夕跻，嗟哉贺子汝神骏。我材瓦砾不自量，惟以师友为性命。己未师门始操篲，齿弱何从知学问。侧身四顾皆人英，璀璨珠光眉宇映。君家昆弟相继至，渑淄同味交初定。质难传笺羽箭飞，诙谐肆舌悬泉喷。欢娱要结皆年少，论学求知抑有进。承蜩执臂若槁木，操舟不见斯神泳。誓将冥心忘万有，眼中应觉高天近。感君意气青云上，执手期君同振奋。今年勤恳数赐诗，报君惜少璠琚赠。中宵慷慨起答君，质直写心非饾饤。

按：该诗载潘伯鹰著、吴梦芙点校：《玄隐庐诗》卷一，黄山书社 2009 年版，第 2－3 页。

酬孔才元旦聚晤诗呈诸君 癸亥居北平作

潘伯鹰

新春逐晓来，大气森一变。京华冠盖地，巧饰尤奇艳。彻夜灯球高，如川洒波酽。列肆衒珍奇，夺目星亿万。豪贵歘然来，神采矜顾盼。旁侍有珠姬，前驱有锦韂。大道虽阗塞，高车去如电。蝶迷衣上花，龙绕腕间钏。接驷聚王谢，亦复厕贫贱。遂令古国都，烂若朝霞绚。谁知二三子，白屋共谈宴。何必别贤愚，聊与同汗漫。我观斯世间，言语诚堪叹。言者苟异人，听者色亦换。审态复择声，一一如蜃幻。柔辞期浸润，危言肆鼓扇。宏或如枭啼，细乃不可辨。杂之以巧笑，貌之以谨愿。指画一室间，炙锞力能串。哀哉失本心，变易徇肥豢。断断数书生，真面翻可见。咄彼悠悠人，此意难共验。

按：该诗载潘伯鹰著、吴梦芙点校：《玄隐庐诗》卷一，黄山书社 2009 年版，第 5 页。

次韵孔才

潘伯鹰

兵祸连南北，谁堪复问家。醉歌何激烈，狂舞任欹斜。晨起惊双目，阶前曜片霞。沉忧入肝肺，安用树萱花。

卷我云霄上，回飚天路吹。顿来琼宇静，暂忘海尘飞。拱揖浮丘小，趋跄帝座卑。拂衣惊梦呓，悲咤苦尘羁。

倔强虬龙势，何来独树松。深根藏岱北，孤干指天东。风怒千山动，霜飞四野空。请君试回首，卓秀碧云中。

按：该诗载潘伯鹰著、吴梦芙点校：《玄隐庐诗》卷一，黄山书社 2009 年版，第 8 页。

贺孔才镌印歌

潘伯鹰

余与武强贺孔才培新少长游好，同受业于桐城吴北江先生之门。知其学问之暇，尤乐刻印。自其初作迄于今，余所见者不下千馀。值其欣然叩门昂首而入，知必有新印成矣。余观之，未偿有不胜于前者也。同学江宁吴稚鹤兆璜尤宝爱之。孔才刻印拓本自存者希，求之于稚鹤，则无不获也。今拓本高可盈尺，余遂为之歌。

君不能手挥巨刃凌天摩，欃枪尽扫清么么。复不能石峪刻经宣佛谛，妙义翻莲被八裔。太仓稊米一书生，雾藏尘没燕都城。解牛技好底不试，雕虫翻欲夸其精。高秋八月西风寒，凝红积翠霜花残。萧斋宴坐感晶爽，忽来捉石思雕刊。双眸炯炯暂审视，砉然刀下天风抟。但闻格磔作异响，快如猛虎方饥餐。籀文蟠伏苍鬼泣，斯冰扼腕横相干。刻成殊讶出意外，起视空宇云漫漫。君才纵逸同鸿鹄，藏有昆刀可切玉。治大国如烹小鲜，宰天下亦如此肉。岂有郢下成风手，长年玩刻生胼瘃。高歌激抗和悲风，男儿虎变安有穷。珍重霜锋鷿鹈莹，蹑从雷雨会屠龙。

按：该诗载潘伯鹰著、吴梦芙点校：《玄隐庐诗》卷二，黄山书社 2009 年版，第 20－21 页。

家居循行栏槛率尔赋诗寄孔才　五首　壬申秋日居天津作

潘伯鹰

君欲引牵牛，我欲种扁豆。牵牛徒作花，扁豆供备收。当门荫低架，晓翠染衣袖。随风舞低昂，沐雨舒英秀。初花龙骨挺，新实蟾月瘦。徐徐待长成，采摘及其候。登盘荐碧莹，澄澈筋若镂。仙人餐玉诀，致君千万寿。世乱意常多，秘之莫轻授。乌乌亦何为，浅矣杨子幼。

日吟扁豆篇，夜入牵牛梦。紫绡蔽雪肤，轻艳如幺凤。怒我何失仪，浪墨寄嘲讽。东坡既妄言，苏诗咏牵牛云："走寻荆与榛，如有宿昔约。"又云："偏工贮秋雨，岁岁坏篱落。"老奴复兴讼。莫谓阴类卑，吾党亦已众。将毋贪口腹，遂亦效橘颂。张髯忽一咤，去汝勿纷哄。冠裳饰丈夫，枝蔓冒梁栋。顾名忘负轭，惟见盛徒从。坐令广田荒，天府竟断送。不思年命促，诬语犹虚恫。拂衣倏不见，野鸟乱晨哢。呜呼梦幻辞，奚事馀深恸。

霪雨漫无纪，苔藓生我门。吾欲访子桑，孤吟恐断魂。夫蕖晚憔悴，圆盖风翻翻。蒲苇亦可怜，俯仰不惮烦。池边蛙与蚓，得意结弟昆。跳踉泥水间，沿缘白玉盆。相矜鼓与笛，暮夜声光喧。安禅临一榻，吾欲断闻根。

胡床酣昼睡，苍蝇飞鼻端。憎此乱人意，点秽污琅玕。我有白玉麈，欲麾意复难。一麾性命断，微物良可怜。庄生言在宥，且待及秋寒。童子顾我笑，此计非为贤。丈夫贵英断，姑息适养奸。

生事日艰难，仰天忽复笑。因思贺夫子，穷巷能乐道。长城出五字，茧纸发二妙。试挥疏越弦，遗音惟古调。子岂兀者与，渊默得其要。大诏方挂壁，清坐但吟啸。三年薄宦馀，得丧曾何校。但忧难久闲，负米将为孝。中宵忽念此，使我肠回绕。干将与湛卢，闷遏不减耀。桃李自无言，成蹊何用导。会看时及春，终与锋出鞘。自从分别来，三月思玉貌。凉秋能会合，藜饭知余劳。新诗间狂草，濡发当大叫。

按：该诗载潘伯鹰著、吴梦芙点校：《玄隐庐诗》卷二，黄山书社 2009 年版，第 35 - 36 页。

怨诗寄孔才

潘伯鹰

长忆贺夫子，悲歌日几回。行看三月尽，犹欠一书来。风雨方如晦，鹓鸾久见猜。共君同性命，缄札合相哀。

按：该诗载潘伯鹰著、吴梦芙点校：《玄隐庐诗》卷二，黄山书社2009年版，第42页。

次韵孔才废恭王府赏花　丙子

潘伯鹰

烟树万重山，幽蓟望勃郁。谁令附骨疽，势等负嵎倔。狡者瞰其然，假命窃朱绂。五十百步间，如蝇俱难拂。伤今肠易回，怀古色徒艴。犹及好春来，看花莫辞不。

按：该诗载潘伯鹰著、吴梦芙点校：《玄隐庐诗》卷三，黄山书社2009年版，第58页。

天游与仆别十四年倭乱后断绝音问亦几十载顷辱寄岁寒集读之怆感因次集中楚字韵奉呈书不成字聊寄老学长左右已达我心而已不足为小时窗课本子观也

潘伯鹰

昔闻荒诞言，天破石能补。河决行自完，黄金贱如土。人生有真际，兴衰离复聚。譬若四运移，霜飞叶辞楮。噫嗟十四载，与子隔尊醑。长恐竟沦胥，饮恨以终古。关河一旦收，豁然通肺腑。便思驰见君，良夕共三五。嚼雪谁称苏，鞭尸谁效伍。历历忆朋交，且喜且凄楚。

按：该诗发表于《天津民国日报》1946年4月4日第2版《民园》，题下署"潘凫公寄自重庆"。

集中倒用韵亦学一首

潘伯鹰

圣哲常愚人，弓亡明归楚。玉敦盟未终，已见整行伍。收计待桑榆，定霸浪尊五。平生子贺子，批沥见肝腑。庶几冀小康，暂复接芳醑。知著必察微，哀今如吊古。生涯舟行陆，志事玉刻楮。当余望治心，老死伏村聚。良恐兹愿虚，何敢遽怀土。言诵三百篇，逸诗未容补。

按：该诗发表于《天津民国日报》1946年4月4日第2版《民园》，署名潘凫公。

与孔才别十七年矣相见如梦尽读其诗及所刻印蜕灯下共食呼其子女俱出既返逆旅次日成诗二章以示孔才　二首

潘伯鹰

故人阻绝几千程，意外相逢眼顿明。十七年中城郭是，一炊熟顷雪霜生。儿时谈笑卑王佐，此后思量共太平。尽读清诗酬夕照，肯持危涕换朝酲。

万家粗粝正艰哉，美馔惭犹噉面来。刻画古非嬴相启，草书耻以醉僧推。阶前郁郁四男子，灯下深深双酒杯。候馆宵寒宽见念，胡床鼻息旧如雷。

按：该诗载潘伯鹰著、吴梦芙点校：《玄隐庐诗》卷七，黄山书社2009年版，第154页。

北平行·故旧的会晤之一

潘伯鹰

次日，我的老同学贺孔才先生来访。贺先生不但是我的同学，并且他的祖父松坡先生乃是我们老师的受业本师。松坡先生同时受业于挚甫先生与张廉卿先生。在清宣统初元，已是北方最老的老师。孔才与其仲兄仲弼同时有名，而孔才文学的声名尤高。他的见解透彻，而处事的方法极细密而有步骤。他又能培植人才，而自己退居于闲地。他不是一个"空头文学家"。我在这许多同学中最佩服他；所以我和他的感情最好。他这一来给我的快乐和鼓励大极了。这天下午我到他家里去谈到天黑。我看到他的夫人王惠君女士和他的一个女孩四个男孩。我尽读他所作的诗，这些都是在抗战中分手的长期出产。我又看了他的大幅草书，和所刻的印蜕。我将他久藏的法国最好蒲桃酒几乎吃光。这种酒，性质甚醇，力量虽缓，却甚长。我觉到醉醺醺地，但却只有醉的愉快，而不曾喉干头痛。这时候中共的招待员用车来接我去看戏。这是为欢迎四老而演的戏，名《赤叶河》。这将与上文所提到的《白毛女》合并另行记述。从戏院回来，我酣睡一宵，次日早上还有宿酒未醒的意味。我很舒服地写了两首诗呈孔才：

故人阻绝几千程，意外相逢眼顿明。十七年中城廓是，一炊熟顷雪霜生！儿时谈笑卑王佐，此后思量共太平。尽读清诗酬夕照，肯持危涕换朝酲！

万家粗粝正艰哉，美馔惭犹嗽面来！刻画古非嬴相启，草书耻以醉僧推。阶前郁郁四男子，灯下深深双酒杯。候馆宵寒宽见念，胡床鼻息旧如雷。

按：该文收入潘伯鹰著《潘伯鹰文存之三——北平行》，上海辞书出版社 2013 年 8 月版，第 56 - 57 页。

北平行·故旧的会晤之二

潘伯鹰

这时候，北方人民生活艰苦之至。普通人家没有大米白面吃，只吃得起杂和面。连中共人员自己吃的东西也很苦。我们受招待实在不安。而孔才家为我作白面饼，是知己朋友了不得的至情。

次日，我的儿子来了，他在清华大学读书。因我来，他从清华园来找我。这小孩来了很有用处，他替我作了许多琐碎事。我在上海时，很多中国和外国的朋友托交北平的信件及代访亲友，都赖这小孩去分劳。他此时告诉我清华大学的张子高、邓叔存二位教授来了。我与子高先生也是十几年不见，叔存先生则仰慕已久，曾有文字往来。我立刻见到二位，并且即以电话约好孔才，我们一同又到贺家。张子高先生湖北人，乃是中国前辈科学家。但他书法极高，藏墨甚富，并且是诗人。邓先生则是著名的赏鉴家，久在清华教授美学与哲学。他是我们怀宁邓完白先生的后人。这一天我们又在孔才家饮了很多蒲桃酒。我引用康长素的论书绝句中“武昌张与怀宁邓，下笔苍茫吐白虹”的话，写了一首诗：

笔阵精严见雁行，怀宁邓与武昌张。百年慨慕家风旧，一日追攀野兴长。罢战关河犹扰扰，长饥须鬓各苍苍。主人不吝蒲桃酒，喜少琵琶在马旁。

按：该文收入潘伯鹰著《潘伯鹰文存之三——北平行》，上海辞书出版社 2013 年 8 月版，第 58 - 59 页。

孔才出示石鼓拓本属作歌次昌黎均

曾克耑

横风破海轩层波，愁来高诵昌黎歌。车攻吉日今不作，望古魂梦伤如何？雄文法物震廊庙，龙蟠蛇屈森矛戈。字奇语重烂金石，绿文丹篆宁能磨。神风海上忽引送，长鲸万怪森包罗。北斗莹莹插霄汉，昆仑万仞何嵯峨。嗟哉神物世罕觏，岂能终古沦岩阿。珍如球鼎列大学，至今神鬼犹护呵。重锓十鼓亦照烂，面目虽似神则讹。纸本摩挲发高唱，子歌视愈无殊科。长剑倚天吐光怪，独以赤手搏蛟鼍。风云震电交摩戛，深山大泽蟠虬柯。云章霞彩耀八极，蓬莱侄女飞机梭。新篇照耀已如此，更兼腕底奔蛟蛇。会看六丁下摄取，一笑皓齿发青娥。黄河派流何荡荡，吾细流耳等滹沱。廿廿兀兀遂至此，顿謦无术回羲和。虽尝埋头诵文史，陋儒宁识籀与蝌。迷途踯躅长漫漫，百劳一获终无多。桐城大师执鞭策，恨我驽蹇非明驼。周鼎商盘有摩写，经眼仅若云烟过。燕石错比金璞矿，枉劳大匠为磨磋。精魂况役佉卢字，把笔宁暇论磔波。铓锷森森逼向我，翻然御敌思牧颇。旧拓流传终有待，岂真由命非有它？昔岁大学曾瞻视，欲行不忍增婠娜。深恐碧眼胡羍去，泪眼不惜千摩挲。退之歌声满天地，归来不敢赓吟哦。何来君诗摩韩垒，作书早换山阴鹅。得此朝摹兼暝写，应有刚健含婀娜。君不闻岣嵝神碑鬼莫识，遑论大道绵丘柯。倘使至精无人会，与子击楫浮天河。探源倘穷星宿海，百年应不嗟蹉跎。

按：该文原载曾克耑著《颂橘庐诗存》卷一，1961 年刊于香港，第 1－2 页。

孔才镌印歌

曾克耑

长虹百丈青苍摩，神物宁肯歼么麽。恍接籀斯传真谛，胡不勒铭镇边裔？龙蟠虎踞风云生，惊飚争撼凤皇城。妙技屠龙成莫试，霜锋徒蕴山川精。苍崖吼裂霜天寒，紫云堕地蛛丝残。女娲炼余色犹莹，造化何术逃鑱刊。蜿蜒蛟龙奋牙角，矫如鹏翼云霄抟。宝气朱霞腾壮采，丹砂琥珀供盘餐。招邀神鬼下为证，妖要乱领敢相干！自有光精射斗极，宁畏毒雾重遮漫。知君高举摩天鹄，嗟予犹宝荆山玉。磨琢封侯印倘成，万里西征飞食肉。洴澼千金为买方，真当为子疗皲瘃。吁嗟乎！秋原碧血来腥风，龙兴蛇仆谁能穷。愿共昌黎为刻画，四方上下逐云龙。

按：该文原载曾克耑著《颂橘庐诗存》卷一，1961 年刊于香港，第 2-3 页。

答孔才

曾克耑

劫尘看变灭，世运有亏盈。乱定身犹在，伤多泪忍倾。寒宵归梦短，独夜旅魂惊。起坐摇灯影，哀笳满凤城。

南国千家哭，西戎万骑驰。山河聊指誓，道路莽流离。短什悲秋意，高楼送别时。浩歌流涕尽，宁敢哭其私。

乱极难言治，贫余厌说愁。自浇肝肺热，未解稻粱谋。深虑都成悔，卑官岂足羞。大群沦末化，烂醉莫须忧。

按：该文原载曾克耑著《颂橘庐诗存》卷二，1961 年刊于香港，第 1 页。

孔才生女有诗次均奉和

曾克耑

万汇判阳阴，得时斯为宝。形气秉偶殊，何须问苍昊。旧俗重生男，所期能跨灶。生女畏贻罹，衹合闺中老。海通世骤进，变革实不小。岂合雌而英，长甘伏以槁。蛮靴何登登，蓬发何草草。腾超意绝熹，险巇瞢未晓。遂令父母心，变色走相吊。敛肆艰折中，无生信为好。嗟此万口诋，旧典胡不考。不闻金轮帝，臣妾足亿兆。不闻秦将军，风雷资叱啸。征今既饫闻，于古例非少。运会与移迁，赋予岂颠倒。丈夫迫室家，世乱艰一饱。分半得卸肩，已幸不吾扰。又况妖雾横，太阴亦失曜。欲钊凶螟腹，尤待麻姑爪。灵苗降自天，秀茁挺其表。合家动千欢，子胡郁孤悼。万族日陵夷，吾侪幸暂保。后顾极茫茫，来日谁复料。正当慎寒饥，调护得其要。县知周晬日，解语益姣好。千金买无愁，顾弄有余乐。生事亦区区，何用萦怀抱。

按：该文原载曾克耑著《颂橘庐诗存》卷三，1961 年刊于香港，第 1 页。

和孔才

曾克耑

大万炎羲胄，仓皇何处家。赤飚营北振，白日海西斜。野哭寒孤月，颓垣耸断霞。人间凄恻意，忍与问黄花。

披衣中夜起，断梦警哀吹。大野痴龙战，孤城病马疲。诗成神鬼泣，道大地天卑。绝俗逍遥去，何堪老辔羁。

童童桑盖地，今复挺孤松。兼月危城守，迷天伏甲东。积骸横野断，回首阵云空。战伐寻常事，欢呼啼笑中。

幽并负形胜，豪桀委荒田。残骨缠荒蛮，羁魂幻野烟。深渊方坠日，孤抱孰回天。遗孑知何往，沈吟一怆然。

按：该文原载曾克耑著《颂橘庐诗存》卷三，1961年刊于香港，第12页。

孔才藏宋元明官印拓片跋

曾克耑

吾友武强贺孔才博学多通，尤工篆刻。尝得宋元明官印拓片十余方以示其友，潘伯鹰序之。日者又以属克耑。克耑以事羁不及为，又自恶其所作日凡下，既作而毁之者屡矣。十五年，岁将尽，检家中旧书，得是编。观潘君所为序，则既期矣。其间人事变迁万状，而吾诺未克偿，可不惧哉？

孔才素以篆刻名家，自斯籀刻石，秦汉以下，殆无足当其一盼睐。乃于宋元以下之作，葆爱若不及，岂不以是去今较近，不容伪作，又以其夙为官府资信，守之具足以鉴史邪？夫符信何为而作邪？古者民老死不相往来，浑浑噩噩，不相诈欺。虽有符信，何所用之？胡后之官府繁兴，符信大行，而禁暴诘奸之事，乃不克免耶？私家之印，得失无足论。吾独怪自大将军丞尉以下，以至僚佐之属，它不之务，惟争得失于一印绶之微。得则以傲乡党宗族，失则懊丧至不可状。得之非道，信于何有？庸讵知彼操印绶予夺之柄者，将奚从受而奚从失邪？

盖自秦为无道而玺乃作。自是篡弑继作，莫不争是以为传国统。其无可考镜，犹必模仿其形似，用实其伪。而大盗流寇之属，乃亦竞铸大印至数十百斤，以称雄长。斯亦庄生所谓盗亦有道者类邪？夫设为符玺以信之，则并与符玺而窃之，此圣人大盗所为同科。而后之林烝乃不信之，求而务其迹。斯所以历年愈久，符玺益繁，而民信益隳。蒙庄之旨，所为终悬于天壤而莫之喻也。悲夫！悲夫！

按：该文原载曾克耑著《颂橘庐文存》卷二，1961年刊于香港，第14－15页。

送贺孔才省亲郑家口序

曾克耑

癸亥六月，吾友武强贺孔才将归，拜其亲于郑家口。吴子稚鹤、方子障川既各序以赠其行。余与孔才通家谊，更不能无言。然苟蹈吴方二子所言而重言之，不如无言。既言亦宁有过二子者？因本吾两人遭际言之。

夫人子莫不以依依膝下为乐，然违离父母，求学问道于千万里外，瀡瀡缺，定省违，而为父母者独不忍少拂其意者，岂非以男子志在四方，苟成名以扬亲，孝过于晨夕视膳万万邪？乃有一逾乡井而沦放，至不可收拾；或得高位重名，而忘其亲千万里外者，比比也。况人心浇漓若今世乎？孔才文学辩智，早见称于师门。今兹独舍京华之胜，割友朋之好，翩然归宁其亲。孔才至性固有大过人者哉！孔才既至家，拜父母之余，视昆弟各无恙，灯前笑语，曲尽欢愉，期虽暂而为乐弥永也。

独念吾家，自吾祖宦蜀，眷属留滞不得归。故乡烽火频仍，既无宁日矣！而蜀中兵祸无宁，岁比以群率失和，战云四起，一省分为七八区，无辜膏锋刃者不可以悉数。成都之役，巨炮拄天，巷战死者数万人，锦水为赤。今纷扰犹未有极也！当此之时，吾亲之震恐不安为何如？而余旅学京师，四岁未尝一归省。今虽欲归，亦不可得。以视孔才之翩然归去，能不羡且愧哉？

余尝闻年相若，学相同，则其成就必相若。今吾与孔才年相若，所学同，所从之师同，友朋之切磋者又同，孔才所成就，则奔轶绝尘不可止，而余瞠乎后矣！所成就既不类，又何怪天之故靳之，使不得遂其私邪？此余所以始愧而继之以奋也！

按：该文原载曾克耑著《颂橘庐文存》卷六，1961 年刊于香港，第 2 - 3 页。

贺太年母王太夫人八十寿序

曾克耑

武强先生德配王太夫人登寿七十时，克耑以年家子曾为文以祝。于时先生孙孔才与克耑俱才冠，既同受学北江先生门下，纵酒高谈，意气若不可一世。越十年，孔才辟为北平市政府宾僚，克耑亦南来参工曹幕，而太夫人始登八十寿。孔才博征文字，而谬及于克耑。克耑既迫官事鲜暇，而太夫人懿美又非薄劣所克称道也，久未敢应。今岁孔才复以书抵克耑，谓将汇所征文，梓而布诸，子其勿缓。克耑乃作而言曰：

国所由立，莫不基于文。而昌大发明，承传递嬗之者，则惟其人是赖。冀之为州，吾神明裔胄所宅也。三代以还，若荀卿之儒，仲舒之学，张华之赋，冲举之疏，张禹、赵晋之政，阳城之节，蔚然为学术大观，史册所书不绝也。元明以还，始稍稍阒寂，去大江南北益远。清末桐城吴先生主讲莲池，延武强先生教士，而声教以宏。先生文章既直接吴先生，为一代大宗。而一时群彦蔚起，冀州人才号极盛。人文之兴发，虽时会使然，岂不以其人哉？而太夫人躬际其盛。今去武强先生之逝已廿载，异说勃兴，文学之业不绝如线，往昔弦诵之盛几绝息矣！而孔才承其家学，流誉旧都，人皆称先生之有孙。北方文学之传，必将于孔才是赖，而太夫人又实亲见之。世称妇德，多门内庸行，宜若无足表异。而太夫人乃亲历二代文学嬗递之传，及于大河以北者，扶相而训育之，其为遇不已奇乎？躬历诸艰，神明强固，而所以教督孙子者，名言至训，乃往往非近世丈夫所及。然则耄耋期颐之符，为太夫人所必至，固无待颂者。而孔才于侍养之余，以文章为继事述志之具，伟矣哉！经国之大业，不朽之盛事，不可量矣！

独克耑废钝不学，先大母抚爱之德既未克终养，又不克究心文事，以期扬显。观于太夫人，孔才母孙慈孝之隆，乃不知惭汗愧痛之无极也！

按：该文原载曾克耑著《颂橘庐文存》卷八，1961年刊于香港，第15－17页。

寒宵对酒欲访孔才先生先寄以诗

陈小溪

客怀何事悲萧瑟，夜静人闲殊不恶。灯暗风寒炉火青，一杯浊酒有余乐。酒阑默感天人际，贤愚千古皆束缚。兰芷不芳蕙为茅，方枘应难内圜凿。王良伯乐不肯顾，局蹐盐车天所诺。大翼垂云未可攀，枋榆亦自一丘壑。丈夫要自重天机，肯向崎岖轻着脚。老死布衣未必非，饱尝世味岂穷薄。正如负手闲看弈，但笑不指一着错。又如壁上观鏖战，铁马金戈尘漠漠。存亡胜败转眼空，付与樵渔论强弱。赫赫声华同逝水，悠悠春梦真堪噱。朝看盘礴刺天飞，蓦地惊飚铩羽落。甲第运云经始成，朱门今见罗鸟雀。危机瞬息难得识，灭者炎炎可臆度。智巧由来神所忌，高明之家鬼戏谑。不如臃肿且全天，酒熟再就陶公酌。

按：该诗发表于《天津民国日报》1945年11月7日第2版《副刊·诗页》，署名玄厂。

读樵风与天游酬唱之作敬和二首

陈小溪

湖滨冷翠扑衣襟，高士门当古柳阴。竹影摇窗堪作画，松风度曲不须琴。灵均空有匡扶志，彭泽元无遗世心。三径未荒勤采掇，诗成把盏且同吟。

艰危无计濯烦襟，叱咤谁能扫积阴。萧艾盈庭宁揽蕙，筝琶充耳欲焚琴。照人肝胆清秋月，蒿目疮痍赤子心。怅望东山何日起，苍生待哺正呻吟。

按：该诗发表于《天津民国日报》1946 年 12 月 16 日第 6 版《民园·诗录》，署名玄厂。

孔才强作绕湖之行足力弱苦之因略参范肯堂燕南并辔诗意成此

陈小溪

徒步真能健，登高不柱筇。由来知此理，只惜意常慵。冥搜对短榻，奇想倚孤松。故作骇人句，泄兹块垒胸。俄然二十载，渐觉减飧饔。百病更相扰，经秋复历冬。有时思腾踔，心在力不从。湖滨逢贺老，高话气犹龙。携我绕湖走，趋跄难继踪。私心虽已怯，笑语佯从容。久久趾微活，追随兴转浓。信知书史误，何事不归农。安得易筋骨，芒鞋踏万峰。相将登太华，挥断白云封。故都净业湖畔作

按：该诗发表于《天津民国日报》1947 年 7 月 3 日第 6 版《民园·诗录》，署名玄厂。

海西草堂与天游喝小酒

陈小溪

大酒不可喝，小酒有真味。三杯五杯便罢休，略有酒意却非醉。还我朱颜气益壮，对镜自窥脸发胖。醺然一笑足自豪，地球可晃咱不

晃。壮者必衰虽天性，半在人为半由命。假使一天喝三回，返老还童也难定。朱颜倘保日日朱，不愁不作少年梦。摇窗竹影海西堂，细雨繁花扑鼻香。红杏枝头雨打落，褰裳俯拾微风凉。佐酒更吃红杏果，一个两个无不可。吃酒吃杏莫贪多，吃坏肚肠无处躲。

按：该诗发表于《天津民国日报》1947年7月24日第6版《民园·谐诗》，署名玄厂。

天游催诗有作即赠

陈小溪

近来久不作谐诗，吾友天游频催问。君诗本是一代豪，何独对此嗜痴甚。君言胸有万千言，一时难泄空气闷。皮里阳秋又作祟，这个年头向谁论。君诗恰似代我说，读完块礌都消尽。又像吃剂清凉散，行不疲劳坐不困。客来击节诵君诗，满座哗然一阵阵。我真惭愧不可当，得一知音喜欲狂。回不犹人是本性，平生疾恶怀刚肠。我诗本是熬白菜，缺油少醋只生姜。菜里自有维他命，营养不必燕窝汤。定是与君同脾胃，咸淡无须共商量。容当洗手为君作，奉君下酒细细尝。

按：该诗发表于《天津民国日报》1947年7月29日第6版《民园·谐诗》，署名玄厂。

贺孔才见和侧字韵仍依韵作答

吴景超

险韵吟诗词苦窄，皿枯五脏心为白。呕心牛鬼岂昌年，惜命时忧不及麦。自古不学剑与书，翻成磊磊洸洸格。使我投笔欲从戎，思动神魂惊鬼魄。谁能洛下识书生，大似昏行首如墨。诸公止效牧猪奴，樗蒲风动东西北。宁有余暇整人伦，同生不啻千秋隔。岂独诗文使我穷，亦自时缘有广窄。我今欲效叶令王，但得凫飞一两只。缑氏山头听鹤鸣，看尽八旗成五色。平生孤行三十年，不顾眷累悲惋恻。此心方修日月明，岂为妻儿一旦黑。承君藻奖吾岂敢，但见新诗典而则。若与濂书并勒传，风雨蠹鱼谁敢蚀。所论千人结一心，来诗云：安得千人结一心，匡济晨昏劳顿顿。惊喜区区手加额。特恐不堪为执鞭，劝君莫立岩墙侧。

按：该诗发表于《四存月刊》1922 年第 10 期，第 3－4 页。

述祖法一首赠贺孔才

谢国桢

奇崛贺夫子，倜傥古未有。于今三十年，又见斫轮手。麟角无凡毛，骐骥竞仰首。长风十万里，文彩羞八斗。绰约见英姿，凡驽亦狮吼。自昔谒师门，君年十八九。高谈惊四座，谠论诚不苟。慷慨迫中来，弥觉伤老丑。不及十季来，君稿将及肘。汉帜久更张，文章不胫走。我形尤通侻，不办子与酉。徜徉尘海际，沦性惟杯酒。浪迹遍瀛寰，每折君门柳。枯干映斜阳，古道成沙阜。山果红更嘉，流酸仍在口。游兴倏然发，酣漫山泽薮。闻道蓬莱芝，又羡安期藕。沧海多怪迹，浮桴越群欧。食尽千态象，浩歌日月久。师门尽多贤，吾诚鼓瓦缶。诗笔君家事，能有教我否？

按：该诗发表于《实学》1927 年第 7 期，第 61 页。

余与子高先生毗邻而居朝夕相见已七年矣今秋先生忽遭丧明之痛贺孔才许榆园二君时来慰藉一日观先生所藏奇石佳墨并曾文正书赠其先德春陔太守树立甚宏达结交多老苍槛联归后榆园首唱孔才和之先生自和二章嘱余不可不和余以先生而获交贺许二君共冀先生以文字忘忧遂赋此篇不计工拙也

柴德赓

中年哀乐伤怀抱，一息犹存身未老。世事纷纷何足悲，居邻贤者斯为宝。张侯觥觥磊落人，劲节高标绝等伦。平生雅尚搜石墨，法书名画亦奇珍。前年风尘天地肃，金陵火焚逃亡屋。石精墨妙幸无他，摩挲爱惜如头目。况复结交老苍多，厨顾俊及相网罗。邂逅抵掌成一笑，出门已见日下坡。亭林姜斋先世供，曾公书为天下重。立德立功各有时，放歌会看越裳贡。可怜风雨到今秋，四海困穷入眼愁。匹马关山虚远梦，比非吾土独淹留。万事从今休郁积，相约浩歌共晨夕。严霜烈日次第来，赖有心期如铁石。

按：该诗原载柴德赓著《偶存草》，见何荣昌、张承宗、柴邦衡主编《百年青峰》，苏州大学出版社 2007 年 10 月版。

癸未(1943)圣诞休假入夜无事和宇众先生原韵兼呈芷皋孔才二公

柴德赓

风雪掩衡门，客来色然喜。一室足俯仰，吾道岂终否。高谈即清议，流风异正始。平生慕圣贤，世俗疑朋比。尚友千载人，合收四时美。自非恋鲍鱼，安得辞兰芷。诸公狎齐盟，酬唱各盈纸。妙绝五言诗，同兹方寸里。相看愁何在，不觉岁余几。天远望云霓，夜昏任狡诡。我欲搜枯肠,灯昏未能已。羯胡变犬羊,梦中惊坐起。纷错上林游,徘徊左右视。驱除者谁何,六郡良家子。威灵靖四夷,周道自如砥。梦醒一叹息,忧国志岂菲。入关待沛公,守边仰郝玼。准拟过新年,与公饮婪尾。

按:该诗原载柴德赓著《偶存草》,见何荣昌、张承宗、柴邦衡主编《百年青峰》,苏州大学出版社 2007 年 10 月版。

次韵答贺孔才 庚辰

黄寿祺

燕山十载遍游遨,威凤时闻戾九霄。浅学未能探陆海,雄文长记涌韩潮。寒毡静坐忘空色,青眼胡为及嫫刁。载酒问奇从此始,扬云区宅幸非遥。

按:该诗原载《六庵诗选》卷一,福建人民出版社 1986 年 1 月版,第 33 - 34 页。

次前韵寄北平怀轩翁及贺孔才 壬午

黄寿祺

河朔迢迢路八千,骚坛酬唱忆杨钱。何当腊冬春回日,重向瀛台泛酒船?

按:该诗原载《六庵诗选》卷二,福建人民出版社 1986 年 1 月版,第 48 页。

步孔才道兄诗韵贺其移居净业湖

王会厂

山影落澄泓，梵音透疏柳。昔多贤者庐，寂寂今稀有。吾党贺夫子，风义兼师友。卜邻喜咫尺，问字得奉手。高卧结古欢，遗构怀王叟。新居旧为王小航宅。晨起治荒秽，扫尽苍苔厚。秋气渐宜人，且醉东篱酒。君家锦绣谷，蓺菊名尤久。寒渌媚幽馨，未将晚节负。签书已满家，旧德世能守。嗟予湖上居，八载迍邅受。饿死不告哀，蹑足从公后。大地倏清夷，破涕喧呼走。毋乃天所厌，存亡见休咎。引领望中兴，运会前无偶。闭门亦择时，饥溺关心否。殷勤劝一觞，花开粲如斗。

按：该诗发表于《天津民国日报》1945年12月27日第3版《民园·乙酉唱酬集》，署名会厂。

三月三日游净业湖访天游用老杜丽人行原韵率尔成诗录尘正和

刘文嘉

上巳良辰物候新，镜湖修禊多诗人。谪仙曾遇贺季真，咳唾落生珠玉匀。梦中花粲笔下春，音叶律吕犹天麟。林间倾耳听，黄鸟巧咔謌女唇。海上凝目视，白鸥同伴闲客身。会心不远寄情亲，长作逸民宜遁秦。曲岸柳拂风细细，长河水流波鳞鳞。还思鼓枻荷香里，手举修竿垂钓纶。与世相遗绝俗尘，韬炎戢影不耀珍。西山远望得爽神，何必去问桃源津。散步湖滨周匝巡，堤边小坐籍软茵。断澌偶见逐青苹，愿我惭着居士巾。高卧天游本殊伦，此诗不和鱼鸟嗔。

按：该诗发表于《天津民国日报》1946年4月23日第3版

《民园》，署名婴园。

上巳约同易谙冷盦集海西草堂修禊余先有诗呈天游归后再作此篇纪之

刘文嘉

故都丽日逢重三，城北鬻花似江南。遥瞩山光浮翠岚，近观水色涨春蓝。我思结伴赋幽探，早约沽上朱易谙。亭午看竹兴正酣，旋邀厂西胡冷盦。袖诗贺我添孙男，连艺移筇临禊潭。不速客来相访覃，海西草堂作清谈。门无杂宾若刘惔，淡泊心情知所甘。文字禅味共饱参，惜无美酝倾满甔。同听黄鹂携双柑，燕集新巢语呢喃。何不扣盘学苏耽，所须立至当盈尽。门前高柳舞鬖鬖，虾菜亭近观音庵。往迹欲寻信难妣，西涯续咏怀诗龛(一)。此时将放杏花憨，欲待他年鸡舌含。垂老独多泉石贪，榜题无逸祇仰惭(二)。论材自顾非杞枬，大乱安得真大戡。免苦剥削息贪婪，当春事好趋农蚕。兹游适意乐且湛，缓步咏归不假骖。觅纸题诗驰数函，聊资三友一笑堪。

一，汇通祠原为镇水观音庵，其西有莲花社，社西有虾菜亭，见《燕都游览志》及法梧门《续西涯杂咏》；二，海西草堂客厅呈丁字形，外有新栽丁香两小丛，内悬崇祯御书“无逸”二字榜额。

按：该诗发表于《天津民国日报》1946 年 4 月 25 日第 3 版《民园》，署名婴园。

天游师有纪雪前后篇敬和一首

刘叶秋

冬有余温春瑟缩，颠倒阴阳何可说。风霾先酿三日寒，梦里不知飘玉屑。推窗惊眩银海光，六合弥漫同一洁。天公有意涤瑕秽，点染江山筑瑶阙。蝶舞翩翻意态工，龙戏盘拏鳞甲活。遥空浩浩来无声，拥篲开蹊旋又没。平生爱云尤爱花，扑面盈肩那忍拂。为赏清明绝世姿，立久不嫌寒澈骨。侧闻故都雪逾尺，近十年来未曾得。琼瑰匝地尘径封，电毂无灵驰不出。天游诗老今谪仙，大隐倏然净湖陌。门前浩瀚千顷波，牖外烟峦青入闼。平居此福已堪羡，踏雪登高益奇绝。振衣千仞扪星辰，极目八荒照莹白。雄才轹轹久无匹，乘兴行吟声激越。槎枒句出冰雪肠，掷地渊渊金石裂。我读公诗如读画，意匠经营见丘壑。阳春绝唱赓和难，冻合诗心不堪拨。楼栖自笑同韝鹰，郁郁安和天地阔。何时飞跨罗浮巅，独立苍茫万峰雪。

按：该诗发表于《天津民国日报》1946 年 5 月 17 日第 3 版《民园·霜桧楼诗》，署名峄莘。

天游师海西草堂

孙贯文

远望疑无路，到来一径通。人情流水外，世事闭门中。朝夕对秋菊，盘桓抚古松。门墙盈丈地，每许得从容。

按：该诗发表于《天津民国日报》1946 年 8 月 31 日第 6 版《民园·诗录》，署名贯文。

徐君斋中见天游师书

孙贯文

作诗如作文，写出胸中意。昨见三五行，徐子橱中庋。祇赏笔墨工，皮相诚堪鄙。谁知点画间，中含郁愤气。小子本不才，先生诚多艺。惜哉屠龙手，竟作雕虫技。

按：该诗发表于《天津民国日报》1947 年 1 月 8 日第 6 版《民园·诗录》，署名贯文。原编者案云："天游先生辛巳年《病指》诗有句云：'雕虫与屠龙，均耳等闲技。'则彭殇一视，有庄生齐物之感矣。"

敬题天游师海西草堂四首

刘国正

澹烟城北路，高柳海西堂。窗泛鸥波静，风摇荷菱香。乔松阴障日，修竹晚凌霜。险绝平生目，惊涛几变桑。

掠枕松风过，开帘海月生。夙陪宣室话，今擅鉴湖名。勋业看儿辈，山林遗世情。诗成有神助，字字浪翻鲸。

未拟东山起，翻成北牖眠。惊心怜鸟雀，搔首怅风烟。笔阵龙蛇骤，文光日月悬。云霄看一羽，怪底万人传。

圯上逢黄石，不才愧素书。今兹陪杖履，夙昔仰轩车。风送青冥翅，门腾碧海鱼。烟尘千里望，抚剑意何如。

按：该诗发表于《天津民国日报》1946 年 8 月 31 日第 6 版《民园·诗录》，署名刘茼。

净业湖秋居八首

刘国正

为爱净湖色，来寻萧寺秋。撑天苍柏劲，吹浪锦鳞柔。清梵参真寂，甘泉不外求。绕堤时独步，觅句赠沙鸥。

断扉编棘补，秃柏困藤缠。废井沓号月，空深蝙挂烟。灯花摇佛梦，铃语畲更传。扫却尘埃迹，僧窗借榻眠。

何处寻真隐，湖滨黄老堂。半帘秋水色，一架古芸香。大坐看白昼，高歌动紫皇。盘飧沾屡及，咫尺接门墙。

环湖三五寺，莫若惠通幽。雨色滋苔石，秋容近水楼。后犹今视昔，生似浪旋沤。为问百年下，谁来续此游。

野芳湖畔道，苍藓巨川碑。浩荡黄昏水，飘零碧柳丝。鱼龙衔恨饱，风雨拍天危。怅望彭咸则，千秋一泪垂。

沙暖看垂钓，柳深听浣衣。采菱秋更瘦，放鸭晚知归。落日牧烟去，孤云傍鸟飞。无人与真赏，渐觉世情稀。

云袅晚钟声，湖灯高下明。无风松落子，带月水浸城。怀抱知何限，文章浪得名。寥寥尘世外，高卧负平生。

欲去情纡郁，停车回顾频。湖光犹蜷客，鸟语解留人。洒落云霄旷，飞腾日月新。九州浑踏遍，重此洗风尘。

按：该诗发表于《天津民国日报》1946年11月25日第7版《文艺·诗录》，署名刘蔄。

敬和天游师与谷樵风酬唱韵兼呈玄师

刘国正

百年樗散一青衿，真学园翁老汉阴。已拼云烟随覆手，何须鱼鸟解听琴。秋风破寺钟敲梦，霁水空潭月赏心。酒后声名双白鬓，凭轩客泪堕猿吟。

按：该诗发表于《天津民国日报》1947年1月6日第7版《文艺·诗录》，署名刘蔄。

索居岑寂奉天游幻园两师手书漫赋四诗呈教

刘国正

潇洒西潭隐,朱门绿水边。柳堤深翠合,莲叶小清圆。曾听投壶咏,今思枕石眠。堂前数寸碧,风雨合参天。

汀月寒生皱,池天碧入壶。兴酣彭泽酒,梦叠辋川图。白发寻仙隐,青蓑共钓徒。长吟城北望,神逝逐飞凫。

骤而立长堤,湖天四望迷。急波风上下,远柳雾高低。还往无人觉,攀游惟杖携。云开众山暮,千尺落虹霓。

永昼坐无绪,来鸿触别思。风流怀二老,触咏接何时。飘荡投缗客,低徊招隐诗。为言霜后柏,未损仰云姿。

按:该诗发表于《天津民国日报》1947 年 11 月 2 日第 7 版《民园·诗录》,署名刘茼。

敬题天游师海西草堂

周汝溟

高贤隐乱世,心鉴明湖中。逸气绝氛埃,浩歌凌清风。作堂海西畔,深藏万木丛。映窗十顷碧,入门百花红。滋兰森九畹,节竹兼贞松。抱道自高卧,万卷罗腹胸。吐词大海水,雄谈起蛰龙。泠然乘风游,浮云飘太空。安能屏尘俗,觉道资无穷。

按:该诗发表于《天津民国日报》1946 年 9 月 23 日第 6 版《民园·诗录》。

天游师以旧藏丰货见赠大喜过望作歌申谢

杨雨人

我望丰货若云霓，踏破铁鞋无觅处。久忆吾师有其一，仰止高山空羡慕。年暮风夜苦不眠，著我吉金得意录。书成持以呈吾师，吾师且观且捧腹。忽然目注明天启，文字浑雄异常物。方将除痔话旧时，复见其旁加释注。不意吾师莞尔间，转手忙将宝泉露。慨然赐与无难容，弟子鞠躬道唐突。莫谓以方君子欺，弟子于师敢言术。再辞不获敢坚辞，舞蹈怀之就归路。曾闻丰货称富钱，世人佩之能致富。明知吾师怜我贫，割爱原为富我故。将来果得致富康，当思一饭一啜、一丝一缕、一书一画、一金一石、一园一囿、一楼一台、一奴一婢、一姬一妾、一汽车、一别墅，莫不渊源此宝库。

按：该诗发表于《天津民国日报》1946年10月2日第6版《民园·诗录》。原编者按云："杨君专精英文，不以诗名。而此诗颇饶奇趣，大似易实甫晚年酣嬉淋漓之作，读之亦足解颐也。"

俞大酉呈贺培新联

俞大酉

孔才老师大人诲正

大翼垂天九万里，
长松拔地三千年。
门人俞大酉

按：此文原载北京瀚海拍卖有限公司2013年秋拍卖会目录，号0330。题目为编者所拟。

天游卜居净业湖西诗以贺之

厚 盦

净业祠边路，萧森古木斜。天围一湖水，香发万荷花。且作藏身计，真成处士家。直从王邓上，遗韵接西涯。（编者按：王照，字小航，邓毓怡，字和父，并清末民初名士。西涯者，明李东阳号。西涯历孝宗、武宗朝，预机务五十年，清节不渝。刘瑾用事时，西涯潜移默御，保全善类，卒谥文正。三君者，曾并居于此。）辟秦何处好，即此是桃源。凿井通泉脉，当窗养竹孙。稻花香入室，杨柳绿遮门。更喜灵椿茂，千春庇荫繁。高风追秘监，潇洒鉴湖居。抱膝长吟乐，澄怀众象虚。十钟储印谱，万轴富藏书。陋彼侯王宅，尘凡回不如。老作春明客，僻居城北隅。德邻欣未远，吾道岂全孤。学问商量密，酸咸俗尚殊。他时来往惯，林鸟解相呼。

按：该诗发表于《天津民国日报》1945 年 11 月 9 日第 2 版《副刊·诗页》。诗中“编者按”乃副刊编者按语。

寄天游谢印乞印

海 珊

君有雕龙手，我名藉不朽。刀声风磨云，字势抉星斗。作意失姬孔，恢诡笑庄叟。予刻兼塍石，此事几人有。古人亦有言，得陇殊未足。煌煌两印文，讽诵左孟庄骚史汉，瓣香陶韩李杜苏黄。还期客不速。好石君莫惜，酬君以拱璧。我方学鸱夷，咄嗟办万亿。恐君如或忘，走笔记方策。

按：该诗发表于《天津民国日报》1946 年 9 月 16 日第 6 版《文艺》。

天游从不肯穿套头式的背心谐诗赠之并呈玄厂

季　良

高人岂肯钻窟窿，一钻定觉头发曚。两手高举不得下，昏花那复办西东。自是高人意气清，浑身毛孔都轻松。那堪束缚随流俗，频将枷锁一旁扔。保我自由身自在，那管世人多所怪。穿衣何必一套衣，纺绸小褂何尝坏。吁嗟乎，世事如今乱纷纷，一场胡涂不须论。愿将榜样传流辈，君子从来不背心。

按：该诗发表于《天津民国日报》1947年6月27日第6版《文艺·谐诗》。

与天游净湖散步

远　罗

绕湖古柳绿参差，好鸟飞鸣古柳枝。吾与天游时散步，似乎不可没新诗。就算年来乏诗兴，绝不悲伤喊要命。得过且过是良图，死生祸福天所定。立志咬牙往前闯，究竟看谁骨头硬。景幽地僻人声稀，青草湖边日向西。阵阵凉风来水面，到来总是掠人衣。飘飘襟袖如帆饱，乘兴真当振臂飞。更喜儿童群戏水，纵观不厌坐长堤。乌云障天天地暗，归欤归欤且分散。明天傍晚仍出来，快乐一天都是赚。

按：该诗发表于《天津民国日报》1947年7月8日第6版《民园·谐诗》。

七、捐献古籍文物记

贺孔才先生捐献藏书十万卷

【平市讯】北平市民贺孔才先生(曾任中国大学秘书长,三个儿子均已参加革命工作)近以二百年来家藏图书十万卷无条件的捐赠给人民的北平图书馆。他说:“在过去的封建时代,政府和人民是对立的。无处不在剥削,无处不是私弊。我送给它,也许早已偷送给外国人了。”今天北平解放了,他才放心大胆地把它献了出来。他托人向文化接管委员会商洽,并送来他费时年余才写定的书目。经文管会呈报军管会获得同意,乃于二十五日由文管会会同北平图书馆前往点收,并对贺先生之忠于人民事业深表敬意。图书中元刻本、明刻本多至数十种。印谱收藏尤富,内多极不易得的原拓印本。贺先生一面点书,一面说:“多年心愿,时机已到,放下包袱,痛快前进!”并表示:只有共产党的理论才真是彻底的、透辟的、周详的、有办法有实效的。他愿意做一个无名的切实的工作者,做一个群众的小学生。

按:该文发表于《人民日报》1949 年 3 月 31 日第 2 版。原文如此。

贺孔才捐献图书文物平军管会通令嘉奖

【本报讯】北平军管会顷通令嘉奖贺孔才先生捐献图书、文物的义举。原令称:“本市贺孔才先生于解放后两次捐出其所有图书、文物，献给人民的北平图书馆及历史博物馆，计图书一万二千七百六十八册，文物五千三百七十一件。贺先生忠于人民事业，化私藏为公有，首倡义举，足资楷模，本会特予嘉奖。”

按：该文发表于《人民日报》1949 年 4 月 28 日第 2 版。

贺孔才捐献书籍文物

马 衡

市民贺孔才以其累代藏书捐献北平图书馆，又以所藏文玩等捐献历史博物馆，将于明日陈列展览。二时开预备会，到者数十人，由韩寿萱、王冶秋及贺孔才说明动机及其经过。贺君可谓看清时代，大彻大悟，牺牲一己，公诸大众，虽文物无甚精品，而忘我之精神令人钦佩。席间，冶秋报告《赵城藏经》在敌伪时期为日人所觊觎，解放军与之争夺，死伤十人，终获保全，移藏太行山中。今日运到，即送北平图书馆。

按：该文原载《马衡日记》1949 年 5 月 30 日，紫禁城出版社 2006 年版，第 58 页。

访问贺孔才先生

柏 生

在这人民的世纪里，大革命的潮流中，多少有良心、想前进的知识分子参加到革命队伍中来，抛弃了自己的过去，在人民群众中，开始新的旅程。这样的人很多很多，贺孔才先生就是其中的一个。现在，他已经随着人民的军队南下了，他参加了南下工作团的研究室工作。他为什么能够这样做呢？他到底是怎么想的？他经历了一些什么样的自我斗争的过程？为了回答这些问题，记者在本月六日他离平前夕，特地访问了他。

在西城西海河沿一个古色古香的院落里，我会见了他。他是一位四十余岁、身着灰布长衫、朴实而文雅的中年人。他那时正在挑起眼镜读书，读着毛主席的《目前形势和我们的任务》。

贺先生原籍河北故城县，今年四十七岁了。解放前曾任中国大学秘书长、河北省通志馆及国史馆编纂。他家里设有藏书室，名叫“潭西书屋”。前清乾嘉年间，他的太祖就开始藏书，至今已有二百来年。藏有古书十万卷，各种古物文玩五千二百余种，书版五十六箱。他是从这些文物古书堆里钻研出来的人。在过去的封建社会中，整天吟古诗，念经书，刻图章，玩古物，结交一辈儒士文人，唱和诗词，论今说古，那是一个典型的中国旧知识分子。他曾经不满意那种旧社会、旧生活，但是又无力改造它，以致与世浮沉，消极无助。

但是，他终于转变了。正是他自己说的：“我愿意放下固有的包袱，重新做一个群众的小学生。”他把他所有的书籍文物悉数捐赠给人民的北平图书馆和历史博物馆。他对记者说：“我捐赠全部书籍文物的动机，绝不是出于一时感情的冲动。在过去国民党统治时期，政府和人民是对立的，政府无时不在压榨人民，人民无时不在反对政府。要在那时候捐出来，早被国民党的贪官污吏们送到外国去了。那时候想捐出都没有主，这是最苦人的世道。幸好，北平解放了，我们见了真正人民的政府和军队，我读了共产党许多政策和理论书籍，我开始认清了时代，闷懑的心胸豁然开朗，我看见新民主主义的道路了。”“但是”，他说：“从过去讲，我是落后的，所以要急忙赶上去。过去我的思想生活是唯心的，工作态度是消极的。虽是两袖清风，到底一事无成。今天我要大胆的否定自己，抛下古老的封建的包袱，吸收人民的新鲜的血液。这是对旧社会的痛恨，也是对新社会的发荣。”他感慨的说，国家的好东西多得很，人民中的宝物无穷无竭，这点东西捐给国家，真是“渺沧海之一粟”，表示自己一点心意而已。

接着，贺先生说：他自己的转变当然不是突然的，而是一步步改变过来的。在北平沦陷期间，鬼魅横行，他还是很消沉的。以后国民党跑进了北平，各种各样的事实，迅速地把他的胜利想象打碎了，他不得不正视血淋淋的现实，在苦闷中找出路。他开始接触了一些进步的知识分子，找到了一些新的书籍。他把新书藏在古书堆中，一本本的看下去。先是自己偷偷地看，后来也分给他的孩子们看。父子互相影响，老幼彼此启发，先是他引导着孩子们，后来孩子却走在他前面，并且帮助他进步了。他谈到了参加革命工作的四个孩子，兴奋的说："今天我再不会教他们读四书五经了。今天我和我的孩子们一同参加了人民革命工作，在共产党的领导下，我们一定都会学好的。我可以向你高兴的说：我们真正找到了应走的道路。"

按：该文发表于《人民日报》1949 年 5 月 14 日第 2 版。

致侄女侄儿

贺翊新

贺昭侄女、贺仁侄儿：

久未通信，想你们都好。我的身体、精神都还好。以八十八岁的老人，还能种树养花，作些家事，于愿已足。每忆你们父亲对于诗文书法刻石都有很好成就，惜未能百尺竿头更进一步，令人感慨。他把一生所搜集的书画金石古玩等都捐献给政府，他这种舍己为人的精神令人钦佩，国家对此事有无处理办法？我已届暮年，对自己的亲手足，颇为关心。政府如能对他有所表彰，于策励后进，也有莫大的帮助。专此，即询

近好

伯父　贺翊新

一九八六、六、廿八

按：该文由贺仁先生供稿。

八、洗冤录

贺培新遗书

贺培新

给贺昭、贺仁、贺侃

可爱的孩子们：

你们幸运的生在毛泽东时代，得以长期受着毛泽东的培养和教育，我很放心，尤其是替你们庆幸。

你们都是进步的有为青年，你们要拿马列主义不断提高自己，你们要站稳工人阶级立场，全心全意为人民服务，为实现共产主义的远大理想而英勇奋斗。我已行年五十，长期落后，错误地接近了些反动东西，解放后否定过去投向人民怀抱，本想立功赎罪，但由于自己进步不够，终不为人民所谅解。你们都是我看着长大的，我究竟有多少罪恶你们也清楚，交待历史的时候曾和你们讨论多次，以你们的进步，我想保留一点点吗？可能吗？

行云流水，总是要过去的，过去就忘掉它，努力前程，不要丝毫留恋我的丑恶形象，共产党万岁。

一九五一年十二月十七日　贺泳

编者按：此编全部文字，除马衡、邓之诚二先生的日记记载外，均由贺仁先生供稿。

给王惠君

亲爱的惠君：

出乎意料之外，昨天在家里不容易的大团圆作为永别的记念，我留在这里的一切大小物质(包括我的身体)，都一点不要取回，免得睹物思人，一切听从冶秋同志处理。你已拉大了五个孩子，四个已交给了人民，继续把两个顶小的替人民拉大，对人民是有贡献的，你仍然想(像)现在这样要求进步，靠拢自己的政府，你是军属，政府会适当的照顾你，你放心大胆地活下去，一切事情找孩子们商量，他们纵然是忙，但一定会尽量抽时间照顾他母亲。

人总会有这么一天，不是你先去就是我先去，自私吗？对革命热情丝毫没有了吗？任凭怎么去管不了那么多……

给王冶秋

冶秋同志：

永别了！人到极其难过的时候顾不了许多，人们会对我怎样看法呀！各方面的影响如何呀！痛苦至今只有解脱一途，事情总会明白的，马列主义的党，他是调查研究，具体分析实事求是的，真的假不了，假的真不了，有多少就是多少，有的不拿出来不对，无中生有也不可能，人民的眼睛是雪亮的，迟早总会弄明白的，我从一九四九年就向你要求过，一直到今还继续向你要求着加入党的崇高愿望。到今天我才证明是不自量，才证明不但党不需要我，人民也不需要我，不但不需要，而且不放心，因此我决心主动消灭，节省人民小米。

毛主席万岁！

中国共产党万岁！

一九五一年十二月十七日 贺泳

(这纸是我早年买下写诗文的不是公家的　　注)

孔才之死

马 衡

十二月十八日(星二) 二十日 晴

到院。刘耀山告余,局方办公室□□主任昨夜投北海自杀,原因不明。赴古物馆看铜器,选商器先行洗涤。下午赴文物局晤裴文中,询知□□之交代问题本已欠坦白,部中处理为登记而免予管制,已属宽大。昨公安部门派人来了解,仍欠忠实。当晚即自裁,知前所交代者尚有未尽也。

按:该文原载《马衡日记》,紫禁城出版社 2006 年版,第 232 页。题目由本书编者所加。

孔才自沉

邓之诚

冬月二十七日 十二月二十五日 星二 晴 夜微雪

晨,陆卓元、林元汉来。下午,裴估来,言贺孔才以上星期一投北海死。此人为吴辟畺弟子,自命能为诗古文,其实柬札不堪入目。胜利时,为《天津民国日报·副刊》编辑,又尝为蒋中正撰六十寿序。解放后,不自安,尽献所藏书籍、字画、古玩,与其二子皆投入南下工作团。久之,北归,仅得任文物局科员,月薪甚微。其妻思子成疾,旋逝。贺因迁居团城文物局内。公安局以贺必参预国民党,不然不能荐多人入《天津民国日报》,因疑贺必与香港《民国日报》通消息,屡严诘之,贺遂于星一之夕,乘人静,自团城缘所系绳降落平地,手掌为绳所伤,步至桥头,解衣投水,比人知往救,已久绝矣!一说文化部于忠诚老实运动结束后,已批准重新登记,免于管制,已无事矣,岂又有新纠葛耶?

按:该文原载邓之诚著、邓瑞整理:《邓之诚文史札记》(上),凤凰出版传媒集团、凤凰出版社2012年版,第623-624页。题目由本书编者所加。

要求平反申诉书第一稿

——关于要求对原文化部文物局办公室主任贺泳"畏罪自杀"一案重新结论的申诉书

贺　凯

我父亲贺泳(解放前叫贺培新,又名贺孔才)原在文化部文物局任办公室主任。一九五一年底,跳北京北海自杀。我当时仅廿岁,在中央军委二局搞军事密码破译工作。经组织通知得悉此事时,业已埋葬,只口头告我,贺泳是投海自杀,死前留有遗书,大致内容是:党和毛主席是伟大的,只是下面有的人不按政策办事,希望子女跟着党干一辈子革命等等。遗嘱只做口头传达,不交家属。事后组织批准我回家探母。母亲告我说:当时在出事后,文物局用卡车将我父亲尸体拉到家中,说贺泳投北海自杀,未说明死因,发给棺木一口,掩埋了事。不久,政务院办公厅主任齐燕铭(自幼和贺泳同乡同学,交往甚厚,在民国、抗战、解放战争和解放后,均不时有联系,齐还把毛主席诗词、解放区出版的马列、我党政策和毛主席文章等书籍先后给过贺泳,并对促进贺泳参加革命起了重要作用)把我哥哥贺仁叫到政务院谈话说:贺泳很有才学,死得可惜,如活着可为人民做些贡献。并说公安人员与他谈话可能施加了压力,经调查,他的自杀没有发现其他背景等语。当时我们兄弟姐妹年纪皆轻,母亲又是家庭妇女,不能主事,就这样糊里糊涂地过去了。没有结论,没见遗嘱,工资停发,抚恤不谈。作为他的子女,我们在此后的廿多年中,受株连,遭歧视,长期背着"反革命子女"的沉重政治包袱,不敢也不能要求澄清贺泳的功过是非和他的死因。

党的十一届三中全会以来，拨乱反正，落实政策，许多历史上的冤假错案澄清了真相，获得了平反昭雪，使我们有可能向党申诉此情。我们党历来不忘记那些曾经为革命做过一点好事的人的。

贺泳出身于旧社会著名书香世家。其祖父贺涛，清朝进士，是明清古文八大家之一。其父是白痴，故贺泳自幼由贺涛直接关怀教育，读诗、学史，专攻古文、书法、篆刻，收藏古籍、古币、图书印章、名人字画。曾拜齐白石为师，致力篆刻，与现仍健在的篆刻专家刘淑度同为齐白石得意的入室弟子。贺泳曾出版过一本有万颗篆刻的图书集，齐白石亲题“奇才”批注。曾出版过《天游室文集》。他广交当时的社会名流和文化要人，与著名的国画家王雪涛、陈半汀等过从甚密。

贺泳从十七岁起开始自食其力，与破落的河北故城老家断绝了经济联系。七七事变前，他在攻读北平法政大学的同时，在北平私立成达中学任教。此后，曾先后担任北京大学助教、北平颐和园文物管理委员会主任、北平市府市长的秘书等。抗战时期，他坚持民族爱国大义，闭门谢客，以辞职明志，不为日伪做事。在八年抗战中，只在北平中国大学任秘书长和国文系教授，抵制日人奴化中国青年。在此期间，他还以社会文化名流身份保释了我党地下负责干部齐燕铭出狱，为党做过贡献。抗战胜利后，贺泳初任《天津民国日报》社董事。尔后，他目睹国民党贪污腐败、发动内战、民不聊生的现状，思想彷徨，忧国心切，曾冒险给在重庆的齐燕铭去信求教。齐为了贺的安全，介绍他与当时在北平的党的负责干部徐冰接头。徐给了贺泳一批解放区书籍，贺泳通过学习，对党的政策有了一定认识。

一九四八年东北解放，解放军挥师入关，国民党大势已去。为了苟延残喘，南京政府收罗了一批当时社会上有影响的耆宿名流，委以党政要职，妄图笼络人心，贺泳也是被收罗的对象之一。一九四八年下半年，国民党突然委任我父亲为国民党北平市党部执委和河北省参议会议员。贺泳当即提出自己不是国民党员，焉能担任国民党内的职务？答复是只要答应干，可以特别入党。他力辞不干，不久即下了撤委令。从委任到撤销，前后仅廿天。此后，他仅担任国史馆纂修和河北通志馆协修两个只拿薪金不写文章的挂名职务。这两个职务的薪金一直发到一九五〇年他辞掉为止。

一九四八年底，贺泳拒绝了胞兄贺翊新等随其南逃的胁诱，与我党地下工作者接触(现记得的有当时在北平美术学院的侯逸民)，准备解放后的捐献事宜。一九四九年初北平解放，贺泳自愿把价值连城、祖传二百多年的古书十万余册和花费毕生积蓄而精心收藏的文物、古币、印章、竹扇、古今名人字画真迹五千余件，毫无保留地扫数捐献给人民政府。其中有四五十种古书是不可多得的原版珍品，当属国宝一类。他当时对来访的《人民日报》记者柏生说："解放前这些东西如捐给旧政府，将会沦到外国人手里。只有解放后献给人民的政府，才是我多年的夙愿。"北平军管会由叶剑英签署对他捐献古籍文物的爱国行动通令嘉奖。在《人民日报》上，还发表了以《贺孔才的道路》为题的长篇访问记。贺泳随即于一九四九年三月参加第四野战军南下工作团总团，在政策研究室工作。当年八月，南下到汉口，被委派负责接管武汉大学。尔后，又到洛阳、开封一带考察古籍。当年底，调北京中央文化部文物局任办公室主任，直到一九五一年去世。

纵观贺泳一生：一、以悉心研究古文、书法、篆刻和文物收藏、大学执教为业，从未间断，在学术上有较深造诣；二、从未参加过任何反动党团或会道门，不吃烟、不喝酒、不嫖赌，注重孔孟封建道德伦理，以文人墨客的清高自居，从不参与政治活动；三、在参加革命后，毫无隐瞒地向党交代了个人历史，每个时期，每种职务，都有证件和证明人；四、他所收藏的古书文物，在旧社会不为古董商的高价所惑，不受国民党的威逼胁迫，有条件南逃而不去，无代价献人民却甘心。这样一个正直而有爱国心的高级知识分子，怎能在实现了多年夙愿、刚刚投身革命后却轻易抛生？这是我们百思不得其解的。

贺泳兄弟三人，其兄贺翊新，曾任国民党伪河北省参议会议长、河北省教育厅长等职。一九四八年逃往台湾，现定居美国，思归心切。由于年老多病和心存疑虑，仍在踌躇。其弟贺德新，辅仁大学毕业，一直担任中学教员，现在天津，已退休。

自贺泳死后，我就受到株连，被从中央军委二局密码破译岗位调离(曾因破译出美国在朝鲜战场的一件密电有功，受过嘉奖)。接着又从立过两次三等功的中央警卫师转业，被安排到山西劳改单位，改行搞统计工作。此后，又从被评为省市先进统计工作者、参加全国先进生产者代表会、受毛主席接见的太原郊区，调到塞外口泉王村山区。最后在十年动乱中，又被举家老小下放插队到山西省汾西县山区安家落户。一九七三年重新分配到山西省临汾地区糖业烟酒公司工作至今。

解放前我个人历史清白。参加革命卅三年来，历次运动我没有任何问题。即使在十年动乱中，我因家庭牵连被批斗、被关押、被下放，我对党始终坚信不移，没有怨言，一直积极工作，连年被评为先进、五好，一直申请加入党组织。但是，时至今日，在我档案中仍结论贺泳是"畏罪自杀"，给我本人的政治结论是"不能在领导机关工作，不能重用"。沉重的政治包袱，使我精神得不到解放。

为此，恳请党对我父亲贺泳"畏罪自杀"案重新做结论，澄清他的功过是非。这样，一可慰藉死者，二可解放生者。

山西省临汾地区糖业烟酒公司　贺　凯

一九八二年九月十六日

要求平反申诉书第二稿

——关于要求对一万册古书、五千件文物的捐献者贺泳平反昭雪恢复名誉的申诉书

贺　凯

我父亲贺泳(解放前叫贺培新，号孔才)，原在文化部文物局任办

公室主任。一九五一年底审干时，投北京北海自杀。我当时仅廿岁，在中央军委二局搞军事密码破译工作。经组织通知得悉此事时，业已埋葬，只口头告我：贺泳是投水自杀，死前留有遗书，大致内容是：党和毛主席是伟大的，只是下面有的人不按政策办事，我对党问心无愧，望子女跟共产党干一辈子等等。遗嘱只做口头传达，不交家属。事后组织批准我回家探母。母亲告我说：当时在出事后，文物局用卡车将我父尸体拉到家中，只说贺泳投水自杀，未说明死因，发给棺木一口，掩埋了事。不久，政务院秘书长齐燕铭（自幼与贺泳同乡同学，对贺泳参加革命起过重要作用），把我哥哥贺仁叫到政务院说：贺泳很有才学，死得可惜。如活着，可为人民做些贡献。并说：公安部派人和他谈话，可能施加了压力，经查未发现自杀有其他背景等语。当时我们兄弟姐妹年纪皆轻，母亲是家庭妇女，不能主事，就这样糊里糊涂地过去了。没有结论，未见遗嘱，工资停发，遗属不管。贺泳这样一个捐献一万册古书、五千件文物的爱国高级知识分子，就这样一死了之了。在此后的卅多年中，作为他的子女，我们受株连，遭歧视，长期背着“反革命子女”的沉重政治包袱，不敢也不可能要求澄清贺泳的功过是非和他的死因。

党的十一届三中全会以来，拨乱反正，落实政策，许多历史上的冤假错案，澄清了真相，获得了平反昭雪，使我们有可能向党和政府申诉此情。我们党历来是不忘记那些曾经为革命做过一些好事的人的。

一、贺泳简略生平

贺泳（孔才，贺培新）出身于旧社会著名书香世家。其祖父贺涛，清朝进士，是明清两代古文八大家之一。贺泳自幼由贺涛直接熏陶培养，读诗学史，专攻古文、书法、篆刻，收藏古书、印章、字画及古董。曾拜齐白石为师，致力篆刻，与现仍健在的篆刻专家刘淑度同为齐白石得意入室弟子。贺泳曾出版过篆刻图书集，齐白石亲题“奇才”批注。曾出版过《天游室文集》等古文著作和楷书字帖。与著名国画家王雪涛、陈半汀相与甚厚。

贺泳从十七岁开始自食其力，与破落的河北故城县老家断绝了经济联系。七七事变前，他在攻读北平法政大学的同时，任教于北平私立成达中学。此后，先后担任过北京大学助教、北平颐和园文物管理委员会主任、北平市府秘书等。抗战时期，他坚持民族爱国大义，辞职明志，闭门谢客，不为日伪做事，只在北平中国大学任秘书长和国文系教授，以讲授国语的实际行动抵制日寇的文化侵略。在此期间，他还以社会文化名流身份保释了我党地下负责干部齐燕铭出狱，为党做过贡献。

抗日胜利后，贺泳初任天津民国日报社董事。尔后，他目睹国民党贪污腐败、发动内战、民不聊生的现状，思想彷徨，忧国心切，曾冒险给在重庆的我党代表齐燕铭去信求教。齐为了贺的安全，介绍他与当时在北平的党的负责干部徐冰接头。徐给贺泳《资本论》《新民主主义论》《中国革命与中国共产党》《城市政策》《土改大纲》等一批解放区书籍。通过学习，他对共产党和革命有了基本认识。

一九四八年东北解放，解放军挥师入关，国民党大势已去。为了苟延残喘，国民党政府收罗了一批当时社会上有影响的人物，委以党政要职，妄图笼络人心，贺泳也是当时被网罗的一个。一九四八年下半年，国民党突然委任贺泳为国民党北平市党部委员和河北省临时参议会议员职务。贺泳当即以不是国民党员不能担任党内职务为借口辞职不干。不久即下了撤委令。从委任到撤销，前后仅廿天。此后，为了养家糊口，他一面卖文卖字，一面仅担任国史馆纂修和河北省通志馆协修两个只拿薪金不写文章的挂名职务。这两个职务的薪金一直发到解放后一九五零年他辞掉为止。

一九四八年底，在北平行将解放或去或留的抉择时刻，其胞兄贺翊新及国民党政要胁诱他南逃。北平荣宝斋派人高价购求他的一万册古书及五千余件文物。他本可南逃做官，或卖书致富，或者携宝出国，做个海外富豪，但他一一谢绝，却与我党地下工作者徐冰、侯逸民接触，决心留在北平等待解放。一九四九年初，贺泳自愿把价值连城、祖传二百余年的古书一万册、古董文物五千余件，毫无保留地扫数捐献给人民政府。其中有四、五十种古书是不可多得的原版珍品，属国宝一类。他当时对来访的《人民日报》记者柏生说：解放前这些文物如捐给旧政府，将会沦落到外国人手里。只有解放后献给人民政府，才是我多年的夙愿。北平军管会由叶剑英签署，对贺泳捐献的爱国行动通令嘉奖。《人民日报》还发表了以《贺孔才的道路》为题的长篇访问记和嘉奖令原文（有影印件）。贺泳随即于一九四九年一月参加人民解放军四野南下工作团总团，在政策研究室工作。当年八月南下汉口，被委派负责接管武汉大学。尔后，到洛阳、开封一带考察古迹。当年底，调北京文化部文物局任办公室主任，直到一九五一年底去世。

纵观贺泳一生：

1. 以悉心研究古文、书法篆刻、古董收藏和大学执教为业，连贯一生，从未中断。在学术上有较深造诣，有著述，经名人传授，并有不少弟子。在书法上，继承欧体真传，在篆刻上独树一帜，为齐白石所赏识，是一个文、书、篆兼通的专家。

2. 贺泳从未参加过任何反动党团和会道门，不迷信、不嫖赌，注重孔孟封建道德伦理。在旧社会无法施其志，就隐居家中，研究古文、书法、篆刻，从不参与反动政治活动。

3. 能接受我党的宣传教育。在日寇侵华期间，不顾身家性命危险，营救我党地下负责干部出狱。在国民党统治时期，主动接近地下党，寻求光明，毅然拒绝南逃，留在北平，是一个爱国爱党的正直之士。

4. 参加革命后，他能丢下妻室和仅一个多月的幼女，随军南下。他能毫无隐瞒地向党交待个人历史和社会关系，每个时期，每种职务都有证件和证明人。

5. 贺泳所捐献的古书古董，是很有价值的，如运到外国，他将发大财，但他却只相信共产党，说明他一心向往进步和光明。

就是这样一个正直而有爱国心的高级知识分子，怎会在实现了多年夙愿、刚刚投身革命洪流、准备施展才华时，却轻易抛生？这是做为后辈的我们和周围亲朋故旧多年来百思不得其解的。

二、对贺泳问题平反、昭雪恢复名誉，是十分必要的，也是符合党对知识分子政策和统战政策的

1. 有利于争取台湾国民党元老和爱国知识分子，有利于争取台湾早日回归祖国的统一大业。

贺泳在国民党内和旧社会文化界享有一定声望，有一定社会基础和代表性。如一九四五年在蒋介石初回北平举行的“招待北平父老会”上，曾以社会文化名流邀请贺泳参加。在古典文学领域，贺泳对古书、墨迹、字画、古董、图书的真伪有较高的鉴赏水平，是一个古文、书法、篆刻专家和古董收藏家。一九四九年，贺泳不贪官、不受诱、不南逃、不出国，毅然捐献全部收藏，投身革命，追随我党，如果对党没有一个基本认识是根本做不到的。但是，在他倾心于我党后不久，却投水自杀，还被扣上“反革命分子”帽子，至今不得昭雪，我们觉得是非常不平的。我们认为，平反贺泳这样一个有影响的人物，可引起在台和海外人士的反应，对争取海外著名知识界人士回归是会有好处的。

2. 有利于进一步落实党对知识分子的政策，有利于保存祖国文化遗产。贺泳在古典文学的研究、欧体书法的继承、金石篆刻的造诣和文物古董的收藏等多方面，都在旧文化界占有一定位置。现仍健在的女篆刻家刘淑度的印谱出版后，在香港为国家挣了不少外汇，而刘淑度却认为“不如我师兄贺孔才”。北京图书馆曾拟出版贺泳的印谱，因政治问题未平反而延迟至今。我们认为，从发掘保存祖国文化遗产角度着眼，进一步落实党对知识分子的政策，也应尽早为贺泳平反昭雪。

3. 有利于争取贺泳在海外的亲朋故旧放弃前嫌，打消顾虑，早日回归。贺泳的胞兄贺翊新(号仲弼),自幼追随国民党,曾任国民党华北区宣传专员、河北省教育厅长、河北省临时参议会议长等职。亲兄弟二人在政治上主张不同,道路各异。北平解放前夕,贺翊新弃家逃台,于五十年代旅居美国至今,年已八十多岁,近年来信,多次探询其弟贺泳问题的真相及遗属情况,思归心切,仅由于仍有疑虑而尚在踌躇。我们认为贺泳问题的平反昭雪,必然会解除他在海外亲属的犹疑。

我们党对旅居海外人士的政策历来是爱国一家,爱国不分先后。那么,远在解放战争时期,力排国民党显要们的非议,牺牲手足同胞感情,一心向往进步和光明,热烈追随共产党的先爱国者,却遭到“反革命”的下场。这对于那些后爱国者来说,又如何理解党的“爱国一家”政策呢?当他们传闻贺泳的爱国行动所致的结果时,又如何不疑虑观望、踌躇不前呢?果如此,我党的统战政策如何顺利进行?所有这些,对解放台湾的大业都是不利的。

4. 认为凡在旧社会为反动政府做过事的都是反革命,凡在新社会自杀的都是“畏罪”和“叛变”,这种认识是违背马列主义的。退一万步讲,即使贺泳是“线”上的反动分子,但他能幡然醒悟、弃暗投明,并捐献巨额古书古董,党的政策也历来是允许将功补过正确对待的。

贺泳生前属于国务院管的干部,而在死后却无声无息,谁也不管了。这难道符合党的知识分子政策、党的统战政策和党的干部政策吗?

由此,我们认为,摒弃我们这些作为贺泳后代的个人得失,不顾多年来“左”倾路线对我们的种种歧视迫害,从争取台湾早日统一的大业出发,从党的知识分子政策和统战政策得以取信于民出发,从保存祖国文化遗产出发,尽早为贺泳平反昭雪、恢复名誉、整理出版其遗著,是十分必要的,也是符合党的利益和政策的。

申诉人　山西省临汾地区糖业公司　贺凯

一九八三年二月廿日

文物局对贺泳同志不幸去世的复查意见

贺凯同志(贺仁之弟):

党委将来信转给我们处理,迟复为歉!

此间我们又对你先父贺泳的问题做了一些了解,现将研究的复查结果抄录于后(见附件),请阅。

关于你们的要求调回北京工作的问题,我们请示上级有关部门,按现行政策规定,实难解决。

关于对遗孀的抚恤问题,1952年以前还没有明文规定,当时的实际情况,是不可能发给的。经研究拟按现行规定一次性发给王惠君550元。

你看如何。

文物局干部处

1984年7月31日

附件

关于贺泳同志问题的复查意见

×××单位:

你单位　　同志系原文化部文物局办公室主任贺泳同志之　。现将贺泳同志的历史及一九五一年冬天自溺于北海公园冰水中致死问题复查意见通告如下:

经调查了解,贺泳同志解放前喜爱古文、书法、篆刻及文物收藏。在北洋军阀政府时期及国民党反动政府时期,曾先后在北平特别市政府、平津卫戍司令部及晋察绥靖主任公署、中国大学、国史馆等单位任职,任职期间曾与我党有过联系,追求进步与光明。

1933年(或1934年)齐燕铭同志被北平宪兵三团抓起来后,在出狱前,贺泳为齐找了铺保。

解放初期,贺泳同志无偿捐献全部家藏古书一万余册,各种文物五千余件。这种精神曾受到当时军管会通令嘉奖。来文物局后,工作积极主动,靠近组织。从贺泳全部历史来看,他热爱祖国、热爱党,是一位爱国人士。

在 1951 年镇反期间,曾对其历史进行审查,由于贺不理解党的政策,一时想不通,投湖自杀。由于这次审查没有查出贺有什么政治历史问题,所以当时也未做任何结论。因此,贺泳之死不应影响对其子女亲属的提拔、使用和入党。

如　　同志的档案中有与上述结论不符的材料,应予以撤销。

特此函达,请协助做好清档和转告工作是荷

文物局干部处

1984 年 6 月

要求平反申诉第三稿

贺凯等

文物局党委:

对文物局干部处 1984 年 7 月 31 日的便函和《关于贺泳问题的复查意见》提出以下意见:

一、对贺全部历史概括比较实事求是。附去修改稿。

二、复查意见中前因后果形成矛盾。贺既是“爱国人士”,又“无偿捐献”,参加革命后“工作积极”“并未发现任何历史问题”,那么有什么理由使他“想不通”以致自杀呢?这个关键性的致死原因,“意见”中不提,反以“不理解党的政策”“一时想不通”为由,把人命关天的政治责任推在死者身上,把明明是一个应由当时组织承担的政治责任反嫁到受害者身上。由此引出的结论是本人应负责,而不是冤案。

我们多次申诉的核心问题是贺的致死原因,这是甄别贺的问题是否是冤案的关键。避开这个问题还查什么?他的历史是客观存在,有档案在,查不查是明摆着的。文物局一再承认,卅多年来,“没有查出贺有何历史问题”,那么1951年镇反中(请注意不是机关内部审干)文物局凭什么把贺定为镇反对象?又凭什么由公安部出面,把他当反革命分子对待,逼他履行反革命分子登记手续呢?这种做法能叫审查吗?把一个没有任何政治历史问题的人定为反革命是党的政策吗?如果你们也承认不是,那么不是冤案是什么?

在镇反运动中,党的政策历来是“有反必肃,有错必究”。文物局承认“未发现贺有任何政治历史问题”,明摆着当时的做法是错误的,现在平反改正完全是顺理成章。文物局为何在十一届三中全会以来的今天,仍坚持错误呢?

“意见”中说“当时未做任何结论”,因而现在也就不存在平反问题。实事恰恰说明,当时文物局实在找不出把贺罗织成畏罪自杀的任何证据,为了避免政治责任,只能用不做结论的办法搪塞过去。因此“以当时未做结论”为由,现在不承认是冤案,不予平反是根本站不住脚的。我们党历来讲实事求是,特别是十一届三中全会的思想路线就是实事求是。在镇反中把贺当成反革命分子处理的事实避而不谈,反以“未做结论”为由,不承认冤案,不予平反,这能叫实事求是吗?这样调查案子,符合重证据、重调查研究的政策吗?

贺作为一个从旧社会过来的知识分子,在黑暗中追求进步光明,解放后捐献全部家藏,投身革命,并且“工作相当积极,很愿靠近组织”已是很不简单了。可是他对党对革命的这种满腔热情,招来的却是被定为镇反对象和被勒令履行反革命分子登记手续,请问这种不公平待遇能不逼人含冤自尽吗?造成含冤自尽的不公平的错误对待,而这种错误对待的政治责任者是当时的文物局。因此在为贺做这段历史结论时应该是:“在1951年镇反期间,错误地把贺作为反革命分子对待,逼其履行反革命分子登记手续,致使他含冤自尽。经多年调查,并未查出贺有任何政治历史问题,纯属冤案,应予平反。”

关于抚恤问题

1. 平反冤案，应按牺牲处理，不应按病故。据财政部、民政部(79)财事9号、民发(1979)2号《关于调整军人、机关工作人员、参战民兵、民工牺牲、病故抚恤金标准的通知》中，“家属的一次性抚恤金、牺牲抚恤为650元”。这是指牺牲时对家属的一次性抚恤。

2. 另据民政部、卫生部民发(1980)5号、财事(1980)34号关于执行《国家机关事业单位工作人员死亡后遗属生活困难补助暂行规定》的通知中，“第二、补助标准一般以能维持当地群众生活水平为原则”。根据国家人事局1980年8月29日国人工212号文关于转发北京有关国家干部遗属补助问题的通知中附件：北京人事局规定：第三条遗属补助标准问题“1. 在本市的干部职工遗属补助一般每人每月按20元，最多不超过22元”。这是指死亡后对遗属生活困难定期补助。

据上面两条规定，应给王惠君一次性抚恤金650元，和享受自贺泳死后1952年开始至今，每月按20元～22元定期生活困难补助，直至王惠君去世为止。

贺　凯　熊颜美

1984年9月5日

附结论修改稿一件

附件(贺凯提出的对贺泳平反初稿意见)

对贺泳问题的复查意见(修改稿)

经调查了解，贺泳同志毕生研究古文、书法、篆刻，及文物收藏，并有较深造诣。在北洋政府和民国时期，曾在市政府、平津卫戍司令部、晋察绥靖公署任过职。抗日时期，辞掉一切职务，专从事中国大学的古文教授工作。抗战胜利后，在国史馆等单位任职。任职期间，曾与我地下党有过联系，追求进步与光明。此前，1934年，我党地下工作者齐燕铭被北平宪兵三团逮捕。为营救齐出狱，贺曾为齐找了铺保。解放初期，贺积极要求参加革命，无偿捐献全部家藏古书一万余册、各种文物五千余件。这种爱国精神受到当时军管会通令嘉奖，为“贺先生忠于人民事业、化私藏为公有，首倡义举，足资楷模”。来文物局后，工作积极主动，很愿靠近组织。从贺的全部历史来看，他热爱祖国，热爱党，是一位爱国人士。

在 1951 年镇反期间，错误地把贺泳同志当做反革命分子对待，逼其履行反革命分子登记手续，致使他含冤自尽。经多年调查，未发现贺有何政治历史问题，纯属冤案，应予平反。

若×××同志档案中有与上述结论材料不符的，应予撤销。

1984 年 5 月

要求平反申诉书(文物局、王冶秋)第四稿

贺仁等

文物局机关党委：

1985 年 5 月，你们给贺凯写了复信，回答了对先父贺泳的复查意见，原文如下：“经研究，我们对原来的复查意见不变。你如有新的线索和可靠证据，请提供。”我们就你们提出的问题，提出我们的意见和看法，并希望你们能以中共中央办公厅(中办发[1986]6 号)、国务院办公厅转发《关于进一步贯彻落实〈中央落实政策小组扩大会议纪要〉的补充意见》的通知精神，认真地、实事求是地对先父自溺于北海公园身死的真实情况进行调查核实，并做出结论，既缅怀九泉之下的先父，又使其在世的家属子女、亲朋故旧，包括其海外胞兄和亲友，都能得到安慰，以利于我国的爱国统一战线的贯彻落实，也更有利于四化建设大业。

现在，就以下问题提出我们的看法：

一、贺泳去世是在审干进行中，未做结论，不存在平反问题，还是审干后期，已做结论，有平反问题。

我们把当时先父去世的前后经过介绍如下：1951 年底某星期一

凌晨两点，贺仁（贺泳长子，在市总工会工作）突然接到王冶秋同志（当时任文物局副局长）的电话。他说："贺泳病重，请你马上到文物局来。"我急忙赶到团城（文物局办公地点），王冶秋同志向我介绍了以下情况：他说：你父亲在北海公园投水自杀去世，他在解放前曾任过一些反动职务，按公安六条规定，应受管制。为了表示政府宽大，只登记就行了。上星期六（指先父自杀前一天），公安部来了两人找你父亲谈话，令其登记。但他拒绝在国民党委任的两个职务（伪国民党北平市党部执行委员、河北省参议会议员）上登记，并且和公安人员发生争吵。公安人员给了他"点"压力。我们也没有想到他竟想不开自杀。希望你能正确对待。你是长子，要做好你母亲及姐弟妹们的思想工作。至于贺泳去世的善后处理，组织上已做了安排，准备棺木，公家派车，运往郊区人民公墓埋葬。当时全国正在开展轰轰烈烈的镇反运动，我们兄弟姐妹四人都是在1949年初参加革命工作，在机关里也已参加了忠诚老实审干学习，政治思想上积极靠拢组织，要求进步。虽然我们对公安人员的错误做法有看法，但在当时的政治形势下，不敢也不可能深究先父死亡的真实情况和原因。否则，会被扣上"阶级立场有问题""为反动父亲鸣冤叫屈"的帽子。当时只能按照王冶秋同志意见，先把父亲遗体运往家中，并通知贺昭（中共中央调查部工作）回家。文物局派来了两名干部和家人一起为父亲换了衣服，放入棺木中，直接运往郊区埋葬。

事后一两天，王冶秋同志约贺仁、贺昭去文物局，准备详细介绍贺泳去世经过和原因。我们按时到达，王冶秋同志没有接见，推说有公务在身，不能离开，是由王冶秋爱人高履芳和我们谈话（谈话地点在团城上东房）。她所谈情况与王冶秋同志同贺仁所谈相同，但也提出了一些看法和问题。她说："我们（指包括王冶秋同志）认为，贺泳自杀有两种可能：一是他有重大历史问题没有交代，畏罪自杀；另一原因是，对党的政策不理解、想不通而自杀。"又说："贺泳除星期六晚上回家、星期日返回机关（当时都在机关住宿）外，平时下班后，有时外出,不知到哪些地方去了,经常和哪些人来往,不清楚。你们知道吗?你父亲到底是不是国民党员?"等等。总之,对先父的活动表示怀疑,但却避开了公安人员对先父在世时施加压力这一重要事实。更重要的事是,公安人员对先父施加压力的次日(星期日夜晚12时左右)自杀身死。

从王冶秋、高履芳两位同志介绍的情况中,可以看出以下几个问题:1.贺泳之死是在审干后期做结论、定案,还是在审查过程中未做结论,这是存在不存在平反的根本问题;2.先父拒绝在公安部进行登记的两个问题,到底应不应登记;3.先父拒绝在上述两个问题上登记,公安人员施加压力,是否合乎党的政策,是不是进行逼供。

当时先父突然去世,而且是在北海公园自溺身死,文物局机关中突然发生这样一件惊人自杀事件,不会不在机关干部中引起各种议论和猜疑。文物局领导是如何向群众做出解释呢?毋庸置疑,在当时的政治形势下,只能在职工中宣布,贺泳应在公安部进行登记,是"历史反革命"。他拒绝登记,畏罪自杀,自绝于党,自绝于革命,自杀只能由他自己负责,组织上没有任何责任。事实也正是这样。先父去世,文物局领导谁也没有来我们家中探望过,这一点还不如当时任国务院办公厅主任的齐燕铭同志,在先父去世后不久曾两次来我们家中表示慰问。二是先父去世,不开追悼会,因为是"历史反革命",这样的人死了,活该,怎么能开追悼会呢?三是撤销一切经济援助。先父在世时,是供给制,小灶待遇,按革命领导干部对待(1949年5月参加革命工作)。家里有四口人(母亲、两个弟弟、一个妹妹)全靠国家供给制供养。先父去世,公家只负担了棺木及埋葬运输费用后,连抚恤金都没有。按当时的政策规定,凡革命干部病故,非正常死亡,其供养的直系亲属没有经济来源者,国家按月按人发给生活补贴(当然要比革命干部本人在工作岗位上享受的经济待遇低一些),我们得到了什么呢?什么也没有!先父家属连一个国家职工享受的待遇都不如,更谈不上享受革命干部的待遇,我们在经济上享受的是按反革命家属待遇。因此，先父去世组织上做结论也好，没有做结论也好，问题是文物局领导对贺泳之死是按反革命对待，还是按革命干部对待。

至于先父之死，是在审查过程中，还是在审干后期做结论定案阶段，我们认为很清楚。公安部令先父登记，如果先父历史问题还没有弄清，正在审查过程中，从何而来登记问题。登记就意味着审干对先父历史已经定案，登记就意味着是历史反革命。我们这里所谈的，不是先父历史应定什么性质的问题，而是正在审干过程中未做结论，还是已有结论的问题。因此，你们说，当时未做结论、不存在平反的论点，很难使我们信服。应该提醒你们领导上考虑的是："文革"中不少革命干部和职工非正常死亡，哪一个人是由当时组织上做出了结论，还不是一死了之，按自绝于党、自绝于革命来处理。

先父去世，家属受株连，更不在话下。贺凯从中央机要部门调出，组织结论是不能重用，不能在领导机关工作。其他姐妹兄弟们因其父同被杀、关、管的反革命差不多，有明文规定不能吸收入党。"文革"期间，家母及小妹贺普因系"反革命家属"，被抄家，轰往农村。我们兄弟姐妹几个都在"文革"期间被批斗、被关押、下放。从先父去世开始，我们的亲朋故旧，都和我们断绝了来往，不敢登门，怕同"反革命家属"沾上边。所有这些，还不是当时的文物局领导把先父当反革命处理，当畏罪自杀处理，所造成的后果吗？至于当时有无文字结论，客观事实不是说得很清楚了吗？难道说，当时没有做文字结论就不存在平反吗？

二、先父自杀是不理解党的政策，一时想不通，还是由于当时"左"的思想指导，公安人员错误地处理问题，不实事求是地对待他的历史问题，使用了压力、威胁，使他被迫自杀。

先父在旧社会担任过不少职务，为反动统治阶级效过劳。但在抗日战争期间，饱尝沦陷区人民之苦，不当汉奸、卖国贼，在当时的个人历史条件下，他把希望寄托于国民党抗日，因而掩护过国民党在沦陷区的地下工作人员。抗日战争胜利，正统观念使他更对国民党抱有希望。但客观事实是国民党劫收大员满天飞，为个人发财，置人民死活于不顾，他的幻想破灭，不得不在国共重庆谈判期间求教于齐燕铭同志（随周总理到重庆同国民党谈判代表，齐燕铭同志在反动统治时期被宪兵逮捕，是先父营救出狱），齐燕铭同志怕先父受国民党迫害，让他找到北平市国共谈判军调处徐冰同志。（徐冰同志给先父不少马克思主义的书籍。）试问，在国共重庆谈判时，正是国民党猖狂得势于一时，而先父却主动与齐燕铭同志联系，又是为了什么？还不是先父对国民党所作所为大失所望，而对共产党抱有希望吗？还不是为了爱国，为了追求进步与光明而对共产党的理想主义给国家带来了前途吗？如果不是对我们党的热爱，一个旧中国知识分子怎么可能在北平刚解放就毅然下决心把祖传二百年和个人几十年精心收藏价值连城的古物、藏书全部捐献给人民政府呢？怎么可能丢下妻室和仅一个多月的幼女随四野部队南下参加革命呢？如果说他不理解党的政策，一时想不通，那就是他不理解为什么在处理他历史问题上不实事求是。为什么国民党反动阶级为了笼络人心，拉拢他，委任他以反动职务，而他已看透了国民党的用心，坚决不干，提出辞职（这同委任后，工作了一段辞职不干有根本不同），没有干过的职务还要进行登记（公安部登记），这难道是党的实事求是政策吗？甭说先父想不通，作为他的儿女们，受过党多年的培养教育，有的已经加入共产党，现在也想不通。怎么能把先父自杀说成是不理解党的政策，一时想不通呢？先父是在公安人员威胁压力下强迫他接受他认为自己不能接受而又别无出路的情况下自杀的。因此，我们衷心地希望文物局党委认真考虑我们的意见和看法，认真调查先父是不是在公安人员强迫在上述两个问题上登记而又发生争吵，公安人员施加压力下自杀的事实。我们以为，当时同我们姐弟谈话的王冶秋及高履芳两人健在，是会把先父自杀事实真相搞清楚的。

三、你们说对“文革”前和“文革”中的问题应当加以区别，不能用处理“文革”中的政策来处理衡量“文革”以前的问题。

我们有些不理解，虽然“文革”运动是错误的，镇反运动是必要的、正确的，但在“文革”前同样存在有“左”的思想指导而被错误处理的人和事。难道因为镇反运动是正确的，而当时被错误处理的人和事，就不应该纠正吗？[中办发(1986)6 号]文件说得很明确：“对于‘文化大革命’以前和‘文化大革命’中，在‘左’的思想指导下错误处理的历史问题，必须实事求是地加以纠正，对被错误处理的人，必须在政治上彻底平反，经济上适当补偿，工作上合理使用，生活上妥善安置。”“对于因遗漏而未复查和正在复查，但尚未作出结论的案件，必须抓紧复查，作出正确结论。”

我们希望领导上能向我们讲清楚“文革”前和“文革”中的问题，区别在哪里？不能以处理“文革”中的标准处理“文革”以前的问题，根据是什么？为什么先父自杀不属于平反范围？

四、对于先父自杀，你们经过调查，做出了复查意见，其中许多地方不论是内容还是文字上，我们不能同意。

贺凯已经写信给你们，我们不再多叙。我们还要提出以下几个问题，请研究：1. 对于贺泳同志自溺于北海公园致死，应做出政治结论。内容应包括贺泳的全部历史，为什么在复查意见中不谈贺泳同志参加革命工作随军南下，在武汉大学工作的重要一段历史呢？2. 我们认为贺泳同志的自杀问题应当弄清，应该平反，并且考虑在什么范围内平反。3. 在经济补偿上，是按军人、机关工作人员、参战民兵、民工牺牲、病故抚恤金标准补偿，还是按政府规定的革命干部病故或非正常死亡的经济补偿标准。以上几个问题，暂时保留我们的意见，容后再叙。

总之，我们衷心希望你们认真研究我们所提供的情况和意见，按照党中央落实政策的有关精神，认真处理先父的自杀问题，认真进行平反。我们相信，先父的自杀问题一定会搞清楚，先父的冤案一定会昭雪，党中央的落实政策精神一定会在贺泳同志身上得到认真落实。

并等待着你们的答复。

致以

敬礼！

北京市总工会 贺仁
中央国家安全部 贺昭
北京照相机总厂 贺伸
一九八六年七月六日

文物局对贺泳同志问题的复查意见

贺凯同志：

贺泳问题的复查意见(修改稿)早已收悉。

经研究，我们原来的复查意见不变，你如有新的线索和可靠证据，请提供。

等候回复。

文物局机关党委
1985年5月16日

文物局对贺泳同志去世的复查意见

贺仁同志：

你先父贺泳同志于1951年12月镇反期间自溺身亡，这在当时的历史背景下，既不可能发给遗属抚恤金，政府又没有明文规定。此次研究，根据贺泳同志生前的表现，参照现行有关政策规定，拟给王惠君同志发给一次性抚恤金三千元正。

请代为转交给她老人家。

文物局
1986年12月3日

关于贺泳同志自溺问题的审查意见

贺泳，原名培新，字孔才，男，1903 年 5 月 24 日生于河北省故城县郑家口。家庭出身地主，本人成分知识分子。

主要问题及结论意见

1. 沦陷期间，在北平参加国民党地下工作，属国民党中宣部华北专员办事处直接领导，贺为最高文化宣传委员。

2. 1946 年 3 月 28 日，由国民党中央委员张厉生提出，被任为国民党北平特别市党部执行委员（未到任，20 多天就辞职了）。

3. 1946 年 10 月 16 日，接到河北省临时参议会参议员的选定证书（未参加会议，不到一年就辞职了）。

4. 1945 年—1947 年，帮助卜青茂接收天津伪《华北新报》，并为《天津民国日报》组班子。贺任常务董事。

贺泳同志在参加革命工作时，未向组织交代这些问题，1951 年镇反时，在学习运动中做了交待。按照当时人民政府颁布的"关于反动党派人员登记的六条规定"，贺担任的 2、3 两个职务均应在机关履行登记手续。因贺拒绝登记，当时文物局组织约请公安部来人一起与其谈话，并令其进行登记。这在当时的背景下，肯定是会有些压力的。据了解证实，贺在自溺身亡前，组织上并未对他采取任何组织措施，且仍担任重要工作。他自溺的当天晚上，还与其他同志一起在办公室研究改写文稿。因此，我们认为，贺泳同志的问题，理应进行登记，拒绝登记是不对的。登记不一定就是历史反革命，还要以是否有活动和罪恶来定。所以，贺的自溺身亡原因，主要是由于本人对当时党的政策不理解所致。经与有关部门研究，根据政策规定，此问题不属于冤假错案，也不存在平反昭雪问题。

贺的自溺身亡，的确是我们的不幸，使我们失去了一位很好的国家干部。

经调查了解，贺泳同志解放前喜爱研究古文、书法、篆刻及文物收藏，并有较深造诣。在北洋军阀政府和国民党反动政府时间，曾在北平特别市政府、河北省临时参议会、晋察绥靖主任公署等单位和部门任过职，但时间不长，很快就辞掉了一切职务，专门从事中国大学的古文教授工作。1934 年，共产党员齐燕铭同志被北平宪兵三团逮捕，贺为营救齐出狱，曾为其找了铺保，获得释放。抗战胜利后，贺在国史馆任职期间，曾与我地下党有过联系，追求进步与光明。北京解放后（1949 年），贺泳同志更加拥护中国共产党和人民政府，从思想上看到了祖国的光明，不久即无偿捐献了全部家藏古书一万余册，各种文物五千余件，这种爱国精神，当时军管会通令嘉奖为“贺先生忠于人民事业，化私藏为公有，首倡义举，足资楷模”。在大军南下时，他积极参加了四野南下工作团，并负责武汉市文教系统的接管工作。1949 年 12 月调回北京，任文化部文物局办公室主任。他政治上要求进步，积极靠近组织，工作上努力主动，认真负责，为文物管理事业做了大量工作。

从贺泳同志的全部历史看，虽在解放前任过一些反动职务，但时间不长就相继辞去。经调查证实，他没有做过危害国家、危害人民的事情。贺泳同志的一生是追求光明、追求进步的一生，为祖国的繁荣昌盛是尽力的。他是一位热爱祖国、热爱共产党的进步爱国人士。

文物局

1986 年　月　日

关于贺泳同志自溺问题结论的通告

××××单位：

你单位×××同志系原文化部文物局办公室主任贺泳同志之××人。现将贺泳同志在 1951 年 12 月镇反期间自溺身亡问题的审查结论寄给你们一份，如果×××同志档案中有与此结论不符的材料，应予撤销。

我们认为,贺泳同志的自溺问题,不应影响对其子女的提拔、使用和入党等问题。

特此函达,请协助做好清档和向本人的解释工作。

文物局

1986 年　月　日

贺仁同志:

《关于贺泳同志自溺问题的审查意见》已草拟成稿,并在一定范围内进行了研究,也征求过有关方面的意见。现抄录一份送给你看看,待回音后再提交组织上讨论定稿,打印发出。

经办人:李建勋

1986 年 12 月 3 日

要求平反申诉第五稿

——为党为国家做出重要贡献的书法家篆刻家贺孔才先生38 年冤案至今得不到公正处理申诉书

贺昭等

一、贺的简历

贺培新,字孔才,解放后改名贺泳,1903 年生人。毕业于国立法政大学。贺一生专心致力于古文、书法、篆刻的研究及文物的收藏,并从事古文教授工作。解放前曾任中国大学秘书长及国史馆、河北省通志馆纂修和协修。1934 年,我党地下工作者共产党员齐燕铭被宪兵三团逮捕,贺曾竭尽全力营救齐出了狱。抗日胜利后,贺目睹国民党政治上腐败,思想彷徨,忧国心切,冒险给参加国共谈判的齐燕铭同志写信,经联系又与北平中共代表徐冰同志会面,曾得到他们在政治上的帮助。贺在国史馆任职时,也与我地下党有过联系。1949

年 3 月，北平刚刚解放，贺毅然将祖传及自己几十年汇集的全部家藏古书一万余册、文物五千余件，无偿捐献给国家，其中珍贵图书元、明刻本数十种，印谱中多极不易得的原拓印本。北平军管会为表彰贺的功绩，特颁发奖状，登报表扬，嘉奖贺先生“忠于人民事业，化私藏为公有，首倡义举，足资楷模”。北平解放后，他除送四个子女参加了革命，自己在大军南下时，积极参加南下工作团，负责武汉市文教系统的接管工作。1949 年 12 月调回北京，任中央文化部文物局办公室主任。1951 年镇反期间，贺自溺于北海公园水中，不幸去世，年仅 49 岁。

二、贺历史上的主要问题

在 1951 年镇反期间，忠诚老实学习时，贺主动向组织上交代了：1. 1946 年 3 月 28 日国民党中央委员张厉生提出委任贺为国民党北平特别市党部执行委员（贺未接受委任，也未到任，20 多天获批准）；2. 1946 年 10 月 16 日，贺接到河北省临时参议会议员的选定证书（贺未接受，也未参加会议，不到一年获批准）。以上问题经文物局调查，贺交代情况属实。

三、贺自溺去世经过

镇反期间，文物局认为，按照北平市人民政府颁布的关于反动党派人员登记的六条规定，贺的上述两个职务属于反动党团骨干分子，应在政府治安机关进行登记，贺以自己没有接受任职为理由，拒绝登记。文物局遂约公安部来人迫令登记，遭到贺拒绝。公安人员对贺施加压力，双方发生争吵。次日凌晨，贺自溺去世。贺去世前享受着国家供给制待遇，家属四口（贺夫人及两子一女，最小的仅两周岁）生活费由国家供给。贺去世后，文物局强调“在当时的历史背景下，既不可能发给遗属抚恤金，政府又没有明文规定”，只买棺木掩埋了尸体，对其家属至今没有发给分文抚恤金，致使当时贺遗属的生活陷于十分艰难的境地。其四个刚参加革命（供给制）的子女省吃俭用，抚养老小，贺夫人也不得不外出做临时工，挣钱糊口。此后三十余年，贺一直被视做“畏罪自杀”“自绝于人民的反革命”，子女在政治上受到株连，次子被从保密单位调离，子女们长期背上“反革命子女”的沉重包袱，不能入党或提拔使用。亲朋好友们怕受牵连，被迫中断往来。“文革”期间，贺夫人、女儿又被扫地出门，遣送原籍，直至1970年才落实政策回京。

四、文物局对贺历史问题结论的意见

1982—1987的六年里，贺的子女先后五次写信，电话和当面询问不下十余次，要求文物局为贺平反。文物局为贺做的结论几次易稿，但始终坚持：1. 按公安六条规定，贺应进行登记，拒绝登记是不对的；2. 登记不一定是历史反革命，还要以是否有罪恶和活动来定；3. 主要是贺对党的政策不理解；4. 不属于冤假错案，不存在平反昭雪问题。

五、贺的子女对文物局所做结论持相反意见

文物局虽然对贺之死表面上没有定为反革命，但他们的一切行为实质是按反革命分子对待和处理的。请按如下事实：1. 贺未接受反动职务，也未到任述职；文物局对此都不否认，为什么要强制贺在治安机关进行登记呢？登记就意味着是反革命。公安六条规定：对反动党派团体中负责职务的人员，除依法履行登记手续外，仍需在一定时期内停止其公民权，并对他们加以管制。……如有拒绝登记者或有破坏登记行为等……政府认为有必要时，可以随时将其逮捕法办。文物局正是这样做的，请问“登记不一定是历史反革命”的说法，应该做出何种解释呢？2. 文物局在贺的结论中说：“贺在自溺身亡前，组织上并未对他采取任何组织措施，且仍担任重要工作。他自溺当天晚上，还与其他同志一起在办公室研究改写文稿。”说这些话，无非是表白他们在贺自溺之前是多么器重和信任他。事实并非如此。在贺自溺去世的头一天，正是文物局采取以公安部人员出面的恐吓手段，对贺施加政治压力，强制进行登记的时候。这能说文物局“在贺自溺身亡前，并未采取任何组织措施”吗？3. 贺含冤去世后，文物局声称：在当时的历史条件下，既不可能发给遗属抚恤金，政府又没有明文规定。这与事实不符。1950年中央内务部就颁发了革命工作人员伤亡褒恤暂行条例中第二条(二)项规定:因病故或非因公失慎致死,不称烈士,其家属不称烈属,发给“病故革命工作人员家属证明书”,并按规定发给一次抚恤费。上述事实证明,对贺之死的抚恤问题,不是没有明文规定,而是有章不循。有章不循的事实,就说明文物局对贺之死视做“畏罪自杀”的反革命,而不以“非因公失慎致死”对待。贺去世后,其遗属生活十分困难,而文物局却无一人到过贺家探望。这一事实,文物局对贺是看做朋友、同志,还是当做敌人,不是昭然若揭了吗!

1956年中共中央十人小组公布了“关于反革命分子和其他坏分子的解释及处理的政策界限的暂行规定”,其中第一条第3项规定反动党团骨干分子:“是指1946年解放战争开始以后任国民党区分部委员、三青团区队长以上及相当于该级的其他反动党派(青年党、民社党、阎锡山的同志会等)的骨干分子。但是对于某些只挂名义,实际上没有担任反动党团骨干职务,没有进行反革命活动的人,可以不按反动党团骨干分子论处。”按照上述的暂行规定,文物局理应纠正对贺之死视做“畏罪自杀”的反革命的错误处理,予以平反昭雪。而文物局不执行上述规定的事实,又一次证明他们一味强调表面上未对贺做反革命的结论,而坚持实际上对贺视做“畏罪自杀”的反革命的错误处理。

六、我们的意见和要求

数年来,我们依照中央文件和有关政策与文物局组织进行对话、申诉并据理力争,而文物局某些领导思想僵化,“左”的出奇,死抱着过去文物局领导的所作所为都是正确的观点,玩弄文字游戏,做表面文章,避实就虚,只说表面现象,不讲实质问题。比如:只强调对贺未做反革命结论的表面现象,回避对贺视做“畏罪自杀”的反革命的实质;公安六条明文规定反动党团骨干分子必须履行登记手续,停止公民权和管制,他们却说登记不一定是历史反革命;他们出动公安人员威吓强迫贺进行登记,却又说在贺自溺身亡前,没有采取任何组织措施;在善后处理上,实际上完全是按反革命对待,却声称没有按反革命分子对待;明明有抚恤的明文规定不执行,却硬说没有明文规定,并称在当时历史条件下,不可能发给抚恤金;镇反运动政策在先,肃反运动政策在后,文物局无法纠正,如此等等。文物局这种不顾事实、自相矛盾的逻辑,怎么能实事求是地解决问题呢?从去年十月十二日我们向文物局递交了对贺自溺问题结论的修改稿,至今已八个多月。虽经每次询问和阐明我们的观点,他们不是避而不答,就是强调领导“工作忙”“没开会研究”,最后竟表示结论是公安部定了调,我们无权修改,这简直荒唐到极点了!

北平解放前,贺在古文、书法、篆刻艺术上,才华横溢,造诣颇深,社会知识界里是有名望的。最近中国国家图书馆书目文献出版社为发扬宏大中华文化,将于1988年上半年向海内外书法篆刻艺术家及图书、博物、文物收藏等有关各界隆重推出篆刻艺术经典巨著《齐白石手批师生印集》,内容包括齐白石大师暨门下高足贺孔才等人的篆刻艺术原版真迹作品。这对于促进中国纂刻艺术之发展,必然是有所裨益的。三十年代,贺为保护我党地下工作者做过贡献。解放初期,又无偿捐献价值连城的全部家藏,这在高级知识界中也是少有的。贺的一生是追求进步与光明的一生,功过是非,历史应有公论。贺的83岁夫人和六个子女及侨居海外的胞兄,无时不为贺含冤去世、至今得不到平反而痛心。我们郑重地要求文物局认真贯彻中办发(1986)6号中共中央办公厅、国务院办公厅转发《关于进一步贯彻落实〈中央落实政策小组扩大会议纪要〉的补充意见》的通知中——对于“文化大革命”中和“文化大革命”以前在“左”的思想指导下错误处理的历史问题,必须实事求是地加以纠正。对被错误处理的人,必须在政治上彻底平反,经济上适当补偿,工作上合理使用,生活上妥善安置。补充意见(五)对于党外民主人士、高级知识分子、华侨、归侨、侨眷和台胞台属的落实政策问题,应该按有关政策,优先予以解决。

我们希望文物局要正视现实,排除一切“左”的思想干扰,认真把历史所造成的错误承担下来,纠正对贺之死的错误处理,做出公正的结论。不要把历史应承担的责任,统统推到死者身上,这样做是不公平的,也是令人不能接受的。文物局对贺的历史做出公正结论和正确评价、恢复名誉,不仅能使贺含笑于九泉,也使贺的家属感受到党的政策和温暖,也有利于海外侨胞、爱国人士回归祖国,完成统一祖国的大业。

申请人:

贺昭 国家安全部离休干部 党员

贺仁 北京市总工会处长 党员

贺凯 山西临汾糖业烟酒公司工程师

贺晖 武汉化工研究所离休干部 党员

贺伸 北京照相机总厂技术服务部经理

贺普 河南洛阳轴承厂质检处干部 党员

一九八八年六月廿日

致王冶秋大伯高履芳伯母

贺 仁

王冶秋大伯、高履芳伯母:

两位老人好!

我们从文物局得知王伯伯身体不好,谨致以亲切的问候。

我是贺泳(原文化部文物局办公室主任,1951 年在审干中自溺于北海公园冰水中致死)的长子贺仁(北京市总工会工作)。这次冒昧地给您二位老人家去信,想请您们帮助回忆王伯伯在文物局任副局长时,先父贺泳自杀的详细过程。您们都知道,从党的十一届三中全会以来,在拨乱反正过程中,各级党的组织为落实干部政策、党的知识分子政策、统战政策、侨务政策等做了极其艰巨的工作,成效显著,得到了广大人民群众的热烈拥护。但是,先父贺泳自杀到现在已经三十五年了，始终没有做出结论。过去由于受“左”的思想指导，我们对于先父贺泳之死，始终不敢向党组织提出申诉要求。但是十一届三中全会以后在中央落实政策指导下，1982 年以来，多次给文物局党组织写信。现在，中央办公厅（中办发[1986]6 号）文件《关于进一步贯彻落实〈中央落实政策小组扩大会议纪要〉的补充意见》的通知精神，认真地，实事求是地要——对于“文化大革命”以前和“文化大革命”中在“左”的思想指导下，错误处理的历史问题必须实事求是地加以纠正。对被错误处理的人，必须在政治上彻底平反，经济上适当补偿，工作上合理使用，生活上妥善安置。

我们作为贺泳的家属，包括先父贺泳的爱人王惠君（仍然健在，现年八十有二）都认为先父贺泳之死应按中央落实政策精神，在政治上彻底平反，恢复名誉。回忆先父贺泳在解放前反动阶级统治时期，我党齐燕铭同志曾被敌宪兵逮捕，是先父贺泳为他找铺保，营救齐伯伯出了狱。北平刚解放，先父贺泳就毅然把价值连城祖传二百余年的古书一万册，古董、文物五千余件，毫无保留地捐献给人民政府，并受到北平市军管会通令嘉奖。1949 年被批准参加革命，随四野南下工作团接管武汉大学。1950 年调回北平，在文物局任办公室主任。1951 年在审干后期，不幸去世。当时先父贺泳去世的经过，是您们二位老人家讲给我（贺仁）和贺昭（大姐）的。现在我把当时谈话内容向二位老人家叙述如下：

1951 年十二月中旬一个星期一凌晨两点，我突然接到王伯伯您打给市总工会的电话，说贺泳病重，让我速到团城（文物局办公地点）。我赶到团城时，王伯伯您在北屋办公室正焦急地等着，见我来了，马上对我说：“你父亲已经在北海投水自杀了。原因是机关里开展了审干运动，你父亲历史上曾任过伪北平市党部（国民党）执行委员和河北省参议会议员两个职务，按公安六条规定，应在公安部门受管制，政府宽大处理，只让你父亲登记就行了。公安部派来两人，找你父亲谈话，让他登记，但他拒绝了。拒绝理由是这两个职务没有干过，并且和公安人员发生争吵。公安人员给了他点压力，当时不欢而散。没有想到昨天(星期日)晚上你父亲从家回来，夜间就在北海自杀了。我们万万没有想到他这样想不通，走了绝路，十分可惜。现在人已经死了，组织上决定帮助你们料理贺泳的一切后事。你是长子，希望能做好你母亲和姐弟们的思想工作。”我说：过去先父贺泳曾多次和我们讲过他的历史，这两个反动职务，国民党有委任状，但他坚决不干，有辞职照准书，为什么还要进行登记呢？您说：“正因为他没干什么坏事，政府宽大，只让他登记一下就行了。”

先父贺泳自杀事情发生在国内开展镇反运动时，先父历史上又有些问题，我们作为先父贺泳的子女只能按照您的意见先把先父遗体运往家里，由母亲、大姐及文物局派来的两人帮助料理先父后事，公家买了棺材，我们入殓后，用汽车拉往西郊人民公墓埋葬。先父贺泳入葬次日，您约我和大姐贺昭到文物局，准备详细地向我们叙述先父贺泳去世前的情况。我们按约定时间到达团城后，王伯伯因公务在身，离不开，改由高履芳伯母接见我们，并谈了话。高伯母所叙情况与王伯伯叙述情况基本相同。我们问先父自杀到底是什么原因？高伯母说：“我们(指王伯伯)分析有两种可能：一是重大问题未交待，畏罪自杀；另一种可能是对党的政策不理解，一时想不通。”高伯母还向我们提出了一些问题。如：贺泳平时住在机关，晚上有时外出，不知到哪里去了，经常和哪些人来往，你们是否知道？你父亲到底是不是国民党员？等等。我们当时不了解，无从回答。谈话就此结束。

先父去世后，当时文物局没有开追悼会，而且从经济上断绝了一切供给。先父贺泳生前在文物局享受供给制小灶待遇，家中四口(母亲、两弟、一妹)全由国家供给生活费，父亲去世没有生活来源，只有靠母亲在街道参加劳动和我们四个供给制干部积攒零钱补充家庭经济来源。

先父贺泳自杀，家属包括子女们就背上了“反革命子女”的政治包袱，抬不起头来。在当时“左”的思想指导下，大弟贺凯(侃)从中央军委二局搞密码破译工作调离，转业到地方工作。我们几个姐弟妹虽然政治上要求进步，却因先父自杀而不能入党。“文革”期间，我们更是横遭迫害，家母及小妹因被扣上“反革命子女”“反革命家属”抄家，遣送原籍劳动，我们兄弟妹三人被当做“反革命子女”遭批斗、关押、下放劳动。十一届三中全会后，我们才在政治上彻底平反，恢复名誉，并有三人参加了党的组织。

然而，先父贺泳的自杀冤案，直到现在，还没有结论。主要原因是：当时先父贺泳自杀前的重要情节，需要得到证实。譬如：公安部曾派两人找先父贺泳谈话，限令登记，先父拒绝在“国民党北平市党部执行委员”和“河北省参议会议员”两个职务上登记，拒绝理由是根本没有担任，是国民党强加在贺泳头上的，公安人员和贺泳发生争吵，公安人员对贺泳施加了压力，在公安人员谈话后一两天，贺泳就自杀了。当时这些重要情节都是您们二位老人同贺仁、贺昭（大姐）谈的，因此希望得到您们的证实。

王伯伯，您是先父贺泳的直接领导者，您是最了解先父在文物局的政治表现和工作表现的。先父贺泳是一名高级知识分子，又是统战对象，在北平又有一定声望，理应优先落实政策。目前党中央一再强调“落实政策工作要抓紧”，我们相信，您们一定会实事求是地按照党的政策为先父贺泳恢复名誉的。这是我们的殷切希望，也是对党中央的落实政策的贯彻落实，也是您们二位老人对先父贺泳家属的殷切关怀，我们是感激不尽的。

预祝

健康长寿！

贺泳长子　贺　仁
北京市总工会
一九八六年七月十五日

致文化部办公厅之一

贺昭等

文化部办公厅：

兹送上"著名书法家、篆刻家贺孔才先生38年冤案至今得不到公正处理"申诉书一份及有关附件，请查收。

先父贺孔才先生毕生致力于古文、书法、篆刻的研究及文物收藏，并从事古文教授工作。解放前曾竭尽全力营救了我党地下工作者。解放初，又无偿捐献几十年珍藏的价值连城的古书、文物给国家，受到政府通令嘉奖。他的一生无愧是追求进步与光明的一生。但在镇反期间却受到文物局"左"的思想指导下的错误处理，致使贺孔才先生不幸含冤去世。三十八年过去了，而文物局始终未能按照十一届三中全会以来的路线、方针、政策，对贺孔才先生的冤案，做出公正结论，而思想僵化，顽固地坚持"左"的观点，把本来历史应承担的责任，全部推到死者身上。我们认为这样做既不符合党的政策，也是不公平的，更是难以令人接受的。因此，作为贺先生的子女不得不上诉到文物局的上级领导机关，请求帮助解决。希望上级能够认真研究分析我们的申诉书及有关资料，看看我们的申诉理由是否有些道理，是否符合党的政策，而文物局是否还在坚持"左"的错误观点，是否还在不负责任地处理问题。我们还希望文化部能深入实际，查明情况，耐心地听取我们的意见，作出正确判断，并督促文物局不要贻误时机，不要为维护过去的"一贯正确"而置党的政策的信誉于不顾，这样做是不明智的，也是不可取的。并督促文物局端正思想态度，实事求是地为贺孔才先生平反，恢复名誉，经济上适当补偿。这本来是不难做到的事，关键在于文物局是否有勇气敢于承担责任，敢于正视现实。我们诚恳地希望文化部领导把贺孔才先生的落实政策工作要抓紧，使先父的冤案得到公正处理。我们将感激不尽，并等待着答复。

此致

敬礼！

贺孔才先生的遗属：

贺昭、贺仁、贺凯、贺晖、贺伸、贺普

一九八八年七月一日

致文化部办公厅之二

贺昭等

文化部办公厅：

今年七月曾送上“著名书法家篆刻家贺孔才先生三十八年冤案至今得不到公正处理”申诉书一份及有关附件，谅已收到。现把我们的具体要求，详述如下：

1. 贺孔才先生冤案应予彻底平反，恢复名誉。要求组织上按照1956年中共中央十人小组“关于反革命分子和其他坏分子的解释及处理的政策界限的暂行规定”的精神及党在拨乱反正后的干部政策、知识分子政策、统战政策，实事求是地对贺孔才先生的历史问题作出正确结论，彻底平反，恢复名誉。1986年12月文物局提出了贺泳（贺孔才）同志自溺问题结论（初稿），其中“理应进行登记，拒绝登记是不对的”“登记不一定就是历史反革命，还要以是否有活动和罪恶来定”“主要是本人对当时党的政策不理解所致。经与有关部门研究，根据政策规定，不属于冤假错案，也不存在平反昭雪问题”等语，均属不实之词，应予删掉。

2. 要求组织上将“贺孔才先生自溺问题”的正确结论书面通知其子女的所在单位党组织。如其子女档案中有与此结论不符的材料应予撤销。

3. 要求组织上按照国家现行有关政策发给贺孔才先生遗孀王惠君一次性抚恤金及定期生活困难补助费12 500元（见注），以体现中办发（1986）6号《关于进一步贯彻落实〈中央落实政策小组扩大会议纪要〉的补充意见》的通知中，对于“文化大革命”以前和“文化大革命”中在“左”的思想指导下错误处理的历史问题，必须实事求是地加以纠正，对被错误处理的人，必须在政治上彻底平反，经济上适当补偿，工作上合理使用，生活上妥善安置的精神。

4. 要求政府对贺孔才先生1949年3月无偿捐献给国家的大批珍贵图书和文物的爱国行为，参照国家现行政策和文物保护法的精神给予贺孔才先生遗孀以奖励。贺孔才先生不幸早逝，其遗孀王惠君在经济上极度困难的条件下，将其三个未成年子女抚养成人，现已是耄耋之年，身体不好，但每忆起贺孔才先生的不幸，深为痛心和遗憾。政府如能对贺孔才先生的舍己为公精神在物质上予以表彰和奖励，这对仍然健在的贺先生遗孀也是很好的精神安慰。

以上意见和要求，妥否，望能答复。

此致

敬礼！

贺昭　国家安全部离休干部
贺仁　北京市总工会
贺凯　山西省糖业烟酒公司
贺晖　武汉化工研究所
贺伸　北京照相机总厂
贺普　河南洛阳轴承厂
一九八八年十二月十日

注：

1. 财政部、民政部(79)财事9号、民发(79)2号《关于调整军人、机关工作人员、参战民兵、民工牺牲、病故抚恤金标准的通知》中，家属的一次性抚恤金为650元。

2. 民政部、财政部民发(80)5号财事(80)34号关于执行《国家机关、事业单位工作人员死亡后遗属生活困难补助暂行规定》的通知中“第二、补助标准一般以能维持当地群众生活水平为原则。第三、遗属在享受定期补助后，如遇特殊困难，可酌情予以临时补助。”

3. 国家人事局 1980 年 8 月 29 日国人工 212 号文关于转发北京市有关国家干部遗属补助问题的通知中附件：北京市人事局规定：第三条遗属补助标准问题：在本市的干部职工遗属补助一般每人每月按 20 元，最多不超过 22 元。

4. 依据上述规定，应发给遗属一次性抚恤金 650 元和享受自贺孔才先生去世(1951 年 12 月)后至 1988 年共 37 年的定期补助(指王惠君本人，未包括其子女)9 768 元(37×12×22)。遗属仍然健在，体弱多病，应再发给今后生活费 2 000 元。以上共计 12 418 元。

国家文物局关于贺泳同志平反的决定(91)文物字第 131 号

贺泳同志夫人王惠君及其子女：

贺泳，别名贺培新，字孔才。一九零三年生，河北省故城县人，大学文化程度，本人成分：自由职业者。一九四九年五月参加革命，历任解放军四野南下工作团研究室研究员，武汉市文教部接管顾问兼武汉大学接管组办公室主任，中央文化部文物局办公室主任等职，一九五一年十二月不幸逝世。

经查，贺泳同志不幸逝世的主要原因，是在一九五一年肃反运动中，贺泳同志交待过历史上在一九四六年三月曾接到过被国民党中央执行委员会任为“北平市特别市党部执行委员”委任书一事，据此，当时的文化部文物局学习委员会(肃反运动的领导组织，简称“学委会”)报经文化部学委会批准，将贺泳定为“国民党骨干分子，曾一度被任命为北平市国民党执委”，处理意见是：“依法登记。”文物局经文化部将上述定案报公安部备案后，即让贺泳进行登记，贺泳同志说明理由拒绝登记，于是文化部保卫科约公安部来人到文物局与贺“谈话”，责令其按国民党骨干分子、历史反革命进行登记，贺泳同志仍申述理由拒绝登记，并在与公安部来人“谈话”的次日清晨在北海自溺身亡。贺泳同志在死前给其夫人及子女写了遗信，同时也给王冶秋局长写了遗信。从三封遗信中可以清楚的看出贺泳对定他为国民党骨干分子按历史反革命进行登记是不服的，相信共产党是马列主义的党，是实事求是的，总有一天会弄明白事情真相。贺泳同志死后，当时文物局组织上未做妥善的善后处理，仍依历史反革命对待，给其夫人王惠君及子女们在政治上、经济上造成了较大损失和影响。

事实情况是，贺泳没有参加过国民党，也没有担任国民党北平市特别市党部执行委员，而是他接到国民党中执委的委任书之后，当即表示拒绝接受任命，并写了辞呈，贺泳是在四六年四月初接到的委任书（委任书的日期是四六年三月二十八日），写了辞呈不久，四月二十五日即被“照准”辞呈，时间只有二十天左右，贺也根本没有参加任何活动（委任书和照准通知原始件都保存完好）。根据原始材料充分证实，贺泳同志在一九四六年并没有接受国民党的委任。因此他不承认自己是国民党骨干分子、历史反革命，拒绝登记是符合事实的，而当时办案的有关同志忽略了这些重要情节，将他定为“国民党骨干分子，一度被任命为北平市国民党执委”，并责令其进行登记，显然是错误的。由于组织上的错误定案和错误的处理方法，造成了贺泳同志不幸溺水身亡，实属错案，应予以彻底平反，恢复其政治名誉。

经查证，贺泳同志在解放前是一位爱好古文、书法、篆刻研究和制做并有较深的造诣，同时他是传世的古书籍和文物的收藏家。北洋军阀政府和国民党政府时期曾任过北平市政府和晋察绥靖公署的文职秘书等职务，但都时间不长即辞职，专门从事大学教授和书法篆刻等专业工作。他思想较开明，和齐燕铭同志曾是同学，一九三四年齐燕铭同志在北平从事地下党活动被北平市宪兵三团逮捕，贺泳曾为营救齐燕铭同志出狱进行活动并找了铺保，使得齐燕铭同志很快出狱。抗战胜利后，继续与我北平地下党外围组织和有关同志保持联系，并在经济上给予一定的帮助，思想上追求光明与进步。一九四九年二月北平市和平解放，贺泳同志衷心拥护中国共产党、拥护人民政府，从政治上看到了祖国的光明前景，兴奋异常。同年三月他将家藏的古书籍一万余册、各类文物五千余件，无偿地捐给了国家（北平市图书馆、历史博物馆接收的）。为了表彰贺泳同志的爱国精神，北平市军管会通令嘉奖、颁发奖状，嘉奖"贺先生忠于人民事业、化私藏为公有，首倡义举，足资楷模"。同年四月二十八日《人民日报》头版登载了这一消息，还发了记者专访，成为当时北平市的一件有政治影响的事情。同年五月贺泳同志积极参加了解放军四野南下工作团，在武汉潘梓年同志的领导下，负责武汉市文教系统的接管工作。十二月回到北京，由当时在政务院工作的齐燕铭同志介绍到文物局工作，任文物局办公室主任。贺泳同志到文物局工作后，精神愉快，政治思想要求进步，积极靠近党组织，要求加入中国共产党，工作上积极主动，办事认真，文字水平和工作能力都较强，为建国初期的文物事业做了大量工作。

纵观贺泳同志的全部历史，他是一位致力于中国传统文化、艺术研究、教学和文物、古书籍收藏的高级知识分子，是受我地下党的影响、思想上追求光明与进步、反对国民党反动政府、拥护中国共产党、爱国的进步人士。

一九九一年三月七日

抄致：贺敬之、高占祥、部办公厅信访处、北京图书馆、中国历史博物馆

九、纪念和研究

梦与亡友贺孔才泛舟北海子其自沈处也

潘伯鹰

无声玉蛛水,仿佛共轻舟。眉宇如畴昔,心期不谬悠。诗缘多病废,泪是积年留。梦里申徒狄,荷衣天地秋。

按:该诗载潘伯鹰著、吴梦芙点校:《玄隐庐诗》卷十,黄山书社2009年版,第221页。

病榻旁置盆栽兔子花日本呼为仙客来者也亡友贺孔才曩以种子相赠忆其殁且十载矣

潘伯鹰

花翻长耳如蟾兔,海国嘉名仙客来。良友昔尝贻细种,冤魂今尚郁苍苔。紫英历落娇含笑,玉蛛清泠隐触哀。披发大荒何日下,病坊孤对默徘徊。

按:该诗载潘伯鹰著、吴梦芙点校:《玄隐庐诗》卷十一,黄山书社2009年版,第245页。

亡友贺孔才尤善铭诔之文书石至多余所藏墨本倭乱时悉亡失因思数十载交期俨在心目悲不能止　十月朔

潘伯鹰

犹能空际伫寥音，毡蜡松炱散莫寻。困折所馀惟病骨，死生不隔是文心。幽燕幼学长攻玉，管鲍贫交忆断金。万事俄迁坟土远，积年枯泪忽盈襟。

按：该诗载潘伯鹰著、吴梦芙点校：《玄隐庐诗》卷十二，黄山书社2009年版，第282页。

题先兄书临怀素自叙帖

贺又新

诗思频萦梦，持毫莫暂违。愁倾杯酒尽，难得片帆归。豪气人如在，仙踪事已非。大才书大草，泪眼看龙飞。自注：一九八二年壬戌三月十六日，振波同志送来孔才兄书临怀素《自叙帖》，书如其人，才气飞扬。缅怀昔日，愁绪万千，恨不能使年光倒流也。

按：该诗原载贺又新著《吟香咏絮之庐诗钞》卷五，未刊。

前诗意有未尽再成七律一首

贺又新

功名富贵皆尘土，人事烦劳任一抛。独有高才大于斗，不须论事细如毛。龙藏大泽云腾彩，豹隐深岩雾作涛。万里沧浪容濯足，割鸡焉用试牛刀。自注：一九八二年壬戌三月二十五日，夜不寐，再成七律，以补所怀，仍不足形容于万一。

按：该诗原载贺又新著《吟香咏絮之庐诗钞》卷五，未刊。

喜先兄孔才之友刘体仁先生见访

贺又新

七十余年一瞬间，幼时欢笑在堂前。莱衣绚烂慈颜喜，庭院清幽花鸟闲。学诗识字随兄长，名师指教更尊严。家塾中聘请铜山徐仰仪先生教读。兄长京华入高校，寒暑假时回家园。叙语联吟绮窗里，冬夏闲情年复年。十七岁时来京国，吴师门下同侪攀。先兄高才世少见，诗文篆刻人称贤。自从结缡少见面，只有书信来联翩。世事百变人莫测，谈及以往心悲酸。故友相逢真快事，倾筐倒箧难尽言。只盼暇时多来往，恍如兄长又回还。自注：一九八六年丙寅四月廿日，体仁先生见访。次晨吟成七古一首。

按：该诗原载贺又新著《吟香咏絮之庐诗钞》卷七，未刊。

读德新五弟忆旧同兄雨中沐浴诗顿忆幼时与兄雨中联句之欢

贺又新

伏中苦闷热，无兴赋新诗。读君忆旧作，忽忆幼年时。学舍把书攻，联句与兄同。烈日正熊熊，榴花似火红。阴阳气会合，云雷万壑通。大雨如注下，万丈交排空。雨过天晴后，其乐自融融。斜阳连树杪，积水涨庭中。举酒观鱼美，如在水晶宫。自注：一九八八年戊辰八月八日作。

按：该诗原载贺又新著《吟香咏絮之庐诗钞》卷九，未刊。

忆贺孔才先生

刘叶秋

武强贺孔才先生，名培新。祖松坡(涛)为桐城吴挚甫(汝纶)高弟，挚甫子北江(闿生)又从而受业。至先生，复及北江之门。两家三世，盖迭相授受焉。先生长不逾中人，而气度端凝，神采焕发，双眸炯然。于稠人广众中，高谈纵论，声若洪钟。少负俊才，名称早著。善诗古文辞，严守桐城宗法。余事作书治印，皆造深微。书从颜、欧入，楷法精严，擘窠雄健；草书飞动，摹孙过庭《书谱》神肖；小篆遒劲朴茂，腕力过人；临钟鼎字，饶端凝静穆之致。尝应友人之请，摹《虢季子白盘铭》于小象牙版，版滑不受墨，而先生挥洒自如，若书宣纸，笔势精工，观者叹绝。治印则远规秦汉，近取赵吴，镕铸古今，不拘一格。大印雄浑，小章婉妙，识高腕健，得心应手。以钟鼎入印者，古雅绝伦。朱文粗笔，独步一时，尤为他家所弗及。有《答袁珏生(励准)论印学》六绝句并序云：

袁君题印存诗，意谓赵悲盦、吴仓石不足语，于是必直窥秦汉，不在赵吴篱下。斯可谓高论矣，然而有未当也。夫悲盦雍容大雅，婉妙工秀；仓石温醇古浑，苍莽雄奇。各有独到孤旨，人所不能至者，开斯事无限门径，仰承俯授，为后学宗师。常谓印中之有赵、吴，如文中之有扬、马、韩、柳，诗中之有李、杜、苏、黄。屏诸家不道，而曰我欲学《诗》《书》，是妄而已矣，况《诗》《书》终亦不容拟似也。故欲窥秦汉，必先得二君所自得于古者。盖秦汉印多冶成，寓天趣于平易之中，其妙难知，其迹难求。二千年来纷纷摹拟，何能得似万一？不有进阶焉，终亦工匠之为、雕琢之技而已。雅俗之莫办，乌足以言高古哉！独亦难为不知者道耳。

悲盦启径窥高古，仓石沟通集大成。不悟二君攻苦在，未知步伐敢言兵。

悲盦逸态殊多妙，仓石雄奇实可师。若论功能镵造化，鸾凤龙虎两殊姿。

浑论秦汉真何似，廿八篇《书》三百《诗》。天趣正由平易见，中庸至德邈难期。

后人妄说追三古，力竭筋疲让杜韩。鼹鼠饮河聊满腹，豪情一洗腐儒酸。

《诗》《书》亘古无人继，秦汉良工识者谁？笑杀大言漆园吏，扶摇九万竟安之。

巧专自得臣为鐻，传世藏山两等闲。但觉高歌泣鬼神，悠悠毁誉已全删。

序与诗见解极高，俱为深知个中甘苦之言，足以启迪后学。其治石，或不加墨即径刻之，而佳胜不逊于书篆者，真能以刀作笔，恣意纵横。某耆宿题先生印谱诗，有“眼看六书委榛莽，独持寸铁战风霆”之句，足见其推重。

先生爱才若渴，喜奖掖后进，见人一善寸长，即称道援引，不遗余力。先生祖松坡公与先曾祖鹤庄公（嵩龄）为清同治庚午科乡举同年，余初以世交晚辈，以诗求教。有《次韵答顾镜湖见赠》五律云：“浊酒煎愁易，新诗和韵难。思乡劳梦寐，惜别痛心肝。霁雪边城晚，烽烟泪眼看。官梅寒有信，传语问袁安。”先生读之而喜，谓格律工稳，颇见才思，越数日即次韵和两首寄示：

曲高和自寡，可贵正因难。已分余蜩甲，何妨汝鼠肝。龙媒云际仰，蜃市雾中看。寂寞辽东道，谁人识幼安。

时流矜苟得，不学岂知难。叱诧生风雨，槎枒入肺肝。追踪复愈竞，抗手凛相看。万物皆刍狗，争求一字安。

两诗语意殷切，奖勉交至，虽“追踪复愈竞，抗手凛相看”一联，实非后辈所敢承，但具见期望之意，乃乞列门墙，先生欣然允诺，自是遂称师弟，不复论世谊。是年为 1935 年乙亥，余方 19 也。其秋尝有《九日友人招游香山不赴》五古一首及《秋柳》三绝句，为先生所深赏，手加评点，以示朋侪。又书《秋柳》之第三首于条幅以赠某君，注曰“近人诗”。兹录原句及先生评语如下：

九日友人招游香山不赴

吾友多画师，雅人皆好事。依例作重阳，西峰年一至。今朝复携榼，披豁寻幽地。不畏庾尘侵，联翩逐游骑。悬猜霜叶径，裙屐恣嬉戏。惜余昼闭门，佳招失附骥。萧斋独隐几，自领枯禅意。檐雀下窥人，黄花满庭次。批云：胸襟洒落，意境修远。陋巷绝喧阗，清闲获真趣。平生闻道晚，俗氛损灵智。宵旰期奋发，息念亲文字。常恐外物牵，初衷终弗遂。宛如逆水舟，时时忧失坠。更有癖难医，苦吟劳梦寐。诗成翻自笑，饥来那堪食。批云：趣语解颐。书生百无用，坐负乘风志。登高宁怯步，帕洒新亭泪。推窗天地宽，澄清谁揽辔。批云：具见伟抱。

秋　柳

曲岸当年系画船，等闲萧瑟障荒烟。多情我忆桓司马，独对残枝一惘然。

摇落塘边剩几株，可怜春色一痕无。含情欲问灵和殿，夜夜寒风叫鹧鸪。

曾记柔条踠地垂，髡残非复旧容姿。如今斜照西风里，不为人间绾别离。批云：前二首俱为此首作势。

两诗总评云：古诗功力极深，饶有气骨，近体风调绝伦。

余诗不过初学，略有意致，而先生赏之若此，极见激励之情，为之感奋。1942年，余于休学五载之后复回中国大学文学系肄业，先生方为校中秘书长，并亲临讲坛，以授古文，余得从众听讲，获益非浅。校中尝举行作文比赛，余以《读曾国藩〈圣哲画像记〉书后》一文，被评为全校第一名，先生大乐。余既卒业大学，先生遂以余两诗一文，逢人说项，极赞余文笔之工，为图讲席与编纂之役。抗日胜利后，余至天津任日报副刊主编，即先生所荐。余之于先生，盖师生之谊，知己之感，兼而有之，终身不能忘也。

先生平生以道德文章自命，而因书法篆刻并臻极诣，特以见重艺林，飞声遐迩。某报载其小传，称为"印人"，先生雅不愿也。以索书求印者众，应接不暇，不得不订润例以遏其来，而乞索者依然踵接于门。余历年所得先生墨宝多件，小篆、大篆、行、草、楷书，各体均备；屏、联、扇、册，大小俱全。有素竹扇骨一，两侧皆先生书，一作钟鼎文，一摹张廉卿体，书势精妙，由刻竹名手王陆亭以阳文皮雕刻之，遂成二妙。至于论学谈艺之札，每月必有数通，积成数册。1946年余与内子汪元澂在天津订婚，以鸡血石一对，乞先生为镌二人名印，次年结褵，先生复以白冻石成双刻二人名见赠，媵以清乾隆御制双鸡斋八景图墨一盒，象牙管彩笔一枝；成礼拜见时，先生复自怀中出小漆盒授余曰："赠新人如意一双，祝新人一双如意。"启视则如意墨一对，亦为古物。奇珍重叠，足见情意之隆。什袭藏之，久历年所。惜十年难作，书札册首付劫灰，其余珍品亦多损失。兹犹存余夫妇名印两双及先生为余所治名号、斋名印六方，共十石尚在旧箧。先生骤殁，手泽不可复得。诸印虽存，已不忍轻用矣。旧时尝见先生自绘蟋蟀于扇骨，鼓须张翅，形态如生。今年又于故宫博物院近百年已故名家书画展品中，得观先生所绘古木寒鸦折扇，笔墨挺秀，神韵尤绝，益叹贤者之不可测。盖书画本为同源，先生博学多通，才大如海，随意点染，即非俗流所及也。

先生治学之余，复多雅嗜，精鉴赏，富收藏。有书近万卷，字画文物，亦饶珍异。书斋悬明崇祯帝（朱由检）书“无逸”二字额，楷法浑厚严谨，大气磅薄；陈眉公（继儒）“无波古井水，有节秋竹竿”一联，行书苍劲而潇洒，俱所深赏。又有明熊廷弼大中堂，书兼行草，奇肆横恣，亦为世所罕见。以善篆刻，喜聚佳石，田黄鸡血之属，多有精品，其中象牙白地之鸡血石一方，高约二寸，其上血片凝聚如拇指大者数片，红白映衬，鲜艳夺目，尤属奇珍。又尝从陈簠斋（介祺）后人手购得簠斋《十钟山房印举》大量原拓散页，欲加装订，而苦无衬纸，适舍间有旧存毛边纸甚多，遂以济先生之乏，得悉装订成册，余亦获赐四册，成寒斋一宝。所藏折扇数百柄，皆并世南北诸名流书画。京中藏扇者，先生与绍兴寿石工等，足称巨擘。又喜集邮，于古今中外邮票研讨至精，尝撰《说邮》稿，连载报端，识者赏之。

先生性喜水，故别署泳斋。旧时赁居北京西城厂桥铁匠营，乃徐君彦（世襄）旧宅。其后于净业湖西岸购得清王小航（照）故寓，葺而新之，遂移家焉。门对烟波，窗含西麓，虽在城市而浩荡有江湖之趣。先生深喜之，有终焉之意，颜之曰“海西草堂”。盖净业湖与什刹海，前后本为一水也。

解放初，先生更名贺泳，尽出所藏书籍文物，捐献国家，随军南下至武汉，返京主文物局办公室事。只身寓团城，不恒返家。1952 年春，一夕卒，年甫五十。大才早逝，知者无不惋惜！师生骨肉，余尤痛悼逾恒。

先生妹又莘，亦工吟咏，先生时与唱和。惟多年来，不闻师母王惠君消息，并又莘女士寓所，俱无从探悉。眷念师门，不胜怅惘！先生遗著诗文若干篇，1936 年丙子以前所作，收入《天游室集》，由宋哲元将军为出资梓行；《文编》二卷，选注先秦两汉以讫明清古文，为天津《民国日报》社出版行世，亦称善本。丙子以后所为序跋、书札、杂记之类，多载报端，曰《天游室杂著》，而诗草不与焉。生平治印迨逾2 000石，大都手自拓存，当代名贤耆宿题咏者数十家，顾未有印谱流传。惟《丙子印存》曾分贻至好，然不过十余部；门人故旧乞拓小册或剪贴零页，亦为数无多。往岁尝欲搜辑先生集外诗文为一编，并汇编诸同门所存印拓，付诸影印，以广其传。顾事亦难行，至今引以为憾！先生文章艺业，自有千秋，发扬光大，尚期异日，此又不仅及门诸子之任矣。

1987 年 8 月书

按：该文原载中国人民政治协商会议北京市委员会文史资料研究委员会编《文史资料选编》第 36 辑，北京出版社 1989 年版，第 160－167 页。

北海桥头感事二首

刘国正

贺孔才先生，诗文大家，兼工书法、篆刻。五十年代因不公平待遇弃世。沉冤四十年，今得昭雪。余少时受业于先生之门，抚今追昔，万感交集，有作。

一

春自生愁雁自飞，烟波渺渺柳依依。已甘渐老疏哀乐，仍问怀沙果是非。魂锢鲛宫应再死，泪销金炬早成灰。焦原已是多芳草，底事先生独不归？

二

乱云散尽碧霄澄，苦雨终风也解晴。楚泽春深花烂漫，辽天鹤老泪纵横。清声自有文章著，高致犹存翰墨馨。顿忆当年陪杖履，海西同望月华明。注：四十年代，先生居积水潭西岸之海西草堂，我居高庙，相距不及百步，时相往来，曾同望解放。

按：该诗发表于《团结报》，1991 年 5 月 15 日第 3 版，署名刘征。贺仁先生供稿。

从几页诗笺谈起

——忆我的两位老师

刘国正

几经沧桑，中学时期留下来的东西差不多荡然无存了，偶然从旧书的页间发现四页诗笺，是我的两位老师的遗墨。久已寻觅无望的珍宝，忽然意外地出现在眼前，使我喜出望外。我把这几页装裱成册页，护以锦制封面，并且写了一段跋话："偶于旧书页间得吾师玄盦陈先生、孔才贺先生诗笺各二纸。陈先生者，一为北海泛舟诗，写于甲申即1944年，完好；一为赐赠之作，写于壬午即1941年，仅存尾页。贺先生者，一完好，一仅存首页，当写于1946年。忆从两先生学诗多年，先生诗格高古，书法超逸，当时孩稚未尽解，今乃知非时辈所及。忽忽四十余年，两先生早归道山，余亦白发，而览兹笺，两先生慷慨悲歌、舞蹈击节之风概，犹宛然耳目间也。大化迁移，人生能几？惟诗情得震铄千载之下，则数十年一瞬息耳！笺已暗敝，恐日就碎坏，遂装裱什袭藏之。"

文字间涵着我的深沉悲痛。我上中学，是在四十年代沦陷的北平。回想起来，对我帮助最大、给我留下印象最深的是一位美术老师。他名陈小溪，字玄盦，四十多岁年纪，总是穿一件蓝衫，胖乎乎的脸上带着慈祥的笑容。他是画家，兼工书法、篆刻，古诗文也有很深的造诣，与画家王雪涛、吴镜汀、李苦禅都是好友。他除了教美术课之外，还业余授徒，非但不取分文，还要陪上些纸笔，是真正以教学为乐的一位教育家。我因为酷爱绘画和文学，就课余受业于陈老师。

学校里古槐阴下的两间破旧的西房，是陈老师的宿舍，取《老子》"大音希声"的意思，号曰"希声草堂"。沦陷中的北平风雨如晦，学校也一片死寂，这希声草堂里方丈之地倒是有一点生气。课后或者假日，总是有三三五五同学前来请教，或伏案作画，或持刀治印，或诵习诗文。陈老师这边添改几笔，那边指点几招，时而论画，时而谈诗，自然也时而谈天说地，泡茶烧饭，形成一个自由生动的学习环境。

应该说，这种学习方式是很利于人才的成长的。著名油画家、陶瓷艺术家侯一民，著名版画家宋广训等都是我当时的同窗学友。我先是学绘画，总是长进不大，后来又学诗文，算是打下了比较厚实的底子。陈老师教授诗文的方法很别致。他先是介绍读物，从总集到别集。我手头还保存着一部吴北江先生选评的《古今诗范》，是陈老师赐赠的，至今我仍认为是学诗的最好读本。他推崇杜诗，也指导我着重习杜诗，一部《杜诗镜铨》读过多遍，其中相当一部分能够背诵。杜诗中，他只给我讲解了《咏怀》《北征》《秋兴》等一些代表作。在简要地讲解词语之后，他开始朗读或朗吟，读或吟到妙处就停下来，说一声“妙啊——嗯！”他并不说出妙在何处，但从他那眉飞色舞的神态，从他那喝彩般深情的语气，知道他的心境已经化入诗中，深深地受到感动。此时的我，也无须追问妙在何处，感情同老师一起交融在诗中了。他给我改诗也是如此，很少具体地改动字句，只是从大处指点。教师只加引导，要学生自己去寻求，他的这种教学方法至少非常适合我，我是最不愿意听老师成本大套地讲课的。在陈老师的指导下，我很快获得了较强的自学能力，阅读了大批古籍，习作了几百首旧体诗。其中存下来的几首，编入了我的《流外楼诗词》，现在看看，仍觉尚可，但这适足以证明数十年来我写诗长进甚微，愧负先师多矣。

在希声草堂里，不仅研习书画诗文，还纵情谈论。沦陷期间，骂日本侵略者；光复后，骂国民党“劫收”大员，兼及人生宇宙，无所不谈。只有训育主任，或者住在对门的连辛亥革命都不赞成、却认为大日本必胜的一位老先生，偶然闯进来，才转而谈古典、谈市井。陈老师虽然未曾涉足政治，但他有鲜明的倾向性，他是一位热烈的爱国者。在斗室中讽嘲还不足，陈老师写了许多首讽刺时政的诗，通俗幽默，大胆辛辣，抄成一本《入木三分集》，当时自然不可能出版，而今怕是早已散佚了。我和其他同学，在熏陶渐染中受到很大影响。推想起来，他要我读杜诗是别有深意的，“国破山河在，城春草木深”，当时读来，令人泪下。后来，陈老师终于找到了光明。他的儿子从解放区来看他，把一些解放区的报刊藏在蜜罐子的底层带进城来。在那些纸质粗黄的报刊上，我们第一次见到毛主席、朱总司令的木刻像，第一次读到毛主席的《沁园春·雪》。陈老师盛赞这首词，许为千古绝唱，他眼神放光，透出无限的敬仰和喜悦，他藏在内心深处的向往，毫无遮拦地表露了出来。

就在这一年我上高三，陈老师对我说：“你学诗要多几位老师才好，孔才是大才子，我介绍你拜他为师吧。”贺孔才先生名培新，与陈老师同为吴北江先生的学生，交契甚厚，常到希声草堂来，原是见过的。他是诗文大家，兼工书法篆刻，才高望重。这一天，陈老师带着我到贺宅——宅在积水潭西岸，号“海西草堂”——去拜师。贺先生十分高兴，设便筵聚饮，还把一部他的诗集《天游室集》赐赠给我。从此我有了两位好老师。

孔才先生指导我阅读，同陈老师是一个路子。每次向他请教，他评诗论文，上下古今，淹贯百书，精深博大，时而说一些笑话，横生逸趣。记得有一次他给我讲《离骚》，讲着讲着动了感情，忽然站起身，边走动边大声吟唱起来，高亢激越，声震屋瓦。他没加一句解释，我从吟唱中领会到的比听讲解要多得多。

指导我写作，孔才先生也是很少讲解作法和改动字句。他给我批改过很多诗稿，可惜散失殆尽，仅存经先生圈点的半页而已。他写诗主张高唱入云、气宇轩昂的阳刚风格。我的习作中，有他喜欢的句子，如“剑气欲腾牛斗上，文章小试鬼神惊”，他画了双圈。但是，有一次我久病初愈，写了一首诗未免颓唐，其中有“病起梳头觉发长”的句子，他看了很不赞成，说青年人写诗要有蓬勃的朝气，切不可低沉消极。他找出李贺的一首诗给我看：“我有迷魂招不得，雄鸡一声天下白。少年心事当拿云，谁念幽寒坐呜呃！”他说：“长吉尚且如此，何况今天的青年呢？”这件事给我留下的印象很深，至今犹如昨日，对我此后写诗乃至做人影响很大。善教者不须多言，话要点在节骨眼上。

孔才先生也是一位热烈的爱国者。解放初，他将世代珍藏的大量图书和文物悉数捐赠给国家。投身革命，吟诗一改旧调。又一次我见到孔才先生，他兴高采烈地吟唱了他的新作，其中有两句道："工农今作邦家主，马列真为世界师。"

匆匆近半个世纪过去了，这期间有多少凄楚，一言难尽！只剩下这四页诗笺同我默默相对。每一展读，两先生的精神笑貌都活现在眼前，我呢，仿佛又变成身着旧蓝衫、面容削瘦、讷讷寡言的青年。这两位我中学时期的好老师，是我终生难忘的。

按：该文发表于《人民教育》1991 年第 6 期。贺仁先生供稿。

忆贺孔才天游集

刘国正

高才竟赴汨罗乡，楚赋吟声尚绕梁。渺渺"天游"徒在梦，秋风何处海西堂？

【附记】一九四六年我高中毕业，小溪师介绍我从贺孔才先生继续学诗。先生，小溪师挚友，亦教隐者。孔才先生赠我一部他的诗集《天游集》，惜于移居中失去。及今思之，形诸梦寐。记得先生在书房中执《离骚》踱步，高声朗吟，声震屋瓦。于诗，他与小溪师相同，推崇豪放，力戒颓唐，这对我影响很大。解放后，先生参加南下工作团，与董老唱和，有"工农今作邦家主，马列真为世界师"之句。后竟蒙冤自沉于北海，数十年后始得昭雪。他在京寓所名"海西草堂"，今当其处高楼林立，觅无迹矣。

按：该诗发表于《中华诗词》2010 年第 7 期，署名刘征。

关于贺孔才先生在北京解放前后与我的一些联系

侯一民

我认识贺孔才先生是经过我的老师陈小溪先生，他们同为齐白石先生弟子。1947 年贺孔才在积水潭西岸建宅居住，陈小溪也搬出四存中学，住在积水潭南岸的高庙内，邻近孔才住所，二人往来更密。在此期间，由于我和陈小溪先生的关系，多次见到孔才先生。陈小溪在 1946—1948 年间，对国民党的倒行逆施，对接收大员的胡作非为非常不满，常写些古体讽刺诗，名为《入木三分集》，内容辛辣，其中一部分经过孔才在《天津民国日报》上发表。我的大师兄刘国正的一个讽刺国民党的、以荆轲刺秦王为内容的剧本也经孔才在《民国日报》上发表。

1947 年我已加入地下组织“进步青年联盟”（后改为“进步艺术青年联盟”），1948 年加入中国共产党，1948 年 10 月以后任艺专地下党的支部书记，直至解放以后。

1948 年间我曾参加并组织过一个北平艺专的业余剧团“综艺剧团”，在建国东堂演出了郭沫若的大型历史剧《棠棣之花》（聂政刺韩王的故事）。参与组织这个剧团的有当时艺专地下党的支部书记刘树屏、冯灿华（支委）、王恩海（地下党员）等，这次演出在当时进步舆论界引起过反响。但演出结束不久，一部分参与演出的艺专学生被开除（如李翰祥、孙哲夫等），开除的原因是参加反内战、反饥饿示威和参与演出进步话剧。他们离开以后，我们又克服困难到清华大学礼堂重新演出。

由于是古装历史剧，服装道具是从中屯三厂借用的，加上场租等开支，最后亏了很多钱，留下的人要分担这些债务，我们因为是穷学生，非常为难。贺孔才先生知道这事以后，通过陈小溪先生支援了十六块银元，让我还清债务，这时大约是 1948 年三四月间。

1948 年 8 月“八一五”大逮捕以后，我当时处境危险，不能在家住，躲藏在高庙陈小溪家(这时刘树屏、冯灿华等都在“八一五”被通缉之列)，这时我虽然没有向陈老师等公开自己的身份，但他们对我的政治态度和处境是清楚的。

1949年2月，北平解放之初，我作为艺专地下党的负责人，和文管会的联络员、音乐家林里经常联系，联络有关北平艺专接管以前的一些事和通报各方面情况。这时陈小溪先生对我说贺孔才先生希望参加革命工作，参加革大学习，并希望将他的全部收藏捐献给国家，让我和上级组织谈。我很快告诉了林里同志，林里带我见到当时在文管会的王冶秋。王冶秋问清情况以后，让我告诉贺孔才先生，约他第二天面谈。从这儿以后，贺先生顺利地到了革大，他自己所藏的文物捐给了国家，然后南下。大约一年以后到过北京一次，在高庙见过他，他非常兴奋，讲他南下的各种趣事，还高声对刘国正和陈小溪等朗诵过他的诗词“工农今做邦家主，马列真为世界师……”，刘国正至今还记得。

由于1949年以后，我在中央美院担任党总支副书记和学科的工作，到陈老师家去得少了，也再没有见到孔才先生。过了几年，听到孔才自杀的消息，对此非常震惊。

我的印象贺孔才先生是一个胸襟坦荡的人，虽然在旧社会身处上层名流间，不免有各种社会联系，但他为人正直，绝对不是一个反共的人。而他在文学、诗词、篆刻上的才华，在当时的北平除齐白石等少数人之外，无人能与之相比。

1991年1月3日

按：该文没有发表。贺仁先生供稿。

石史足鉴忆孔才

侯一民

历史是不是公正，我不知道，有的人本无能无德却升腾于一时。有的一代异才只是由于一次偶然，却永久的被历史埋葬。多少年来我对一件往事，一位我曾十分敬重的故人，怀着难以抑制的悲痛，我想诉说，但我无处去说。这件往事牵涉到我们一个时期的错误，更牵涉到某些在位的人，但是，如果我们这一代人都死去了，又有谁能记起那一位曾经是名震京城的一代大才，那一位忠贞不渝的爱国者，那一位至死还在呼喊着共产党万岁的人呢？多少年来我徘徊在他的位于什刹海岸"海西草堂"的故居前，可是那里早已人物全非，多年来我探听他的儿女，可是都已杳无音信……

在我述诉这位曾是我的师辈的故人之前，我仅以我还能找到的一点可怜的材料，请人们看看一九二一年至一九二七年齐白石先生的几段有关他的文字："消愁诗酒兴偏赊，浊世风流出旧家。更怪雕镌成绝技，少年名姓动京华。孔才弟乙丑刻印书后，璜。"

"汉玺秦权匠趣殊，冶炉惟子解从予。蛇神牛鬼惟君有，活虎生龙捉者无。下拜独怜双蝶美，久传还羡六家俱。工夫深处残灯识，休欲人逢誉大巫。孔才仁弟所刊，齐璜题记。"

"解耻镌铜笑铸铁，少年贺赵娖真奇绝。生龙活虎马行空，击电流云天忽烈。"

启功先生的一段文字中有"近代印人以缶翁为初祖。……若北地分灯，则以白石老人为龙象，而继席拈锤，必推孔才贺公为巨擘，以其学养既深，识解龙卓，不同拘于句下者。"

这些文字中提到的孔才就是我五十年来所怀念的那位长者，那位故人。他姓贺，名培新，字孔才，一九四九年改名贺泳。齐白石上面的几段诗文是贺孔才从十八岁到二十五岁七年间（1921—1927年）师事白石学习治印，齐老先生在贺孔才呈请指拨的《孔才印存》上所写的跋文。而这批印集和跋文，为什么能够得以保存下来，又是由于一九四九年三月间一件曾轰动于当时的文物捐献：

一九四九年四月二十八日《人民日报》于头版刊登了这一“忠于人民，化私藏为公有，首倡义举，足资楷模”的爱国行为，当时的军管会还通令嘉奖，这位捐赠人就是贺孔才。当时他把自家收藏的多为元、明、清善本孤本的古籍共为一万二千七百六十八册，各类文物字画五千三百七十一件悉数无偿捐给了国家。从此这批印集即与古书一起交由北京图书馆保存至今，而五千余件文物字画（包括四百四十八方印章）则交由历史博物馆保存。

贺孔才，河北武强人，出身于书香世家，其祖父贺涛，为光绪丙戌进士，为明、清古文八家之一。贺孔才古文功底深厚，是桐城派古文大家吴北江的传人，一九四九年以前即是一位享誉京城的大家。古文、诗词、书法、篆刻名重一时，著有《天游室集》《潭西书屋诗钞》《说印》等。他的印被视为齐派传人的第一人，他师齐而不拟齐，少年时即显大才，后又博参吴昌硕、赵之谦，并先秦古玺，隽逸错落，自成一家。这里选出的只是他少年时代印章，在当时呈请白石批阅的。四百八十四页印章上，都有齐白石的批语，从这些文字中可以看到老人对孔才的器重程度，也可以从印文中看到这位二十岁青年孔才的风采。

“逐目惊心，吾子真可畏也”“前印如锥画沙，此印为宝剑截玉，刊印之道至矣”“昔人谓画家腕底有牛蛇之鬼神，看孔才此印章自知诚非虚语”“此印吾与孔才弟外，天下人有梦见者，吾当以画百幅为赠，请订交于晚年如何”“刻印至此可谓神乎技矣，他日如有赏鉴家与贺子无宿冤者，应论在前清诸名家之上”“真是爱人之作，余老矣，不然更字为‘纪南’，好请弟刊印也。”（题“纪南”印）

这批有齐白石批语的贺孔才印集，连同当年贺孔才捐献的白石自批的印存一集（共捐六种），和后来由北图征集到的刘淑度、马景桐、周铁衡的印作，于一九八七年以《齐白石手批师生印集》之名，由北京图书馆刊印二百份问世。

贺孔才向国家捐献这批文物的过程和在此前后的故事，就我所经历的在这里作一个交待：

一九四二至一九四六年间，我在四存中学，师从在四存教书的陈小溪（陈汝翼，号玄厂）学习中国画，他与贺孔才同为齐白石弟子，也同为吴北江弟子，与贺孔才是至交，因此时常能见到他们论诗谈艺。贺孔才风流潇洒，每论诗文慷慨激昂，到得意处就吟唱起来，两人击节相合。当时贺孔才兼作《天津民国日报》的董事，我的老师是一位有很高造诣的画家、诗人、篆刻家，时常以诗讽世，他有一本《入木三分集》，其中许多诗作曾在《民国日报》上发表过。在他们的影响下，我们这些少年学子日夜在“希声草堂”中学诗学刻，仇恨日寇和汉奸，学做正直的中国人。当时我的大师兄刘国正有诗云：“山河惊望眼，涕泪洒征襟。故国逾千里，偷生愧寸心。”面对沦陷的山河，自己不能奔赴国难而自愧偷生，其实我们都是十几岁的中学生。

一九四六年间，贺孔才在什刹海西岸自建了一所两进院的中式住宅，名“海西草堂”。古书盈架，翠竹满庭。我的老师虽然贫困，而且他的那一点薪水，有一半都让我们这些学生吃掉了，但他为了能与贺孔才两相契守，诗文往来，也迁居到离“海西草堂”两百米之遥的什刹海南岸的高庙内，租了两间西厢房住下，那里有僧房、古柏、菜园，他和孔才的见面机会就更多了。一九四六年我考入了北平艺专，一九四七年我已是艺专地下党外围组织“进步青年联盟”的负责人。这年夏天，艺专的“综艺剧团”上演了郭沫若的历史剧《棠棣之花》，实际是地下党组织的一次活动。这是一个古装大戏，是聂政刺韩王的故事。我们带着对现实的满腔激愤在舞台上高歌：“不愿久偷生，但愿轰烈死，愿将一己命，救被苍生起。”陈小溪和贺孔才都来看过。我们从灯市口的“建国东堂”，一直演到西郊的清华大学礼堂，所需的费用全靠我们自己，到最后每个人交十六块现大洋还债，当时我们把家里能用的东西，刀啊剑啊都搬到剧团，再也没有办法还这十六块现大洋了,贺孔才知道后让我老师转交给我十六块大洋还了债。一九四八年"八一五大逮捕",我为了躲避国民党的迫害,躲在高庙,贺孔才虽然并不知道我的秘密身份,但我的政治倾向他当然清楚。

一九四九年二月,北京解放之初,他通过我的老师转告我,希望能够参加革命工作,问我能不能代为联系。我当时是艺专地下党的书记,是和刚刚进城的文管会联系的代表。我立即找了负责和我联系的文管会代表林里(是个作曲家),他带我见了王冶秋,王当时是文管会负责人,一提起贺孔才他知道,遂邀他第二天到北池子文管会相见。当时刚刚解放,艺专的事很忙,我再也没去过问这事。不久,我知道了他把自己生平的所藏全部交给了国家,又不久听说他参加了革大,又不久听说他参加了南下,我们为他高兴。再见他时是他在南下期间回京探亲,他身着军服,兴奋地向我们表演他在行军中如何双手一按炕沿、纵身钻入被窝的姿势。他变得年青得意,他高声朗读他的诗作,其中竟有"工农今作邦家主,马列真为世界师"的新句,这时他四十七岁。这以后我就很少见到他,后来听说他调回了北京,在团城办公,那是最早的国家文物局,他任办公室主任。再以后听到的就是他的死讯。他于一九五一年十二月十七日深夜以绳引下团城,又跳入北海的冰水中自溺身亡。人们发现时只见冰上有他整齐叠放好的衣服。从此我再也没有见过他的亲人,从此我再也没有见过我的老师,我到高庙去看陈老师,他已离开了北京,到天津去教与国画无关的一门机械制图。再一年我又去拜年,陈老师刚刚去世,孔才的死对他带来的是什么,至今我不得而知。

贺孔才一死三十余年,哪一次平反也没有关于他的消息。"文化大革命"以后许多新老冤案都得以平反,唯独没有人关照贺孔才。

一九八二年,我在琉璃厂的虹光阁发现了一批贺孔才的图章,虹光阁是文物系统专门负责内部销售的一个新开的店。但我发现贺孔才这些图章时,一部分已被人买去,其中包括"海西草堂"的自用章(六十元买去),留下的三方为我购得。其中一方为细朱文"片言若会心，掩面忽而笑”，刻得十分精彩。另两方为他的常用章：“孔才”“贺培新”。我非常吃惊，因为当时他的全部印章包括自用章，除留下三方铜印外，其余全部作册交给了国家，共计448方。其中田黄12方、干黄8方，他最喜欢的艾叶青田15方、鸡血15方，其余为昌化冻、寿山、青田等，写明“自用章”者20方，有文彭、何震、吴昌硕等治印15方、贺涛（松坡）自用章8方。究竟是什么原因？又有多少遭到了流失？我不得而知。

一九九〇年，贺孔才的儿子贺仁突然找到我，讲述了他们一家自从一九八二年以来四次申诉要求为贺孔才平反的过程，但四次都以“贺不理解党的政策”而自杀，“理应进行登记，不属于冤假错案，不存在平反昭雪问题”而被拒绝，当时直接经管此案的人也以“时间太久，记不得了”为答。直到一九九零年，他们全家联名再一次申诉才有了转机。我当时曾就我直接经历的事给文物局写过证明，贺仁当时还交给了我三封贺孔才临死前的遗书，一封是给他三个儿女贺昭、贺仁、贺侃的，一封是给王冶秋的，一封是给他夫人王惠君的，这满篇血泪的信，诉说了他自尽的原因和他对人民不渝的忠诚。这三封信勾起了我多么痛苦的记忆，一代大才就这样永远地被埋葬了，而且其结果远远超过了他自己的估计。他的死不但没有纠正对他错误的结论，而只是凭添了“畏罪自杀”之名，更不是如他所想家人会得到“军属”的“适当照顾”，而是陪着他作了四十年“反革命家属”。曾为破译密码为抗美援朝立了功的贺侃，从中央机关一步步下放到山西山区农村；其夫人更因此不但得不到任何照顾抚恤，“文革”中更被扫地出门遣返回乡。

我无法详述这以后的事，还是读一下一九九一年三月，由国家文物局所作的关于对此一案的组织决定吧。这迟到了四十年的决定总算澄清了这一历史事实，从这事实清楚实事求是的负责的结论中，总可以大体了解事情的过程。

国家文物局关于贺泳同志平反的决定(91)文物字第131号

贺泳同志夫人王惠君及其子女：

贺泳，别名贺培新，字孔才。一九零三年生，河北省故城县人，大学文化程度，本人成分：自由职业者。一九四九年五月参加革命，历任解放军四野南下工作团研究室研究员，武汉市文教部接管顾问兼武汉大学接管组办公室主任，中央文化部文物局办公室主任等职，一九五一年十二月不幸逝世。

经查，贺泳同志不幸逝世的主要原因，是在一九五一年肃反运动中，贺泳同志交待过历史上在一九四六年三月曾接到过被国民党中央执行委员会任为“北平市特别市党部执行委员”委任书一事，据此，当时的文化部文物局学习委员会（肃反运动的领导组织，简称“学委会”）报经文化部学委会批准，将贺泳定为“国民党骨干分子、曾一度被任命为北平市国民党执委”，处理意见是：“依法登记。”文物局经文化部将上述定案报公安部备案后，即让贺泳进行登记，贺泳同志说明理由拒绝登记，于是文化部保卫科约公安部来人到文物局与贺“谈话”责令其按国民党骨干分子、历史反革命进行登记，贺泳同志仍申述理由拒绝登记，并在与公安部来人“谈话”的次日清晨在北海自溺身亡。贺泳同志在死前给其夫人及子女写了遗信，同时也给王冶秋局长写了遗信。从三封遗信中可以清楚的看出贺泳对定他为国民党骨干分子按历史反革命进行登记是不服的，相信共产党是马列主义的党，是实事求是的，总有一天会弄明白事情真相。贺泳同志死后，当时文物局组织上未做妥善的善后处理，仍依历史反革命对待，给其夫人王惠君及子女们在政治上、经济上造成了较大损失和影响。

事实情况是，贺泳没有参加过国民党，也没有担任国民党北平市特别市党部执行委员，而是他接到国民党中执委的委任书之后，当即表示拒绝接受任命，并写了辞呈，贺泳是在四六年四月初接到的委任书（委任书的日期是四六年三月二十八日），写了辞呈不久，四月二十五日即被“照准”辞呈，时间只有二十天左右，贺也根本没有参加任何活动（委任书和照准通知原始件都保存完好）。根据原始材料充分证实，贺泳同志在一九四六年并没有接受国民党的委任。因此他不承认自己是国民党骨干分子、历史反革命，拒绝登记是符合事实的，而当时办案的有关同志忽略了这些重要情节，将他定为“国民党骨干分子，一度被任命为北平市国民党执委”，并责令其进行登记，显然是错误的。由于组织上的错误定案和错误的处理方法，造成了贺泳同志不幸溺水身亡，实属错案，应予以彻底平反，恢复其政治名誉。

经查证，贺泳同志在解放前是一位爱好古文、书法、篆刻研究和制作并有较深的造诣，同时他是传世的古书籍和文物的收藏家。北洋军阀政府和国民党政府时期曾任过北平市政府和晋察绥靖公署的文职秘书等职务，但都时间不长即辞职，专门从事大学教授和书法篆刻等专业工作。他思想较开明，和齐燕铭同志曾是同学，一九三四年齐燕铭同志在北平从事地下党活动被北平市宪兵三团逮捕，贺泳曾为营救齐燕铭同志出狱进行活动并找了铺保，使得齐燕铭同志很快出狱。抗战胜利后，继续与我北平地下党外围组织和有关同志保持联系，并在经济上给予一定的帮助，思想上追求光明与进步。一九四九年二月北平市和平解放，贺泳同志衷心拥护中国共产党、拥护人民政府，从政治上看到了祖国的光明前景，兴奋异常。同年三月他将家藏的古书籍一万余册、各类文物五千余件，无偿地捐给了国家（北平市图书馆、历史博物馆接收的）。为了表彰贺泳同志的爱国精神，北平市军管会通令嘉奖、颁发奖状，嘉奖“贺先生忠于人民事业、化私藏为公有，首倡义举，足资楷模”。同年四月二十八日《人民日报》头版登载了这一消息，还发了记者专访，成为当时北平市的一件有政治影响的事情。同年五月贺泳同志积极参加了解放军四野南下工作团，在武汉潘梓年同志的领导下，负责武汉市文教系统的接管工作,十二月回到北京,由当时在政务院工作的齐燕铭同志介绍到文物局工作,任文物局办公室主任。贺泳同志到文物局工作后,精神愉快,政治思想要求进步,积极靠近党组织,要求加入中国共产党,工作上积极主动,办事认真,文字水平和工作能力都较强,为建国初期的文物事业做了大量工作。

纵观贺泳同志的全部历史,他是一位致力于中国传统文化、艺术研究、教学和文物、古书籍收藏的高级知识分子,是受我地下党的影响、思想上追求光明与进步、反对国民党反动政府、拥护中国共产党、爱国的进步人士。

抄致:贺敬之、高占祥、部办公厅信访处、北京图书馆、中国历史博物馆

一九九一年三月七日

四十年的沉冤在党的实事求是的思想路线光辉下总算明明白白的得到了昭雪,而这一件本来就是明明白白的历史竟是这样被一次次"忽略",断送了一代巨擘的生命。

至于那三封遗书,今天也让他公布于众吧,历史过去了,当事人也过去了,恩恩怨怨也已经没有了任何意义,只有教训将是值得记取的。

给贺昭、贺仁、贺侃:

可爱的孩子们:

你们幸运的生在毛泽东时代,得以长期受着毛泽东的培养和教育,我很放心,尤其是替你们庆幸。

你们都是进步的有为青年,你们要拿马列主义不断提高自己,你们要站稳工人阶级立场。全心全意为人民服务,为实现共

产主义的远大理想而英勇奋斗，我已行年五十，长期落后，错误地接近了些反动东西，解放后否定过去投向人民怀抱，本想立功赎罪，但由于自己进步不够，终不为人民所谅解。你们都是我看着长大的，我究竟有多少罪恶你们也清楚，交待历史的时候曾和你们讨论多次，以你们的进步，我想保留一点点吗？可能吗？

行云流水，总是要过去的，过去就忘掉它，努力前程，不要丝毫留恋我的丑恶形象，共产党万岁。

一九五一年十二月十七日　贺泳

给王惠君：

亲爱的惠君：

出乎意料之外，昨天在家里不容易的大团圆作为永别的记念，我留在这里的一切大小物质(包括我的身体)，都一点不要取回，免得睹物思人，一切听从冶秋同志处理。你已拉大了五个孩子，四个已交给了人民，继续把两个顶小的替人民拉大，对人民是有贡献的，你仍然想(像)现在这样要求进步，靠拢自己的政府，你是军属，政府会适当的照顾你，你放心大胆地活下去，一切事情找孩子们商量，他们纵然是忙，但一定会尽量抽时间照顾他母亲。

人总会有这么一天，不是你先去就是我先去，自私吗？对革命热情丝毫没有了吗？任凭怎么去管不了那么多……

冶秋同志：

永别了！人到极其难过的时候顾不了许多人们会对我怎样看法呀！各方面的影响如何呀！痛苦至今只有解脱一途，事情总会明白的，马列主义的党，他是调查研究，具体分析实事求是的，真的假不了，假的真不了，有多少就是多少，有的不拿出来不对，无中生有也不可能，人民的眼睛是雪亮的，迟早总会弄明白的，我从一九四九年就向你要求过，一直到今还继续向你要求着加入党的崇高愿望。到今天我才证明是不自量，才证明不但党不需要我，人民也不需要我，不但不需要，而且不放心，因此我决心主动消灭，节省人民小米。

毛主席万岁，

中国共产党万岁。

一九五一年十二月十七日　贺泳

（这纸是我早年买下写诗文的不是公家的　　注）

一个如此刚烈的大才就这样悲惨的陨灭了，在中国这个大地上不应再有了吧！人们对我们自己的过失不应有所反省吗？我有时想，他本应该坐在政协的主席台上，他本应该早已是名盖诸家的当代文豪。

我的心在流血。

按：该文发表于《美术家通讯》2004 年第 1—2 期，后收入作者撰《泡沫集》，辽宁美术出版社 2006 年版，第 116－120 页。贺仁先生供稿。

贺孔才——被历史遗忘的中华文化保护者

王冬玲

1949 年 4 月，贺孔才先生将自清朝乾隆、嘉庆年间起二百年来家藏的图书一万二千七百余册、文物五千三百七十件无偿捐献给国家。

揭开尘封的历史档案，我们在寻找一位早已为世人所遗忘的名字——贺孔才。在 1949 年历史博物馆的捐赠记录中，简单记载着“1949 年 4 月，贺孔才捐赠文物 5 371 件，该馆为此举办了‘贺孔才先生捐赠文物特展”。在]1949年的《人民日报》上，我们寻到了北平军管会为贺孔才先生专门刊发的通令嘉奖：“本市贺孔才先生于解放后两次捐出其所有图书、文物，献给人民的北平图书馆及历史博物馆，计图书一万二千七百六十八册，文物五千三百七十一件。贺先生忠于人民事业，化私藏为公有，首倡义举，足资楷模，本会特予嘉奖。”

几行疏落的文字，简简单单，将贺孔才先生的一次义举概括尽了，很快被1949新旧社会交替的风风雨雨冲刷干净了。但是，中国文化不可以忘记，我们今天为中华文明的灿烂悠久而自豪的子孙后代不应该忘记，正是有了贺孔才先生这样有着博大胸襟和非凡气度的无私者，中华文化才可以传承、延续、振兴。唤醒历史的记忆，就是对未来的昭示。我们纪念贺孔才这位中华文化的守望者，就是要唤醒今天的人们对于保存文化、延续文明的重视。

孔才只是贺先生的字，他本名贺培新，祖籍河北武强，1903年生于河北故城，号天游，笔名贺泳。1926年，举家迁往北平，在这座文化古都度过了他洒落的一生。作为出身文学世家的青年才俊，贺孔才从小跟随祖父攻读古文辞，功底很深，后拜当时名震一时的古文名家吴北江为师攻读文学，书法师从秦树声，篆刻跟随齐白石，有名师指点，加之他天分极高，很快便成为北平当时很负盛名的才子，文章、书法、篆刻都高人一筹。对于他的才学功底，现在已无从考究。但是，从他的老师齐白石对他的评价中，我们可以感受到齐白石老人对于这位得意弟子的器重。在贺孔才出版的印集序言中，齐白石老人对他评价道：“消愁诗酒兴偏赊，浊世风流出旧家。更怪雕镌成绝技，少年名姓动京华。”1927年，齐白石又为孔才先生的印集题词道：“商也起予余愿足，壮夫怜汝宦情违。高人可做今难做，不见湘山未敢归。贺生刀笔胜昆吾，截玉如泥事业殊。小技哪应从白石，无情何不慕南狐。孔才仁弟已将蓝出青，丙寅、丁卯两年所刊印共得六本，余为评定后，复为题记之。”嘉许备至。从这两段题词中，我们也可以揣测，孔才先生虽然才情四溢，但仕途不是十分顺利，在学界却名震一时。他历任北平市政府秘书，北平市古物评鉴委员会委员，中国大学国学系副教授、秘书长，河北省通志馆、国史馆编纂，文名籍甚。一方面因为他是齐门弟子中的佼佼者，又因为他是桐城派名儒吴北江先生的得意弟子，古文诗词作得很好，所以北平城的名流学者、学校及文化学术机构人士、报业编辑，多出其门下。现在台湾著名篆刻家王北岳，就是贺孔才先生的得意弟子。

1949年，北平和平解放后，孔才先生即响应政府号召，将自清朝乾隆、嘉庆年间起二百年来家藏的图书一万二千七百余册、文物五千三百七十件无偿捐献给国家。其中，捐给北平图书馆（现今中国国家图书馆）图书上万卷，其中元刻本、明刻本多达数十种，特别是印谱收藏尤其丰富，很多是难得一见的原拓印本。为方便北平图书馆人员核对书目，他特别将自己手撰的《潭西书屋书目》送到北平图书馆。在这本书目的前言中，他详细陈述了《潭西书屋》藏书的兴衰始末。自孔才先生太高祖起就开始藏书，历代相传，随着贺家自武强县北代村辗转至故城县郑家口，直到1931年移至北京，专门在北平城西北积水潭畔建造了藏书室，形成了计有古书一万余卷、各种古物文玩五千二百余种、书版五十六箱的较大规模。这些藏书一部分来自贺氏先祖所传，一部分则来自北平城大大小小的古玩店和街头巷尾的旧书摊，都是孔才先生费尽心血淘拣而来。因为这些善本古籍“所购多金石原拓和名家考校之本”，所以弥足珍贵。其中元刻本《唐音》《朱子大全》，明刻本《元文类》《郢史》《唐文粹》《陶渊明集》《周礼》《大学衍义》《尹和靖文集》《百川学海》等，都是难得一见的孤本。

1949年，孔才先生革命热情很高，他的三个儿子陆续参加了革命，他也参加了南下工作团，随解放大军南下。回京后，他被聘任为中央文化部文物事业管理局办公室主任，刚刚想大展宏图，发挥余热。但是，出身于地主家庭的背景使他开始蒙受政治打击。作为一个自尊心很强的知识分子，他无法排解自身的苦闷，1951年底，在一个静静的夜晚，他吊死于北海团城。在他死后，留下的除了捐书的义举外，还有备受当时学界推重的《天游室文编》《潭西书屋诗钞》《说印》等著作。

时间已经过去了50多年，孔才先生的名字已经被人遗忘了。但是，他捐赠的万册古书却记得他，在国家图书馆地下书库中，无言地讲述着曾经为它们付出心血的护书者精神的崇高。

按：该文发表于《北京青年报》2002年4月9日第32版“天天副刊”。

写在父亲诞辰99周年之际

贺昭等

4月9日贵报“天天副刊”发表了署名王冬玲的纪念文章，标题是：《贺孔才——被历史遗忘的中华文化保护者》。我们看了这篇报道，心情万分激动，久久不能平静，情不自禁地流下了眼泪。我们是贺先生的子女，感谢党和人民没有忘记我父亲以博大的胸襟和非凡的气度，在北平解放初就将自己自太高祖开始历时二百余年珍藏的图书、文物共一万八千余件，无偿捐献给国家，当时在社会上引起了很大反响。然而在新社会他正欲展其所长，却蒙受了不公正待遇，满怀委屈和失落，1951年12月17日在一个静静的夜晚，于北海团城下跳水自尽，年仅49岁。

父亲祖籍河北省武强县北代村人，其祖父贺涛字松坡，直隶武强清末冀南著名桐城派古文大家，为吴汝纶、张裕钊弟子，有出兰之誉。其父贺锡璜久官故城训导，遂定居该县郑家口。贺涛与徐世昌是光绪十二年(1886)丙戌科同榜进士，曾任教官(大名教谕，冀州学正)。他和徐世昌既是进士同年且为直隶同乡，故有交谊。袁世凯总督直隶时，在保定设文学馆，聘贺涛主其事，这自然是出于徐世昌的推荐。

徐世昌修家谱,其父徐嘉贤的传就是请贺涛写的。贺涛死后,徐世昌为之出资刻印遗文《贺先生文集》,徐嘉贤的传亦在集内,可见两家关系很深。

父亲自幼嗜书法、篆刻,秉承祖训,攻古文辞。14 岁(1917 年)考入京师公立四中(现四中),读了两年。17 岁(1921 年)考上国立北京法政大学。21 岁(1924 年)受聘于北京大学造型美术研究会,任导师,成达学校国文教习。1926 年举家迁往北平厂桥前铁匠营 10 号(徐世襄房产)。历任北平市政府秘书,北平市古物评鉴委员会委员,中国大学秘书长、国文系教授,河北省通志馆、国史馆编纂,文名籍甚。

1921 年父亲拜其祖入室弟子吴闿生(北江,当时名震一时的古文名家)为师,攻读文学。同门还有于省吾、潘伯鹰、齐燕铭等人。书法师从秦树声,篆刻师承齐白石,未几而神似。齐白石曾为父亲印作题,期望颇高。后博参吴昌硕、赵之谦法,取诸家之长,所作篆刻不为齐氏所缚。后以先秦古玺为依归,隽逸错落。1923 年辑自刻印成《武强贺培新印草》二册,亦名《迂轩印存》。北京图书馆 20 世纪 80 年代所出的《齐白石手批师生印集》中,所收齐白石老人的印谱大多来自父亲的捐赠,另外收录了父亲印 500 余方,所占比重也是齐门弟子中最多、最精的。白石老人对父亲评价甚高,他对父亲所刊之三印说:此印乃弟近刻四十八石之第一也。居于北京诸刻印家见此印,必欲与人曰:贺培新之印,可惜乱来。"即嫉词也"。"此印乃弟近刊四十八石之第二也。余愿弟胸中须罗秦汉人,不必独有白石也。""辛酉七月后,所见孔才所刊之石,篆法入古趣,刀法浑成。只此兆璜一印,足可令人惊佩。"此后,白石老人多次用"触目惊人,吾子真可畏也!""笔法超稳,无纵横气,看之寻常,为之不易,可谓得三昧。""刻印至此,可谓神乎技矣!他日如有赏鉴家与贺子无宿怨者,应论在前清诸名人之上"等评价父亲的篆刻水平之高。

父亲成名很早,却不恃才放旷,为人谦逊,好提携后进。现在台湾著名篆刻家王北岳(字泽恒),也是父亲得意门生。王北岳先生曾回忆他拜父亲为师的经过。他说:“大学一年级的某一天,我的一位姑丈贺孔才先生到我家来串门,因为他是北平当时很负盛名的才子,文章、书法、篆刻都高出流辈,所以我父亲叫我把刻的印章拿出来请他指教。他接过来看了几个印,便说:刻得平直呆板而无变化!当时我心里有一种说不出的委屈,以为自己刻印刻了三四年,怎么却被这位名家看得一文不值,真不知如何是好。继而一想:他说的一定有道理,我何不再多多学习。于是,我把整个的寒假,都埋头在北平图书馆的印谱中,一连两个月,把图书馆收藏的印谱都看遍了,当然眼界开了,刻的印也有变化。且从贺先生的一位弟子手中,借到了一本先生的印谱,又利用了一个暑假,着手临摹,务求具真,如此又下了两个月的苦工。等第二次贺先生来我家时,我就把我模仿他刻的那些印拿出来,向他请教。他看了大吃一惊,说我刻印有天分,进步很快,而且打算收我做他的弟子。就这样,我就又拜了姑丈贺孔才先生为师,专心从他学篆刻。”

父亲在指导学生攻读文学时,特别注意学习方式。他的学生刘国正(诗人、作家,人民教育出版社编审、原副总编辑)说:“每次向他请教,他评诗论文,上下古今,淹贯百书,精深博大,时而说一些笑话,横生逸趣。记得有一次他给我讲《离骚》,讲着讲着动了感情,忽然站起身,边走边大声吟唱起来,高亢激越,声震屋瓦,他没加一句解释,我从吟唱中领会到的比听讲解要多得多”,“他写诗主张高唱入云、气宇轩昂的阳刚风格。我的习作中,有他喜欢的句子,如‘剑气欲腾牛斗上,文章小试鬼神惊’,他画了双圈。一次我久病初愈,写了一首诗,诗中有‘病起梳头觉发长’的句子,他看了很不赞成,说青年人写诗要有蓬勃的朝气,切不可低沉消极。他找出李贺的一首诗给我看:‘我有迷魂招不得,雄鸡一声天下白。少年心事当拿云,谁念幽寒生呜呃。’他说:‘长吉尚且如此,何况今天的年轻人呢!’这件事给我留下的印象很深,对我以后写诗乃至做人影响很大。”

抗日战争期间，父亲身居沦陷之北平，心系受难之中华，是一位耿直不阿的君子，肝胆相照的侠义人杰。汉奸殷汝耕约请父亲为他们做事，被拒绝。他经常与友人张子高（清华大学教授）、邓以蛰（北大教授）吟诗唱和，抒发爱国情怀，著有《岁寒集》。1934年父亲的故友、我党地下工作者齐燕铭（齐与父亲为世交，同事，中国大学同学，世交即齐燕铭之父齐之彪与贺涛有年谊）在北平被捕，父亲闻讯后，立刻上下奔走，终于将他营救出狱。为了抗日国共合作，国民党派遣贺翊新（胞兄）、卜青茂来北平从事地下工作，父亲冒生命危险，为他们提供隐蔽住址，协助解决各种困难，做了不少工作。为了不使我们受日本教育体制的毒害，把我们姐弟三人送至甘肃读书，宁可忍受边疆的贫穷，也要保持民族气节。1943年日本逮捕了何其巩（中国大学校长），不久获释出狱。何的政治态度靠拢日本，父亲不甘心为日本做事，毅然辞去该校职务。

我家看门李先生老家在京北抗日游击区，李每次从老家回来，总向父亲和我们讲讲八路军顽强抵抗日本扫荡的艰难处境和斗争事迹。我们听李先生像讲故事一样，非常入神。老百姓说八路军是八爷，父亲对共产党的抗日精神十分敬佩。

经过八年的漫长等待，北平终于迎来了日寇的败亡，父亲满腔热情想投入报国者行列，但是他看到的是国民党接收大员的贪污腐化，国民党政权的腐朽堕落，使他心灰意冷，陷入了思想苦闷。他满怀失落，把家搬到西海西河沿积水潭，建造了藏书室，名叫“海西草堂”、“潭西书屋”。在此期间，国民党政权也想利用父亲的声望为他们工作，1946年3月，国民党中央执委张厉生委任父亲为北平市党部执行委员，父亲当即明确我不是国民党员，拒绝接受任命，并写了辞呈，从委任到辞职照准，只有20多天。不久国共谈判开始，齐燕铭（后任中央政务院办公厅主任、文化部部长）随周恩来到重庆参加和平谈判，父亲闻讯立即给齐写信表达自己思想彷徨、忧国心切的心情。齐转告父亲找北平国共谈判办事处共产党代表徐冰（原名邢西萍），徐赠送了不少进步书籍，都是解放区印刷的，质地十分粗糙，有《中国革命与中国共产党》《论联合政府》《新民主主义论》《大众哲学》等等。他把新书藏在古书堆中，如饥似渴地连夜晚偷偷地看，并在字里行间写了不少心得体会，使他日益认识到只有中国共产党才能救中国。这也是他日后能迅速从爱国的旧知识分子转变为新中国的文化工作者的思想基础。

父亲和我北平地下党外围组织及有关同志保持着联系，并在经济上给予帮助。1948 年初，侯逸民（侯一民，中央美术学院教授、第一副院长）是我党外围组织进步青年联盟盟员，侯与地下党员刘树屏、冯灿华、王恩海等人组织过一个北平艺专的业余剧团“综艺剧团”，在建国东堂演出了郭沫若的大型历史剧《棠棣之花》进步话剧，在舆论界引起反响，遭到国民党的破坏，经济上陷入困境。父亲得知后，通过陈小溪（进步美术教师、诗人）送给侯十六块银元，还清了债务。陈小溪对国民党的倒行逆施非常不满，常写讽刺诗，名为《入木三分集》，内容辛辣。父亲的学生刘国正写了一个讽刺国民党的《荆轲刺秦王》为内容的剧本，都是经过父亲向《天津民国日报》（卜青茂社长）推荐后发表的。

我在市立三中读书，经常和同学到北大工学院（距三中校址较近）图书馆看书，拿回一些进步书刊给父亲看，他也把私藏的进步书籍给我，父子互相影响，老幼彼此启发，先是父亲引导我们，后来我们走在前面，帮助他进步了。父亲的朋友、学生常来拜访求教，他总是慷慨激昂地痛斥国民党腐败无能，丧失民心，必然走向灭亡，而共产党顺应历史潮流得民心，必然胜利的事实。

1949 年，北平解放之初，侯一民作为艺专地下党的负责人与文管会联络员、音乐家林里经常联系，商谈北平艺专接管。父亲通过陈小溪向侯表示希望参加革命或到军大学习，并希望将自己的全部收藏捐献给国家。侯很快将此消息告诉了林里，林带侯找到了文管会王冶秋。此后，王冶秋与父亲见了面，并实现了他所说的“把自己珍藏的书籍和文物捐献给人民，这是多年的心愿。过去旧政府与人民对立，苦无时机，这次交给国家，略表心意”的愿望。1949 年 5 月，他革命热情很高，我们姐弟四人陆续参加了革命，他也参加了南下工作团，并改名贺泳，取在革命大潮中洗尽铅华，重获新生之意。他所在的解放军四野南下工作团，负责武汉文教系统的接管工作，父亲任武汉市文教部接管顾问兼武汉大学接管组办公室主任，为新旧政权的顺利交接做了很多工作。回京后，被聘任为中央文化部文物事业管理局办公室主任。政治上要求进步，积极靠近党组织，要求加入中国共产党，为建国初期的文物事业作了大量工作。镇反运动期间，出于对组织的诚实，父亲交代了 1946 年曾被国民党政权强行委任为北平市特别市党部执行委员的事情，显示了其为人的磊落胸襟。但是，国家文物局却报经文化部批准，将父亲定为“国民党骨干分子”，并报公安部备案，勒令父亲进行登记。父亲说明理由拒绝登记，公安人员给了“一点压力”，对于一心向往革命，渴望加入党组织的父亲来讲，是一种对人格的莫大侮辱。作为一个自尊心很强的知识分子，他无法排解自身的苦闷，只能用一死来洗清自己的冤屈，还历史一个清白。父亲死后给国家文物局领导和家人留下三封遗书。在他写给王冶秋(国家文物局副局长)的信中说，事情总会明白的，马列主义的党是调查研究，具体分析，实事求是的，真的假不了，假的真不了，人们的眼睛是雪亮的，迟早会弄明白的，毛主席万岁！中国共产党万岁！他仍然充满了对党的热爱，并嘱咐我们继续为革命努力工作。其情感人，字里行间跳动着一个革命知识分子的高尚情怀。

父亲死后，为世人留下了数以万册的古籍和数千件的各类文物，他是最早的新中国捐赠私藏的第一人，也是捐赠最多的第一位，可以说倾家捐国。除了代私为公的捐书义举外，他还留下了备受当时学界推重的《天游室文编》《潭西书屋诗钞》《说印》《徐世昌年谱》《岁寒集》等著作。他为世人留下了一身清名，树立起学习楷模。父亲生前在国家文物局享受小灶供给制待遇，家属生活不成问题。他去世后，更不是如他所想，家人会得到“军属”的“适当的照顾”，而是陪着他作了“四十年反革命家属”。国家文物局不给任何照顾抚恤，我母亲及两个弟弟一个妹妹（两周岁）四口全靠四个参加革命（供给制）的儿女省吃俭用来维持生活。为了生计，母亲不得不外出做临时工，生活相当艰难。而我们遭受的政治压力则更大，长期背上了“畏罪自杀的历史反革命”家属的包袱，抬不起头。弟弟贺侃被从保密单位调离，亲朋好友怕受牵连，不敢与我们来往，“文革”中母亲和小妹贺普被扫地出门，遣返回乡，1970 年才落实政策回京。

1982—1988 年，我们五次写信给国家文物局，要求为父亲平反，但他们始终以“理应进行登记”“登记不一定就是反革命”“贺对党的政策不理解”“公安部定了调，我们无权修改”“不属于冤假错案，不存在平反问题”等等所谓“理由”拒绝为父亲平反。我们依据中央关于平反冤假错案政策，同他们进行多次对话辩论，批驳所谓各种“理由”，摆事实，讲道理。就连定居美国的贺翊新对胞弟的冤案也十分关心，来信说：“他把一生所搜集的书画、金石、古玩等都捐献给政府，这种舍己为公的精神，令人钦佩，而百尺竿头未能更进一步，令人感慨。国家对此事有无处理办法。我已暮年，对自己的亲手足颇为关心，政府如能对他有所表彰，于策励后进，也有莫大帮助。”1990 年国家文物局领导班子调整，平反工作有了转机。在我们的努力下，1991 年父亲终获平反，沉冤四十载终于得雪。

母亲一辈子坎坷多难，中年丧夫，“文革”被扫地出门，支援边疆的儿子牺牲，汽车肇事撞断了腿，这些不幸，都没能使她丧失生活信心和勇气，坚强地挺过来了。在儿女们精心照料下，生活得很好，享年 89 岁，无疾而终。父亲的六个儿女没有辜负他老人家的嘱托，要求进步，四个入了党，他们衷心拥护邓小平先生的改革开放政策，在以江泽民同志为首的党中央领导下，为把我国建设成民主富强的社会主义现代化国家，发挥自己的光和热。两位老人家，您们可以放心地长眠于九泉了。

今天我们纪念他，缅怀他，就是通过彰扬这种公而忘私，无私奉献的精神，唤醒今天人们麻木的心灵，树立人间楷模，流布先哲遗风。

按：该文发表于《北京青年报》2002年5月20日第32版“天天副刊”，署名为“贺孔才子女：贺昭、贺仁、贺凯(贺侃)、贺晖、贺伸、贺普”。原编者按云：“本报‘天天副刊——历史今天’版曾于今年4月9日刊发了‘贺孔才——被历史遗忘的中华文化保护者’一文，引起贺先生子女及朋友们的强烈反响，他们再三致电报社表示感谢。贺先生的儿子更是含着热泪向文章作者讲述了他们父亲沉冤数十载的悲苦。时值贺孔才先生诞辰99周年之际(贺先生生于1903年5月24日)，我们特发表贺孔才先生子女的文章，以表怀念。”此据手稿录入。贺仁先生供稿。

我的一些回忆

贺　仁

当我上小学三年级时，日寇侵占北平，贺翊新(原大同中学校长，二伯)只身随国民党撤退去河南洛阳白杨镇，成立河北省教育厅，任厅长，开办河北中学。父亲在抗日战争前，在北平也担任了一些行政职务，但多是挂名，不坐班，经常结交社会名流、学士、诗人、作家，吟诗作赋，很少关心国家大事。七七事变，北平沦陷，百姓变成亡国奴，父亲从此转变观念，积极主张抗日。此时，贺翊新也被国民党派往北平搞地下工作，父亲为他提供隐蔽住所，提供各种方便，同时还掩护了其他国民党人如卜青茂(抗日胜利后任《天津民国日报》社长)，从事抗日地下活动。

当时，父母及子女还有祖父贺葆良、曾祖母贺苏氏，以及贺翊新的家属、贺德新(五叔)的家属都于1927年从故城郑家口老家迁移至西城区厂桥前铁匠营十号(徐世襄房产),生活来源靠贺翊新拿来的生活费外,父亲从1936年就在中国大学任教,养活全家20多口人。

父亲一方面掩护国民党在北平搞地下活动,同时还结交学术界人士,清华大学教授张子高、北大邓以蛰,三人交往甚厚,经常在一起探讨国内形势,作诗抒发抗日激情,著有《岁寒集》。父亲在中国大学为学生讲课时,常常引用古代诗词以双关语方式宣传爱国思想,父亲身处日寇统治逆境,消息闭塞,但也从某些方面得到一些信息。我家有看门先生李继善,老家在北平北边,是解放区,每次从老家回来总要向父亲讲讲八路军抗日的情况。当时父亲虽然受正统观念影响,知道国共合作共同抗日,但认为主导力量还是国民党。一天父亲把小弟贺伐(三四岁男孩)打扮成腰插盒子枪(扫床条帚)的小八路,冲着我们说:"像个小八路,来打日本的,老百姓都叫八爷。"这一情景深深印在我的脑海里,至今记忆犹新。

1943年,日寇将中国大学校长何其巩逮捕(何为国民党地下工作人员),何出狱后投靠日寇,政治态度转变。父亲不愿为日寇做事,即辞掉该校一切职务。为了维持家庭生活来源,与同乡郭蕴辉做些生意,赚些钱,父亲经常为亲朋好友写字、篆刻图章,也能增加一些经济收入。

1944年,日寇对北平统治更严,父亲决定把我姐弟三人(贺昭、贺仁、贺侃)送往国民党统治区找贺翊新,在那里上学,继续读书。1947年暑期,全校迁回北平,在交道口成立河北北京中学。因学校设施不全,不能如期开学,我转学市立三中就读。

抗日战争胜利,国民党来北平劫收,背离人民,政治上腐败堕落,父亲感到非常失望,思想彷徨,忧国心切。当时正值国共在重庆谈判,父亲写信给共产党代表齐燕铭(父与齐为世交,中国大学同事,世交即齐燕铭之父齐之彪与贺涛有年谊)。父亲在1943年营救齐出狱(见平反材料),想求得政治上的帮助,一度想去解放区。齐为了父亲的安全,让父亲找徐冰(原名邢西萍)。徐是共产党派往北平的国共谈判办事处负责人,徐冰见到父亲后,给了不少解放区印制的书籍,都是劣质纸印的,白色、粉红色、绿色都有。书籍是《中国革命与中国共产党》《新民主主义论》《论联合政府》《解放区印象记》《大众哲学》等等近十本。父亲藏匿数年,晚上才看,并在字里行间写了不少心得体会。我在三中读书期间,接触进步同学,常去北大工学院(三中西侧)阅览室看进步书籍,也带回家来给父亲看,彼此互相影响。父亲的同事、学生很多经常来访求教,他总是向他们纵论国家大事,断言国民党必败,共产党必胜,因国民党已背离人民,得不到人民支持了,已失掉了民心,一定会灭亡。

1949 年北平解放,父亲的四个子女(贺昭、贺仁、贺凯、贺晖)参加革命,他也把家藏全部捐献,南下参加革命,后调回北京在国家文物局工作。1951 年镇反期间,12 月 18 日凌晨两点,文物局副局长王冶秋打电话,说父亲病重,要我马上去文物局(详细情况见申诉材料第四稿)。

对于父亲含冤去世,家属从 1982 年 9 月 16 日(第一稿)开始至 1988 年 12 月 10 日连续写过五次申诉材料。洋洋数万字,分别寄到中央文化部、中央统战部、中央组织部、全国政协、中央军委办公厅、国家文物局等单位,历经近十年,才得平反昭雪。我们奔走以上单位,特别是国家文物局不下数十趟,电话联系无数次,终于在 1991 年 3 月 7 日做出"关于贺泳同志平反决定"。

从我们第一次申诉材料要求平反,国家文物局写出拒不同意平反的理由有:

第一次复查意见:"镇反期间……贺不理解党的政策,一时想不通,投湖自杀。当时未做任何结论。"(1984 年 6 月,文物局干部处致贺侃信)

"遗孀抚恤……1952 年前没有明文规定,不能发给……经研究拟……一次性发给王惠君 550 元。"(1984 年 7 月 31 日文物局干

部处）

第二次复查意见："经研究我们原来的复查意见不变，你有新的线索、可靠证据可提供。"（1985 年 5 月 16 日致贺侃信）

第三次复查意见："贺的问题……理应进行登记，拒绝登记是不对的。登记不一定就是历史反革命，还要以是否有活动和罪恶来定……主要是由于本人对当时党的政策不理解所致……此问题不属于冤假错案，也不存在平反昭雪问题。"（文物局 1986 年系原稿致贺仁信件）

"贺于……自溺身亡，当时历史背景下，既不可能发给抚恤金，政府又无明文规定，此次……拟给王惠君 3 000 元正。"（1986 年 12 月 3 日文物局致贺仁信）

1986 年 7 月，贺泳家属贺昭、贺仁写信给王冶秋（原文物局副局长，后任文化部部长）、高履芳（原国家文物局干部处负责人），请求他们过问此事（当时王、高两人均已退休），帮助回忆历史，写证明材料，并去王冶秋家探望，但得到的回答是："时间太久，已记忆不起来，无法写证明材料。"（未完）

按：该文由贺仁先生供稿。

涓滴雨露终难忘

——忆堂兄贺孔才先生

贺永新

贺培新先生，字孔才，后以字行，是我的三堂兄。

贺家是读书世家，祖籍河北武强，后来迁居河北省故城县郑家口。1926 年举家迁来北京。

孔才兄的祖父贺涛，兄弟二人。贺涛（1859—1912），同治九年举人，任国子监学正，改官大名教谕；光绪十二年进士，官刑部主事，兼冀州讲席。近代散文家,北方桐城派代表人物之一。[1] 贺涛膝下三子:贺葆初、贺葆真、贺葆良。我的堂兄堂姐一共六位,是很大的一支。

贺涛之弟贺沅是我的祖父。也是光绪十二年进士。光绪十六年至二十六年(1890—1900)外放福建省上杭县任知县。我父亲贺葆文生于1901年,在堂兄中排行第四,然年龄悬殊。时其二哥贺葆真年已28岁。贺葆文于1937年夏感染时疫病故,我于1937年11月出生,是遗腹子。在诸堂兄中排行第六。也是年龄相差太大,如孔才兄生于1903年,长我34岁!

贺涛、贺沅两兄弟的后人有两个很大的不同:贺涛家人丁兴旺,贺沅家几代单传;贺沅家两代人与其堂兄年龄悬殊较大。因此,对孔才兄的回忆,只能是我的童年记忆了。

孔才兄是贺家的才子。先后就读于京师公立四中和北京法政大学,并师从桐城派诗文家吴闿生(北江)攻古文,师从齐白石学篆刻。诗文、书法、篆刻均有颇深的造诣。曾任北平市政府秘书、中国大学秘书长兼国文系教授等职。北平沦陷后,拒绝与日伪合作,家居读书。

1925—1927年间,时仅23岁的孔才兄将自己的篆刻连同批语,自行刻印《手批印集》。齐白石曾写诗给予很高的评价:"消愁诗酒兴偏赊,浊世风流出旧家。更怪雕镌成绝技,少年名姓动京华。""贺生刀笔胜昆吾,截玉如泥事业殊。小技那应从白石,无情何不慕南狐。"2000年北京图书馆出版社以"印集"为基础,出版了《齐白石手批师生印集》,收入519件作品,其中孔才兄485件。启功先生在序言中称其为白石老人"继席"之"巨擘"。我从记事时就知道吴北江、齐白石、王雪涛等孔才诗友的姓名,家里挂了题赠我父亲的吴的书法、齐的藤萝、王绘萱草等等。

---

① 贺涛生卒年及简历见《中国文学大词典》(上海辞书出版社1997年版)。

1945年，抗日战争胜利后，孔才之兄贺翊新从大后方回到北平，任河北省教育厅厅长。时局关系，河北省政府在北平办公。可能考虑到孤儿寡母的家庭会限制了我的视野，影响了我的性格，便尽量让时仅八、九岁的我见见世面。以后连续三年，翊新兄和孔才兄在大年初一都带上我乘车拜会一批在北平的官员和文化名人，并向人介绍“这是我六弟”。其意我想一是让我感受一下这些社会人士的生活氛围，体验一下交友待客之道；再是也含有日后多关照、提携的意思，可谓用心良苦。顺便说一句，贺翊新兄赴台湾之后，1949—1955年、1957—1967年两度担任台北市立建国高级中学校长，治校风格开明豁达，刻苦克难，凡事学生第一，成绩斐然。毕业生刻石称颂：“赫赫黉宇，髦士三千，熏陶入座，恐后争先。大而化之，贺公是瞻。金石贞固，永记年年。”①

孔才兄还常为幼年的我“讲文论字”。记得他曾送了一批古文让我诵读(可惜我念过几篇后中辍)；他在《天津民国日报》副刊上经常发表针砭时弊或时有自嘲的“谐诗”(多署名“天游”)，我时有“读后感”或“读后问”，他不嫌我的浅陋，总是耐心讲其构思与写作的缘由；“谐诗”另有一位作者陈小溪先生，与孔才兄同为“吴(北江)门弟子”，家住积水潭南岸。我说他的作品也很有意思，孔才兄即带我登门拜见。可惜当时我年龄太小，难以有什么请益。他在新居二门屏风上草书“海西草堂”四字，当我问及“艸”何以是“草字头”的偏旁时，他告诉我这是草书的另一种写法……虽属零星，却使我受熏陶，有收益。

还有一件对我尤有意义的事。孔才兄当时是《天津民国日报》的董事。从1946年起，他让报社给我家送《天津民国日报》和《天津民国日报画刊》，培养我对国内外大事的兴趣，使我了解社会，连续三年未曾中断。当时我不过八、九岁，可自幼形成的“报纸情结”对我日后

① 见台北市立建国中学校史馆介绍及校园石刻。

的成长乃至专业的选择关系极大。

当时报刊都是自办发行。报纸在天津出版，每天傍晚送报人会把报刊送到订户家中。于是每天晚饭后的灯下读报，就成了我一项必修的“功课”（我还订有一份小报，是办给学生的《国语千字报》，是周刊）。《天津民国日报》是一份大报，对开6—8版。我就翻看时政要闻，关注名人行踪，也看社会新闻。至今还记得四川有一位女子，杨姓，不吃饭而正常地生活着，被称为“杨妹”，又发照片，又发访谈，还有追踪报道，直闹了一个多月。在人人惊叹之余，被告知她在隔离观察之时偷偷地进食，于是“真相大白”。还记得北平有一个叫王福生的人，亲手杀死了自己的两个小外甥：照片、案件报道、庭审记录……热闹了好一段时间，害得我好几天做恶梦。我还很爱看副刊。除了前述“谐诗”之外，最喜欢常刊登的丰子恺漫画。

民国日报社还办有一份星期日画报，每期四开四版，虽单色印刷，但纸质精良，印刷质量考究，自然是我最喜欢的。从那里我看到“军事调处执行部”马歇尔、周恩来、叶剑英、张治中等人的活动，看到东京大审判东条英机等人的丑态及其最终下场；看到B52轰炸广岛、长崎的情形和灾民的生活惨状……在“历史新闻摄影佳作”的栏目中，看到了中美英三国首脑开罗会议、墨索里尼夫妇在罗马街头被吊死，直到一战前夕奥皇太子斐迪南在萨拉热窝被刺瞬间的照片等等。照片这种“形象化的纪事”就在我童年头脑里留下了深刻的烙印，也激发了我对国际时事、历史、地理的兴趣与关注。

解放以后，我一直坚持自费订阅报刊，坚持每天读报。这个习惯一直持续到今天。也正是这种“报纸情结”，使我高中毕业后报考了北京大学中文系新闻专业。这其中孔才兄的关照与引领是起了作用的。我的经历表明，让孩子从小接触新闻、翻读报纸——自然不是指那些只讲娱乐新闻、时尚新闻与“购物新闻”的报纸——对于开发他们的智力，养成关注社会的美德，使其自励与自立是颇为有益的。开始不一定全读懂，也不一定会立刻有兴趣，但久之，就会渐入佳境，渐登堂奥。

孔才兄以巨大的热情迎接北平的解放。1949 年 4 月，他将家传和自搜的善本古籍 12 768 册、文物 5 371 件无偿捐献给北京图书馆和历史博物馆——该是开捐献文物给国家的先河罢。北平市军管会发给他“褒奖通令”，称其为“化私藏为公有”，“首倡义举，足资楷模”。《人民日报》发了消息，还在午门举办过展览会。他送几位子女参加革命，自己也改名贺泳，参加南下工作团，随“四野”到武汉，负责文教系统的接管工作。我曾收到过他从武汉寄来的书信和武汉解放的纪念邮票。不久，他调回北京，任文化部文物事业管理局办公室主任，在北海团城办公。这时他不再着长衫，而是穿绿呢制服，显得精神焕发。每年五一、十一他都被邀在天安门广场观礼台观礼。次日，他准到我家来，给我看他的观礼证，热情洋溢地讲述观感。他是积极接受新思想、新事物的，有时甚至显得“不合时宜”：解放前，四堂兄贺植新岳母庆生日，他曾送上篆书对联一副，古朴雅致，倍受人们赞美；1950 年老太太过世，他送去挽帐，上书四个大字“发展规律”，其实说的是真理、常识，却颇为一些亲友诟病。

作为书生，孔才兄才华横溢，治学严谨，同时性格狷介狂放，自尊心极强。惟其如此，审干时“信而见疑，忠而被谤”，蒙受冤屈和人格侮辱时，竟于 1951 年 12 月 17 日夜投北海自尽，年仅 48 岁。家属回忆，自尽前他曾遍访亲友（自然也包括我家）以为“告别”，可惜我等竟懵然无所觉；“投水前将衣服叠好，眼镜放平，整齐的摞在团城斜出的一棵老树干下”。其从容镇定若此。记得 1950 年我曾问他为什么改名“贺泳”时，他笑答：“原名天游，在天上飞的时间太长了，以后要到水里去玩玩。”言犹在耳，不料却成了谶语！

孔才兄子女较多：贺仁、贺侃、贺伐、贺伸、贺昭、贺晖、贺普。孔才兄过世后，在艰难环境中的三嫂，还同我家有过一些往来。1960 年我大学毕业后分配到东北，一去二十年，尤其是经十年“文革”，便中断了联系。1991 年，贺孔才冤案终以“纯属误会，应以平反”而昭雪。

近读《贺葆真日记》[1]，见他对年幼的堂弟（我父亲贺葆文）、堂侄（翊新与培新兄）的关切、教育与关怀，不由想到翊新兄与孔才兄对幼年的我的种种关怀与良苦用心，这是一脉相承的。现在提倡好的“家风”，贺氏家风之一便是“孝悌”之风，族人彼此关怀帮助、相互提携以使家族振兴。可惜此风后来断裂，经历“文革”后更是丧失几尽，令人叹惋。虽然时代不同了，但仍希望贺氏后人能了解、珍视、重振、发扬这一家风。

贺永新

2015 年春

按：该文是贺永新先生应编者之请，专为本书而作。

痛悼先师贺孔才先生

孙一柬

洛下冤魂六十年，妖氛散尽始知贤。奇珍万件捐斯库，精艺五车沉此渊。举国谁人识鹿马，倾城何处办忠奸。故宫一夕程门立，耄耋终生梦魇牵。自注：学艺双精之巨擘贺先生孔才，为予少时一夕之师。謦欬妙论，至今难忘。今春正月，遽闻先生于六十年前已见杀于左祸，哀痛之馀，即书七律一首抒愤。后学孙一柬并书。

贺仁书后：我与孙一柬 1949 年一块参加工作，共事于北京市总工会搬运工会。后来因工作调动，孙一柬前往石家庄。此后六十年

① 徐雁平整理：《贺葆真日记》（凤凰出版社 2014 年版）。

失去联系。2011 年春节后，原搬运工会领导祝玉珩通过各方联络，把原搬运工会的同仁邀请在北京相聚，孙一柬也应邀出席。大家见面后非常高兴，互相道寒问暖。在叙旧期间，孙一柬问到了我父亲。我如实向他简述了父亲以下情况：1951 年在镇反运动期间，国家文物局以莫须有的“历史反革命”罪名，强迫父亲进行登记。父亲据理力争，遭公安部重压，被逼无奈，含冤在北海自溺身亡。从 1982 年开始，我们申诉达十年之久，于 1991 年才得以昭雪。家属蒙受了整整 40 年的冤屈。孙一柬听后，老泪横流，失声痛哭。他同时道出了不为人知的与我父亲的一段渊源。

1949 年 3 月至 5 月，《人民日报》三次报道了父亲向政府捐献了自清乾隆、嘉庆以来家藏善本、字画、文物等两万余卷册的义举。为表彰父亲的无私奉献精神，北京市军管会颁发嘉奖令，并于此年 4 月在故宫午门开纪念会，还把父亲捐献的精品在午门展出。

孙一柬从 12 岁开始就苦钻篆刻艺术，还把自己的三十多方作品装订一册。当时年仅 19 岁的他抱着寻师求学的心情，前往午门参观。参观中，他看到有几个人伫足在郑板桥画的梅花图前，感叹称赏。他也上前，以年青人的盛气发表议论：郑板桥过去从不画梅，此幅作品令人称奇。父亲见此青年高谈阔论，出于爱才，把孙请进办公室长谈。孙一柬把怀揣的篆刻处女作交给我父亲请求指点。父亲在夸赞之余，对孙作了指教和鼓励，并向他表示：“有什么需要我帮助的，可直接找我。”孙一柬对此一直铭记在心，感念万千。

孙一柬听我介绍了父亲的遭遇后，悲愤难平，挥笔写下这首七律，以抒愤懑悼念之情。

贺仁　2015 年 7 月 1 日

按：孙一柬悼念之作原有两稿，两稿文字略有异同。这里所选之稿本无标题，标题从另稿移入。“洛下”，另稿作“永下”。另稿自注:"辛卯正月廿七日夜作于京城旅次。"贺仁先生的"书后",乃应本书编者之请而作。孙稿由贺仁先生提供。

编刊贺培新撰《徐世昌年谱》说明

《近代史资料》编辑部

《徐世昌年谱》原名《水竹村人年谱》,系北洋军阀统治时期"文治总统"徐世昌的年谱,"水竹村人"是徐的别号。年谱原件为墨书手抄本,分上、下两卷,编辑者为河北武强贺培新。此人简历及其与徐之关系不详,待考。年谱内容起自清咸丰五年(1855年,1岁)讫至民国二十八年(1939年,85岁),前面另附有徐世昌祖先及其父母的简历,系采自《徐氏家谱》《大父行略》《畿辅先哲传》及徐父之墓志。徐世昌自光绪十一年(1885,31岁)起开始书写《韬养斋日记》,讫于民国二十八年(1939年)五月徐去世前一月为止,前后凡五十四年。而年谱在叙述有关历史事件时,基本上是根据该日记写成的。因此,它为我们了解和研究徐世昌这一历史人物提供了较为系统全面而翔实可靠的材料。

年谱原件无标点,以干支纪年,以每年为一大段,不分小段落。现为便于阅读,酌加标点,并在大段之中,按月份分成小段落,在干支后面加括弧标以公元纪年。另外,年谱中有几处日期与《韬养斋日记》所载有明显差异,现仍保持原状,只分别在注释中予以说明。《徐世昌年谱》卷下将在下期刊出。

本资料由吴思鸥同志整理。

按:该文原载《近代史资料》1988年,总第69期。

《徐世昌年谱》作者遗事

王会庵

编辑同志赐鉴：

……见贺培新《徐世昌年谱》将发表。此为世交老友之遗著，当时我曾看见过他的手稿。今日发表，感念万千。

1951年，我在北大文科研究所工作（后即到近代史所），闻到贺培新死讯，使我与金老均惊哀不已，认为如此轻生实在可惜。说来话长，先从他的经历说起。

贺培新，字孔才，生于清末1903年。武强人。为桐城派贺涛（字松坡，与徐世昌同为光绪丙戌科进士）之孙。似毕业于北大，早有文名。曾受业于吴闿生，称高足。又常请教于先祖（王树枏，为其太年伯），故余幼时即相识订交。其经历主要在私立中国大学任教授，长期任秘书长。日本投降后，任国史馆纂修、河北通志馆纂修（均与我同事）。著有文存、诗集、印谱行世。其篆刻传自齐白石，为齐门得意弟子；《齐白石手批师生印集》中即收入孔才刻印五百方。其书法挥洒，自成一派。

解放初，文管会接管国史馆驻平办事处，部分人员并入北大文科研究所，北大聘其为教授。贺与齐燕铭为世交、同事（中国大学同事，世交则齐燕铭之父齐之彪，与贺家有年谊。另外，在1934年，中共党员齐燕铭在北平为宪兵三团逮捕，贺力营救出狱），在思想上颇受其影响，遂辞北大教授不干，改名贺泳。其后遂参加中国人民解放军四野南下工作团，行前将其藏书、字画、文物全部捐献历史博物馆。余曾为其编目，多明清善本。当时馆长为韩寿萱，曾开纪念会于午门城楼上，我参加了。当时《人民日报》曾刊出《访问贺孔才先生》的专访报道。北平军管会特颁奖状，赞其"首倡义举，足资楷模"，颇引读者注意。接收武汉大学，颇有成绩，曾任武汉市军管会文教接管部顾问兼接管办公室主任。后归，即由齐燕铭介绍于王冶秋。先任秘书，后任办公室主任，为郑振铎（时为文物局局长）、王冶秋所重视，对当时北京文物措施，颇多建议。他住积水潭西河沿，我住北河沿，隔岸相望。他夙夜在公，居团城中一月不归家。

不久镇反运动开始。在解放前，贺非国民党员，但由于是所谓名流，由国民党北平市党部强聘为执行委员，贺未就。问题就出在此事。国民党任人多出常轨，就是非党员也聘为委员。就为此事他想不通了，在1951年12月18日夜间，贺即以绳引下团城，跳北海自溺了。傅振伦先生说跳城自杀不确。不久齐燕铭曾多次到贺家安慰其妻子。……聊供参考。

敬礼

会庵上　9月9日

按：一、在“傅振伦先生说跳城自杀不确”处，王会庵先生注云：“傅振伦在《中国文物报》1988年1月15日第三期《缅怀王冶秋同志》一文中有一段话：1952年，冶秋局长调我回北京参加古玩业的‘三反五反运动’。回北京后，文物局秘书贺孔才（培新）在团城跳城自杀。冶秋同志教导我说：‘……解放之初，我忙忙碌碌从事业务，但对知识分子的学习重视不够。孔才之死，使我少了一位好帮手，这是国家文物事业一大损失！’”二、《近代史资料》编者在刊发王会庵先生此信时，按语云：“本刊总69号、70号连续刊出《徐世昌年谱》，引起许多研究者的关注，但有关作者贺培新的情况，整理者的说明中仅有‘编辑者为河北武强贺培新，此人简历及其与徐之关系不详，待考。’这不能不使读者感到一丝遗憾。令人欣喜的是，9月6日，中国社会科学院近代史研究所王会庵先生在给本刊的信中，对贺培新的经历做了简要介绍。兹摘要刊出，以补不足，一并向王会庵先生表示谢意。此信摘要如下。”该文由贺仁先生供稿。

致庄建平先生

张守常

建平同志：

《近代史资料》69、70 号发表《徐世昌年谱》，“说明”说：“编辑者为河北武强贺培新，此人简历及其与徐之关系不详，待考。”

一提“武强贺氏”，我就想到清末冀南著名桐城派古文大家贺涛(1849—1912)，字松坡，祖籍直隶武强，其父贺锡璜久官故城训导，遂定居该县郑家口(运河岸巨镇)。贺涛和徐世昌是光绪十二年(1886年)丙戌科同榜进士，曾任教官(大名教谕、冀州学正)，主要活动是讲学、作文章。他和徐世昌既是进士同年，且为直隶同乡，故有交谊。袁世凯总督直隶时在保定设文学馆，聘贺涛主其事，这自然是出于徐世昌的推荐。徐世昌修家谱，其父徐嘉贤的传就是请贺涛写的。贺涛死后，徐世昌为之出资刻印遗文《贺先生文集》，徐嘉贤的传亦在集内。可见两家关系很深。所以，编辑《徐世昌年谱》的这个武强贺培新，我想就是贺涛的后人。

我的北大史学系同班同学谢蕴慧(北京师大附属实验中学退休教师)的丈夫贺健(已故)是贺涛的后代。我就去信打听，果然不错。通过两封信，弄清了世系。今年春节后我见到她又面请她再提供贺培新本人生平材料，她找贺培新的儿子贺仁(现在全国总工会工作)，又写来了贺培新的生平履历，兹转述如下：

贺涛有三子。长子葆初早死(贺家后人已不详其名字，这是我从《碑传集补·贺先生行状》查来的)，其妇守寡无子，过继次子葆真之子迪新为子。迪新之子贺健，即谢蕴慧之夫，50 年代我曾见之。

次子葆真，生迪新(过继给长兄)、植新。

三子葆良，生翊新(曾任河北省教育厅长，后去台湾，现在美国)、培新、又新(现 82 岁，在家)、德新(天津铁路中学物理教员，已退休)。

贺培新生子仁、女昭、子伐、女晖、子伸、女普。

谢蕴慧信上列了个表（见另纸），和贺仁写来的“贺孔才先生生平”，一并附上。

去年见到南开大学的来新夏先生，他说贺培新在天津颇有名气，篆刻家，曾师事齐白石，有印谱行世。

把这些素材提供给您，请据以撰写贺培新简介，可以把发表《徐世昌年谱》时编者生平“待考”的欠账还上了。

他事另陈。此候

编安！

张守常

1990年2月13日

按：这是北京师范大学历史系张守常教授致《近代史资料》编辑庄建平先生的信。贺仁先生供稿。

《徐世昌年谱》及其编者考论

崔建利　王　云

一、《水竹村人年谱》编者贺培新

关于《水竹村人年谱》（上下卷）作者贺培新，目前已很少有人了解。1988年，《水竹村人年谱》（上下卷）经吴思鸥整理后，在中国社会科学院近代史研究所近代史资料室编辑的《近代史资料》总69、70号上以《徐世昌年谱》为题发表。发表时所加的编者说明中是这样提及贺培新的：

《徐世昌年谱》原名《水竹村人年谱》，系北洋军阀政府统治时期“文治总统”徐世昌的年谱。“水竹村人”是徐的别号。年谱原件为墨书手抄本，分上、下两卷，编辑者为河北武强贺培新，此人简历及其与徐之关系不详,待考。[①]

中华书局1999年出版的郑伟章《文献家通考》一书则将贺培新的名与字(孔才)视为两人:

> 予检读北京图书馆所藏《畿辅艺文》抄稿本八册及《叶遐庵先生年谱》,均有"一九四九年武强贺孔才捐赠北平图书馆之图书"长方朱楷文木记,该馆有此印记之书不知凡几。贺孔才或即贺涛之裔孙,则孔氏藏书今幸而度之于天禄、兰台矣。又北大有《武强贺氏寿真堂藏书目》一册,抄本,贺培新撰藏,书题下注:"丁巳(1917)孟冬抄于京都前青厂寄序。"著录约七百余种,有元本《五子》、明本《大观本草》及抄本等,中有《贺先生文集》。殆培新亦涛之子孙辈。[②]

其实,近现代文献中有关贺培新的资料还是不少的。马国权(1931—2002)在1985年7月为《近代印人传》增补的《贺培新》一文中,已从印学角度对贺氏作了简单介绍;贺培新的学生刘叶秋(1917—1988)在1987年写的《忆贺孔才先生》[③]一文中,对贺氏生前状况作了较全面的回忆,文章虽是粗线条叙述,但对后人了解贺培新生平履历颇具参考价值。王会庵先生是贺培新的世交老友兼同事,他在《〈徐世昌年谱〉作者遗事》[④]一文中对贺培新的生平履历作了概

① 《近代史资料》(中国社会科学院近代史研究所编)总69号,中国社会科学出版社1988年版。

② 郑伟章《文献家通考》卷二十一"贺涛"条,中华书局1999年版,第1180页。

③ 《文史资料选编》(北京市政协编)第36辑,北京出版社1988年版。

④ 王会庵《〈徐世昌年谱〉作者遗事》,见《近代史资料》(中国社会科学院近代史研究所编)总第77期。

要介绍，特别是对贺氏去世的原因及细节之叙述，颇具史料价值。

贺培新(1903—1951)，字孔才，号天游，后更名贺泳，河北武强人，是桐城派古文家贺涛之孙。父亲贺葆良，字懿甫，生平事迹不详；哥哥贺翊新，曾任河北教育厅长，后随国民党到台湾，并于1949年和1957年两任台北市立建国中学校长。贺培新1921年拜其祖父的得意门生、古文名家吴北江为师攻读文学，又师从秦树声学书法，跟随齐白石学篆刻。名师的指点，极高的天分，贺培新很快便成为当时很负盛名的才子，文章、书法、篆刻都高人一筹。对此，刘叶秋在《忆贺孔才先生》一文中描述曰：

> 先生长不逾中人，而气度端凝，神采焕发，双眸炯然。于稠人广众中，高谈丛论，声若洪钟。少负俊才，名称早著。善诗古文辞，严守桐城宗法。余事作书治印，皆造深微。

贺培新在北平曾赁居西城厂桥铁匠营徐世襄(字君彦，徐世昌八弟)旧宅，"其后于净业湖西岸购得清王小航(照)故寓，葺而新之，遂移家焉。门对烟波，窗含西麓，虽在城市而浩荡有江湖之趣，先生深喜之，有终焉之意，颜之曰'海西草堂'"[①]。净业湖又称积水潭(即西海，今什刹海的一部分)，所以贺氏又自称"潭西居士"。1949年4月，贺培新将家藏的自乾隆、嘉庆年间收藏的图书12 768册、文物5 371件分别捐给北平图书馆和历史博物馆。其中，捐给北平图书馆的上万卷图书中有元刻本、明刻本多达数十种，像元刻本《唐音》《朱子大全》、明刻本《元文类》《郢史》《唐文粹》《周礼》《大学衍义》《尹和靖文集》和《百川学海》等。特别是印谱收藏尤其丰富，像《潭西书屋集印》等，很多是难得一见的原拓印本。还有像《天游室集》等目前罕见流传的贺氏著述版本。为方便北平图书馆人员核对书目，他特别

---

① 刘叶秋《忆贺孔才先生》，《文史资料选编》(北京市政协编)第36辑。

将自己手撰的《潭西书屋书目》送给北平图书馆。在这本书目的前言中，他详细陈述了《潭西书屋》藏书的兴衰始末。北平市军事管制委员会为此专门颁发了通令嘉奖："本市贺孔才先生于解放后两次捐出其所有图书、文物，献给人民的北平图书馆及历史博物馆，计图书一万二千七百六十八册、文物五千三百七十一件。贺先生忠于人民事业，化私藏为公有，首倡义举，足资楷模，本会特予嘉奖。"[①]贺氏历任北平市政府秘书、北平市古物评鉴委员会委员、中国大学国学系副教授、河北省通志馆编纂、国史馆编纂。新中国成立后，曾任文化部文物事业管理局办公室主任。不久，镇压反革命运动及三反五反运动兴起，出身于地主之家、曾被强聘为国民党北平市党部执行委员、家庭成员复杂的政治背景等，使他开始蒙受政治打击。作为一个自尊心很强的知识分子，贺氏无法排解自身的苦闷，在 1951 年 12 月 18 日夜晚，跳北海自杀。关于贺培新的死因及具体细节，王会庵先生在《〈徐世昌年谱〉作者遗事》一文中有如下叙述：

> 不久镇反运动开始。在解放前，贺非国民党员，但由于是所谓名流，由国民党北平市党部强聘为执行委员，贺未就。问题就出在此事。国民党任人多出常规，就是非党员也聘为委员，就为此事他想不通了，在 1951 年 12 月 18 日夜间，贺即以绳引下团城，跳北海自溺了。

贺培新首先是作为一个颇具才华的印学家闻名于世的。齐白石曾为贺孔才的印集作序，称他"消愁诗酒兴偏赊，浊世风流出旧家。更怪雕镌成绝技，少年名姓动京华。"[②]马国权在《近代印人传·贺孔

---

① 《贺孔才捐献国图文物平军管会通令嘉奖》，见《人民日报》1949 年 4 月 28 日第 2 版。

② 《齐白石手批师生印集》，北京图书馆出版社 2000 年版，第 520 页。

才》中这样描述他的治印经历和特色：

> 培新未冠即嗜书法篆刻，书学于秦树声氏，篆刻则问艺于齐白石，未几而神似，用刀恢闳雄放，面目虽近乃师，然不喜欹侧作势。①

在中国人的传统观念中，治印刻石向来被视为雕虫小技。但在贺氏看来，治印刻石同样需要治者具备足够的的艺术境界和功力。正如他在《孔才印集》自序中所言：

> 世皆以篆刻微艺，不屑为。然由秦汉迨今数千年间，卓然与古为徒者有几人哉？文彭名满天下，而生平绝少佳制；邓顽伯书名家矣，篆刻犹未尽古；独赵㧑叔氏才学兼至，卓然大雅，集中名作往往迈绝前人；西泠诸家可取者百中一二，至今日号称极盛，跨赵氏还秦汉者几人？呜呼！世交弃之，以其微末不足以为也，而其难如此，苟非覃力以求之，乌能有得哉？夫求之而不力，虽此微艺犹不能至，况其艺之难于此者哉。②

作为齐白石的得意弟子，贺培新一生治印无数，仅 1926—1927 两年中所刻印就集得六本。齐白石对其印评价极高："贺生刀笔胜昆吾，截玉如泥事业殊。小技哪应从白石，无情何不慕南狐。"誉其为

---

① 马国权《近代印人传》，上海书画出版社 1998 年版。

② 孔氏这段自序系笔者引自网页 http://www.freehead.com/archiver/?tid-30263-page-1.html，网络原文中"赵㧑未"应为"赵㧑叔"之误。赵㧑叔即赵之谦（1829—1884），字支自，后字益甫、贾叔等，浙江绍兴人，精于书画篆刻、金石考据学。文彭（1498—1573），字寿承，明代书画家、篆刻家。邓顽伯即邓石如（1743—1805），原名琰，字石如，又名顽伯，安徽怀宁人，清代书法家。

"将蓝出青"[①]。2000年北京图书馆出版社出版了《齐白石手批师生印集》一书，其中集贺氏印370余方，连同齐白石评语墨迹，可谓珠联璧合，堪称中华艺术宝库中的珍品。

除了书法印章造诣极高外，贺培新在古文辞方面也颇有建树："先生平生以道德文章自命，而因书法篆刻并臻极至，特以见重艺林，飞声遐迩。某报载其小传，称为'印人'，先生雅不愿也。"[②]贺氏自小受到良好的家传和师承，平生严守桐城派扶道济世之文统理念，视道德文章为经国之大业。在为其师吴闿生《晚清四十家诗钞》所写的序中，贺氏为文之使命意识和文风略见一斑：

> 大贤君子，包孕百家，甄剔醇驳，以维系斯文于嬗化绝续之交。而圣迹高文精奥之蕴，赖以绵延不坠，其功顾不休乎伟哉！呜呼！文学之敝于今又极矣，学者益纷纶荒诞靡所向往，老师风流，凌夷殆尽，国纲丧乱，民生毗离，然而美恶是非之办自在天壤，犹东西判然不可以移易。其至理厌乎人心，如饮食布帛之温饱而不能夺也。日月不出，爝火灿烂；冰雪弥天，桧松见节。燕雀腾空，神鹰敛翼垂喙，未培风也；蛟龙汗漫，起于沧海，而万国仰云雷焉。古之君子立身行道、勤古著书之本旨，其在斯欤？[③]

最能体现贺氏秉承桐城古文宗旨的是他编选的《文编》。此书分上下两卷，选先秦至清朝45家文章119篇，在注重唐宋古文的同时，加重了清代桐城派古文的分量，且于每篇选文后附录桐城派古文家及徐世昌《明清八大家文钞》对该文的点评，贺氏自己也偶有按语。《文编》所选古文系贺氏历年讲学授课所取篇目，选文原则是博收约

① 《齐白石手批师生印集》，北京图书馆出版社2000年版，第528页。

② 刘叶秋：《忆贺孔才先生》。

③ 吴闿生：《晚清四十家诗钞》之贺培新序，浙江古籍出版社2006年版。

取,“右文重道”,对此,贺氏自序曰:

> 盖先哲名作,浩如渊海,不明办慎择,岂能得当?户牖不启,途径不辟,将见歧路冥行,泛滥无归,何以保固有之文明,树声光于埏极!夫以四千年之古国,四百兆之秀族,必有其矗立于世宙之精神。先哲昔贤,右文重道,必有其守先待后之至意。文字云乎哉,声律绘藻云乎哉,善学者习其器而索其神,大天下而小一身。为圣贤,为豪杰,富国强兵,鞭笞八海,皆将于是乎在。[①]

除编选《文编》外,贺培新还对其老师吴闿生编选的《古今诗范》作了笺注,同样体现了贺氏承续桐城派文统的思想。贺培新古文诗词创作也体现了其深厚的古文辞功底,现存古文及诗歌作品收录在其《天游室集》中,其中文二卷,诗五卷。

贺培新艺高学深,治学严谨,培养了一大批文化艺术界专门人才。当代著名学者、编辑刘叶秋,语文教育家刘国正(又名刘征),台湾著名篆刻家王北岳等,都曾受业于贺培新。刘国正在一篇回忆文章中为我们留下了贺培新当年的教学风采之点滴:

> 孔才先生指导我阅读……每次向他请教,他评诗论文,上下古今,淹贯百书,精深博大,时而说一些笑话,横生逸趣。记得有一次他给我讲《离骚》,讲着讲着动了感情,忽然站起身,边走动边大声吟唱起来,高亢激越,声震屋瓦。他没加一句解释,我从吟唱中领会到的比听讲解要多得多。
>
> 指导我写作,孔才先生也是很少讲解作法和改动字句。他给我批改过很多诗稿,可惜散失殆尽,仅存经先生圈点的半页而

① 贺培新《文编》自序。

已。他写诗主张高唱入云、气宇轩昂的阳刚风格。①

二、徐世昌与贺培新关系

徐世昌(1855—1939),字卜五,号菊人,又号东海、弢斋、水竹村人、石门山人等,直隶天津(今天津市)人,生于河南汲县。1879年徐与袁世凯结为盟兄弟。1882年北上应试中举,1886年中进士,1889年授翰林院编修。历任商部左丞、兵部侍郎、军机大臣、政务大臣、民政部尚书、东三省总督、邮传部尚书、内阁大学士、协理大臣等职。1918年10月,徐世昌被段祺瑞控制的"安福国会"选为北洋政府第五任总统,成为北洋政府五任总统中惟一一位文人出身的总统。1922年6月,第一次直奉战争后,徐被直系军阀赶下台,从此退居天津,做起了寓公,每日潜心于读书写作、赋诗作画、研习书法。1939年6月因患膀胱癌去世。徐氏博学多才,能书善画,曾获法国巴黎大学文学博士学位,有"总统诗人"之称。平生主持编纂、刊刻包括《晚晴簃诗汇》《清儒学案》《明清八大家文钞》在内的书籍达30余种,堪称近代文化史之大家。

从年龄上看,贺培新与徐世昌是隔代人,且成年后的贺培新主要在京生活,徐世昌则一直隐居天津,所以,两人单独直接交往并留下文字记录的机会可能不多。不过贺、徐两家为世交,贺培新的伯父贺葆真又曾长年作徐世昌幕客,所以,贺培新接触徐世昌的机会还是有的,而且他对徐世昌应该很熟悉,也很具备为徐世昌作年谱所需要的各种资料条件。《齐白石手批师生印集》中收录贺培新所刻"水竹村人书画之印"一方,说明徐世昌对贺培新印术也是颇为赏识的。

徐世昌与贺培新祖父贺涛(1849—1912)同为光绪十二年进士。贺涛字松坡,近代散文家。先后师从吴汝纶、张裕钊。中年以后患目

---

① 刘国正《从几页诗笺谈起——忆我的两位老师》,见《刘征文集》第四卷第607页,人民教育出版社2000年版。

疾，后双目失明，但仍不辍讲学与著述，成为清末桐城派古文大家。在《书天津徐氏族谱后》中，贺涛叙述了在目盲的情况下为徐世昌所编族谱撰写后记的情形：

> 天津徐尚书以续修族谱稿本视涛，属为刊正，将以锓板。涛命儿子葆真校其伪误而质其所疑。既毕役，为余言谱之义例，诵说其词而白其所标识者。余既稍为更定，乃抒胸所素蓄，命葆真书其后。[①]

徐世昌在1914年所写的《贺先生文集序》中，表达了与贺涛关系之笃：

> 君中年后病目，未几遂盲。既盲二十年，诵讲不辍，所为文益多且精。集中后二卷之文大抵病目后之所为也，此尤前古所鲜闻者。盖其冥探默索之功勤矣。往君教人喜论张、吴两先生之文，以为相去愈近则感发倍切，而窥见源流攀缘亦较易。以君之言求君之学，则君文之行世可不重欤？世昌辱与君同年，相交最笃以久。君既逝世，文集未出，恐久且零落，乃以赀属君子葆真与君门人吴闿生，校定稿本而刊行之，并识其缘起如此。[②]

可见，传世《贺先生文集》是由徐世昌操持并出资刊刻的。贺葆真在《贺先生文集》最后附言中对此也有交待："今相国天津徐公为先君生平知己石交，乃笃念旧好，招葆真至都下，殷殷垂询先集，饷以巨

---

① 贺涛《书天津徐氏族谱后》，《贺先生文集》卷四，近代中国史料丛刊续辑(93)本，第331页。

② 徐世昌《贺先生文集叙》，《贺先生文集》卷四，近代中国史料丛刊续辑(93)本。

资，促其锓板，且撰序文，推阐先君志学甚具。”徐世昌还专为贺涛文集题诗一首，表达了对挚友学业之颂扬及深深的怀念之情：

蔚起桐城后，斯人去不留。奇文追史汉，大业继韩欧。待客曾悬榻，藏书正起楼。凤毛能似续，琴剑复从游。①

徐氏在此诗后小记曰：“松坡同年病目后曾下榻敝庐，朝夕论文。壬子殁于里，即谋刻其文。书成，适余起显月楼藏书，即庋置其遗集楼中。其子性存沈默能文，近年亦在余幕中。”这里的“性存”即贺葆真，字性存，贺涛之子，贺培新伯父，曾任徐世昌慕宾。徐世昌曾为贺性存祖父书写墓志铭，为性存父亲贺涛撰写墓表，性存以家传乾隆御制墨馈赠徐世昌。

另外，徐世昌曾有《简贺性存》一诗，对贺性存赞赏有加：

万轴牙签费校雠，百花深处隐书楼。文章宗派承先业，目录名家接胜流。独慨荆驼存逸史，续将风土记深州。儒门世德清芬远，小阮才华迈应刘。②

其中“目录名家接胜流”一句虽不乏溢美，但还是反映出贺性存是专于藏书和治古目录学的。徐世昌藏书处曰书髓楼，藏书数量颇为可观，贺性存为其编《书髓楼藏书目》8 卷，著录经部 400 部、史部 1 000部、子部 800 部、集部 5 000 部，共 7 000 余部。间有稿本、明刊本，主要为清人诗文集，专录清人别集书目约 2 700 种。书目编成之

① 徐世昌《题贺松坡文集》，《水竹村人诗集》卷二，近代中国史料丛刊(663)本，第 145 页。

② 《海西草堂集》卷十六，海王村古籍丛刊本第 509 页，中国书店 1991 年影印。

际，徐世昌赋诗一首，字里行间流露出对贺性存的赞赏与感激之情：

> 淡泊终怀无与俦，烦君为我典书楼。眼中白黑分知守，案上丹黄费校雠。签帙纵横十万卷，古今镕铸几千秋。裒然编目成书后，海上虹光射斗牛。[①]

谢宗陶在《徐世昌出任总统之前前后后》一文中言及徐氏著述“各书除《颜李丛书》为铅印外，多系雕版本，经理付梓者为贺性存，承办刻印者为北京琉璃厂文楷斋”[②]。可见作为幕宾的贺性存在为徐世昌典守整理藏书的同时，还负责料理徐世昌所编图书的刊刻事宜。贺性存应该是在父亲贺涛去世后才进徐家作幕宾的，此前始终在河北老家陪伴父亲左右：

> 先君……而遽病目，遂弃官居馆席，葆真朝夕侍侧，每为文，口授，葆真代书录。[③]

联系上文徐世昌“其子性存沈默能文，近年亦在余幕中”一句，“近年”指1915—1918年间[④]，说明贺性存到徐世昌处作幕宾当在贺涛去世(1912年)之后。徐世昌邀请贺性存作幕宾，除了性存“沈默能文”外，很可能有徐世昌特意照顾贺家生活的因素。从徐世昌出资刊刻贺涛文集到邀贺性存作幕宾，体现出徐世昌笃念旧交、关怀帮助

---

① 《贺性存为余典守书籍有年矣，编次书目将成因简此诗》，《海西草堂集》卷二十五，海王村古籍丛刊本第798页，中国书店1991年影印。

② 谢宗陶《徐世昌出任总统之前前后后》，《天津文史资料选辑》第三辑，天津人民出版社1979年版，第85页。

③ 贺葆真：《贺先生文集》卷末附言。

④ 据贺培新《水竹村人年谱》，《水竹村人诗集》十二卷主要写于1915年到1918年春之间。

贺涛后人的殷殷情怀。所以，贺涛后人对徐世昌是深怀感激的。贺培新在年谱中总是以“公”来称呼谱主徐世昌，除晚辈对长辈之尊外，也饱含着贺、徐两家浓浓的世交之情。

贺培新虽与徐世昌无多少直接交往，但与徐世昌堂弟（八弟）徐世襄①交往密切，贺培新在北海团城购置房产之前，一直住西城厂桥铁匠营徐世襄旧宅。徐世襄（？—1930），字君彦，号朴园，父亲徐嘉霖（徐世昌五叔）早逝，随母由河南卫辉来京投奔徐世昌，从接受教育到成家，得徐世昌全力相助。曾就读于北京译文馆，后在英国伦敦大学、德国波恩大学深造，获学士学位。回国后任东海关（烟台）、胶海关（青岛）监督。与贺培新一样，徐世襄多才多艺，平生好书法金石，工篆书，有诸多书画作品传世。徐世襄非常赏识贺培新的才能，在为贺培新写的一篇简短序文中，表达了对贺培新才艺的高度赞扬：

> 武强贺君孔才，松坡先生文孙也。才高学博，兼工刻石。与余交十余年，前后为余治印数方，率奇伟可观。尝于孔才斋中见其所辑印谱，凤翥龙舞，蛟腾鼍邀，浑融无迹，轩昂变化，不可方物，深矣哉不可测也。胸无奇纵魁伟之气，则不能措其兀傲雄壮之概于刀尺；志不卓荦心手不调，则不能施诡变于点画之间。凡艺皆然也，岂唯镌印而已哉？今余观于孔才，既竭其才思精力于道学矣，出其绪余以治金石，亦复出类拔萃，为世之负大名者所不逮，其渊然暗然之度，则尤为不可测也夫。天津徐世襄。②

---

① 据苏全有、陈九如《徐世昌家族》（金城出版社2000版），徐世昌父亲徐嘉贤25岁早逝，只留下徐世昌、徐世光兄弟二人，因徐家“世”字辈兄弟共有10人，因而号称徐氏“十兄弟”。除世昌、世光为同胞亲兄弟外，其余为堂兄弟。三弟、四弟幼年夭折，五弟世纲、六弟世扬、七弟世芳、八弟世襄、九弟世良、十弟世章。

② 这篇序文系笔者录自网页 http://www.booyee.com.cn/bbs/thread.jsp?threadid=25242&forumid=83 中所见书影，但该序文究竟附于贺培新哪种著作，条件所限，笔者无法查实，尚待确证。

三、关于徐世昌年谱

除《近代史资料》以《徐世昌年谱》为题发表的贺培新《水竹村人年谱》外，存世徐世昌年谱还有与此相关的两种。

一为十五卷本《水竹村人年谱》，编辑者署"门下士章梫"。章梫(1861—1949)，名正耀，字立光，号一山，浙江宁海人。清光绪三十年(1904)进士，历任京师大学堂译学馆提调、监督，国史馆协修、纂修，功臣馆总纂，邮传部、交通部传习所监督，北京女子师范学校校长等职，辛亥革命后迁寓上海。有《康熙政要》《旅纶金鉴》《一山文存》《一山息吟诗集》等著作存世。章梫自称"门下士"，说明章氏有可能做过徐世昌门客，或出于对徐世昌的尊敬而自称门生或弟子，详情待考。总之，章梫是以门人或后学的身份心态来编辑《水竹村人年谱》的。年谱从谱主1岁即清咸丰五年(1855)开始到民国二十三年(1934)结束，此时徐世昌尚健在。谱主35岁以后的内容主要依据徐世昌《韬养斋日记》[①]，35岁以前的内容则主要依据徐世昌本人或徐门弟子追述及有关文献，逐年日叙录，事无巨细，虽非徐氏生平全谱，但对徐氏生平叙述十分详尽。此谱原件为墨书绿丝栏稿本，十五册，封面题"此系初次写清本，公皆细阅"，时间是1938年10月。"公"显然指徐世昌，即此稿本经徐世昌亲自校读过，书中有大量的徐世昌朱笔批校和修订。另有杨逸民(名彦)者，亦校读过本书，署"已校读一过，改正如字，不知无误字否"。

另一种为二卷本《水竹村人年谱稿》，属门下士章梫编辑，门下士郭则沄节录。郭则沄(1882—1946)，字啸麓，号蛰云、蛰园，别号遁圃老迂、龙顾山人，福建侯官人。光绪二十九年(1903)进士。1907年入学日本早稻田大学，历任金华知府、浙江提学使、浙江温处道道

① 《韬养斋日记》系徐世昌自光绪十一年(1885，31岁)讫于民国二十八年(1939)五月去世前一月间的日记，内容非常丰富，史料价值极高。中华书局已于2005年以《徐世昌日记》为题出版。

台。郭氏平生与徐世昌过从甚密，二人多以诗歌相互酬唱，是徐世昌主编大型诗文选集的主要参与者，组织主持了《清儒学案》的具体编写工作，深得徐世昌赞赏。

徐世昌去世后三日，世昌十弟徐世章（端甫，世襄胞弟）请郭则沄编辑了《水竹村人年谱稿》。此稿主要依据章梫原谱稿节录而成，即将原十五卷长编择其重要者汇编为二卷。

上述徐世昌两种年谱版本原不见流传，2005年惊现于天津国际书刊拍卖会，引起史家和收藏者的极大兴趣。学苑出版社已于2006年12月以《水竹村人年谱稿二种》为题，将这两种谱本影印线装出版，实为嘉惠学林之举。

贺培新《水竹村人年谱》主要依据郭则沄本改辑而成。现存国家图书馆的贺氏《水竹村人年谱》清抄本仍保留着"水竹村人年谱稿卷上、卷下"题目，可能是抄写时受郭本影响误衍"稿"字，不过"稿"字已被贺培新作了圈点删节处理。同郭本一样，此稿也分两卷，不过同郭本相比，前面另附有徐世昌祖先及其父母的简历，系贺培新根据徐世昌续修之《天津徐氏家谱》《大父行略》《畿辅先哲传》及徐父之墓志等综合整理而成。谱后所列徐一士等时贤品文、各种报刊时文等有关徐世昌的文献非常丰富，对世人深入研究和客观评价徐世昌颇有裨益。可能是篇幅所限，《近代史资料》在发表贺培新谱稿时将谱后所附文献略去。

按：该文发表于《民国档案》2009年第1期。

外一种

俞大酉集

目　录

涵沧室诗

敬步孔才师元均 庚辰

苍松郁郁凌严寒，龙腾虬伏矜形单。三冬风厉砭肌骨，霜欺雪压云漫漫。吐纳阴阳蕴雷雨，鸾栖凤集森旁午。艰危负重自年年，涧底阴阴天尺五。生来石干青铜根，蝼蚁纷纷何足数？岭上苍茫涌明月，碧空坐觉清辉发。龙皮翠羽荡寒烟，曳秀摇姿光澈骨。直须荦确犁为田，嘘风溉露三千年。孤干遥连巫峡气，深根俯渴龙门泉。君不见盐坂迁延悲老骥，趨来槽枥常贪眠。一朝长嘶归大漠，千里雄心极大圆。

奉寄孔才师令妹幼莘先生津中

芸窗小守墨，未能学愈愚。役役逐俗好，益伤笔砚芜。久耳桑梓地，才女有鲍姑。謦欬振金石，词翰莹玑珠。林表鸣威凤，门际展新蒲。师门赐笺素，擘笺得珊瑚。朗月生茅舍，清风起座隅。字字琬琰

编者按：俞大酉诗文手稿现藏国家图书馆，由其师贺培新 1949 年 3 月捐献。稿本封面题为《涵沧室诗文》，乃贺培新手笔。编者据手稿录入时，分别将诗、文两部分题为《涵沧室诗》、《涵沧室文》。编者搜集的《涵沧室诗文》之外的俞氏作品，另辑为《涵沧室诗补编》、《涵沧室文补编》。其故旧相关之作则辑入《附录》。编讫，以《俞大酉集》冠于全篇。

似，语语华腴俱。搜肠试貂续，但觉诗怀枯。茫茫路修广，彷徨复踟蹰。蒲柳慕兰杜，斥鷃羡鹓雏。附骥岂不愿，自顾伤罷驽。愿怜面墙苦，掩口一胡卢。

山　沈

山沈万丈渊，天地如帛裂。顾盼巍峨姿，沈吟暗凄绝。山坳郁白云，苍松骈罗列。岂有出岫心，惜此孤高节。惊飚动不测，捽使峥嵘折。哀猿但悲号，杜宇空啼血。卧闻画梁间，鹦鹉调百舌。

奉和幼莘先生元均

幽庭小立月流华，杨柳依依藤满架。儿时逢此恣欢嘻，风味清腴似啖蔗。密缠交扣柳藤条，难绾流年去如泻。匆匆于役几经年，草草劳形少闲暇。俯仰身世愁恨添，望断关山魂梦怕。春花零落秋雨飘，瞥尽严冬又炎夏。风流自古浪淘空，遑论千秋万世下。且释愁怀聊自娱，行向中庭徂清夜。危巢更问卵能完，极目樑间独悲咤。

按：贺又新原诗《归津寄兄　己卯》："红榴似火阶前发，桃李成荫藤满架。小池荷叶自田田，融泄天伦味啖蔗。代谢浮生去若尘，千载悠悠亦如泄。得失名利苦牵萦，一例人生少闲暇。津市街头景更奇，枯树槎枒不知夏。去秋被水树皆枯。人声嚣杂车马喧，热汗频挥如雨下。中霄忽见月华新，独坐幽庭美清夜。鹤飞忽而掠空过，顾影徘徊自悲咤。"作者自注："一九三九年己卯初夏归宁北京返津后作，时年三十一岁。"作者哲嗣张宜先生注："史载天津洪水始于一九三九年八月二十日，退净于十月初，历时约一个半月。本诗描述去岁洪水，似应作于一九四〇年庚辰。原诗八联十六句，和诗九联十八句。贺又新原诗系晚年回忆稿，可能有漏句。"见贺又新撰、张度辑录、张宜编次：《吟香咏絮之庐诗钞》，未刊。

郊游用叔华均

连朝新雨足,望里西山青。掉鞍出阛阓,烟霭接地生。轻风拂面爽,岚影入目明。山鸟频自唤,佳木欣向荣。峰峦互挹抱,沦漪相送迎。野老烟霞伴,沧桑了不惊。山光讶似旧,空白颓云凝。尘劳暂得憩,聊且娱我情。

登山用再宜均

言登彼南岗,涉谷越陵陂。遥瞻冈峦势,上与浮云齐。豺虎盈仄径,路险人踪稀。信知一失足,高下顿云泥。鼓勇复前进,天风荡我衣。振衣凌万仞,回首群峰低。日暮归乎来,但觉心神夷。

咏月用幼莘先生均

皎皎清光净如雪,千载常圆曾未缺。悠悠人世那得知,弦望盈虚妄生别。骚客悲吟托杳冥,径思飞仙抱明月。明月高高那得攀,千古姮娥独清绝。莫谓孤栖多苦辛,寒蟾玉兔常为邻。丹桂香飘彻琼宇,澄怀酤酿四时春。微叹人间有变灭,笑看沧海几扬尘。

和仰放再宜公园望月均

名园小勾留,循砌徐徐步。瞑色渐四合,苍茫日云暮。游人指去路,归鸟噪庭树。苍松笼夕烟,翠篠沾清露。冉冉月华升,清辉皎如故。胸怀顿澄澈,尘虑消指顾。况有素心人,把袂欣相晤。人生几快意,那可等闲度。忘怀穷达理,会意盈虚数。匆匆迅流电,百年如小住。纨绔不饿死,儒冠多被误。长歌和贾生,敻哉鹏鸟赋。

读留侯世家

士逢知己古来难,相逢辄欲为之死。英雄伟抱自闳深,那便轻率传奥旨。举世纷纷越与秦,不得其人百世俟。子房卓荦不群才,欣逢黄石恭进履。三朝晤对授奇书，异数从来谁比拟。万户封侯帝者师，归来欲逐赤松子。

和幼莘先生均

迢迢碧落卷纤云，清晖灼灼寻幽人。朱门绮户才相别，又见小窗竹映月。庭前三嗅幽香冷，群芳沉醉菊偏醒。繁英细叶答天工，浅淡妆成舒倩影。幽斋超旷浑如船，花月交辉人欲仙。冥心神会古人处，恍似乘槎入云去。

按：贺又新先生原诗《秋夜用陆放翁对月元韵》："万里清风吹白云，高歌自和旁无人。不须对景伤离别，好把幽怀对明月。轻罗觉薄琴书冷，夜夜凉飔吹梦醒。虫鸣花底鸟藏林，林动鸟惊花弄影。闲栖一榻小如船，清光如水身如仙。浑忘人间繁会处，困倦但遂花睡去。"该诗发表于《天津民国日报》1945 年 12 月 5 日第 3 版《民园 · 空谷吟》。

雨窗读幼莘先生诗即用其幽居诗均

细雨霏霏昼掩门，残荷鸣雨声清新。琮琮细响戛金石，飒飒凉飔透袂裙。闲坐小窗诵新句，瑰丽真足张吾军。咏絮清才抗鲍谢，纵横辩口轻仪秦。雅怀伟抱愧男子，抗心往哲求其真。相望百里莫由接，烟尘不隔神明亲。雨声诗意两相答，恍如琴瑟能移人。由来知己不易得，交期遗貌唯其神。故园芳草自蓊郁，下风常此挹清芬。

按：贺又新先生原诗《幽居》："幽居抱雅不出门，茗香诗句皆清新。槛外晨风满楼阁，花间夕露湿衫裙。儿童竹马乱成阵，热闹真如十万军。意气飞扬思霸楚，喧呼激越先亡秦。翠眉秀目俱俊发，鹓雏龙子皆天真。故人久别形自远，儿童鱼鸟日相亲。

镜里浮花水里月，空中翠草梦中人。胡为拘束不行乐，悠游乐道如仙神。风飘电掣几千载，独留文藻垂华芬。”该诗发表于《天津民国日报》1945 年 11 月 6 日第 2 版《副刊 · 空谷吟》。

咏怀次孔才师咏菊诗均

迷离衰草偃西风，一样凄魂万里同。爱日春晖伤永慕，残荄断梗棘闱中。

家家冷艳发东篱，竞赏孤标写妙辞。那似陶公饶逸兴，自将泪眼负花期。

庭除冷落晓霜寒，篱畔黄花半就残。雪意连天愁昼永，更因风厉强加餐。

幽居遣兴

哀哀一鸟憩修桐，羽毛铩落体不充。傍树长鸣似哀诉，闻弦悸慄缘伤弓。嗟哉此鸟将安穷，四方上下森张罿。劝君莫作高飞计，劝君速返故林中。萋萋春草映空翠，秋霜的皪绯残红。夏阴冬暄足真乐，四时佳气郁茏葱。不见南阳诸葛公，草庐高卧何渊冲。感遇酬知答三顾，鞠躬尽瘁夸人功。颓光莫概西流日，三分与孰争强雄。泣表出师亦安用，时移运去风旋蓬。我今果腹百无恋，闭门咄咄空书空。闲将知好置胸臆，或取经义勤磨砻。猨鹤沙虫关底事，高歌自和声摩穹。

思故园

故园将芜岁事阑，远客神疲倦欲还。桥断河深不得渡，买舟解缆浪如山。阴霾黰黮天昏黑，寒沙击面雨如织。枉效坡公祷灵塔，百祷百违泪沾臆。榜人劝我斯须留，如此风涛罕与俦。举世劳劳宁独逸，酒帘招展且回舟。谢君至诚感君意，险绝风涛莫惊异。乘风破浪会有时,击楫波心秋月碎。

对竹吟

窗前手植青琅玕,霜凌霰集凝碧寒。雷芽雨甲抽石栏,干癯叶瘦排晴烟。微物可能通造化,暮对朝看心转讶。孤吟抱膝坐忘饥,恍契精微再三谢。冰肌玉理解虚心,清奇骨相自嶙峋。天公欲使警顽懦,长留左右为吾箴。

爱竹吟

在昔徽之称爱竹,千杆绕舍绿缤纷。东坡爱竹取其意,欲借清姿涤俗氛。猛眇物心谁解得,崚嶒劲骨自超群。人间笑辱只多事,清操苦节定谁君。试向千秋觅知己,惟有放翁是解人。珍重培成看战雨,殷勤养取使干云。

听竹吟

一夜秋风上修竹,枝叶交摩声簌簌。隔窗入耳断人肠,疑是湘江神女哭。风因无那故鸣秋,竹岂有心悲落木。蓼峨咏罢泪盈襟,愁见厨烟早炊熟。

大雪谒孔才师得句

冒雪访幽人,纷纷雪盈陌。六合著冰心,云行杳无迹。雪点鬓毛苍,睒睒映寒光。一笑根尘净,心同天地凉。

奉和孔才师雪

漫羡幽栖客,烟霞能忘老。雪来天地清,万虑自如扫。
孤游行迤逦,松柏矗疏林。翠色雪难掩,凌寒证夙心。
寒雀噪啁啾,饥鸟愁绝倒。风卷旧巢翻,傍树空飞绕。
天葩纷著袂,玉屑洒胸襟。结习未全泯,兴来还独吟。

孔才师寄示和王会厂先生近作次均赋呈

姣姣心头月，光昭八表昏。晨钟申古响，暮铎震迷魂。泽畔灵均赋，菊边元亮门。苍茫千岁感，独立与谁论。

咏怀用山谷次晁廖均

纷纷得失鸡虫口，曳足牵头较筲斗。抚心清夜思茫然，谁令久假无时还。俯仰千秋转凄惘，冰炭交搏肝肠间。贤圣英豪千载上，风期凛凛堪嗟赏。或逐巢由遁世情，不然诛乱作干城。那便三朝修羽翼，追逐蜉蝣片刻荣。悠悠人世那解此，深宫窃据谁家子？帣韝鞠䐬事雠仇，余沥残杯犹自喜。吁嗟乎！昨非今是悟之难，漫将长铗向人弹。元亮折腰羞五斗，飘然远引畴能攀。挥手时人成独往，且留清白答湖山。

清晨赴坊间市菜念及孔才师方晓行名园觅句雅俗异趣思之成笑再用前均赋此

扰扰营营只为口，有酒盈樽未盈斗。晓起匆匆赴市廛，携瓶挈盎往复还。肩摩踵接左右睨，置身疑在丛林间。菘韭蔵脔陈肆上，五色缤纷美堪赏。主人夸炫竞高声，乱似归鸦噪暮城。蝇头微利争遮取，得钱归博妻孥荣。滔滔人世俱如此，辟谷谁真赤松子？归来菜果烂盈筐，家人迎见欣然喜。幽人何处晨风前，泠泠古调方独弹。松下徘徊餐霜露，巉岩峭壁穷登攀。划然一啸震泉石，英风飒飒生湖山。

三叠前均奉和孔才师

伯乐写心不出口，自储刍秣盈斛斗。欲求骐骥食之焉，群空冀北真徒还。四十万匹材尽下，始信才难天地间。千金致骏燕台上，偶得中材遂嗟赏。霜蹄小试人人惊，星流电掣声轰城。逸态雄姿骄顾影，银鞍罗帕华轩荣。平生碌碌那逢此，自分尘埋等余子。高歌青眼愧奇才，意气轩腾惭并喜。天成逸足效之难，绝尘箭簇弓初弹。刷燕秣越行罔怠，山高途远终能攀。寄语王良好督策，看渠昂头直向昆仑山。

贺太师母苏太夫人九旬晋一寿诗四叠前均

词源倒流三峡口，渊怀未许量斛斗。万人如海隐高贤，德门更喜时往还。重闱展拜仰慈范，如坐春风绛幔间。寿母相夫事堂上，温恭早博翁姑赏。夫子文章举世惊，传抄纸贵洛阳城。文理针经成妙譬，功高伴读膺殊荣。冀北当年多髦士，诱掖提撕贺夫子。家门世泽更绵延，孙贤子孝慈颜喜。芝兰森秀华堂前，啸歌不假吴丝弹。仁者不忧静者寿，椿龄鹤算从容攀。到眼期颐重晋祝，九如天保颂南山。

人苦不知足

人苦不知足，得陇还望蜀。谁知得蜀时，悲泪又相续。河山锦绣同，何往非可欲。纷争到杀戮，举措遭桎梏。万古俱如斯，罄竹难胜录。谁似古达人，心月自相烛。不饮已成醺，炎暑无由溽。胸中灿佳丽，眼底莹金玉。斗米足充肠，何劳万钟粟。心清气自爽，德润意常沃。曳尾溷泥途，恍若咸池浴。流连采葛诗，寥落阳春曲。仰首白云飞，燕雀随黄鹄。

月下吟

明月宵从海上来，忽如飞镜或如眉。流云吞吐晕奇采，常有寒辉六合弥。诗人举酒高歌发，喜月团圞愁月亏。飞云奄忽太空塞，投杯掷笔生悲疑。劝君莫自生悲疑，著意当歌对酒时。谁谓浮云能蔽月，月自照君君不知。君不见元亮西畴理荒秽，荷锸归来月自随。又不见和靖孤山暗香满，月移梅影上疏篱。多情自古惟此月，清光常映诗人卮。弦望盈虚终莫逆，千秋万古同襟期。

辛巳元日 辛巳

年年腊尽知寒尽，今年腊去春不还。缌帐犹凝隔岁泪，玉炉空袅彻宵烟。登盘糕果知谁荐，破萼梅花不称妍。极目天涯望游子，凄寒应亦客愁边。

题菊花照片

婆娑鹤发杂童颜，依稀雾鬓与风鬟。谁将修短秾纤态，摄取毫厘方寸间。隐逸生成傲霜骨，年年独对西风发。峨峨浩态吞朝晖，淡淡澄光融夕月。梳风浴露气华滋，蔚此冰霜绝代姿。子美两开萦客泪，渊明一例证心期。骚人结想自清妙，殷勤罗网传真照。天荒地老更何忧，云烟满纸常含笑。

题背世独立图

茫茫人海中，一士天所与。储德择仁居，洁身抱义处。极目八垓外，落落寡俦侣。绝顶自登临，长风衣袂举。高歌叩帝阍，人寰向谁语。忽忽海生桑，纷纷虎变鼠。固应掉头去，高步追巢父。莽莽万重山，横胸知几许。

辛巳元月始晤幼莘先生承赐诗次均赋呈即以赠别

世途枘凿苦难入，荒烟满眼风沙急。飘然忽落太华巅，醍醐沃顶珠玉餐。天风荡袂自轻举，横胸何限嵯峨山。散绮被縠得仙侣，阴阳吐纳霏云烟。謦欬未亲意已足，灵犀一点相与还。相逢已是别离处，握手论心不忍去。万古幽怀付渺茫，长空一任笑佯狂。养就襟怀小沧海，饮露吸风贱珠琲。回首千秋傲子云，端须知己求当代。冰雪清姿心目留，天衢正路知所由。暂时判袂各归去，五云楼阙望中收。

幼莘先生返津雨雪连朝适逢其津中来诗次均奉和

无端飞雪落盈盈，怅望遥天何限情。寒意苦留欺太皞，春光闭绝阻啼莺。江南芳信传应遍，北地飞霜冻尚凝。旅雁徘徊再三顾，春来还滞衡阳城。龙潜蛇蛰豹隐雾，九天不到惊雷声。阴霾涨眼足愁思，更堪此际送君行。人生到处鸿踏雪，匆匆遇合风吹萍。飘萍一瞬遭水滥，飞鸿万里看云程。君子修名患不立，夕惕朝乾宁敢逸。试上层楼揽八方，狂澜倒海正茫茫。

按：贺又新原诗《归津咏怀》："津沽又见水盈盈，中途景物良娱情。茅舍良田轻润雨，溪云岭树暗藏莺。牧童野老纷来去，薄雪残冰尚冻凝。耳底犹萦故人语，望中早失京华城。峥嵘楼阁五云里，何处飞来弦管声。凄凉旷野埋战骨，风烟惨澹无人行。荣枯咫尺判霄壤，等闲身世波中萍。乘流而逝得砥止，莫因蹉跌轻前程。被奇服兮表独立，广漠彷徨恣暇逸。望美人兮天一方，山嵯峨兮海茫茫。"该诗发表于《天津民国日报》1946 年 1 月 7 日第 3 版《文艺·空谷吟》。俞大酉和诗题为《幼莘先生返津雨雪连朝适逢其津中来诗次均奉和》，收入《涵沧室诗》。在贺又新著《吟香咏絮之庐诗钞》中，该诗题为《返津》。在《返津》中，作者自注："一九四二年壬午自北京回天津后作。"作者哲嗣张宜先生注："原诗作于一九四二年壬午，和诗作于一九四一年辛巳，两者必有一错。可能原诗纪年错误。"《吟香咏絮之庐诗钞·辑佚》收入了《归津咏怀》。张宜先生将《返津》与《归津咏怀》对勘云：《返津》中，"野老作野叟，犹萦作犹闻，惨澹作惨淡，搓跌作挫折"。见贺又新撰、张度辑录、张宜编次：《吟香咏絮之庐诗钞》，未刊。

咏 剑

挂壁有孤剑，峨峨武库英。鼓铸经百炼，风雨作龙鸣。时时一拂拭，凛凛寒光莹。腾天生紫气，耀日扬金精。横腰配英主，诛乱收降城。鲭鱼敛铓锷，尘垢埋光明。干莫岂求合，华焕徒劳情。延津莫化龙，化龙使者惊。

咏梅用玥簃女史均

雪压风欺年复年，孤芳不减昔时妍。凌霜瘦骨寒偏劲，旷世幽姿淡愈仙。皎皎琼枝朝印月，盈盈倩影夕含烟。苍松翠竹真同调，终古因依证夙缘。

不必移根处士家，长存知己在天涯。枝横野水神弥秀，香染荒湾气倍华。高士帐中眠正稳，诗人驴背兴方赊。梳风抹月留真素，总对苍苍笑彩霞。

冲寒冒雪倍丰神，肯向尘寰索解人。幽涧荒江甘寂寞，冰肌玉骨耸嶙峋。悬天明月千秋伴，拔地青峰万古邻。桃李盗天焉得及，严冬酿取十分春。

疏影横斜过几村，无言脉脉到黄昏。罗浮径里空残梦，姑射山前尚旧痕。栏外冰溪清可鉴，楼头玉笛黯销魂。癯仙莫亦沧桑感，看倚幽篁向月论。

月夜闻邻家奏贝多芬月光曲唱片

贝氏德音乐家，世称乐圣。《月光曲》，其名作也。

长空素彩流屋瓦，袅袅清声出檐下。天上人间万古情，好假丝簧曲曲写。关山历尽供庸听，此意由来少知者。广寒寂寞起徘徊，清露泠泠和泪泻。

按：该诗发表于《天津民国日报》1945 年 10 月 8 日第 2 版

副刊，署名朝暾，题为“月夜聆贝多芬月光曲唱片”，无序。

奉和幼莘先生晨游元均

使君雅抱冰雪如，清歌高咏凌碧虚。郁郁深山焕云锦，萧萧远水生菰蒲。一宵新雨百枯润，苔痕绿涨铺氍毹。轻泥软踏溪边路，晓风飒飒吹新芦。临风吟眺意闲远，天涯有客身羁孤。干戈遍地鸟道绝，水深浪阔翻江湖。培风焉得双飞翼，饥寒莫问宁其余。关山度越空梦寐，纷纭生事劳形躯。不须折断门前柳，吾生泛泛真轻凫。君不见黄姑织女天无尽，迢迢隔水心常舒。金风玉露总相会，瑶华杂佩遗离居。

感怀五叠山谷口字均

郁郁连朝只闭口，胸中积悔盈斛斗。一从骥尾附高贤，龙章凤质纷来还。襟怀涤荡祛尘俗，翛然结念青云间。贤者英声蜚世上，神鬼应钦况人赏。诛奸辣手魑魅惊，执身如璧价连城。彩笔写成清庙颂，恩被庶物斯文荣。风月吟情肤末耳，那便萦怀溷君子。人生滋味甘苦杂，淡淡水流差可喜。君不见可人顽石不能言，琴趣何劳指上弹。佛言罣碍生恐怖，泥犁一堕天难攀。葵自知倾由物性，千秋旭日常衔山。

偶　成

白头或如新，倾盖或如故。声气岂能强，不然枉相遇。离心何可同，绝尘自远骛。昭质幸未亏，鸣璆锵宝璐。珍重此奇服，兰皋骋高步。萧艾各盈要，幽兰芬自固。

往事逐云散，飞空化轻烟。太空不受滓，轻烟那更还。幽人小窗下，悠然抱琴眠。觉来挥素手，一曲讬清弦。游心邈何许，高山流水边。知音正不远，默对同参禅。此中有真意，妙谛谁能传？

河山岂带砺，日月常经天。由来绝代质，不逐俗物迁。世无夔与旷，黄钟当弃捐。玑珵人不识，璀璨自成妍。但求知者赏，不取庸人怜。知希我乃贵，古今孰不然？

蒿目忧世患，仁人总多情。苦意怜幽草，伤心吊落英。芜秽失颜色，零落散中庭。容长羌寡实，溷俗味屡更。谁仍保厥美，芬芳怀袖盈。不如且置之，举酒还独倾。南窗傲斜日，冷眼看衰荣。

抽 思

抽思弄柔翰，意长纸偏短。学道窥圣藩，未用仪秦辩。江河日夜流，万载源不尽。所以贵无言，精诚坚独蕴。匪席不可卷，匪石不可转。结念属青云，日月常在眼。鹤飞八表宽，鲲游溟海远。无为效春蚕，自缚终作茧。

次和咏月楼元均

盛壮不再来，清游当秉烛。况有素心人，千秋共歌哭。神驰高邈邈，世法那得束。飘摇八极周，养怡致天福。高揖黄虞代，卧游邱壑足。日月照忠肝，乾坤孕茅屋。兰蕙馨盈袂，冰雪清在目。莫谓蓬莱遥，相看鬓犹绿。

幼莘先生忆风雨夜话有诗率赋却寄

一灯相对忆当时，风雨声从天外来。敲户穿帷追暑气，联床清话开愁怀。襟期无限自千古，溷迹人寰那得吐。一言会意动心脾，喜气轩腾见眉宇。知音得遇乐无涯，流水高山兴倍赊。不饮真能醉兀兀，灯前况复落檐花。朅来每觉世途隘，画地收身好自诫。犹有高歌动鬼神，吐向云霄聊一快。今宵萧瑟薄寒侵，泠泠玉露凋枫林。入耳沉沉清漏永，离思别绪纷难禁。君知此意不可忘，百年飘忽如翻浪。六出花飞定早归，剪烛西窗慰惆怅。

题画佛象

三千世界满嚣尘，烽火刀光入望频。苦海茫茫迷向背，众生扰扰肆贪嗔。庄严七宝花盈座，微妙三乘法润身。惟有真如空迹象，氤氲香篆总成春。

无忧林里坐春风，霭霭晴光四季同。妙谛罢参心自在，灵机入证气冲融。莲池万顷波澜阔，鹫岭千寻叠嶂雄。面壁拈花成独笑，会心端在不言中。

秋扇吟

扇本却炎暑，动摇清风飏。新霜凋木叶，胡乃持送将。无亦有深意，大意相弼匡。扇之有出处，犹德暗日章。时来见风骨，时去卷而藏。婕好怨捐弃，底事中情伤。用舍各有时，此意谁能详。屈彼或伸此，尺短寸有长。寒暑人自觉，此扇终清凉。四时置怀袖，千载扬芬芳。相需左右手，岁寒宁相忘。三复悟君旨，感激切中肠。凉飚吹鬓影，冷月窥虚廊。把扇心反热，意气同轩昂。再拜宝此赠，万古此为常。

赏菊之会幼莘先生留津不与诗以寄之

我未识君时，读君咏菊句。妙笔写高标，深得君子趣。京华两晤君，弥仰幽人度。怪底咏霜花，精神与花遇。一别余三月，黄花发老圃。凌霜挺劲姿，临风吐雅素。我来久留连，花似含怨怒。怒我俗不文，徘徊独不去。怨君有素心，盛会胡不与。花畔几彷徨，自顾生惭惧。明年花开时，命驾当来驻。笔砚好安排，佳酿为君酤。

雪后奉幼莘先生赐和之章叠均赋呈

迫隘诗怀枯，那觅惊人句。却忆携手游，泠然有真趣。暑退寒又积，惊心流光度。惆怅对黄花，伊人独不遇。北风散琼葩，银光眩瑶圃。天地同一心，凛凛抱寒素。对此发幽情，息嗔忘怨怒。神逐孤鸟飞，飞入长空去。振翮天衢游，徘徊意容与。莫漫赋离忧，未用生疑惧。珍重千金躯，好使红颜驻。梅蕊苞春光，且待欢情酤。

次和赵元白元均

劫火弥天正未休，烟光万里不胜愁。晚风漠漠新魂影，晨雪霏霏旧梦秋。烈胆有时伤濩落，奇书长日寄清幽。凫飞雁集浑闲事，那禁江河昼夜流。

孔才师指疾瘳有诗次均奉和　壬午

腕底生风雷，字字龙蛇舞。蜿蜒起天半，斯人端伏处。微痛庆已苏，新悟生妙绪。云雨手覆翻，百昌欣得所。翩翩新巢燕，呢喃梁间语。哑咤翠柳中，莺鹂自成伍。寥落辽东鹤，云外声含楚。城郭是邪非，萧条春不煦。世乱如逃雨，一例莫能拒。濡衣不足惜，抗志终不腐。即此是新机，生意满庭宇。拆甲茁云芽，春风猛如虎。

水　仙

冰心一点绝埃尘，不伍凡花自抱真。万古高情留洛浦，千秋逸韵入鸣琴。梅溪兰泽寻清伴，月夜霜天证净因。冻蕊生香凝笔砚，发人诗思浩无垠。

盆　梅

谁将冰雪干，移此玉盆中。横斜挺清瘦，错点绽微红。暗香袭襟袖，斗室生天风。坐对空色相，肸蠁涵雍容。岁寒足清供，佳兴安有穷。襟怀春浩浩，岁月波淙淙。真回天地闭，此力谁与同。

次和幼莘先生元均

关河霜气压京华，憔悴长安锦绣花。蹀躞东园不成乐，博棋赌酒言多夸。萧瑟归来默惆怅，重门深院清无哗。翠柏苍松荫庭户，青萝碧藓依径斜。拳山勺水足幽趣，闲看天半蒸红霞。云外青峰常结绮，悠然神往畴能遮。飞云日暮总归岫，倦游鸟以林为家。浊酒浇肠聊一醉，壶中天地真无涯。守拙抱朴返吾素，居易养晦德为车。兴亡百变谁复问，黄虞世远长咨嗟。草堂睡起晴日暖，小窗弄墨如翻鸦。多情鸿雁又传语，故人诗兴春来加。

花朝雨后放歌呈孔才师用觚庵世父均

宵来枕上听微雨，声声真作催花鼓。桃腮杏颊锦嫣生，幽禽三两花间语。隔岸青青柳色新，画桥流水自朝昏。雕甍绣闼参差是，江头肠断伤伊人。君不见汉阴老叟晴抱瓮，谁将陶甓权轻重。息机忘虑求天全，梦中那复占非梦。无端两海起烽烟，风麟枭獍同荒天。不须入海求仙药，唯有无愁可驻年。淋漓元气满天地，俯仰莫伤吾道细。乾坤震撼动高歌，神惊鬼泣知吾意。君不见盖世功名等逝波，青山万古青如螺。当歌对酒直须醉，一年烟景今朝多。

壬午暮春呈幼莘先生时先生方居母忧

京华几日风霾虐，落花如雨扑帘幕。杜鹃声里送斜阳，野水悠悠天漠漠。归来孤馆锁轻寒，珍重情怀付春酌。明朝着意小栏边，新红已上手栽药。

题五塔寺照像

举世诵诗书，几人窥至道。道只在书中，领悟凭幽讨。不然垂橐归，入山焉得宝。常笑蓑笠翁，营营求鳠鮡。日在画图中，不识江山好。我昨犯严冬，寒郊纵孤抱。枯木插长堤，平畴莽浩浩。五塔势崚嶒，错列矗晴昊。玲珑声飞楹，逶迤丹垣缭。寓目曾不留，当时偏草草。展图忽有悟，大笑自绝倒。为问河边人，眸子孰矇瞭。双鹄何处来，飞鸣度天杪。

题贺为雄太液凿冰摄影

朔吹弥天声正悲，坚冰五尺凝苑池。貂裘无暖霜风紧，呼朋携侣来何为？晶莹镜面琉璃滑，残雪犹堪没靴袜。好趁瞳瞳晓日光，凿取寒稜贮深窟。筋强器利看削成，玉质琼章澈骨清。椝度森森见圭角，磷缁不涴总空明。君不见趋炎年少争媚妩，痃疝已看生肺腑。何似当年老抱冰，溪堂一笑霜髯举。

按：该诗发表于《天津民国日报》1945年10月6日第2版副刊，署名朝暾，题为“题太液凿冰摄影”，诗后注：“张文襄抱冰堂旧址在北海北白米斜街。”

【校记】

〔无暖霜风〕《日报》作“不暖北风”。

次和幼莘先生元均

冉冉行云自舒卷，烟波浩渺连天远。一将踪迹寄人间，尘羁俗鞅交拘拦。长年闭户观物变，千奇百怪收毫端。横胸块垒那得吐，聊将心事诗中传。君有此癖虽自笑，奇情小共岁时阑。忆昨云开新月上，清光如水浸幽幌。浊醪苦茗快同倾，更有奇文共欣赏。雅集常将胜事留，新诗脱手兴偏悠。至今暮色微风里，犹有清声空际浮。烟尘漠漠望吾子，漂泊干戈嬉惫矣。芝兰臭味几人同，骥尾遥攀宁不喜。百里月明同此夜，只见庭梧一叶下。人生意气当拏云，那便青春叹凋谢。

孔才师以手植园蔬见赐未有以报会许用康先生有诗即用其均

浓阴翠幕罨书堂，蔓布花迷昼意长。中有至人凛冰雪，了无俗虑到肝肠。攻金错石心如结，纫蕙纕蘭骨亦香。为报执经门下士，朝朝引领小园旁。

九日登景山

高阁逼诸天，登临忽惘然。王城尘又满，帝子恨犹悬。朝市沧桑后，身家劫火前。连朝风雨急，极目五陵边。

按：该诗发表于《天津民国日报》1945年10月8日第2版副刊，署名朝暾。

幼莘先生来函意多怫郁率赋为进一解

人言识字忧患生，但当粗解记姓名。班香宋艳不济用，万端拂逆来无情。谁令吾子亲书史，扬葩振藻神为惊。秋蝉吟露高难饱，竹荒威凤饥常鸣。萧艾蓬蓬没肩长，幽兰空谷青泠泠。何当善持云梦量，全天好驻童颜赪。青鸟已传云外信，汉家鼍鼓喧连营。昊天正气有肃杀，待接卢敖游太清。

壬午秋暮感怀

穹年兀兀百无成，骨肉乖离愧脊令。忧端常共暮云起，坐看庭草更枯荣。奇书异字光千祀，耽之方知能不死。撼山倒海势掀豗，风发泉流靡届止。敢嗟日暮怨途长，便当发愤从今始。疾风势欲裂高冈，霜气肃森遍大荒。正有幽人三嗅泣，独赏秋花烂漫黄。

秋　蝉

咽露宁求饱，秋来未噤声。微吟传远树，凉影映寒英。弃秽形常蜕，居高意亦清。幽窗惊客梦，风雨共关情。

按：该诗发表于《天津民国日报》1945 年 10 月 8 日第 2 版副刊，署名朝暾。

秋　蝶

昨夜寒砧急，还来弄粉妆。最怜霜蕊秀，故舞冷篱旁。憔领伤群侣，凄凉忆众芳。不辞时序晏，辛苦冒风翔。

按：该诗发表于《天津民国日报》1945 年 10 月 8 日第 2 版副刊，署名朝暾。

忆大同中学菊花有作　校址为清睿王旧邸

去年今日花开处，寒香溢衍城东路。侯王霸业已飞烟，犹有霜花森旧圃。蓬蓬生气满东篱，晚节峥嵘拂檐户。花光人意共牵情，走马来看浑忘语。今年伏案不出门，闻道秋光又如许。平生爱花敢慢花，邻侣招邀独不赴。朝来取酒酹芳魂，闭门自得花真趣。一朝心赏已千秋，更烦色相昕霄遇。君不见红尘紫陌看花忙，谁欤此乐堪终古。

次和幼莘先生元均

声声晚鼓杂寒碪，风送孤愁入远林。茂叶已随流水尽，残枝犹被霰霜浸。辽东瘦鹤唫还断，衡浦飞鸿信转沉。魂逐斜阳天外逝，关河万里暮云深。

年年目送雁南征，动翮连翩云外呈。宛转真书空际写，凄凉诗句梦中成。惊风动处波摇海，朝气深时雾满城。何日春回天地朗，万花丛里认旗旌。

涵沧室文

读庄子

庄周以天下为沈浊，不可与庄语也，故曼衍为谬悠之说、荒唐之言。诋訾圣人而不惜，蔑弃仁义而不顾。论者谓其背儒宗老者，信矣，实犹浅之乎测庄周也。其书所称圣人君子乃儒者之所宗奉，亦庄生所尝讥姗矣！其他百家之说，盖视为秕糠尘垢，不足齿数。然有一枝节之稍近吾旨，吾必引而列焉。故墨翟、禽滑釐、宋钘、尹文、彭蒙、田骈、慎到之伦，皆以为近道，而以博大真人许关尹、老聃，然犹曰惜乎未至极也。周之遭际不详于载籍，太史公亦仅记其谢楚威王使者事。然观惠子三日夜搜于国中，则知周之见嫉排于时亦甚矣。且举世方行诈伪，仁义云者寖假为奸人之资，有激而逃焉，又岂敢昌言以抉发时弊，而自贻伊戚哉？遂尔参差其辞，诙诡连犿，而隐寄道术于其中。其数数论龙逢、比干、子胥、苌弘事，以知其虽有用世之心，而深怀忧生之嗟，故曰天下大器也而不以易生，故曰不撄世网，故曰不谴是非，以与世俗处。盖亦明哲保身、全生远害、不得已之极思耳。岂真能一日忘天下哉！故所谓无为者，正以不获有为为叹。所谓无用者，正以不得见用于世为可慨也。故虽曰游方之外乎，而实不能遁世无闷也，不然彼固数数称许由务光矣。举天下之大，曾不足芥蒂由光之心，又何必痛切愤慨，汲汲焉著书明道为哉？然而，周曰道术将为天下裂，是重有慨也。悲夫！悲夫！庄周真吾儒圣人之徒乎，伤其道之不行，而翻以为累，劳之不图翻以为罪，盗贼焉而假以为用，禽兽焉而资以为处，烦冤愤激至于痛哭，自怨自艾至于诋訾，意若曰圣人之道蔑以加矣，而其蔽也犹不可收拾，则天下宁复有道之可言，而黑白是非之足辩哉？于是乎寄之以荒唐谬悠。然圣人之道，大公至正，不可以荒唐谬悠曲为之喻也。则毋宁诋訾而姗笑之，以寄其愤。意若曰：圣人知我，我知圣人，用心同，积愤亦未尝不同。痛哭诋訾，何为而不可？于是乎权衡百家之稍能近乎吾荒唐谬悠之旨者，遂诡以为近道焉。近道之至，至于老聃，而终之曰未至极。然则至极者谁乎？非所谓圣人乎？知圣人者谁乎？为圣人痛且愤者谁乎？斯则不欲浅言自明矣！故曰，不以觭见之也。夫不以觭见，犹云不急人知，人又乌从而见之？宜其谲宕自喜自诡与天地精神相往来矣！虽然，周知天下善人少，不善人多，则圣哲之法足以乱天下，独不知其词激，其义晦，喻者少而昧者多。则其说益足以乱天下，是则周之过矣！昔仲尼七十说而不遇，困于宋卫，厄于陈蔡，犹且谨严其词，不敢肆为高论，盖不独洞当时之得失，又以达万世之利弊，而言行不敢稍不矜慎也。呜呼！此圣人之所以为不可及也欤？

按：该文发表于《天津民国日报》1946年8月20日第6版《民园》。此据手稿录入。

复张君书　代

奉书，如闻空谷足音，喜可知也。辱承教督以所不及，惠爱至深，期待尤厚，敢不拜赐。人苦不能自见，微二三知好之良规，度将老死不闻其过。此诚不可求之于人人也。拙著《跋濂亭先生书》，执事以为有过言。闻命惭悚，略陈鄙说，唯知者察焉。

窃尝谓古今贤豪之士，所为不必尽同。其立言之道亦非一端，要其独到孤诣，皆足以卓立天地而不朽。其幸而乘时得位，出才智以转移天下，夙所蓄积固焯焯可自表见矣！不幸而困厄不遂，奇才伟志，郁不得伸，终不得不托诸空文。而其怀抱之闳伟、意度之殊邈，亦往往雄视百代，独有千秋。所谓百世以俟圣人而不惑也。盖既服习厌饫于古人之言行以修其道矣，而其所秉赋于造化，磨练于事物，浸润于百家，以自成其郛廓者，固未肯以古人之陈迹为藩篱，而自取限也。颜渊曰："有为者，亦若是。"孟子曰："当今之世，舍我其谁！"马迁曰："孔子卒后五百岁，余小子何敢让焉？"退之亦曰："如仆者，自度若世无孔子，不当在弟子之列。"其所以自期待，固皆不在尧、舜、孔子之下。盖信道笃而自知明，其自视类如此。欧苏之视扬马则有间矣！而短长之度，美恶之分，殊亦难为论定。后之视今，亦犹今之视昔。若必谓后之人终不逮古，则后生可畏将为妄叹，而孔子亦将不为至圣也，当仁不让之谓何哉！世有英奇磊落之士，其不若是自小也必矣！

濂亭先生韬道韫德，落拓毕生，擩古涵今。发为文字，其波腾云诡之势，经天纬地之量，往往超迈前贤，自臻绝诣，凌驾乎先贤，横绝乎一代。濂亭集中常有是言，固不谓欧苏之不可睥睨、扬马之不敢指麾也。顾谓后生之尚论前人，反以逊谢不言，貌为谦谨，以矫为高，宜不合于事理之公矣！抑知文章公器，美恶高下，从无定评。宰予以夫子贤于尧舜，侯芭以《太玄》高于《周易》。亦曰见仁见智，各有不同。则区区鄙说，益何足怪？拟姑存之，留待后世之论定耳。知者之前，不欲遂已，故敢称心言之，不觉其辞之覼缕也。唯谅察。不宣。

按：该文乃代贺培新作，原发表于《雅言》1941年第7期，署名古函；又发表于《天津民国日报》1946年2月4日第3版《文艺·天游室杂著》。此据手稿录入。

【校记】

〔如闻〕《雅言》作"跫然如闻"。〔怀抱之闳伟、意度之殊邈〕日报作"闳伟之怀抱，殊邈之意度"。〔自视〕日报作"自负"。〔指麾也〕日报作"指麾也（按濂亭集中如《送梅中丞序》《送范生当世序》等篇，皆以扬马之瑰丽为之，其风力实足以追还八代。即如《云贵总督岑襄勤公碑》及《广西巡抚方公家传》等篇，皆高古雄浑，俊伟生动，逼真《史记》。欧苏集中，罕有伦比）”。〔余小子〕《雅言》作“尔小子”。〔自小也〕《雅言》作“自小”。〔鄙说〕《雅言》作“之说”；日报作“之鄙说”。〔益何〕日报作“亦何”。

读韩非子

治术必准乎人情。外人情而言治，未有能济者也。韩非明申商之术，务严刑赏，以害惩，以利劝，遂以为尽人之情焉。嗟乎！此特禽兽之情，非人之情也。禽兽饥趋食，渴奔泉，见罝格罗落，而知趋利避害也。人之情则不然。天下之爵尝高矣，而代有不召之臣；禄尝厚矣，而世有蔬食水饮、枕肱以为乐者；刑尝酷，罚尝苛矣，而义士之趣汤赴死自若也。盖人具高万物之情，复浸渐于礼乐之教，义之所存，情之所极，发诸行则可以泣鬼神而开金石，施诸事则可以弥六合而薄三光。虽陈万镒之赏，斧钺之诛，曾不足以动其心而扰其志。上下与天地同流，横古今而独贵者，端在于此也。非立利害、务繁刑严诛、蔑人情不顾，胥天下之人而禽兽畜之，是必至孳孳趋利，充幸免之心，而为无耻之极，上下交相剋而交相蔽，欲以求治，殆所谓不得鱼必有后灾者乎？且秦立，本有虎狼之心，非更欲逢迎干进，不惜助长，盖其暴戾恣睢，轻杀天下之人。呜乎！非之说行，秦以不祀，而祸亦遂中其身，可不悲夫？

读韩退之论佛骨表

韩退之论佛骨表，忠诚悃愊，义明辞辩，而卒不能回宪宗之惑。余尝读而深思之，天下之易惑难晓也久矣！孔孟明先王之道，身体力行，为天下先。其言其事，俱足与天壤相敝。然而唇敝舌焦，终身不遇。千百年下，世风日替，好学明道之士，抱圣人之遗经，痛哭流涕，以喻世人，而世不望望然去之者盖鲜。佛者夷狄之法，其典要率皆移译强缀之文，意造神奇，侈谈祸福，其玄义眇旨，多外人情，独驰骋于疑似是非有亡之际。聪颖之士，有托而逃，往往耽溺而不返。庸众之徒，诱于祸福，往往笃信而罔懈。夫儒释之道不谬，高下不相侔也。而世之昧于此而笃于彼也乃如是。

尝试论之，天下中人心之深者，莫甚于祸福。先王之治天下也，为之衣食，为之宫室，民乐从之，而安居乐生以致福，初不自知其所以然。三季以降，人事渐纷，而纵横短长、消长屈信之说起。于是，霸道以昌。盖王者之所图，远而难窥；霸者之所获，暂而易见。是以圣如孔孟，以真知灼见，苦虑焦思，欲挽狂澜而不可得，夫亦其势然也。民之智至不齐也。上智之士足喻至道者，千百人不有一焉，是以举世滔滔而不返。民之生于乱世，殉财殉名，以至于家国荣辱之端，惫精疲力，以与无穷之世态相搏。变至于穷，无复之思，择一途以自放。佛者适为鬼神多生之说，以开其穷极无聊之思，故遂入而甘心焉。吾儒之说，一衷于正耻诡遇，不言怪力乱神，以依仁行义为福，不义而富贵为祸。箪食瓢饮，乐在其中，安而行之，无待勉强，其自得之趣，君相不足以易其尊，父兄不能以喻其旨。嗟乎！此求之于贤者犹难，讵可执途人而共喻哉？此吾儒之道所以充塞天地、敻绝千古而终不为乱世庸俗重也。贤哲之士，蒿目忧世，痛圣道之不昌，异端之滋甚，而斯民寖假有沦胥之祸，故不惜抗斧钺而慷慨力争之。盖亦根于仁人爱人之心、义士拯危之志，油然动中，不能自已，知其不可而甘为之也。此殆退之之所以为近圣而佛骨表之所以昭然千古也欤？

贺太师母苏太夫人九旬晋二寿序

曩大酉执教于市立第一女子中学，诸生中有曰景曰暟曰昭者，先后就学其间，并沉潜秀发，回异流辈，固已叹非寻常仕禄之家所能有。庚辰之夏，受业于武强贺孔才先生之门，因得拜其祖母苏太夫人于堂上。太夫人年已九旬，精神矍铄，似五十许人，正襟危坐，与后生谈，娓娓不倦。而曩之三生者，侍于旁，然后知为太夫人曾孙女也。既又获交先生妹幼莘先生，闲静方雅，清才绝俗，且蒙以文字相督策。益叹太夫人福德兼备，其贞懿之德，濡渐于孙曾者，至厚且深。而恧然自惭其无似矣。旋于治学之余，聆悉太夫人治家之法，务勤朴，外荣利，淡泊寡欲，与吾母风旨乃略同。而子孝孙贤，咸能保其令望，慰意承旨，使事物不撄其心。故年登耄耋，神明不衰。大酉荒嬉不学，既无以慰吾母之意，又时贻堂上忧，使吾母不能一日忘事，以怡情而娱老，遽以花甲之年，弃养于前岁。兹维太夫人康强寿耇之由，而后悟往者之不足为人子，不自知汗之发背而沾衣也！抑大酉既从孔才先生读古圣贤人之书，兼及太夫子松坡公上下千古闳通卓绝之文，固识道统之传由来已久，渐将化冥顽，医俗鄙，向往君子之藩，或幸免于小人之归矣。而欲服习女子修身接物之道，秉承不可复得之母教，微太夫人吾谁与归？然则太夫人之康强寿耇，非独吾师一门之瑞，固冥顽不肖如大酉者之所企祷而仰赖者也。今值太夫人九旬晋二设帨之辰，谨鞠曕奉觞以祝太夫人之膺受多祉。太夫人慈仁为怀，必将鉴其愚诚，进而教之也。

观菊记

胜清睿王旧邸，民国来辟为学校，集千余学子，弦歌讲诵其中。主人既葺坏兴废，使各适其用；又因其废圃，畤菊相寒暖燥湿之所宜，灌以泉，腴以膏，芟其冗条，去其旁蕾，穷年不倦。暮秋之月，乃烂然而俱放。主人折柬召赏，名种千余，罗列一堂。大如盎，细如针，高可寻丈，短才尺许，丰瘠纤宏，各极其妙。斓斑五色，高照四壁。一秋胜事，盖无逾于此矣！夫菊之为花，经霜雪而弥茂，世以譬诸淡泊励节之君子。然微爱之者之培植将护，则虽有美质，或萌蘖而夭，蚀于蠹蚁，吻于牛马，困于荆榛，杂出于藩溷之间。又或旁出多歧，夺其精气，且将渐与常花等，不以名种称也。然则今之得参列于氤氲广厦之中，以呈异采者，顾不类出人培护之苦心乎！花之所获如是，则昕夕就学其间，所获于主人者，宜可知已。且花之可惬心娱目者众矣，而主人独有取于菊，盖以凌霜傲雪，可资观省以励风节，其意可深长思矣！主人云："菊中佳种，放葩独迟。"意者其所得于天者独厚，蕴蓄独深，固有不肯轻发者欤？主人，贺师孔才。同观者，舍妹大贞、苏老汉翘。苏老盖晚节独劲、遁世自甘之君子，与黄花乃相映而交辉云。天津俞大酉记。

伶人杨小楼传

燕京古王者都，百工杂技荟集輦毂下。晚清慈禧后当政，纵情声色，耽玩优伶，而谭鑫培曾膺殊宠。鼎革后梅兰芳抑且蜚声国外，授博士焉。杨小楼颉颃其间，不忮不求，四十年保其令誉。论者谓其独到处，他人所未有也。初不为人重，踔厉奋发，卒以成名。平居谨饬好道，能读子书，尝与诗家易实甫顺鼎论庄子解撄宁之义，为实甫所折服。实甫为诗纪其事，所谓"那园观剧"者是也。其学养既殊，用是举止言动，回出流辈，度曲奏技，纯以神行，矜重蕴籍，涤尽浮嚣。当其感慨悲歌，使观者为之流涕；发扬义烈，又使观者为之兴起。信杜公所谓"天地低昂"；而庄生所云"进乎技者矣"！曩尝入宫廷奏技，慈禧大悦，宠赉有加，或为王公大臣所不逮，闻者咋舌。晚近世风日替，竞以姣服柔声、靡靡之乐应俗尚。小楼已老，稍不协时。然不屑与时流竞长短，常完发作道士髻，焚香礼佛，读书而已。然偶一登场，叱咤喑鸣，神采奋动，举座震惊，未尝不踌躇满志，充然若有得也。民国二十七年，年六十一卒。

外史氏曰："余尝观杨伶演项羽乌江之败，辄为气索。垓下一歌，泪随声下，弗自禁也。吾师孔才先生，素外声色之好，而独许杨伶，虽艺而进于道。吾乡张伯苓校长，往往由津入京聆杨之佳奏焉。盖其艺足以厌学者之望如此。欧阳公作《伶官传》，深慨乎伶人败政乱国之由，而庄宗国亡身弑之辱。余谓小楼游于艺，而渐浸于君子之教，戒慎自守，不为内疚，其风概或为学道之君子所不及，因次其事而论之。

按：该文发表于《天津民国日报》1946 年 1 月 22 日第 3 版《民园》，署名朝暾。此据手稿录入。

【校记】

〔感慨〕日报作“慷慨”。〔使观者为之流涕〕日报作“使听者为之流涕”。〔不逮〕日报作“不及”。〔孔才〕日报作“天游”。〔往往由津入京聆杨之佳奏焉〕日报作“往往因其奏技，税车而入都焉”。

书韩退之师说后

韩退之《师说》以为，惑之不解，由人之耻相师，因深慨夫师道之不传。然其《答吕毉山人书》则自谓：“世无孔子，不当在弟子之列。”退之岂耻学于人者耶？何其太自负也！今之人曰：“吾师之传如是，吾师之所以解吾惑也如是。”揆之于道无之而有合，然其人固未尝耻于学也。方其瞢然瞀然，莫知所从，内之道则入道，内之异端则入异端。而为异端之说者，率饰为偏激荒诞诡怪可喜之辞，以道其所道。学者不察，入而主之。于是冥行自是，终其身而不返。此杨墨佛老之说之所以背道离经，而往往乱天下也。世变无极，邪说异端之坌兴，有甚于杨墨佛老。学者从之，去道益远，惑亦滋甚。呜乎！所谓传道授业解惑者，岂易言哉？而退之自许，仅在孔子之下，盖有由矣！虽然，人非生而知之者，术业道统之传，必资力于师。独为人师者，必先诚意正心，反求诸己，博学慎思，充然有以自得，然后可以言诏后，然后可以言传道。而学者于所师承，尤必慎之又慎。倘得明道之君子焉，则委心诚敬以事之；不得其人，则冥心孤往，远师圣人，不为抗颜已。

赠贺幼莘先生序

精金美玉，夫人而知宝之。当其卝于山、蕴于璞，历千百世而不显。庸俗遭之，亦澹泊等闲视之，曾不以措意！然其为精美自若也。英奇特识之士，一旦发藏剖璞，而后庸俗乃瞠然而惊，恚然而恨，瞀焉而迷矣！然其为精美犹自若也。藏山蕴璞，不减其光；发卝雕函，无加其重。显晦之遇，庸俗之重轻，曾何足增损其美质于毫末乎？抑知世之尤物，皆天地英华之所寄，其精光宝气，自不可掩。故虽奇士不世逢，尤物不多觏，而终必彰彰于耳目。而向之深藏固闭，正天之所以爱之重之，不轻许庸俗知也。

贺君幼莘，幼嗜诗文，长而弥笃。每来自津，辄出示所作，曰："自余归张氏，家人族党以余所嗜与俗殊，群目笑而腹诽之。重违众意，间有述作，皆于夜分，盖不见天日之物也。"言已而笑。察其意，充然甚自得；读其文，渊渊乎多洞达道要之旨。殆所谓百世以俟知者而不愠者欤？君固未常以显晦之遇、庸俗之重轻为得失，抑亦知天之爱之重之，有逾于寻常。而今兹之不见知，正可以自豪而自慰者乎？爰于其归也，书以赠之。

先考行述

先考讳明谦，字抑忱，姓俞氏，原籍浙江山阴。明初北徙宛平，再徙天津。曾祖讳世璿，妣武氏。祖讳昌锦，妣丁氏、杨氏。考讳文栋，妣李氏。吾祖幼失怙，家赤贫，生先考兄弟三人。先考次居第二。

诸父多习商，独先考好读书。既就学义塾，笃志励学，行止端慎，颖悟异人。塾师陈公怜而时资给之。光绪庚子游于庠，而拳祸起，乡试停。癸卯秋，奉派赴日本习师范，归任教职于天津南开中学校。宣统己酉春，中津邑选萃科拔贡生，朝考以湖南知县补用旋为农工商部奏留办理京师蚕业讲习所。

鼎革后，任北京高等师范学校教职，迎养王父母于京。民国九年，任中东铁路局秘书文书课长、沪宁铁路局秘书、交通部路政司佥事上任事。十七年，政府南迁，遂无意仕进。逾岁，以疽发背，于十一月十五日卒。距生于光绪庚辰年十二月二十七日，享年五十。

先考天性肫笃，事王父母至孝。王父兄弟三人，先考事伯祖、叔祖并极诚敬。处从兄弟友恭兼至，生养死葬，莫不代承其劳，数十年无违言愠色。同生兄弟三人，伯父明训公幼以疾废，不良于行，先考爱护敬事之。叔父明谨公幼而好弄，不喜读书，先考督策淬厉之。十七年夏，王母病中风几殆，先考侍疾形神交瘁，由是中病已深而不自知。未几，疾发，遂以不起。

先考性方严沈毅，不轻言笑，而虑事周详，言必有中。顾傲岸狷介，不协于时，于流辈少所许可，以故所如不合，遂日以搜集古物书画为乐，考订赏玩，穷日夜不倦。常自谓："奔走尘埃，劳神烁精，束约已甚，惟晤对古人于一室，会其意度丰采于千载之下、纸墨之间，差足逸志而娱情耳。"家本寒素，每遇佳品，往往典质衣物以得之。即力有未逮，未尝不怅惘形于色也。平居俭约自奉，而于戚族孤弱，资助教督，未尝后人。所为诗文不甚自矜重，稿成辄随手弃去，以故无存。

元配先妣李氏，生一子，不育而殁。继配先妣张氏，讳在谷，为外王父芝田公最幼女，三岁失怙。外家素丰，诸兄弟皆豪侈，女兄弟亦皆字富商，然不数岁而尽荡其家。先妣来归，年二十四。时先考方自日本归国，教读所入，稍能自给。而王父复以营商折阅，索逋者日趋于门，先妣尽质匳中簪珥衣物以偿之。值归宁，王父母虑为张氏戚族笑，谋称贷为赎。先妣曰："贫也非病，我无求于人，寒畯庸何伤乎？"生女符男炳，皆不育。戊申生不孝大西，先妣既失两儿，弥自矜慎。壬子生妹大贞，乙卯生弟大鲲，甲子生弟大椿。先妣于诸儿温煦抚爱，行不言之教。而不孝等虽长大，犹日跳踉于母侧，不自知其非婴儿也。先妣性磊落伉爽，不好为儿女子态，侍姑嫜和娣姒，以诚以敬。自奉薄，终身无私蓄，无华服美饰。与先考相处，终身无间。先考弃养，先妣外内一身，不常戚戚作忧容，而不数月，鬓发皆苍，无人知其忧之深也。先考既殁，先妣诫不孝等善体父志，求自树立，不可妄干人。不孝大西已卒业于女子大学，能以教读所入谋衣食。先妣上侍病姑，下抚诸儿，勤劬周慎，未遑一日宁息。其后不孝大贞、大鲲次第卒业于大学，稍能为甘旨之奉。而先妣节衣缩食，纫缀操持如故。不孝等或请自适，辄曰："吾安此，乐固在其中也。"二十五年冬，王母弃养。二十六年春，先妣扶柩，归葬天津祖茔。同年夏，大战勃发。未几，不孝大酉除第一女子中学校校长，而举步荆棘。先妣恒悒悒不乐。二十八年春，不孝大鲲离膝远游。二十九年夏，郁郁遂病。初病痢，数药而瘥。九月二日，以脑充血病弃养。先妣生于光绪辛巳年十一月初六日，享年六十。不孝行能无似，谨就所知，追述先人志行十一，用备采择于知言君子。

民国三十一年十二月三十日，不孝女大酉谨述。

涵沧室诗补编

读天游师及榆园勤斋同赏墨石之作步韵敬题

清明至德常在抱，君子忘忧亦忘老。由来所乐非穷通，适心得道斯为宝。长安闹市隐高人，风骨文章并绝伦。赏奇析义发高咏，片楮流传世所珍。我获拜观心起肃，天风宝气生尘屋。昭昭譬揭日月行，烂烂光华照心目。忧患茫茫比岁多，妖氛毒雾森天罗。一年容易秋又至，飘萧败弃堆层坡。遥闻展转娱清供，奇姿逸品千金重。真赏难期世俗人，瑰宝固应知者贡。鬼神呵护几经秋，端为骚人洗客愁。瘦骨嶙峋怪石匹，雅怀古淡墨花留。区区鄙吝总山积，面墙扪钥送朝夕。何当聆法虎邱山，点头一笑效顽石。

按：该诗载张铸时、齐纪图编《岁寒集》，天津民国日报社1946年2月第1版，署名古函。

天游师以与许张邓诸先生会饮唱酬之作见示次均奉和兼呈三公

退之称文伯，笔将造化补。华风吹死草，膏泽润下土。千载追遗风，见有文星聚。意气凌沧洲，珠玑落豪楮。乱耳无丝竹，浇愁有清醑。兴酣五岳摇，歌成还太古。怪底诗肠鸣，芒角生肺腑。墨兵迭往还，笔阵列三五。四海方鼎沸，万民苦行伍。莫作鼓鼙声，此声最酸楚。

按：该诗原载张铸时、齐纪图编《岁寒集》，天津民国日报社1946年2月初版，署名古函。

次和幼莘先生逭暑之作

溷迹人寰里，幽怀只自知。劳尘纷似霰，积牍乱如丝。拂暑凭蕉扇，占风觇柳枝。斗诗消永日，笑语却炎曦。

人间聊小戏，万事马牛风。世俗酸咸异，芝兰臭味同。新诗传片楮，清响讬幽桐。结习未全泯，高歌透碧空。

按：该诗发表于《天津民国日报》1946年7月15日第5版《文艺·消夏集》，署名古函。

涵沧室文补编

卷　一

觉梦虚实之辩

古莽之民，以梦之所为者实，觉之所见者虚；中央之民，以觉之所为者实，梦之所见者虚。然则觉梦果有所别乎？周之尹氏，位足荣身，资财有余，而昔昔梦为人仆，趋走作役，无殊乎老役夫。而老役夫者，虽竭其筋力，呻呼即事，而昔昔梦为国君，恣意所欲，又无殊乎尹氏。一则劳于梦而逸于觉，一则劳于觉而逸于梦。然则尹氏与老役夫果有所别乎？

今之世人，皆以幻化之觉醒为真，故扰攘于尘嚣中，而不自觉，贪婪诈骗，无所不至，以营求其觉中之安逸，此人心之所以每况而愈下也。殊不知觉梦无异，苦乐相均，理难相兼者也。人寿不过百年，此百年之间，幻化而为觉醒，为梦境，无丝毫之异。而世人皆误以为梦幻觉实，不亦愚乎？列子所云“信觉不语，信梦不达”，盖有感深矣。

按：该文发表于《辟才杂志》1924年第3期，第46页。

读逍遥游书后

老庄之学，以清静无为为主，故《庄子·逍遥游》篇，有“至人无己，神人无功，圣人无名”之言，诚哉是语也。然所谓至人神人圣人者，世所谓绝无仅有者耳，其中或无名而不能无功，或无功而不能无己，故真能逍遥者，举世恐亦无其人。是以今人无名则嗒然丧，无功则忿然悔，损人以利己，日断断然于名利之场，未尝念及逍遥之乐，又何足怪耶？故真能逍遥者，虽不居于姑射之山，汾水之阳，无所往而不逍遥；不能逍遥者，虽居之于无何有之乡，广漠之野，人我之分，名利之见，介然于心，又奚益哉？

虽然，国家兴亡，匹夫有责。当今国家多事之秋，前途希望，正在我辈。若人人从事乎逍遥，则无名也，无功也，无己也，皆足以减我辈进取之心，而国家前途，不可问矣！吾辈个人之责务，安忍放弃？吾故于庄子之言，诚韪之矣，然而未敢效之也。

按：该文发表于《辟才杂志》1924年第3期，第103页。

送　春

可怜的子规，很悲惨啼着；灿烂的碧桃花，也开始往下落了。春去了么？

还记得你初来的时候，带着和暖的微风，唤醒了一切生物。红桃含羞的笑着，新柳软软的拂着。秀媚的春色，甘露一般，灌注到我微弱的心灵里，使我感到纯洁的、天然的美。

光阴逝水般的去了！曾几何时，已是落红成阵，柳絮狂飘，你那末日又到了。

无情的春，不来倒也罢了，偏要慢慢的来，又急急的去，使我们都感到离别的惆怅。既然有来，必须有去，天下没见过不散的筵，这也怪不得你。我独恨你去的时候，为何不告诉我你的归路和时期，使得我不得替你饯行，就是以后想念你，也不知你的踪迹。你也觉得此举有些残酷么？

春呀！呼你不应，寻你无踪。可爱的春，也就是残酷的春，你为何忍心来使人人都感到魂消断肠的苦楚呢？

呖呖的莺声，呢喃的燕语，都与我们告别了。春呀！愿你前途珍重，并望你明岁早来，与我在这寂寞的庭院中聚会一聚会吧！

按：该文发表于《辟才杂志》1924 年第 3 期，第 132 页。

妇女与时代

人是不能离开时代而存在的，妇女当然也不能例外。我们听许多人讲过，现代的人应该对时代有清楚的认识，应该把握住时代来作事，才会成功，这是确切不移的真理，任何人都不能否认的。现代的妇女当然也是如此。不过一般的眼光，觉得男子在社会上比较活动，办事的能力强，左右一切的力量比较大，所以大家都把时代的责任，侧重的责成在男子的身上。而在妇女本身，自己好像也觉得力量的不够，不敢抢着来担起那么重的责任，所以就普通的情形说，妇女对于时代的演进，政治的转变，往往漠不关心。一般的妇女觉得时代所赐予她们的，只有享受方面的改变。例如，几十年来，由菜油灯进化为电灯、煤气灯，由骡车进化成电车、摩托车。几十年来，好像除了衣食住行的享受以外，时代便与她们没有别的关系，这是非常不对，同时也非常危险的事。

要知道，妇女负着家庭的责任。她是家庭的中心，丈夫儿女都与她有最密切的关系。她对于时代的了解与否，连带着就可以影响到她的丈夫和儿女身上。所以现代的妇女，绝不能忽略了自己身上的责任，不应该醉生梦死，过着一种“不知有汉，无论魏晋”的生活，应该深切的了解时代，知道时代演变的大势所趋，用纯正的思想灌输给儿女，用纯正的思想来勉励丈夫，然后才可以有合乎时代的良好的家庭。在每个家庭都变得良好的时候，无疑的，我们便可以有一个理想的社会，国家也便因之而有了巩固的基础了。

由以上所说，我们已经知道了妇女对时代应有的注意。在现在中国更生的时代，每个人肩上，都加重了负担的分量，尤其是思想方面，不容有一点错误。思想方面的一点错误，就可以陷自身以及整个的国家于万劫不复的境地。妇女们，不要只在物质方面来研究时代了，不必管他衣食住行的享受怎样变化，以及怎样去赶上它。现在一班人的当前急务，是精神方面的训练。妇女在这工作中，占有很重要的位置。我们国家是否能由黑暗走向光明之路，是否能由垂危而更生，都看妇女们的努力如何了。

时代的妇女们，希望大家努力！

按：该文发表于《妇女家庭》1939 年第 1 卷第 4 期。

为什么抗英

中日两国阋墙之争，兵连祸结，已逾二载。而我国赤地千里，生民涂炭，或战死沟壑，或流离道路。试究所以致此之因，盖莫非英人之赐也。

溯自鸦片战争以来，五口通商、割地赔款之条约缔结，列强乃群起效尤。数十年来之丧权辱国史，莫非鸦片战役肇其端。中日事变发生以来，英人更鼓其如簧之舌，播弄其间，冀收渔人之利，乃有今日之惨祸。党府执政者，昧于事理，认贼作父，与友为敌，黑白混淆，是非倒置。长此以往，行见吾中国国民无噍类矣。

如今之计，我国人亟当翻然觉悟，力行抗英。除誓不与英人合作外，更当设法促党府之猛省，庶可出生民于水火，谋民族之更生，愿吾国人更勉之。

按：该文发表于北京市教育局编《好朋友》1939 年第 7 期。编入时有删节。

时代青年应具备的条件

什么叫做时代青年？是衣服穿得摩登入时的人吗？是嘴里会说些新名词、新字眼的人吗？不是！一个时代有一个时代的潮流。一个时代的人就有他的现时代的任务。凡是能合于现时代的潮流，能担当起时代的责任的青年，才能算是时代青年。现在的世界，已经被时代的轮子推动着，由简单日趋复杂。因此，时代青年也就非有相当的力量不能担负他的责任。要想做一个时代的青年，至少要具备下列的几个条件。

（一）坚强的体魄。中国过去对于青年的训练，最大的失败，就是对于身体锻炼的忽略。一般读书人只是埋头读书，坐透寒氈，磨穿铁砚，结果弄得拱肩缩背，弱不胜衣；可是一般见解，以为非得作到那种样子，才配得说"儒雅风流"。坚强的体魄，只有赳赳武夫才需要，不是每个人都需要的。这是何等的错误？我们试看看古今中外的历史，有几个身体孱弱的人能作出大事业的？不要说到体育场上的角逐争胜，就是作任何一件事，身体不好的人，一方面因为疾病的缠绕，使他不能担任巨艰；一方面由身体影响到精神，使他的心灵脆弱，绝对不会成功的。所以要想作时代的青年，担当起时代的重任，非有坚强的体魄不可。

（二）充足的知识。知识是一切事业的根本，尤其在现在，各种学问一天比一天繁富的时候，没有知识作基础，作一切事都会感到无从着手。所以，在学校读书的青年们，应需利用机会，把各种学问尽力研究得切实透彻。没有机会读书的人，他们也不必失望，富兰克林、爱迪生也都不是有机会读书的人，他们两人，一个是印刷局的小徒弟，一个是火车上卖报的孩子，可是由于他们自己的努力，结果能在学术界放出美大光芒来。我们何尝不能如此？只要我们肯努力，到处观察注意，随时随地都是学问，并不只限于书本。我们有了相当的学识，再来处理一切事，自然觉得轻而易举了。

（三）忠实的态度。所谓忠实的态度，不是只限于说话，或是交朋友，一个人无论作什么事，都要有一种忠实的态度。有人说过，中国人最大的毛病就是作事不认真，不认真就是不忠实。一个人若是说谎，或是卖朋友，当然谁都会批评他不忠实。可是一个人读书不用功、服务不认真的时候，很少有人用“不忠实”三个字来批评他。我们平心静气的说起来，这种不忠实，与说谎、卖朋友是一样的。读书不用功，耽误了宝贵的时间，对不起自己；服务不认真，敷衍了事，误了事情的成功，对不起国家社会。所以这种不忠实与说谎是异曲同工，同样要不得的。时代的青年，不但要在说话、交朋友时忠实，读书、作事以及一切，无往不需要有忠实的态度。

（四）吃苦耐劳的精神。古语说：“君子有终身之忧。”又说：“生于忧患，死于安乐。”可见人生的真意义，就是劳苦忧患。时代青年是时代的栋梁，当然身上所担负的劳苦忧患，比一般人更要多，更要重。时代的青年们，要记着劳苦是我们的本分，安乐只是一时的享受，是妨碍我们成功的毒素。我们应当利用坚强的体魄，练习着吃苦耐劳，才能赶得上潮流，才能担得住时代的担子。

（五）纯正的思想。所谓纯正的思想，就是一种中心思想。青年们因为学识不足，意志不坚定，往往听了些荒谬的议论，怪诞不经的学说，只要说得新奇动听，不加考察，就盲目的跟在后面摇旗呐喊，这种事是屡见不鲜的。比如在过去，一般青年中，有不少的人受共产邪说的煽惑，跟着走入歧途，这是非常危险的事。所以一个时代青年，至少要有一种中心思想，遇到一种新学说、新主义介绍到我们面前的时候，不要义气从事的盲从，或者诽谤，要用冷静的头脑审查他的是非好坏，再定去从。不要盲目的走入歧途，毁了一生的名誉事业。

以上所说的几种条件，不过是简单的略举一隅，希望青年们举一反三，仔细揣摩。青年们，你们是生在现时代的人，现时代的责任就在你们的肩上，不容你不担负。你们应当努力训练自己的身心，至少要具备了上列的条件，那么，纵然穿上十五世纪的衣服，并不减少了你时代青年的价值。反之，虽然你的衣服能与二十一世纪的形式相合，也不过是虚有其表。你的内心的陈腐，依然要使你落伍的。

民国二十八年四月十八日。

按：该文原载《新民青年讲坛讲演集》（第二辑），1939 年版。

谈妇女运动

二十多年来，中国的妇女运动总算已经得到了相当的成果。在法律、经济、政治、教育各方面，女子现在已能享有和男子相同的权利，打破了以前必须忍受的传统的束缚与限制。但是，平心静气地想一想，妇女运动所获得的，实在还只是表层上的成功，局部的胜利。有些知识层阶级妇女已能利用参政权在社会上眩耀，然而大多数下层阶级的妇女却依然不能脱离经济上、社会上不平等力量的压迫。领导妇女运动的人，不能以为自己在社会上地位能增高，风头能出得健，便已算获得了成功。妇女运动的真正的成功必须是全部的，不能只限于少数，只限于表层。少数和表层的成功形成了妇女运动根基的浅薄，一个反动的潮浪便将很容易地将它推翻。

目前我国已将正式走上民主的大道。试看一看将要占国家主人的半数的妇女们，她们之中的绝大多数，依然在那儿懵懵懂懂的活着，没有力量改变她们的环境。而倡导着妇女运动的人，除去为自身找出路外，似乎还很少有人计画到妇女全体的前途，这是妇女界自身的危机。像这样的运动将永远不能使妇女得到真的自由和解放。

现在谈到妇女运动，我们把倡导的责任和一切的希望，都寄托在知识阶层妇女的身上。在有着百分之八十以上的文盲的中国，妇女而能受到教育，走到知识阶层里，当然要说是稀有的幸运者。我们希望她们倡导妇女运动，而且希望她们注意以下几件事：

（一）祛除浮华。大多数妇女有慕好虚荣的心理，因此好名，好出风头，好以自己的地位炫耀，几乎是一般妇女运动倡导者的通病。现在妇女们所需要的领导者，是“以先知觉后知”的导师，是潜心于实际问题的实干者、苦干者。妇女运动的成功，要在整个社会对于妇女待遇的改善，而不在几个女英雄的养成。

（二）认识时代。时代的巨轮转得一天天快起来，生长在其间的人，片刻的停滞便将被它卷没下去。妇女也不能例外。为了适应时代，抓住时代，妇女们必须一刻不能放松的吸收新知识，充实技能，免得为时代所遗弃。

（三）忍苦负重。现在这妇女运动成功以前的过渡时期，家庭给予妇女的羁绊尚未除掉，新的局面尚未达成，妇女要兼负着双重责任。现在正是一个严重的试验，妇女们必须忍着一切痛苦渡过这重难关，才能奠定妇女前途的真正基础。

按：该文发表于《天津民国日报》1946 年 3 月 8 日第 3 版《妇女节特刊》，署名朝暾。

耀华学校二十年同学录序

中华民国三十七年夏，本校中学部三十六年度毕业诸生编制年刊，问序于余。本校创办迄今，已二十载，具有其声誉与地位。创办人及历任校董诸公与夫在校执事同人，缔造发扬，功皆不泯。余来也晚，深以不克媲美前修为惧。又值国家板荡之后，社会凋敝之余，经济匮乏，自难例外。但吾辈本艰苦之精神，殚智竭忠，交勉互励，期吾辈无负青年向学之殷，而诸生无负学校造育之意。一年以来，踔厉奋发，融泄和乐，此社会所共闻，而诸生所共见也。行矣诸生！业精于勤，功成在朴。至诚则金石为开，尽忠则神祇可格。此校训"勤朴忠诚"四字所以终身用之有不尽也。行矣诸生！学问之深造，正无止境；事业之发扬，正无涯矣。为国桢干，为民先觉，胥将于诸生乎责望之。譬夫扬帆解缆，泛海涉江，辽乎远哉！余方企踵以观，未拟自崖而返也！

按：该文原载《耀华学校二十年同学录》卷首，1948年版。

卷　二

我所看到的战后日本

记者团一行十人，应盟军管制日本最高统帅麦克阿瑟将军之邀，赴日视察一年半来在盟军管制下日本的发展。我们于二月二十七日下午到达东京，三月十五日清晨离开日本返国，短短十六天在日本的停留，中间因到朝鲜巡视还曾费去三天工夫，再除去走路与食宿，真真用在视察上的时间可以说少得可怜。我们不难想到在这样匆匆的巡礼中所能看到的只是一鳞半爪。不过，翻开近五十年的中国历史，使我们最感到创巨痛深的莫过于日本对我们的侵略。我国和日本宿命的有着不可分的关系，日本的兴衰隆替处处影响到我们，我们无时无刻不在关心着它的动静。自从它接受波茨坦宣言向盟国投降之后，我国到日本去的只有我国驻日代表团的办事人员、参加远东军事法庭审判工作的人员，以及参与受降和出席军事法庭作证的使节，民间团体去往日本巡视这还是第一次。因此，此行虽不能窥见全豹，只是这略见的一斑，也颇值得向国人作一个简短概略的报告。

盟军管制日本的机构

现在盟军管制日本所采的方式，不是直接管制，而是把一切政令交由日本政府自己去遵行办理，而由盟军总部加以监督。管制日本的基本政策是由美国国务院陆军部、海军部合组而成的综合委员会（简称 SWINC）来决定。关于军事问题，须向联合参谋本部咨商，至于特别重要的问题，则需要经过总统的核准。通常一切有关政策的训令，先由国务院远东司司长兼远东小组主席拟稿，经综合委员会（SWINC）同意后，即由联合参谋本部转交盟军总部（简称 SCAP）负责执行。其组织大致如下：

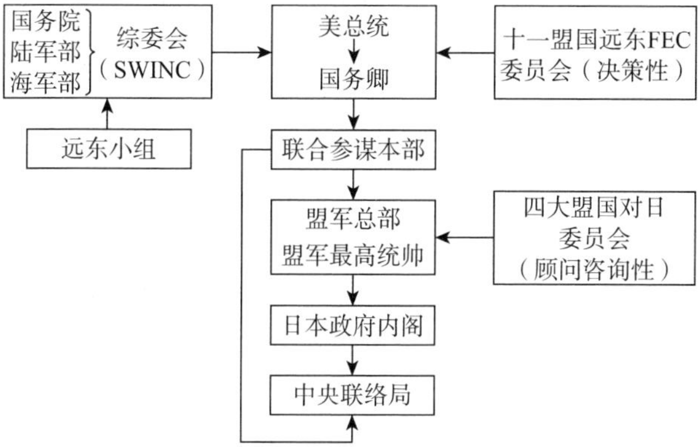

至于盟军总部对日管制的手续，则是由盟总参谋本部配合日本政府所有各部门，设立民间财产组、公共卫生福利组、民间宣传教育组、情报组、政府组、经济科学组、资源组、民间运输组、统计报告组、副官处、征用组、会计组等十二组，随时对日本政府和美国占领军发布命令，由日本政府命令日本人民去奉行。在美占领军之下，又有军政府和法庭的组织、监督日本政府与人民执行法令。其组织大致如下：

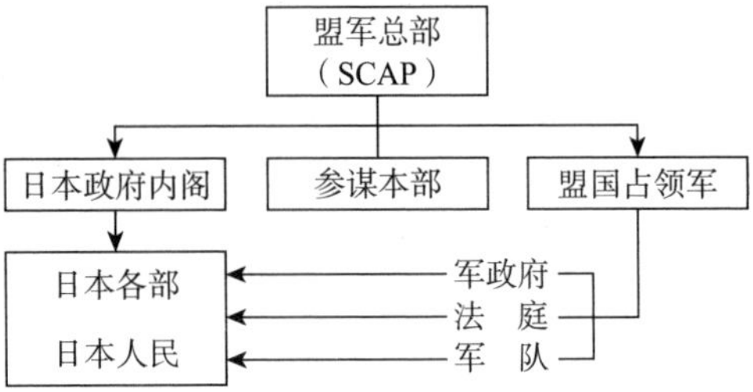

管制下日本的现状

盟军管制日本的目的是希望它成为一个和平民主的国家，不许它再威胁世界和平。所以盟军工作的步骤便是解除日军武装，并消灭日人的军事侵略思想，而后引导他们走向民主政治之路，辅助他们有自足的经济。

一、军事

日本投降之后，盟军即着手办理日本军人退役和遣送侨俘的工作。据盟军总部第二厅布莱克准将报告，日本保卫本土的陆军二百五十万人，海军一百二十万（其中包括空军五十万），都已于一九四五年十二月完全退役。他们向盟军交出了所有的军舰与船坞和一万三千五百架军用飞机，飞机场现在已有一部改为农田。那时留在海外的日本军人，北至库页岛，南至东印度，西至中国，东至马绍尔群岛，为数不下三百五十万，也已于一九四五年十二月完成了退役工作。日本自从明治元年建军到昭和二十年废止军备，为期七十七年。据闻日本陆海空军退役的计划是日本在投降前自己拟定，而后交与盟军办理的。如果事实真如所传说的样子，我们可以看出日本似乎早已知道废止军备是无可避免的命运，而他们的退役也是经过了缜密考虑的，这倒是一件值得注意的事。遣送侨俘也是一件不甚简单的工作。日本投降时，日人在海外的为数六百五十万，非日人在日本的为数一百二十五万。盟总的接收站要把这样大数量的人各送回本国，或则限于船只，或则限于港口，势必需要的时日比较久。现在中国区、中国台湾区、太平洋区里的日人，除去少数留用的技术人员和他的家属外，已全部回日。我国东北区的撤侨工作去年四月开始，十月完成，但其中有十万不知下落。英属地区八万日人、荷属地区一万余日人，撤回工作现正在进行中，预料本年五月终可以完成。苏联统治区内约有日人一百二十五万，去年十二月盟军总部与苏方商定每月可以遣送五万至六万人回去。这种情形正在延续进行中。

日本的退役军人与回国侨俘在接收站照例要经过疾病检查消毒的手续，要由盟总工作人员训话，说明日本现在的情形和此后每个人应持的态度与应作的工作。为了解决他们的就业问题，各地增设职业学校，授与他们和平生活的技能。不过这许多停留在海外的人陆续回去之后，日本的人口骤形增加，失业和食粮不足的现象是严重的。

据一个盟军将官谈起，日本表示投降之后，当盟国第八军首先由飞机运送进占日本时，东京机场附近，有十几师精锐的完全是最新式的配备的禁卫军，看着他们的飞机一架架降落，竟毫无动作的静待缴械，绝没有一支枪走了火。因此在占领日本不久之后，盟军将领平时便不再佩带手枪，盟国军士也从来没有遭受日人狙击的事故。盟国占领军总数截至一九四六年三月止，为三十四万七千余人。现在已撤回了十余万人，大概是感到不必需的原故。盟军逮捕日本战犯时，向来不亲自动手拘捕，只是由盟总把名单交给日政府，那犯人一定如命自行投到，这些确实表现出日本人守法的精神。不过当我们想到一向日本人所受的军国民训练和武士道精神时，越王勾践夫妇臣妾于吴的故事，马上涌上了我们的心头。

二、政治

谈到日本的政治，我们首先注意到的便是它现在民主化究竟到了什么程度。日本投降之后，盟军总部便着手于废除一切限制言论、出版、信仰、集会自由的法令，尊重人权，释放政治犯，解散所谓“思想警察”。于是一般政党与结社便如雨后春笋般应运而生。据统计，在一九四六年四月全国政治结社为数三百六十三个，其中全国性的政党十三个，两县以上的地方政党十个，其他的地方小政党三百四十个。到了一九四六年十二月结社总数已增至二千九百五十一个，可谓洋洋大观。本团在东京时曾到众议院去参观开会的情形，并且与各党派首领作过简短谈话。现在众议院议员共有四百六十六人，百分之八十是新议员，其中有女议员三十八名。出席众议院的主要政党略如下表：

政党名称	成立日期	党　魁	本届众议院席数	倾　向	备　考
日本自由党	1945年11月9日	吉田茂	一四八	保守	前政友会鸠山派
日本进步党	1945年11月16日	币原喜重郎	一一二	保守	前民政党与政友会中岛派与金光派
日本社会党	1945年11月2日	片山哲	九八	右——松冈、平野 中——水谷 左——加藤、铃木	前无产党系各派
协同民主党	1945年12月20日	米定	四二	偏右	前日本协同党日向民主党及日本农本党合组而成
国民党	1946年9月25日	（采合议制）	三二	偏右	前新政会
共产党	1922年7月5日	德田球一	六	纯左	一九三五年十月六日前未能公开活动
日本农民党	1947年2月25日	北胜太郎	五	偏右	前协同党反对合并者

附注：（一）进步党之新进会（犬养健等）与自由党之芦田派及社会党右派正进行合组新党；（二）协同民主党与国民党拟于三月中合并成立国民协同党。

前面已经谈过，盟军总部管制日本是采取间接方式的，所以盟总保留了日本天皇，也保留了日本中央政府和地方政府各种机构。只是在日本八个行政区四十六个县里，各设一军政府小组，监督各种政令的实行。议会议案也须经过盟军总部的批准。麦帅本人常常召见日本天皇、首相、众院议长。盟军总部的意向常常便以口头暗示的方法使它见诸实行，日本宪草的修改便是以这种方式完成的。无疑的，盟总保留了日本天皇，使管制日本工作的进行得到很多方便。不过这所谓“万世一系”的天皇保留下来，是否与日本民主化有影响，似乎使我们不能无疑。诚然，现在天皇的神秘性已是大大的减低，学校里不许再读神化天皇的造谣历史，皇族的优越感也已消除，天皇的财产也受到限制，除去生活必需的数目外，扫数要交与国家。然而日本民族性是封建的，在一般人民心里，天皇依然有着极大的潜力，并不见得因盟总现在的措施便有所改变。过去日本军阀如中风狂走的黩武穷兵，便是利用这种力量，使国民明知其非而义无反顾。谁又能保证这种力量不再受到不良的利用？这至少在我们看是值得考虑的。

三、经济

关于日本的一切，我们最关心的是它的经济发展。日本的军备现在已经在盟军命令之下宣告废止，它的政治也正在向民主演进的途中，只有经济已与我国发生了实际的关系。赔偿问题，物资归还问题，贸易问题，都久已为国人所注目。盟军总部管制日本经济的原则是要使日本能自给自足，免得增加美国的负担去补助它。日本的经济设备在战事中遭受了惨重的破坏，战后又增加了盟国占领军的费用。只经常必需的占领费，每年日本政府便须付出二百八十三亿日元。日本人口战后因复员关系陡然增多，食粮不足，也须以工业出品去换。所以盟军总部确实是尽力扶助日本恢复轻工业的生产。只以纺织业而言，日本的棉纱现在已恢复到三百五十万锭（战前为一千三百万锭）。它向盟总要求恢复到四百八十万锭，盟总已经答应到四百万锭。日本人消费量小，依八千万人口计算，它年出一百万锭时，每人便可平均有二十码布，多出来的便销到外国去，中国便是它的主要销场。(中国因为人口多,棉纱年出四百万锭,每人才可有六码布好用。而现在我们只能开三百万锭。)日本的毛纺工业与丝业现在也在无限制的发展着。美国最近曾介绍澳大利亚的羊毛入口到日本,价值三万万美金。据说纺织后,只出口百分之五十便可以换回五万万美金。其他各种和平工业在战时损失本不严重,现在也已相当恢复了生产力。日本的工业就大体言是一种先天不足的现象,它缺乏各种原料,煤、铁、棉花、橡胶、肥料。但是在盟总的扶持下,凡是向日本购买工业品的国家,都要把自己的重要原料供给日本。日本现在已有五年经济计划,那计划是从一九四五年起,现在正在准备期中。我国驻日代表团本年三月制有日本经济情况比较表如下:

种　别	一九三七年	一九四四年	现　在	备　考
政府岁出预算	二七亿	八四八亿	八三〇亿	一九四六年度第九十二届国会追加额约三六〇亿尚未列入
日本银行券	二三亿	一七七亿	九三四亿	一九四六年末应追加封存之四四七亿即合计为一三八一亿
公债总额	一一八亿	九七三亿	一四四五亿	现在乃指一九四六年六月
公司数	八五〇四二社	一〇二三一六社		一九四四年公司中股份公司占百分之四十六
收足股本	一九九亿	四〇六亿		其中一七〇亿为财阀资本
电气发电量	三〇八亿 KWH	三六三亿 KWH	一九七亿 KWH	现在乃指一九四六年一月至八月。一九四五年二一二亿 KWH

续表

种　别	一九三七年	一九四四年	现　在	备　考
原油产量	三九一千 KL	二六二千 KL		
石炭产量	四二五二万吨	四九三三万吨	二二二六万吨（一九四五年）	一九四六年度生产目标三〇〇〇万吨。一月至八月实绩一千四百二十七万吨。
生铁产量	二三〇万吨	二六七万吨	一一四万吨	现在乃一九四五年、一九四六年一—八月十二万三千吨
钢材产量	五〇八万吨	四〇三万吨	一〇六万吨	现在乃一九四五年、一九四六年一—八月三十四万六千吨
米实收量	六六二二万石	五八六七万石	四二九七万石	现在系指一九四五年度
大麦实收量	六八八万石	七一八万石	四九六万石	同右
小麦实收量	九九九万石	一〇一一万石	六八九万石	同右
红薯	一〇三〇百万贯	一〇五三百万贯	一〇二七百万贯	同右
棉纱产量	一五九〇百万磅	一八〇百万磅	七八百万磅	现在乃一九四五年
卡车产量	八三一五辆	二〇八五六辆	五四八二辆	现在乃一九四五年、一九四六年一—八月一〇二七一辆
铁道运输量	九六二四万吨	一六七三五万吨	一〇四五二万吨	现在乃一九四五年、一九四六年一—八月六三一二万吨

续表

种　别	一九三七年	一九四四年	现　在	备　考
火轮总吨数	四四七〇千吨	四三八九千吨	一五六一千吨	现在乃一九四五年，只数一〇〇九只
机帆船吨数	九六六千吨	一一四七千吨	一九六千吨	现在乃一九四五年,只数二一三四只,一九三七年为帆船之数量
物价指数	一〇〇	二一四	二三〇〇	现在乃一九四六年十二月,一九三五至七年平均数为一
黑市物价	一〇〇	二一八三	一九一六一	现在乃一九四六年十二月,一九三五至七年平均数为一

备考:(一) 本表系就衣食住行各方面之重要经济实况摘记一二例以表其一般趋势。
(二) 物价指数系指公定价格而言。
(三) 黑市指数根据 Diamond 社之调查。

由上表看来,虽然战后的日本物价指数已较战时高至十倍。那是人口增加,食粮不足,又因负担占领费而通货膨胀的原故。其各项工业,都有相当的产量。因为在战事中,日本只是几个大都市遭受到破坏,小城市里的工业设备都是完好无恙的。此后在盟总尽力扶持之下,其发展自然可以预期。一个日本新闻记者对笔者说:“日本希望作亚洲的瑞士。”这是指发展轻工业而言。不过他们轻工业的发展直接便影响到我们。如果我国在工业方面不力求发展,依然是“原料中国,工业日本”的情形,不久的将来日本又将给我们以可怕的压迫。

目前日本的对外贸易,在和平条约未签订之前,日本与各国没有正式外交关系。无论进口出口,都是由盟军总部统制的。各国若要与日本办理贸易,须与盟总商洽,经核准后,方通知日本政府贸易厅去办理。而且原则上是以货易货，并无钱币的交换。货价由盟总决定，按美金结算记账。去年一年中，日本贸易总额为三万二千万美金，其中美国占百分之六十八，其余贸易主要国则为我国、朝鲜、菲律宾、英、苏联、缅甸、荷兰、新西兰等。以目前日本与我国的交易而言，我国国内由中央信托局统筹办理，在日本由驻日代表团去向盟总接洽，每六个月结账一次。在去年我国对日输出较输入为多，出超总额因许多日本货物尚未结价，所以无法估计。去年贸易总额为一千万美金，出超至少在美金二百万元以上。预计在今年我国与日本的贸易总额要增至五千万美金。去年中日两国交换的主要物资为：

（甲）我国进口：矿木：四五〇〇〇〇〇根，枕木：四〇〇〇〇〇根，人造丝：三〇〇〇〇〇〇磅，蚕种：三〇〇〇〇〇〇瓦，桑苗：一八〇〇〇〇〇株，铜杆：四〇〇吨，白报纸：一五〇〇吨，矿山用车头：一〇辆，各种器材。

（乙）我国出口：盐：五〇〇〇〇〇吨，麦麸：一七〇〇〇吨，矿砂：二〇〇〇〇吨。

今年的进出口物资虽还没有具体计画，大致决定的是我国向日本输出盐、糖、植物油及籽、磷灰石、煤、矿砂、大豆、桐油等，进口货则为铁路器材、汽车配件、枕木、矿木、蚕种、桑苗、自行车、人造丝、毛织品、颜料、纸等。

我国在抗战中所受损失最为惨重，所以极希望在赔偿物资中得到些补偿。按波茨坦宣言的规定，日本应以工厂设备作为赔偿，其所保留的工业以维持其平时经济生活为限。所以重工业和制造军火的工厂应该是不许它留的。截至现在为止，有关赔偿问题的报告一共有三种：一种是美国的调查代表所拟具的非正式临时赔偿计画；一种是鲍莱氏率同美专家多人往日本、朝鲜与我国东北各省考察后提出的报告；一种是美国最近派来日本估价的施特莱克氏的意见。他说鲍莱氏的意见把战后日本的工业水准压得太低，所以主张提高，保留更多的东西给日本。至于提高到什么程度，还未正式发表。不过，按麦帅现在悉力扶持日本的作风来看，盟总将来可能采取的意见怕是第三者。本来对于日本民生工业保留的标准一向便有不同的意见，有人主张以一九一四或一九二〇年为准，有人主张以一九三〇年为准，听说被采取的也是后者。这些都说明了日本在付出赔偿之后，工业方面可能还保留着一个可怕的数量。这是我们不能不注意的。

远东委员会原定在去年七月召集赔偿会议，但结果未能实现。原因是苏联坚主在我国东北移去的器材与千岛、库页岛的日本资产是它的战利品，不得列入赔偿，否则拒绝参加任何赔偿会议。远东委员会其他十国都不同意这种主张，所以赔偿会议也便因此延搁下来。盟军总部指定作第一批赔偿的日本工厂为兵工、制造、飞机制造、造船、工具机、铜铁、轴承、火力发电、硫酸、制碱、人造石油、人造树胶、轻金属等十二类，指定的工厂共计九百二十三个。

因为赔偿会议未能举行，各国如何分配无法商议，所以无法实施。最近据说美国有意先从这第一批物资中提出百分之三十先行分配，先行拆迁，免得长久暴露，致有损坏。因我国受损失特重，可得百分之十五。其余英、荷、菲，各得百分之五。那就是说，我们在第一批赔偿物资中，可得一百三十八个工厂。本团此次曾到几个指定作赔偿用的工厂去参观，许多机器已经在盟军监督下经过检查、修理、涂油，写上号码，准备拆运。不过神户有个规模极大的炼钢厂，据说以前是为海军造炮的，却并未列入赔偿物资之内。那是否要待第二批里再指定，我们就不得而知了。

先行拆迁的计划，如果真能实现，拆卸、装运、装置、应用，这一串问题便要来到我们的面前了。按盟军总部的规定，装运的船须由盟国自备，拆卸以及运到船上的工作，是由日本政府负责。现在日本已在商工省内成立赔偿实施局，主持民营、军需工厂、飞机制造厂，及其他提充赔偿各民营工厂的拆迁事宜，又在大藏省内成立国有财产部，负责办理陆海兵工厂的拆迁事宜。但是实际拆迁工作将由民营建筑公司包作。现在为了包作这种工作，日本已有四百多家这类建筑公司成立起来。不过这些公司多半是退伍军人组织的,拆卸包装的技术既不见得高明,他们是否因心理上的反感而使工作疏略也正难知。我国如派专家监督,一百三十八个工厂,要派多少人才可以监视得周到。何况盟军总部对盟国人员来日本,限制极严,多人入境,也很难办到。至于机器拆迁、装运之后,又要装置、应用。据盟军总部表示,第一批赔偿物资如果应用得不好,他们将认为这个国家没有利用赔偿物资的能力,第二批便得免开尊口了。总之,在拆迁应用这些赔偿物资的时候,我们政府需有个细密的计画、远大的眼光,我们要了解拆迁这些工厂是消除日本的实力,是树立我们的根基,不可因爱惜小费而因循,或因应用得不好而妨碍了第二批赔偿物资的取得。

在日本侵略我国时,我国公私物资被他们巧取豪夺去的不可胜计,现在成了一笔不易清算的账。在我国驻日代表团里,组织一个物资归还接收委员会,专司办理此事。我们认为日本应该归还的物资约可分为四类:(一) 被劫物资。如南京永利化学公司的硝酸厂、广东造纸厂等设备,还有许多大小船舶、书籍古玩,在战时被劫迁至日本;(二) 在日存款。如伪华中储备银行的存款和台湾银行在日本的准备金;(三) 在日各分公司资物。如台湾拓植公司、中支那振兴公司、满洲重工业公司的分公司财产和它们在日本的投资;(四) 未交的定制器材。如华北、东北、台湾各事业所订购的机车、锅炉、发电机等。

在以上四项中,盟军总部认为,除去第一项外,其余三项案件不在盟军总部职权范围以内,须先向华盛顿远东委员会请求核准才能办理。现在第一项中的永利硝酸厂和广东造纸厂,盟军已允归还,我国已在准备拆迁。文物书籍已交涉归还者,有南京中央图书馆善本书一百〇七箱,已于本年二月一日完全运返首都;还有存在京都帝国大学的中国书三万六千余册,盟军总部已转饬日本政府归还,现在正由我国驻日代表团计画接收中。船只的归还问题就比较复杂起来。盟军总部认为,必须缴验:(一) 船舶国籍登记证书;(二) 港口登记;

（三）悬挂之旗帜；（四）被劫或强购征用的证件。但是，事实上中日战事延长到如此之久，证件往往不能搜集齐全。而且在战争时期中，为了避免船只被劫，许多船舶改悬了外国旗帜。甚或有在名义上将所有权暂让与欧西国人的，所以现在交涉归还事宜就平添了许多困难。

按在去年七月二十四日远东委员会指令规定："凡敌军在占领区内强制征用、勒购，或劫夺之物资，均称为被劫物资。如已发现该项物资的所在地，可向盟总申请发还。如尚未发现，亦得申请转饬日政府调查。惟须检具：（一）详细说明；（二）产权证明文件；（三）被劫状况之情报，如地点、日期等。又归还物资经查获并证明发还后，由日本政府负责运至日本海港移交。其由日本运还之一切运输，则由各国自理。又日军在占领区域移出之物资，除确系占领期前所生产，并经日方强夺或勒购而有可靠之证明者外，凡在占领期间所生产者，均认为占领军支配下之生产品，不在归还之列。"根据这种规定，日本在侵占我国期内，压榨我同胞而夺去的出产品，已不在归还之列。而那些确实是被劫的东西，八年的流离颠沛往往使产权证明文件遗失，甚至于有些物主在八年中已作了炮灰，根本无从稽考。这些都将成为一本痛心的烂账。

四、教育文化

日本政治之能否民主化，军事侵略意识能否根除，不在盟国管制，而在积极的教育下一代国民，这是众所周知的道理。盟军总部显然已注意到这一点。盟总所设的教育组一向致力于监督日本文部省及各地方教育机关作教员的检查，教员的集中训练，在教材中取消旧日所有的军国主义，添进去适当发展民主的材料。在盟总管制下，日本教育制度上有了几点改革：（一）以前日本的教育完全由中央政府统制，现在却采分权制，各地方教育机关可以因地制宜的决定办法；（二）日本原定给予人民义务教育六年，现拟增至九年。从今年起实行第七年义务教育，中等教育学制改为六（小学）三（初中）三（高中）

制，与我国现行学制同。以前男子为六(小学)五(高等学校)，女子为六(小学)四(高等)；(三) 男女共同教育增至十二年，以期男女教育平等；(四) 减少汉字。在教科书和报纸上限用一千八百五十个汉字(以前为三千余字)，试用罗马字拼音(此点已试验一年，因成绩不佳暂停)。

现在日本教育的进行，正遭遇了几个难题。第一是许多校舍毁于战时的轰炸，现在需要重建，而日本政府没有力量；第二是教员缺乏，所以教员在审查后，很少受到淘汰。在神户兵库县，我们听到盟总军政府小组谈，去年审查了二万个小学教员，只有九十五个不合格，其余的都因事业需要而留用。其思想只有待集中训练时再设法矫正；第三是由于纸张缺乏，印刷困难，所以现在新教材不敷用。以前以神话为张本的造谣历史、地理，以及以军国主义为依归的伦理学都不许再教，但是新教材也还未编制出来。在这种情形下，教学是不免有困难的。我们曾问过盟总教育组的负责人，平时除去盟总所限定的教材外，可有法保证所有日本教员不在课外向学生灌输不应该灌输的军国主义吗？他们的回答是："我们想他们不会那样作。"我们也希望他们不那样作。七十余年来，军国主义把他们送上了败亡之路，他们应该不再制造下一次的失败了。

日本的报纸，盟总是随时检查的。因为纸张缺乏，现在《每日新闻》《朝日新闻》《读卖新闻》等大报每天只能出四开型的一张。最近因节省纸张以供印刷教科书，每周有三天只能出八开型的一张。它们的销数和中国报纸的销数无法相比，《每日新闻》日出三百三十余万份，《朝日新闻》日出三百七十余万份，《读卖新闻》日出一百七十余万份。而且都是直接订阅，在街市上几乎没有报纸可买。这说明了日本教育之普及，每个人都有阅读的能力。东京著名的岩波书店每出一本新书，从清晨五点门外就堆满了人等着购买。因为现在纸张缺乏，书籍都印不了许多，迟了便恐不及。回顾我国一般人对于知识的胃纳力量的薄弱，大家趋之若鹜的都只是奢侈品、消费品，很少有人对书籍有这样的热心，这无疑是一个讽刺性的对比。

本团在日本各大都市里曾到各级学校和几个大报馆去参观，中小学的学生除去因衣物困难不能着制服外，大都精神很好，安心受课。在京都有一个私立桃园小学，规模极大，设备极完善，为一般公立学校所不及，据说是当地织染业同人醵资设立、免费供给当地儿童求学的。这使我们想到我国的资本家，如果大家把兴风作浪、投机倒把的余资，也拿来兴办学校，帮助国家作百年树人之计，将要是多么有价值、有意义的事。东京虽在战时遭受惨重轰炸，东京帝国大学却毫未受损害。在大阪帝国大学里，我们遇到一位西胁教授。据说他是研究原子的人，对原子的分解的研究已有相当成绩，只因设备和资财不足，未能成功。现在那一部分设备已为盟军总部取去。

日本人的实际生活与情绪

在盟军管制下的日本人实际生活相当苦，但是据说并不比战争后期更苦。原因是那时一切衣食住行既须受政府统制，又因战事原故，妻离子散，心理上不安定。现在征人已归，除去留在苏联管制区的一部分外，大部已是骨肉团圆。

衣的方面，因布匹缺乏，乡间人衣着都很褴褛，一些退役军人也依旧把军服穿着。不过现在他们的纺织业已渐恢复，以前镕了去作军器的纺锭，现已恢复到三百五十万锭，虽然一时还不见得充裕，前途是不成问题的。食的方面，平时每人每日可由官厅配给大米二又十分之三合，现在增至两合半。去年日本丰收，农产品已可有最低限需要的百分之八十的产量，不足之数由美国补助。现在日本的米，官价五百五十日元一石，黑市则要卖到八千日元一石。在普通料理馆里，常常只有菜而无饭。

自从台湾复入祖国怀抱之后，日本的糖极度缺乏，平均每人每月至多可以得到二两糖的配给。日本首相吉田茂宴请本团时，饭后的咖啡也是不加糖的，糖之艰难可以想见。此外为了补食品之不足，盟总尽力扶助日本发展渔业，现在已准许日本造五万吨渔船，并且由美国输入大量棉花给他们作渔网。日本渔业向极发达，以前的数量占全世界的百分之二十。战后不许他们再来中国海捕鱼。现在经日方要求，在东经一百四十五度以东的中国海里，在盟总监督之下，他们已可捕鱼。捕得的鱼除去缴纳政府固定数量以外，可以自己出卖。所以现在日本人的生活状况以渔人为最充裕，其次为农民，再次为工人。最苦的是薪水阶级的公务员，薪水阶级的人也和中国一样，薪水的增加追不上物价，只好出卖东西来换取衣食所需，所以有"竹笋生活"的说法。

住的问题，由于在战事中许多住房被炸毁，海外复员回去的人为数又多，所以房屋颇感缺乏。行的问题，就交通工具言，被毁的并不甚多。可是现在因煤斤缺乏，火车头虽多不能应用，所以车上的乘客总是十分拥挤。以前每节只容五六十人的车，现在甚至于坐上三百多人，其拥挤情形可想而知。在日本，住在城外而到城内读书是很平常的事。在以前交通不成问题时，因为火车、电火车、电车、高架火车、地下铁路都很准确而畅通，丝毫不会感觉不便。现在因车辆减少，跑单帮作黑市买卖的人也多起来，每每在车的门外、窗外都挤着有人，常常因此而发生意外惨剧。日本的交通现在归盟总第三铁道运输管理局管理。据他们的统计，日本现有国有铁路二〇二五五里，汽车公路二七五七里。私人经营的铁路线一百三十四条，私人经营的电车公司三十四个。以日本四岛的面积而论，他们的交通网很密，他们没有人破坏铁路，自己生产机车的能力也很强(我国政府最近曾由中央信托局向日本订购机车)。一旦煤斤充足，他们的交通是不成问题的。在日本，我们很少看见三轮或是人力车，偶然看到几辆，也是游览。

盟军总部占领日本，除去必需物品由日本征用外，衣食住行都取互不相扰态度。日本粮食缺乏，盟国人便不许吃日本人一粟一米。日本的食物店不许盟国人进去购买，各国驻日的人员以及兵将，都由国内运送食物。美国船只飞机来往频繁，驻军虽多，运送给养丝毫不感困难。我国驻日代表团的办事人员与眷属则时常感到国内去的船只、飞机太少。娱乐场所、住所也是分开的。盟国有固定的征用的电影场、戏场、饭店，日本人不去。日本人的娱乐场所、住所，盟国人也不去。这样互不相扰，所以很少摩擦的机会。日本人最可佩服的是他们的吃苦精神，他们并不希望享福，在日本店铺里没有五光十色的舶来奢侈品，在表面上没有我国大都市里的繁荣，然而骨子里是殷实的。有人说日本正努力作一等国的生产，作四等国的消费。返观我国，许多人正在作一等国的消费与享受，而生产能力究竟应该列到几等，颇值得我们自己反省一下。就我们所接触的人来观察，日本人的对美国的情绪果是恭顺而感激。据说是感激盟国的补助与救济。对中国首先表示感激的，是蒋主席"八一四文告"。他们对投降后在我国的侨俘不受欺凌而且安全返国的事，表示佩服，而且感激中国的博大宽仁，而且从许多人口里，我们都听说批评以前军阀误国、现在对中国愧悔的话。当然，我们看到的都不是军人，而且各机关首脑都是在投降后更换的新人。在战时，他们有些曾以政治犯坐监，他们不以军阀为然，很可能是由衷之言。不过在日本人中，觉得日本败于美国，而非败于中国，因而对我国人态度稍为傲慢的人也不是没有。许多在战时曾来中国的人表示希望有机会还到中国来，他们说中国可爱，在中国生活舒服。这和日本侨民在临从中国回去时写"十年后再来"的话印证起来，这种思想确实是有的，只不知他们所谓重来中国是用哪一种方式。在日本艺妓口里，流行着一支英文歌。歌词内容是歌咏一只苹果，意思是拿那苹果，来象征国旗中的太阳，悲欢着它的命运，表示着对它的喜爱。不知她们是否也想到，它有现在命运的真正原因。

战争的痕迹

日本在这次战争中受损害最多的是军事基地和工业区，文化风景区所受损害很轻微。京都未中一弹，而东京被炸毁了百分之六十五至七十。我们从东京羽田机场走到帝国饭店以前，夹道的工厂，现在只剩下乱石废铁，纵横狼藉。不要说重建，就是把这些烬余的东西清除整理一下，也需要相当人力与时间。大阪神户据说炸掉了百分之八十以上，大多数的工厂都成了灰烬。

我们也曾到第一颗原子弹命中的广岛去参观，看见当日美军投弹时用以瞄准的相生桥，登一个残余的工商博物馆，现在用以为“广岛引扬同胞更生会”。在那楼头，纵览全城被炸的情景。所谓“引扬同胞更生会”，就是在广岛被炸后，逃往他处的本地居民回来登记的地方。现在广岛红十字医院里还有当时被原子弹炸伤的人，因未完全医好，还未出院。伤处都是灼伤，与平常被火烧伤的人的情形一样。那医院的院长也是当时受伤的一个人。据说原在二楼，一阵强烈的光过后，并没听见响声，他便失去了知觉。醒来时，已到了楼下，跌断了六根骨头。一位德国神父叙述他感觉到受了辐射性的伤，经医生检查，发现白血球减少。但是一般的人受辐射性伤的并不多。原子弹的辐射力量的证明，却是从医院地窖里所藏胶卷变色看出来的。所谓瞄准的相生桥和一般推断该原子弹爆炸中心点的元安桥(距离相生桥不远)，都是石质，经弹后并未坍坏，只是桥畔石栏有点向外倾斜。墓地里的石质褐、神社前的石质鸟居都未受损伤，只是鸟居的柱子被火烧的一面变了颜色。以笔者外行的推断，原子弹所发生的热力好像更在爆炸力之上。有人说广岛经这弹后将有若干年不能生寸草，这推断也是错误的。在炸平了广场上，又有小草在临风摇曳了。在广岛，现在已有了许多小店铺，卖食用杂物。逃亡的人渐渐回来，广岛是走上更生之路了。路旁一个小书店，门前一个横牌子，大标着“原子书店”。广岛真是因原子而驰名了，想象中一定将要有许多东西以原子为号，藉以标奇立异。想到在那一弹之下死伤的二十万人，倒令人有些哭笑不得。

两个国际组织

在日本，我们去参观了两个国际组织。四大盟国对日委员会在三月五日开第二十七次会。在这次会里，我国驻日代表团朱团长有一个提案，内容为日本退役与复员后的人民的安置方法与政策。这会是一种顾问咨询性质，提案是要交由盟军总部核议实行的。另一个是远东军事法庭。在那里有一向侵略我国的战犯在受审。自杀未遂的东条平时原来从不缺席的，我们去的一天正赶上他因感冒不能出席。在战犯席中，我们看到土肥原等二十二人（原有二十八人，松冈、永野二人已病死，大川周明在患神经病，东条等三人缺席），每个人都神色泰然，带着可翻三种语言（日、英、苏）的耳机，听法官、检察官、证人的问答。据参与审判的梅法官汝璈、向检察官哲濬对我们谈，战犯的审判只检察工作，就用去了八个月的时间。现在正在进行审判手续，预计半年后可以终结。日本侵略中国的阴谋，因为我国一向搜集证件不完全，常常感到佐证不足。现在最得力的是美国宪兵所发现的木户日记。木户幸一是日本内务大臣，他把一切御前会议以及机密会议的经过都载入日记里，所以可以依据他来作他们侵略行为的证明。法官共有十一国，美国一人，澳大利亚韦伯爵士为议长。据法官的意见，这军事法庭的使命，不但要决定这二十几个人的命运，使他们受到自己错误行为所招致的惩罚，主要的是在国际间树立一个铁样的法则：侵略是罪恶，参与侵略是犯罪的行为，是要受到惩罚的。这种法则的树立，无疑的将要为世界和平的有力保障。

在日的华侨

在日本华侨最多的地方是东京神阪区和长崎横滨区。盟国胜利之后，台湾复归祖国，所以华侨数目又增多起来。截至今年一月止，在日华侨约有两万左右。以教育水平言，在日华侨的水平并不低。其中，有一位曾用德文写成一本《中国经济思想史》。关于子弟们读书，现在已设有七个小学、一个中学。最近，在名古屋又成立了一个交通技术学校。华侨们所办的《中华日报》《国际新闻》报纸现在也能有很广的销路。所可惜的是，他们缺乏团结的精神，力量不能集中，一般的都是独资经营，作些小生意。有些人说，在日本的华侨手里，有三把刀：厨刀、剪刀、剃刀。因为华侨中，开料理店、裁缝店、理发店的最多。现在在驻日代表团的领导之下，已经成立了在日华侨总会，各地方的华侨联合会、自治会正在组织中。普通华侨所得到的待遇，较之日本居民稍优。例如，银行存款提现的限制量，在日人为每人每月五百日元，而华侨则为一千日元。司法方面，我国在刑事方面不受日本审判，由驻日代表团负管辖之责。食粮和日用品的配量也较日人为多。不过因为团结得不够好，工商方面没有大组织、大发展，不少人在作着黑市买卖。在日本作黑市是犯罪的，常常因此而遭日本警察逮捕。这是一种令人抱憾的事实。

参观后的杂感

在日本十六天的停留，使我们每个人都带着一颗沉重的心回到国里来。我们觉得，日本在投降前的发展，以及与我国的冲突，只是中日两国间的关系。但是，在日本投降后，在中日的关系中，又加入了美国的成分。换句话说，现在日本是完全在美军管制下的战败国，中国是饱经摧残疮痍未复的胜利国。关于这两个国家以后所走的路线，以及国势的消长兴衰，美国无疑的有着极大的左右的力量。中日可以互相冲突到过去五六十年的样子，忿怒、流血酿成滔天大祸，但是它们不是不能有一条两立的路。上天命定中日两国毗邻而居，让它们有不可分的种种关系。怎样选择一条永久和平相处的路线，不使过去五六十年的历史重演，这是中日两国目前最重要的课题，也是美国为了太平洋的和平与安定，对中日两国应有的帮忙。

一个美国将官对我们表示，认为现在美国对日的管制是百分之百的成功了。这话就我们所看到的一切情形来说，应该是没有疑问的。日本对美国人的恭顺，美国对日本管制的顺手，一年半来，日本已能如美国所预期的走上安定生产之路。不过，我国要问，现在美国所得到的成功是暂时的还是永久的？是局部的还是全部的？现在世界各国的最高目标是全世界永久和平安定的保持，只有使世界永久和平安定的过下去，那成功才是永久的、全部的。一两个国家的安定复兴，如果影响到其他的国家，甚或引起世界任何一隅的动荡与机隍,那么暂时的成功便将是永久的失败,局部的成功便是全部的失败。我们认为,美国对日本的管制政策似乎应该根据这种原则再作一番考虑。

美国需要太平洋上的和平与安定。而这种和平安定的产生与保持,主要条件是中国的复兴。现在世界正是美苏两大壁垒冲突的局面。在日本,我们也曾屡次听到美军方面表示,防共是麦帅一贯的政策。由此想到,美军方面所以不遗余力的扶持日本,正是要拿日本当作防苏的前哨。万一不幸美苏有了冲突的行动,美军不但可以拿日本作主要的军事基地,并且可以重新把日本武装起来,替它打头阵。就是因为这个,美国放宽了日本赔偿和生产限制的尺度,替日本多保留了许多实力和生产机构。这一点,我们认为美国有重新考虑的必要。美苏主义的冲突虽然已甚显著,但是最聪明的政治家正在寻求两方合作的途径,没有人会想到武力解决争执是应当采取的方法。为了沟通两方的关系,天然的需要复兴富强的中国来作桥梁。美国最睿智的方法是把中国扶持起来,让有力量的中国消除美苏间的冲突,奠定太平洋上安定和平的基石。我们愿意提醒美国,日本经济的发展处处与我们发生冲突,使我们受到压迫,过度放宽了限制日本的尺度等于是扼紧了我国的咽喉。当然,我们不能反对美国对日本的扶持,同时也很愿意日本人能有合理的和平经济生活。不过我们希望美国要在不妨碍我国发展的前提下给日本以扶助。而且,为了达成维持太平洋和平安定的大目的,美国应该给予我国较之给予日本更大的助力。而且,如果日本发展到足以压迫我国的程度,太平洋上又将形成动荡与不安。所以现在过度的宽容了日本,便足以制造未来的动乱。那不但是中日的不幸,也是美国的不幸。无可否认的,在有些日本人的脑子里,也存着美国武装日本的希冀。他们不甘于现在这种完全没有军备的生活,所以很盼望能有机会容他们翻身。但是,真真有识之士是不这样想的。由事实的推断,即使有一天美国把日本武装起来,日本人的命运也不过是作炮灰,作夹缝中的牺牲品。

日本自从明治维新以来,国势骎骎日上,军事、经济、教育种种方面的发展都有惊人的成绩。值得惋惜的是,他们一向缺乏真正有远见的政治家,政治总是由一些政客来把持操纵。政客不是政治家,他们没有远见,没有历史的、世界的眼光。再受到军阀的劫持,便迷而不返的把国家送上了败亡之路。在日本众议院议员里,听说有不少以前被禁闭若干年的政治犯。以前日本思想之不自由与军阀之蒙蔽专横于此可以想见。现在思想自由了,日本民族在各方面都不失为优秀。他们以后怎样自处,怎样把自己措置在永久安全幸福的环境里,要看他们的政治家的智慧。日本先天资源的贫乏,使他们无法离开中国的协助,侵略压迫中国绝不是长治久安、自求多福的方法。这一点凡是日本有识之士都承认的。

本团同人在日本时,曾受到我国驻日代表团团长朱世明以下诸公的热诚招待。团里的任务本极繁难,军事外交等等的交涉,处处需要特殊的人才。团里现在虽仅有百人,但是都是一时之选的专门人材,而且显然的都在尽心竭力想替国家作些事情。我们只希望,我国政府赶紧决定对日的正确方针与态度,使我们代表团的人员得遵循着固定的路线,使盟国与日本的关系合理的发展,奠定太平洋上的安定,杜绝万一会再起的祸根。

最后我们愿把日本现在情形介绍给国人之后,请国人痛切反省一下。我们多年来受日本的侵略压迫,当然不会"好了疮疤忘了痛"。日本在埋头苦干,如果我们同时也苦干起来,自然可以不虞日本侵略压迫之再来。如果依然醉生梦死,日本的发展对我们便时时是一种威胁。说得切实一点,我们不必问日本人对我们的情绪如何,他们的情绪要看我们努力的程度而决定。祛除一切历史的关系与成见来说,日本人的艰苦卓绝的精神是值得我们借镜的。

听说日本人战后又有"中国研究所"一类的学术组织,专门研究中国问题。国人没有忽视日本问题的理由,所以我们热烈的希望有志之士多努力于研究日本问题的工作。

按:《我所看到的战后日本》发表于《天津民国日报》1947 年 3 月 24 日至 4 月 2 日第 1 版,署名俞大酉。共 10 期,15 000 余字。原文题首有日报编者识:“我新闻界前应东京盟军总部之邀,组织赴日记者团,视察战后的日本。团员共为十人,由中央社总编辑陈博生任团长,其余团员为上海《大公报》王芸生、上海《申报》陈训畬、南京《中央日报》陆铿、南京《益世报》牛若望、上海《中华时报》崔万秋、本报俞大酉(见图)、上海《东南日报》宋越伦、北平《英文时事日报》王云槐、中央电影摄制厂范厚勤,于二月二十七日到达东京,曾分赴各大都市参观,本月十五日返沪。本报总主笔俞大酉氏已于昨晚返社,特将其东行视察所获珍贵材料写成此文,逐日发表于次。”全文由本书编者据《天津民国日报》整理录入。

南韩一瞥

韩国真是一个不幸的国家。它自从一九一〇年亡于日本,饱受了苛政与奴化教育。直到一九四三年开罗会议中,经我蒋主席一力主张,才获得了中、英、美三国支持它独立的决议。一九四五年,日本接受波茨坦宣言,向盟国投降之后,韩国的独立才入于表面化的阶段。但是,因为韩国没有军备,由美苏二国以北纬三十八度为界,分别自南北进军,执行暂管,到韩国有独立能力时再行撤退。一年多过去了,韩国依然没有独立统一的政府。而北纬三十八度无情的把韩国分成了两段。

笔者随记者团七位同人(陈博生、王芸生二先生因事留东京未往)去参观的地方,是美军驻管下南韩的首邑汉城。那是距离美苏接壤的地段仅有四十里的一个城市。纬度本不是分划疆界的理想方法,常常一个小的村庄被它分成了两部,因此小的冲突与摩擦便在所不免。也许就是因为这个,汉城每晚十时便入于戒严状态。在美驻军招待我们的鸡尾酒会里，我们看到了出乎想象之外的许多颗美国将星。这使我们在短短三天的停留中，意识到韩国处境的不平凡。

在南韩，美军也成立了军政府。与日本不同的是，南韩军政府的总督是韩国人，副总督是美国人。在美人的眼光中，韩国是战后的解放国，与战败国的日本不同。所以他们对韩人大都十分和善，而且客气。军政府除去协助韩人接受日本投降、遣送日人与在外国的韩人复员外，主要的是帮助韩国发展经济，成立政府。在开罗会议里，本已有促成韩国独立的诺言。一九四五年莫斯科会议的宣言，更加重了这个诺言的保证，指定了促成韩国独立的步骤。由美苏各派五个代表成立联合委员会，商讨办法，征求韩国政党与社会团体的意见，成立一个临时政府。再由联合委员会征求四国管制韩国的意见，协助这临时政府。在这宣言中，苏联主张在协助字样下，附注了托管字样。因此在这宣言到达韩国后，引起韩人的反感。大举游行，表示反对托管制。美苏联合委员会在去年三月曾在汉城开会，研究促成韩国组织政府的办法。但是延续了五个星期，无结果而休会，原因是苏联坚持反对韩国临时政府中有不同意莫斯科会议宣言的政党或社会团体参加。换句话说，凡是反对托管制的，便不许参加政府组织。而美方则主张民主自由，认为各政党或社会团体，都应有表达自己意见的机会。去年五月联合委员会休会后，美苏间不断有函件来往，商量复会的方法，至今双方不能得到谅解。而韩国临时政府的成立，也就这样无限期的迟延下去。

就一般来说，韩人几十年来在日本统治之下，对政治的素养是不足的。因为莫斯科会议宣言里有由政党及社会团体组织政府之说，所以大家都分头成立政党。在南韩，现在有二百多个政党，各党政纲并没有什么区别。领导的人也多半对政治民主没有深切的认识，也缺乏政治训练。然而他们并不能联合起来，求更大的发展，只加重了政治的混乱。为了解决这种混乱，南韩现在成立了一个立法议院，以金奎植博士为主席，议员九十人，半由民选，半由官派，讨论南韩法律的制定。民政方面则由安在鸿任长官。安是从来未曾离过韩国，而在日本统治下作爱国运动的人，曾经坐过九次牢，所以最孚人望。现在民政机构中，分为行政、立法、司法三部，部长都是韩人，下面分为十六部四处。行政是由各部长与美国顾问会商，然后交地方机关处理。政党中比较有力的，是李承晚领导的民主党与金九领导的独立党。最近报载，李承晚将由美来华，不知他能对南韩政治的进展有什么贡献。

经济方面，韩国也在不协调的情形下进行着。南韩是农业区，北韩是工业区，一切工矿水利都在北方，所以现在北韩以电力来换取南韩的粮食。在日本统治期内，一般的情形是，日本人霸占了一切工厂或经济设施的要职，所以韩人的经济发展能力也感到欠缺，技术人才也十分缺乏。不过，在南韩，现在食粮并不虞匮乏。美驻军的给养也是自备的，并不要韩人供给，并且时时补助他们的交通工具、肥料、纺织机器。所以北韩的人近三个月来纷纷偷跑到南韩来，每天平均要有上千的这种难民。一个南韩国民党的女党员曾对笔者谈到家事，她的家在北方，至今不能通消息，说时声泪俱下。据她说，这种情形在韩人中甚多。本来一个国家硬分作隔绝的两部，日人苛政之后又遭离散，其苦可想。

韩国教育很普及，文盲的比例数小到千分之一。自从日本投降之后，韩人相戒不许再说一句日本语，国家意识也日益高涨。只要美苏不再以它为势力角逐之场，韩人本身再设法充实自己的力量，精诚团结起来，它的独立局面实现之后，将要成为维持远东和平的有力分子。像现在的局面如果延长下去，我们虽不敢断言马上要有什么不幸发生，但是太平洋上的安定总是令人担心的。

按：该文发表于《天津民国日报》1947年4月4日第1版。

附　录

忆旧·俞明谦

陈宝泉

俞明谦,字挹尘,予留东同学友也。留东同学中,以君年为最稚,写作均佳,记问甚锐。惟好搜罗购置,往往有挟策亡羊之慨,与予习惯略同。而君于书画古玩为独精。

归国后,任南开教授。旋应前清光绪某科拔贡中式,以知县用。赴北京,助理魏梯云主政,经营各事。辛亥革命事起,予家眷赴津,一人留平。君时任蚕桑讲习所职务,约予同居,过从甚密。知君于办公外,颇从事著作,品评时政,有独到之见。

民国成立,予长北京高等师范学校,约君任教务课事。君巨细躬亲,事无不举。民国八年,予游欧美,校中小有风潮。归国后,范静生总长调予任教育部普通司司长,改任某君为校长,于是学校师生挽留校长之风波起。君知其中曲折,出任调停,并云:“如校长得去职,予必随之同去。”风波卒赖以解。盖君欲成全予之去就,宁牺牲己职而不顾。古所谓金石之交者,不是过矣!

嗣后,君随刘竹君司长改任交通部职务。予任铁路同人教育会副会长,时又与君同事。民国十七年,交通部解散,君亦去职。君自是专意搜求古玩书画,兼事营业,不复问政事矣!

十九年春,君疽发于背,久治不愈,竟夭天年,年龄只五十有二。以君之学之才,前途胡可限量,而不虞天不假年也。君尝搜集历代古物,欲有所述作,惜功废半途,后遂无继之者。君儿女皆聪颖,天或者欲昌大其后欤？

按：该文载陈宝泉撰《退思斋文存·叙记类》，1933年出版，第91-92页。

自传（节录）

俞大鲲

一、我的家庭

要分析和批判自己，必须先从家庭说起。我是天津市人，但这只是籍贯，实际上我是生在北京，而且直到七七事变为止，一直是在北平长大的，天津只是偶然去上一次，最长的停留不过两星期，所以，以生活习惯来说，毋宁说是北京人，比较更妥切些。

父亲是一个封建社会里生长的知识分子。在祖父一代，是在天津经营小本商业，父亲幼年生活是相当窘迫的。在封建的社会里，普通人奋斗找出路，便是走读书上进求功名的路线。因此，父亲便发愤读书，后来轻而易举地考取了优贡，分发为湖南某地的知县。但在途时，辛亥革命成功了，父亲于是也剪去发辫，加入了新学，被当时的政府送往日本留学。回国以后，曾在北京高等师范（后来的师范大学）、天津南开各校担任国文和历史的课程。四十岁左右，离开了教育界，在哈尔滨铁路局中任过秘书，后来又在交通部路政司任过职务。晚年离开政界，又任些私人教读的工作。但大部分精神和时间则是放在古玩字画的考据上，直至终老。这便是父亲的一生。父亲虽是封建社会中生长的人，因为自己经过奋斗的过程，所以封建意识并不十分浓厚，在社会场合中是一个刚直不苟、不善钻营、不会趋承的人，只凭自己的能力谋生活，因此在腐败的封建社会里便一直郁郁不得志。

母亲呢，是一个贤妻良母型的旧式女子，出身于一个封建的大家庭，上一代比较富有，到母亲一辈已经没落，母亲嫁后操持勤劳，一生没有度过坐享其成的日子。她对于追随时代自然稍差，但有些大道理却很明白。如七七事变后，我离家去昆明，母亲竟硬着心肠表示赞同便是一例，那在当时是许多亲友所意想不到的。母亲前后生过不下十个子女，但有几个幼时夭殇，长成的只有姐弟四人，这在我婚前便是构成我的家庭的份子。

长姊大酉是一个男性化的女子，她在文字上的修养和处事的精干有魄力远在普通男子之上。她是北平大学女子文理学院毕业的学生，到现在独身未婚。她在北京女一中、女附中任教多年，后来任女一中校长。七七事变后改到中国大学任教。当时受抗日心情的驱使，秘密的加入了国民党，不料事机泄露，他们一批人便被日人捕入监狱，颇受非刑，直禁了两个月才得释放。胜利以后，她被朋友介绍到天津民国日报任总主笔，后来转任耀华中学校长。解放后党籍早已登记，但因曾在《民国日报》任职关系，还在管制考察之中。

次姊大贞是北京师范大学毕业的学生，一向在中学任数学教员，到现在已十余年，在本市也颇有声誉。她是对政治很少兴趣的人，因此除教读之外，在社会上很少活动。

弟弟大椿比我小九岁，在抗战期间到重庆去求学，入重庆大学地质系，本年夏季应该毕业。但解放后消息隔绝，所以不明现状。

我三十岁时才在重庆结婚，妻名沈如璜，是燕京大学学生，后来转入伪北京大学毕业的。抗战期间，她随同母亲跋涉到重庆，我们成婚。四六年又回到北京来，生了一子，现在将过三周岁。妻因父亲早故，随母亲度过艰苦的生活，所以封建意识很少。抗战期间曾在重庆战时生产局工作，回京后因小孩关系，便留家中操持家务了。

以上是从父亲一辈直到我下一辈家中的人口。父亲在我十五岁时便去世了，母亲也在我去昆明时故去。所以我现在的家庭只有姊弟四人（弟弟未归），妻、子各一，共是六人，人口相当简单。

谈到家庭的经济情况，父亲是苦读出身的人，幼时家中很艰窘，到父亲做事才好一些，但也不过是量入为出，依靠薪水维持生活，家中过着不太宽裕但也还过得去的中等生活，平常能积蓄下的钱很有限，还时常要补贴一些贫苦的长亲和不长进的堂兄弟，到父亲故去时只遗留下价值不到两万元的公债券。父亲去世，家中收入没有来源，一度感到恐慌，幸而长姊跑出去做事，才渡过难关。后来便把这点公债券变卖，买了一所小房子；另在西郊买了十一亩的茔地，把父亲的灵柩葬在那里。这房产和茔地便是我们所有的一点不动产。日人进占北平以后，在西郊划占土地，扩大农事试验场。我们的地受到威胁，只好把父母的墓（那时母亲也去世了）移到万安公墓去。这块地留在那里，我们无暇照管，便交给照料茔地的强某（原地主）种植。他种些什么，我们都不过问。每年冬天，他给我们一些小米吃，多少也不大计较。最近郊区要实行土改了，这块地不知如何处理，好在我们对这地并不十分重视，所以归公也好，私有也好，不大放在心上。我们的房子买了已十几年，现在还在住着。围城期间为免军队占住，因此以五间房子租了出去。我们不是依靠吃租的人，所以房租没有什么酷苛条件，只每月每家（分租两家）收面粉一袋。房客有时拖欠些时，我们也不催索。我在七七事变以前一直在求学，生活费用都仗姊姊供给。从四一年到四六年在重庆做事，也只能勉强维持夫妇两人的生活。只有回到北京后，经济才稍宽裕些。但是我是一个喜欢建设的人，回家之后，家里用的一切，除去一两个床箱以外，所有桌椅用具几乎都是自己逐渐添置，所以支出也增加不少，每月能积蓄下的钱仍然有限。围城以前，也曾买过几两金子、美钞，这些已在解放的过渡期间逐渐消耗下去，所以现在的生活还是依靠每月薪水收入来维持。我在家中和姊姊们是同居各灶，所以负担还不太重，但也将将够用，每月很少能结余。此外，房租有一袋面粉是给我的，但房客常常拖延，所以不能视为定期收入。这便是整个收入的情形了。

不可否认的，家庭的经济情况对我有相当的影响。因为父亲和母亲都是在艰苦中经过的人，所以在生活上都很俭朴，都很规矩。因此，我从小所受的教训，便是循规蹈矩，不慕浮华，其结果在好的方面是使我旧道德方面比较注意，绝不会胡作非为，坏的方面便使我小心谨慎、缺乏魄力。另一方面，因为家庭中一直过着中常的生活，不太窘，也不太富裕，便造成我一个十足小资产阶级的作风，自由主义，个人主义，留恋家庭，脱离群众，缺乏进取性。因为父亲是喜好文玩字画的知识分子，所以使我对这些也有些喜好，因此便养成一种清高自赏、不同流俗的特殊性格。因为家中一直依赖薪给收入维持生活，在封建势力下有时会因失业而受威胁，而在无事时则可以过得舒舒服服，因此养成一种对封建势力、资产阶级官僚作风的厌恶，同时却又缺乏对真正无产阶级的了解。这些便是家庭经济状况造成的一切，在我截止现在为止的生活中一直有形无形的发生着影响。而且我相信，在自己彻底改造以前，这些影响还将继续的存在。

二、求学和走入社会

在七岁时，我考入师大附小。在初小几年中，在班里始终保持是成绩最好的一名。到三年级时，因为成绩优良，特予升级到五年级，因此在十二岁时便小学毕业了。接着进入师大附中，一读六年。在高中一年开始时，是学生自己选定文理科的时候，那时因为自己英文成绩最好，便未加思索的选了文科，这事想不到便决定了一生的命运。到现在想起来，常常觉得后悔。如果那时竟选了理科，也不是什么困难的事。但到今日，也许能对国家有更多的贡献了。高中毕业后，上了清华大学，仍继续已定的路线，入了外国语言文学系，在班里的成绩仍在前几名内。那时的心理相当崇拜欧美、羡慕镀金，很希望自己也做一个文学家或教授。所以大学毕业后，又考入文科研究所，因为研究院毕业后是有希望出国的。这个幻想最后终于被卢沟桥炮响所震碎。

卢沟桥事变使我研究院的学业停顿下来。当时许多学生都设法南下了，我却因为研究院未恢复，恐怕无所投奔，而暂留北京，蛰伏家中，自己翻译些书籍。还算好，我对敌伪还未妥协。记得有人介绍我到建设□□工作，我因不愿接受，但又不愿在家闲居，等待姊姊供给，为此曾在院中踝躞终日，最后仍是拒绝了。这样才和姊姊商议好动身到昆明去。我搭船到昆明，正遇到清华研究院复课，便复学了。但这时的研究院已一切皆非，教授、书籍都差，所以我又把指望放在投考留学上去。四零年时，留英庚款有消息招考，我便集中全力准备应试，因此放弃了研究院的毕业口试。不料太平洋战启，留英考试中辍，于是我四下皆空，大为失望。恰在这时，有人函约我到重庆谋事，我便在那年十二月里经公路跑到重庆，次年一月便开始了进入社会工作的生活。

我进入中央信托局工作情形是很有趣的。介绍者王仪原来并不相识，只是一个朋友的亲戚，在我过香港去昆明时曾往拜访，以防万一经济发生恐慌，好获得接济。不料一面就此结识，他竟十分器重我，后来在昆明不断来往。他到重庆去后竟拉我到信托局去。我自四一年进信托局会计处，以后陆续转调购料处、秘书处，在这些部门里主要做些文秘工作。这几年的生活给我许多刺激，使我认识了社会生活的复杂。四六年北平成立分局，经理邓建飞便把我拉到北京来任襄理。起初只管总务工作，后来也兼办业务的一部分，因此在业务上也得到一些经验。但是我还新发现，邓经理也是一个官僚作风、假貌伪善、实际上并不清白的人，于是我的不妥协性又出现了。我们之间发生了脱离，直到邓建飞去，张楚继任，更是一个十足的官僚，既无能力，又极自私自利。自他来后，局务大都落在我的肩上，因为副理刘某是一个懦弱无能的好好先生。北京围城，张楚事先逃往上海，局中便由副理和我勉力维持，直到解放。这一段北平的生活，过得比较宽裕，但精神上却是痛苦、孤独，因为同事们大半整天没事，嫖赌吃喝，而我则不肯随和，又形成与众脱节的状态。

三、参加革命工作

北京围城的时候，我的思想还是一个对立的矛盾：一方面对解放军莫测高深，有些担忧害怕，一方面又愤恨国民党的政治腐败，不愿追随他去，所以当时撤退与否犹豫不决，虽然撤退名单上也列了名字，却没有十分诚意。到最紧张的阶段，我的犹豫倒减少了。那时主要的思想变为：我反正自问一无对不起人的事，只要共产党讲理，我便不怕。其次则是：我是凭能力吃饭的人，任凭共产党怎样做，我自己求生活总还不成问题。有这两种信心，心里便安贴多了。所以解放军入城以后，我始终十分镇静。中信局被接管后，我又有一个新看法，觉得共产党主张是不错的，只是干部能力较差，效率太慢，于是有一种旁观讪笑的心理。到四月份，分行储蓄部成立，我正式担任起工作来，又经过正式的学习，多读了些书，多目睹些实际的作风，渐渐思想上起了变化，对于新思想开始很快的吸收，原因是感觉到这些和我平常的看法有许多相合的地方。正因为我原来没有政治思想的成见，所以接受起来更容易。同时对于共产党干部质量较差的问题也有了新看法，一方面认识到局部并不能代表全体，另一方面则有了"虽然是差，我们应该帮忙他们，不应该旁观"的思想。就这些方面说，我是比较进步了。在日常的学习中，我对新民主主义基本精神的了解也逐渐增强，所以评薪等等的过程对我发生的影响很少。以最近的情形来说，我的思想已转变到容易接受新民主主义的论调，而听到顽固不化的反动论调便立刻心里生出反感。

在叙述思想转变的时候，应该谈一谈对我有些影响的人。第一个应该算是我妻的姐丈王之玺，他现在东北鞍山钢铁公司任总工程师。他在两年以前，就在鞍钢任协理，鞍山解放后被留用。北京解放，他由东北回来，那时我正在犹豫苦闷时期，曾一再和他商酌，他始终劝我好好工作，并且把共产党的作风和新民主主义精神向我解释了许多，这对我当时决定态度是有很大助力的。另一个人是贺孔才，他与我的关系原介乎师友之间。他是国民党，但对共产思想书籍早已读了许多，思想上起了变化。解放军入城，他破釜沉舟，把半生收藏的古书文玩都捐献给国家，自己参加了南下工作团研究室，跑到武汉去。这个坚决的举动对我也间接的发生不小的影响。还有一个影响我很大的是接管信托局的军事代表曹印堂。在接管阶段，我只觉得他朴拙有趣,但在储蓄部合作的阶段却发现他有许多长处。他团结人的诚恳和对政策的掌握都给我许多益处,对于思想的转变也有很多助力。

按:俞大鲲先生是俞大酉先生长弟,生于 1916 年 1 月 18 日,卒于 2004 年 10 月 26 日。1932 年考入清华大学外文系,后就读于该校文科研究所。1941 年在重庆就职于中央信托局,1946 年就职于中央信托局北平分局。1949 年后,在中国人民银行北京朝阳区办事处工作。1979 年后,受聘于中国银行北京分行,任研究室副主任、研究员。撰有《外汇·银行·顾客》《西方银行家谈代理行业务发展趋势》等。俞大鲲先生也是京剧马派研究专家,曾在上海东方电视台主讲马派艺术。这篇自传撰写于 1949 年 11 月 29 日,收入本书时有删节,由俞先生哲嗣俞启璋先生供稿。

辛巳初春归园得与古函快晤古函晚归天已微雪翌日与兄登山看雪遂为长句兼呈古函

贺又新

灯前飞雪扑帘入,窗外沙沙声转急。凌晨冒雪登层巅,仰首天葩正可餐。君不见驴背高吟孟浩然,坡老尖叉斗半山。傲骨崚嶒胜松柏,奇情吐纳尽云烟。门前灯影笑声歇,车唇昨载幽人还。幽人清梦渺何处,形影依稀不忍去。神交不见思茫茫,一旦相逢喜欲狂。生成雅量真如海,更有佳词胜珠琲。春云秋月接青宵,微风祥麟空绝代。故园小住难久留,人生能得几自由。离思别肠莽何似,春冰泮涣不可收。

按:该诗发表于《天津民国日报》1945 年 12 月 28 日第 3 版

《民园·空谷吟》，署名幼莘女士。俞大酉的和诗题为《辛巳元月始晤幼莘先生承赐诗次均赋呈即以赠别》，见《涵沧室诗》。

古函见和归津诗次韵奉和

贺又新

连天飞絮自轻盈，绻缱偏萦离别情。陌头草长皆碍马，枝头风软不惊莺。水田漠漠晴烟绕，桃李阴阴香雾凝。韶华转眼飞红堕，暮云回首芙蓉城。轻尘三尺迷巷口，何处高山流水声。白云一片仰高致，飞龙天马凌空行。孤馆落花散成缬，故园初芰应如萍。姑从燕雀藩篱计，那随黄鹄云天程。巍峨泰岱眼前立，揽辔雄心容自逸。诡变乾坤不可力，乱山起伏云苍茫。

按：该诗发表于《天津民国日报》1946年1月7日第3版《文艺·空谷吟》，是对俞大酉著《幼莘先生返津雨雪连朝适逢其津中来诗次均奉和》的再和，见《涵沧室诗》。

题二俞画扇

贺又新

皎皎一轮月，光辉照九州。嫦娥舒倩影，素女回青眸。丹黄桂香陌，苍翠青山头。蜿蟺蛟龙走，氤氲花气浮。一挥肌肤清，再挥炎暑收。三挥青冥阔，飘然海上鸥。却愿恒炎曦，清飔终见酬。

按：该诗发表于《天津民国日报》1946年1月7日第3版《文艺·空谷吟》，署名幼莘女士。收入贺又新著《吟香咏絮之庐诗钞》（未刊）时，改题《题书画扇》。二俞指俞大酉及其妹俞大贞。

古函子正喜余至留饮对月高歌归后赋赠

贺又新

清光皎洁纤云卷，人与神仙隔不远。琼楼绮阁非人间，云裳霞帔相邀拦。清声只在云霄上，逸韵勾留箫管端。不有高歌动寥廓，茫茫心事将焉传。惊君才艺饫君意，去去无言夜已阑。路旁槐影印襟上，华灯庭绿摇书幌。满怀幽绪不成眠，静院蛩音谁共赏。驹阴过隙不暂留，万端薄俗良悠悠。云龙聚散本无定，沧波身世同飘浮。潭潭大度望君子，自顾平生真幸矣。神明不隔山与川，莫把离愁萦燕喜。君不见东坡仙人美清夜，形影独嬉风露下。穿花踏月肤生凉，浪说千篇凌鲍谢。

按：该诗发表于《天津民国日报》1946 年 2 月 18 日第 3 版《文艺·空谷吟》，署名幼莘女士。贺又新著《吟香咏絮之庐诗钞》（未刊）失收。俞大酉的和诗题为《次和幼莘先生元均》，见《涵沧室诗》。俞大酉字古函，其妹俞大贞字子正。

与古函先生彤文二嫂慧君三嫂偕侄辈游北海

贺又新

欲雨不雨风扬尘，天空水上皆鱼鳞。柳丝垂地燕雀倦，芙蕖斜趁鸳鸯群。游共儿童兴倍好，歌杂悲欢气益振。年年此地能欢聚，忽忆东西南北人。东西南北正无定，且喜今朝形影亲。君不见万紫千红皆锦绣，东风春暮争纷纷。夏景葱茏枝引蔓，高秋雁阵翩然分。飞雨白日洒伊洛，惊风黄叶飘淮秦。那便深思伤雅兴，但须行乐及芳辰。

按：该诗作于 1945 年，发表于《天津民国日报》1946 年 3 月 4 日第 3 版《文艺·空谷吟》署名幼莘女士。收入贺又新著《吟香咏絮之庐诗钞》(未刊)时,题为《夏日回京与嫂侄游北海》。

古函约与鹏南峄莘作诗消夏先成二律以引兴端即乞正和

贺又新

时世益堪悲,前程渺不知。慢刀磨劲骨,快剪断愁思。冷嚼胭脂雪,香攀翡翠枝。玉楼人意好,清咏避炎曦。

故都青嶂雨,沽上锦帆风。岁岁欢能共,朝朝兴不同。陆离鹏运海,婀娜凤栖桐。争似西潭月,团圞挂碧空。

按:该诗发表于《天津民国日报》1946年7月15日第5版《文艺·消夏集》,署名幼莘。贺又新著《吟香咏絮之庐诗钞》(未刊)失收。同一专栏,又载俞大酉撰《次和幼莘先生逭暑之作》,署名古函,《涵沧室诗》失收;贺培新撰《古函鹏南峄莘幼莘以消夏唱和诗见示次韵奉和》,署名天游,收入《天游室诗补编》;齐纪图撰《古函幼莘两先生相约敲诗送暑幼莘先生首唱二律督和次韵奉酬》,署名鹏南;刘叶秋撰同题之作,署名峄莘。

古函幼莘两先生相约敲诗送暑幼莘先生首唱二律督和次韵奉酬

齐纪图

守约行吾素,何劳国士知。不求师季路,任侠慕袁丝。涉世看千变,巢林抱一枝。广文官尽冷,犹胜趁炎曦。

二子今诗伯,萧然林下风。清吟消永昼,此乐几人同。菲质惭樗栎,宗工赏爨桐。相从歌古调,一洗郑声空。

按:该诗发表于《天津民国日报》1946年7月15日第5版

《文艺·消夏集》,署名鹏南。齐纪图,亦名鹏南,后改名治平。

古函幼莘两先生相约敲诗送暑幼莘先生首唱二律督和次韵奉酬

刘叶秋

孤往江湖味,年来已自知。征尘欺鬓影,乡梦恋莼丝。诗绪云千叠。生涯笔一枝,楼阴宜逭暑,不觉有炎曦。

苔岑喻雅契,觞咏见高风。莫惜吟肩耸,还期酒盏同。沉酣惟翰藻,陶写藉丝桐。别有安心法,长歌万虑空。

按:该诗发表于《天津民国日报》1946 年 7 月 15 日第 5 版《文艺·消夏集》,署名峄莘。

得大酉书却寄

黄稚荃

倾心一见分携久,检点沧桑付鬓华。北雁来时君有信,西风吹梦我无家。百年怀抱向谁尽,九死芳情亦自嗟。如月明明想襟抱,长存知己在天涯。

按:该文约作于 1951 年。原载黄稚荃撰《杜邻诗存》,四川人民出版社 1995 年版,第 105 页。

哭大酉

黄稚荃

长天极目望浮云,奄忽相逾路各分。一自成连孤棹远,谁挥并世郢人斤。

按:该文作于1977年。原载黄稚荃撰《杜邻诗存》,四川人民出版社1995年版,第124页。

悼大酉

黄稚荃

我1931年于北平(当时称谓)女子文理学院识六安陈桂琴。桂琴读中文系,为该系主任范文澜之得意学生。为言全院女教师、女同学中学识之富、才华之高,当以英语系助教俞大酉为第一。俞中、英文皆佳,以优异成绩毕业留校任助教。欲为介绍,我阻之。

1932年,我患脊骨结核,住同仁医院。桂琴常来相视,为言大酉二事,令人想见其人格与作风。其一,是年河北省招考庚款留美生,全省只取录三名,大酉名在第二。以父没,两弟一妹读书,祖母、母亲生活均须人照顾,遂放弃庚款留美机会,仍旧留女子文理学院工作;其二,有一青年教授,中西文皆佳,其他条件亦优越,对大酉倾倒甚至。大酉亦喜其人,遂订婚。订婚后,乃发现其人行与言违,遂单独登报声明解除婚约。其对家庭负责牺牲之精神,对是非邪正之绝不假借,实令我佩服。桂琴又欲约大酉来医院。我病中不愿多交朋友,又阻之。

1932年春,我病渐瘥,亟欲还家,已决定行期。桂琴忽约大酉来医院,我始识其人。虽全身布素,而神光照四壁。《诗经·硕人》一章,殆为彼咏也。虽与我初见,乃宛若旧交,谈病状,谈《书谱》,谈《红楼》,午夜始去。

数日后,我搭平汉路晚车离京,桂琴、大酉来送行,其时日本侵略军已占领热河之昭阳、承德。大酉送我上车曰:“君重病,回四川甚佳。河北将来必为日人占据,我全家在此,不堪想矣。”我亦无词以慰之。我与大西相见，仅此两面而已。知其住家在西铁匠胡同十五号。返江安后，曾作函谢其相视相送。彼有回书，并寄我一照片。我父见其照片，认为端正高华，前途不可限量。后此亦未通信。

抗战中，有一燕京大学教师高女士由河北来，偶然相见，我询问知大西情况否？高曰："不识此人，然知其消息。彼任北京第一女子中学校长，曾忤日本人。日本人送礼物与之，其中乃手榴弹二枚。又曾被日人监禁。近况不悉。"

抗日战争胜利后，我到南京，参加前国民政府召集之第一届国民代表大会，见名单，大西名在河北省新闻界代表中，而彼并未出席。我寄函询其近况，且询以高女士所言，又问其不出席之故。得回信承认高女士所言。谓彼现在《天津民国日报》作总编，并言离一中后任天津耀华中学校长，耀华乃美国人所办，只未回答不出席之故。我深佩大西高明，逃避日本人威胁，遂往美国人所办之学校。然非有彼之能力，不能如此也。是时会场中留有共产党及民主同盟席位，皆拒不参加。我疑大西非共产党即民主同盟。大西未招我北游，我亦未请其南来。不通信者又数年。

1951年冬，我在重庆向大行政区争取工作，住于族侄家。忽得大西来函，谓江翊云先生由上海入京，以我重庆通信处告彼，并言我颇困难，故来信相问询："是经济困难？抑政治困难？政治困难，则爱莫能助；经济困难，则可以接济三百万元。"并言："我钱君可大胆用，我钱乃从黑板白墨中来。"我答以"经济困难"。大西遂立汇三百万元与我。是时重庆有二熟人，解放前曾得我长期帮助；解放后，境况甚佳，乃对我竟若路人。此时我心中万分感愧，念彼当年送我上火车时，对河北将来殷忧之言，我何以不请其来蜀。河北沦陷后，人民之苦，我非不知，何以竟不关心一问。今彼闻江先生一言，竟如此热忱相助。相形之下，我与此二熟人其无情又何异。此三百万元人民币尚未用完，我已由中共西南局统战部介绍到西南师范学院工作。

此段时间，大西在北京教中学，与我通信最多，思想上得其帮助不少。来信曾言，“三反”运动时，清算其耀华中学账目，彼不惟无过，而且有功。又言曾被捕入狱，一星期即释放。并言：“绝不怨共产党严峻，中国积弊太多，诚如孟子所说‘若药不瞑眩，厥疾弗瘳’。”又言：“我与你若街头相见，定各不相识。然一拆阅来信，则声音笑貌，即在身旁。”

儿子怀昭，1955年考入北京农业大学，谒大酉。大酉见其初冬未著棉衣，即时为置新棉衣裤一套；饮食教诲，待之宛如家人子弟。

“文化大革命”开展，音问隔绝者十年。“四人帮”被打倒后，我急发一航空挂号信询大酉近状。十天后，原信退回，上面有邮局批条：“收信人已死，住宅已改为幼儿园。”我睹此批条，不禁大恸。

我思大酉，坚强明智，且久经考验，必不自杀。乃托北京友人就近探询，乃“文化大革命”中被迫害致死。才德如彼，辛苦一生，竟死于人妖颠倒之时，实可悲也。

按：该文原载黄稚荃撰《杜邻存稿》，四川人民出版社1990年版，第248－251页。

后　记

多年来，我一直在思考一个问题：在中国现代化进程中，作为古典传统的代表，桐城派的命运如何？在探索中，畿南莲池学者群体逐步进入我的视野。这一学者群体以桐城派为旗帜，以曾国藩为祖，以张裕钊、吴汝纶、贺涛为宗，中经吴闿生开拓，到贺培新、俞大酉戛然而止。这一学者群体在西学东渐背景下，输入吸收外来学说，不忘本来民族地位，曾经煊赫一时，而终被与传统实行最彻底决裂的激进思潮所摧毁。其跌宕起伏的命运，岂非整个中国古典传统在现代的缩影？

在研究中，贺培新、俞大酉的坎坷遭遇尤其触动了我的灵魂。多少次，我步出文津街国家图书馆，夕阳落照中，踏上北海桥头，在贺培新愤然自沉处徘徊。多少次，我踟蹰在北京西城区西铁匠胡同十五号旧址附近，那是俞大酉的故园。正是在那里，在那个癫狂的年代，她被一群红卫兵拖出游街示众，施以非刑，惨然而逝。而今，他们早已被历史的烟尘所障蔽，但他们不屈的精神，他们追求独立自由民主的祈向，他们的迷茫、痛苦、不知所措和走投无路，令我崇敬，令我欲罢不能。我期待有一天他们能浮出历史地表，期待这个古老、多难而善于忘却的民族在走向未来之时，能依稀记起他们，倾听他们从历史深处发出的或激扬、或压抑的倾诉。于是，在无言的历史之海中，我开始了艰难的钩沉。这些年，我跋涉在北京、天津、秦皇岛、郑州、保定、石家庄、合肥等城市之间，采访、阅读、钞录、拍照、比较、考证，时而山重水复，时而柳暗花明。最后的收获之一，就是这部《贺培新集·俞大酉集》了。

在研究中，我敬爱的导师、北京大学孙静先生时常赐予我指导，我的师弟、安徽大学吴怀东教授时常赐予我激励、启迪。贺培新的哲嗣贺仁先生、外孙史强女士、堂弟贺永新先生，贺翊新的哲嗣贺杰先生，贺又新的哲嗣、清华大学张克潜教授，俞大酉的幼弟俞大椿先生、侄儿俞启璋先生和俞启成先生，何其巩的哲嗣何嗣珈女士、何嗣琼女士和何嗣珌先生，黄稚荃文孙黄恕女士，首都师范大学左东岭教授，中国社会科学院近代史研究所王建朗教授、研究生院文学系薛冰洁博士，人民教育出版社刘国正先生，国家文物局朱晓东先生、谢辰生先生，国家图书馆杜海华女士、张廷银先生，国家博物馆李良先生，中国大学校友会赵振生先生，北京西城区教委主任丁大伟先生，北京八中张春林先生，北京三十三中吴京明女士，北京二十四中丛日英女士，北京王焕礼先生，天津南开大学陈洪教授，天津师范大学赵利民教授，天津滨海区高立贤先生，天津档案馆周利成先生，天津耀华中学翟福泽先生，以及中国社会科学院近代史研究所图书馆、文学研究所图书馆和历史研究所图书馆，北京大学图书馆，北京档案馆，河北省图书馆，保定图书馆，天津图书馆，北京一六一中学，北京西城区二龙路街道办事处和二龙路派出所等单位的女士、先生，均赐予我诚挚帮助。谨向诸位女士、先生表示深深的谢意。

在《贺培新集·俞大酉集》编纂中，舍侄王九一博士、小女王一村做了大量工作。王九一博士从事自然科学研究，自幼酷爱文史，古文底子扎实。他协助我整理了《贺培新集》中的大半文字，并对全书目录作了缜密编排。王一村有志于文史之学，协助我整理了《俞大酉集》和《贺培新集·研究资料汇编》中的部分文字，受到了初步的文献学训练。

我要郑重感谢“中国近现代稀见史料丛刊”主编、中国社会科学院文学研究所《文学遗产》副主编张剑教授。没有他的学术眼光，没有他的热情帮助，没有他的督促，没有他所赐予的厚谊，《贺培新集·

俞大西集》不可能顺利问世。我也要特别感谢凤凰出版社的樊昕先生、陈晓清女士，他们的敬业精神令我钦佩。

王达敏

2016 年 6 月 16 日

中国近现代稀见史料丛刊【第三辑】

张剑 徐雁平 彭国忠 主编

贺培新集（上）

贺培新 著

王达敏 王九一 王一村 整理

凤凰出版社

图书在版编目（CIP）数据

贺培新集 / 贺培新著 ; 王达敏, 王九一, 王一村整理. -- 南京 : 凤凰出版社, 2016.9
（中国近现代稀见史料丛刊. 第三辑）
ISBN 978-7-5506-2419-1

Ⅰ. ①贺… Ⅱ. ①贺… ②王… ③王… ④王… Ⅲ. ①贺培新（1903-1952）－文集 Ⅳ. ①Z426

中国版本图书馆CIP数据核字(2016)第188248号

书　　名　贺培新集
著　　者　贺培新 著　王达敏　王九一　王一村 整理
责任编辑　陈晓清
出版发行　凤凰出版传媒股份有限公司
　　　　　凤凰出版社(原江苏古籍出版社)
　　　　　发行部电话025-83223462
出版社地址　南京市中央路165号,邮编:210009
出版社网址　http://www.fhcbs.com
经　　销　凤凰出版传媒股份有限公司
照　　排　南京凯建图文制作有限公司
印　　刷　苏州市越洋印刷有限公司
　　　　　苏州市吴中区南官渡路20号,邮编:215104
开　　本　880×1230毫米　1/32
印　　张　27
字　　数　702千字
版　　次　2016年9月第1版　2016年9月第1次印刷
标准书号　ISBN 978-7-5506-2419-1
定　　价　108.00元(上、下册)
　　　　　(本书凡印装错误可向承印厂调换,电话:0512-68180638)

袁行霈先生题辞

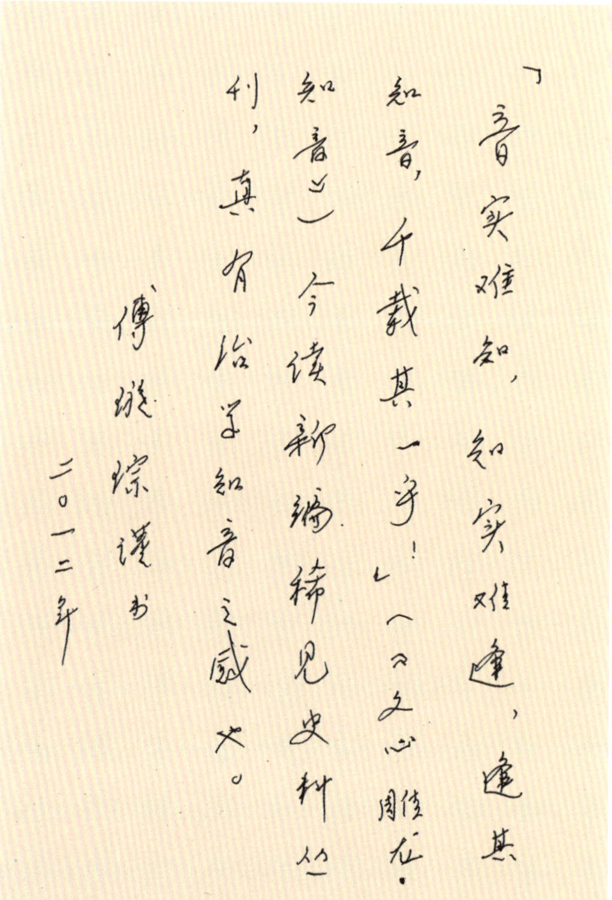
「音实难知，知实难逢，逢其知音，千载其一乎！」（《文心雕龙·知音》）今读新编稀见史料丛刊，真有治学知音之感也。

傅璇琮谨书

二〇一二年

傅璇琮先生题辞

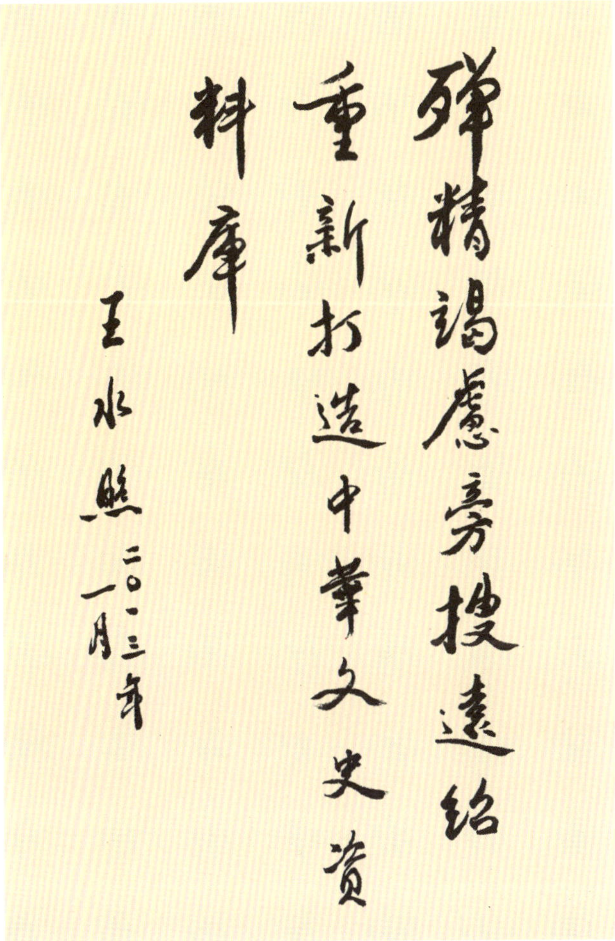

王水照先生题辞

贺培新（1903–1951）

前排左起：王树枬、陈三立，后排左起：王涵如、夏肃初、贺培新

1930 年摄于北京草厂 8 号花园

左起：张子高、贺培新、许用康、俞大酉、邓以蛰
约摄于 1943 年

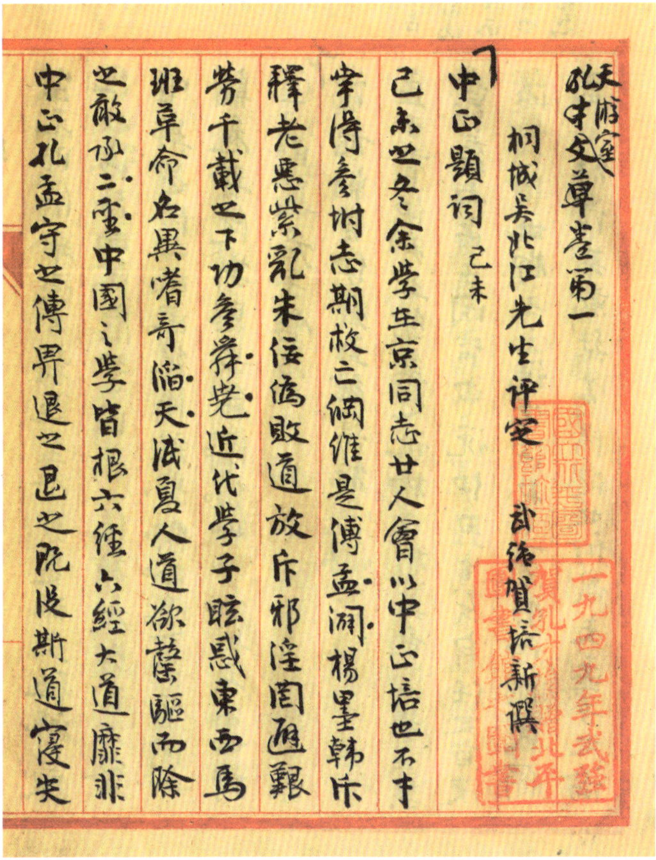

天游室文草卷第一

桐城吴北江先生评定

武强贺培新撰

中正题词 己未

己未之冬余學生京同志廿人會以中正培也不才

宰侍參坿志期救之綱維是傳孟闢楊墨韓斥

釋老悪紫亂朱距僞敗道放斥邪淫閑邇艱

勞千載之下功參彝堯近代學子眩惑東西焉

班草命名異嗜奇淊天滅息人道欲鬱驅而除

之敵承二千中國之學皆根六經六經大道靡非

中正孔孟守之傳畀退之退之既没斯道寖失

天游室文卷首，史强供稿

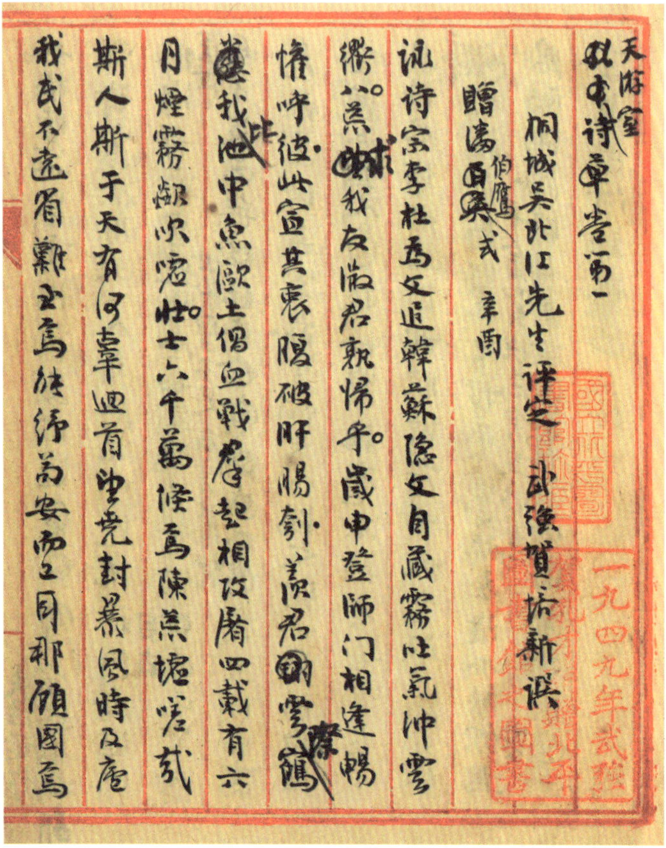

天游室诗卷首，史强供稿

俞大絪（1908–1966）

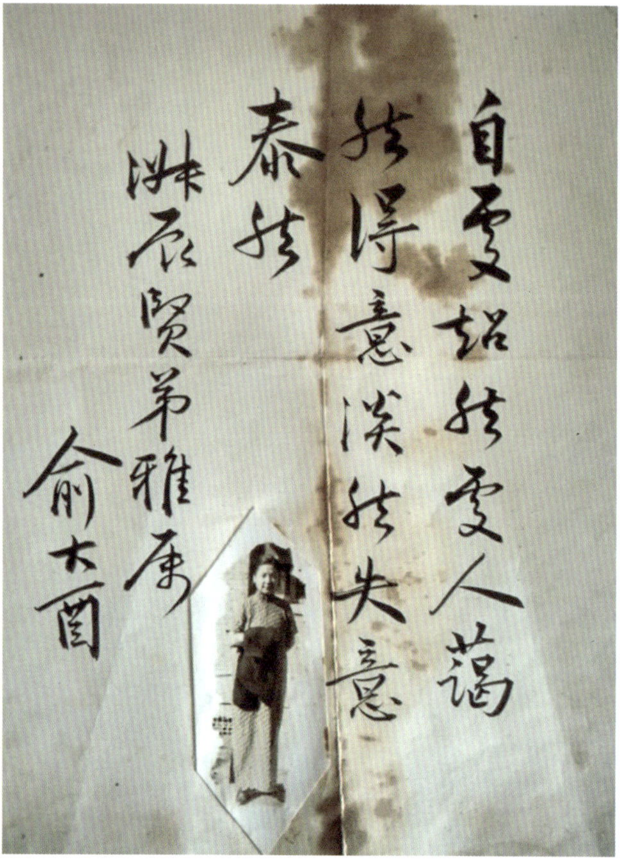

俞大酉手迹、照片，俞启璋供稿

《中国近现代稀见史料丛刊》总序

在世界所有的文明中，中华文明也许可说是“唯一从古代存留至今的文明”（罗素《中国问题》）。她绵延不绝、永葆生机的秘诀何在？袁行霈先生做过很好的总结：“和平、和谐、包容、开明、革新、开放，就是回顾中华文明史所得到的主要启示。凡是大体上处于这种状况的时候，文明就繁荣发展，而当与之背离的时候，文明就会减慢发展的速度甚至停滞不前。”（《中华文明的历史启示》，《北京大学学报》2007年第1期）

但我们也要清醒看到，数千年的中华文明带给我们的并不全是积极遗产，其长时段积累而成的生活方式与价值观具有强大的稳定性，使她在应对挑战时所做的必要革新与转变，相比他者往往显得迟缓和沉重。即使是面对佛教这种柔性的文化进入，也是历经数百年之久才使之彻底完成中国化，成为中华文明的一部分；更不用说遭逢“数千年来未有之变局”、“数千年未有之强敌”（李鸿章《筹议海防折》），“数千年未有之巨劫奇变”（陈寅恪《王观堂先生挽词序》）的中国近现代。晚清至今虽历一百六十余年，但是，足以应对当今世界全方位挑战的新型中华文明还没能最终形成，变动和融合仍在进行。1998年6月17日，美国三位前总统（布什、卡特、福特）和二十四位前国务卿、前财政部长、前国防部长、前国家安全顾问致信国会称：“中国注定要在21世纪中成为一个伟大的经济和政治强国。”（徐中约著《中国近代史》上册第六版英文版序，香港中文大学2002年版）即便如此，我们也不能盲目乐观，认为中华文明已经转型成功，相反，中华文明今天面对的挑战更为复杂和严峻。新型的中华文明到底会怎样呈现，又怎样具体表现或作用于政治、经济、文化等层面，人们还在不断探索。这个问题，我们这一代恐怕无法给出答案。但我们坚信，在历史上曾经灿烂辉煌的中华文明必将凤凰浴火，涅槃重生。这既是数千年已经存在的中华文明发展史告诉我们的经验事实，也是所有为中国文化所化之人应有的信念和责任。

不过，对于近现代这一涉及当代中国合法性的重要历史阶段，我们了解得还过于粗线条。她所遗存下来的史料范围广阔，内容复杂，且有数量庞大且富有价值的稀见史料未被发掘和利用，这不仅会影响到我们对这段历史的全面了解和规律性认识，也会影响到今天中国新型文明和现代化建设对它的科学借鉴。有一则印度谚语如是说："骑在树枝上锯树枝的时候，千万不要锯自己骑着的那一根。"那么，就让我们用自己的专业知识与能力，为承载和养育我们的中华文明做一点有益的事情——这是我们编纂这套《中国近现代稀见史料丛刊》的初衷。

书名中的"近现代"，主要指 1840—1949 年这一时段，但上限并非以一标志性的事件一刀切割，可以适当向前延展，然与所指较为宽泛的包含整个清朝的"近代中国"、"晚期中华帝国"又有所区分。将近现代连为一体，并有意淡化起始的界限，是想表达一种历史的整体观。我们观看社会发展变革的波澜，当然要回看波澜如何生，风从何处来；也要看波澜如何扩散，或为涟漪，或为浪涛。个人的生活记录，与大历史相比，更多地显现出生活的连续。变局中的个体，经历的可能是渐变。《丛刊》期望通过整合多种稀见史料，以个体陈述的方式，从生活、文化、风习、人情等多个层面，重现具有连续性的近现代中国社会。

书名中的"稀见"，只是相对而言。因为随着时代与科技的进步，越来越多的珍本秘籍经影印或数字化方式处理后，真身虽仍"稀见"，化身却成为"可见"。但是，高昂的定价、难辨的字迹、未经标点的文本，仍使其处于专业研究的小众阅读状态。况且尚有大量未被影印或数字化的文献，或流传较少，或未被整合，也造成阅读和利用的不便。因此，《丛刊》侧重选择未被纳入电子数据库的文献，尤欢迎整理那些辨识困难、断句费力、裒合不易或是其他具有难度和挑战性的文献，也欢迎整理那些确有价值但被人们习见思维与眼光所遮蔽的文献，在我们看来，这些文献都可属于“稀见”。

书名中的“史料”，不局限于严格意义上的历史学范畴，举凡日记、书信、奏牍、笔记、诗文集、诗话、词话乃至序跋汇编等，只要是某方面能够反映时代政治、经济、文化特色以及人物生平、思想、性情的文献，都在考虑之列。我们的目的，是想以切实的工作，促进处于秘藏、边缘、零散等状态的史料转化为新型的文献，通过一辑、二辑、三辑……这样的累积性整理，自然地呈现出一种规模与气象，与其他已经整理出版的文献相互关联，形成一个丰茂的文献群，从而揭示在宏大的中国近现代叙事背后，还有很多未被打量过的局部、日常与细节；在主流周边或更远处，还有富于变化的细小溪流；甚至在主流中，还有漩涡，在边缘，还有静止之水。近现代中国是大变革、大痛苦的时代，身处变局中的个体接物处事的伸屈、所思所想的起落，藉纸墨得以留存，这是一个时代的个人记录。此中有文学、文化、生活；也时有动乱、战争、革命。我们整理史料，是提供一种俯首细看的方式，或者一种贴近近现代社会和文化的文本。当然，对这些个人印记明显的史料，也要客观地看待其价值，需要与其他史料联系和比照阅读，减少因个人视角、立场或叙述体裁带来的偏差。

知识皆有其价值和魅力，知识分子也应具有价值关怀和理想追求。清人舒位诗云“名士十年无赖贼”（《金谷园故址》），我们警惕袖手空谈，傲慢指点江山；鲁迅先生诗云“我以我血荐轩辕”（《自题小像》），我们愿意埋头苦干，逐步趋近理想。我们没有奢望这套《丛刊》产生宏大的效果，只是盼望所做的一切，能融合于前贤时彦所做的贡献之中，共同为中华文明的成功转型，适当“缩短和减轻分娩的痛苦”（马克思《资本论》第一卷第一版序言）。

《丛刊》的编纂，得到了诸多前辈、时贤和出版社的大力扶植。袁行霈先生、傅璇琮先生、王水照先生题辞勖勉，周勋初先生来信鼓励，凤凰出版社姜小青总编辑赋予信任，刘跃进先生还慷慨同意将其列入“中华文学史史料学会”重大规划项目，学界其他友好也多有不同形式的帮助……这些，都增添了我们做好这套《丛刊》的信心。必须一提的是，《丛刊》原拟主编四人（张剑、张晖、徐雁平、彭国忠），每位主编负责一辑，周而复始，滚动发展，原计划由张晖负责第四辑，但他尚未正式投入工作即于 2013 年 3 月 15 日赍志而殁，令人抱恨终天，我们将以兢兢业业的工作表达对他的怀念。

《丛刊》的基本整理方式为简体横排和标点（鼓励必要的校释），以期更广泛地传播知识、更好地服务社会。希望我们的工作，得到更多朋友的理解和支持。

2013 年 4 月 15 日

目　录

前　言

一

贺培新(1903—1951)，又名贺泳，字孔才，号天游、无逸庐、潭西居士。世居畿南武强北代村(今属河北省)，后迁居故城郑家口。曾祖讳锡璜，字苏生，同治三年(1864)举于乡，任故城训导二十三年，创建历亭书院。祖讳涛，字松坡，光绪十二年(1886)与胞弟沅同成进士，任刑部主事，主信都书院讲席十八年，晚应直隶总督袁世凯之聘，任文学馆馆长，为北方桐城派宗师。父讳葆良，字懿甫；母讳堉瑄，出饶阳望族常氏，喜文事，教督子女至严。兄讳翊新，字仲弼，吴闿生弟子，著名教育家，毕业于北京大学中文系，曾任北京大同中学校长、河北省教育厅长、河北省临时参议会议长、台湾建国中学校长等。妹讳又新，字幼莘，亦吴闿生弟子，有咏絮之才，著有《吟香咏絮之庐诗钞》，未刊。

贺培新1903年5月24日生于故城郑家口，自幼聪慧，为祖父贺涛所喜。1908年入学。1916年7月至1917年7月在故城县立高小读书。1917年8月考入北京市立第四中学，因率同学驱逐校长，1920年1月被开除学籍。1920年8月至1924年5月就读于国立北京法政大学。1924年5月至1926年4月任北京大学造型美术研究会导师。1925年8月至1928年6月任私立成达中学国文教习。1928年7月应北平市长、吴闿生弟子何其巩之邀，任市政府秘书。1931年4月卸秘书任，被北平市政府派往颐和园整理古物两年。1933年6月至1935年8月，任行政院驻北平政务整理委员会秘书。

1935年10月至1937年7月任平津卫戍司令部及冀察绥靖主任公署参议。1936年6月至1943年4月任中国大学秘书长兼国文系教授。1945年9月至1949年1月积极参与《天津民国日报》社务，为中流砥柱。1946年3月28日，由国民党中央委员张厉生提出，被任为国民党北平特别市党部执行委员，未到任；1946年10月16日，接到河北省临时参议会参议员的选定证书，未出席会议。1947年5月至1948年12月任河北省方志馆纂修。1947年9月至1949年4月任国史馆纂修。1949年5月至1949年6月任中国人民解放军四野南下工作团研究室研究员。1949年6月至1949年11月，在潘梓年领导下，任武汉市军事管制委员会文教接管部顾问，兼武汉大学接管组交接联合办公室主任。1949年12月至1951年12月，由齐燕铭介绍，任文化部文物局办公室主任，协助郑振铎、王冶秋工作。1951年12月18日凌晨因蒙冤自沉于北海，1991年3月7日平反昭雪。

贺培新是杰出的桐城派学者。同治七年（1868），曾国藩总督直隶，把桐城派学风带到大河以北。后经曾氏弟子张裕钊、吴汝纶十八年的相继耕耘，燕赵大地上形成了一个以桐城派为旗帜的莲池学者群体。从曾国藩督直算起，到俞大酉弃世（1966）为止，这一学者群体绵延近百年，相承历六代。贺培新之祖贺涛曾拜吴汝纶、张裕钊为师；吴汝纶之子吴闿生为贺涛入室弟子，声震北国学坛。贺培新立雪吴闿生之门，为莲池学者群体第五代的祭酒。贺培新的诗文闳肆典丽，自成格调；其所纂《文编》汲取《古文辞类纂》和《经史百家杂钞》的精华，张扬桐城派的精神和为文门径。抗战胜利后，蒋介石作为抗日领袖，威望达于极峰。1946年10月31日是蒋氏六旬生日，北平党政军首脑和地方耆绅五百余人，由北平行辕主任李宗仁领衔，恭颂寿序一篇。这篇题为《国民政府主席蒋公六十寿序》的文字，便出自贺培新之手，其在当时文坛的地位由此可见一斑。

贺培新是优秀的书法家、篆刻家。他自幼酷嗜书法，常常一手拿旧帚，一手提水桶，在地上练习写大字，九岁后即已给人写春联、条幅、对联了。他的书法融通汉魏、欧阳询、虞世南和张裕钊，书风劲硬如铁。他曾说："我们写字先求像个铁打的，再求像铁铸的，铸的比打的还好。"贺培新的篆刻更是驰誉艺坛。他曾问艺于齐白石，并由吴昌硕、赵之谦上溯秦汉三代的古录，用刀恢闳雄放。齐白石曾题其印集云："消愁诗酒兴偏赊，浊世风流出旧家。更怪雕镌成绝技，少年名姓动京华。"又云："贺生刀笔胜昆吾，截玉如泥事业殊。小技那应从白石，无情何不慕南狐。"贺氏弟子王北岳得其篆刻神髓，传其艺于海峡对岸。

贺培新是一位赤诚的爱国者。1925 年五卅惨案爆发，无辜民众死伤。贺培新悲愤难抑，撰作《再和妹，用太白〈梁园吟〉韵。时交涉已起，吾民死于难者数百人，而列强争归咎于我方，开外交会议于京师。思昔抚今，有感而作》。1933 年，陆军第十七军将士以血肉之躯当新锐之器，忍饥渴，浴刀火，与日军在长城之下血战近两月，伤亡万余人。贺培新撰《陆军第十七军抗日阵亡将士碑记》，痛悼之，讴歌之。吴闿生评曰："沉痛壮烈，淋漓迈往，有轩天拔地之势。"抗战军兴，贺培新作为国民党中宣部华北宣传专员办事处最高文化宣传委员，不畏生死，在沦陷的北平，领导青年，在思想文化战线与敌人奋战，直至胜利。这一时期，他以黑暗闷人，咏月诗句独多；在中国大学的讲台上，他所选讲的多为含蕴爱国意识的篇章。

贺培新是一位政治上的与时俱进者。初时，他对孙中山及其创立的国民党颇有好感，对蒋介石统帅全民抗战备极称扬。但战后国民党的腐败令其极端厌恶和绝望，他逐渐把希望寄托在中共身上。在同门、中共高干齐燕铭、徐冰引导下，他阅读了《中国革命与中国共产党》《论联合政府》《新民主主义论》和《大众哲学》等著作，对中共产生了好感。1949 年 1 月，解放军围城之际，他拒绝与胞兄贺翊新一起离开大陆，决然留在北平。3 月 25 日是中共中央从西柏坡迁入北平的日子。就在这一日，他将家藏古籍万余册、文物五千余件悉数捐给国家，书房唯余四壁，连书橱也没有留下。同时，他支持两儿两女参加了革命。他自己也丢下未满月的小女儿，脱下长衫，穿上军装，参加四野南下工作团，投入火热的革命生活，并吟出“工农今作邦家主，马列真为世界师”之句。进入国家文物局后，他以单位为家，勤奋工作，积极争取入党。但在镇反运动中，他受到沉重打击，浩然自尽。

二

在短暂一生中，贺培新著述宏富。这些作品中的大半因其捐献给国家图书馆而幸得保存。

诗文类

一、《天游室集》。1937 年，冀察政务委员会委员长宋哲元将军出资刊刻。内含《天游室文》二卷、《天游室诗》五卷，皆经吴闿生评定。

二、《天游室诗未刻稿》。1937 年《天游室诗》五卷刊刻后至中华人民共和国成立前夕，贺培新续有所作。后来，诗人从这些续作中萃取二百余首，纂为两卷有半，标为“天游室诗”卷五下、卷六、卷七，以绍继五卷之本。新纂两卷半诗作的手稿封面题为《天游室诗未刻稿》。

三、《天游室文未刻稿》。1937 年《天游室文》二卷刊刻后至中华人民共和国成立前夕，贺培新续有所作。后来，作者从这些续作中选取十余首，纂为一编，标为“天游室文”卷三，以绍继两卷之本。此编手稿封面题为《天游室文未刻稿》。

四、《口字韵集》一卷。宋黄庭坚有《次韵晁补之廖正一赠答诗》以口字为韵，往返十数叠。张裕钊弟子范当世十余用之，奇纵飘忽。吴闿生酬答姚永朴、姚永概，曾六叠之。吴氏弟子曾克耑连次数首。这勾起了贺培新高昂而持久的诗兴。在 1924 年至 1940 年间，他以口字为韵，前后作诗三十首，才情涌发，不可遏抑。后来，他把这三十首诗择出编为一卷，题曰《口字韵集》。

五、《岁寒集》一卷。1946 年 2 月由天津民国日报社出版，编者为张铸时、齐纪图。书中诗篇皆为贺培新、张子高、邓以蛰、许用康、刘晚松、俞大酉在日据北平时期的酬唱之作。其中，贺培新之作编入《天游室诗未刻稿》中。

杂著类

一、《天游室杂著》。1946 年，贺培新在《天津民国日报》副刊“文艺”、“民园”上，发表了一系列文章，总题为《天游室杂著》。

二、《趋庭记》一卷。稿本署无逸庐谨辑，全一册。贺培新的海西草堂客厅悬有一匾，上书“无逸”二字，为明朝崇祯帝的御笔。贺氏尝以“逸豫可以亡身，忧劳可以兴国”与人共勉，并以“无逸庐”为号。贺涛晚岁失明，隐居不出，日与家人讲说，多微言要旨，珍闻轶事。其言散见于家人日记和其所评各书中。贺培新辑而录之，成此一编。此书曾在《天津民国日报》上连载。

三、《泳斋说邮》一卷。贺培新是一位学养深湛、独具历史和审美眼光的集邮家。1947 年 3 月 9 日至 7 月 29 日，他所撰《泳斋说邮·中国之部》一书，分 37 期刊于《天津民国日报》的副刊“民园”上。

四、《“水竹邨人”年谱》一卷，附录一卷。贺培新撰，手稿本，全三册。“水竹邨人”是文治总统徐世昌的号。贺涛与徐世昌为进士同年，贺之子葆真为徐氏幕宾。贺、徐数世交好，皆为桐城派中人。1988 年，该书由吴思欧整理，以《徐世昌年谱》为题，在《近代史资料》第 69 号、第 70 号上发表。

文献录、目录、题名录类

一、《武强贺氏文献录》一卷。贺培新辑，钞本，全一册。该书收入张裕钊、吴汝纶、范当世、柯劭忞、王树楠、徐世昌、徐坊、赵衡、姚永概、贾恩绂、尚秉和、张宗瑛、王锡蕃、孙人和、吴闿生等名流为贺氏族人所撰寿诗、寿序、墓志铭、诔文、传记、题诗等。2006 年收入《清代民国名人家谱选刊续编》，由北京燕山出版社影印出版。

二、《武强贺氏寿真堂藏书目》一卷。贺培新编，钞本，全一册。

此为贺氏寿真堂藏书书目，著录700余种，有元本《五子》等。1917年钞成，藏北京大学图书馆。

三、《潭西书屋书目稿》一卷。贺培新编，稿本，全一册。此为贺培新藏书目录，草成于1949年3月。书前自序历述贺氏乾嘉以来藏书更替变迁分合消长之迹。此目不次年代，不分部居，而著者名氏、刊刻年代、卷帙函册备列无遗；贺氏先人手泽、某家批校、某氏印章亦悉入载。1949年3月25日，贺培新依此目将全部家藏书点交国家图书馆。

四、《潭西书屋文物目》一卷。贺培新编，钞本，全一册。此为贺培新藏文物目录，草成于1949年4月。内分图章类、钱币类、墨类、陈设玩物类、扇及扇面类、碑帖拓本类、字画类、名人墨迹手稿类和刻石类等。漏登和续缴者录于《潭西书屋文物目续目》中，附于《潭西书屋文物目》之后。钞本藏国家博物馆。

五、《文学社题名录》。吴闿生主盟的大型社团"文学社"在京师文坛影响颇大。此书分别刻于1920年12月、1924年夏、1936年12月，每刻皆有吴氏新的入室弟子的名字增入。第1版由贾应璞、张庆开编，第2版、第3版由贺培新编。

集注、评选类

一、《钞注本古文范》四卷。吴闿生评选，贺培新集注，俞大西手钞，全四册一函。

二、《钞注本古今诗范》十六卷。吴闿生评选，贺培新集注，俞大西手钞，全四册一函。

三、《文编》二卷。贺培新评注，孙鸿章手钞，全二册。此书上卷选取汉以前的文章，下卷斟录晋以下至清末的作品。文中加有注释，篇后并酌采名家的评解。1946年天津民国日报社铅印出版。

四、《随园文钞》一卷。清边连宝著，贺培新评选，钞本，全一册。

五、《觚庵诗存》四卷。俞明震撰，贺培新评本，民国铅印本，全一册。

刻石、古印类

一、《孔才刻石首集》四卷。贺培新刻。齐白石评，原拓本，全四册一函。

二、《孔才刻石第二集》十四卷。贺培新刻。齐白石评，原拓本，全十四册一函。

三、《孔才刻石第三集》。贺培新刻。陈三立题，原拓本，全十四册一函。

四、《孔才刻石题本一》。贺培新刻。徐世昌、吴闿生、柯劭忞和樊增祥题，全二册一函。

五、《孔才刻石题本二》。贺培新刻。袁励准、徐世襄题，全二册一函。

六、《孔才印集第三集》不分卷。贺培新撰。原拓本，全四册一函。

七、《潭西书屋集古印谱》一卷。贺培新辑。内多文安王氏所藏印，钤拓本，全一册。

八、《海西草堂集古印谱》一卷。贺培新辑。钤拓本，全一册。

这次所整理的《贺培新集》包括天游室文、天游室诗、天游室文补编、天游室诗补编、天游室杂著、天游室杂著补编、泳斋说邮和研究资料汇编。

天游室文三卷。卷一、卷二录自 1937 年刻本《天游室集》，卷三录自《天游室文未刻稿》。

天游室诗七卷。卷一至卷五上录自 1937 年刻本《天游室集》，卷五下至卷七录自《天游室文未刻稿》。

天游室文补编一卷。贺培新 1937 年刻《天游室文》时，将稿本中少量作品删除。编者据手稿将被删之文辑成一卷，题为“天游室文补编”。

天游室诗补编一卷。贺培新 1937 年刻《天游室诗》时，将稿本中少量作品删除。编者据手稿将被删之诗辑成一卷，题为“天游室诗补编”。

天游室杂著一卷。此卷全部录自《天津民国日报》副刊，按发表先后排序。

天游室杂著补编二卷。编者把从各种文献上所搜得的零篇辑入此一部分。

泳斋说邮一卷。录自《天津民国日报》副刊。

研究资料汇编是《贺培新集》的附录，为编者多年搜求所得。这一部分包括九个专题：一、传记与剪影；二、贺培新批语辑存；三、著作题跋；四、齐白石批孔才印草；五、《岁寒集》；六、故旧诗文辑存；七、捐献古籍文物记；八、洗冤录；九、纪念与研究。

三

俞大酉（1908—1966），字古函，号涵沧、洞一、晓晖、妙天、华妙天，笔名朝暾。先世原籍浙江山阴，明初北徙宛平，再徙天津。父讳明谦，字抑忱，又字挹尘。光绪二十九年（1903）秋奉派赴日本习师范，归国后相继任职于南开中学、京师蚕桑讲习所。鼎革后，历任北京高等师范学校教务课主任、中东铁路局秘书文书课长、沪宁铁路局秘书、交通部路政司佥事。平日爱收藏古玩字画，精于考订鉴赏；擅著述，所撰《新体国文典讲义》（1918）为民初语法、文章学的名作。母张氏，讳在谷，性磊落伉爽，不好为女子态。世父明震，讳恪士，有《觚庵诗》传世。俞大酉爱其诗，曾撰《花朝雨后放歌呈孔才师用觚庵世父均》。

俞大酉生于光绪三十四年（1908）十月十日。1914 年至 1917 年就读于北京师范大学第一附小，1917 年至 1920 年就读于北京师范大学第二附小，1920 年至 1924 年就读于北京师范大学女附中。1924 年至 1925 年就读于北京女子师范大学预科。1925 年 9 月至 1929 年 7 月就读于北京女子文理学院英文系，1929 年 8 月至 1933 年任北京女子文理学院助教。1929 年至 1931 年任北京师范大学女附中英文教员。1931 年 2 月至 1941 年任北京女一中英文教员兼职员，1933 年至 1934 年兼任该校训育主任，1936 年至 1937 年兼任该校教务主任、代校长，1937 年 12 月至 1940 年 12 月任该校校长，1941 年夏离校。1935 年代同学、蒲殿俊之女蒲耀琼编辑《华北日报·妇女周刊》三周。1938 年曾到日本参观。1941 年夏至 1943 年 8 月家居。1943 年 9 月至 1944 年任中国大学英文讲师。1944 年 2 月，她开始从事国民党地下抗日工作，并由董洗凡介绍，加入国民党，3 月被日本宪兵队逮捕，被拘押五十一日，颇受折磨。1944 年夏至 1945 年 8 月家居。1945 年 10 月 4 日至 1947 年 7 月，由贺培新介绍，任《天津民国日报》总主笔，每日负责撰写社论，同时为天津市长杜建时撰稿；1946 年 7 月正式加入国民党，当选《天津民国日报》区党部委员；1947 年 2 月 27 日至 3 月 5 日，应盟军最高统帅麦克阿瑟之邀，与中国新闻界王芸生、陆铿等九人到日本、韩国访问。1947 年 8 月至 1949 年 2 月任天津耀华中学校长；1947 年任天津市政府顾问、国大代表、天津崇化学会董事；1948 年任天津市图书馆董事、天津流动卫生所委员。天津解放后，1949 年 2 月 25 日，被耀华师生开大会批斗。1949 年 3 月 1 日至 1950 年 4 月 1 日在天津市公安局登记，被管制。1950 年 9 月起任北京私立新华中学（后改称北京三十三中）语文教员，参加全国总工会教育工会。1951 年 2 月至 8 月任新华中学工会主席。1952 年参加中苏友好协会。1955 年肃反时，于 8 月 21 日被批斗后，由天津市公安局逮捕，1956 年 12 月免予刑事处分，被释放回到北京，工作无着落，家居。1958 年 5 月至 8 月下放劳动。1960 年在北京市西城区二龙路取灯胡同邻里服务所织毛衣。1966 年 8 月底至 9 月初，被红卫兵游斗、打死，尸骨无存。

俞大酉端正高华，品格清洁。她对家庭极负责任。父亲去世，她大学毕业后，只身挑起家庭重担，上侍祖母、母亲，下抚两弟、一妹。1932 年，河北省招考庚款留美学生，全省只取录三名，她名在第二，但为照顾家人，毅然放弃留美机会。她对戚友学生极友善。1951 年冬，著名学者黄稚荃遭失业之苦，生活陷入困顿，她立即寄上三百万元，解其燃眉之急。黄之子怀昭在北京农业大学就读期间，她为其置办棉衣，饮食教诲，待之宛如家人子弟。1950 年代前期，其两位姑母、同学黄颖嘉、同事王继儒、学生钱普泰等，均得其物质帮助和精神关怀。她在爱情生活中追求纯粹。三十年代初，一位青年教授，中西文皆佳，其他条件亦优越，对她倾倒备至。她亦喜其人，遂订婚。订婚后，发现其人行与言违，遂单独登报声明解除婚约。日据时期，一位日本宪兵爱上她，穷追不舍，被她坚拒。此后，她一直保持独身。她对国家怀有一份深沉的爱。北平沦陷，她在迷茫一个阶段后，积极投身抗日洪流中。

俞大酉 1940 年拜贺培新为师，学习桐城派诗古文辞、篆刻；且与贺家小妹又新义结金兰，酬唱不绝。为得桐城派真传，她将贺培新集注的吴闿生纂《古文范》《古今诗范》工楷钞录一过，数十万字，一笔不苟。因其在平津教育界、新闻界的重要地位和突出的创作成就，也因其苦难的际遇，她成为莲池学者群体的最后代表，也是整个桐城派的终局人物之一。俞大酉的诗文，无论文言，还是白话，其义法与桐城、莲池诸老一脉相承，其思想的新锐、深刻，颇有为老辈所不及者。关于妇女问题，俞大酉在 1946 年撰写的《纪念国际妇女节》中以为，妇女的真正解放，决不仅在参政、谋与男子同权，而在争取经济独立。惟有经济独立的人，才有自由平等可言。新的女性应以献身精神，负起建国责任，然后才能开拓自己的自由之路。关于民主宪政，俞大酉在 1946 年 9 月主撰的《民主政治与言论自由》中以为：民主政治最明显的象征，就是人民的言论自由；在 1947 年 1 月主撰的《对于宪法应有的认识》中以为，现在只有实施宪政，才能使中国富强康乐。她对妇女和宪政问题的深度思考闪耀着理性的光辉。

俞大酉的作品生前没有结集出版。这次编者辑录的《俞大酉集》包括五部分内容：涵沧室诗、涵沧室文、涵沧室诗补编、涵沧室文补编和附录。俞大酉的诗文手稿现藏国家图书馆，由贺培新 1949 年捐献。稿本封面题“涵沧室诗文”，为贺培新手笔。《涵沧室诗文》所录作品撰于1940年至1942年间。编者将《涵沧室诗文》辑入《俞大酉集》时，未用“涵沧室诗文”之题，而以“涵沧室诗”“涵沧室文”名之。编者把从《辟才杂志》《妇女家庭》《好朋友》《新民青年讲坛讲演集》《天津民国日报》《岁寒集》《耀华学校二十年同学录》等报刊书籍中搜集的俞氏之作分别辑入“涵沧室诗补编”“涵沧室文补编”。此外，编者把俞大酉的友人贺又新、刘叶秋、齐纪图、黄稚荃的相关之作作为“附录”辑入《俞大酉集》中。需要说明者，1945年10月至1947年7月，《天津民国日报》发表六百余篇社论。这些社论中，有相当一部分出自总主笔俞大酉之手。非俞大酉亲撰的社论，或由其约稿，或经其修改，既体现报社立场，也反映俞氏自己的观点。由于这些社论多不署名，考辨作者困难，《俞大酉集》只好暂时摒之不录。

天游室文

编者按：刊刻于1937年的《天游室文》共两卷。此后直到中华人民共和国成立前夕，贺培新续有所作。这些续作品有一部分发表于《天津民国日报》上。后来，作者从这些作品中选取十余篇，纂为一编，标为“天游室文卷三”，以绍续两卷之本。这一编的手稿题为《天游室文未刻稿》，现藏国家图书馆，为贺培新1949年3月所捐献。以下“天游室文卷第一”、“天游室文卷第二”据刻本录入，“天游室文卷第三”据《天游室文未刻稿》录入。编者以《天游室文未刻稿》为底本，将之与《天津民国日报》上发表之作进行对勘，并出校记。

目 录

天游室文卷第一

桐城吴北江先生评定
武　强　贺培新 撰

读龙翰臣伊尹五就桀解　己未

孟子有伊尹五就桀之说。柳子推其意而赞之，其意盖与孟子同，皆申说伊尹生民自任之旨，决后世之疑也。柳子之说，出伊尹之事明。而龙氏独为之解，谓其就桀皆汤使之。何哉？夫孟子之论，虽亦主伊尹自任，然于公孙丑之问，则曰："有伊尹之志则可，无伊尹之志则篡。"其词义严正如此。而柳子独赞其自任，曰："心乎生民。"不复言及篡弑之害。此龙氏所以虑其弊滋而为进一解欤？其意盖将昭明圣贤公天下之心，俾后世不敢援为口实。不然，篡君盗国之徒，既以伊尹自饰；而沽权趋利者，簧鼓一世，以阴济其无等之欲，亦将号召于天下，曰："吾实心乎生民。"则伊尹真万世之罪人矣！笔力健矫无对。此论古之士所不得不亟为明办，戒惕后人者也。然则夷齐之谏武王，用心不亦在是欤？有关世道之文。千古圣哲之行不能禁后人之藉口。此庄生所以谓圣人之利天下也少而害天下者多也。悲夫！

论王荆公新法与社会主义

制置三司条例司，及青苗、均输、市易诸法，荆公通财济民之法也。公鉴仁宗末年财乏民困之弊，思有以矫之者，以谓豪富侈汰，贫乏则无以自存，往往仰赖豪富，豪富因而兼并其利。久之，贫者微利，既为富者兼并以尽，遂益无力营生。民虚国坏，此交困之道也。苟举天下财权悉归国家，摧抑兼并，通天下之财以均贫乏，使天下之人各得所藉资以谋生养之道。民均而富，国亦富而自安。诸法之制义不外此。

欧西晚近盛倡社会主义。其制亦以国家为大主财，人皆一听其赋与，天下之物，人不得而私焉。亦以鉴天下既因贫富而多乱，生民因之而不宁，思均之平之，共享生人之乐耳。考其规模条目之闳阔纤细，荆公所为固不能逮。察其意，则无以异也。

荆公遭谤于世人久矣。或谓为掊克聚敛之臣；或藉口于其法之不行，谓为无为政之识。然即其法观之，盖莫非苏民困而增其富，就其富取赢而富其国，殆孔子所谓“百姓足，君孰与不足”之意焉耳。以欧西进化之神骤，其说近百年来始盛。世人且竞骛而靡之，以为大同庶可获睹。而荆公之说，独于吾国数百年前见之，得不谓为卓识哉！其宅心之仁若彼，识力之卓绝如此。世人不察，瞢然毁诬之不已，其亦可悲而可怪也已。虽然，史载司马温公与公廷辩理财，曰：“善理财者，不过头会箕敛耳。”公曰：“不然，善理财者，不加赋而国用足。”夫不加赋而国用足，方足为理财。温公说直聚敛耳，乌足云理？理财果必如是，不乃亘古无计臣乎？于是知荆公之心，温公固不足以知之也，其毁之固宜。夫温公以一代名贤大儒，犹未足以知荆公，则世之芸芸者，无怪其诬之惟恐不尽，毁之惟恐不力，而不可以已也。至其法之卒不行于宋者，固自有在。夫社会主义之倡，不为不久矣。倡之者固且以为大同极轨治平将见矣。而深识者则以为时势未至。即今观之，倡之者尽倾海排山之力，而无丝粟之效，祸乱反益甚焉，不信夫时势使然乎？以今日之欧西犹未易致，而荆公乃欲致之吾土数百年前，其又奚能淑乎哉？抑进言之，即其说之施行矣，与国家掌此大权者谁乎？巧伪奸诈，比比皆是；集权既重，弊必益滋。社会主义亦同然也。夫二者之意，皆摧抑兼并，通天下之财而均之也。向使有一不当，奸回憝贼、趋竞躁进之徒，旁缘抵隙而入，群起而冒其利，则国家既夺天下万民之财权，而又兼并兼并者，反为兼并之魁。盗贼之徒反因缘以自肥；穷黎饮泣，将莫由而愬。由是知学者之论，不尽合于时势而适于用也。近世之弊已至如此。

鸣乎！学者之说不合于事与时者众矣。一不加察而冒行之，则以福民之心，反为万民之害。即不果行，人皆心焉识之而思动也，则弊足以生，祸足以成。救世苦心。说之出也无已，人不察而思动也靡届，则天下之患，将百出而不穷矣。

余考荆公政术，有合于近世新说。慕其心，悲其志，又感于吾国新进之所向趋，因妄摅所见如此。闳识伟议，光气熊熊。具此伟抱，乃可以言博古，乃可以言通今。末幅所论极通极当，有宋诸贤所以反抗荆公者，固非谓其说之不当，知其虽当，而施之于实则徒见其害而不见其利耳。

无政府说　庚申

今之论治者往往为无政府说，以谓有治人，有治于人，为有等差，为不平。国家以政府行其主权，政府乃治人者之别称耳。国家之意，执政数人之意也；国家之行，执政数人之行也。举凡国家所施为，无非治人者自行其权也。是则所谓主权者，亦治人者之别称而已。国家也，政府也，主权也，未见其为何物也，治人者妄说以欺人耳矣。夫主权既为治人者之数人，以兹数人而治十百大万之人，是十百大万之人为数人侵其自由矣，不平孰甚焉。伊古以来，人世之不平莫大于不能各得其自由。同是人也，宁可自舍其自由之权，甘为人夺，反曰服从主权以自诬哉？为无政府说者，其特论盖如此。

尝谓自由者，匪惟自行其意已也，尤未可侵人所行之意也。既自行其意而不侵人，则自由固当有制。不然，人而各自行其意而相侵。相侵不已，自由且灭绝于天下，更奚所谓平乎？夫自由有制，必藉权力维持之，国家乃应是而生者。故国家以主权立法定章，政府执而行之，以保自由而限自由。是国家乃自由所由生，主权乃自由所由立，不有国家，夫何所谓自由？使无政府，人将何所恃以保其自由乎？国权者，助人权者也，非与人权互争而竞胜者也。盖自国观之，主权也；自民观之，自由也，二者一而已。

夫不能深察时势，而务为高远之论，以哗众而取宠，蕴祸无穷而莫之顾者，由来众矣。然其时未尝无深识君子思察其弊，通其机，障其流，而弭其患，顾卒莫之听者，则庸众易骇于怪说，而难以常理喻也。其说既为深识者所不肯道，固知其成功也难。独有好异思动、心无所主者，每易视天下事，竞和而唱之，辄欲取而行之，彼岂独未尝牢有所见，或且瞢不知其何谓。盖一人倡之于前，群乃妄和于后。及纲维尽坏，人道不保，乃诿曰："此大势所趋，有不容已者。"呜乎！夫岂果不容已也乎？后幅深中时弊，文亦曲折条畅。

王氏新茔碑记

饶阳王氏，世居县西北之苌刘庄。始祖讳某，家贫不自给，商于塞北，荷艰执苦，思有以昌其家业。稍起矣，复促其子弟学，宾接文士，而王氏始大。子二，鹤龄、梦龄，皆少孤，弗克一力于学。梦龄后从父某，家无恒产。鹤龄乃以先业济之，力商力农，惴惴焉，恐先业之弗继。清同治十三年卒，年七十三。子二，继志、继统。继统子二，心印、心田。心印出嗣继志，心田生子明焘。继志既以继统子心印为嗣，生子三，明煦、明照、明熙。明煦子应奎，明照子兆奎。继志聪颖有才气，读书日可数百行，以疾废学，复绍先业于塞北，历风沙，遭寇乱，备经险阻，数十年不懈，由是家益昌。光绪五年卒，年五十八。夫人某氏，配其德。王氏世守勤俭，于今弗替，而于周贫扶寡、戚党公益，独兢兢焉。百里内外，莫不怀其德云。

吾国一贱商之国也。数千年聪颖之士，咸趋于儒者一途，终身笔砚间，尚空言，饰虚伪，以执技服贾为可耻。工商遂自甘卑贱，唯利是专。商与士乃判然表异，士之学不屑及于商，商之利不肯及于国。士惟以穷困为节，不悉治财之源。商则营营焉自图其利，以肆其奢纵，以殃及孙子，公益国事，视犹秦越。夫欧美列强，莫不以商为经国要图，拓地殖民，亦每以商为先导。国固重商，商亦有以报国，业益盛而国以富强。吾处此列强竞化之中，国财不足，而外债滋多，贱商之弊，极于今日，而国势且以杌陧，创巨痛深，始思援商而重之，已瞠乎其莫及矣！文气蔚厚。

王氏以僻乡一姓，独能先见其大，并商与学，急起直追于全国不知重商之日，不亦伟乎？故不述其孝义庸行，独举其闳识远猷，俾揭诸墓道，以矜式闾里。某公，字圣郡，配某氏。鹤龄，字羽宗，配常氏。继志，字式周，配李氏、韩氏。体格崇峻。

王孺人墓表　代　辛酉

孺人深泽王氏，清道光丙午举人、内阁中书讳肇孚梦坡之女，栾城聂钧和怡山之室也。温和敬谨，勤俭好施。少孤，笃谨事兄，操作不辍。兄以严厉称，独于妹穆穆然。年十九，归聂氏，持家教子，一秉古则。凡事必亲治之，事举而费不侈，家以丰。邻里姻族有乞贷，周济无遴色，各称意而去。教子以礼法，俾知所遵守。归聂氏二十四年，姑喜贤妇，夫有良内助，族党称悦。某年月日卒，年四十三。子四，某某；女二。

夫男女分治其业，妇人从事于门内也，伊古然矣。乃近世游谈之士，谬袭西人习俗，号召于国，欲举百圣缘情之礼教尽扫荡之。于是怪变相寻，靡知所届，风纪陵夷，国且不国。然其说簧鼓一世，亦以吾国妇女无治事之能，一依赖以为生。家道昌则奢纵而骄恣，夫子微则怨咨而不振。故激者乘其间，撰异说而人不疑。今孺人勤入俭出，德义被一家，播及乡里，略无缺憾，卒能丰殖其家。孙曾世守，名义卓立，家以益兴。其炫奇好异、诋毁先王之道者闻之，必且瞠目挢舌，丧其所怀来，又岂敢缘饰诞词，以追逐文明为藉口也哉？

某以状请表墓之文，为论阴教之凋敝，而孺人犹能守古昔之风，不求异于人，自非人所能及者。俾勒诸墓，为世人法，而勉其后昆云。

议论坚悍，文气郁盘。

赠李寄尘序

人各遂其所适。独背世孤往、覃精冥悟、以先觉乎百代者，斯可贵而难能。若夫标异树奇，震俗耸众，云从猋合，囿惑才俊，喜新恶旧，见异而迁，于国势民情，折中一是，百世不易之理，曾不一加察别，譬之朝菌、蟪蛄、蜉蝣，羽翼亦未尝无一时之采，不一瞚而变灭无迹，斯所谓市利之徒，君子所不取也。治举世莫为之学于举世讥姗之时，期无愧怍于古，而垂范于异代，因应变化，通乎神明，不为一世囿，不为千载、百载囿，胥后之来者，景蹑而辙蹈焉。夫遂所适一也，或一朝，或万古不泯。嗟乎！此闳伟非常之才，所以毅然为之，俟圣人于百世而不惑者也。尝以谓民德者，天下治乱之枢机也，学者所以敦美民德者也。正学倡则民德美，民德美则民气固且强，横逆远人，宁足畏寇乱，宁足忧邪说淫行，宁足惮乎世之衰也！学日痿，民德日漓，群驰骛于岐途而不知返，忧患潜伏，祸变将百出而不穷。于斯时也，必有深识君子，抱经世之略，隐忧怀愤，戚闵动心，旷世独立，不顾流俗誉毁，号呼于口，或笔之于书，讽当世以示来兹，冀收万一之效，而挽世运之颓，则风会庶几可转。然非其才，将不足与于此矣！丰城李寄尘，来学于吾师北江先生，沈潜果毅，治古文不懈，殆将不为一世囿者。遂书以贻之。质干甚伟。

张贞女坊表

张贞女者，峄县人，名信长，字隶金。曾大父象成，大父普育，父丰羽。敏慧，娴书史，能诗。一日梦少年戚容，揖而进，取案上镜，仆于地。孰视，曰，合之。女受而合之，乃色喜揖退。初，女字铜山进士赵大经子士达，未归而夫没，隐其事不发，为更字某氏。及期以告，女不可，泣请适赵，不然以死殉。父无如何，卒归赵氏。姑孀且病目，相与同燕寝者二十余年，挑灯深语，尝相对泣下也。道光年月日卒，年四十。

呜呼！男女伦常之间，其情有独至者。气类神明，苟有感合，至漠然于其身之夷险祸福，甚乃死且无憾。此人之情，天地至可贵之气也，而世论或非之。然先王之礼，于女子至严，而独未尝责以夫死不去与必死者，盖以人情难耳。窥见礼意。夫人所难，非礼所贵。而由古以来，女子坚确不夺其从一而终之志，甚者以身殉，至相率而成风，则亦无怪乎今之訾议者多也。虽然，节烈之行，出于至诚，要其性之所安，非有意于名。后之人表彰阐扬之，亦非为其人，特以鉴后者，使肃然自敛其邪侈之心耳。夫妇之道彰而后五伦定，五伦定而后天下安。故其事虽非礼所贵，其情未必非先王所许。其情虽人之所难，其事未必非人道所赖。不然，背信毁义之徒，既以礼所不载自掩饰，而世之渎伦废孝丧其心者，置天下纲纪法度于不顾，亦将正告于天下曰："吾以革故习，维人道。"则节烈之行之不列于礼教，不乃先王万世之过矣乎？曲折奥衍。

贞女既以死争适赵氏，又持家事姑，教子姓各尽其道，二十年间，痛苦伤劳，无可告语者，独肆于吟咏以泄其悲，视隆盛之叶，纲常昭明，士夫之敦节操、达道义者无愧也，而况乎叔季纲沦法斁之世，不尤足法矣乎？其孙汝明介吾友徐仰仪征文，因具其事而论之。卒后七十几年也。笔势盘郁，卓然成体之文。

海天盦文集序 壬戌

《海天盦文集》一卷，某君之所作，示其友武强贺某，属为序。君奇伟俶傥，议论壮骇。尝谓："学书必法周秦金石，为文必法史汉。余子碌碌，不足齿数。"盖君于是非，最有明判，勇于迁善，而能尽弃故说，毅然任斯文之重，而能为数百千年魁儒硕彦不敢为之论，非孤行特立之士，乌能若是哉？间尝索观其书，盖诚有得乎古作者。惜某不谙书法，未能深识其神，尽抉其妙耳。

呜乎！古迄今为文士者，何可胜数？当其抗志厉节，小天下，微古今，掉舌摇笔，谁不欲陵驾乎前贤，横绝乎一代？然而身既死，所留贻者，待后人尺斧绳墨，曲衡大小，以勉强求中乎榘矱，而究极乎要眇精能，卓然与古人同其不朽，无愧怍者，盖于不可选纪之中，数人而已！此段最傲岸有气。夫天下古今，豪杰俊彦，置身于是，殚思苦精，终身不能者。苟有人焉，能之几何，其不为举世共仰也乎？

某君以不世之姿，抗心与古为俦，耸然不顾外论，其必有以自信乎成功。而论者竟有笑君言为狂，又以君持论不恒，谓为胸无所守。惜哉，惜哉！是非自有公论，若黑白高下之不可以倒置。君持论，前后虽若异，然而是非之公，庸讵可淆乎？是今日之所是，未必为往日之所非。往日之非，亦安得即为今之是也？且人欲有以为，不毅然独任，而瞻顾前后，猥以虚谦之说自涂饰，事安得而就理？傲然不顾之士，虽往往自败，不克跻乎其极，然虚谦者亦宁能尽人而有就乎？成不成自有论定之一日，遽以此而谓士不得抗志俦古，傲然一世，似亦未为定论也。吾因益慨想致疑于古之贤人君子，每好以虚谦抗节之行相矜尚者，盖必自有说也。夭矫盘屈，有荆公兀傲之气，而纵宕处过之。

浑源赵君墓志铭

君讳长春，寿轩其字，世山西人，浑源赵氏。君家中落，君齿方弱，几无为生，皇云治学。卒富以商，为宗鄙恃，以孝父母，以仁昆弟，里邑父老咸敬畏之。惸子孤儿，而父而师。孰寒无衣，炊断而饥。孰叹孰呻，无室无归。孰田不芸，蜂兴茂草。孰子不学，乃佻乃狡。孰为邦螟，害苗之成。孰冤不白，而吏失平。而食而襦，而妻而家，而吹而煦，而摩手拊，而挞而磔，而箴而石。如振云雨，膏泽阡陌。阡陌则泽，家身穷迫。豪滑狡黠，曰是懦人，乞财贷货，聚集一身。乞贷不归，于情或可，乃曰宜然，彼何奈我。吁嗟末俗，宁知德感，以忠易诈，挤使入窞，弥复下石，以速其死。亦奚人怨，命实厄此。虽曰厄此，天自有谓。通伊何荣，穷亦何喟。要之百载，一至其然。七十有四，赢得大年。壬戌某月，终于里第。葬于明年，南坡之地。配曰杨、冯。

子皆贤懋，保泰保国，保安保富。女子子一，适邑贾氏，克勤厥职，继以昼夜。铭君墓者，培新贺氏。世征委祉，其来是视。稳练，无一平率语。

许轩堂诗文序

枞阳许君轩堂，与余同受业北江先生门。性行学问，翘出伦辈。往来南北，余十年，竟无所遇合，以展其宿蓄，君子之不遂于时如是哉！士固有矫世骇俗、特立孤行不顾者。彼自分无用于当世而有待乎后来，天故靳之宜尔。若温文谦抑之士，不敢一日忘世，欲得所藉以有为，而终不遇者，乃亦不可选纪。具排难解纷之智，负厝安天下之才，学通百家，文起八代，而亦不免于坎廪以终身，抑又何也？或曰文章者，天之缄机，非得天独厚者不得与于此。或曰天之故遏其心志，所以激其大成。然则士君子屈于一时，发愤著书，冀伸于异代，斯殆所谓得天独厚、宜不遂其意者欤？嗟乎！轩堂其知之矣。轩堂自南来，出所为诗文数卷示余曰：“子曷为我序。”因抒所疑以质之。

送潘伯鹰序

俗朴于河北，而江南则华。吾友潘子以奇才异质，连岁厄于学校，慨然欲为金陵之行。嗟乎！金陵犹是尔。子之所业文章也。文章之士，固不足取重学校。读书千万卷，尚友百代，睥睨一世，自谓天下至豪。夫学校聚奉令承教、随波逐流之才者，是乌得而合并？子浸灌于北方风俗久，又不肯委曲贬绌以求合乎其辙，不售也固宜。然返观吾志业，则浸淫乎唐宋矣，激之益厉，可胜量哉？是不遂，又可大幸。不然，以子之多厄，非有坚定不移之志，将必溢而旁趋。弃吾故有不惜，矧复扇以江南之风乎？子其慎之哉！然时之不同，习尚斯异，不出学校，求用于世则艰。然则吾为子计，弃无用以求合乎其用，则金陵之行不可缓矣！意多反侧，是赠序文胜处。

北江先生诗集序 癸亥

寓精神意象乎其中，寄声响韵味乎其外。磅礴万物，博蕴万理。行远持久而不敝坏，虽隔绝千里百世，犹周旋唯喏，亲付受焉。文之功能类如此。

故夫古之圣贤豪杰，负奇姿，抱伟器，不可一世，不见用于时，志情郁结，遂发愤著书，垂空文以自见。彼诚不甘自泯灭，冀千秋万世之知，而激而为之也。然屏绝百虑，锢聪塞明，殚思苦精，神惫形困，往往劳瘁，戕其生而遂泯焉者，不可胜数。异世之知，夫岂可以恃赖哉？虽然，传不传固必视乎其为之至不至耳。或毫末未有得，辄沾沾以喜，自诩知言，然为识者所摈，固不得谓一日存，身虽在而实已亡矣。独其至焉者，精变神会，上通造化，禹波不能溺，秦火不能焚，薄九阂、弥厚土而不坏。其光芒照耀天地，与元气侔，合天地之德，齐日月之明，固足以传万古而终无磨灭。是以唐虞三代以来，文王、周公、丘、轲、雄、况、迁、固、原、非、周、施、朱、翟、驺衍、申不害、宋玉、景差、相如，与夫韩、柳、欧、曾、植、潜、甫、白之徒，皆所谓郁奇才伟器，不见用于世，不得已发为文章，以泄其悲天悯人之旨、千秋万古之思于意言之表，俟百世而不惑者也。文气酣放。

培新受业北江先生门。先生每语学者，必曰："为诗文，必以杜韩为主，以其惊天拔地、歌泣鬼神之致，上与骚赋同旨，而肸蠁于二十八篇、三百篇，使读者神惊魄动，目眩心骇，不能自已。"盖文章之难能可贵，端在此等。而其至精要眇，所以亘天地不朽者，古今万派一而已。述鄙言亦能得其要领。培新侍先生久，稍闻说诗之旨，庸芼不才，学而不能工。先生所作，则久思受而读之，不可得也。先生仰承家学，以道自任，勤孳苦讨，夙夜不皇。虽以文章知名中外，而生平撰著，迄未刊行于世，殆所谓俟百世而不惑者欤？然世之景慕先生者，顾未尝不以是憾焉。

今年五月，门人等相与集议，请先生出所为诗，印而行之。培新既司校雠，并承先生命，序其缘起。名能诗者，于先生集多所评识，小子不敢妄附末议。独以谓杜公、韩公固绝代英伟，百世不数见之人也。杜诗远绍风骚，包有天地；韩公点窜经典，文拟商周。先生自少年既饫承家学，而邃于二子矣。进而求之，数十年来，犹亟亟焉若不容自已者。夫非欲并偕二子蹴踏指麾乎两汉之间，以奔赴乎三代之上乎？神气远出，有驷虬翳出云汉之观。斯固非小子幼弱浅识所敢臆知矣！此文精心结撰，极作者才力所到而为之。通篇大气包举，精神顿宕，有俯睨一切之概。鄙人虽不敢承，然固爱而不能释也。

北江先生文集序

伏居一室，黜声色玩好，冥心孤往，强索要眇，吊诡幽愤，毁身戕命，穷毕生之力，以治所谓古文者，不可胜数也。而成者间世一遇。成矣又不能求容于世，而终于困顿以死。死而其书或遇乱离，或厄水火，或子孙不能保守，而终归于毁弃者，不可胜数也。幸而获存而遭时不偶，学者旁骛邪侈乖谬之说，诋毁圣贤，刍狗文学，而群目其书为无用，为大愚，或且以为在坑燔之列。即有一二嗜古之士，独违世好，爱而慕之，又或其才不足，志不坚，而中道画止；或意不深入，而姑以为名如是者，固终于无成，则其书终为无用于天下。然而唐虞以来之雄才异人，圣哲贤俊，咸杂然置身于其间，情势所值不同也，而其道诎信进退，巨细高下，遂亦百出而不齐。其文或浑浑噩噩，或诘屈聱牙，或谨严，或浮夸，或奇而法，或葩而正，或夷或诡，或瓠或戾，或荡恣，或荒诞，或蓄而不发，或泄而无余，或烦冤，或幽愤，逞奇斗怪，万状千态，如风起云变，波谲潮涌，飘忽绰逸，莫测端倪。历数千年迄于今，为之者前后相望不绝也。文者，天地阴阳之机，而人类精神之发也。陶冶性灵，变化气质，转移俗尚，著为风习，涵育民德，激励士气，有炤耀天地之光，薄九阂之声，塞六合之气，其力尝足以兴衰天下，其泽尝被九野、周八极于无形。故天下之兴系诸道，道之昌也赖诸文，文莫大乎为天下后世倡。嗟乎！伊古圣哲，毅然自任，穷万世不悔者，夫非以此也欤？

北江先生幼席家学，浸润两汉，上窥三代周秦作者之微言奥旨，平隲古书与所撰著，多以微言相发明，外学者不能喻也。尝曰：“君子处世，不患世不治，患道不明；不患人不知，患己不立。”其自任之重类如此。盖二千年来，文学浸衰，或矜靡艳，或尚词赋，或则骋邪说、放淫词，或则支离破碎以害道。虞夏商周二帝三王之精神，孔左氏之深意，乃晦暗而莫彰。曾文正公包挈众长，贯串百氏，扫除门户之见，以正学倡天下。而太夫子至父先生，益沈潜专到，兼驰乎域外之观，整齐要删，定一尊以诏示天下，斯文途径，因以大明。北江先生继起，以旷世闳识，步趋先范而究极之。故所著文，尤非近代作家所敢望其夐邈之诣。世有深识君子，当能䜣合无间，抑岂庸陋如培新者所及知哉？

今年五月，门人等印先生诗，既蒇事，更请出其文，付梓以行，因妄摅所窥见先生者如此。作者蚤年之文纯以气胜，乃才力猛进之候也。

静虚堂文序

余受业北江先生门，始交秣陵吴子稚鹤。稚鹤谨厚沈默，能文章。余十年不离京师，师门侍讲无间，然与同门往来者独少。余固慕之久，顾稚鹤亦独爱余，往还遂日以多，心期意喻于无形也。

尝以谓古者，违世独立之人，既旷然于世情之外，览天下富贵荣乐无有于我，其必不能无所依傍、无所自娱而要其成。若夫上追千数百载已往之古人，下待千数百世未来之后世，而踽行孑处，四望皇然，无俦匹，无归向，杳茫旷洞，若强不舵之舟之浮江河、不翮之鸟之翔太空，登峻峰，涉洪海，而毫芒无所藉其就也盖难。能凭空自造境界。不求其俦，不寻其法守，得所凭藉，而叛而去之，以恣其意，其成盖尤难。独所谓克自树立者，安其安，娱其娱。苟得所凭藉法守，遂结情定志，冥心寝馈乎其中，如金石胶漆，斧钺不之剖，神鬼不能移。夫如是，而后其成就不可量也。

稚鹤以过人之才，好学不厌，固宜其所造有如此。抑余之爱慕稚鹤，而深有取于稚鹤者，则以稚鹤沈酣师训，用自刻苦，不疑不夸，不为浮广不切己之事。以为吾生之乐在是，吾职吾志在是，吾师之望在是，吾友所期亦在是，则天地之至大，万物之至可贵者，亦无不在是。蚤夜以几之，期其成而已。然则吾前者之说，知必于是乎有验。则稚鹤今所造，虽已卓绝，奚足为吾稚鹤矜异哉？抑文章之道，方其兴之来也，促促亟亟，忘寝食忧喜，穷搜苦讨，夙夜不皇，至于精疲神惫而不自知。苟一旦入闲散宽漠之境，共夫莽滚榛狉者游，郁舒气放，心洞神怡，而文章乃或卒然大进。故夫古之学人多乐优游啸咏于湖山岩谷之间，园林花木之盛，放其志以成其学，彼岂耽溺为哉？稚鹤之于文章，擘求既久且深，愿更于此求之，畅其襟抱，以求合乎天倪，必使余异日益惊而妒妒之无如何，而逡遁不敢思角也。

癸亥夏，稚鹤钞其文若干首，都为一卷，命曰《静虚堂文》，而属余序之。惜乎余未能尽窥其蕴而指抉之也。气盛言宜。初评云："思力笔势皆戛戛独造。"

吴将军寿序 代

民国年月日，陆军上将、勋一位、两湖巡阅使吴公，介寿五十，上自总统、内阁诸部长，以逮封疆大吏、群僚将校与士之巷处游于海内外者，莫不作颂祷之祠以为上将寿。某辱知上将，亦岂可无一言？

维中国变政以还，袁项城以一代雄才，自处无明，立身遂异，身死名坏，贻祸国家且无穷已。十余年间，盗贼充斥，内政冗滥，外侮频仍，时迫势危，黎元凋弊，莫执其咎。顾维上将耸身山立，提挈纲维，踠马疆场，剜铲蟊蠢，转战荆湘，驰驱河朔。至于攻克之术，阴阳阖开，出没神鬼，在我国今日尤为罕觏。故夫岳州、长沙、衡州、杨村、涿鹿、琉璃河、芦沟桥、丰台、大城、马厂、长辛店、高碑店、固安诸战，皆应变如龙拏，而张威若鲸掷。类兹伟绩，内外赫宣，万目昭著，固无俟赘陈。而今后生民所以还其失业，复其室家者，舍上将乎何赖？斯盖上将所以夙夜忧劳，惟恐志事之不遂，而某所以勉贡其属望之愚忱，而不敢以虚谀之词进也。

夫立身之道，维豪杰为难。众每以天下之重责一人，其人亦以天下己任。曾文正公所谓君子莫大乎以忠诚为天下倡也。生乎千载百载数十载之后，而遥瞩千百数十载之前。生乎里闾乡曲一隅之地，而高瞻九州环海之外，得其所慕望之一二人，以为终身法。而生平所沾被，没世之声烈，或与埒，或凌而上之，此固非闳伟俊杰、旷然独立者不能，而足为万民所仰赖。若夫奸回大憝、趋利自谋之徒，恃其簧鼓，盗一朝之势，掣鲸鲵，驱虎豹，摇手转足，动足以旋转乾坤。元元翘首托命，真以为可信。一旦苟济吾欲，掀翻大海，擗掷星辰，虽拆天裂地，毁盛名于一朝，永罪名于万世，亦悍焉为之而不暇一顾惜也。势足以移阴阳，功足以轩天地，名足以震耀天下后世，二者之为，初曷以异，虽厥终稍不同，要皆雄才奇士，百世不多觏，其英心伟度，所以跻此者，固无殊也。嗟乎！几微之间，豪杰真伪，以兹而判，遂令人低回痛惜而不能以自禁也，如项城是已。荡心骇目之文。

豪杰之为，莫大乎拯民水火之中。故汤武伐放，曷尝不肆兵戈，伤生命、劬老幼、耗财货乎？元元疾苦孰甚，反以后我为怨，何哉？世之乱也。上下交争利，角奸伪，纵变诈，利我而畏难，远害而危人。于是政益靡，民益困，匪寇乘势而兴，民之冤苦于斯极矣。当是时也，豪杰崛起，躬荷巨艰。民之望之，如大旱油然而云，赤子亡途，跫然闻兄弟亲戚之音也。夫岂有不群相属望，日夜冀其歼灭不道，以苏吾困乎？是故生民愈苦，所以属望豪杰者愈切。如其所望，死而不悔；失其所望，则痛惜愤恨，虽刻骨槌髓不足以道其深至之情。当清之末造，民国初元之际，国运凋弊，生民无复昔时安乐，有识之士咸属目项城而终于失望。悲夫！

十余年来，国运益屯塞，生民之患，倍于曩昔，死丧流离，迄无宁岁。上将勋劳智勇，振往开后，豪杰之士，盖罕俦配。独亟亟焉以生民己任，惕惕焉以所期不逮为忧，振厉威棱，惩凶纾难，冀弭后祸以奠邦基,殆所谓拯民出水火、忠诚倡天下者欤?则水火之民望旌麾之美,闻车马之音,奔走庆告,如见云霓,固亦其所。上将自不容抝谦推让,固将沛然而雨,使百苗勃然而兴,以餍黎元之望,而建无前之功,永无疆之名,则某之效于上将者,固自有在。今兹之词,知不足为上将道陈其仰望之殷,聊为侑觞之一助而已。

抑又闻之西国编近世世界史,采录中国大杰,自清以来,惟李文忠、袁项城及上将三人。其严如此,亦征异域之人之慕重矣。特文忠外交军事皆擅天下大名,校之上将果如何?固不敢必以战法论。彼项城者,或不足与上将并乎?且项城非不豪杰之士,诚以所终既异,而奸诈自谋之心毕露,正所谓豪杰之伪者。度以上将之明,审高下之节,察已往之势,必有以自处而不屑其行。是乌可与上将并论,以眩惑人人耳目乎?是西史犹有未察者乎?博大骏伟。初评云:"气体浩穰,用笔亦煞有回旋。"

北江先生寿序 甲子

口于言也,笔于书也,身于行也,仁焉,义焉,道德焉,礼法焉,忠焉,弟焉,孝焉,信焉,俨然皆君子也;戾焉,黠焉,贼焉,盗焉,奸焉,邪焉,淫焉,僻焉,判然皆小人也。防之,制之,禁之,罪之,严之以法,笞之以榜,幽之以圜墙,关之以木索,婴之以金铁。于是天下之人,悚畏惧退,皆相戒不敢为小人。崇之,仰之,师之,扬之,贤之,法之,荣之以高誉,褒之以显位。于是天下彬彬然如百水之会流,皆以君子为归,而君子独多。惟是君子也,坐乎古先法则之中,其为物不为不正且大也。为之则取悦于世,不特无祸于身,且得显名位,其为计不为不得也。矫其情,饰其貌,口伪于忠厚长者之言,笔托于仁义道德之词,则已尽之矣,其为术,不为不易也。则徒党法之,朋游敬之,师友贤之,乡里规之。合其规模、入其榘矱者为君子,不然为小人。于是乎,后起之秀,俊伟雄杰之士,怀奇质而不敢伸,负绝才而莫能展,必拟足投迹,卷舌同声,摹效趋附,折节于庸常之行。而置古先圣王、诸子百家之精神微旨于不敢观、不敢道者，不知其多少。夫不能究极其旨，词泥行拘，而胥天下之人，奔逐于迂浅庸腐之涂，颓然终身，不克自振拔，无惑乎道德日益昌明，礼法日益森严。君子之人满天下，而风气日漓，人心日丧，政教日衰坏，千数百年来，籍籍纷纷，日入于乱，日趋于下，而莫之能御也。故天下皆知小人害天下，而小人反不足为害；皆知君子为不易之模，而不知天下日趋痿靡以至于此者，皆道德之儒坏之也。

若夫通儒则不然。昔者，姬氏、孔氏、左氏、孟氏、屈氏、庄氏、司马氏、扬氏、杜氏、韩氏，斯人也间世而一遇。正其义，明其道，厉其节，教其民，无定势，无常形，惟合于道。不以万物干其虑，不以浮采动其心，其身或淹没草野，或困厄于朝，或七十说而不遇，或横江潭而渔，或刑诛，或冻馁以死。尝以天地一介之身，潜移默运于其间，而数千年世运纲纪，绵绵延延，赖以不坠，故其人毅然甘之，不暇与世俗道德君子较量。其穷通得丧，寒饥温饱，愉戚之扰扰，朝暮间者也。

民国十三年岁次甲子七月八日，为吾师北江先生介寿五十之辰，门下士咸贡一言以为祝。培新以才薄未及为，迁延久之，诸君之文皆出，益穷于所致辞。吴稚鹤曰："子从先生有年，又首以先生寿为倡，岂可以终无言乎？"培新曰："近世祝寿之风益盛，类皆祷祀长生之说而已。古之时且有入山海求不死之药，卒亦莫有得焉者。乌知夫不死之药，故在于人间也。子与我侍先生讲席，不闻夫文章非气不举乎？气盛则言宜，而神采犹寄乎其外。百世之下读其书，犹可慨慕叹息，想见其概况。先生气壮声闳，论文不倦，击节而歌，跃然而起，眉发耸动。而古之豪杰圣贤，去今虽远在数千载上，其风采精神，雄姿意气，一时恍若瞻之在前，而闻其议论也乎？故夫文之诚至者，足以自信乎？穷百代而不磨，共天地而不朽，而百世之后，虽死犹生也。夫岂世所称道德君子、忠厚长者，与夫以语言为文字之徒所得喻之者哉？吾又尝纵观古迄今，盛衰倚伏，与人之善恶纷纷乎不可以纪极。或甘于伪饰，欺世盗名，以取悦一时。或骋欲奔嗜，一切以徼非望。或竟为天下所不齿，而徒乃嗤嗤焉。求不死之药于荒山险海神鬼杳茫之间，卒亦泯然以没。而人间不死如文章者，卒莫知一顾盼焉，何其怪也。先生包网坠绪，默运机宜，觉后开今，功在万世，文章既足以俟百世而不惑。然则百世之寿，宁待于祝先生，足以自信不疑也。请以斯言，贡之先生可乎？”稚鹤曰：“可！”遂书以为献。苍苍莽莽，大放厥词，如汇江河而无沮遏不舒之处，是亦所谓气盛而言宜者。

固安贾氏世系图序

民国十二年七月，培新如京师过津，贾君玉先生以世系图见示曰：“子为我序之。”培新曰：“斯与谱序同，义固宜耆年长德博学者为之，所以尊先世、重立言也。况贾氏世守孝义诗书之传，永世弗替。不学如培新序之乌可者，然亦不敢拂命。”

贾氏自明中叶以来，世居京兆霸县。金元间旧谱坠佚，明以前阙不可考。其支谱所载则金元前为隆庆望族，有讳敬者，明永乐初迁于固安，其始祖或于此南迁，或由固安再迁霸县，亦不可考。据支谱所列则知自敬几传至讳三槐者，与其祖讳三奇、三典、三迁、三立者为兄弟行而已。清乾隆四十年，去霸县迁固安，迁者讳绍周，自绍周乃有纪可考。以上不可图，图自绍周始。绍周子斐然，斐然子虞瑞，虞瑞子月堂，月堂子瑞符。瑞符公，君玉先生考也。先生以下凡几世，子昆季几，孙曾昆季几，统若干世，凡若干人，皆入图。由乾隆迨今已百七八十年矣。而月堂公尤以端正庄严、不苟取与著声里党间。又博通经史诸子，能为诗歌古文词，而医学尤粹。瑞符公继其术，两世辉映，活人无算。君玉先生益拓大之，早岁受业先大父于莲池，因得交当代知名士，相与切磨，学猛进，顾不喜以空文竞名誉，而以考据名于时。未几从丰城毛公庆蕃南游，服官江苏。毛公节行学问，固世不多觏者也。由是学有所归。后十年，大总统徐公招之邸第，教其孙，兼司校理典籍，由是学有所用。先生子锡琛，犹笃守其训，里居以求朴学，不以文藻自矜衒也。

世人争尚世家大族。培新谓世家大族何足贵？以其犹有先正之遗风存也。遗风存，是必得其人。无其人，遗风将奚托？故传曰：“人亡政息。”遗风既亡，则世家大族固已不足道，而非世家大族之有其人者，方且以悚以惕，以拓充其家，以显扬其祖考，进而不见其退，是乃重可尚也。虽然儒生名业无闻、老死者多矣，彼非不知拓业显亲为贵也，特必有所藉。而名或藉于煊赫一世之人焉，或礼贤罗隐之君焉，或世家大族之荫焉，其尤者藉于旷世一遇之立言者焉。得其所藉，不独名于今，且传于后。名于今也，传于后也，皆必大其家而闳其业也。故子孙之于先业，不徒以守为高，以创为先也。

贾氏累世创业，今而益大，视世家大族不坠世守者无愧怍也。贾氏之裔，庶其继创弗替也。后幅气甚骞举，多用也字调，是为创格。

宋君迈传

余幼时则闻桐城文献五百年绵延不绝，老师大儒时振拔于其间，里邑后生因其培灌淬厉之气，咸能知所法守，不失先正遗范。故其文风之盛，非它州县所逮。起势峻拔。

及来京师，侍吾师北江先生门，获交其乡宋君君冠。君冠间为道其乡先辈轶事，于是益征余闻之不虚。而君冠尤亟称其兄君迈之为人曰：“先兄才气过人，为文有奇气，读古人书必洞澈其隐。尝曰：‘为文必有所根氐，徒浮摹剽剥，竞名誉于时流毫末间，无为也。’故其博涉诸家之外，于经史尤致力焉。既翘然拔出于众，顾所遇皆庸常不足语。遂俯视一切，一祈向往哲。谤詈以兴，先兄不稍顾忌，益惫力前修，竟以劳呕血死。诸弟既远不逮，皆康强健在，兄以绝殊伦辈之才，而天夭厄之，诚可悲也。”

君讳某，字君迈。某年月日卒，年廿五。娶华氏，无子。读书之余，道其所得，亦颇著文焉。培新尝以谓自古才俊之士，多撄世讥谤，轻贱摧抑，使不得少舒。然而千百年后，成不成自有定论。谤于人者，或为举世所仰慕；谤人者，淹没无闻。夫彼谤人者，逞一时之意气，庸鄙猥琐，碌碌无所短长，虽生犹死，宜也。谤于人者，煎迫于外，感奋于中，日夜思有所立。其所学与日并进，不可测量。然则不待千百年，而是非黑白已自皎然昭布，塞彼谤者之口矣！故余于人之得谤，辄喜相贺焉。才俊夭亡，古今之所痛惜。庸常者虽假以年无所就，夭厄者虽具才俊亦难有成。故天资之才必假以寿，徒资之才，不假以寿，使不获成就，谤者之口无以塞而表白于后世，独奚为哉？若君者，非所谓欲有所立，以塞谤口，垂后世者乎？惜乎年之不永也！君冠既为余具道其事，属为文，遂书而论之。不极口揄扬，具见其慎。文亦崭然有立。

弢斋先生七十寿序

绝河而北，迤逦太行。百川会海，鸿原莽苍。气濡风渐，灵淑以钟。旁魄英华，笃生我公。公之早岁，用儒业起。稽古究时，以学以仕。督抚军机，于清有功。汉仪既复，掌运污隆。以文教邦，理喻海垠。手掣鲸鲵，振雨兴云。万民喁喁，公推不有。水竹名村，烟波一叟。往四十载，共我王父。榷史商经，同举礼部。王父有言，公性至豪。虽穷一儒，而识孔高。不甘一长，将大有作。忠仁处友，誉益腾趠。既厉既修，允蹈允践。求之翰林，所见则尟。惟予小子，为齿方弱。弃匕箸起，而慕而愕。王父旋没，小子渐长。追维先范，神焉怅惘。及学于京，公膺大位。虽曰慕德，冒渎是忌。后四五年，取道于津。狂简登门，为访故人。未知进礼，乃辱召见。顾我一笑，曰勤毋倦。更道往事，宦学甘苦。示其所主，勉绍厥祖。既获瞻容，又锡手翰。培也信愚，能无颜汗。眉寿七秩，为忆邸园。离离茂黍，渠渠飞轩。藤槐交樛，桑麻蓬蓬。郁起蛟龙，拂尔云风。高秋之鼍，景明日丽。才俊满前，簪绂济济。鞠塍酌斝，燕喜于庭。馣有菊馨，嘒有鸟鸣。琴瑟戛击，丰颊清音。翳袖飘裾，妙舞疑神。贵戚宗族，环侍吟眺。绕膝文孙，文采焕耀。皤然一老，竹杖芒鞋。德配黻佩，惟德之偕。老农刈野，弃铫与铚。组绘负贩，纷腾咸至。卉服岛夷，车马訇锵。填衢溢巷，奔走成场。繁祉萃祯，祥风载扇。作歌述休，匪夸匪衒。颇见营构之力，能尽去摹拟痕迹尤佳。

印草自序

世皆以篆刻微艺不屑为，然由秦汉迨今数千年间，卓然与古为徒者有几人哉？文彭名满天下，而生平绝少佳制。邓顽伯书名家矣，篆刻犹未尽古。独赵扮叔氏才学兼至，卓然大雅，集中名作，往往迈绝前人。西泠六家，可取者百中一二，至今日号称极盛。跨赵氏、还秦汉者几人？衡量有识。呜呼！世交弃之，以其微末不足以为也，而其难如此。苟非覃力以求之，乌能有得哉？夫求之而不力，虽此微艺犹不能至，况其艺之难于此者哉？劲折似荆公。

送李寄尘南归序

嗟乎！国家多事之时，士君子屈伸进退之间，往往不能以自主。苟能潜身乐道，从容以志于学，优游啸咏，不为人事所羁，诚至幸而难必也。况更得师友之砥砺，足以夺其偷惰之气，非贤哲之志不敢存，不尤幸且难哉？

培新初侍北江先生门，同学多少年英俊，意气相洽，而往还尤密者，莫寄尘、稚鹤二君。若间数日不相见，必有书。有所作，辄互质指抉是非必尽情。见则辩难诙谐，睥睨今古。忽反省自愧，默无一言；或取架上书，击节而读，和声而歌。偶发新诠，未必悉以为是，必旁引博征，折之以取胜。折之亦未必服，然终必归于是而后止，虽怒相诋不顾也。当是之时，风饕雪虐不知寒，日旰不遑食，如胶投漆，如乳注水，若不容以分离。呜呼！文字之入人移人也至矣。

岁之十一月，寄尘将南归。余与稚鹤皆有不忍，既不获阻，乃相约为文，以冀其速返。自国家变政，南北分裂，将帅趦趄，人民苦于兵革，蜀粤赣其尤也。君居北久，今之归也，所历名山故迹，危岩通谷，溪流洞豁之胜，通邑大埠之盛衰，人事之繁简，有不同于昔者乎？庶无陵谷迁易，城是人非之感乎？既至，与家人同食饮谈谳，契阔之情既畅，天伦之欢既尽，应道及年来国家祸变日急，杌陧日甚，有无震扰惊惧之苦，喜心倒极，将更有不可于意者。思京师吴某、贺某，犹且相聚如初，必跃然起曰："趣为装，吾急图北也。"情韵之文。

赠方寅生序

人将不负其生与学，应世所需，以身效国，斯已尔。方今运会，屯塞寇乱，水旱交集，人民疲敝转沟壑，强邻环伺，而内讧滋益急，财赋日益酷，冒利之徒蜂起，旁缘抵隙以入，假生杀之柄，以施其无等之欲。冗滥塞壅，杂沓纷纭，才杰之士瞠目结舌，冒冒然莫知其所从。当是之时，非有志之士，不负其学之时乎？虽然人皆自负，可与有为，而天下祸变则常有。吾才实不足弭祸，虽生乎需才之时，亦安有济素餐尸位，于国乎何有哉？吾才果足与有为，而有所耽溺而不返，甘暴弃以自恣，亦于国乎何有哉？独天资以腾达之姿，不屑争短长于一技。思应时立功自表见，又遭时艰虞，其应毅然兴起，震骇炫耀一世之耳目也何如哉？

吾友闽侯方寅生，才高志闳，为文质厚而气盛。尝诒诗于培新，有古剑生风，直上青云之言意者，将大有作乎？又谓将遍游欧美，考其政俗术业，以广吾学，济吾用。培新未尝不伟其志也，故赠是言以为左券，冀今日不为暴弃自恣，来日不为素餐尸位，则此志庶几不负矣。乃独怪古有挫造化，微古今，忘寒暖饥饱，穷毕生之力于阒无人知之地，视天下惊天拔地之事，皆若不足为，而后世亦往往艳称之，何也？用意笃至。初评云："意极英伟。"

同学题名录序

培新于民国八年始登北江先生门。明年冬，贾君应璞议刊同学题名录。北江先生既为之记，而应璞与许君恩冕、吴君兆璜皆有序言，今已六载矣。同学者益众，欲互通声气，聚四方于一堂，重刊斯录，有不容已。于时曾君克耑、方君福东，又续为之序。应璞及王君双凤，复以诿诿余。余以不文，恐贻羞同人，再辞不获，乃拜手稽首言曰：

韩王而降，文辞之学衰歇久矣。逮明清之际，归熙甫、方灵皋出，学者始稍识途径。刘海峰起枞阳，姚姬传继而益恢拓之，从风仰慕者相踵接，管同、梅曾亮、方东树、姚莹辈最著。于是古文之风尚遂遍东南，声势隆长，世以桐城派目之焉。曾太傅道德事功，彪炳一代，益以汉赋气体为文，遂卓然独绝。然私淑方姚之绪，以桐城之学倡天下。顾大河以北，程朱陆王颜李诸儒之学，浸灌于人心，既深且久。学士率以性理实践之说相尚，古文渺莫有知者。方氏、姚氏皆居京师久，而吾乡从之游者未众。曾公虽亦以古文诏海内，顾北方风尚，犹未能化也。长文中专以跌宕为主，譬如神龙夭矫万里，鳞鬣一掉，则全身俱振也。后李文忠、张文襄继起，招致耆宿修通志于保定，祠畿辅先哲于都下，以为文教倡。知名之士和之，文采风流，颇著一时，畿甸文风至是号称极盛矣。然亦承平之余，国家闲暇，士大夫淡于名利，从容风雅而已。若夫抗心希古，覃思典籍，与往昔先哲之精微相输贯，则旷观当世，殆无一人。故后之溯源流者不及焉。叙文学源流极有关系，为它人所未见及。及太夫子至父先生，承曾公而起，笃学考文，教诲不倦，其为文穷极古今，复参以匡世之伟略，堂奥崇隆，声教于焉大起。当是时，先生久宦北方，而武昌张濂亭先生亦同时北来，坛坫相望。张先生主讲莲池书院，吴先生为深冀二州牧。而先大父松坡公实兼受两先生之学，主讲信都书院。及濂亭先生南归，吴先生遂弃官主讲莲池。后朝廷命吴先生总教大学堂，东渡考察学制。莲池旧址改为文学馆，复由先大父主之。前后二十年间，口嘘手植，以斯文提挈后进，文章之学遂大振于北。学士亦蔚然云兴，从游者遍于畿辅。高者各有独到，或岸然入古，为海内所宗仰，其余显名者亦多。先大父侍吴先生门最久，主讲信都十有八年。而是时，莲池人才最盛，如张化臣、李刚己、贾佩卿、李右周、武合之、刘际唐、刘宗尧、梁式堂、傅沅叔、谷九峰、常济生、籍亮侪、邓和父诸公，盖不可胜数。而先大父从游之士，自刚己、合之、际唐外，则有赵湘帆、李备六、胡子振、张献群、于泽远、王荫轩、李子畬，诸公皆其尤著云。

末几吴先生及大父相继下世。诸公者或以穷老病死，或以仕宦衣食奔走四方，不复能聚。而欧风东渐，世变益急，少年锐进之士，竞骛新说，以旧学为诟病，诋毁摧灭不遗余力，于是大乱以兆，举国嚣然矣。畿甸文风，既将澌尽泯灭不复存，而国势日蹙，识者咸懔懔有危亡之惧，老师宿儒亦荡然无几存者。而吾师北江先生乃于此时荷承家学，都讲京师，益发扬踔厉，绍斯文一脉之传于不绝，来学者亦闻风踵至。盖化臣先生之子张君继，从吾师受学最早，肇开民国，取盛名于天下。此外功力深者，率能以文行，崭然有立，如李葆光、许恩冕、吴兆璜、潘式、李鸿翱、曾克耑、方福东，皆吾师所称道，以为异日必有成就。时移势易，而道学之渐被于斯人者，固终古无极。诸君子占毕咿唔，其志意亦俨然以古昔先哲为依归，若忘其身际衰微之世也。解缆扬帆，飘浮乎大海，望之无涯，愈往而无穷，其于当世渺然若不相接者。而世运之升降，道学之存废，未尝不隐然相与系维也。则吾徒今日之聚合与题名之刊，夫亦岂可漫然视之乎？而吾徒今日所宜事与来日职责之所宜负者，固各宜审所自处矣。培新虽不才，愿随诸君后以共勉焉！从根本立论，颠扑不破。文亦浩然有江海之观。

按：该文原载《文学社同学题名录》，1924 年夏出版，题为“序四”。文末为“中华民国十三年五月武强贺培新谨序”。

【校记】

〔贾君应璞〕原作“贾君献庭应璞”。〔而应璞〕原作“献庭”。〔曾君克耑、方君福东〕原作“潘君式、方君福东、曾君克端”。〔同人〕原作“社人”。〔知名之士〕原作“一时知名之士”。〔古今〕原作“古初”。〔而先大父〕原作“以先大父”。〔实兼受两先生之学〕原文无。〔后朝廷……先大夫主之〕原文无。〔二十年〕原作“十余年”。〔籍亮侪、邓和父〕原作“邓和父、籍亮侪”。〔诸公者或〕

原作“张李诸公又”。〔或以仕宦〕原作“其他各以仕宦”。〔京师〕原作“京曹”。〔张君继〕原作“张君溥泉”。〔李葆光……方福东〕原作“许轩堂恩冕、贾献庭应璞、李子建葆光、张心泉、庆开、吴稚鹤兆璜、潘百英式、李寄尘鸿翱、曾履川克端、方寅生福东”。〔愿随〕原作“愿从”。

北江先生文集序

往太夫子挚甫先生布教北方，门下注籍者数千人。而先大父松坡公首承其学，居门下最久，后之论者咸谓继挚甫先生后为海内大师。北江先生幼承家学，复从先大父游有年。而先生思力过绝于人，能冥契古人之精微，抉白秘隐以大豁于当世。平生手写口诵无虚日，自《书》《诗》《易》《春秋》《左氏传》《孟子》《国策》《庄骚》，以及百家之所为，发明其滞奥，厘定其高下，悉著于篇。于是论者又谓有清以来，文学渊源大本所渐，自姚曾传之挚甫先生，挚甫先生传之先大父，先大父没后，岿然继续不坠者，唯北江先生也。

世变无极，而人事迁贸尤杳不可测。先大父吾得侍之矣，挚甫先生吾及闻之矣。顿出神韵。自挚甫先生迨今数十年耳，而上溯往时，啸咏风流，优游跌宕之迹，已邈然不获追及。鼎革以还，国家变乱迭兴，政教衰坏，漫行邪说并作，纲纪陵夷，古圣昔贤之德业文章，一切荡焉而莫顾，四维沦丧，而危亡祸亟。当此之时，苟无人焉包网坠绪，迎其机，顺其变，而诱导操驭，默运潜维于其间，则世运不将如水就下、荡然而莫御乎？横掣倒转，光气淋漓。古大家之所以争衡百代者皆赖有此也。先生刿目时艰，勃然奋起，矻矻兀兀数十年，光昌往古，丕阕坠绪，高揭群言，以立范于斯世。以生际纷乱之交，故其文多悲愤侠烈之气。而匡持世运，善败是非之办，持身养德，树道育才之方，承古开今，救敝起衰之量，隐然振发而不容抑遏者，具可窥见。世之英杰才俊，苟能潜心擘索，固不徒于文章义法涂径得所法式。而处变乱之际，自持其身，以重其德，量及乎涉世应物，原本道要者，皆有显著之榘矱，而懔然不可违轶者焉。自孔子、孟子以来，马、班、韩、柳、欧、苏、曾、王之所垂教示后者，盖莫不如是也。然则先生之所学，当兹变乱衰微之世，其所系顾不重乎？

先生文已裒集者，凡七卷。起光绪丙申，讫民国十二年癸亥，都三百九篇。天津徐端甫先生世章、深泽王勤生先生孝箴等十余人议集赀刊行。门人吴兆璜、贺培新谨编次校录。既蒇事，乃敬承先生命而为之序。高视阔步，有龙行虎踞之观。作者慎持此长，操而勿失，于斯文一道，必大震襮于当世。鄙人区区固不足道也。

晚清四十家诗钞序

吾师北江先生钞晚清以来古今体诗，凡四十有一家，都为三卷，培新与同门诸子谋而刻之。自太夫子垂教北方，教化所渐被，渊源本末具见于此。而有清一代，诗学之大观，亦莫盛于是矣。

夫诗之道至广，意之所寄，性之所感，与夫遭时处境之各异，而温柔敦厚，悲愤沈郁，空邃旷邈，雄酣光怪，以及韦柳之冲和，元白之平易，温李之新，郊岛之苦，皆自辟蹊径，不相缘袭以成其体。要其至性所停蓄，忠愤所勃发，惊心动魄，元气淋漓之致，精能要眇，变骇鬼神，使读者俶然而色变，穆然而情移，非至于此不足以言诗。则古今中外体异而旨同，貌象万而神唯一也。

汉魏以降，诗莫盛于唐。自宋以来，则日就衰微，鲜克振拔者。虽其间不乏优游淡泊之音、温和闲雅之旨，然语夫源本风骚，肸蠁李杜，寓悲天悯人之旨、经纬天地之才于隐显疑似之中，视古初能事而无愧，则顾盼千数百年中，自欧王苏黄元裕之而外，邈无人焉。学问要妙，前哲之所视为精微不轻言者，竟能切实指出，足令小儒咋舌。夫岂好而为者独少而乏深雄之致乎？倡之不得其人，学之者不免旁皇于岐路。虽有深雄之姿，乃且汩丧而莫彰也。悲夫！是以孔子删诗书，合道者著，离道者去，诗书乃以无疵。而退之追而慕之，卒以起八代之衰。

尝以谓汉魏之盛，浸淫乎孔子删定之力也；唐宋之盛，渐被于退之振衰之功也。独具伟见。

晚清之代，作者彬起。就诗一道，见于是钞者已不乏人。其所以发扬光大，极兹盛者，不因整齐删定之业，汰繁抑浮之功，勇于退之者，有其人乎？大贤君子，包孕百家，甄剔醇驳，以维系斯文于嬗化绝续之交。而圣迹高文，精奥之蕴，赖以绵延于不坠，其功顾不休乎伟哉？有清一代，文学自姚曾倡始，至先公而后发挥光大。其文学之传，则在贺先生。诗学之传，则在范先生。其它则支流余裔而已。作者此文乃为探源立本之论。呜呼！文学之敝于今极矣。学者益纷纶荒诞，靡所向往。老师风流，陵夷殆尽。国纲丧乱，民生吡离。然而是非美恶之办，自在天壤，犹东西判然，不可以移易。其至理餍乎人心，如饮食布帛之温饱而不能夺也。日月不出，爝火灿烂。冰雪弥天，桧松见节。燕雀腾空，神鹰敛翼垂喙，未培风也。蛟龙汗漫，起于沧海，而万国仰云雷焉。古君子立身行道，勤苦著书之本旨，其在斯欤？其在斯欤？

培新不才，序先生是书，不禁钻仰前模，顾瞻当世，而兴高远之叹云。文有江海之气，日月之光。作者进德之勇，卫道之功，深足令人叹服。

按：该文原载《晚清四十家诗钞》卷首，1924年文学社刊行。文末为“民国十三年十二月门人贺培新谨序”。

【校记】

〔不相缘袭〕原作“不相沿袭”；〔渐被于退之〕原作“渐被乎退之”；〔是非美恶之辨〕原作“美恶是非之辨”；〔理餍乎人心〕原作“理餍于人心”。

导河马公庙碑　乙丑

清故建威将军、导河马公既卒之十有四载，祠庙告成。其子今陆军上将、勋二位、绥远都统某纂述事状，来乞刻石之文，阏逢困敦其月，惟玄吉日落成。都统公张筵称庆，宾客亲族，四远毕集。飞阁渠渠，穹楼巀嶪。伷伷朱甍，雕梁画壁。纶緺连驳，江翠陆离。日光穿漏，的皪葭茄。灵鼓既作，牲酒罗列。荐祼笾豆，丰盈肥洁。将校士卒，僚吏执事，历阶而升，守职听位。退之句法。是时铿钟拮簴，笙镛穆羽，含芳吐词，被縠曳绮，红云玉雨，采丽纷飞。

都统公肃容屏气，奉觞鞠跽，登降之数，兴俯之节，咸中仪式，绍庭陟降，俨在中央，色然告曰："公生平勇决谋略，靳莫展布，屈于乡里。然而孙曾是楙，辉煌济美，造福于国，造福于家。自某兄弟，逮及孙曾，举凡起躬节钺、藩卫国家者，自胜清以至于民国，自游击、总兵、统领、都统、参将、团长、镇守使、分统、管带、旅长、营长，及其它校尉之职，不下数十人，何其盛也。兹者建庙报祀，岁时荐享，罔敢敎忘。阐潜发幽，开示天下，告尔下位，咨尔众庶。古不云乎，令德光昭，永锡尔类。扇于四海，扬乎万方，仰叹慕思，曷其有极。积累匪厚，毓育匪深，乌能至此？公其无憾！"既而思曰："呜呼！俯仰数十年，清平日远，仁义日反、政体倏变，百端冗滥，生人奇祸，风涌潮腾，方未有已。而某也，忝操兵柄，为国藩翰，孙曾数十，咸列戎行，曾不能讦谟远猷，以绸缪变患于未发，又不能蹂尸饮刃以剜划蟊蠹于无形。徒乃内负涅臂之训，外负筐篚之恩，糜竭国财，咆哮士马，虽威望震爆，声名洋溢，究其裨益，于民于国，曾复几何？岂如公之蓄缩所有，以施惠乡里者之为无既无涯，而况余声名威望，固未极其至也！"都统公所言既如此。苍茫顾睫，悚然战慄，瞻仰神灵，迟迟在上。滂沱流涕，若有不足。

贺培新曰："吁！是英伟隽杰，为国为民之用心也已。"遂摛辞掞藻，以著厥美。乃为词曰：

烂缦兮朦胧，炜陆离兮飘风。欻闪兮辉光，纷灿错兮丹黄。灵偃蹇兮未遽降，玄蜺车兮云旆拽。翠旄兮鸾盖，骏奔鸣兮墙以外。云冠峨兮星眸长，裾委兮夷犹驾。夭矫兮骅骝，孙曾万亿兮歌讴。忽感变以掩涕兮，窅遗迹之焉求。旌旗照眼兮上游，士马訇腾兮酋酋。莽祸变兮无极，来掉鞅兮改求。旧痕兮电扫，嘘枯兮吹槁。沥肝胆兮刻肾心，进馨香兮揭虔祷。灵昭鉴兮方来，比金石兮寿考！卓尔大雅，骎骎入马扬畛域矣。

芷洲诗钞序

李芷洲先生以诗钞几卷见示曰："吾行就印，子其为我序之。"夫以培新之浅陋，内无以荷承家教，外无以窥觊师传。于古人精微，毫毛未有所得，皇敢妄拟乎作者之林哉？虽常人之诗犹不敢妄论，况知名一时如先生者乎？蹙起声情。然窃观古之作者，类无意于当世，必待千百载后而后彰。往往生无赫赫名，而愈久且弥彰显，甚或与古人同其不朽。猗欤盛哉！嗟乎！繇古以来，殚精毕力于斯道者，何可胜数。当其屏弃百事，甘心寂寞之途，类皆孤怀淹郁，顾视天下无可与语，感愤于中者既久，呕心刻肾而出之，其精神所流露，可贯金石，可泣鬼神也。故百世之下，读其文奋慨叹慕，乃不能自已，夫岂漫然者哉？彼既俟百世而不惑，故尝谈笑游戏以将之，颇不暇自矜重，殆庄生所云，彼直寄焉者耳。

吾知先生之印其诗也，盖以亲好朋俦慕先生名，求索者多，印成聊以代简牍，通声气而已。其必非有意于当世，而其要眇精能，视古作者离合深浅之间，必有待于知者之论定，任后人尺斧绳墨，衡量比附，以究极乎百世之下矣！收有淡宕独往之音。声情洋溢，采藻高翔，其神妙肸蠁先哲之处，尤非恒人所能喻。

跋武昌先生书札册子

余既得读武昌先生与桐城先生书札手迹，未尝不慨慕而神往也。尝以谓有清一代，文学姚、曾而后，张、吴两先生拓而大之，往来南北，传授徒友，声教之所渐被，前古无有。盖自退之以来，千数百年，文章之学于是复兴，而后世末学小生，钻仰步趋，溯源考迹，胥不出乎此矣。然则两先生崇论闳议、文采风流，与夫旷绝千载、独立一世之概，后生慨慕叹息，恨吾生晚，莫由亲睹。读先生书札，精气溢纸上，勃郁如生，恍若升堂闻命，举其奇情逸兴，文章大法，相付受于一堂，其为幸也至矣。

夫术有难易。其难者，穷毕生之力，屏百好趋之，不得跻乎其极；其易者，谈笑游戏，而胥得焉。然不有苦心孤诣，千秋万古之思，自辟区域，不相师放，则虽其易者亦类不能回出前人。桐城先生有言：一艺之成，彼皆有以自得，不能执市人而共喻之。信哉，信哉！

嗟乎！此武昌先生所以隐退高天下，不求闻达于世，独欲陷所书于黄鹤楼下，悬崖石壁间，以待后千百世之剖凿者，其用心可谓深且苦矣。然当时先生以文章受知湘乡，所得固甚深切。其书则糅汉魏而化之，独树一宗，尤非国朝它家所能望。顾当时慕其名者，文章而已。书则一二知己外，鲜有称道。至于今日，鄙唐之论渐炽，学先生书者于是乎满天下，又殆越文名而上之。信乎名之显晦有时也。先生尝曰："吾文不逮古人十一，而书则突过唐人，独与古会。"桐城先生之所题识，及先大父所以寿先生者，俱道此义。意者先生生前以为文章之名，犹谦不敢自适，而于书也，独若不能无憾焉者乎？乌知夫数十年后，天下靡然从风，不待后千百岁之凿崖剖壁，而片文只字皆矜持之，以为重宝矣。然则先生昔日之所谦与所憾者，更将何所究极乎？

士苟生乎衰乱，不得出而任天下之重，而将以志学见者，但自问其所诣，视古人何如耳无愧矣，固不计人之知不知也！命意绝高。

题胡峰孙摹写武昌书札

武昌先生与桐城先生书札凡若干通，冀州胡君峰孙取而摹写之，复约宁津张君华堂集赀印行，而属余题其首。武昌先生书法冠天下，峰孙刻意摹画有年。此册虽未能遽拟真迹，而法乳相承，风趣固不异也。且两先生同为文章大师，有大名于天下，又生平神交至契，往复商榷，皆斯道微言要旨。后生得之，当为鸿宝，不独手泽之足珍矣。

峰孙年来书名洋溢畿辅，争购其书者甚众。不睹是编，乌知其功力渐渍之深如此。余展览是编，因慨想同光之际，先大父主讲信都。其尊翁子振先生在书院中，学问道德翘然出众上，而守贫乐道，持节不阿。先大父亟称道之，以为不易才。曾不数十年，时事愈乱，习俗日非，先大父既下世，而子振先生亦穷老于乡以死。今峰孙绍述先业，犹能以文采照耀，自振拔于当世，益慨然想见前贤遗泽流被于后人者之深且远也。后半慨叹，神气至为雄远。

杨雨田先生碑 丙寅

公讳景玉，字雨田，姓杨氏。直隶枣强县人。曾祖某，妣某氏。祖福义，妣某氏。考大廷，妣刘氏，继妣魏氏、郑氏。

公生性孝友，气宇闳迈，有干略，勇于济世，视荣利淡如也。方幼耳已若成人，就傅读书多奇悟。及长，经传子史咸通其意，于经世之学尤兢兢。副都统保公留守广州，才公为请参戎幕。时清势方盛，驻防旗兵辄陵侮汉族。公言保公，峻法绳之，风以顿息，粤人叹服。未几保公子某授职江宁，邀公为助。于是剔弊惩凶，汰冗抑浮，简练军实，整饬步伍。枭匪蠢动，叶机防制，弭患未发，隐为沿江重镇。而公亦以功得以同知选用。公既淡于荣利，至是浩然思归，保公留之不得也。

闳才伟略，既无意于仕宦，苟可施为于里党者，无不勇为。里党有争讼，官民咸取决于公，公亦不惮烦瘁，以解纷难。拳匪初乱，扰及枣境，焚杀甚惨。及大难方定，而赔偿抚恤之议起。公曰："吾县地瘠人稠，何以堪此重扰。与其竭泽而渔，毋宁先诸富室。吾请任其怨。"因集士绅，广为劝导，首捐巨金以为之，倡未匝月而款集。民国九年，岁大饥，出重赀振济四境。时公年已垂八十矣。抚恤饥寒，悲动颜色，遂以不起，十一月八日也，寿七十有七。娶杨氏，有贤行。子二，兰峰、云峰。孙玉昆、玉江。曾孙英凯。

初，公在江南，国家遭拳匪之难，八国联军逼京师。和议告成，国势益呰弱不振。公盱衡大势，以为徒守旧章不足以振刷积弊而洽新机也。峰峦似史记。于是遣子云峰入南洋陆军学校，以讲求实用。故云峰卒成伟器，历某某官，闻誉四耆。某辱与云峰交笃，属为刻石之文，乃谨述大要，声诸墓道之碑，而系之以诗曰：

崇之则为山岳，放之则为江河。天穹地大有毁，贵贱显晦同科。胡独陆沈黄绶，归乎举翼烟萝。高余冠其岌岌，心未忘乎民痌。滔滔八海逝波，收声藏热陵坡。一乡失此善士，来者吁其谓何。铭词俺岸可喜。

祭徐又铮上将文

呜乎！一夜飘风，荣衰更谢。宝气英英，倏焉幻化。风雷叱咤，一弹之微。雄姿伟质，铩翮长归。地天有毁，山崩海移。千秋一蜕，其又奚悲。惟我与君，仓皇一面。抟之不解，放手而散。凶问骤至，魂悸神疑。为天下惜，宁痛其私。表表如君，信时罕俦。崇儒重道，黎元是忧。百折千磨，饱经锻炼。富士山前，鞍马豪健。归佐枢府，姓字日昭。旋出筹边，万马如潮。赤子龙蛇，驯归所使。刷翮腾霄，一折深沚。自兹不复，几载迍邅。沈酣六籍，浑浑其渊。允武允文，式歌式舞。拔刀向壁，有力如虎。侧身四顾，满目兵戈。天乎谅余，之死靡它。抗迹瀛寰，霆飞九万。驱山鞭涛，穹窿浩瀚。折冲樽俎，陈唱酣歌。涌觞并汜，士女交哦。动耳惊心，众娱神醉。远人交推，文忠第二。掉鞅返旆，回首尧封。神州否泰，责在吾躬。恣览穷探，耳目充拓。撷彼精华，拨弃糟粕。还都覆命，刻日南归。钩河揺洛，以饷渴饥。如何中道，邪偶生奸。萧条惨淡，万古一棺。思君养养，去影悠悠。千秋斯感，二子乘舟。八海滔滔，狂澜莫挽。二桃捐躯，死有余憾。胡天生才，而又嫉之。成功未告，遽止于斯。假极闳施，撑柱艰危。何曾何李，云敢后哉。景命不融，百施咸废。济济升堂，邈乎宁再。江河日下，万姓毗离。人之云亡，谁实为之。呜乎！尚飨！逸气瑰词，文与事称。

涵象轩诗集序

有清一代,文学自方姚梅曾以降,张吴两先生最为海内宗仰。时先大父松坡公以文,通州范公肯堂以诗,起传其绪。吾师北江先生既承太夫子之学,又从先大父及范公游,卓然起于学术嬗化之交。而南宫李刚己先生实以太夫子、先大父、范先生三公为之师,北江先生为之友。丁乎叔季浊乱、百维弛窳之时,以旷绝古今之气,发悲壮激烈之音,撷风骚之精英,托雅颂之微旨,萃然为北方诗家之冠。子建饫承家学,复受业吾师,意气倜傥,才思沈雄,为官二十年,不忘吟咏。盖其至性过人,暗修深粹,故能艰而弥诚,久而弥笃也。方其跌宕边疆,漫游塞外,寒风朔雪,重山峻岭,戎夷鸟兽,奇情异俗,偶一寓目,莫不搜奇抉怪,摛辞掞藻,以极吾思,以昌吾诗。故年未四十,得诗已不下千首。率皆铿锵要眇,瑰玮秀丽,不失古人法度。于是师友交叹曰:“子建能继父业!以古之向歆洵轼拟之,固可以无愧色矣。”

抑余之所以取于君者,宁独风流吟咏乎哉?夫天地间最可贵者,吾之至性耳。本之不立,则虽有奇节异行,足以动天地,震三光,转瞬时移势变,有识者方将唾弃屏夷之,以为不足道,况文字飘风虚响,托浮采于易朽之竹帛,苟无衷质以主之,安望其能久存哉?古之君子得其位,则思尽瘁以死官,否则修辞以明道。故大之足以兼济天下,小亦独善一身。吾身之未善,吾本之未立,吾道之未明,则虽著述等身,徒见其骛外徇物、中无所有而已矣。否则,虽生平不以文见,而后世得其遗迹者,皆宝爱珍重,慨慕流连不能已。是固后学者,闳识孤怀,有不自禁而使然,亦以人心之大公,天地之正气,五帝三王周孔之教化,所以浸淫渐被,维系纲常,纳斯民于轨物,救人类于不绝者,端在于此也。笔势奥折。

呜呼!乱离瘼矣,圣学微茫,机巧变诈,奸伪蜂兴。下效上行,日且益甚。举国纷纶,流离琐尾,恣行纵欲,夜气梏亡,靡所底止。求夫本诸素性,百变不漓,守忠崇拙,以自敕其身者,盖百不得一二。天下之变何其酷也。以余交游中英才俊秀，锵锵济济，葩华文采，亦咸能耸动一时，而究所以暗修潜德，砥砺内行，矻矻孜孜，夙夜忧惕，无愧于己，无憾于人，如吾子建者，盖亦不可多觏。吾因益叹明德达人之言为不虚，而慨然想见先泽之焘育后人者，固渊邈而莫能测也。

子建裒其诗八卷，命曰《涵象轩集》，而属培新为之序。酣恣横发，极其才力之所至。

祖姑宗太夫人七十寿言　丁卯

民国十六年六月十八日，为祖姑宗太夫人七十诞辰。外弟竹民将称觞于家以庆。吾家姑妇娣姒，莫不因其敬慕之私，争献所能以达其欢忭之意。吾昆弟既思祝吾祖姑之延厘受祉，而报其期望之盛意者，因谋为颂祷之词，而以其词属培新。

曩桐城先生尝为文寿吾曾祖，以谓襟抱旷远，世俗声利，皆能遗弃扫除之，是宜享大年。故曾祖生平，无一事萦怀，而能揽其大者，揆其要者，细故末节，漠然无所动于心。举古今盛衰倚伏，世运乘除之道，洞澈于中，而渊然邈然，反若无所致其情。于举家长幼，生息教养之事，默运于无形。而脱然洒然，反若无所用其意。于乡人父老子弟，所以导瀹之，使入于道。正风易俗，所以薰炙之，使复于古。尤不待口讲指画，而后能也。即其平居燕闲，游娱登览，进退揖让之节，壶觞谈笑之乐，后进小生瞻其神采，聆其意度，足以肃然自敛其邪侈之心，邈然而兴千载之念。故其所施者弥广，而一出之以无为。所养者弥厚，而尽在于无意。信所谓无为而无不为，寓物而不留物者矣。

吾祖姑腼育涵茹，得其大体。在宗氏垂五十年，佐玼山先生治家，一秉昔训。玼山先生刚激果断，太夫人以柔顺处之。玼山先生治事，求速功明效。太夫人必潜筹默化，使尽得宜，而退避幽闲，不见于外。故百事咸举于无言之中，一心常游乎广漠之表。近二十年来，国事纷纭，万端改革，人情日趋巧伪，风尚日益骇怪。浮嚣之士争以异说惊人，相率荡然，群放诞以自恣。圣哲精义，醇古朴厚之风，扫地以尽。而太夫人持家之法不改其旧，更能遗外世情，扫除纷念。益厉益勤，无怠无倦。体气康强，有逾曩昔。广额丰颜，神采奕奕。小子趋跄阶下，瞻容闻教于深思高望杳然睾然之中，而进而索其神，恍若吾曾祖之精神意度临之在前，不知其为祖姑也。信乎其得之深而守之笃矣！

夫养生之道，必以黄老为归。吾曾祖曩以不留物而享大年。桐城先生之论，可谓得其真矣。太夫人承吾曾祖之教，而躬亲之，故能体劳而神逸，手作而心闲。今也寿登七十，貌加丰，体加健。众宾祝嘏，寿母在堂，而周旋进退，指挥谈笑，若五六十许人。观者肃然起敬，洒然动容，不知其为稀寿也。于是相与欢呼鼓舞，抵掌和声，而咏寿母之歌。乃为歌曰：

高山景行，众所仪兮。王考有训，寿母规兮。维予小子，何所知兮。日月不淹，光景驰兮。追维先范，邈然思兮。前踪日远，吾生后兮。犀甲吴戈，弥九有兮。平原超忽，龙蛇走兮。大群熙攘，徒罹咎兮。鸾皇前戒，遥献寿兮。乘云逝风，锵鸣玖兮。直谣白云，谳王母兮。鼓钟既陈，采菱歌兮。蛾眉佐酒，醉颜酡兮。笙镛以间，鸟兽锵兮。于皇寿母，福无疆兮！发挥尽致，词尤高邈。

文范序

负一代之盛名，宁无一当于大雅。得大贤之陶冶，必有独得之精微，而退之所谓醇乎醇者，此皆不足以同日语。醇乎醇者，古迄今不数人。而一人之所为，其诣极者亦不数数见也。故曰代不数人，人不数篇。余则或大醇而小疵，或小醇而大疵，皆不足语于此矣。然文章有专到之功，末学浅识无厘判之智，则正路莫由，迷途不返，臧縠亡羊，学与不学何异，所以资大贤之笔削以大合于道也。

吾师之选《文范》也，自周秦以迄有清，都七代三十有一家，为文越不过百首。自庄生、韩非、退之、介甫外，余所录者，止一二篇而已，何其寡也！然岂谓古今之著作尽乎是而已哉？孔子曰："举一隅不以三隅反，则不复也。”盖学之为道，由约而之博，由博而返乎约，斯为善学矣。古之选文者，如《文粹》《文鉴》之属，可谓博矣，然不知所折中；如《关键》《轨范》之类，可谓约矣，然殊有所未备也。至于姚氏《类纂》，曾氏《杂钞》，而后斯文之体因以大备，浩博之观乃至是而无憾。然欲约之而取其精，吾知其难也。夫学者不博则无以穷千古盛衰之变，不约则无以极一心宥密之微。吾师之教人，一以姚曾二家为主，未尝与之立异也。虽然所由以跻乎二家之域者，必有阶焉，则今之所选者，是已学者由是选而精之，以泛滥乎百家，以进窥乎二氏之所得，抉其指归，总其大要，优柔餍饫以返乎吾躬，有终身求之而不能尽者。盖其始也必藉是编以进阶，而其既也穷微造极而仍不外乎是焉。然后知吾师之所择，有至当而不可易者。夫固与姚氏、曾氏相唯喏于一堂，而緦然其无少间也，夫又乌有多寡之见存乎其间哉？世有深识劬学之士，取是编而潜玩之，庶不以鄙言为荒渺之论乎？

同门张心泉庆开、李秉威钺，倡议重刊此书，培新襄成之，而记其原委如此。

按：该文原载《古文范》卷首，1927年文学社重刊本，题为“古文范序”。文末有“丁卯元月门人武强贺培新谨序”。

【校记】

〔皆不足语〕《古文范》作“皆不足与”；〔韩非、退之〕《古文范》作“韩非、子长、退之”。

题贾君玉所钩弢斋总统榜书册子

固安贾君玉先生馆于前总统徐公且十年，名公硕学，相得益彰。尝钩集徐公手书联额凡若干册，走书属培新为之序。

昔清圣祖仁皇帝临御六十年，耄而力学不衰，生平临摹卷册多至万余，榜书亦且千数。宸翰天章，跨越百代，至今艺林秘笈，名园台阁，危岩幽谷，寺庙宫观，手迹所留，不可胜纪。令人于观玩游览之余，慨然以慕，唏然以悲，邈然追念胜国承平熙和怡乐之致，不禁抚今思昔，潸然而泣下也。由是知明王御于世，而万类向明，山川发秀，文章葩藻，奕禩愈光。殿之以德业，饰之以文章，其所以移后人、动情志者，弥久而弥彰。夫岂拘墟自守，抱一经而为补苴掇拾之学者所敢望哉？

今徐公自退隐后，年逾古稀，而读书赋诗之余，临池作画，日有定课。年来所作已不让圣祖生平所为，而暮年进德自修，益勤益励。异日手翰留遗，固有非圣祖所能囿者。兹之所存，不过百一而已。猗欤铄哉！惟数十年来，国势日下。鼎革之后，频年血战，海内崩分。徐公当国虽以和平倡天下，以文教诏海内。顾风俗日颓，人心不返。群雄棊处，吹毒而摇。民困国危，前古无有。干戈漂泊，不遂所期。坐成此波涛汹涌、万怪惶惑、率土食人之世也。然则盛衰之理，固由运会所致。天命不常，抑亦子云所谓圣哲驰骛而不足者欤？

缅怀圣祖，洎今二百余载，风流文采，犹昭昭在人耳目。独由乱思治，慨想圣王之声教，是用致胜国之隆平，已瞠乎若隆古羲皞之不可蕲及。噫乎！悲夫！俯仰淋漓，感慨不尽。初评云：“典丽矞皇，称题之作。而尤能涵茹不尽，有高瞻远瞩之神。文章之胜境也。”

叙异斋文集序　代

自曾文正公倡以汉赋气体为文，而武昌、桐城两先生暨武强贺君松某起传其绪，拓而益大。于是宋后数百年沿用之体，至是一变。盖有宋诸子，源本韩柳之简朴，以矫所谓尨芜纤伪之失，而其弊反伤于流易。介甫步趋韩轨，而具体而微。欧公视韩其弊也懦，子固视韩其弊也芜，三苏以下无论矣。夫文所以经纬万端，迎运万变。不有质朴之词，何以穷幽杳无极之理；不有葩华之藻，何以尽天地雄奇怪瑰之观。屈宋扬马，以质直之气驱遣其丰华丽缛、滔荡拨洒之文。韩公取汉文之气体，扬马之奇变，而内之薄物小篇之中。其貌异，其神同，其所以经纬天地、感骇人神者，无二致也。汉文敝而韩公振之，唐宋敝而曾公振之。是以有清文学，中兴诸儒，溯源盛汉，进窥周秦，蹴踏唐宋，其风力实足追还八代。

贺先生讲学北方垂四十年，而主讲信都书院凡十有八载。门下注籍者数千人，赵君湘帆衡其尤著者也。湘帆从贺先生游最久，受教最深。贺先生亦矜宠之甚，尝语人曰："其独到处，某自谓不能及也。"湘帆亦屏绝人事，寝馈乎其中，兀兀孜孜，深擘苦讨，句炼字斟，胎息盛汉。故其文岸然入古，为侪辈所不能及。其集初中二卷，文字大都在书院时所为，率皆精至苦思之作，力学猛进之功，湘帆之所以不朽也。

嗟乎！大雅不作，贤哲日远。忆与松某赏奇析疑，穷日夜不倦。又因松某瞻拜桐城先生于历下，前后才几日，而前踪邈然，往迹莫续。贺先生下世，忽忽且二十年矣。湘帆匡余为治甫及十载，今又以没，缅怀今昔，能勿伤乎？至其文，以跻之张吴贺诸先生之后，或犹有所未逮。要之规模法度，授受渊源，涂辙昭然可覆按也，其可以无传乎？因为付梓以布于世，而序其大略云。丁卯月日，天津徐某撰。前半精实宏畅，后半神情超逸，皆文章高致。

诗义会通序

太史公谓："三百五篇，夫子皆弦歌之，以求合于雅颂韶武之遗音。"是夫子于诗，匪徒读之而已，必和以节奏，鼓以琴瑟，编入乐章，而咏歌之也。

古明王之御世也，其化民成俗之道至精至微。所得见于册书者，赓歌示谐，琴瑟咏德，凤仪兽舞，可谓至已。尧舜之世，所以使民熙和怡乐，而臻郅治者，精意所存，尽在于乐。其潜移默化之功，箫韶九成之效，顾不大哉？孔子生春秋，仰观隆古郅治，夐乎不可蕲及，慨尧舜治化之不存而道不行，是以在齐闻韶，三月不知肉味。七十子各视其才力所至，亟亟以求，夫子咸悦而进之。赐也商也，可与言诗。武城弦歌，莞尔而喜。所喜者，喜子游于从政之余，能化民以雅道也。而于曾点舞雩风咏，独喟然而叹者，亦赏其志之闲远，有以默符乎夫子之所期耳。

君子生当乱世，悯斯民之莫救，慨世俗之混淆，漂泊于干戈之际，全生于抢攘之中，恻怆伤怀，至于痛哭。不得已而掇拾补苴，述先王之德范，阐往圣之遗规，歌三代之余音，想黄虞之治迹，冀挽世风于万一，其用心亦良苦矣。世之读其书者，倘窥其用心所在，以究极乎古作者之微言奥旨，以冥会乎温柔敦厚、兴观群怨之精义，而求合乎雅颂韶武之遗音。古乐虽不可复见，而吾夫子垂教救世之本旨，不尚庶几存乎？此吾师北江先生所以勤勤著述，而小子于钻仰之余，所睪然高望者矣。

民国十六年丁卯十一月，培新校雠既竟，敬识之如此。至吾师著书体例，及其闳识创解，具见前序，不更著云。文境翛然独往，殊不易及。

钱淑人碑 戊辰

桐城吴府君讳汝绳，字诒甫。吾师北江先生叔父也。历官山东汶上、阳信知县，卓著循声。配李淑人，侧室曰刘淑人、钱淑人。刘淑人有二子，曰苏官，曰鋆。苏官蚤卒。鋆生周岁而父没，刘淑人仰药殉，李淑人哀惋亦卒。独钱淑人守志抚孤，温恭淑慎，遐迩驰誉，赒给族鄙，协和家庭，外内斩斩，鋆得以成立。有四孙，曰浏，曰灏，曰淮，曰瀚。忍痛茹悲，攘劳力苦，垂四十年，年八十六而终。鋆为状征铭。培新侍北江先生久，其敢以不文辞。乃为词曰：

浩浩兮江风，萧瑟兮丹枫。时不淹兮晼晚，望崦嵫兮日远。溘玄云兮远浦，飒飘风兮飞雨。儿惘惘兮焉依，望慌惚兮愁苦。恍风声兮如闻，天暗淡兮扬尘。结兰若兮玉佩，灵来下兮水之裔。隐烦冤兮心倒极，横流涕兮泪沾臆。蹇谁须兮云中，倏安翔兮翼翼。嗟孺子兮奚悲，孰远客兮不归。纷九州兮扰攘，走魍象兮夔螭。父架龙兮参帝，母乘鹥兮偕逝。四十年兮反掌，眩玄黄兮易位。何离心兮可同，神邈邈兮焉穷。攀云衢兮四望，旷赫戏兮苍穹。振余辔兮天之末，皛弥天兮冰与雪。惜芝兰兮怀故园，翩反顾兮肝肠裂。子能报事兮夫何伤，沛兰泽兮流芬芳。铭下窆于九幽兮，上以讯夫三光。

徐延同诗赋序

余儿时尝闻先大父论文谓："六朝初唐之人，踵楚汉之遗风，竞习骈丽，而不免于纤芜之失者，无古人之质也。"夫无古人之质，而务为靡丽之文，必无当乎实用，而流于浮伪，故后之学文者宜避焉耳。及冠来京师，受业桐城吴北江先生之门。先生曰："方今文敝道衰，茶弱不振，甚者以语言为文字。吾徒欲绵绝学于不坠，不可不远追秦汉，以厚其气。盖文体自欧苏而降，日趋于流易疏淡而不复返。不取古辞赋之壮采入之文中，则文学将终不复。"培新尝参夫两言者，熟思而妄测之。夫屈宋之赋，丽缛瑰玮之体也。善学之，则舍是而求彼，所谓质也。韩柳之文，简朴谨严之体也。善学之，则舍是而求彼，所谓气也。学韩柳而不得其气，必不免于言俚而意浮。学屈宋而不求其质，则不免于言尨而气痿。似先生集中论学文字。

天津徐君延同，东海总统之文孙也。聪敏而好学，神寒而气清，东海公极抚爱之。年未冠耳，学为诗赋，宋以后体，屏而不为。余固闻而心异之，独未尝尽读其所作为憾。戊辰之春，君以诗赋二册见示，并属为序。余授而读之，清气往来，藻丽工稳，赋律精严，诗格淡逸。以君之才，为之不已，更十数年，益浸淫乎楚汉之古赋，氾滥乎唐宋诸大家之诗，规杌法度，必益恢阔而雄伟，追步前贤，抑岂难哉？

吾与君三世交。光绪之初，吾祖与君祖同举礼部，文翰往还无间也。后五十年，君祖以政事系天下重望，维捍邦家。吾祖以文章名海内，为后学所宗仰。今东海公年垂八十，犹康强健在，君得时时侍左右。而吾祖之殁已忽忽且二十载。呜呼！堂构崇闳，仰之弥高。一发千钧，各思所绍。余独自悲夫才之不逮，且妒且愤，追思痛悼之不遑，遑暇为君论短长乎？前半论学，后半叙情，皆超妙卓越。

王母贺太夫人家传

太夫人，吾曾王父之季妹也，年十七归深泽王小泉先生。先生讲性理之学，而躬亲之，治家严而有礼，太夫人实佐成之。先生既殁十有八载，太夫人寿登七十。吾曾王父、王父尝以文为寿，盛称王氏治家条法及太夫人之勤劳。又后十年，太夫人年登八十，桐城姚叔节先生尝以文为寿，称王氏、贺氏家法可比古之颜柳。曾王父、王父于鼎革之际相继弃世，姚先生死亦七八年。太夫人乃以前年考终，上距小泉先生之逝，三十有四年矣。培新承先生子勤生先生之命，为太夫人传，乃敬识其大略。

太夫人幼失怙恃，依吾曾王父母以居。曾王父宽简笃厚，感人以德，家人化之。太夫人由幼而长，服习涵茹，不躁不矜，言必有中，精神意度得于兄者为多。既归王氏，上事重闱，以谨以励，事无洪纤，身任其艰，具食奉亲，必躬必洁，主持门户凡六十年，孙曾日益盛昌。举家长幼四十余人，合仆婢六七十人，人各有职，内外有序。姑妇娣姒，怡乐缉熙。人无后言，家无废事。太夫人老而务自怡养，遂委家政于子若妇。时勤生先生年已五十矣，负乡里重望。太夫人责以兴学育才，出钱二万缗，建初等、高等小学校，亲莅视察，后生得所依归。诸孙曾子女十余人相继长，益使就学于外，因诫之曰:“邦家之衰，由于无才。无才由于不学。吾家世有文望，不宜自此而隳，尔曹其勉之矣。”家事虽不必躬亲，然大而殖田获稼，流衍财币，小而饮食服御，课工雇佣之属，一必秉命而后行。遇事或举家张皇，计无所出，相与束手。太夫人独胸有成算，逆睹将来成败，往往一二语而理解冰释，举家安悦。世方丧乱，风俗人心浇漓日甚。兄弟阋墙，夫妇背弃，至于父子不相能。家族之制，天伦之亲，行且扫地无遗。先民所藉以维系邦家纲纪族类者，将不可复睹。太夫人以一女子，不震不激，而德感而礼教之，使子女仆妾六七十人听命无违，敬长而慈幼，上勤而下顺焉，岂非知道君子秉国俊杰之所难能哉?

太夫人以民国十五年某月日卒于津寓，年八十有六。当太夫人生时，聪明强固异于常人，行不杖，齿不摇，尝啮果栗以哺六十之子，乡里传为美谈。于是论者谓生平意度得之于兄，即健固大年亦能趋步之也。卒之日，召家人环侍左右，喻之曰："家庭聚处之道，亲亲长长；和乐相悦，恩爱相感，出乎自然，不可强为。盖扶持辅助，固其所长，涣漫弛废，亦其所短。而今而后，欲常恩亲以相悦，将必异爨而分工。苟能如此，则吾子孙之兴，正未有艾，而吾灵亦可以大慰于地下矣。"一家闻之，皆为泣下。子三人，孝箴、孝铭、孝来。仲叔早世，孙若干人，曾孙若干人。

论曰：余幼闻家人称道王氏家法及曾王姑之德，顾无由一瞻容色为恨。比年以来，国事抢攘，闾阎骚动，太夫人率其家避居津门。余教学京师，岁时归省，往来过津必往觐之，间诏以持家之道，广包众畜之匪易，而于吾家事三致意焉。顾独曰："尔家人稀事简，固自易耳。"夫吾贺氏为乡曲巨族，人争叹其齿繁，而持之之匪易也。太夫人顾犹以为简易，岂非由于揽大御繁，举重若轻以为常乎？然则两家子弟思所以仰体太夫人之意，其当慎所守哉。洋洋洒洒，恳切完具。

王莲堂先生八十寿序

昔黄帝问广成子治身之道，广成子告以"无见，无闻，无知，抱神守形，慎内闭外"。贾长沙为《鹏鸟赋》则谓："至人遗物兮，独与道俱"；"真人恬漠兮，独与道息。"盖千古达人，未有不以此为长生之要道者也。然而天下之人多小智自私，殉财殉名，湛溺终身，莫悟斯旨。是以消散物化，为光为土，不得与天地长久。人死而我独存，固宜尔矣。吾独以谓人之生也，若膏之于烛然，所耗多则其光巨，少则光微闭，不使发则无所耗。然而飘风飞雪之所激，烈日雷雨之所感，四时荡转，阴阳回薄，荧荧膏烛，独能自持而不损乎？是则终有尽时也。既同归于尽，夫何顷久之足云，而养生者辄曰"无为，无为"。夫人生于天地间，自幼而至老，饮食服御，尽取诸人；财帛黼黻，尽取诸世，不肯捐丝粟之力，以济胞与，饱食终日，无所用心，独宝爱其精神血气，毕一世以谋延年，较之常人，多或一二十载，少或三五岁，曾不能久存而不死，而坐视饥渴陷溺而不救，攘天下之利，以图一身之安，反之于心，能无愧乎？纵使之与天地长久，亦曷足贵，况其有所必不能哉？是故同一寿考，或则曰与国无极，或则曰老而不死。然则人情之轩轾可知已。必前者之有为，而人被其利；后者之无为，而世蒙其殃矣！是故有为而善养生，则万民仰祝；无为而善养生，则万民憎恶。

文安王莲堂先生清门令德，学养素成。历官博野、铜陵、五河，所至振兴文教，除患救民，而于治河捕盗尤兢兢。民氓感德，久而弗衰。信所谓饥溺为心，而被人以利者矣。先生顾不以自矜，处纷难、履夷险若无事，然盖深得夫至人无我之旨。既倦游而归，萧然自适，长髯垂腹，气完神固，遗脱世情，怡养天倪。夫有为又善养生，信万民所宜仰望，而祝其与国无极者矣。

某年月日，为先生八十诞辰。公子若孙将称庆于家，先期属余为文以侑觞。余因窃迹夫先生之为人，而举其所臆测者以进。先生其以为能见其大，而掀髯进一觞乎？议论抒所心得，文亦骞举。

鸡血石记

京师冠盖辐辏，所会历六七百年之久。奇珍异宝，咸萃聚其间，往往能于无意得之，然非识者不能知也。

戊辰之春，偶于肆间得石章二，高可五寸，方一二寸，色泽�昧。

归乃砻之以沙石，濯之以清泉，则光采焕发，赫如渥丹，盖世所称鸡血石也。石之类别亦多矣，非嗜之者率不能办。独所谓鸡血者，则九州四海，妇孺农工皆知其可宝。然其色泽靡艳，畏奇热，遇热则变，此则知者独少，而吾所以得之也。后持以示人，无不惊叹，以为世所罕见。余固私自喜，然因之而有感矣。

夫天下之宝，方其藏于深山，埋没于岩谷之间，雨淋而日炙，历冰霜，感震电，藜藿生焉，鼪鼬践焉，谁为珍重而护惜之？一旦骤发，大贾居奇，而豪门矜宠，则声价顿增千百，此岂尽由人哉？显晦有时，而造物阴施其与夺于无形耳。故当其未发也，懵然莫之知。及其既发，则宝爱珍重，群趋而骛之矣。而宝之所以为宝，固自若也，岂因人不知而遂损其美乎？岂因人之骛之，而遂增其重乎？独彼相值于前而懵然莫之知者，为可哀也。反覆跌宕，欧公得意之文。

固安文献志序　代　己巳

固安贾君君玉纂《固安文献志》若干卷，既属余为审定，又载乞弁言。

文章之业，莫难于史。有其才无其学，未可也；有其学无其识，未可也，必兼斯三者而后可以有为。然史之范围至广，其体例亦至繁。目录家强为类别，要不足以赅其体而尽其变。吾独谓国史方志，义例虽有广狭，而其体则无以异。国史必取材于方志，无方志则国史无征。故方志者，国史之一体也。孔子作《春秋》，取百二十国之史记为之。太史公书，乃以秦灭诸侯史记为恨。百二十国及秦灭诸侯史记，皆后世之方志也。战国以前，盖无国无史。秦统天下，废封建，置郡县，惟皇帝有史官，郡县无之。因之正史所录乃皆朝廷故事，世人至讥为一姓家谱，岂非以方志无征，人治盛衰莫由稽考，只以簿书期会，敷陈推衍，虽曰国史，反不如一方载记之足资征信也欤？赵宋以降，渐有方志之作。其传于世者，《临安志》《吴郡志》《建康志》犄具楷模，为后世取法。逮及朱明，诏各行省创修县志，于是方志之作遍海内。或百年数十年，辄有续修之举，沿为故实，其制善矣。顾其书，多窳陋芜乱，出于俗儒牧令仓卒苟且之所为，能具体例者，百不一见，知言者摈焉弗列也。章实斋究心史学，于纂辑方志尤兢兢，其所称道，惟明《武功》《朝邑》两志，然其书殊简略，不足备一方故实，义犹寻焉。近时省志惟黄氏《畿辅志》、章氏《湖北志》，州县则王壬秋《湘潭志》、鲁通甫《邳州志》、郑子尹、莫子偲《遵义志》，记述翔实有法，学者多称之，然亦《临安》《吴郡》《建康》之流亚耳。衡以史裁，与作者相去犹远。至吴挚甫先生，以一代文宗，牧深冀二州。撰《深州风土记》若干卷，乃以司马氏、班氏之才，综经济考据文章之能事，一内于区区三数州县志中。贺松坡先生称其书古所未有，殆非过言矣！

君玉师松某，为吴先生再传弟子。博极群书，究心故实，伤固安文献之坠废，因孜孜访求县中金石故迹，放佚旧闻，披览汉魏以来诸史百家，稗官杂记，苟于文献有征，靡不籍记，而六帖类聚，诸书可考轶文者，亦攗摭无遗。积载二十而成是编，其功力既独深于著书体例，闻于先辈者又独至，宜其书之美富，与昔之辑一方文献者不侔也。

嗟乎！六籍最古之文，虞夏商周之书耳。虞夏商周之后，《春秋左传》，司马氏、班氏之数人者，足以经天立纪，光气炯然，千载不泯。陈、范以下，盖无足比列焉。其后文章之士，率以声律缋藻争长，类不真能为文，故皆不足与此。由是能为文者，或不必为史；纂史者，或不能属文。以韩退之之才之学，所为《顺宗实录》尚不为史家所论列，其它则又何说？国史方志，历代纂修不绝，汗牛充栋之书，累世穷年不能尽。窥而又或龙杂而失甄，或颓靡而莫举，法度不备，义例不精，则读者眩惑迷谬，事倍功半。故其书卒无能与马班之作并悬于天壤间者。

吴先生以马班韩欧之才，竭二十年精力于《深州记》，故为千古方志之冠。惟以有马班之文，而后能为马班之史也。君玉既衍吴先生之学，苟能以吴先生之文，为吴先生之方志，则所为虽不必与《深州记》相颉颃，抑亦当远出黄氏、章氏、王氏、鲁氏之上也。故余今叙其《文献志》，尤望其《固安全志》之早出，犹乐序而传之。民国十七年某月，天津徐某撰。论有通识，文亦雄GG。

北平市政计画书序　代

治民之道，务在安之。安之之方，充其食，裕其服，善其俗，安其居，利其行而已。兵戈扰攘之间，不足以言治。何则？人民遭兵役之苦，荡析纷披，求能免于杀伐屠戮，饥寒水火而得延一线之命，盖若邀异数焉，况高语富强之大计乎？故兵燹之余，海寓粗定，拯而济之，安而治之，牧民者所当亟图者也。

某于革命告功、旧都奠定之始，忝长北平市政，辄欲勉竭愚苍，求所以劳来旋定安集之者。《诗》有之曰："自堂徂基，自羊徂牛。"《中庸》亦曰："行远自迩，登高自卑。"盖皆以务远好高为戒，而示人以因小成大之宜。间尝即而思之，圣贤豪杰所以救民而民获利，治国而国咸理者，皆在于平易近人，不在矜奇立异。世界大势虽万变未已，治化竞进，虽日新不穷，要之饮食服御、工商财币之事，仰事俯畜，人生日用之需，为国者勇以赴之，诚以孚之，则民获实惠而有大功，斯则古今盖无二致。此孙中山先生所以兢兢于民生，而与民族、民权之义并重者也。

某既誓本斯义为治，就职伊始，深求所以推行尽利之方，爰有《市政计划书》之辑。惟北平当掇拾之余，公私扫地赤立。因势利导，固必自堂基远迩，以渐而臻。磨以岁月，贞以定力，其幸而获效国民之福，亦某之所大愿也。苟或未效，亦竭吾心力以赴，而不敢稍有怠忽焉。此则区区之所自誓，愿与寮佐市民共矢志勉旃，至于放言高论，乖牾情势，务以矫世而骇俗，则非鄙心之所安，亦非政府国人之所望于不佞者也。编辑既竟，并揭橥斯义于首。大雅闳达，进而教之，所欣幸焉！渊穆深厚，如读两汉制诰之文。

祭总统黎公文

鼎革之初，岁维亥子。江汉浮浮，波谲云诡。事起仓皇，众疑莫宗。公持夙望，沥血凭江。振臂一呼，万邦响应。曾不十旬，天下以正。成功之捷，越汉跨唐。勇轶法美，功侔武汤。尸积成山，血流漂杵。成事之难，著自往古。维今兹役，独异前武。指顾而定，未破斨斧。岂有殊术，岂有异才。不期而然，云非天哉！大勋用集，推而不有。群望所归，退然居后。裁抑强镇，划分军民。弭兵节用，期靖世氛。孤抱未酬，情格势制。太液含光，羑里演易。项城盗国，饵以王封。杰然山立,有死不从。项城既殂,躬膺大位。内阁专恣,强横以肆。平生坦白,靡吝靡骄。宽闳厚重,太璞不雕。以诚待人,不虞其伪。孰意狡谋,复辟为厉。逆勋旋覆,公亦慨然。奉身恬退,以让河间。退处津门,声问屏绝。寂若樗栎,皭若冰雪。中枢失政,毁法求容。六年海寓,扰攘分崩。壬戌再起,匪伊得已。及其再退,抑又谁使。乱世言治,岌乎危艰。口舌为衅,不待矛鋋。默运机谋,锋芒四布。或触逆鳞,立遭残蠹。以力为理,以己为群。以言为行,以诈为真。云涌风飞,簧鼓一世。万镞交飞,曾非国计。诚哉勇武,诚哉雄豪。崦嵫既迫,逝水滔滔。大盗逾垣,入无人境。骨肉寇仇,死丧俄倾。固疆御侮,责在干城。宁无少愧,方召营平。世情堕坏,厥由心丧。忠诚不返,起衰何望。卓然有立,大度潭潭。畏仇避害,平生未谙。揭此楷模,为天下式。欲返浇漓,庶其有豸。孙公云谢,公又继殒。举国若失,云胡不闵。勉思所效,勿忘前劳。英灵不远,式鉴式昭。尚飨!气格浑成。

束鹿李君碑

君讳柱培,字养源,姓李氏,河北束鹿人也。髫龄入学,覃习五经,渥洼神马,敻不中程,迭试罔售,弃置不顾。懋迁化居,用致巨富。伯兄早世,独荷艰巨。致谨父母,一日或离,不安不饱。念兄泉壤,虔事寡嫂。名葩异卉,惴耎肖翘。池鱼悠悠,仙禽翾翾。繁英炫采,瑟瑟飞虫。排山蹈海,壅培豢养,以娱霜节。晚益擘精覃思,皈依俞跗。庸医杀人,时用慄惧。含珠不吐,缩手敛足。然而盲者扶,跛者舁,四远而至,门庭如市。昭苏罔救,靡不讴歌。昊天不吊,民国二年八月十八日,寿六十几,疾卒于家。行吊走哭,悽怆塞途。配冯,继谢,子炳璇、炳瑶、炳琦、炳瓏、炳瓒,镂文于石。于是立表,系之以铭。铭曰:

人事繁赜千万端,惟彼与己利病参。谁捐顶踵殉壬林,垂声千祀君或堪。内立杰特活千人,敛形此土崇其坟,闭文幽隧昭后昆。研练雅饬。

李鼎臣先生墓志铭

君讳汝梅，字调鼐，号鼎臣。束鹿李氏。曾祖讳讷，邑庠生，候选训导；祖讳希圣，国学生，皆赠奉政大夫。考讳全有，以军功赏戴花翎，加同知衔，貤赠中宪大夫。君秉资高迈不群，读书洞旨，稚而能勤，长而有闻。家故饶赀，累仁积厚。惟先王父卌年前表厥仲父暨乃祖墓，称其惠泽滂沛，庇荫无外，腷灵涵英。及君益大，泉货畎亩，罔依罔赖。承业绍家，惟学为最。故鞭棰儿子为人，日诘所学，或愉或瞋。友于诸昆，而子从子，乃训乃育，视犹出己。至于繁蜎细纤，家人生产，置之若浼。阔达冲淡，优游田园。充乎有得，逸如浮云。唯父生母鞠，拊畜长育之仁，顾复罔极之恩，欲报之德，感泗盈巾，侍寝若膳，必恭必亲。堀堁庆赏，刍狗爵禄，匪我思存。故千靳一纵，纯孝用闻。清光绪三十四年七月十四日，春秋六十有七，以疾卒。后二十一年，次子其柽凿山采石，瑑词窨穴，以告终古。配王，继配王、谢，侧室李。子柱辉，贡生；其柽，花翎同知衔。女二。孙炳辰，同知衔；炳奎，中书科中书衔；炳震、炳巽。曾孙迈彭、寿彭。铭曰：

叶扶疏，探其根。流汗漫，穷其源。嗅世味，遗若尘。膏胡煎，兰胡焚。养亲志，立人纪。朝闻道，夕可死。铭永贞，讯万世。摹汉碑颇深稳。铭亦称。

陆军上将国民政府委员孙公神道碑　代

公讳岳，字禹行。高阳孙氏。明故督师孙文正公承宗九世孙也。曾祖讳某，妣某氏。祖讳良才，妣林氏。考讳迈唐，妣田氏。

文正公以御胡守城殉国，忠烈之气被乎后裔。公以卓荦之才，远绍遗志，自少隐蓄光复之念，处专制积威之下，壮志不酬。盱衡大势，忧愤罔瘳，忽忽且发狂。始学贾，继为僧，易辙者再。及孙中山先生倡大义于天下，海内外闻风兴起。公奋然曰："斯其时矣！"于是投身武备学校，结纳豪侠，遥通声气，隐然以改革自任。及辛亥，军兴东南，各省相继光复。张公绍曾陈师滦州，某既与相应。公时为北洋第三镇营长，军吉林，亦潜与其谋，事泄斥去，任江北各军总参谋长，转任苏松宁扬镇五路总司令。事定，改第十九师师长，旋以忤袁世凯罢免。君以为北洋帝制窟穴，根蒂深固，欲改革中国，必自北方始。袁氏称帝不成，以愤殂。而继起操北方军柄，声势浩大，扬烈树威，远詟江表者，厥惟曹锟。公于是韬光养晦，与之委蛇，狎处十年，罔露锋颖。洎曹氏干位，嬖倖自恣，黩武病民。某方治兵南苑，每与公晤语，戚戚然以邦国殄瘁为忧，蹙然莫知祸之所届也。于是约公与胡公笠僧共谋所以卫国之道，交勖以大义，誓共生死。爰有甲子首都革命之举。时江浙直奉之战方酣，天惊地岌，四民愁困，某与公及胡公议定班师还京，圄曹氏于瀛台，歼其嬖倖，遣清逊帝出宫，推段祺瑞为临时执政，迎中山先生北来，召集国民会议，以定国是，四海震动，咸指目我军所谓国民军也。不幸中山殂落，段氏内惑群小，外扼强藩，遂致辱国戕民，中外失望，乃旋有津沽之战。事平，以公长畿辅，礼名宿，订公约，设立省政会议，不独断己私。甫三月，治绩卓著，省宪端倪肇见于此。既而祸端再萌，某眷念民劳，去之惟恐不速，解甲赴俄。公亦授军于其部将徐君永昌，只身周历各省。及党军大举北伐，相持于湘鄂之间，某乃归国，誓师五原，与公深谋密计，冀酬夙志。遂绕蒙边入甘陕，出崤函河洛，与友军合围。公亦赴晋巡视旧部，旋被选为政府委员，入都就职，以忧患之躯，龋龁数载，转徙万里，遂以疾革。而是时，战机益急，大军四路并进，总司令蒋公介石自金陵踔徐州，直扑历下。阎总司令百川出太原，捣正定，进规保定。某自开封分兵两路：一自陇海铁路，经雷泽，达汶水迤东，断敌军后；一渡河鏖战于大名、平乡间，沿京汉路而北，与晋军会攻保定。北方军势如木脱冰解，岌岌不可终日。吾党同志奋勇前驱，旧京指日可下。而公竟以不起，三军雪涕，袍泽悼伤。阅三月，而我军会师旧京，大功用集，公独不少待，以观厥成。

呜乎！伤哉！余与公及胡公三人者，患难相依，生死与共，誓摩顶踵，以纾国难，乃千磨百折，久而不达。洎大业垂成，而公与胡公先后殂谢。某追怀曩昔，抚念来日，怵惕泪零，不自知其悲之所自。内乱荡平，外患滋甚。果何以慰吾民，慰吾友哉？

公卒于民国十七年五月二十七日，春秋五十有一。配梁氏，继配张氏、崔氏。子曰白琦，女曰白琨。当国同志，佥以河北公故乡，旧京尤昔日立功地，议公葬于显龙山之阳，以刻石之文相推。某义无可让，遂掇拾公行谊有关于民国之大者，揭诸墓道之碑，而以某所期望于方来者声之铭诗，用慰吾死友。铭曰：

神皋鼎沸，大陆风云。觥觥先哲，实长群伦。风雨飘摇，浸危堂奥。蒿目灾黎，巨艰独蹈。天挺长材，豫章桐梓。栋阙飞翚，凌云特起。栱桷既具，葺而巩之。绸缪桑土，食息于斯。刈彼茅菅，喁喁雀乳。嗟尔强梁，孰敢予侮。黄流浩浩，万骑龙骧。文经武纬，上戛三光。树我声威，千龄万岁。铭以券之，永奠幽隧。崇闳壮伟，文与事称。初评云：提挈顿掇，皆合法度。后幅光气炯然。

孙中山先生告窆词

纷灵雨兮洒尘，焯埏极兮碧云。众攀号兮莫及，仰诛荡兮天门。倏阳开兮阴阖，天青青兮日白。荐芳兰兮椒浆，五音繁会兮未息。奉灵輀兮永安，共瞻望兮金山。御浑茫兮六气，回沕穆兮南天。吹参差兮思睿哲，惴慄慄兮临其穴。嗟百身兮莫赎，喟凭心兮沥血。贯金石兮精诚，播万禩兮芳烈。奠海寓兮清夷，庶英灵兮豫悦。贞石百丈兮崒高冈，天风肃肃兮江水泱泱。奠此幽宫兮无毁无伤，天地比寿兮日月齐光。取格极高，词亦渊粹。

按：该文原载《华北画刊》1929年5月26日第20期第1版，题为“总理奉安词”，署名孔才。

【校记】

〔共瞻望兮金山〕画刊作“万民望兮紫金山”。

合肥彭氏谱序

我国宗法之盛，甲于五洲。国运则日就衰颓，亟亟且不自保。人民知有家，不知有国，以家之利害切己也。故团结维护之力亦至牢，杀身御侮，义无所让。至于国事，鲜不视犹秦越，不肯捐丝粟之力以匡挽之。一旦有变，则苟且偷安而已耳，意若曰："大势所趋，岂吾力所可挽救？"洎夫败裂糜坏，丧权辱国，则深颦太息，怨国威之不震，而实无所动于中。于是外侮日亟，强陵益甚，吾民大梦罔觉。国且濒于危亡，家于何有？噫乎，宁不痛哉！

孙中山先生有鉴于此，乃首倡民族主义，冀警斯人之迷惑，以救国于不亡。不数十年，天下靡然从风，彬彬焉如百水之归沧海。吾炎黄胄胤之复兴，斯殆其时矣乎？或曰："既以民族召天下，则一姓之谱牒，一家之史乘，其亦不足存矣。"余曰不然。譬之一国之行政，由中央而及于各省，自省而及于县，自县而及于乡区里闾，若纲在纲，有条不紊。中央揽其大者，乡区里闾务其细者。细者集而民蒙福，大者成而国获利。然不有细者，大者何因而致？不图其细而务其大，务远好高，多言少成之讥，必不免矣。家国之判，犹若是也。揆其机，要在变其所守而已。古之为家者，其蔽也或以私害公，知有家不知有国。果能变其所务，移团结相维之力，舍生御侮之念，以戮力于国，俨如乡区省县之行政，递推而至于中央政府者，近而之远，小而之大，细胞纤维，团结而成一身，什陌连保扶持而著大群，则中山先生之民族主义，不乃粲然而大备矣乎？要在为国者之慎所导而已。

合肥彭君道义本收族睦宗之义，恳恳焉为谱牒之纂辑，问序于余，为推论民族之精义，以为之劝，且为世人告焉！

天游室文卷第二

桐城吴北江先生评定
武　强　贺培新 撰

国民革命军殉难碑记 代　庚午

民国十六年九月，国民革命军誓师北伐。第三集团军总司令阎公百川分饬所部，率师东进。维时某实以第十四师师长奉令间道取门头沟，进规燕京，不计成败，勇驱而前。大寒山、千君台、青白口诸险，连战皆克，敌望风靡。转守怀台，雪虐风饕，岁既云暮，士气不为夺。卒能分敌军势，使不敢长驱南下。翌年某月，四方友军相继毕来，环攻齐击。我军士气益锐，霆震电飞，超越迈往，而平型关、紫荆关相继复，遂因利乘便，直踔畿甸。是时，敌军已涣然不复有斗志。我军益厉以猛，不数月光复旧京，而士卒伤亡已过半矣。

呜呼！军兴以来，捐躯殉国者，何可胜计。当其出征苦战，授命戕生，孰不谓大义之获伸，人民之苏息，国家之返乎隆平。而群雄綦处，吹毒而摇，不尽除之，则危亡将不可救，是以蹈百死而不辞，浩然无所顾悸也。简练有神。洎乎告厥成功，万众腾欢，以劳以庆，而逝者赍志九原，潜昧泉壤，遗骨何在，蔓草茫茫，凭吊疆场，可为潸然而流涕者矣。来日方艰，大业未竟，三军袍泽将何以慰彼英魂。此某午夜徬徨，怵惕忧伤而不敢自释者也。爰立石于灵鹫山之阳，刊列死役诸君子之名氏，以诏后世。而就所感于中者，为述其大略云。峻拔异常，金石文之高制。

诗范序

诗之至者，皆旷代之高文也。《三百篇》崇闳肃穆，典丽矞皇，不可以一方体论矣。汉魏以降，代有传人，举其至者观之，大氐惊魂慄魄，灏气淋漓，可以载道，可以风世，寓讽劝于隐微，缩千里于咫尺。上与风骚雅颂异曲同工，后之人有志乎古，以二三十年之精力，究夫数千载浩无涯涘之书，不窥古人之精微，吟风弄月，旎声靡词，驰逐肤末，遗其本真，以为古人之精能尽是焉。于是诗与文乃判而为二，而文学之衰遂以不可救矣。岂不哀哉？然则如之何而救之，曰厘定精粗，别白高下，拓江河以行地，揭日月以经天，悬其格以俟之，不患人之不至也。盖聪智才慧，后人未逊于古。所患者，旁皇歧路，汩乱天真，莫由达耳。使人人知日月之光，江海之量，非爝火潢潦所可同语，然后竭其才力，究极夫古作者专到独绝之境，而不弛乎其榘矱准绳之外，洎神明乎法以恣吾才焉，则吾之旷绝之概，殊邈之量，雄远之期，夫岂古人所能限！虽不能抉藩篱而驾往哲，要亦不必自馁其气，望古人若不可即，甘自比于庸常肤浅以自诬也。切实有味，体道有得之言。其用意尤为英伟。故尝以谓古今传人不啻数十，精微之极，通乎神明，论其所同，千古以来盖无二致。至于才力之所独至，意趣之所独寄，则各有独到孤诣。前哲之精微，吾徒固难追步，而今之所创获，果无一二为前人所未发者乎？而世人皆曰，中国文学之衰，如水就下。呜乎！其亦可谓不思而苟于自恕者矣。

吾师是选于古今作者，一以文章之义裁之，抉微摘隐，至详以尽，起汉魏讫虞伯生，凡八十六家，都七百二十六首。上之与风骚同旨，下亦各有独至。非然者，虽大家名篇不录也。世之学诗者，苟能反复是编，必能时与古人相遇，而其精神意气，俨然若合于一。然后知诗之为道，自有本源，非积字缀句，切韵调声所可毕事者。固所以扬三代之余韵，开百世之闳规，而起衰于凋弊就绝之时，则风雅之才，安见其遽绝于今后之世哉？培新于编校之余，不禁睾然以望之！文极闳肆精实，卓然名作。

按：该文原载《古今诗范》卷首，1929 年出版，题为“古今诗范序”。文末为“民国十八年秋门人武强贺培新序”。

【校记】

〔旁皇歧路〕原作“徜徉歧路”；〔望古人若不可即〕原作“望洋兴叹”；〔抉微摘隐〕原作“抉摘隐微”；〔时与古人相遇〕原作“时与古人相遇于不觉”；〔都七百二十六首〕原作“都七百卌七首”；〔不能抉籓篱〕原作“不必抉籓篱”。

市政法规汇编序 代

《北平市政法规》凡十类，都二百五十三种，编印既竣，某序其端曰：

古者事简而俗朴，人类相安相保，恃道德而不恃法制。故法虽简，人鲜偭越之行。厥后人事日繁赜，不可究诘，法亦随之，益精以严，世事乃益纷牾不可救。何也？无道德以持之也。近世欧美日本以法制修明而致富强，窥其效之所由著，不在于法之能详，而在于人之能守法制，准乎人情，力而行之，不弛乎法，道德之谓也。

某于北平建市之明年，受命来理市政。市政在吾国为创举，欧美各国则行之久而明效著。故凡规摹创置，设局划权，征税清产，厘定会计审计之法，振兴社会公益之业，举凡有关市政，有裨市民者，皆当参较彼己，取合乎吾市民之所宜，而制定规条显然，与以可遵而守者。此是编之所由著也。苟能诚信以孚之，忠勇以赴之，法虽未尽美善，而民可获实惠。有法不守，一如无法，法虽美备亦奚以为？故某于编定法规之顷，于培灌道德尤三致意，冀吾徒为国仆，为民佣，咸能谨敕其身，不敢枉法以自便，则吾市政之隆庶，可计日而期。斯义也，愿与吾僚友市民共勉之。此亦典制文字，宜用匡刘体方为合格。此文极为合法，议亦明通。

书张达生先生年谱后

余髫岁则闻南皮张献群先生在王父门下最瑰奇，文章最美。洎其卒，王父为之颦蹙唏嘘者累月。里党间知者，未尝不叹师弟子气谊肫且挚如此也。顾余独以未获一见为恨。一日，吾父出所藏先生戎装小像赐观，心大骇怪。始意先生文人貌必孺，然乃柱军刀，挺身峙立，眉宇凛凛，气象不可一世。余固心志之不能忘。稍长，就学京师，王父之殁已且十年，王父文集与先生所为《雄白集》已先后锓板行世，受而读之，又以知先生之父达生府君以循良孝友称天下。其至行之所腼育，固宜有能文君子，光华振发于其后也。又数年，获识先生之弟果侯先生，神采意度，一如向所悬测于乃兄者，尤亲暱后生，不以庸陋见弃。遂与往还，渐窥见其道之高，学之博，迥非凡常所敢望。益叹张氏灵淑所钟，才德辈出，为不可及。

今岁，果侯先生以所著《府君年谱》见示属题。夫所谓孝者，生则善养其志，殁则显扬其名，此千古之所不易也。或蹈道问学，立言不朽；或沈潜渊默，守穷持节，以保先泽于罔替。如张氏昆季其人者，有识者咸称颂慕效，愧难蕲及，是亲虽殁而名既显矣。乃复惕惕孜孜，夙夜匪懈，惟惧幽光潜德，万一郁而未发，人子之罪戾，永永无极。贤人孝子之用心固如是，其可敬哉！若夫父母俱存，兄弟无故，极天伦之至乐，独庸劣不自力学，无所成就，来日之显扬不可知，此日之承志先意者，宜如何稍减咎戾，不以薄德累其亲邪？则尤宜思所自勉矣！用意真至。

王贵卿先生墓表

先生讳某，字贵卿，姓王氏。世居枣强城南北大屯村。村俗僿陋，自来无读书者。君祖某以庙田建义学。父美材，年垂五十无子，尝以重赀取窭贫者为义子，抚育成立乃归之，如是者再。晚而生君，人以为积善之报云。君孝友慈祥，忠正不欺，柱杖行街衢，乡里后生相率垂手拱立，或趋问起居。邪侈放逸之徒，逡巡退避，愧莫敢近。正气所被，隐挽颓俗。生二岁失怙。既长而母老，家无积余，诸女兄弟所遭际皆苦甚，君一一为经纪其家，各得所安，母心以慰。年登九旬，恤穷困若渴，虽自蹈于危难弗顾。闻悲楚之言，见可悯之事，辄恻然心动，潸然泪下弗自禁。与乡党戚族通有无，力之所及，任所取求不立券，不责偿。有逾二三十年，其子奉父遗命来偿，君以为无有，拒不受也。尝遇邪慝，旁观咸发指欲殴之，君一不动色，怡然温慰，使开悟乃已。生平无奇节异行，而所施广以厚，不求高功显名，而入人深以宛，人叹为神。既卒，咸皇然若失所依归也。民国十五年八月，享年七十四，无疾而逝。配阎氏，继配杨氏。子宗祐、宗通、宗柏。宗祐才富，有文章，从先大父游有年，走书属表公墓。谨掇著大耑以告来者。纯从空际描写，笔意甚高。

何宇尘先生墓碑

先生讳雯，字宇尘，晚号澄照居士。安庆何氏。何氏源出于韩。汉武帝时有何比干，居汝阴。两汉六代之世，有何武、何敞、何进。宋有何聪。文帝时，曰求，曰点，曰胤。唐有何宠。名德相望，代有闻人。一迁于庐江，再迁于库岭。至讳光明者，为先生几世祖，居江镇。再传曰国安，曰令名，先生考也。

幼时聪慧过人，九岁能诗文，擅偶句，有神童之目。十三应童子试，冠其曹。十九举孝廉。时欧风东渐，先生奋袂起曰："非丈夫死守章句时也。"遂东渡，入法政大学，孳求经国治世之略。学成而归，慨然曰："国习不变，将不能步武列强，争衡世界，必思所以瀹其机者。"时云贵总督李经羲、津浦铁路总办段某知公才，争相延揽，并辞不就。与汪瘦岑辈创刊《神州日报》于沪上，以利导舆论、鼓吹革命为的，词旨激昂，闻誉雀起，嫉者亦众。端方督两江，密使沪道瑞澂侦之。会岑春蓂抚湘，引先生为己助，由是之湖南襄佐新政。民国既建，益思用言论辅助国家，遂纠集海内外名流，创刊《民报》于沪鄂，间兼总理沪《民声报》事，既办《醒华报》。国会成立，膺选为众议院议员，复选任宪法起草委员。先生以为，国家嬗帝而民议，士代表民意，位崇责重，故尝竭尽智谋，慷慨建议，冀有裨于国。数年之间，如尊崇孔教，加入协约国战争，皆其荦荦大耑，内系国本，外有立乎国际者。袁世凯帝制议起，先生密呈十不可，留中不发。至是议士之权已渐陵夷，益感于震顽发聩，非新闻事业不足以闳厥功。洎世凯与日本订立密约，举国劝进，帝制端倪略具矣，先生愤不可遏，骤布密约于报纸，举国哗然鼎沸。世凯怒系之狱，濒于危。而是时，革命军环起而攻，世凯亦殂，遂得免。自是以后，国事益棘，内战更迭起覆，民无安息。先生亦痛遭大故，哀毁骨立，庐墓不出，慨然叹国事之不可为矣。先生以壮伟有用之才，于学无所不通，诗词尤粹。至是抑郁忳傺，敛遏雄怀，崇奉佛法以自遣，以求实救人为务。历办皖省旱灾，疏濬皖河。豫大饥，亦募款往振之。尝曰："游碧庑华屋，不如入兰若。结士大夫，不如交僧侣。"乃倾家资，经营寺庙，与僧月霞、慧明、全朗游，思大阐救世之旨，以弭兵革之祸。兹所谓有托而逃焉者，非欤？

民国某年月日卒，年四十二。著有《澄园诗集》曰《庐山吟》《天柱吟》《江上吟》《燕尘前后集》《累辞》凡六卷，《论符》若干卷行世。未刊者《湖南风土记》若干卷。子世侃、世伦。女世珍，适怀宁潘式；世瑾。孙承琛。世伦与余交久，请铭墓道之碑。铭曰：

国运褰开，庸夫坐守。立功成名，易如反手。运之既蹇，举国若狂。贤豪殉身，不救危亡。矫矫何公，功在民国。身可辱屈，义无反侧。凛然大节，逖矣畸行。云乱波谲，廿载穷兵。有托而逃，亦岂得已。恻怆为铭，用声千祀。一气呵成，有自在游行之乐。

朱先鸣先生传

君讳鸿渐，字仪吉，号先鸣，姓朱氏，湖南汝城县人。曾祖清仁，祖载庆，父伯中，三世皆封奉直大夫。君六岁解字，义能属句。长而魁梧，声如洪钟，性豪爽。尝履钉鞋以登丹霞山石岩，同游气喘汗骇，莫有随者。盖自君曾祖以善治生起家，饶资好义，至君乃不甚措意家人生产，尽所有广置群书，以讲学济世为务。其学以王船山为之基，下至巫医阴阳靡不学。主仁化县鳌山书院，所造多成材，著《踏雪轩散文稿》一卷。又与乡人宋柏琴辈立文会，闳奖后进，以文教倡。既主长沙医学堂，著有《伤寒论讲义》若干卷行世。至于抚恤嫠寡，扶持孤弱，庇荫乡里，劾除贪虐，责其在我，一切不顾毁誉，竭尽智力趋之。故负奇抱异，虽无所展布，而节慨风规所至，叹慕陶铸后生，捍卫乡国，功为多云。生于清咸丰三年，卒于民国四年，得年六十有四。配谭氏，继配李氏。子应元、应嘉、应和、应贞、应会。女三。应和介南皮张果侯先生征文，为具其事。

论曰：鼎革以还，生民不睹昔时安乐。为国者辛勤营构；义烈之士相与殉身家、摩顶踵，以求所谓建国安民。然而元气凋伤，国亡无日，岂其本志哉？刀锯所至，荼毒所加，诈之以奸，残之以逞，忠义仁孝之气荡然无存。慨想二三十年前，恍如隔世。三湘盘踞异党，杀人如麻，根蒂深固，不可爬梳。惨酷之祸，尤不可问。应和独念其先，思所以阐扬而不朽之者，不可谓非志士。而君教泽所以涵育贤子者，固非凡常所及，知斯世所宜式法者也。书此以彰之。竟体清健。

雄白日记序　辛未

伯父性存公既刻南皮张献群先生宗瑛所为《雄白集》后十有五年，更取其日记数万言付剞劂，大都在文学馆从学先大父时所作也。先生以不可一世之才，屏绝声色富贵，以争衡乎古作者，年三十三而殁，所就不逮什一。惜哉！惜哉！

昔李元宾、长吉二人者，各以诗文炫耀当代，然皆不永其年。诗若文留存于世者，亦不多见。顾长吉诗自成一家，天下渐无异词。元宾之文则深唯而力崇者或寡，才高当世，行出古人，岂功力或有未极，浅深离合或不尽臻于古乎？成学之难、世知之难如此也。先生毕一生以为文，其至者固已闯昌黎之室，抉两汉之藩，浩然沛然，非元宾所能及，其才亦不下长吉。不读日记，乌知其强识博闻如此乎？长吉诗则至矣，而文无传；元宾文传矣，而为之不至，又无它书相附丽。世于此所不能无憾焉者。此先生是编行世之所以重也。

先生弟果侯不以培新不学，命为序，谨述其意如此。抑又闻先生于光绪甲辰之年，游环大地一周，历览东西诸国治化形胜，奇情异俗，怪诞瑰诡，不可究诘之观，一载诸册书，为游记若干卷，培新则未尝见焉。异日者俟先生果能发箧相授，培新当益请伯父谋刻之，使天下知先生之学，上下古今，纵横域外，益非二李之所及知也。舒卷自如，气疏以达。

北平工务年报序　代

某于民国十九年九月奉命暂权市政，阅六月，将授代矣。会工务局汇集一年来成绩，谋印行年报之书。某为弁其端曰：

市政大端约可分为二，曰精神、物质是已。教育、公安、社会、卫生属于精神者也，财政、土地、工务、公用则物质也。是数者相辅相成，各具其要，未可轻重轩轾于其间。然精神之淬厉，非旦暮所易奏效，其为利也溥而远；物质之建设较易见功，其为利也显而切。

夫财政为百耑所由运行，其不可不亟讲固矣。其次求于吾国今日之情势，北平市政之程度，以及吾市民之观感，就其尤易见功，而利尤显切，市民目注身受，直食其惠，了无隐微，深奥不可测度之患者，则惟工务焉是赖。故其业最繁，而所关在市政中为最要。执其事者独劳，而其成绩亦独多。虽然，此特就今日言之耳。若夫国家承平，闾阎不惊，乃斥土地，乃营工程，以教以养，以遂群生，酣然而嬉，矩然而型，斯则庶几乎建极允平，章而昭明。顾今兹之作施，如萌蘖之生，固未敢多而自矜也。某于披览之余，所不胜竭诚属望于方来者矣。锤炼高古。

张母籍太夫人六十寿序

维民国二十年辛未四月二十六日为张母籍太夫人六十寿辰，令子泽刚将称庆于家，而征祝嘏之词。

太夫人，吾妹又新之姑，妹夫泽刚之母也。己巳之岁，培新侍吾母游北海。太夫人携子女已先在，因亮侪先生，望见太夫人颜色，未及请谒。亮侪，太夫人弟也。已而饶阳常氏、南宫邢氏，皆以姥属会焉。合张氏、籍氏及吾家男女二三十人，坐息于龙亭皆满。异日亮侪先生及舅父常兰侪先生来致张氏聘。初，培新与亮侪先生往来谈谳，又尝介与泽刚交。泽刚少年英俊，彬然有礼，寓敏锐于温厚，玉洁冰清，固知其得于母教者独深也。庚午春，吾妹于归张氏，培新兄弟始以后生之礼谒太夫人于堂。太夫人温恭淑慎，恺恻慈祥。盖自伯英先生逝世，持门户，教子女，克俭克勤，一身任之且二十年矣。今泽刚兄弟及女兄弟皆长，泽刚以北洋大学工学士从事黄河水利工程事业，其弟若妹皆肄业大学，视乃兄才名不多让焉。泽刚兄弟既各以物质有用之学，益励益精，蕲以次建树于世，检身理家，各有源本，师友间尤多令闻。太夫人继起有人，门楣克启十余年，辛勤劳苦，可以稍慰。而累叶诗书之气，酿为太和，固当康强寿耇，从容以登耄耋，进期颐，无待于祝者。

顾培新不获已于言者，则以女子内夫家，外父母家，准情度礼，由古然矣。然而姑妇勃谿，娣姒谗慝，夫妇不相保，姑嫂不相能，甚或嫡庶之瑕衅，翁姑之乖戾，旁缘抵隙，迁怒丛诟，萃于为妇者之一身。夫既曰家宜托以为生矣，而有令人不能生之势；宜安以相保矣，而有相仇、相陷、相怨恶，不获安且保之情。斯固理之所不可通，而人情有所不能禁。天下为父母者所至痛心而无如何者也！深入人情之论。夫天赋人以聪明福禄独高于万物之表，又其势不能与天地长生，则节焉醇焉，中焉和焉，优焉游焉，睦焉翕焉，不亦可乎？

太夫人贞懿之德既足以兴张氏，化一家，又推恩及妇并子女而一视之。吾妹归宁，既备述之。此其祥和乐易，宜大而炽，非独太夫人一家之庆，虽吾父母及吾兄弟无不心焉悦之，仰望太夫人之德，以为非斯世所易有，是宜掞扬懿孅，以夸示闾里，矜式末俗，兼为不解不灵者劝也。谨为序而论之，俾吾妹夫妇献以侑觞，亦见慈母之惠，攸系于家国人生者至巨匪易，因以为吾妹夫妇勖焉。中能自起波澜。

哈同君墓志铭 壬申

君讳欧爱司，姓哈同。原犹太人，后隶英吉利籍，为英人。年二十，孑身走香港，遂至上海，凡居中国者六十年，年八十几卒。夫人罗氏，述行征铭。

君孝友慈善，有猷有为，乐施予，幼无儋石。考讳雅伦，妣氏多福，先后下世。勤苦自克，卒以货殖起家。历任法工部局董事、公共租界工部局董事。创办哈同洋行、华严大学、仓圣明智大学、女学、义务小学十数区。开广仓学窘，以印丛书。结万年耆老会，以订吉礼。举广仓学文会，以惠多士。刊行艺术学术等丛编，增篆《康熙字典》《天竺字源》《中论》，会译《慈淑楼丛帖》《遗教经》凡数百卷。营爱俪园以寄情志。倡办华洋水灾会、京奉直水灾义振会、汴晋湘鲁秦鄂义振会，筹振苏浙皖省之灾，开园林、输巨金以为常。于是遐迩颂歌，万众悦慕。清廷锡予宝星联额，大总统褒以勋位、勋章，可谓显荣也已。

夫人名迦陵，倡随闱闼凡四十年，屏铅华，却服御，皈依佛法，笃嗜经典，校印《大藏经》八千余种。君事必咨焉，疑必质焉，人称贤内助云。姬君觉弥，君友也，既与励勷义行，数十年不懈。君殁，又为经纪其家，殆如卢遵之于柳子厚，庶几有始终者。兹本退之作志之例，附载以讯来者。铭曰：

儒学致用，利物济人。右文重道，古训是敦。远人踵起，千载有君。儋石立壁，玉堂金门。金玉之门，仁义攸存。如何不吊，敛形斯坟。异世考绩，视此贞珉。简劲雄直，为集中有数名作。

吉金文录序

中国建国之精神寄于文字，而文字必衷乎古。其信古且至者，《书》《诗》而外，则为三代之鼎钟彝器，皇皇哉皆先王礼乐政教之真迹也。孔子曰："唯器与名不可以假人。"观《诗》《书》《左氏》所载，其郊庙朝著、吉凶庆恤、饮射燕飨、乡闾比伍、服御器用，以及酬功德、颁侯牧，以为锡命，以为世守，上下贡赍，重在名器。玩其词旨，大氐堂皇瑰玮，于祷蕲寿祉之外，寓惩恶劝善之诫。故先王之制器也，非直为观美，周其用而已，所以判等威，昭法戒也。天子诸侯卿大夫非德位常保，不能制其器；非博学能文，不能为其词。阮文达谓："其铭词皆古王侯贤者所为，其重与九经同之。"不其然乎？

自汉迄唐，古器罕出。偶得古鼎，因以改元，或书之史册，以为异瑞，而能深究其文者盖寡。许叔重虽云往往于山川得鼎彝古文，而其书甄录彝器殊鲜。扬子云好奇字，不知所得何如，书已亡，今不可考矣。两宋以还，高原古冢搜获渐多。欧阳氏以一代文宗，裒集金石，刻文为《集古录》，而所收吉金释文，颇采杨南仲。似欧公，亦未能多识也。皇祐时，命太常摹历代器款以象书。而吕大临、李公麟辈博稽旁征，咸有著录。由是学者考古释文，日益精核。及大观初，以帝王之尊，好古敏求，命王黼等纂《宣和殿博古图》，而王俅、薛尚功、王顺伯等不乏名世之书。清乾隆中，命儒臣作《古鉴》，闳衍博大，奄有千古，微有不知折中之憾。自是厥后，名臣耆献，承流鬯风，鉴别考证，益精益备，其尤著者阮元、吴荣光、吴式芬、吴大澂、潘祖荫，诸氏率以根据典礼，流传古文，裨益经训为宗旨。吉金之学，至是号为极盛，然皆详于形式字画，而于辞旨鲜所发明。其能导扬文章之义，而跻之于典谟雅颂之列者，则概乎未有闻也。

夫六书之文，象形最古，画成其字，随体诘屈。及以施之钟鼎，或幻若龙蛇，或披若云锦星月鱼鸟之文，云雷凤虬之象，陆离流漫，灿烂奇谲，诎信疏密，千态异形，致乎中和，穷极技巧，往往为史籀所未载，苍雅所未书。前古文明之所托，往哲精神之所萃，胥在于是。不赖累叶递相发明，虽有生知之姿，岂能穷其奥蕴！三古之政教，经史之疑难，何由疏通而证明！邃古法物，相值于前，固后学者所宜究心也。如读《石鼓歌》《篆势赋》，能曲尽其妙。学问者，整百家之不齐，阐往圣之玄义，而开导无纪极之后世者也。是以仲尼删唐虞三代之文以定诸经；左邱明裁春秋数百年之载籍，以为内外传；孔子之徒，述圣人口授之传诣，以记言行，而王道备焉，人事洽焉；司马迁网罗轩辕以来放失旧闻，为志传百三十篇之史；老聃盱衡天人之际，古今之变，探根构空，为论道之书，抱一以式天下；许慎究先王制作之源，为小学祖；杜佑裒历代典章制度，经世大法，因革之要为《通典》；韩愈沈酣乎三代两汉，心存乎仁圣贤人，约群经子史之义法为词章。学问之道非一端，要皆不蹈故常，自辟蹊径，成一家之言，定万世之基者也。此段亦极浩瀚。故从容中道，则无往而不合；扞格悖道，则无适而不谬。光芒四射，蔚为名言。累代著述，浩如渊海，折中一是，必赖通儒。通儒之功之所以异人者无它焉，整齐要删，去其障盖，跨越百代，还之古初，斯真不朽之盛业已。

吾师北江先生著《吉金文录》，取商周吉金文字完美可读者，下止于秦之诏版，都四百几十篇。贯通诸家之说，精心厘定，而一一藻鉴其文，遂使二千年来沈沦埋没，视为玩好，奇诡不能尽通尽识之文，浸浸与家弦户诵、江河日月之《书》若《诗》同其光，而并悬于天壤。此岂非艺林之盛事，而为人所不及料者哉！扬子云云："典谟之篇，雅颂之声，不温纯深润，则不足以扬鸿烈而彰缉熙。"又曰："大味必淡，大音必希。"世之读斯编者，其亦有能与乎味淡音希、温纯深润之旨者乎？则吾乡者衷古之说，庶几证其不诬云。

培新与同门诸子集议刊行其书，承先生之命为之序。典雅名贵，最为难能。初评云：此题著笔甚难，文乃蹠实导源，发为典核闳畅之文，精采奕奕，是为识度文之极则，足以追配子政、子固而无惭矣。

后汉书评点跋 代

先君于光绪十八年圈点《后汉书》,既卒业,乃从事《晋书》。二十二年,《晋书》读毕,再读《后汉》。始记其事目及评语,右之所刊者是也。时目疾加剧,渐至不能作字。会吴挚甫先生以书来索,吾父复书曰:“目疾渐加,故止于《臧宫传》。”因倩及门诸子,录圈点起讫,及此评识未完之稿,寄保定就正于先生。嗣遂失明,竟不能续作矣。日月迁迈,忽忽且四十年。不孝无似,不克钻仰先业于万一,抱此断简残编于江河日下之今日,摧毁零落之祸,讵其可免,则先君往日整齐古籍之精神将焉付托,天下后世何所考求而概见焉?不孝之罪为何如也!因谨录先君集外文字若干篇,汇刊之曰《外集》。复汇钞《仪礼》《国语》《史记》《后汉书》《晋书》等评识及其圈点,刊之曰《诸书评点》。

盖先君生平于经史诸子皆尝致力,然未尝轻于下笔。尝谓姚氏、曾氏及张、吴两先生厘定发明,递相衍嬗,古籍已昭如日星,坦如周道,不须多所论列。间独取诸先生所未及,若及之而未尽者,欲一一表而出之。故于经则《仪礼》;于史则《后汉》《晋》《宋》;于《史记》独点定诸家未详各篇;于《国语》则仅为札记。尝欲遍观诸史,搜集其历朝大文,合古今名作,荟辑之曰《文编》,以补姚氏《类纂》、曾氏《杂钞》之所未备,使学者坐手是书,不务广外求,可历庭阶而窥堂奥。乃大业未竟,目疾遂作,笔于书者十一二焉,此学者之所共惜,不独不孝编辑之顷,惶然而流涕者矣。然后之览者,即此以窥见先君治学之精义,与夫津逮后学之苦心,举一隅而反之,不难昭然于古人著书之奥,则虽此残阙之编,亦固艺林鸿宝也。是有待于好学深思、心知其意者。民国二十一年六月。

记王德霖 癸酉

王德霖,初名霖。山东沂水人也。幼家贫,走辽东,斫木于吉林东山,与俄接壤。时俄人方东进,侵边势张甚。君侘傺无与诉,遂纠合同志，虏辱其豪贵，甚者抵死，俄人深患之，沿边莫不知有王霖者。

洎俄国共产政府成立，资产家多失势，内政亟亟不自保，外侵之势亦稍戢矣。君率所部投吉林督军孟恩远，授营长，更名德霖，驻延吉。陆云峰者，延吉营长也，结县令，假清赋升科，剥蚀垦民，咸怨惧不敢言。检察官杨溥得其隐，毅然检举，拘其要犯置诸法，云峰恚甚，必图害杨为快。事闻于君，君曰："民苦苛政久矣，未闻有为伸诉者。今得杨君持正义，我非夙契以道义言吾友也，敢向此豪强争。有否者，必惩之。"云峰气沮，此狱卒成。

君不苟言笑，廉而有勇，每战身先士卒，慷慨仗义，与士卒同饱暖，共危苦，故人咸用命，有缉捕无不获。沈阳之变，吉林亦沦为异域。委员诚允奉命移省府于宾县，各县望风依附，惟宾县之命是从。日人使伪长官熙洽檄所部攻之。君诣团长，慷慨语曰："吾闻日本侵吾三省，此行为杀敌乎？为助叛乎？若为杀敌，粉身碎骨不敢辞，不者请白诸士卒。"遂驰马军中，振臂呼曰："有欲自杀同胞为奴者去，其欲为国翦叛逆者从。"士卒翕然向风，电掣水归，从者万人。遂树抗日帜，陈军敦化、宁安，以阻日本修筑吉会路为帜志。吉会路者，日人目计心营数十年，欲以近吞满蒙，远制欧美。日本以暴力内犯已一年矣，而举世注目之吉会路未克告成，君之功也。

然而世运之变未知，所届乃犹或奔走伺候于仇敌之门，或含垢忍辱，甘罹素餐尸位之讥，求如君以一营长，不计成败利钝，躬履诸艰，鼓舞有众，以求其一心之所安，乃旷观当代，不可多觏。然则君真一世之人杰也，世有英豪义烈之士，倘亦闻风兴起也乎？

苏子瀛先生所著书序

甘陵苏子瀛先生，余之童子师。性孤介，不随流俗欣戚，虑远思深，夙夜罔怠，余既悚然知敬。

洎余来京入大学，先生亦弃讲席，负笈就学京师，因得朝夕过从。惟时先生学益邃，著述益宏富。尝读书破万卷，著《国光年表》《国耻年表》暨《割让地一览》《外人租借地一览》《国防要塞一览》诸书。余尝受而读之，且录副备印未果。嗣余与先生相继卒业，各奔走尘土谋衣食。余犹溷迹故都，碌碌无所表见。先生则从军转战千里，虽炮震肉飞，驰驱欻忽之际，未尝不以书自随，而搜讨著述不稍辍。余时从乡人之往来军中者，问先生起居，而音书稍稍疏矣。

邦家不造，东北事起，经年累月，悲痛呼号，而失地光复无望。先生于是又出所著《同治以来日人侵略中华年表》暨《抗日诗词歌曲集》二书，属为印行。培新义无可让，因用活字版付印，布诸斯世，俾世人儆然于已往之迹，有以惕厉奋发乎将来，庶吾民族之复兴，于是乎为先导，则先生勤苦著书之本旨，斯不负矣。

虽然国难以来，警世救国之书众矣，大都重责吾民，意若吾民无勇不悟，在在胥唤以醒者。即先生是编所列诗词歌曲数十章，其词质，其意显，其音希，亦不外乎觉民之意，非所以为当轴士大夫言也。嗟夫！书之未出，吾民果无勇不悟耶？书之既出，吾民之勇益厉、悟益深邪？盖胥视倡率而鼓舞之者何如耳。呜呼！悲夫！

李芷洲先生诗序

金匮廉南湖既取芷洲先生之诗印于沪上，余尝为文序其端。后十年，先生诗又数百首，将付剞劂，不以培新不文，再命为序。

往与南宫李君子建论天下豪杰。子建最服膺孙中山先生，谓其一往直前，百折不挠之气，足以鼓舞群伦，兴起异代。余谓子建："方今群雄棊处，暴戾恣睢，中山之德如风，军人之势如山，且风之非雨泽也明矣！古之为国者，重国治而民安；为国而乱之，夫孰与不为愈哉？"子建曰："子视列宁以共产主义缔造苏俄，所谓有志者事竟成矣！"未几，国民党以中山主义征服宇内，群雄瓦解，统于党治，民亦欣欣向化，国势且日以兴起，竟如子建之言。余始叹小人之智不及此。至于今日，版图破阙，盗贼兵燹，民如倒悬，要为天命不右，抑亦继武者谋之不臧，与中山本志无与也。

子建居东八年，三省沦陷，乞假入关。子建故以诗名，与芷洲唱和往复不休。一日语余曰："先生自强仕之年，泊然于世俗荣利，独终日咿唔为诗，十余年如一日。当今之世，能远世高蹈者几人？不刍狗文学者几人？高蹈而知学矣，能为诗者几人？为诗而专且勤者几人？然则如先生屏弃百事，专心一力，泛滥放歌，必欲与陆剑南、樊云门辈比其多焉，此其精神毅力，岂谨敕钝滞之才所敢望哉？"措语颇矜慎。余应之曰："吁！是犹是向者服膺中山先生之意也！吾毋多辩，独谓先生以诗自娱功为小，其以诗教传授徒友，虽衣冠之优孟，江汉之游女，皆受其赐，乌知夫不能以先生之道征服异论，复兴文教，覃敷乎宇内，震荡乎六合，一如中山主义自有告厥成功之一日哉？"今序先生之诗，吾无以易斯言，谨就与子建应答之词而书之。意态闳伟。

雄白诗序

人之度量相越，岂不远哉？才者幽默无枝辞；不才者嚣嚣多费言。才者一言动，不期然而中于道；不才者恣行骋办，泛滥而无归。才者自惜其才，尝专精于一；不才者驰骛多途，兼营并失。故君子之立身也，有所弃，有所就。因就其所就，而弃其所弃，不屑意焉则有之，未必终于自弃也。尧舜弃天下以成其让，而亦能为郅治之隆。仲尼弃爵禄以成其道，而亦能小试于鲁。文王弃天下以成其德，而肇有周八百载之宏基。老庄弃百事以成其无为，而能著幽渺放诞、千载不磨之论。韩退之不作马班屈宋之史若赋以成其文，偶为之则亦庶几乎马班屈宋之俦。杜甫不屑意为文以成其诗，而其文亦卓尔大雅，非恒人蹊径也。诸葛公以事功彪炳百代，曷尝以文事为重，而其文浩然崒然，亦岂后世所敢望哉？自古才者或以道学，或以事功，或以词章艺术，各有偏重，以成其名。而其谈笑游戏，弃置不讲，漫然不悉意之为，往往为不才者毕生之力刻意精心所不能到。此其度量等差之不同，乃至不可以常理论。有识者之所震惊，虽庄生达人亦难为齐一者也。

雄白先生早岁于舆地、兵法、机械、诗古文之学，无不为。既从先大父学为文章，乃尽弃所学，孜孜以马扬屈宋韩愈为归宿。所为文已行世，足以信今而传后矣。先生既殁廿余年，其弟果侯先生搜集先生蚤岁为诗，辑若干首为一卷，示培新，且属为序。嗟乎！此非先生弃置不屑意者乎？乌知夫豪情伟度，骏气孤怀，时流露于行间，已为呻吟占毕自负诗人者毕生所不能喻已！议新而文亦劲峭。

张君碑

张金海，字树珊，武强人。先曾大父四十年前所延司计者也。初挽车市布京津间。来吾家年甫及冠，曾大父器之，出入盈缩之事，一倚畀君，君措之裕如。洎后吾家生齿日繁，统男妇上下数十人，迭遭家难，而粗获温饱，繄维君条理之力。而君家昆仲三，各发皇事业，张大门闾。长金池梦生，别为余治它业。金池子敬曾、敬恒亦先后来相辅佐。子孙鼎盛，亦数十人，稍稍用儒业，入学校，游京师。武强、小范间富室，张氏亦其一焉。

君公私所营以大万计，财币流衍亘百千里，高掌远蹠，毫厘不爽。丰貌伟声，怒则发愤大骂，音震屋瓦。民国七八年间，贼千人大掠吾所居镇，虏乡望百余人以去。君只身入贼，抗与争论，贼百方恫喝，君卒不屈，安然奉吾父以出，远近叹君义勇为不可及，培新尤感不能忘也。君自负其才略，居恒倨侮傲慢，落落不轻下人，睥睨流辈，多不当一盼，知者皆翕服。富绅大贾，咸暱就君，自以为不逮。

既吾举家移京师，与君数载不相见。民国十九年庚午，君自郑家口来言事，始作信宿谈。君慨然曰：“世运愈下，乱未有已。殖田聚财，果何所用。吾近颇薄此，无意于人事矣。”余戏谓曰：“君信奇士，他日当为文，备著义行以风天下。”君称谢辞去。翌晨，闻正阳门车站有魁梧丈夫尸。其子敬方方肄业中国大学，闻之惊骇。往视，则君果以风疾骤卒，一昼夜矣。年四十九，仓卒含敛于某年日月，归葬武强某村祖茔之次。祖某。父某。配某氏。子二：长即敬方，中国大学法学士；次敬谦。孙几人。余以君伟才，所见当代贤豪，器识局度无与俪者。尝惜其小试，不能发愤大有为，今竟不获一施而遽逝也。悲夫！乃为铭曰：

古豪杰，宰天下。溯微时，起草野。智与仁，勇陶冶。亦若是，有为者。功不施，岂由我。茫茫天，理则叵。苗荫松，蒿柱厦。运使然，才则下。嗟如君，今所寡。卓百为，畴能假。风霆施，雨泽泻。云雾收，裒土堙。文有奇气。铭亦奇。

说 印

印信之制，肇始三代，与鼎钟彝器并重。其文字之体势，与鼎彝、甲骨，各具形貌，要为三代最古之书，初无所谓缪篆也。

考今存者，自官私钵外，多计钵。故《周礼》货贿用玺节，夫杜伪而昭信。远古人情，岂异后世？而说者乃谓，周室东迁，习俗漓，印信始作，岂其然乎？《左氏传》季武子取卞，使公冶问玺书，追而与之，以见争夺诛取，必先之以玺书。玺之重于春秋久矣！秦皇二玺，传丞相斯以刻符书为之。然其字诡奇独异，前此无有，要为印人之一变，不足以当正流。而世传秦印，其篆法则犹与三代多通，不似李斯各碑，与世所传小篆同也。两汉为吾国嬗化之枢机，文章、书法皆以大变。印文亦别具形貌，上之不似鼎彝古文，下之不类当时体势，殆班孟坚、许叔重所谓缪篆者是已。盖晚周为吾国文艺极盛之时。秦汉席其余烈，精进未艾。汉尤以六体书摹印章试学者。故秦汉之作多能与三代同符。论及制作，则周以前古钵，其文字奇创幻化，不可方物，多与印体相发，蔚然成章。秦犹不失精微，而篆法渐趋于一。汉后回变，独树一宗，以继往而开来。其为用日宏，其去今较近，其传世者亦独多。大氐官印多典重，私印多精美，封泥印多古奥，并足为后世法。迨及北魏，文章之体与书法又变矣，独印篆犹能绵古法于一线。盖魏以凿法为工，敻绝前代，视周秦无愧，此其特异者。

南北朝后，书益近楷，失篆隶。治印之道，亦如江河之日下。隋唐去古益远，狃于俗尚，丧乱迭更，陵谷之变迁已甚，隆古艺术多沈埋不可见。且隋享国既浅，因陋就简，士大夫未遑从容于风雅之途，篆刻似亦未成，风气流传，所见颇类出于俗工，不足置论。唐承天下三百余年，李阳冰以小篆名世，然体益平易，气益剽薄，于古法多所未窥。影响所及，篆刻亦同。或板滞而失气，或繁委而戾法，上不足继魏晋，而下开宋元靡弱之习，秦汉遗意荡然无余矣。

降及元明，吾邱衍首出，号工小篆，兼崇印学，著《古学编》，以三十五举综括靡遗，篆刻之书始见著录。而文彭、何震、周亮工等并以名家。然由唐宋到今，文章之事时或勇起直追，规模往古。独至篆刻，论之虽详，为之不至，较之复古，判若霄壤。此无它，古往不可见，后来不及知。绝续之交，所见者隘，所作亦不能远出乎时流也。

有清中叶，海内熙和，崇古尊儒，百维振奋，文章经术，亟返古初。篆刻因以亦盛，其体势亦渐趋于变。丁敬首倡，专宗汉印，号曰浙派。黄易、蒋仁、奚冈、董洵、陈鸿寿、陈豫钟、赵之琛、钱松原辈祖述之。邓琰则犹崇尚吾邱，然参用汉法，主变化，与丁黄辈稍异，亦不屑为文何，号曰皖派。巴慰祖、胡唐、包世臣、桂馥、吴熙载、黄士俊辈阐衍之。治印之学，至是恢而益闳。然因习晋唐以来故态也久，一时犹未大化也。

自是厥后历十百年，搜求所得古迹，出自水土者日益众。自三代鼎彝、古钵、战国小印、殷墟卜筮之甲骨、紫泥封识之钤余，下逮戈矛灯竟权量陶泉之属，粲然呈露，纷然杂陈。好古之士，争究其刻镂之精，文字之奇古，穹高奥衍，蕴为异趣，直使进接初祖，不复知有八代。于是赵之谦、吴俊卿相继以汉魏隽秀板重之气入印，卓然大雅，为时宗匠。而吴尤兼取猎碣琅琊封泥之雄浑变化，以沈雄之才，力拓郁勃之胸襟，视前人超绝矣。而吾师湘潭齐先生，亦崛起为当代大家。所造古高质朴，无所依傍。其倚斜奇纵之势，苍劲卓绝之姿，世谓多见秦权。然其深思大力，戛戛独造，要非秦权所能限，殆所谓变而后大之者乎？

嗟乎！艺业之兴衰，岂尽可以人力致哉？后贤逞臆以为风气，夐古法度，岂可终晦，要有显时，斯乃前人所不及料，而后生有为之才所当感奋兴起者也。

夫宋明以前，世人不知有古钵、封泥、龟甲之文也，而鼎彝亦鲜出。故印宗秦汉而去秦汉也盖远，咸拘牵于李斯、阳冰、吾邱小篆之工整，文何浙皖制作之拘泥，而不敢稍有违逸。于是篆刻渐入于靡弱繁缛巧丽之途，历二千年而莫之能变。其间学者或不屑为，为者或不知学，浸假以隶楷描画入印，印之道遂不可问。乌知夫自古圣王立物造事，政刑教令，下逮一人一家，货殖交互之间，罔不于是焉取信，其功用固与文书、制诰、律令、契券相辅而相衡，其体势蜕嬗于数千百年之间，亦罔不与世运之升降、文明之通塞相杀而相隆。世知重鼎钟彝器，不知鼎钟彝器之制，无所用于后世，徒供考古者凭吊观玩之资而已。而印信之用，与世推移，为人类所利赖者，至于今且日滋也。至其文字，在秦不蔽于李斯，在汉在魏不蔽于当时之体，屏障独立，法度不改。后有作者，非具卓绝之才，讵能拟似一二？非精通六书，源本金石，讵易无支离纰谬之诮邪？然则其维系古制，绵延古文，功亦伟矣。乃一切卤莽草率，听诸俗工技匠之为，不稍考究先王制作之本末，甄别其真伪纯驳，致使绝潢断潦，爝火萤光，炫骇耳目，曾不见江海之浩、日月之明。

呜呼！世变之极，干戈兵衅，而外无所用于世也。举圣哲经世大法、典章精义，犹且视同土苴，博文考古之盛业，其不同于雕虫刍狗者几希。吾独何能无慨然于大言欺世，以此为雕虫，为末技者，未免拘墟而自隘也！作者精于此道，故无皮相语。

辽阳马君墓碣铭　甲戌

君讳龙韬，字君策，辽阳马氏。吾友大兴令洛书龙图之介弟也。幼秉壮志，痛国势积弱，强邻恣横，侘傺无可与语。远习军旅于中央军官学校，培灌淬励，宵旰不遑，隐痛内伤。民国二十年九月，边患兴，东北三省相继沦陷。君亦病甚废学，来北平就医，临睨旧乡，中夜悲泣。明年六月廿五日竟卒，年廿三。余与洛书游处久，独未及一见君，既而睹君遗像，英气凛凛见眉宇。讵谓志不酬，学不立，而遽死也。伤哉！洛书以某年月日瘗君于西山之原，属为铭。铭曰：

海水上潮大厦侧，昏霾黯天白日昃。击天鹰隼铩羽翮，沈冤积愤天不白，后百千年康此宅。简峻。

沈母高夫人六十寿诗 并序

维年月日，为沈母高夫人六十设帨之辰。令子立孙总揽平绥路政，有声海内。硕彦之与君游者，为述行征文以庆。某等夙厚于君，扬厉硕休，义奚敢让。爰作歌诗以侑觞。其诗曰：

赫赫高宗，系出秀水。名门奕叶，福禄茂止。惟子辛公，名震遐迩。潜心著述，舆地元史。诸子荃荪，霜凌地委。是生夫人，钟爱若子。夫人之生，既慧既聪。髫龄受学，博览靡穷。

于归沈氏，年甫二十。被之僮僮，克尽妇职。于维沈氏，缵续清华。蝉嫣皋比，世德无涯。翁以名儒，主讲言馆。大江南北，云从风掩。川湘学子，千里来游。卜邻识面，王李相求。翁处淡然，一不屑意。捶琢贤子，物格知致。贤子伊何，欣伯其字。夫人与偕，我绂子佩。翁既谢世，夫亦远蹠。十载欧西，餍饫文化。博士受位，薄海扬名。夫人持家，以惕以惊。衰姑年迈，弱息伶俜。外内一身，更无壮丁。持筹握算，坐言起行。万古积恨，春草不生。电音陡落，彼苍无情。博士殉学，殒于孤城。一棺万里，青山哭声。惧姑弗胜，闭不忍发。笑语娱亲，三载及殁。予代子职，黾勉无阙。地下强魂，庶其可悦。绕室徬徨，睇盼儿女。篝灯课读，祁寒酷暑。子女蒸蒸，绳其祖武。忠信笃敬，言犹缕缕。子为国器，路政是主。筦材治工，戒毋苟取。众声大和，百废咸举。夫人曰俞，此不足数。高危满溢，明训自古。忧劳兴国，慎哉所处。夫人于学，强识博闻。国际形势，人天之伦。树型一家，立念在国。惟奋斯兴，惟昌恃德。周急馈乏，施衣赠药。遇人綦丰，自奉则约。

方今天下，放僻恣行。顾念国是，怵然心惊。妇不克家，士靡远识。奢糜偷惰，滔滔是亟。母仪不立，家教奚由。条蔓滋长，百川乱流。门庭芜荒，世路榛棘。汤武弗兴，百夫残贼。纲维解纽，盗起如毛。沈吟流血，民亦云劳。人伐人侮，邦家如燬。缅彼山河，有泪如泚。俊杰盈廷，不遑本务。国步日艰，职此之故。其告而长，而父而师。相与偕来，共瞻母仪。作善降祥，令仪永焕。山川曜纬，有光其灿。高秋气爽，菊酒盈樽。萃祯繁祉，康乐千春。气盛言宜，后幅尤为警湛。

许子长先生七十五寿序

某年月日，为沅陵许子长先生七十又五诞辰。长君孝炎将称庆于家。培新等夙与孝炎游者，佥谓孝炎以识时之俊，于国家开新造大之业，多所匡弼，其伟概皆由先生斫成之。今逢先生生日，宁得默无所献，以申景仰之忱。

培新间尝与孝炎谈讌，孝炎曰："家君幼时，于农于商，皆尝躬自为之。顾颖异过人，不假师傅督责。读诗书，明道理。入邑庠，食廪饩，贡成均。著书满家，从游之士盈门。冲淡正直，孝友笃实，接人应世，称物平施，罔以自累，罔以自弛。中岁事畜，恳勤教学者二十年，茹苦潜辛，不以自少。及儿辈能自立，叨窃名位，得奉甘旨之养，不以自多。其悠然自得之趣，独往独来之概，渊然岸然，人莫测也。"培新闻之，乃言曰："耆年长德者，国家之元气也。守先以待后，继往而开来，淑其身以淑其乡邦，涵蔚乎风化，腒育夫俊雄。似无为而实无不为，似无功而其隐功甚伟。较之建牙拥旄，张皇一世，职则民之父母，而悍然为寇雠盗贼所不为者，利害相去不可以道里计也！"

呜呼！不有老成，后生安仰？不图源本，国步奚趋？徒相与嚣然一世，狂走躁进，忘形丧心，不顾事理之是非，人情之安否，自谓天下事易为也，名位富贵易就也，曾不知吾民呻吟于泥涂之中，蹈九死而无与恝，国命濒危于风浪之下，历万劫而莫能复也。譬人之冻馁，不为布帛蔬菽之谋，而高言毛毳华衮、精奇美丽之观，山海珍肴、甘脆肥浓之味，其何及待？况更有挺矛剚刃，洞其胸腹者乎？吾国今日之势，大类于此。

孝炎主北平党政，有倡导人民之责。平居餍饫庭训者深，固知其不为浮嚣之务，而为源本之求。而先生暗修之德，既已范成令子出为世用，隐于几杖，模楷乡闾，化浇俗，醖醇风，更在于是。乡党朋友，无不乐为颂扬，祝其难老，为国家留此老成型典，冀稍返斯世轻易虚浮之弊于万一。培新等尤不得无一言以为斯世告也。爰列而论之，俾孝炎归以侑觞。文气浩瀚，词亦坚老。

陆军第十七军抗日阵亡将士碑记

国家近百年来，武尅不刚，外患怵迫。政府惩毖往故，更张百度，一意图强，遂欲抉幽解缚，跻国步于康衢，与列强比肩而立。东邻密迩，利害交错，机牙觝触，首尾衡决，万端抢攘，飞钳巧谍，务遏其萌。政府既弗挠弗屈，一往不顾。遂尔狼奔豕突，长驱直入，啮我土疆，猝构二十年九月十八日之变，陷我辽宁，攫我吉林，逾年继陷龙江、热河两省。政府权量彼己，盱衡外内大势，隐忍含宏，罔与轻角。顾以为不一惩艾，不足以维国防而定民志，爰有二十二年三月长城之战。而陆军第十七军实奉命与于斯役，其事迹尤为壮烈云。和议既成，其明年，军长徐君庭瑶拟磨石纪事，树碑于南京后湖，用昭忠烈而励后来，属某为之记。

徐君之言曰："今日之战，非昔者戈矛相见之时也。勇敢不足恃，险要不足守。飞潜倏变，雷电交施，往往山崩土裂，海沸川腾，大万生灵，须臾立尽。虽有誓日之志，贯虹之气，将安所施？吾国教练不熟，设备不具，譬犹徒手而搏强寇，此可为痛哭深恨者。然而胜败兵家之常，知所以胜之之由，乃胜而不矜；知所以败之之由，斯败而弗讳。故今兹之役，请毋述斩将搴旗之功，而独详授命裹创之烈，庶矢耻于既往，昭雪于方来，则斯役之所更尝庶几为不负矣！

我军奉命自蚌徐北来，时惟二月之末。三月进古北口，敌已薄我长城，遂与交绥。古北口山枯岩硬，上无荫蔽，下不能为堑防。敌以飞机蔽空而来，自上下击，万炮砰訇，铁飞山震，短兵猱搏，血肉狼藉，屡挫屡进，凡三昼夜。师长关麟征身先士卒，枪伤胫臂。团长王润波死焉，官兵伤亡达四千人。古北口既陷，退守南五里之南天门。右自潮河岸之黄土梁，左达长城之八道楼，战阵凡十余里。依天然地形穿凿沟隧，参差错杂如鱼鳞，首尾相援，左右策应，迷离恍惚，隐见出没，盖依世界最新工事为之，别遣数队游击其后，凡十余日，大小数十战，连战皆捷。由是敌谋我益亟，思坏我根氐而后快。密云石匣者，我大营所驻在也。敌用爆炸飞机数十，大肆抛炸，隆隆炎炎，地岌天动，所过闾里为墟，无辜人民死于难者，不可胜计。同日复用炮步骑兵合力进取，不惜以重弹齐发，日夜不绝。土轩日坠，陵倾谷圮。我深隧坚垒，因以大坏。更薰以毒烟，使相对不可见。以唐克钢车为先驱，飞弹四出如流星，横冲陷阵，以争尺寸。甚者如八道楼之役，敌以重炮数十门，掩兵猛扑。我二师十团以白刃御之，前覆后继，骈尸山积。敌不得势，则大队来援。至碉楼多中炮颓败，要隘尽失，不复能守。而四旅旅长郑洞国躬率所部，袒裼而前，陷阵肉搏者凡十次。敌亦番休迭进，蚁傅环攻。故八道楼再得再失，血流膏野。酣中之烈，回首有余痛也。

四月，第八十三师来援。敌来亦益众，分三队，挟炮四十门，作殊死战，时复高踞临下以谋我。战凡八昼夜，营长伤亡者三，兵士死者殆二千人。南天门终告不守，最后新开岭一带之战，空军肆虐一如平时，而重用甲车驱步骑五千人，以密集队夜袭我营垒。将士用命，诱入火网，歼敌二千。继以大炮七十门，增步骑二千人，先后迫我车头峪、上店子、笔架山。八十三师战凡十余日，团长魏巍负伤，团附汪典稼死之。全军伤亡逾其大半，渐不能支。

五月，第二师代起赓替，敌乘机自磨石山、香水峪大举进扰，冲至白河涧。次日，益以满蒙联军四千人，战车五十两，冀一鼓而下。众寡悬绝，我军大挫，阵地残破。炮兵四团九连之兵并及于难，无一生还者，炮亦俱毁。而是时，我石匣城已陷重围，鏖战久之，城垣为炮所毁。唐克车乘缺冲入，步骑随之。营长何斌中弹伤，士卒幸免无几，连日伤亡又四千人。

我军参战始三月十日，奉命调回迄五月十九，以血肉之躯，当新锐之器，咸能奋百死不顾一生，忍饥渴，浴刀火，以期歼丑虏而申大义。为时不满两月，忠勇壮士伤亡万余，而乾坤疮痍，山河未复。死者不瞑目，生者更将何以绸缪于未来。镌是丰碑，不禁百感攒胸，积愤摩天，陨涕不能仰也！”

某闻之曰：“呜呼！国军自抵排暴乱以来，六年于兹。贺耀组、方振武战于济南，蔡公时死焉；马占山、苏炳文战于龙江；丁超、李杜战于黑吉之交；王德霖战于吉林；蒋光鼐、蔡廷锴战于上海；翁照垣战于吴淞；汤玉麟、万福麟、孙殿英战于热河；长城之役，宋哲元战于喜峰口，商震战于冷口，缪澄流战于界岭口，王以哲、庞炳勋辈战于滦河左右，何柱国战于榆关，最后冯玉祥复战于察东。统南北数十战，动兵百万，伤亡不下数十万，求复尺寸之土而不可得，何其惨也。盖一代之治平，必涂炭无数生灵，纷乱数十百载，而后克致。时乎其治，一夫可以定邦；时乎其乱，千圣不足以弭祸。然而圣人有言，自侮自伐，斯人侮伐之。奋发图强，在于求己。徐君提数万之师，与勍敌相抗，勋劳功绩，昭在耳目。事定之后，第痛悼死事者之惨，与国家殄瘁之由。兹碑之立，固将以薪胆自期，以示毋忘在莒之意，以蕲效于来日，岂与夫铺陈功绩，表彰勋业者同日而论哉？”

余敬徐君之志，因备述所以，欲国人弗耀弗矜，惟实是务，惟本是求，咸以徐君之心为心，自厉而自克。即救败图强之道，不外是矣。又悯军兴以来死事者之众，更备列南北抗敌诸大端，庶国人儆然于是碑所举惨酷壮烈，足以怵目而惊心者，犹不过一军一隅之祸也。壮烈之概，词与气称。集中大文也。初评云：“沉痛壮烈，淋漓迈往，有轩天拔地之势。三复兴诵，良无间然。大体略仿曾公曾诸祠记，在古文中实为开天辟地之作。然仅仅戡平内乱之举，诚不足过于夸张。韩《元和圣德诗》亦同此弊。至《平淮西碑》则远胜矣。此文虽似曾，而光气淋漓则似反胜一筹者，以其事固不同也。”

陈仲骞所辑吕氏庄子义序

庄周嫉世混浊，不可以庄语，故为诡怪谬悠之词以自放。后之读者多以庸常之见测之，自不知其所谓，反以违圣叛道少之。注释繁尨，鲜揆其要。太史公称《庄子》多寓言，似深知庄子矣。然谓其诋訾孔子，务明老子之术，犹貌论也。

吾尝窃窥夫庄子之书，率诡谲奇愤，正言若反。凡极口诋訾圣人者，皆所以为圣人鸣其不平，恶后世之假名弃实害天下者，岂真以治天下之道，在纵舍盗贼、掊击圣人哉？为汪洋恣肆、不可方物之文，以寄其悲天悯人、愤世嫉俗之旨。而其挥斥古今之概，经纬天地之量，咸出之以诙谐偏宕、不著迹象之謦言。呜呼！扬子云待后世之子云，庄生独不期后世之复有周？此周之所以绝殊伦等，亘天地万世，放浪以自喜者也。夫古之作者皆独有千古，岂甘为前人之绪余？是庄生固不必务明老子之术，亦岂必即为吾儒圣人之说哉？道家援之以入道，儒家挐之以合儒，释家又引之以证释，千岐百出，淆乱是非，豪敓巧偷，莫知所可。夫正言痛其不入，乃反言以见意，旁引侧击以动听。群遂沈沦迷惑于其所反，以为其正不外是也。嗟乎！嗟乎！难乎其为庄生乎！

宋吕惠卿进著《庄子义论》者，谓其能窥见治世精义，为他家所不及。顾其说仅散见于宋褚伯秀、明焦竑诸家所采辑，而专书传世绝少。赣陈君仲骞治庄有年，自谓能契庄生深处，且唯乎吕氏之说。因攟摭所见，辑录成书，盖欲以彰吕氏者阐庄，以阐庄者救世。书成问序于余。余曰：“庄生为书，固不期后世之能有知者。吕氏之说近似矣，其真知庄子之精蕴矣乎？吾未敢断言也。彼善于此则有之。夫书之美恶固不同，而传不传要自有故。盖不独视其所为书，而著书者之为人，其性情嗜好，先后之相肸蠁，亦有在焉。吕氏之书即使能得庄子之意，然以吕氏之为人，其去庄生抑远矣。虽然吕氏之书沈晦久矣，今君乃奋其独见，以显微阐幽为事，欲出之九渊之中，重昭之于皦日，用心亦良苦矣。后之人感君之所为，必有欣然好之，一如君之于吕氏者。而君固不暇计也。”前幅论庄极精当。

晓林书屋印集序

曲阳王君月帆，与吾友定州王寿彭先生善。寿彭时为余道君异人也。盖君以篆刻之学世其家，旁及百技杂艺考工之术，凡生人所能事无不能。三十年来，游宦南北，刀笔书册，未尝少废。尤喜印石，能屈信造化，易变媸妍，长短嶙峋，骈罗几案。又擅武术，能炼气。譬之蛰开雷奋，阴阳错迕，雨云郁怒，电闪明灭，人神震骇，抑遏弗泄，体完神固，充然太和。余固心焉识之，以未获一见为恨。

一日，君持寿彭书过余，相视一笑。余始意君瑰玮奇特、丰貌伟干之壮夫，乃今知为须髯修美、礼让精炼之士也。距始闻寿彭称君，屈指几十年矣。因持示其尊翁炯堂先生所为《自怡轩印集》若干卷，且曰：“余兄弟并习此艺，为之亦有年矣，但恨不能绍先业于万一。今拟裒所作数百方，拓为《晓林书屋印集》，将继先人之后，公诸斯世，匄子一文为我序之。”余曰：“君为印，当以见示。”君曰：“请以意测。”余谓：“寿彭当今能文者，尤仆之所服膺。不先读其所为序，余序不敢妄作也。君亦靳弗与观。”

余观自怡轩谱，丹霞照耀，陆离光怪，鸿章伟制，甚富且多，殆所谓大家之风范也。君渊源家学，性能笃好，所作纵弗相示，安往而不见君者！既又闻君言寿彭所为序，已备论此事精义，及君家仍世以绝艺名天下者。仆不学，不复敢多言，但述与君相与耳若目者，如此意者。君既深于武术炼气之道，度必能摄取开阖云雷、挥斥风涛之致，以施夫羲皇开天、五丁凿山之技，行见乾端坤倪，轩然呈露于崩崖断石、晴雨阴风之会邪？盖非余之所敢知也。如题应付，有跌宕瑰玮之观。

洗心精舍存书目序 代

余家自山西洪洞迁居深泽六百余年，世守耕读。七世祖戆思公以性理之学有声岭南、畿甸间，所著书曰《廉关三书》《皇极经世解》《权衡一书》《正蒙初义》，蒙朝廷选入四库，士林称颂。祖榕泉公远绍家学，笃遵程朱，所为书曰《四书经正录》《服膺集四录前编后编》《陆子全书摘钞》，藏弆在家，多未刊刻。父筱泉公袭累叶之懿美，益孳精典籍，卓为一代名儒，著《论语经正录》行于世。

初，吾祖与诸祖析居，所得书籍越不过千卷。洎先父潜心著述，搜罗购求不遗余力，日渐月累，为数滋多。先祖旧有洗心精舍，先父遂承之，辟为藏书之馆。且曰："购书为便读也，非直收藏而已。宋元珍本价恒千百，吾力有所不逮。量吾之力多有所聚，子孙获益良多。"更尝诏子弟曰："余所购书，皆读书人不可须臾缺者，子孙世守勿失，则祖业不坠。"

自胜清光绪十九年，先父弃养，国家愈益多故。鼎革之后，世变纷乘。新说聿兴，旧学都废。孙曾多负笈京津，从事于所谓科学者，圣贤坟典视同糟粕，莫或考究。内忧外患，更番覆继，流离颠沛，岁不遑宁，于是洗心精舍诸书，求如石鼓，自闲于百变之间，为鬼神所护守，盖不可得。洎变端日逼，波及吾县，洗心精舍一变而为万灶貔貅之所，残毁盗卖之端见矣。

余居北平，闻而惄焉伤怀，以为累世之泽不应自我而斩，乃遂谋之国立北平图书馆。馆长袁君守和将尽所有移庋馆中，既获保存，又与世人同其用焉。某年月日，由图书馆派员检点。于某月日移运来平，凡千种，都十万卷。经兵燹而残失者十一，多孤行善本，欲追返而不得矣。

嗟乎！邦家如毁，土地人民且不自保，遑论此区区故籍之存亡。世运迁流，靡知所届，第姑与掇拾补苴，苟为一时之计焉耳。余以皓首老夫，日后之谋，要非余之所能及。兹将遗失书目一卷亦附于存书目之后，并识数语于简端，聊以志吾慨焉。民国二十三年王孝箴，时年七十。

口北六县调查记序

《口北六县调查记》，清苑杨溥泊庐所著。六县者，张北、多伦、沽源、宝昌、康保、商都是也。泊庐以良能出宰边省有年，多循迹。东北沦陷，弃职入关，再被命考察口北吏治。泊庐以为以尝亲民之官，考求治民之事，烛照吏弊，宣呈民瘼，登崇俊良，拔去凶慝，树建国之基，跻昌明之域，庶几于是乎在。故不殚劳瘁，著书富十万言，冀当轴于弛张黜陟，有所凭依。因事度时，以斟酌乎至当。忠诚谋国，为民请命，固不必居高明之地，秉回钧之力，而后然也。君子处世，其施为举措自有本源，虑不同乎流俗，惟是寇氛日炽，浸假及于中原，人民走死，流离焚溺，不知纪极。微独泊庐龙江治迹不可复问，即口北临莅之乡，其为虎狼吞噬蹂践者已甚矣。其在者危如累卵，不保旦夕。夫国且不国，吏治之理奚由绝吭抉腹之不暇，遑从容为发肤容貌之饰邪？扬子云云："世乱则圣哲驰骛而不足。"吾益叹泊庐之书虽美富，其不为师金视同已陈刍狗者几希矣。二篇沈痛激烈，皆特出之文。

李宗晏先生墓碑

有清末叶，桐城吴挚甫先生以硕学闳儒作牧冀州，时先大父松坡公实主书院讲席，通州范公肯堂亦来与课士，并以三古圣哲鸿文奥学，诏示后进。士林向慕，才隽蔚出。而南宫李刚己先生崛起其间，才气横出，冠绝等伦，三公叹为晚近所稀有也。起势闳远。

培新幼承庭训，向往不及一接。少长，读先生诗，又与嗣君葆光子建同受业北江先生门，游好日密，因识李氏世德渐详，而刚己先生考宗晏先生，尤以义侠为一方所仰赖云。

先生讳永敬，字宗晏。邑增生。世居南宫之孙村。祖讳盛山，妣李氏。考讳怀芳，妣张氏、王氏。家素贫，性纯笃孝友。臞身修髯，目有奇采。治家以公，门内怡怡秩秩。处世尚忠义，远近悦服。南村一刹有僧挟徒党，结县役为淫凶，父老莫之谁何。先生呼骑众驰数十里，捽僧屏刹外，遂辟为义塾，乡里称快。家故有阛阓，先生常独处。一夕，家人察不见。翌日，始知为邻村解纷去矣。邻村某困于税吏，午夜求救，先生往见吏，诘以法章故事，吏辞穷无状，然固不肯屈。先生怒，拂袖出，率壮士持马挝，直造欲扑之。吏自知罪，匿不敢较，事遂寝。其好义任侠多类此。聪敏劬学，中岁以后，课徒于乡，识解绝高，无腐儒之见。晚益好道，日手一编，坐书斋，不欲预外事。然乡里争讼，每跪门强先生一言，不能却也。人或以是多先生，先生叹曰："此岂丈夫所为？当谋所以苏四海，而永千秋者。吾子既得天下大师，庶偿吾平生未竟之志乎？"

光绪几年庚子四月某日，疾卒于家，年六十有七。葬村东北之阡，以夫人梁氏、王氏祔焉。子三人：刚己，光绪甲午进士，山西代州、灵邱、繁峙、五台、静乐、大同知县；修己；正己。孙葆光，入民国为名法官于京师、吉林、滨江，世其家学，有能诗声。皆可谓副先生之所期矣。

南宫为古赵地，南接邯郸，北走滹沱，东毗齐鲁旧壤，西有太行之险。士生其间，览山川之壮，悲歌慷慨，情发乎衷，建立殊勋，照耀简册，往往不绝。若乃抱奇负异，不能抗勋名于千古；局促琐屑，以施为于一隅，亦可哀矣！而占毕之士，犹或非之，庸讵知扶危拯难，群获实惠，固在此不在彼。呜呼！此宗晏先生之论，培新述之以讯来者，亦见其闳识深慨，出乎流俗者远也。往复屈折，自创新调。先生卒后三十几年，子建以状属为铭。铭曰：

圣哲文章天缄机，得天匪笃莫与斯。宅仁舆义勇有为，郁精腒秀保世滋。子孙文行千秋垂，远施闳揽弥公期。敦淳崇朴固不夷，苞华韬采康洪基。永公之泽无斩时，阐前劝后兴铭诗。壮伟闳硕，声实并茂。

先大父点定仪礼跋

先大父生平于《仪礼》一经致力最勤，匪独于其文而已。凡宫室、衣服、器物之制，登降、揖让、进退之节，皆尝博考而躬习之，冥会乎圣人制礼之精，而深契乎三代文章之盛。尝谓读其书，神游其时，爱敬哀乐，怦然动中，不能自已。盖得之深，而好之笃也。韩退之尝苦《仪礼》难读，独取其奇词奥旨著于篇，又以不得揖让进退于其间为恨。先大父则手写口诵，丹黄灿然，阐幽钩玄，章疏句栉，必使千古难读之书，一若庭阶菽帛之了然而易识，晰然而无疑。其整齐发明之功，度非退之奇辞奥旨所能限。至若躬习其仪，动乎性情，发乎容色，不待勉强而中乎其节，俨然置身三代之盛，文王、周公、孔子之间，更焉有不及其时、不与其盛之叹乎？

先王之礼所以范围群伦，使不旁溢横恣者也。故世愈治，礼愈明；世愈乱，礼愈废。退之所谓考于今无所用之者，特就出入之末节言之耳。而礼之精义明效，千古以来未或泯也。故一朝有一朝之礼，一代有一代之制。若夫仓皇建国，百度周章，前古之礼仪法度，既摧毁破灭，荡然无复留遗，匪独饮射之义弃置弗问，即若昏丧大节，徬徨于二三十载之间，犹漫然无所依据。譬覆斗水于坳堂之上，有不横溢四出者乎？此晚近之所以愈乱也。然则阐明是经，以诏来者，亦救世之一端已。

先大父旧有钞选本，其书后一篇，于是经精微阐发备至，谨刻卷首。小子不敏，于先人为学之苦心，圣哲制礼之精义，未见万一。校录既竟，勉即管窥，敬跋于后。甲戌中秋，孙培新谨识。淳意高文，有功世教。初评云："用意谨饬，中段语重心长，精光四溢，据一篇之胜。"

程君碑　乙亥

先大父松坡公当有清末造，覃思文学，启迪后进，学者奉为大师。生平持论闳通，不尚矫激。尝谓："人之贫富，其始均也。勤俭则裕，奢惰则竭。论之不中，至欲挹注而均之，不知适养惰而役勤矣。儒生不习治事，苟于自恕，动以穷困为高，于公于私，皆无当焉。”其言如此，故教授四方，生事繁重，劝勤厉俭，使无涸竭，条而理之，日进有程，任人而一不问焉。其在故城，则张树珊金海；其在武强，则程巨亨宝桢，并为瑰玮杰出之才，为公所倚畀云。

君讳宝桢，字巨亨，河北交河县人。商于武强小范者四十年。小范为东乡巨镇，又当滏水要冲，市肆繁盛。君为商会会长，事无巨细，秉公为之，不避劳怨。民国六年，武邑夹河村漳河决口，东浸交河富镇，迤逦而下，至于青沧，延袤数百里，田禾尽没。君集绅商有力者，输金堵筑。入秋播麦，明年大丰。十四年，内战起，过境军勒索不遂，挟供应人以俱去。君只身驰数里，谒其长官，以理折之，不费而事以解。县人感君惠，匾旌其门。秉性爽直，严正不苟，目光灼灼如电，议论风生，豪绅猾吏咸逊避，莫敢当其锋。视公若私，蚤夜罔怠，矻立不倚，远近利赖，劳瘁竟卒。

而是时，萑苻四起，地方愈益多故，商业凋敝，闾阎骚然。君所营业，历数十年常赢，虽迭经巨变不败，至是竟不可复支。而市廛纷扰，群情徬徨，难阻万端，莫可爬梳。当君生时，众以君守严持正，遇事独断，不毫发假借，往往怀其私而嫉之。洎今临难，求如君担荷而挥斥之者，不可复有。于是群咨众叹，痛君之既逝。昔之嫉之者，乃悔恨以为识弗逮也。

呜呼！负殊众之才，事机理繁，迎刃而解，谁复肯曲徇悠悠之口者，自古功德被乎来祀，往往不见谅于当时。而庸鄙猥琐之徒，处常席顺阴，受庇赖而不自知，反奋其鄙陋之心，争欲为蚍蜉之撼。洎时移势变，蝇扰狐疑，无所措手，始恍然于前贤之固未我欺，欲起之于九原而不可得矣，此可为太息者也。

君卒以某年月日，年六十八。既葬武强，合县人为树石墓道，彰君功绩。妻某氏。子启晋；启泰，北京大学法学士、陆军军法官；启升。孙福逵、永逵。兄宝均，清举人，历宰阳武、内黄、中牟等县，能文学，有惠政，与君俱以孝友称乡里。治事才与君相亚云。启泰泣涕请铭，越三载乃铭君。铭曰：

得人则兴，家国一体。展其才猷，以淑乡邦，以赡彼己。铭告后人，是忠义士。学韩公《柳子厚志》。

沅陵邓君碑

君讳文煇，字湛桃。湖南沅陵人。兄弟三人，君最幼。性警敏豪放，喜酒，工辞章。尝为诗咏项籍，其声慷慨激烈，师友惊为异才。年十七，肄业辰郡中学。会京师各学校激于义愤，排斥外货，风且弥漫全国。君与同学组检查队，首至其家所设布肆，出所存日货值五千金毁之，全市商人咸感动，自检焚弃，辰城日货以绝，是为君发轫之始。

民国十年，来京师，入国立北京大学。睹同学青年多醉心泰西学说，置民情国势于不顾，喟然叹曰："吾国外受列强之侵陵，内受武夫之剥蚀，民穷财尽，国势日蹙，谁居折中乎一是，不为操切一偏之见，鼓舞群伦，共挽此垂危之国运乎？"十三年，孙中山先生重建国民党，遍设支部，广纳志士。君奋起曰："吾报国之路在是矣！"率先入党，奔走劝喻，不遑寝息。青年志士，恍然改图，来归者不可胜计。于是国民党之在北京势力渐隆，而君声誉亦渐著矣。十四年春，北京支部改为特别市党部，君膺选为执行委员兼青年部长。未几，沪上工人肇五月卅日之难，君率同志组后援会，以激发市民。十五年春，国民军战直鲁联军于京津之交，日舰云集大沽，威胁国军。三月十八日，君承北京政治分会之命，召开市民大会于天安门，对外示抗。遂率众请愿于临时执政府，卫队枪击群众，君执旗立队前，弹中帽，仆地获免。秋，国民革命军誓师北伐，中央党部召各省市暨海外党部会于广州，商北伐大计。君代表北京出席，过沪参与全国学生总会，被举为执行委员，声闻益盛。岁暮返京，复兼市党部常务委员。时北伐军已破长沙，下武汉，进窥金陵。北方各党部亦益厉，亟图策应。君以在党位崇责重，久为当局所侦，竟于十六年四月六日被逮，廿八日就义死焉。

配曰黄玄，读书知大义。闻君死，殉于家。呜呼！烈矣。君无子，以犹子海源为嗣。

越七年，昔日与君同患难者以国民党奠定宇内既久既宁，而君窀穸未安，何以慰英灵，而劝同列爰请诸政府营幽宅于西山之原，述行征文，举行公葬。当国诸公，自主席以下，咸列名焉，亦可谓哀荣已。事已，公推培新文其墓碑。乃为铭曰：

力洞九幽，欲昭三光。苔浸土蚀，遽尔摧芒。时迫势危，岂能由己。匪懦匪顽，云孰不死。一死奚恋，生乃独难。水淫风挠，卓立维艰。方驾而税，表里完好。视朽而榲，孰多孰少。飙立波腾，万士轻生。鸱吓腐鼠，厉爪而争。百代茫茫，同为一殉。曷损曷益，伊谁之问。善不必福，自古而然。有施无受，君何愧焉。举目颓波，彼生奚救。汗颜血指，终焉在疚。淬义厉烈，刑于室家。湘兰芳洁，传之靡涯。千人临穴，西山之垧。铭奠幽墟，万世之宁。

乐陵宋氏谱序　代

宋君明轩续修其族谱。既蒇事，走书属某为之序。且曰："吾宋氏原自河南商邱分支，其远盖出于微子。明以前阙不可考。其后占籍直隶静海。一世祖讳宣，始迁山东乐陵。四世祖讳应麟，官山西忻州学正，以至孝闻于时，事迹载在邑乘。至六世祖讳槃，始以万历间进士名著东林，官至司马，立朝有抗直之节，临民有威惠之政。亮节清风，照耀史册。吾宋氏自是始大尔。后世德相承，蝉嫣罔替，虽不大显，而袭美腼烈，代有潜光。清康熙间创修族谱，迨道光、同治、光绪三朝以迄民国初元，赓续增修不绝，然而条叶扶疏，蒸蒸日盛，屈指二十年间，子孙蕃衍已非旧谱所能概。哲元仰览前修，俯念来祀，思慕之余，深知敬惧。爰本教孝劝忠之念，为敬宗收族之谋，纠合族人，复加增订，诚慎将事，幸获观成。凡在达尊，愿闻桀训，是以来请。"

某闻之曰："大哉！明轩之所为也。所谓慎终追远，民德归厚，始于齐家，而后治国者。繇古以来，理不易也。明轩席累叶之懿美，起躬节钺，捍邦御侮，功在国家。开府边陲，弥彰丕绩。世人莫不称叹，而弗识其所以致之之由，不知皆本原仁孝有以豫成之也。夫扩其教孝劝忠之道以治民，充其敬宗收族之心以报国，国安有不蒙其利，而民安有不被其泽者哉？然而运会升降如海潮起伏于风涛之中，有非人力所能骤挽者。今外侮之来，方若建瓴之下注，而以察边为尤亟。明轩绸缪揹柱其间，所隐忍以全国土堤防，以救族类者，亦已劳矣。乃能不震以惊，从容为一姓谱牒之修纂，其包孕之量为何如？是则不独明轩之名业，方将与国而无极，其族胤益兴而未艾。国所倚为柱石，民所仰为父母，皆将于是乎启其端。明轩推大其绪不难，终竟厥功，与后昆交勉互厉，毋忝前光，斯不负勤勤补辑之盛事矣！”规模甚弘。

地方政治学校题名录序　代

某来北方主持政务。再逾年，感于谋治之道，安民为大，而所由之路，莫亟于亲民之官，爰有地方政治学校之设。意欲使与诸学子磨厉学业，陶淑身心，治事临民，与以可循之途轨，地方行政可望休明，而国家大政庶能以次兴举。成立以来，倏已三月，诸子行且别去，共谋所以永同堂之谊，供声气之求者，于是编列名籍为录，乞余言弁其端。

古不云乎，居则曰：“不吾知也。如或知尔，则何以哉？”又曰：“仕而优则学，学而优则仕。”士君子蹈道问学，抱济世之略，不幸而不遇于时，抑郁终身，不得展所夙蓄，其事固可悲。然而才猷学识不称其禄位，素餐尸位不克尽其所职，不克副人所期，顾亦不可胜数。此君子之所羞，抑亦国之不幸也。晚近以来，道敝纲弛，儒风日堕。为学者拘墟无治世之才，为宦者不屑屑为占毕之学。于是古圣贤为学经世之精义浸失，而不学无术之夫猎取名器，往往有蔑轨绝驰之虑，不知吾学所以用世治事，所以益吾学之不足，相得则益彰，相离则两伤。

今诸君学满，即将临民，不可谓怀才不遇。今兹琢磨切磋，先利其器，不可谓不学无所。以至于学之优与弗优，服官治民之愧与弗愧，则胥视诸子心得如何，力行如何，旁人盖无由豫知之。抑将来仕优之后，遂弃吾故有不顾邪？将益勇猛精进，以闳吾量之图邪？唯诸子三思而自勉之！

澹斋遗诗序

齐君望愚以其家澹斋先生诗稿见示，属为序。置经年矣。培新不文，于诗虽好之，顾沈酣于古人者尤浅。即能偶识一二，秉笔为之，乃不逮古人万一。汩没尘埃，深自悔恨。间有以此见推，则惶汗而莫知所从。况于先辈遗著，非经手自编定，欲于残缺错乱中求作者志意之所存，而为之厘定短长，不亦难哉？虽然文之至者，必有当于人心之公。是以诸子百家之作，其名篇伟制脍炙人口，入于目而可办远近高下无异词，如日月之光、金玉之辉，初无隐微难识之境。故天下人皆知其美而莫能穷其蕴，窥其概而无由睹其全。不然者空其中而矫饰于外，虽有圣智将焉裁之，要亦不足深究也。

先生生于桐城文学之邦，承明给谏蓉川之绪，与大儒吴挚甫太夫子相游处，耳目所濡渐，气类所浸灌，咸有出乎常人之外者。故其诗气雄岸而思壮伟，殆所谓窥其美，概莫穷其蕴者乎？曩以试帖格律取士，士之能脱然自轶，必规模乎古贤以自安者，盖已鲜矣。况今日文衰道弊，古作者之风格法度，浸微浸息。先生毕一生心力，所作又散亡坠失之余，岂可听其终零落而不存乎？此望愚所以勤勤搜集，殷然欲昭之于曒日者也。培新于展诵之余，追想昔贤相与之风流，不禁悠然而神往焉。

景云瓦室丛稿序

菏泽邓君少云以所著《景云瓦屋丛稿》属为序。盖君尝以文学受知江叔瀣、丁佛言二君，于二君之学颇能兼擅。叔瀣以老宿负文望，佛言则于金石小学擘之独精。君遨游幽燕代朔间，出入于达人学士之门，不斤斤与世俗竞长短，顾亦不为二君所囿。编中诸作间近六朝，而考证之文独多。凡一言一物，不惜穷究根柢，旁通博采，以观其汇通。盖欲藉名物事为之末，考求隆古制度而窥见其精神，其志亦良苦矣！

吾独谓当今急务，博古尤贵乎通今。世运突飞，万端孟晋。吾儒之学所以致用，非直为博物自娱而已。古不博则无以穷其奥突，今不通则无以尽其权变，必也兼容并包，约收甄取，折中一是，因时致宜，方足应事物之繁赜，与未来相搏变，不愧为通天地人之儒。不然者，殆不足为学。凡泥古以薄今，摭今以蔑古，皆拘墟未化之见也。

少云年力方富，所造已奥博如是。傥姑舍其所已经，而求其所未涉者，舍其已陈之迹，求夫日用之需，弃其繁冗，挈其纲要，睪然以古昔先哲学以济世之志为依归，则未来之名业正未可量。余与少云交厚，故不进以谀词，而直抒所见如此。吾知少云非遁世寂寞，尝有志于斯世者。闻吾言，当必欣然而首肯邪！

符海珊先生墓碑

先生讳云清，字海珊，姓符氏。广东文昌县人。世业农，自先生考震三公，始习儒业。先生颖异好学，以匮于资，不克竟其学，而教授乡里终其身。尝以谓造士为兴国之基，而卓绝坚苦，克底于成，恒出于寒士。遂与乡父老集议，用醵金法助贫子弟膏火，士林赖之。又创办乡学，以闳造就。粤处南陲滨海，为开国以来武功发轫之地，豪杰之士盘错其间，戈鋋所指，往往为世轻重。然二三十年，兵匪之祸起覆不常，民朝夕不相保，未尝尽如所期。不徒百粤，领域所包莫不如是。先生以谓教育树根本远大之图，而不足维治安于一旦。于是创办团练，闾阎赖以无扰。乡人感先生德，乃以资助其子绶玺来北京入大学，授学士位，布教故都，闳先生未竟之志，亦于以见先生惠人深而有是报也。

民国廿三年十月卒,年六十五。配某氏,先先生二年卒,年六十三。子二:绶森、绶玺。绶玺辱交于余,述行请为墓碑,遂为之铭。铭曰:

陼海而南,曰琼州岛。惊涛飓风,激荡穹昊。文昌于岛,又处绝滨。西望安南,东泛无垠。海风浩浩,岭石巉巉。挺然杰出,远蹠高瞻。郁起云雷,披靡九有。亦有穷儒,露施株守。孰者为惠,庇赖斯民。先正不作,陵夷到今。半壁已隳,高言犹炽。公惠几何,铭讯后世。题甚空虚,而义蕴闳富。铭亦有瑰奇之致。

题王弼臣卷

王生芝籛持示此卷曰:"高阳王弼臣先生法良之所作,吾友刘君匄题一言。弼臣生当清季,屡试不第,辄闭户肄习八法,虽祁寒酷暑不少间。尤服膺颜鲁公书,临争座帖多至千过,此卷亦其一也。会宫庭修太和门,求榜书善者。李文正公鸿藻荐之于朝,命试书门额,果朴厚可喜,遂以盐运副使用,由是书名大噪。顾墨迹流传未广,身后之名亦未大著。即此卷完好如新,已为不可多得,刘君得之甚自喜也。"

余展览既竟,叹曰:"甚哉一艺之难!以先生毕一生力,专心致志于鲁公之书,名动紫宸,声溢遐迩。后生仰慕若不可及,可谓盛矣!然较之鲁公则相去犹远。其筋骨神韵不必求之于微,有目者类能办之。凡一艺之成,必有丰功骏烈、盛德高文附丽乎其间,否则其蕴蓄也易尽,人探索而玩味之也亦易究。附丽尤富者,艺尤高,名尤显焉。故古之君子磨厉道学,其意量所寄,必以经国治世为要归。次亦陶淑彼己,期共入乎圣贤之域。至于书画微艺,乃出之绪余游戏。而或至或不至,或工或不工,初不屑计较其名,则往往随道德功业以俱传,此亦其势然也。名论不刊。证之颜公,固信然矣。然则先生之书功力之至否,亦有不必深论者欤!吾独怪今之君子,曾德业之不修,并一艺之未善,辄号召一世,凌厉自尊,卒于寸心得失何裨?于千秋不朽者又何裨？抑亦韩退之氏所谓内不足者急于人知者耶？”

余悲近世君子之好为哗众猎名，而慨颜欧诸公之不可复作也，遂书以归之。论精而文亦蔚厚。

民生诗选序

管君雪斋著《民生诗选》上下卷，走书附体例来问序。自汉以来至于今，凡学人咏歌之有关生民之计者皆录之。分别部居，厥类惟十；曰水患，曰旱荒，曰虫害，曰疠疫，四者天祸，属于上卷者也；曰乱离，曰兵役，曰差供，曰赋税，曰活计，曰拯恤，六者人事，属于下卷者也。都四百几十首。其难以类从者，复为别集归之。

自古经国大业，莫亟于民生。士君子淑身学道，亦莫不以是为归宿。即以诗论，退之曰："愁思之声要眇，穷苦之言易好。"斯其故何哉？亦以遭际艰屯，所感愤者深，所体验者切。穷极事理，深中人情。歌讴之发，甚于痛哭。百世之下，想见其概，犹能兴起，所以贵也。推阐曲当，前人所未言。后之学者不务乎此，徒以雕缋华藻为工，吟弄风月为乐，国家休戚，民生疾苦，邈然若弗相关，侈然自恣，颓然自放，此与娼优杂技之娱悦耳目者何异？文以载道之谓何哉？兴观群怨之旨之谓何哉？文敝道衰，世运递降，由来旧矣。管君独持斯旨昭示于今日，可谓识时。其沈伦乎纷华绮丽之场，荒亡而不知返者，能手是编以为药石之言乎？是所厚望而不敢骤几者矣！

任人概要序

豪杰之士，勋烈震烁史册，类多有天赋之才，殊众之略。然而世事万端相缪，非一人所能尽，必闳揽俊乂为之股肱耳目，匡其所未逮，而补其所未周，相得益彰，庶乎有济。而所谓俊乂者，或甘为所用，蹈九死而无怨，或室迩人远，日接膝而不相知。岂愚智之殊若此之甚乎？亦曰意气相感，有不自知其所以然者也。

古今遭际，以尧舜为极。则尧之让舜，其所以陶冶而斫成之者至矣。让之即所以用之。故身名享，而天下服。舜之用人，量才授事，咸得其所，故股肱备而垂拱治。诸葛公以高文睿智，高蹈南阳，岂复有几微富贵之见存？而尽瘁鞠躬，驰驱以死者，是蜀先主之善用之也。智伯以国士遇豫让，豫让为之漆身吞炭以报知己，亦其最善用人者也。汤武伐放，民之望之如云霓，咸以后我为怨，八百诸侯不期而会，此尤善用人之大者。用一人，用千万人，无异也。独是弛张取与之间，风度意量之外，毫厘千里，犹有机焉。则古今豪杰，不必尽同，亦匪可貌为而强袭。盖别有不可传之精神，浮寄虚悬，遥承递嬗于千圣万杰之间，非寻常人所得与。然则沈君是书虽美备，亦第传其所可传者而已。轮扁糟粕之喻，亦千古所同慨也夫！

宋母沈太夫人七十寿序　代

夫俶诡奇特之操，往往不协于中道。而世俗绝重之。至若安常处顺，蹈礼循法，由一身家之独善，泽及无外。由数十载之迍邅渐臻大宁，斯其功系于家国人生者尤巨，而能知之者卒鲜。唯有道之君子识其可贵，往往称说。刘范尚已，曾文正公曰："女子处艰难迫隘之境，能曲尽日用饮食之当，然与神圣之肩荷世运，不啻异地而同轨。"又曰："遏而蔽之，敛焉而弥光。"夫潜德幽光郁于中，不能不发。郁之愈久，其发之也亦愈闳。人第见英杰豪俊，鸿功骏烈，照灼遐迩，遂相与敛手咋舌，不究其所以致之之由。此君子所宜导扬，而以诏夫当世者也。

宋母沈太夫人为吾友明轩上将之母，膏沐诗书，蚤擅闺誉。及归太公湘及先生，巾栉井臼，必勤必备。厥后翁姑薄游于外，太公亦旅食四方。明轩兄弟依太夫人以居。明轩最长，亦甫四岁耳。群婴呱呱，生计濒绝。太夫人则饼饵针线，载哺载幼，不以为苦。迨甲午之役，国家新挫于兵，民习苟偷，咸视军旅为畏途。太夫人独谓荷戈卫国，男儿之责。邦国乂宁，身家乌足虑者。遂使明轩从戎，且以毋辱先人为诫。盖明轩为有明司马公槃后裔，司马公立朝有謇谔大节，名迹载之史册者也。明轩近承慈训，远绍前光，奋厉惕惊，遂为名将。

旋以功授热河都统，晋擢陕西省政府主席。时复出关助战，戡定中原。时太公已捐馆舍，太夫人犹时时谆谆训诲，言不及私，惟勉以治军知耻、治民知方之义。明轩用能所至，与民休息，法立而政成。至前岁抗敌长城，将士陶铸乎知耻之教，弥昭壮烈，隐挽颓风。然而强弱悬殊，穷极艰险。顾太夫人坦然置之，以为国家缓急，责无旁贷，而殷然望之。每闻捷报，辄为加餐。嗟夫！太夫人孅行名教既洽于人心，而闳识远猷复比于贤哲，可谓懿德也已。

今年某月日为太夫人七十设帨之辰，时明轩移主察政已三载。于是群相集议，奉觞为太夫人寿。某既与明轩交厚，又扶持提挈，共济艰虞，以为明轩矻立边圉，声施益楙，来日大难，利赖尤多。凡此胥由太夫人预成之，则太夫人康强逢吉，非独宋氏一家之私庆也。抑某犹有进者。太夫人今年七秩，神明贞固，犹若曩时。更越二三十年，明轩丕承慈训，益扩勋威，载迓休祥，光腾四裔。翦蟊螟于根蒂，辟榛莽为平原。海不扬波，神州清晏。当是时也，更得偕诸君子为太夫人耄耋期颐之寿，某更将秉笔大书，被之诗歌，播之弦管，镂之简册。以今兹之所陈者，皆区区不足道也！雄峻茂美。

萧太公寿序　丙子

昔吴太伯以天下让，去之荆蛮。荆蛮之人义而从之者千余家，崇尚礼义，号曰句吴，而荆蛮化焉。文翁为蜀郡守，兴学校，崇教化，蜀地文风丕振，比于齐鲁，而蜀之塞陋化焉。东晋以还，中原世家多迁江南，江南文物遂冠天下。韩退之亦称阳城行古人之道，居于晋之鄙，晋之鄙人薰其德而善良者几千人。自古有德君子随所居处，著为风习，其化民成俗之功，顾不伟哉？

吾友萧君仙阁，其先世自山左避乱迁吉林之扶余。扶余为古王国，远绝边陲，民性侠武慓悍，罔以诗书孝悌为重。萧氏涵濡于邹鲁之化，挟其风以俱来，遂变风俗。百年之间，礼乐、政刑、孝悌、仁义、文化，粲然冠冕边省。洎太公风五先生，家道益隆，庇赖弥众，流离无告匄其资者恒数百家。贤母谭太夫人主内政，能不悖太翁之意，赒拯无吝色。太公虽隐负一方之望，而躬勤稼穑，往往出入陇亩间，与佣保杂作，远近叹为难能。太夫人亦操作纫绩，蚤夜不辍，用是乡党化之。仙阁幼承庭训，倜傥擅才辩。长而服政，历任国会议员、包临道尹、西安市长，所至有声。比以国事杌陧，幽燕代朔形势危迫，仙阁翊赞委员长宋公，维系补苴，罔避劳怨，必期所以厝而安之。旋以功擢察哈尔省政府主席，改授天津市长。于是津沽之民累月惶惑之情于焉稍定，而沈溺水火倒悬之众，咸望来苏。

今年岁在丙子，某月日为太公夫妇六十六生日，群议以文为寿，而推某为之词。某以谓山岳河流之胜，天地灵淑之气之所钟也。而英豪贤哲代出其间，往往不绝。其在黄河流域，如张子房起于韩，陈平起于阳武，赵充国起于上邽，房玄龄起于临淄，杜如晦起于杜陵，韩琦起于安阳，岳飞起于汤阴，富弼起于洛阳，类多匡世之杰；其在长江流域，则范蠡起于楚，范增起于巢，屈原、宋玉以文学起于楚，陆机、范仲淹间世起于吴郡，陆贽起于嘉兴，王安石起于临川，王守仁起于余姚，凡此亦不可胜纪。夫扶余，松花江流域也。松江为吾国北部大川，其浩荡汹涌之势，包孕灌输之功，杰出宇宙白鱼之美，又为天下最意者。事变非常之今日，必有瑰玮特出之才挺出其间，大造于我邦家，奠国本于苞桑，熙鸿号于无穷乎？

嗟乎！溟海孤舟，飘风万里，人人惴恐，怵目惊心，共济同舟，当知所勉，是则吾徒今所期望于仙阁者，正未有已。而共祝太公、太夫人之大年庞福，欲其庇荫我贤豪，焘育我类族，移其所以化彼邦者，扩之以化天下，庶反数十年偷惰嚣弛之风，以共跻乎休明富强之域。则太公、太夫人之名德，将与太伯、文翁比隆，而仙阁亦庶几颉颃乎长江大河诸豪杰。今兹所以上寿于太公、太夫人者，以为莫大乎是。遂书之以为侑觞之助焉！文境清泠如水，中间自出机轴，蹊径一新，为寿文佳制。

张府君碑

府君讳从典，字崇五，姓张氏。明永乐间，由江南迁居故城之饮马河。曾祖讳直方，妣李氏、卜氏。祖讳荣德，考讳人杰，皆县学生，皆赠通奉大夫。祖妣孙氏、妣师氏皆赠夫人。兄弟四人，府君次居第三。

张氏世习儒业，有明末造，科第屡出，涵濡数百年，号为世族。高曾以来，家业丰厚，至君考以不事生产，家遂中落。府君躬丁其会，顾瞻内外，蹙蹙靡骋。因与昆季蠲书策，习耕贾，蚤夜作思服勤，以营升斗之奉，困窘挫折，卒以起家。生平慷慨好义，忠于为人。于乡邻戚族，谋谟必尽。遇事审而后行，不为操切意气，诚慎和易，貌如其心。与人交不为煦煦热，久乃相悦益亲，尤笃友爱。仲嫂寡居，事之独至，人叹为难。配刘夫人，克孚其德，节衣缩食，不糜一粟一缕，而厚于待人。于村人无远近一接以恭谨，以所余周给不足，屡施不厌。乡人感府君及夫人惠，戴若亲长。先是，相者谓夫人无子，咸相与嗟叹不置。晚而生子，又皆踊跃趋贺，谓为积善之报。

府君以光绪四年正月一日卒，夫人则同治十三年七月十三日卒，年俱六十一，以光绪五年四月十日合葬村西祖茔之次。子麟兆，刘夫人生；麟禄、麟笏，县学生，侧室张氏生。女一，适同邑武庠生任剑堂。孙宝贤，光绪丁酉举人，陆军部员外郎，以庆典貤赠府君为中宪大夫，刘为恭人；宝聚、宝兴。曾孙以镇。

往者，培新曾王父苏生公官故城训导二十有六年，遂家故城之郑家口。是邦先后数十年，学者无虑皆出门下，而以聘三先生宝贤为首屈。王父松坡公以古文之学诏海内，晚而退隐乡曲，尠可与语。独聘三先生时往来两村间，与相讲说古文义法及武昌先生之书，穷昕夕不倦。培新十余岁时，犹在乡井，时先生考瑞澂先生年已笃老多病，先生尝迎至郑家口，僦屋而居，左右奉侍无违，百役必亲，私心窃叹其孝。而瑞澂先生质直公正，屹为乡望，又未尝不敬其为人。未几，先曾王父、王父俱下世，培新宦学旧京，远离乡井，忽忽二十余载。于乡父老之声音笑貌，渺不相接，独时时思念聘三先生，以硕德耆年，模楷乡邦，为不可及。今岁三月，先生赍所撰《王考府君事状》来故都，属为墓碑，于是又知府君夫人之行。

夫子孙称述其亲，与人之褒崇盛美，诚属理之当然。而立言要自有度，动则曰媲贤侔圣，君子所不为也。不顾心之所不安，涂既粉饰，相售以欺，荣焉而适足以为辱，褒焉而适足以为侮。若此者，盈天下皆是也。吾闻聘三先生称述先德，词无溢美，而适如其分。以为虽常德常行，足以信今而传后。较之铺扬藻饰、名实悬绝者，岂可同日而语哉？遂不辞而为之铭。铭曰：

卫河之西曰故城，风淳俗朴贤所兴。砥砺内行不求名，其德则赢身不荣。勒铭兮永奠幽宫。前路最精警，后半语甚繁，而一气旋折不懈，具见才力。

开国四烈士墓碑记

彭家珍，字席儒，四川金堂人，性亢爽，能文章，陆军士官，年二十五。杨禹昌，字闵言，四川资州人，陆军教习，年二十八。黄之萌，字继明，贵州贵筑人，测绘毕业生，年二十二。张先培，字心栽，贵州都匀人，贵胄陆军生，年二十四。

三君俱沈默寡言笑。当满清之将终也，重用袁世凯，欲以左右天下。而南京政府成立，南北分裂，和议未定，共和国体视世凯为转移。世凯犹豫，久未有决，三君痛强邻之耽视，生民之涂炭未已，遂于辛亥十一月二十八日，要世凯于途以击之，不中，皆被逮。先培伤重旋死，禹昌、之萌不屈亦死。

而彭君事尤绝伦，初愤东督赵尔巽无状，北来杀之不果。迨民军起鄂，奔走京津宁沪间，毅然以翦芟蟊贼自任。时资政院君党主抗民军，家珍伺隙欲以炸弹聚而歼之，亦未遂。而是时，良弼率清军保宗社最烈，亲贵和之，清势复张。家珍以为不灭此，共和无成，遂于辛亥十二月八日，路击良弼于京城西偏红罗厂，断其左股。家珍自击先死，弼亦寻毙，清廷大震。不旬日，清帝退位，共和告成，改朔纪元。

越七月，与四君共事诸君子以四君功在民国，因谋之于农林总长宋公教仁，举四君遗骸合葬于京西万生园，以为四烈士墓，洎今二十有五年矣。万生园易名者再，今为天然博物院，而李君润章书华长其事，间与军政僚吏凭吊其地。见基颓树秃、荆榛丛芜，感叹久之，遂相约请诸政府，重建以垂奕叶。何敬之部长应钦、何克之秘监其巩、商启予主席震，实与襄厥成。未几，润章以事去天然博物院，仍复旧名为农事试验场。而孙君博庵保琦实与俱来，赓续斯役，鸠工庀材，则属之刘君南策，费白银万圆，历一载而功落成。诸君以为于时事衍变蜕化之中，坚苦支持，克底于成，良属匪易，因属培新详记颠末，镌之贞石，以垂永久。

呜乎！当四君奋不顾身，缔造共和，固以富强可指日而期。杀伐之不已，流离之日亟，外侮之日深，国土之日蹙，纷纷乎二三十年，而不获稍定，岂其所及料哉？北瞻长白，南望黄河，毒螫摇威，横恣无忌，神灵不昧，将不能一日而安，有生之伦所深痛也。虽然此特否塞之运，一时则然耳。四千年炎黄之胤，岂遂沦于不救？创巨痛深，屈而思奋，人人以四君壮往之烈，刻其身将必有光大发扬，震威棱于来祀者。忠烈之教于危时为益重，惭被淬励之功，历百世而不穷。勇为义而笃为仁，有为者亦若是。则今兹之举，庶几为不虚，而所以慰四君者，固在彼不在此。因备书之，以为后世告焉！壮烈之文，固应如是。

保定军人公墓碑记　代

保定军人公墓，有南茔、北茔。其南茔在城之东乡。清光绪二十八年，江北提督王公士珍、蒙古副都统王公绍宸治兵于此。是年疫作，兵士死亡者众，爰于营院后辟地以为葬所。后五年，第二镇统制马公龙标驻保三载，官兵葬者亦多，积年既久，凡为塚三百二十有七。光绪三十年，时其地既设陆军速成学堂，督办段公祺瑞以坟址与军校毗连，非所以为久远之计，乃取茔之西北二十余亩以为北茔，而渐止南茔之继葬。城之东南有老炮营者，历年驻军于此。亡则市薄槥，权厝院中为塚，亦多至百二十有三。

民国二十四年夏，余奉命自北平西苑移驻保定，骤睹此状，怒焉伤怀。乃请于军会，尽迁老炮营之故塚，而葬之北茔，并旧封者都三百二十有三，植树凡三百株。复扩南茔之地为三十余亩，掩其暴露，深其窆藏，栽植松楸，绕墓三匝，凡四百余株。为堑以周，用沟其界，为坛以祭，为亭以憩，用致其诚，招金家屯村民守而时理之，用免芜荒。于是刻石树碑以纪颠末。后有殁者，准制而厝安之。其视人鬼杂处，庶幽明有别矣。

呜呼！军旅之徒，类抱舍身许国之志，固疆御侮，死得其当，诚至幸也。不幸而不遇其时，赍志行伍间，郁郁以终老，其事乃绝可悲。又不幸而死于疾病，与草木同腐，则其情尤可痛。况更暴骨乎荒原，掩骼乎庭际，使生者何以堪，幽灵安所慰？仁人君子有斯民之责者，所当哀矜而思为之所者也。某不才，治军垂三十年，忽忽将老矣，视国危亡而不能救，虽死将无以对天下。视此辈中途夭折，欲求枕戈待时而不得，反并此枯骨而无人省问，其何能恝然于怀耶？西苑之军人公墓，余既从而建之矣。今来是邦，犹踵初志为之，聊以抒吾怀焉！

自然沈著，所谓心手正调、会逢其适者也。

玄隐庐诗序

伯鹰为近世才杰，其说部久为当世推重矣。丙子之岁，集所为古近体诗，都三百余首，将印之，曰《玄隐庐诗》，走书属余为之序。

余维伯鹰之才，于文学为独近，而尤胜于诗。太白之放恣，东坡之飘逸，杜陵之沈郁，温飞卿、李商隐之华妙旖旎，长吉之精深，凡古作者之众美，无不兼能而得其神似。极其才思，磨以世变，将必争衡乎百代，自成一家，无待卜筮也。抑余与伯鹰相交二十载，知之为尤深。以谓才情华藻，凡可以昭著于外者，世人类能识之。而至性内行，暗修乎吾躬，初不期有闻于芸众，则世人窥见之者盖少。徒相与嗟叹曰："才人耳，名士耳，文学家耳。"名之所至，谤亦随之，退之固不能无叹也。伯鹰三十年来阅世多矣。笃于孝弟，而处境有难言者；诚谨接物，而变端有不意者；厚于朋友，而情好有不合者。夫亦曰君子必自反而已，孰复哓哓然辩之者！

夫诗者，性灵之发，精神之寄，而读之者贵能得间。然则世之颠倒迷惑于伯鹰外著之迹，而莫能识其真者，舍于是编求之，奚适哉？余序伯鹰诗，宜不可以常词。虽伯鹰亦不以恒言望余。因发此以为世券！深至曲尽，可谓伯鹰知己。文亦绝去恒蹊。

题雪涛临梦白花卉册

吾友王君雪涛，以绘事名故都有年。尝问法于齐白石、王梦白诸先生，而糅合古作者之众美，以自成其郛郭。一日，出所临梦白画册属题。

尝谓友好中有艺术才者，惟雪涛为最雄。而恳勤不懈，以蕲跻乎古之域，亦惟雪涛为最笃。年来传授徒友，卓然有以自立，此识者所共见也。而雪涛方自视慊然，惟惧不足，察其意量所寄，方欲博采众长，以圣贤豪杰为依归，岂区区某家一枝节之长所得而限哉？

顾世之论之者，必曰："青胜于蓝，其师不能逮。"假谀人以快其私憾，不知实有道君子之所不屑受也。孔子曰："三人行，必有我师。"退之曰："术业有专攻。"又曰："弟子不必不如师。"君子之存心立言固如此。若乃快意一时，自处于非礼，陷朋友于不义，失言之讥，吾知免焉。有感而发，转接回不犹人。

福氏古物记　代

自世宙开辟，以吾国史迹最久，文化最优。顾以时代穹远，陵谷迁变，夐古之迹，浸微浸息，考古之学，于斯尚矣。盖人群演进之绩，今之于古不必尽同，而亦往往有今不逮古之势，此豪俊君子偶得一二古代遗物，玩赏考究，慨然而兴千载之思也。

夫美洲福开森博士，今之振奇人也。自清光绪十三年来吾国，迨今历五十载。于吾国语言、文字、人情、土俗，上及经传之精义，复古艺业之奥窔，恳勤求之，无间无阻。当其好古敏求，孜孜惟惧不足，浩如沧海之汇百川。洎乎寓物不留，推而弗有，又如浮云出谷，悠然翔乎寥廓四海，妇孺咸得指目。其冲怀伟抱，有为人所不及者焉。举其搜求所得，可以约而言者，凡为类十有三，曰甲骨，曰鼎彝之属四十，曰权量之属六，曰泉布二百六十，曰琮璧之属七，曰文玩，曰陶十一，曰瓷，曰宋明清缂丝，曰漆，曰书，曰画，曰古锦，皆不计其数。福氏之言曰："所以必求之故家者，非独重其物，亦重名贤鉴别之迹，定精粗真赝耳。"中华民国二十四年七月一日，尽举以归博物院。执事者为辟文华殿庋陈焉。中外学者闻之，相顾惊叹，以为慷慨好义之风，旷代所未有也。

某从政此邦，及期年暇，辄与此邦人士讲求时宜，研讨古学，历览古迹名胜，与夫内府所藏三代以前、两汉唐宋以来之遗物，尝低回叹息而不能去。自三代迄今四千年间，兴衰治乱之迹，岂胜言哉？而圣贤豪杰，鸿功伟烈，法物留遗，千古不泯。王逸少云："后之视今，亦犹今之视昔。"然则世运一时之隆塞，亦如飘风浮沤之起灭于俄顷，有无足震惊置论者乎？所望天下豪杰，仰复古之遗烈，油然而兴守先待后、开来继往之思，挽既倒之颓波，树声光于奕叶，斯不负福君是为。而考古之精义，于是在矣。某记之以讯百世，度必有同乎某之所见者。

保定公园记 代

保定，古冀州之域。周属幽州，战国为燕赵之际，历秦汉隋唐胥为重镇。太行左转，东趋渤澥。盘礴偃蹇，郁为瑰雄。汇海大川，交流奔错。土俗既厚，人物斯蕃。数百年来，密迩畿甸。城郭坚完，帆毂杂远。园林之胜，代有营构。挹襟抱形胜之区，按辔以观天下之变。豪杰之士，往往因之。而牧斯邦者，亦无不怵惕黾勉，以经以营，冀与斯民同其乐焉！

民国十一年，直鲁豫巡阅使天津曹公，在城南附郭之区，跨大清河南北，度地六百余亩，辟之以为园囿。楼台轩馆，花木虫鱼，凡可以骋游观者无不备；乐舞茗啜，场圃园艺，凡可以备燕息者无不具也。未几，曹公移节以去，而变乱迭兴。再经兵燹，旧时台榭，腐黑挠折，蹊径芜荒，山石摇圮，嘉鱼异卉，杳不复存。郁郁名园，不转瞬而沦为废囿矣。

余自去冬来主省政，睹斯园之废坏，不禁頫仰陈迹之思，以为不修复之，则吾民将无以宣泄其淹滞不通之气。乃以资二万金，属其役于清苑萧令，规复旧观，而补其所未备。凡七阅月，而工落成。游人翕集，相与恬熙于无既，咸充然若有得也。

昔孟子称文王之囿与民同之，故方七十里，民犹以为小也。余今之葺斯园，其视文王亦小矣。推而公之，或亦刍荛之民之所乐许乎？惜乎余不及生夫三代之时乎！中含讽戒，而落韵甚轻，斯为微妙。

履川文序

履川既刊其著书曰《履斋丛刻》而以诗文冠其首。君与余同受业桐城吴北江先生之门，才力最雄，意气最盛。侍讲之余，尝相与上下议论，睥睨一世，狂谈剧饮，无所不至。同游者十数辈，年皆二十、三十，相与欢聚无虚日。

顾履川于余为世好。君祖伯厚先生与先王父松坡公为丙戌进士榜同年，故吾二人之相与，益有不同乎它人者。未几，各以奔走风尘，离散远适，忽忽十余年，独吾一人块然滞居于此，将与古城同终始也。而履川自别去后，乃益骋其才辩，广交天下贤豪长者，以自殖其所学。负天下重名之人望，莫不俯首接膝，而师友之。珥笔弄翰，世间倚为轻重。由是声誉渐隆起矣！

夫文章小技，壮夫不为，然亦自古贤哲之所不废。并包广览，著书满家，文如太史公、韩退之，不足以自多。渔樵负贩园傭之属，自得悠然，不为之少。吊草莽之幽灵，击虚窍之杳响。自酣嬉于众醉独醒之时，而神游于猛渺无何有之域。欲起古人，而无与唯喏。茫然问天，而天无言。持以夸示夫今之人，曰天下之奇观也，则群掉头而不顾，急掩耳而不闻。嗟履川乎，而欲追夫古之人乎，其去今人抑远矣！识时之杰，所当通其变，而慎所处哉！恢恑似庄子，后半绝去羁绊，蓦空而游，最为高绝。

续刻同学题名录序

《同学题名录》初刻于民国九年，继刻于十三年。更越十二载，于今二十五年，培新复请诸吾师，增益近年及门诸子姓氏籍贯，凡百三十九人，合前刻百二十三人，都二百六十二人，再续刻之。

追忆始受业吾师，于今且二十载。其时吾师年不越五十，同门长者不越三十，幼者十四五岁，悠悠二十年，世如波腾，人事迁变，吾等倏已中年，而吾师且亦老矣。四方离散，穷通异途，譬群飞颠倒于狂风之中，孤舟偃仰于惊涛之外，凝神忍性，奄忽一息以自保，彼此有不暇相顾者。其尤不幸则随物俱化，草草以去者，亦且十二三。培新学不加修，且益堕荒。重刊斯录，庸讵免于内疚？

虽然，学问之道无涯，高下浅深广狭，各遂其才，而举不足以言至。或进锐而退速，或疾趋而先蹶，或中道而画止，或精进而益厉，或从容而中道，或泛滥而无归，或悠然而自得，或惶惑而靡依。器量不同，涂辙亦异，要之以终身而事始已。弗震以矜，弗嚣以盈，弗躁弗惩，唯先民是程。悬其鹄以望之，不期其至，犹愈于背道而绝驰、玄窨以求明也。且所谓薰天曜海之业者，何哉？波逐潮随，凋精丧气，朝生夕瘗，清夜抚心，有不能自解而自安者矣！

培新不才，夙与世殊好恶，自分于事业无所成就，退而求吾心之所安。兹录之刊，亦聊志一时鸿爪而已。岂遂以世运可匡，道统可续，如世之标门户、树徽帜者比伦乎？吾师于此，盖亦久欲无言也！

随笔抒写，意境自高。

按：该文原载《文学社题名录》，1936 年 12 月出版。文末有“中华民国二十五年十二月培新再序”。

【校记】

〔请诸〕原作“请于”。〔续刊〕原作“续刻”。〔堕荒〕原作“堕废”。

跋濂亭楷书石刻拓本

濂亭先生为先大父书《士孙瑞剑铭》《汉镜铭》凡六开，先大父尝以贻故城张聘三先生。聘三，先曾大父弟子也。民国二十年，聘三先生来故都，持示余曰：“此册在吾家几且四十年矣，乱离兵役，流窜颠沛，辄不敢携以自随，往往抉壁龛其中，而涂塈于外，使人不觉。故金币器皿、黻黼絺绤之属，或尽室荡然，而此书独岿然无恙，盖不关鬼神呵护，而人力有足多者焉。余老矣，于濂亭书毕生习之不就，世变益亟，后顾茫茫不可知，爱之不周，或邻伤之，于心滋愧。今还归之君，俾合君所藏濂亭他书，永之于无极，既所以郑重此书，而后世子孙追怀前辈授受之际，有不惕厉德修而慎审乎辞让取与之间者乎？所关虽末，抑亦两家之佳话也。”余既敬受，付手民摹勒上石，且以拓本致张公焉！

按：该文发表于《天津民国日报》1946 年 4 月 8 日第 3 版《民国·天游室杂著》。文末有“丙子岁尽”。

宗母贺太夫人八十寿序 代 丁丑

往吾父以文学游京师，尝主于任邱宗氏。时候选按察司经历蓉舫先生、先生之子候选布政司经历次卿、内阁中书华甫、内阁中书端甫、京察一等学部郎中梓山诸先生，实并获与交。梓山先生娶吾姑，因从吾父问学。其群从子弟亦多从游吾父，兄事其伯仲，弟畜其叔季，日以文章德性相切劘，师友间自为知己，外人盖莫能喻也。于今且六十年，而吾姑之在宗氏，行人所难能之事，历人所不堪之境，卒能绵已坠之绪，而益兴其家，躬迓其庥，老而弥健，此不独宗氏子弟引为家祥，吾家长幼所同声而颂祷者也。

民国二十六年，姑年八十，其从子若孙将于四月二十七日称觞以庆。某奉母命，为文以侑觞。吾母苏太夫人自十八岁来归吾父，姑年十一。越八载，始归宗氏。时蓉舫先生暨配韩太夫人均在堂，姑靖恭妇职，无或违轶，处娣姒，相夫子，教子御妇，各尽其道，此皆昭然在人耳目，无待于述者。其后，吾家自武强北代随王父移居故城官所，既而吾母又随吾父之官大名，改署冀州，最后卜居故城之郑家口。而宗氏亦自任邱再迁京师。吾父主讲冀州最久，时兼官刑部，岁时至都，与诸宗同燕寝欢乐如故。而姑则必待归宁，始获与吾母相聚如初。如此者盖四十年，吾父及王父于国变之际相继殁。再数年，梓山先生亦下世。某应东海徐公之招，来都下刻先君集，时往来京师、郑家口间，互递姑与母相念之意，得以稍慰。洎徐公当国，某亦备末职，窃微禄，遂僦屋数楹，迎吾母来京师，至是始得与姑朝夕过从，良辰美景，相共游讌，庆典佳节，无不交相贺而互为祝也。于今又且二十年，吾母始来京，年不越七十，姑年不越六十。今则母年八十有七，而吾母尝谓姑曰："思六七十年前事，如朝日也。"日月迁贸，岂不速哉？盖姑之意度体气多类王父，渊渟海汇，默运无形，而寓物弗留，躬集厥庆。母则心如明镜，万类俱照，以简御繁，以俭慈受福，其旨趣盖与外祖父母略同。外祖春园公享年九十二，祖妣享年九十六，而吾王父亦享年八十九。今姑与母体貌丰臞虽若异，持家御众之法虽不必尽同，而其能抱神守静也则一。精神体魄，既克承前荫而享有之矣。处境乐丰，又各有逾于前世者。是姑与母寿必将远轶前修，可预卜也。

某学行无似，不能推阐姑隐德，谨持斯义，寿姑兼寿吾母。词虽浅陋，或为它人不及知，不能言。倘姑与母闻而乐之，对举一觞相祝，且曰："孺子之言不谬。"某益将秉笔踊跃，续书后此十年之事，祝姑既耄，祝母期颐，斯必为两家子弟相蕲祷，而四方戚好所乐闻者乎？俯仰淋漓，与道大适。极似先生晚年文字。

天游室文卷第三

北江先生六十寿序 民国廿七年戊寅作

中华民国廿有七年，国家遭旷古未有之大难。兴师抵御，亦既一载。战陈延袤数千里，土地之罹于兵者，为省十有二。名城大埠相继沉沦，人民流离走死数百万，邱闾村井，所至为墟，货财宫室，人生日用所需，俱为灰烬，疮痍满目，浩劫茫茫，纷然莫知，祸之所届也。

而吾师北江先生适于此时介寿六十，培新侍吾师同处降城，草间偷活，引觞上寿，岂培新之所敢为而吾师之所乐受哉？虽然劲草标于疾风，横流资乎砥柱，海枯川竭，恃源而往，正天下所以待泽也。昔西汉承秦之弊，文教几灭，赖一伏生，而依然衣被于后世。有唐积魏晋之衰，大道以芜，勇起昌黎，而斯文不泯。夫道所以济万世，亘千古而不变者也。譬之狂风卷地，惊沙蔽天，雷电晦明，雨雹交至。兽不及走，马不及骇，处者不得宁，途者不及避，眩神失气，莫或喘息，此其变也。逮夫既涸既竭，倏尔而霁，山川清朗，草木萌蘖，农夫渔父各执其事，市廛行旅各遂其志，悠游岁月，夜以继日，此其常也。处乎变而不惊，道之契也。历乎常而不改，道之成也。彼斥鷃短志而抢榆枋，蟪蛄小年而死朝暮，乌足语于此哉？

吾师承千古哲人之绪，为一代正学之宗，郁康民觉世之心，值海水横飞之会，功不铭于钟鼎，位不列于公卿，天下之变且愈出而愈奇，板荡神州，云骧风卷，于是翛然远引，退而著书，悚论危言，讽时箴世，省察不遑，肇此大乱，此吾师所至痛也。故居恒深颦太息，以为斯民何辜，遭此荼毒，而冲夷旷达，意若当今之世，舍我其谁。夫至道之在人心，若衣食之餍人意，种族不亡，吾师之道要为天下之大公。晦于乱离，固其所也。一旦拨乱反正，偃武修文，逃雨者止于户牖，饥渴而反求菽黍，国家铺扬伟绩，润色鸿烈，燕然壮伟之铭，微孟坚固无能为之。此培新所宜正告天下，使天下同声而颂祷者也。

日者侍座吾师，妄谓："韩公《平淮西碑》原本《书》《诗》，夐绝往古，先生其有意乎？"吾师笑曰："岂区区淮西一役所得而比伦哉？"呜呼盛矣夫！

北江先生云：淳意奥文，实足俯视一切，在大集中亦为有数名作，独惜施之非其人耳！

按：该文发表于《天津民国日报》1946 年 9 月 16 日第 6 版《文艺·天游室文》，题下标"民国廿七年戊寅作"。

白聘三先生传 己卯

先生姓白氏，讳国珍，字聘三，河间人。其始祖明永乐间由山西洪洞迁直隶，奠居于河间城北君子馆。七世祖惺涵，某科进士。八世祖解，嘉靖辛丑进士。十三世祖世用，举其产施之族，设祭田，至今二百余年不衰。盖白氏再世，衍为七门，洎今为二十世。曾祖凤彩；祖廷蕙；考梦龄，廪贡生。先生生于清同治二年，七岁入学，十三岁属文。值家中落，读书理家，一身百役。十八九岁得心疾，读书时作时辍。二十六岁入泮，旋以母疾废学，教授乡里者数年。三十六岁弃儒为商，卒致巨富。民国二十八年六月卒，年七十七。先生之父，一方朴学，授徒讲学三十年。母夫人王氏亦世族，娴习礼法。

先生自幼餍饫儒者之说，动以仁义为归。兴学育才，普施锡类，兢兢业业，笃老弗衰。而名言谠论，多中肯綮，隐为一方表率。先生以为："吾国文明主于让，让与让相融，而群己之界泯焉。西国文明主于争，争与争相抵，而群己之限明焉。殊途同归，各有偏胜。若乃炫于糠秕而失其精，袭彼皮毛，而弃吾立国之大本，实晚近教育之弊。”又谓：“物质文明固近代强国所同尚，然物质文明愈甚，则道德愈难保持，大之黩武穷兵，以百姓为刍狗；次之穷奢极欲，置伦常纪纲于弗顾。欲挽其弊，必自推己及人始。”亦曰：“保吾固有之民德，而毋使尽泯也。”又谓：“读书所以明理，而有非占毕咿唔所能渝者。若夫世路崎岖，人情谲诡，于饱经成败之中，诗书精义，乃或恍然若揭。此古学人所以贵通晓世务，斯书之用始神耳。”其言论荦荦可纪者多类此。而节浮靡，兴学校，尤生平所力业矣。以此化乡国后世云。先生以为，婚丧庆吊之节，亦曰尽礼而已。节而约之，使礼尽而财有余，以其余财为百年树人之计，衣被群伦，泽溥异世，孰与挥斥于一旦、暴殄于一人多者？居恒焦唇苦思，开示亲友，唯惧不足。而躬行实践，倡率乡邦，老而弥勤。尝独资兴办乡村小学数区，而中国大学、大同中学皆尝输金以为助。

培新与先生不相识，而所与游处多习闻先生绪论，或重义施惠诱掖者，共谋所以传先生，属培新叙其颠末。培新以为，丧葬之节，古人绝重。而称寿之义，礼文不载。要其义，皆不外乎孝。先生所主尽礼云者，深契古人之用心者也。《礼》曰：“敛手足形，还葬而无椁，称其财，斯之谓礼。”昔宋桓司马自为石椁，孔子曰：“若是其靡也。死不如速朽之愈也。”而于林放之问，则曰：“礼与其奢也，宁俭。”考古者冠婚丧祭饮射燕飨诸仪，节文繁重，远轶后代，然第重其义，不及于靡。靡以行礼，君子弗取。故孟子葬母以七寸之棺，充虞犹以木美为疑。桓司马以石为椁，孔子尝有其靡之最。言礼之重莫如丧，犹且如此其慎，则此外诸仪之设，俎豆、笾篚、椢覆、物适侯哜，祭卒觯。亦曰“节尽而情不匮耳”。以视后世铺张扬厉、奢靡侈汰、矫饰惹眊于外，而礼之义丧于中者何如哉？先生深察时弊，思有以矫之，而冀人之易入而乐吾从也。更以兴学为倡，其用心深婉矣。《诗·大雅》有之曰：“岂弟君子”“挹彼注兹”“民之父母”“民之攸归”，其先生之谓乎？闻其风者，可以兴矣。

北江先生云：意关劝惩，文亦清迥。

书濂亭先生书撰曾大父母寿序石刻拓本后

濂亭先生以一代文宗兼擅书法，镕铸汉魏周秦，以自成体势。论者谓集北碑之大成，殆犹不足以赅之。昔先大父尝及门矣，考文之余，闲亦相与论书，故能深识先生为书之秘。尝于寿先生文中，发明其旨趣，盖以先生文章道德，举世瞻依，无待深论。而书则能喻之者独鲜，故传载以柰后世也。又尝请先生自述所得于古人者，著为一编，以诏后学。先生卒未及为，而复书有云："名指得力，指能转笔，落笔轻，入墨涩，发锋远，收锋急。原注：急，遒也。"又云："空中如渴骥奔泉，怒猊抉石，纸上如蜻蜓点水，轻燕掠波。"盖先生数十年攻书之甘苦，未尝轻以示人者，尽具于数语中矣。更数十年，学先生书者满天下，类皆如削如附，木神而片体，构支而理乖，卒无能得先生形似于万一者，其殆未及知此宝诀矣乎？故特表而出之，用为后学之津梁也。此书为先生绝笔，观先大父唁张导岷一书可见。今以石刻拓本流传于世，并附先大父所为寿序书札各一篇于后，以资考览。至于文章之美，蹴踏周秦，指麾扬马，睥睨欧苏以下。作者之风力，孤怀闳识，远韵高情，横绝一世之概，当时自桐城吴先生及先大父三数公而外，举世茫茫，更无足以相告语者。使追慕于绝不相知之异代，区区求先生于钩勒点画之间，抑岂所谓知言哉？呜呼伤已！。民国三十年一月。

北江先生云：尽力发挥，文亦雅容自得。

按：该文发表于《天津民国日报》1946年2月4日第3版《文艺·天游室杂著》。

【校记】

〔书濂亭先生书撰〕日报作"跋濂亭先生撰书"。〔寿序〕日报作"寿言"。〔自成〕日报作"自成其"。〔自述所得于古人者〕日报作"自述于书得之古人，及所自得者"。

辨　惑

余幼喜书，而临池未笃，于古人法度不深究，或貌猎而髓取之，每自诡摹无不似，实则意造无法，固终之无一能似也。抑似与弗似，乌从而办之？吾之似古人欤？古人之似吾欤？俱相似欤？俱不相似欤？又孰从而明之？亦曰："书其所不得不书，止其所不容不止而已。"故平居有索辄书，弗惭弗吝也。适吾欲，或不待索而书，见笑于大方之家，弗顾也。

每尝自疑，吾书果善乎？则天下优于我者，不止其几千万；果不善耶？劣于我者，又且万亿。果有愧古人耶？古人胜我，果无弗胜于我者乎？其无愧耶？则古人敻绝之境，时有望尘之叹也。万世之下，字将弗识，遑问美恶，更孰征而孰信。吾书传后云乎哉？然而古金石刻文，历久而不蔽者，岂尽足为吾取法？吾书必不传云乎哉？芒乎俱不可以究诘也！故庄生云："若是而可谓成乎，虽我亦成也；若是而不可谓成乎，物与我无成也。"王逸少，书中之圣也。后之学者，宁复有异词？而韩退之以方石鼓，则曰："姿媚之俗书。"此岂有定论哉？故庄生又曰：此"滑疑之耀"也。夫滑疑之耀，取足自娱而已，吾奚以为轻重？人又乌从轻重吾哉？

俞子古函，高才敏学，能诗善书，吾尝勉之曰："子书未足为高格。"则赧然慊然，自以为不足。异日慰之曰："子书卓然已成。"则又大惊骇怪，疑吾言之非诚。夫书之成未必为高格，虽逸少俗书耳。不为高格，未始不可以言成，所谓虽我亦成也。今古函盖以吾文若书为有成也，故就而问道焉，亦姑与道其所道。抑知今天下，方与吾背道而绝驰也耶，其信孰为道，孰非道耶？又将孰抑而孰扬，孰噏而孰张耶？吾宁知吾道之为道、之为非道也耶？益岂知吾文若书之取悦取恶耶？更安计人之施毁施誉耶？且悦恶毁誉之足为损益耶？不耶，虽巧历莫能算也。姑以吾文若书贻之，率性而已。嗟乎！言出之吾心，发诸吾口，入于子耳，宁复有一言一字之弗诚者乎？然而犹曰人云亦云。夫人云，吾安则弗得而云。人所弗云，吾何故而云云。抑知其俱可云乎，俱不足云乎？且人非我，吾之所云，固断断乎非彼，彼亦安得强同乎余之云云者哉？此惑之不可不亟辨者也。夫贤如吾子，犹不能无惑，则推至上智，亦不能无惑，下愚益不能无惑，抑知所谓上智，果贤于子乎？余又果贤于下愚乎？此不得而论定也，亦安知吾以人为惑，人弗以吾为惑乎？彼亦一惑，此亦一惑也。其俱惑乎，俱无惑乎？亦不得而详也。亦曰取适于天倪，相喻以天机而已。故蒙庄曰物化，鲁叟曰无言也。

按：该文发表于《天津民国日报》1945 年 12 月 10 日第 3 版《文艺》，题下题“辛巳”。

【校记】

〔有愧〕日报作“有愧于”。〔时有〕日报作“实有”。〔字将〕日报作“字且”。〔俞子古函〕日报作“华子妙天”。〔今古函〕日报作“今妙天”。

张耕乐先生碑

清季遭庚子之难，朝廷以兴学为变法图强之首务。而故城县城，遂有学校之设。景县张岷泉先生荫江，实来主讲席最久。培新既家故城西南之郑家口，兄弟皆出县学，两兄迪新、翊新并从君受业。培新学晚，不及从也。越三十年，以厥考事状属为墓道之碑。

先生讳莘如，字耕乐。先世于永乐初自山东即墨迁河北景县华家口，康熙中再迁高老庄。曾祖讳炳，祖讳振东，考讳兰毓，妣宋氏。先生少从从父、舅父读，为文敏捷。应州府试，后以贫故，无力复应学使试，弃学就商，日昌以炽，卒兴其家。天性笃厚，勇于为义，事亲尽礼，抚弟遗孤如己子。里党子弟多赖资助，乡族事尤慷慨，乐为之先。顾终身不忘读书，戒慎恐惧，实践躬行，一时名士咸乐与交。刘光祖孝廉雅推重之，以为商而有士行，未有能及先生者也。尝曰："商所以利用厚生，竞胜万国，宜以道德为本，而敦节操、符诚信无几人，夫亦宜为世所轻，举一国受其弊。"因诫子孙，非品学有立，根柢固深，慎毋轻入是途也。

民国二年卒，年六十。配孟氏，后先生二十年卒，年八十四。子荫江、荫溪，女荫慈。孙五，孙女一。太史公传货殖，子贡废著鬻财于曹鲁，聘享诸侯，使孔子名益布扬于天下。范蠡用计然，务积著，十年国富，遂报强吴。故白圭之言曰："智不足与权变，勇不足以决断，仁不能以取予，强不能有所守。欲学治生，吾终不告。"古之能者，或以济国之艰困，或为行道之藉，与国同休戚焉。用是尊礼于国君，信赖于黎庶。今则不然，智勇仁强，无一有焉，以为敦品厉行，绸缪家国，非吾辈之事。徼幸诡遇，惟利是鹜，国家杌陧不安之会，往往为贾人操奇计赢之机，奈之何不漏卮日滋、民生日蹙乎？此不重道德之过也。晚近国际往还有无贸迁，日益多术，供求之通塞，材用之丰匮，攸系于家国安危者，且甚于坚甲利兵。故世莫不以商为经国大计，而吾贾人狃于积习，专利自喜，驯至为国之蠹。而今兹国难，视庚子为何如？此明达有志之士之所痛心。诵府君慨乎之言，不能不叹为有特识也。遂不辞而为之铭。铭曰：

寰海茫茫罗万国，维商与兵建雄舶。争存扬武理乃克，盾其后者财与物。取予施著贵守德，啖利自私国之贼。有炜嘉言此为则，矗石镵词奠幽宅。

北江先生云：文特酣恣雄恑。

按：该文发表于《天津民国日报》1947年1月20日第7版《文艺·天游室文》。

【校记】

〔张耕乐先生碑〕日报作"张府君碑"。〔岷泉先生〕日报作"君"。〔培新〕日报作"某"。〔城西〕日报作"故城西"。〔迪新、翊新〕日报无。〔培新学〕日报作“某学”。〔先生讳〕日报作“府君讳”。〔后以〕日报作“以”。〔无力复应〕日报作“罢”。〔后先生〕日报作“后府君”。〔先生者〕日报作“府君者”。〔遂〕日报作“爰”。

先妣行述

先妣讳堉瑄，为外王父第三女。外王父国子监助教冠卿先生，讳熙敬。先王父松坡公有文表墓，所称前辈成德饶阳常君者也。初，外曾王母病痿痹，外王父宦游于外，先妣方髫龄，随外王母侍疾如成人，食饮便濯，率独任之。外曾王母病十年而卒，先妣才十六岁耳。宣统三年，外王母病几殆，时先妣于归已十余载，书闻露宿祷天，愿以己算十年益母，而人莫之知也。后十年，外王母果卒，年七十七，先妣始涕泣为不孝一道之。后终不复言，又请之，亦弗答，盖其纯孝格天，雅不欲人之知之也。年二十，以光绪二十二年九月二十六日来归吾父懿甫公。吾父性不羁，拟迹古魁人畸士，不甚以礼法自约饬，不为家人生产事业，嗜读书，喜聚泉布，好古迹，举治家教子之务，一埤遗先妣弗问。先妣仰事重闱，和协娣姒，俯育子姓，忧劳恻悯，奋厉忍茹，数十年盖未尝一日置其思、宁其虑。始事曾王父母、王父母十余年，逮曾王母王父相继逝，王母年逾六十，而曾王父且既耄矣。先妣周旋侍奉，受书问字，俨如子女，曾王父亦并孙曾而一视之，遭家不造，而门内怡如。

先是，王父时为吾父、伯父讲论经史诗古文辞，先妣必侍旁受业；逮为不孝兄翊新、从兄迪新讲说时亦然。退辄潜心研读，或手录成编，多能默诵，时用传授不孝兄弟。嗣不孝兄弟取妇生子，推而及于诸孙，数十年如一日也。先后命不孝兄弟受业桐城吴北江先生门。妹又新髫岁，能为诗，且蒙吾师奖藉，实渐浸于先妣之教。洎晚且病，犹日诵诗弗衰。然先妣居母家固未遑学问，喜文事盖出天性也。吾贺氏原籍武强，世居北代村，家故贫而繁生齿。逮曾王父官故城训导，王父兄弟亦服官中外，乃仅给衣食，严冬寒冱，室不举火，手足皲拆，子女颜面亦瘃创，而操持纫读如故，往往覆器代几而食，先妣弗以为苦。吾父喜动声色之怒，先妣曲承，弗以为忤。吾父既跅驰不肯苟同于众，不为举业谋进取，先妣澹安之，终弗有望言也。先仲母讳堉珉，先妣之姊，生从兄姊弟各一人而卒。先妣皆抚教成立如己子。先妣之殁，从兄迪新有文述行曰："迪新兄弟之于太夫人，叔母姨母又兼养母，故迪新年近五十，几不知叔母之非母，而人亦多不知与从弟辈非同母生也。"又曰："吾母在世时，日与叔母深夜攻书，迪新夜觉，见灯火荧荧，骈首伏案，又未尝不闻低吟暗诵、纸笔萧然也。迪新与弟翊新塾中所课书，叔母时令默诵，己乃掩卷而听，正其错谬。迪新等惊诧，则责之曰：'读书不知用心，安能强记，况于身体而力行之哉？'"

曾王父以久宦故，于光绪二十八年迁家故城之郑家口。民国七年十一月，郑家口被匪，乡里宿望，挟持俱去，吾父与焉，先妣不安餐寝者数月。翌年四月，相见于津，为之哽咽不能语。自是国家愈益多故，雀苻四起，闾阎骚然。吾家亦反复避地武强、枣强等县，颠沛于道途间者数年，终于十四年迁京师。不孝等稍稍自立食禄，而先妣勤劬俭约如故。诸妇仆从渐备，而上事王母必躬必亲。晚年右体不淑，犹日指㧑诸妇侍奉不稍懈。大病之日，犹强扶人再登堂谒王母也。甘脆肥鲜之味，声华澶漫之场，未尝就娱而享有之，顾独喜嘉木美卉山水园林萧旷之境。尝曰："老吾薄有园田，当广殖竹石鱼鸟，优游怡养，吾之愿也。"不孝无似，未有所效，尝请出游西山。先妣曰："不可，祖母耄耋之年，不可一日离。且祖母居京二十载不闻出游，而我反先耶？"卒不往。

先妣厚以遇人，宽以御下，而不为柔弱女子态。遇事当机立断，理得而气充，故人咸敬畏。于百物无所好，而精书美绘绝宝重之。于人平施无独厚，惟富德学、厉名节者为之敛容。育不孝等，慈惠无不至，而弗为姑息，过言过行必严斥之，未尝以其稍长而或宥也。年来不孝兄奔走国事，离滕五年；弟德新教学于外，亦离滕四年，率承先妣之命。不孝朝夕侍侧，又勉以安贫韬退之宜。而国步苍茫，若涉渊水，此先妣夙夜隐忧，死将不瞑者也。哀哉！盖先妣一生终历艰苦，三抚遗子。始，仲母之殁，从弟植新生甫四日，从兄迪新、从姊仲新皆髫龄，先妣抚之。中年，冢妇陈氏卒，遗女曰暟未周岁，抚之以至于嫁。晚年，幼妇王氏卒，遗女曰旭五岁，子曰倬四岁，又力疾抚育以至身殁。其乾乾夕惕，不遑宁息，盖可想见，然此在他人为伟绩，在先妣为末节。至其为人之所难能，处人之所不堪，幽忧眇旨，毅力沈思，实有非语言文字所能尽者。喘息未安，构此多难，百无一遂，宁不痛哉！

先妣气体素健，容颜丰腴，精力倍于常人，六十岁时，人恒以为四十许人。二十七年二月二十七日，卒患脑充血之症，右手足为之不仁，实惟大战勃发之后数月也。继是神州板荡，海水群飞，死丧流离，民不堪命。先妣尝太息言曰："丁兹丧乱，生弗如死。吾自度不复能久于斯世。"因命妇辈备终所需，次第蒇事。"今年一月二十七日，精气大耗，时时入睡，言笑行动举不复能如平时。既而温度渐高，递增至四十度以上。群医束手，百治百违，遂弃不孝而长逝矣，时惟东西构衅之后两月也！不孝事亲无状，侍疾无方，藐藐昊天，曷其有极。呜乎痛哉！先妣以光绪三年七月二十一日酉时生，民国三十一年三月二日酉时卒，年六十有六。不孝男三人：翊新，取肃宁陈钟，继取饶阳常锡铭，舅父兰侪公讳堉蕙之第三女也；培新，取文安王贻惠；德新，取房山王郁文，继取黔西周淑芬。女又新，适京兆张度。孙六：仁、侗、侃、倬、杰、伐。孙女七：暟，适南宫李元泽；暲、昭、晊、旭、晖、时。将于是年四月二十九日权厝北平西城嘉兴寺后园。天下乂安，再谋归葬。谨述先妣性行十一，用备采择于知言君子。民国三十一年四月十四日，不孝男培新谨述。

北江先生云：叙述懿行，先喆所难。而表章先德，尤难于着笔。自古以来，文章家无能以此成文者，独归氏《先孺人事略》为著，然所述亦平平耳，其文格固未高也。此文繁委曲尽，而每字均不轻下，造言用意，皆有精心。文格力求高古，精神余于事外，固为作者精心结撰之文。

按：该文发表于《天津民国日报》1946年10月28日第5版《文艺・天游室文》。

【校记】

〔聚泉〕日报作“聚古泉”。〔不孝等〕日报作“不孝兄弟”。〔不孝兄〕日报作“不孝兄翊新”。〔幽忧〕日报作“其幽忧”。〔脑充血〕日报无“脑”字。〔三月〕日报作“三月初”。〔繁委曲尽〕日报作“委曲详尽”。

文编序

《文编》者，历年讲授所取材，约经史百家之文为一编，粗示学者以指归者也。上起《周书》，下迄曾相，凡四十余家，都百余篇，斠录评注，标列点画，俾教者取怀而与，学者心领神会。盖先哲名著，浩如渊海。不明办慎择，岂能得当。户牖不启，途径不辟，将见歧路冥行，泛滥无归，何以保固有之文明，树声光于埏极？夫以四千年之古国，四百兆之秀族，必有其矗立于世宙之精神。先圣昔贤，右文重道，必有其守先待后之至意，文字云乎哉？声律缋藻云乎哉？善学者习其器而索其神，大天下而小一身，为圣贤，为豪杰，富国强兵，鞭笞八海，皆将于是乎在。孟氏曰：“学必至于彀”；“君子引而不发，跃如也。”中道而立，能者从之，如是而已。

按：该文原载《文编》卷首，天津民国日报社铅印，1946年7月初版。文尾有“中华民国三十三年五月武强贺培新序。”

【校记】

〔百余篇〕铅印版作“百四十余首”。〔名著〕铅印版作“名作”。〔先圣〕铅印版作“先哲”。

俞府君碑

俞于天下无异望。其先盖出自俞跗，或曰郑公子俞弥之后，则亦姬姓之胤也。唐玄宗朝，益州节度使庄，占籍山东青州，实为始祖。唐末有讳稠者，避黄巢乱，由青迁杭入剡，是为浙江俞氏。诸子或仕歙，或迁镇江，迁汴，由是有安徽、江苏、河南之俞。宋御史中丞梁，子刑部尚书亨宗，随高宗南渡，由是绍兴十族最盛。明洪武间，河间郡王廷玉，其先出自皖濠，助太祖起兵开国，三子俱封公侯，余裔多以武功藩卫辽东、河北、云南、四川、广西，俞氏支流几遍海内。而梁之十五世孙文宏，徙宛平，居北京，是为宛平俞氏。清顺治朝，绍兴族有讳懋者，以武进士官福建总兵，用平台湾郑芝龙，功授左都督，致仕，家天津，葬葛沽，是为天津俞氏。乾隆朝，有讳金鳌者，以武进士官巴里坤总兵，乌鲁木齐、江南、福建、湖广、古北口提督，出师大小金川，武功煊赫，同葬葛沽。清末叶，曲园先生樾，以大儒起德清，俞氏之泽遂被天下。

府君天津俞氏，讳明谦，字抑忱。明初迁自宛平，盖文宏之后。曾祖世璿，妣武。祖昌锦，妣丁、杨。考文栋，妣李。光绪庚子，入学为诸生，值拳乱，不得与乡试，乃奉派赴日本习师范，归国中宣统己酉拔萃科，朝考以知县分湖南补用。鼎革后，任北京高等师范学校教务课长、中东铁路局秘书、沪宁铁路局秘书。民国十八年十一月十五日，疽发背，卒，年五十。方严狷介，不协于时。郁怪含光，无由自放。遂搜考古物书画，凝神一志，罔间昼夜寒暑，晤对古人于千百载之上。会其意度，以自娱悦。所居室，琳琅四壁，彝鼎、图书、碑版、刀布、陶钵之属，笥充箧溢，出月没日，豁阳割阴，幻起龙蛇，坐延峦岫。当其逸兴抟飞，心游万仞，飘飘乎逝风凌云，不知置身何所也。配李，继张。子大鲲、大椿，女大酉、大贞，俱张夫人出。府君殁，夫人摅琢子女，绸缪内外，精气内伤，二十九年九月二日卒，年六十。以三十一年月日合葬西山万安公墓，子女多从余学。大酉为状请铭。铭曰：

士不遇，圣无功。岂获已，玩物终。被儒服，孝义躬。承茂族，学淹通。丁丧乱，施不丰。金归土，热在中。精贯石，铭幽宫。

北江先生云：叙俞氏支脉最为生色。

按：该文发表于《天津民国日报》1946年9月30日第6版《文艺·天游室文》。

【校记】

〔万仞〕日报作“物外”。〔凌云〕日报作“乘云”。〔从余学〕日报作“从余游”。

东阿周君后书　丙戌

东阿周云，字世臣，晚清奇士。南皮张宗瑛献群尝书其事。献群早世，越三十年，君以民国廿七年倭人入寇，开封未陷之前，没于开封，年七十五。其晚节固不见前书，献群之弟宗芳果侯，能述其略。果侯亦逝，武强贺培新为后书。

宣统辛亥，君从瑞瀓。武昌起义，入都参项城幕。清帝逊位，拂衣径去，隐居于汴，誓不复出。民国三年，同年生韩国钧长苏皖。国钧由汴中牧令起，所任多故旧。因以海关监督财政厅长盐运使记名荐君。项城见君名，大喜，谕曰：“本大总统想君风采久矣，清介拔俗，絷维无从。巡按使既知所在，其安车蒲轮，刻日速驾，幸毋金玉尔音也。”在项城时，自中山、黄陂外，虽以东海、南通，国之耆宿，未尝得此渥语。然君以病辞，不入觐。汪大燮长教育，欲强起君。君复书戏谓：“吾老寡妇，非若倡家女之人尽可夫也。”汪得书大惭。鼎革以还，海滨寓公以遗老自命者众矣。或如窃宝玉大弓之阳虎，或如使子弟为卿之子叔疑，皆所谓齐豹之盗，而孟絷之贼者此也，何足数哉？君与当道渊源若是，怀翟义龚胜之志三十年，竟以佣书终，亦曰其志然耶。其在固始，张劭予侍郎以新简副宪回里。君循例一谒，殊不措意。比已行，至光州驿，致书君，谓资罄，请告其子，立致千金。君遂以书视劭予子，劭予闻而大恚。抵省晤方伯延公，媒蘖其短。会巨族吴氏有狱，君不直吴氏，吴氏亦控之。延方伯遂欲劾君。秦树声按察谓延曰："方今州县如世臣者有几？公得此贤吏不能举，吾县得此贤令不知敬，顾劾之耶？"延公乃止。其在长葛、内黄，皆以兴学著称。在永城创设学校，遣生徒李树棠、丁廷謇辈游学日本，捐廉购置图书数千种，皆清季县官所未有。君为周文忠公天爵之孙，汤海秋郎中之外孙，盖犹二祖之风类云。

按：该文发表于《天津民国日报》1946年7月29日第6版《文艺》，文尾署"天游"。

【校记】

〔之前〕日报无。〔同年生〕日报作"同年"。〔想君〕日报作"想望"。〔张劭予侍郎〕日报作"张侍郎某"。〔劭予子〕日报作"侍郎子"。〔劭予闻〕日报作"侍郎闻"。〔晤方伯〕日报作"见方伯"。

跋严几道先生手稿卷子

培新髫龄侍先大父松坡公左右，大父晚岁失明，日见伯父为口诵东西国译著及新闻报章，大父辄以耳代目，昕夕不倦。敬问曰："何书？"大父因为说天择物竞之意，由是识几道先生当世博通中外名人也。及负笈来京，遂得遍读先生诸书，又时时喜于肆间获一二墨迹藏诸箧。先生从孙孟群，与培新初不相识。辛巳之岁，吾友张君子高，致孟群意，以此卷属为征题于吾师北江先生。后一年，与孟群共事中国大学讲席，游从始密。孟群搜弆先生手迹至富，尝出它卷册索题，为各系以诗。最后重示此卷。且曰："愿有文。"培新既诺受，乃逡巡经年，不敢下笔。盖先生为平生所服膺仰望，而诸公跋识，各具精思，珠玉当前，难为殿续也。往北江先生尝以所为三传，曰严君传、马佳君传、阮君传者授培新。且曰："三君各于某有雅故，于义不可不传。独严公名山著述，自有千秋，初不待吾文而传耳。"往吾友童君禧文，为述先生长大学时，已颓然老矣。驱车至门，必易乘二人肩舆，始至公室，意兴萧然，视蚤岁悬绝天壤。今培新反复展览此卷，慨想先生生平文章风采，崇论闳议，奇情伟略，高视千古，俯视一世之概。遭时不耦，百施百违，屈仰颠连，沉沦湮阨，顾瞻天下，无可与语，坐痛国族之沦胥陷溺，而无可挽救。故终于颓然自放，不屑计时议之短长，卧养烟云，遣此残生，盖亦古之伤心人也。论者不察，往往以世俗形迹之见论先生，以重增其冤愤，此可为痛哭者已。培新自顾谫陋，不足识先生之大者，谨录吾师所为传于前，并敬志于后。马佳君者，绍英越千；阮君者，忠枢斗瞻，皆先生后辈，同为浮沉俯仰于嬗代之际者也。民国三十三年十月。

按：该文发表于《天津民国日报》1946年1月21日第3版《文艺·天游室杂著》。

【校记】

〔为各〕日报作"培新各"。〔服膺〕日报作"所服膺"。〔于某〕日报作"于仆"。〔伟略〕日报作"伟抱"。〔俯视一世〕日报作"俯睨一切"。〔遭时〕日报作"乃遭时"。〔终于〕日报作"故终于"。〔三十三年〕日报作"三十三年甲申"。

跋所藏明刻文章类选　戊子

先大父初得是书，尝题其卷首，谓《四库存目提要》称明庆王㮵宾客所辑，卷首有洪武三十一年凝真子序、庆府图章，而惜此编之独阙也。考《明史》，庆王㮵为高祖十六子，好学有文，以洪武二十六年就藩宁夏，三十年始建邸。然则编刻是书，当在建邸之后。又考凝真子序，谓是编将昔人所集文选、文粹、文鉴、翰墨大全、事文类聚诸书所载之文，类而选之，分五十八体。然则是编之辑，盖以博瞻为宗旨。先大父又谓，明人不尚朴学，而好编辑辞章。今考明代宗藩，则尤喜雕刻典籍。宁藩喜刻道书，周藩好刻词曲，秦藩有校刻《史记》，唐藩则翻刻《文选》，吉府尝汇刻《诸子》。此外能以传刻古籍著者，则有晋府之宝贤堂，徽藩之崇德书院，赵府之居敬堂，德藩之最乐轩，辽府之宝训堂。而庆藩是编之刻，独先于诸藩。风雅好文，闳开一代风气。去古未远，故版式字体宽博而疏宕，为明刻中之绝似宋元者。盖为英煦斋所藏弆，卷首有恩福堂小印云。

按：该文发表于《天津民国日报》1947 年 4 月 28 日第 7 版《文艺・天游室文》，题为“跋家藏明刻文章类选”。

【校记】

〔戊子〕日报无。〔卷首〕日报在“首”后加“(《书文章类选卷首》，见《贺先生文集》第二卷)”。〔盖为英煦斋〕日报作“盖尝为英煦斋尚书”。〔卷首有〕日报作“卷首钤有”。

天游室诗

编者按:刊刻于1937年的《天游室诗》共五卷。但第五卷所录诗作数量较少,不及其他各卷之半。此后直到1949年10月之前,贺培新续有所作。这些续作有一部分发表于《天津民国日报》上。后来,诗人从这些作品中萃取二百余首,纂为两卷有半,标为五卷下、卷六、卷七,以绍续五卷之本,只是将五卷本之卷五视为上半卷。这两卷半诗作的手稿题为《天游室诗未刻稿》,现藏国家图书馆,为贺培新1949年3月所捐献。未刻稿卷五下从《用东坡醉墨堂均》到《次和朱易谙》,共29首,皆据《天游室诗未刻稿》录入。编者以《天游室诗未刻稿》为底本,将之与《天津民国日报》上发表之作和诗人所辑《口字韵》手稿、张铸时和齐纪图所辑《岁寒集》中相关之作进行对勘,并出校记。

目　录

天游室诗卷第一

桐城吴北江先生评定
武　强　贺培新 撰

赠潘伯鹰式　辛酉

咏诗宗李杜，为文追韩苏。隐文自藏雾，吐气冲云衢。八荒求我友，微君孰归乎？岁申登师门，相逢畅欢呼。彼此宣其衷，腹破肝肠刳。羡君云际鹤，我比池中鱼。欧土倡血战，群起相攻屠。四载有六月，烟雾欻吹嘘。壮士六千万，倏焉陈荒墟。嗟哉斯人斯，于天有何辜。回首望尧封，暴风时及庐。我民不远省，难至焉能纾。苟安而已耳，那顾国焉如。横览世界变，浩荡多歧途。学失怪诞作，创新毁诗书。欲欺天下人，自居元圣徒。沈疴待扁鹊，洪水须舟舆。男儿生今世，立鹄焉可诬。自古屯蹇会，匡世才岂无。世乱圣不足，名言万代模。且闻好高危，驰远终多虞。庄生悯天人，鸿文剂世愚。扬雄悼炎灭，亦为人道扶。海粟陆毫末，无吾若有吾。吾且从君欢，君且偕我娱。纵考千秋书，譬猎获豪猪。摘彼南山果，采我东园蔬。吾虽不能饮，为君酌满觚。千金买快意，舍是将焉趋。拘墟容一变，其乐何能摅。

奉酬贾君玉世丈廷琳

胸罗万卷古人书，气自高华意自舒。梵宇三更鱼响后，尝同居观音寺。凤城二月燕飞初。春秋五伯方争长，瀛海千邦亦被居。小子不才奚慰祖，追思往则泣涟如。来诗云："先师念有孙，地下慰且娱。"

次均答徐仰仪鸿玑

君学浩如海，汪洋不可穷。张军收瑰材，散栎羼其中。生具傲睨概，心广而体丰。新篇典且古，高挹羲皇风。可怜非其人，每诵茫然终。隆冬遨水际，凿冰听冲冲。盛夏憩亭边，观雨雷隆隆。原无千仞志，谁复羡华嵩。来诗有"慎勿登华嵩"句。

十一月到家用陶公归田园第四首均

离家四五里，策驴心已娱。孤飞愁旅雁，乱草萦荒墟。神痴若有寄，不觉入吾居。老犬卧三四，新槐十几株。升堂问亲健，弟曰兄焉如。庖者问餐否，麦粥尚有余。两间惟家乐，此语真不虚。驰驱逐华竟，苍茫味有无。大有杜诗意境。

祀灶日寄伯兄迪新用刚己先生赠北江先生均

文章上与迁雄俦，下之矜饗千万秋。祖宗之传莫大是，细源滔荡忽同流。一夜飘风卷大陆，太行清淑倏然收。归向昏迷大木折，猿啼鹤怨何时休。奔飚不及自垂泣，浩荡无端汗漫游。岂料扁舟入仙界，高揖龙凤随群虬。万仞门墙标大字，烛龙衔日昭冥幽。侧身四望天地回，光芒璀灿滋眩愁。琼玖有时飞羽箭，玑珠跳落惊双眸。万道狂澜泛天地，乾坤浩漫元龙楼。天风激荡云悠悠，岁云暮矣罗庖馐。接笔飘姚俊伟。芳菲浆酒荐羊牛，祖宗来格神灵留。祈祷在是他奚求，子孙庶勿贻前羞。眼中柳绿江浮鸥，春光万里摇山丘。

春日出城游望时通国纷纷大有不宁之势得家书知全家避乱百里外思之怅然慨焉赋此 壬戌

树曳千条碧，田分一水明。萋萋芳草合，淡淡野风轻。万里龙蛇起，千家食货停。城中消息恶，聊且放忧情。

十里溪边路，行行未觉遥。溪深鱼浪静，岸远市尘嚣。骨肉逃无地，悲心沸似潮。西山出云黑，飒飒起凉飔。二诗葱蒨。

题曾文正公手书萱闱笃祜横轴

咸同鱼烂国运微，公起苫块参戎机。赤手戡定九州归，欣题笃祜寿萱闱。笔力如钢势峭巍，去似风骤来云飞。如此勋业德与威，上烛星曜古今稀。乾坤今日满疮痍，骐骝远矣奚攀追。哀哉万姓空嘘唏！

李子建葆光寄示劝北江先生善养脑疾之作余因有同感倒押苏字均和之

孤怀恒郁郁，局促无由摅。循循踵轨进，有时悲愤趋。愤趋苦难禁，自解还酌觚。量小防其乱，加餐配以蔬。十日一黄鸡，五日一花猪。亦常自悔悟，岂宜耽此娱。世路万坎坷，终当吾识吾。譬如大厦侧，寸木奚能扶。撮土防河决，孺子知其愚。不量樗栎质，望治思唐虞。何如先淑己，求法贤楷模。岱巅有夫子，一览众山无。千钧绵绝学，剖析万民诬。上承千哲绪，下具九达舆。蒿目斯文歇，焦口教其徒。点窜经史字，糅化百家书。论文劳汗背，讲道声闻途。道显斯已耳，那顾躬焉如。悽绝岁已晚，百难何时纾。寒风折林木，严霜侵屋庐。生物一朝绝，微命嗟何辜。卿云去千载，迁愈亦丘墟。黄虞世已远，望古一长嘘。高冠事聚敛，介胄争相屠。细民槁且病，枯如涸辙鱼。手缩口还噤，心肾宁弗刳。噫气虹霓吐，万窍摧号呼。燃萁自煎豆，不病奈何乎。惕惕祝苍旻，悠悠瞩云衢。国步一朝转，所患庶其苏。如此险韵，能一气舒卷，自抒所见，是为难得。

纵　意

光华阅遍人今古，白日飞腾又已斜。大宇浮空飘荡荡，小虫扰地漫衙衙。不闻流水无常处，岂谓生人有定家。忧患茫茫恐无已，何如纵意极天涯。

街行用东坡均

大愿无所迫，志途永不改。又惧百年内，谁能保常态。居然成今我，昨我已不在。街市何嚣嚣，惊沙落璀璀。飞轮卷尘高，走石面欲碎。纡轸心不怡，渺然思江海。

酷暑大雨

赤云蒸深渊，烈日裂高山。炎风沸溟渤，歊气飚百蛮。人身脂与肤，荧荧苦烹煎。浩荡何所之，愤郁徒茫然。云霓洒满天，骤雨挟风还。明珠几百万，打碎天地间。俄倾庭变泽，比邻坍屋檐。烦苦顿以失，清爽森来前。乃知天下事，翻覆不可专。炎威讵足恃，否泰相为权。訇然起四野，蛙螟争欢喧。

答伯鹰用元均

夫子门墙千万仞，书楼插架何雄峻。欻然四海丝联来，不得其门枉奔竞。一朝天马下江南，夕趋刷北真神骏。览遍人间无可归，直入龙门委性命。龙门会集多雄才，商经榷史勤相问。举世冰霜正倒飞，琪树昆仑相耀映。胜清末叶国纷嚣，太师揭斗四时定。两世龙辉燿阴阳，璘瑞互发玑珠喷。后君三载拜龙门，矜怜陋愚优登进。雍容揖让出人间，如化鱼龙汞中泳。观人反镜转千愁，常恨死生距何近。岂真荀恕云已迟，廿七不沮老苏奋。金丹大诀幸已传，广通博览勤酬赠。天津万里看遨头，我且釜游学饾饤。

次均和子建

醉翁疾俗慨时危，屏绝百虑掩双扉。濡染大笔不停挥，立言苦冀千秋知。灏灏元气纵横时，千车万马来奔驰。十年薄宦无余酏，空留人间千首诗。百代茫茫朝暮曦，倏君斑鬓我生髭。大江沄沄去不归，飘风卷浪如翻麾。贤愚一例何是非，那须简册光芒垂。秋风漠漠催寒衣，红枣万颗飘深溪。趣更野服履革鞮，清流蹴踏蓁莽披，伫看燕采涧边泥。

北江先生用韩公赠无本均见示谨依均奉和一首兼眎同门诸君

吾师诲众徒，每先激其胆。曰汝姑妄为，掀掣何不敢。譬马鞭纵出，腾踔无由揽。絜缰更挽辔，指路喻坎窞。坐使豪侠姿，屏气首时颔。是日大瀛翻，鳣鲲肆吞啖。电击霆轰奔，重云郁黮黮。倒海倾天来，万生没诚惨。四塞漫汹流，淫波涌澹澹。沦尽万年松，高浮一朝菡。浑浩共长天，一色苍如菼。遥见数神仙，蓦波欻相感。若曰大荒中，乾土惟叔歜。万古莽纷争，其民安藜糁。沈酣有天乐，不知世坷坎。金玉无人收，所宝惟古椠。吁嗟我闻言，骇汗流浃颔。愿从顾不类，欢余反恻憯。浮荡方悠茫，万端况交撼。摅怀兼请命，更博诸君览。

答王余斋善庆

师门老宿推君最，尽叩精微有大文。呼吸江河弄鲛鳄，推排日月挟风云。神惊鬼泣幽明合，阴阖阳开善败分。佚荡帝阍无钥牡，钧天广乐定谁闻。

癸亥元日约与吴稚鹤兆璜潘伯鹰方寅生福东聚饮预为一诗　癸亥

百疑相与析，万奥共欣赏。辩难日不绝，嘲笑时来往。神明有契合，交互如络网。吴子工汉分，朴茂世难两。文攘太史奇，高古绝尘壤。才雄有潘子，逸气今无让。诗趣擅诡奇，琅琅金玉响。觵觵闽侯方，诗文人老苍。篇章唾手出，人力不须强。三豪各张弩，鏖战不顾创。或驰太华巅，或追九霄上。息战把瑶杯，击节歌慨慷。我羡三君为，追随真妄想。夐高千万丈，跻攀那得傍。酣嬉珍此聚，勿事多惆怅。万语噤弗言，有命谁能量。吾徒守吾乐，游身聊俯仰。淫昏警高位，幽灵吊草莽。

送子建之滨江

流光倏过未能留，莫漫惊心只自忧。万里长风送云鹤，三司小吏待扁舟。早闻龙辩惊三耳，更欲鲲呿震四游。弥望皇然感离别，高歌相贺忽添愁。

王余斋属题北江先生诗册

逗雨天惊鳄舞波，杜韩坡谷忽齐歌。苍茫坠绪骊千派，落拓孤军战一戈。已见时危讥舜禹，可堪道丧罪丘轲。韩门大业凭谁继，樊老于今意若何。

春末游中海南海用韩公山石均

春波漾漾风微微，纷纭乱柳东西飞。乳燕初生上下舞，泉沙而卧鸳鸯肥。荪兰蘅芷松栎下，芳阴深处人独稀。宫台错落士女嬉，穷欢日旰浑忘饥。陟彼高冈邈四望，朱翠历落千门扉。车马纵横惊掣电，漫天花雪随人霏。细雨飒来搅愁絮，人如聚蚁团成围。遥见故宫气屯寂，敢期复见尧垂衣。悽恻翻疑本多事，我怀豪甚胡为鞿。隆隆暮鼓呼出月，投诗荚下辞鱼归。诗情绰约。

偕李寄尘鸿翱稚鹤寅生公园纳凉寅生有诗因与同赋

空负清芬不染荷，纷纭游女眼中过。松风溪月乡心回，粤峤川江战血多。志事苍茫空结想，壮怀慷慨且酣歌。乱离把臂真堪幸，不醉良宵更奈何。

戏酬寅生赠文

翠眉俊采方公子，落笔云烟拂拂风。浩渺孤怀弥上下，苍茫远望邈西东。料能游戏挫今古，岂屑拘牵角长雄。顿觉汪洋过眼底，千寻德水下天空。

再和寅生

朱翠绝思故国荷，飞鸿忽觉历天过。新篇皎洁尘全洗，老调铿锵世未多。云变日驰今复昔，天荒地老醉还歌。兴亡百变知无极，奈此拘墟俗论何。

三和寅生

清回潭香闻芰荷，晚来闲棹傍鱼过。九门寒漏深宵彻，万井温钟逐晓多。中泽已传鸿雁什，三边宁用大风歌。清时太息徒多事，感慨中流意几何。

梦游用前均

露脚斜侵云汉荷，寒蟾老兔泣来过。一泓海水杯中灌，九点烟霞物外多。欻涌波涛川谷变，喧豗蛟鳄海天歌。恍然仙仙朱甍在，浩气盘胸复几何。

大雨五用前均睬寅生议和

明珠百万洒庭荷，屋顶轰雷驷马过。平地翻花孤浪起，浮空掉尾万龙多。隔窗乍觉晶为壁，破卷翻疑雨作歌。乘兴摛辞和高均，从今兵甲罢如何。

故城诗六首

疑是钱塘渤澥潮，飞帆历乱大荒遥。临流浩浩黄沙涌，隔岸青青暑气消。莽荡兴亡斜日照，奔驰车马市尘嚣。侧身四望苍茫久，万派千涛欸此朝。卫水飞帆。

晴空烟缕碧云平，三五农夫携子耕。漠漠风沙荒野路，依依杨柳昔人营。弓刀想见腾戎马，林浦空余好燕莺。遗老尽亡无可说，千年旧迹感平生。窦堡晴烟。

千里舳舻势蔽空，汤汤亦是顺流东。起有声势。漫疑孟德周郎事，会有欧西海上风。粤北燕南孤派达，凫飞雁集两间通。可怜战遍东西海，赢得狻猊百载雄。南埠商舻。

弱柳低垂到水平，风飘枝舞唱蝉惊。松排晴野阴遮路，柳拂春波水上城。遗泽空留碑上字，颂芬犹有路旁声。先曾王考官故城训导廿有六年，县人为树德政碑于县学。卅年文教今何若，寄语诸公慎养成。烟笼池柳。

满陌桃花万里春，红飏翠荡送行人。雨开晓霁铺霞绮，风扫昏烟邈市尘。大地沈沈几泓水，穹天莽莽一微身。穿林黄鸟跳波鲤，乘化宁须要路津。西岑春晓殊有意态。

翻江倒峡益纷然，法相光明耿耿宣。慧炬高悬一井亮。慈源独向九幽涓。漫嗤阴域甘微火，会见阳精澈大千。世上斜飞冰与雪，幽灵万古一灯传。佛井然灯六诗气骨沈雄。

次均和寄尘即以送行

人生百年后，游魂知何方。飞鸟朝离宅，暮云欸还堂。惟彼达道人，柱腹罗三光。虹蜺吐万丈，肸蠁通虞唐。大树在广漠，逍遥以徬徨。斤斧无由施，安所怀哀伤。远近有不同，三月宿舂粮。鹏翼培风背，枪榆望且僵。百代真茫茫，天风声聊浪。天地俱悠悠，冰雪又猖狂。斗米聊自娱，苦思徒自戕。惊沙弥九甸，怀素还家乡。堂上欢惊梦，斗室泛杯觞。乍归真慰意，儿女随飞扬。功名分所有，磨厉发雄芒。劝君唾手去，万里排云翔。宁用愁无诉，日对空屋梁。质干已入高古，意气尤轩隽。

次均答曾履川克耑

曾侯下笔拥猋风，跌宕酣嬉得所宗。把臂交欢惊岁尽，相看意气极天雄。蹉跎空郁千秋感，唱和徒争一字工。万里云程谁肯后，苍茫搔首意何穷。

和妹又新冬日元韵二首

万里风烟接，唤天云不开。露寒凋紫叶，风劲扫苍苔。堂上炉烟起，云边海燕回。竹林声淅沥，花雪漫天来。

千岭白皑皑，天空图画开。狎寒松有秀，偷暖室留苔。池水流还住，檐流落暂回。幽居太清绝，明月浴初来。

徐绪至延东延同诸公子寄示送贾君玉丈归里诗依韵和之时贾丈馆于徐氏

淋漓大笔似军威，舒卷旌旗鼓浪归。万卷盘纡充瓠腹，廿年落拓掩荆扉。鲸波不借风飘荡，鸾翮时随鸟竞飞。知己相逢终有幸，从容晓暮俱清晖。

天孙昨渡玉门关，散采飞花满世间。玉狗鸿龙皆畏避，珰楹璧厦不期还。才名诶荡看浮海，意气纵横会拔山。彻耳凤鸣何激越，蛩音局促已赪颜。诗律精整可喜。

从齐濒生先生璜雪中照像题二首

一片神行看御风，蹉跎九折蚁磨中。蟠胸总有三千界，吐气犹成十丈虹。文史骥毛聊自守，功名龙变已成空。不堪峙立冰霜里，放眼微茫漫角雄。

江干乱柳一帆风，曾入先生图画中。下笔龙蛇千丈落，掉头卿相百曹空。持躬未信圭能玷，玩世全凭句吐虹。贱子趋从惊壮语，男儿心骨万夫雄。

石鼓歌次昌黎元韵为丈人王公赠旧拓石鼓文而作 甲子

云凝风静天舒波，清溪绕屋渔樵歌。书堂孤坐缗石鼓，千秋余晚愁如何。极似昌黎。退之作歌千载上，高文天地挥霜戈。鸾翔凤翥众仙下，霆飞海郁青鲸磨。东坡有作百年后，视韩虽逊丰包罗。琼瑰散口自殊味，行空天马陵嵯峨。百变于今物鬼守，磊磊太学犹山阿。临清纸本世所贵，缤纷万本应㧑呵。孰料文安埋掘物，百世纸墨完无讹。世间考据未余信，临清与校能同科。翩翻十纸忽展视，蛇蛇蜿蜿来虬鼍。蜃楼跃海腾云飞，金钟宝碣蟠琼柯。穹龟秘怪豁呈露，龙鸾麟凤交穿梭。音节词藻皆极高致。残鼓昏霾云漠漠，万里慌惚兀委蛇。仰头天清月明概，可能舞蹈惊嫦娥。神气迸出。对此令人生感慨，俯仰今古涕滂沱。忆昔清平隆盛叶，寰海内外何熙和。构厦自多廊庙具，经史百氏崇儒科。多土闲暇聚歌啸，风流雅韵真能多。廷臣执事重名节，政美不用悲铜驼。晨昏斋戒小阁坐，挥毫腕底蛟螭过。碑版钟彝粲错列，斑炱毫发勤砻磋。廉耻四维纲宇宙，利名付与东流波。时哉去乎不我与，运会坎坷多偏颇。文物沦胥风雅歇，漫声靡色焉知他。峨冠博带列国议，挢舌瞠目空媕婀。肥马丰车日昏宴，摴蒱彻夜为摩挲。我生廿年昧于事，薄劣寡可耽吟哦。俗书视王犹不若，博此翻诋羲之鹅。丈人眄睐藐曹辈，渑淄同味追猗那。嗟嗟世事久奇变，安用隆古参邱轲。趣掀崖石陷深洞，不尔弃去投黄河。文物虽雄莫吾累，一生庶免终蹉跎。大题险韵居然操纵自如，可谓子龙一身都是胆也。前半尤精妙绝伦。

和寄尘见赠元均

微生百年内，寡乐多苦艰。浩浩造化无穷年，赖何支柱山川间。煌煌眼底数千年，判然孰善孰凶顽。亦有麟凤质，高邈杳难攀。文为天地骨，我语非炫奇。不然韩退之，奚为百代师。秦火爇天焰，不害虞与姬。后此万万年，残文易斗玑。觥觥李夫子，天马轶伦才。长鸣入尘海，突破天门扉。役役百寮底，思量朱颜非。雄心一旦逞，云汉还相期。唾彼万夫勇，褰我千秋怀。骧首恣奔腾，一纵无还期。只愁四海尽，中路将安之。蓄精却敛翼，千载待雄飞。

寄尘以贺婚诗刻墨盒见赠用山谷松扇均酬之

磨铜瞬比银光纸，雕刻大句韦陶似。感君匡弼古人心，对案相庄惭内子。缫成白雪千丈寒，郁律松烟腾万山。宁料云心与皓质，溷此淄磷寸水间。

慎交吟次范公均示季弟植新

空自茫茫四时过，顾盼真知能几个。人事少小嗟焉知，或者穷通自有时。指天誓日皆吾友，一朝落穽无援手。旷代知音有一夔，抱守终身未为久。青丝罢亚门前柳，桃花飞入葡萄酒。正合招余好弟兄，歌呼烂漫尽欢情。暮色苍然倏远至，陶然共醉说平生。青眼高歌望吾子，风范虽佳莫自喜。头角二十方崭新，三十四十斯休矣。警湛。不见小雅常棣诗，安宁焉用弟兄为。凡今之人亦各友，其友何必掉头背道行多歧。

与寄尘稚鹤伯鹰寅生履川曾晴川克宣会摄一影伯鹰履川皆有诗次韵同作

潭潭大度丰包罗，驱使龙虎鞭虬鼍。对此雄章成愧畏，嗟余何地寻吟窝。潘侯曾侯两才士，惯能腕底生洪波。搜拏百怪掣謦鬣，凤凰鸾鹤翩来过。笑我强颜并肩立，愁绝岁晚将如何。风云幻化信莫测，即此聚合乐已多。渺渺东西各烟水，大千起灭一尘里。穹天莽莽地沈沈，色色空空刹那耳。不生不灭古犹今，谁复此中论彼己。但当视世如浮云，而能闳道纲人群。试览从来屯蹇会，嘉谷蓑莠谁能分。寸心光芒亘天地，从风仰慕终有人。韬养精华莫轻放，掉头不受时流赏。东将入海泛扁舟，鸥波远接云天涨。顾有凌云夺日心，嵩华万仞乌能上。收城略地诛赏平，庙堂自有贤卿相。吁嗟乎友朋契合惟其神，岂在声华车马逐嚣尘。凛凛风期各珍重，沧海横流要此身。

山谷次晁补之廖正一均往返十数叠已字穷意竭后范无错竟十余用之益奇纵飘忽不可端倪吾师北江先生集中酬答二姚曾六叠之与黄范诸作足以并垂不朽今同门曾君履川连次数首持以相示亦见才情因次韵勉和一首

辩难恢谐各肆口，仰攀花枝倾玉斗。明月已渡玉门关，万里长风自往还。光芒经天照人纪，不独苍茫云海间。纵览茫茫百世上，肸蠁宵寐恣欣赏。旷代尚可追而从，接膝真隔万重城。千古幽灵埋草莽，高位淫昏乌足荣。一旦宦成弗能士，是真无异夸毗子。能者宦学相得彰，大才不自沾沾喜。君不见相业煌煌良独难，古今谁不遭讥弹。惟独湘中贤太傅，德业彪炳崇难攀。少小真当勉思奋，岂甘自弃归穷山。摹范公颇得其意态，句调亦多近似。

与胡仲宏定远王明皆级李仲谟诒绶杨子吉邦瑞四君聚饮于中央公园稠人广座中所谓春明馆也四君者皆十年前旧游不共饮食者五年矣即席赋此志欢再用前韵

几年不共脍炙口，今朝各自倾八斗。数百年后真茫然，大千撒手何当还。更肯一生甘落拓，常此郁郁风尘间。回想前踪五年上，不才枉受诸君赏。分壤建国各有情，小侯退思守一城。不道终为城下盟，强颜翻自援为荣。今日肴佳酒亦美，吕望夷吾数君子。醉饱坦腹稠人中，语尽还成一笑喜。君不见自古英雄用世难，抵死莫为钟期弹。渊深蛟龙自潜跃，歙吸云汉谁能攀。苍莽风云杳万里，俯身下视何限嵯峨山。

三用均为中央公园赏月之会而作

千古纷争皆为口，符玺权衡参斛斗。权衡斛斗徒纷然，百年一例丘墟还。呕洒孤怀书卷里，尚冀蕙忽留人间。掉转不测。名园老柏排云上，团圞大月邀人赏。酣然一笑故人情，万顷荷花绕禁城。帝业于今渺何许，只余殿阙犹光荣。济济吾徒信多士，潘李曾方与吴子。古人闻道死相要，今我得师能不喜。君不见匹马突阵从来难，千戈万戟森如弹。大漠风沙程万里，正赖连辔相携攀。吁嗟万代同今日，眼中墟墓陵丘山。

四叠均喜丈人王公重来

自从不与公滕口，胸中俗尘添十斗。一朝影响来飘然，琴鹤共载轻车还。神采高寒骨格重，恍疑古士非人间。丈夫振衣千仞上，耸身天外求深赏。众仙玉女翩相从，璧榱珰楹花满城。珠树琼华交的皪，击晶飐翠飞光荣。炼出晶彩。霞裳云裾后先至，钧天乐引千仟子。龙鸾群舞燿阴阳，金石锵鸣帝为喜。有骚赋遗意。公不闻九州踏遍原非难，印瞻万仞泪羞弹。独有浩然千载气，骖螭跨风终相攀。呜呼何时瑶溪发轫餐沆瀣，眼下黄尘清水见三山。

前诗作罢闻丈人不日将归五叠均赓一首

玉盏瑶杯供笑口，酒如决川口如斗。岂意拂袖神辗然，巢父掉头欲东还。遥望云车烟景里，阿谁指点虚无间。吾辈处身斯世上，高行雅俗难同赏。波流我亦委蛇从，阖扇坚闭守专城。世上毁誉何足问，旷怀不以为污荣。韩公所称豪杰士，潭潭大度真君子。穷天亘古不足论，一士是非奚足喜。公不见庸人奔命真艰难，琴徽尘满无人弹。人纪天纲衰已甚，贵盛声势方争攀。已厌风波日涨眼，渺然却忆好湖山。

永夜不寐夙兴六叠均成一首

反侧悠哉液生口，头觉岑岑大如斗。心头血涌口头前，森然欲吐无由还。愤起操毫挥在纸，免使乱我神明间。此二句从网旧闻斋得来。晓气苍茫日将上，万鸦树里鸣相赏。风凉叶响若移情，讶见霞标凌赤城。青云四彻气温融，百花浴露倍光荣。我亦人间一孔士，嘘天窃比南郭子。满城鼻息春雷鸣，左睨右睨成独喜。傲睨有态。君不见人生群处何其难，举止动辄遭讥弹。今我萧然心欲禅，沈冥尔辈畴余攀。六街车动人踪遍，隐隐遥见玉泉山。

七叠均即事

夜半天河疑决口，漂乌沫兔流星斗。忽惊四海一时翻，列缺飞焱恣往还。树木槎枒逸荡荡，公然入我庭园间。神龙掉游云汉上，兄弟相看自相赏。万畎千浍沟涧盈，淋漓汗漫洗千城。独惜畦花姿正媚，飘风过眼都雕荣。安能郁郁久居此，凌云蛟老蟠龙子。天外引风击霜干，龙骄鼍怒倏瞋喜。君不闻岁寒抗节最艰难，何当对此高冠弹。桃李开葩千里艳，万年判绝无由攀。上树千回矜杜老，乘风一览众低山。笔端饶有奇气，是汩汩其来之候也。

妹见和前均八叠均答之余曾以其诗呈北江先生得嘉许有意代请入门先简告知

人皆谓尔拙于口，讵知有胆大如斗。一旦雄心起勃然，毫端万马声回还。令我提戈心胆怯，真愁衅起萧墙间。此等风趣真得范公神髓矣。语汝前踪十载上，孺子尝蒙祖父赏。一自国变家祸从，出游十稔来都城。百劳寡获辙千万，得师乃我平生荣。文字好音风过耳，攻苦劳劬闵吾子。贤愚一例岂不知，得此自娱差足喜。君不见泛海扬帆绝域难，古调今已无能弹。既入宝山休缩手，龙门或者容跻攀。不传秘诀一取得，简编堆案空如山。

九叠均呈北江先生为妹请受业

小子非敢妄夸口，先生于世诚维斗。汗牛众说已全删，坐觉风雷八代还。群徒年少才力薄，尚能拔置初唐间。春秋讲道高堂上，左马奇文耐深赏。悲歌侠烈话荆卿，凛然胡骑尘满城。京国十年遇不遂，金章紫绶非吾荣。弱妹又新女郎耳，渺然十六一童子。众人所好皆淡置，一言文字若深喜。顾念得此似已难，雅乐岂必无人弹。小子既蒙夫子教，更愿兄妹同追攀。遥拜泥涂冀收授，瑰然欲起高于山。

连日用山谷韵会黄文初福墀将出都赴舍下就医十叠韵送之兼通仰仪

早晚鸡香含在口，腰间金印大如斗。何事被褐出城关，高步直去不顾还。去路茫茫邈曷极，濯足万里横流间。赤乌西下月东上，我且高歌君自赏。那无壮志古今横，飞檄风雷下百城。一芥忧天渺何补，笑看尘世几枯荣。徐君叔季古之士，六载寒门课诸子。一朝背面成三秋，握手相看应更喜。君不见险巇人情千万难，竖刁伊戾冠群弹。举手丘陵已非易，更能妄冀将天攀。不如牢落穷年甘伏死，煌煌大著藏名山。以上数诗皆有飘忽奇纵之气。

凌晨偕季弟侍伯父出城行十余里天欲雨而归记所见

迢递西山路，农民三五家。城边空翠合，天外紫云斜。霭色含滋露，诗情动远霞。尚怜英勇碣，寂寞对芳花。内讧战死兵士碑。

清旦凉风起，萧萧四面吹。蝉吟乱钟响，絮舞讶云飞。云水无南北，江山有亢卑。谁堪尘世里，长把此身羁。后四兀傲有气骨。

碧瓦红垣绕，参天尽古松。钟声彻阶底，霞气丽楼东。世界浮沤灭，英雄过鸟空。乾坤徒在眼，法象浑茫中。雄伟。

槐夹溪流涨，野花纷满田。青青云欲雨，淡淡水生烟。雨气蒸群树，烟容敞远山。回瞻郊外路，车马已喧然。数诗已卓然成体。

妹次前均作初秋诗意气甚轩伟叠均和之

逆旅吾宁占，饥驱岂是家。千秋奇士愤，万古一棺斜。岁月东流水，兴亡夕照霞。精灵诚有托，异代发奇花。

清响韶钧奏，微风古木吹。新篇超海至，逸兴唤云飞。道学藏身乐，功名假手卑。百年天地阔，一洗俗尘羁。似杜。

妙质非兰桂，长村岂桧松。地天真反覆，乌兔乱西东。历载风尘暗，飞流世事空。高吟吊今古，剑气动囊中。

镰刀纷入手，秋色满秋田。接地云如水，连天草似烟。语言犹口耳，形影隔河山。不死唯文藻，前言岂不然。

宣统初元王考既辞文学馆畿辅学者议建存古学堂请王考主其事于是公推北江先生赴郑家口道意时培新年才六岁侍先生及伯父散步运河沿岸登其文昌楼事在目前弹指鼎革十余年矣思之慨然追想成诗十一叠前均

一水盈盈郑家口，岸南岸北楼插斗。忆从夫子登层颠，倏忽鼎革十年还。短发儿童笑前后，盛事陈迹留胸间。王考骑鲸脱尘网，群空冀北无人赏。天寒风惨百昌零，湿蝇满殿尘满城。白日颠颓苍盖暗，丘墓木槿辉煌荣。万怪掀腾飞海水，狂飚时挟丰隆子。一窗风雨守青灯，远绍旁搜聊慰喜。忝列贤门愧强颜，筝琶俗耳听琴弹。钻仰顾瞻勉趋赴，政有游夏相追攀。摅写前踪问来叶，苍茫大月衔云山。

十二叠均寄涵象轩主人

涵象渊如溟渤口，涵象之轩小如斗。掉头若不豫色然，单车出塞不顾还。手握刑章奸宄靖，化行政洽柏台间。翻身高揖千秋上，昌谷昌黎恣幽赏。天风荡袂云窗横，指点云端五凤城。几度飞埃观变化，王母桃花千遍荣。故屣飘飘抑邈矣，浮海往求市南子。天涌飞涛万骏奔，曼衍鱼龙自狂喜。化鹤归来再世间，霜林叶落秋风弹。羲农忽兮不可见，六龙未必无人攀。伐肝取字远送似，凉雨滴沥萦千山。

十三叠均酬履川

君才泛滥河江口，我比溪涧可量斗。巨流细流交汇焉。一气奔流到海还。渑淄味同质自异，旁人只看汪洋间。红波半天宾日上，云霞物泽皆堪赏。荡摇贝阙鱼龙惊,春风吹艳芙蓉城。欻然而来倏然去,大千几度更枯荣。我既与君同到此,眼中政亦空余子。漠漠寒沙岁暮天,把臂联吟至堪喜。君不见通家三世守者难,枯桐在眼愧人弹。堂构崇闳期各绍,祖宗余荫勉追攀。吐纳诗书华气象,唤取灵淑开名山。

十四叠均书范伯子诗集

灵鳌盘盘螭张口,碑高三丈字如斗。谁令语重喻者难,长绳大石磨治还。公哉远乎千岁后,元气浸灌肝脾间。同时辈流多将相,龙非碌碌诸公赏。颇亲张吴与我公,蓬科自了天边城。屯蹇沈忧绍风雅,老娱郊岛以为荣。人事飘流前后水,万口轰传范伯子。诵公遗集感当年,一则以悲一则喜。韵皆稳惬。秋风索漠吹管弦,华堂婉娈仙姝弹。哀鸿嗷声上青昊,岂有衽席容登攀。嗟嗟公诗亦安用,未若收拾藏深山。

读范诗有感十五叠均以申前意

不受人怜宁闭口,高吟戛玉干牛斗。翻然身落太华巅,翔九天兮更不还。开阖晦明抱明月,圜穹旷邃茫洋间。麒麟堕地思天上,颜色低摧俗流赏。痛哭杀人郊野盈,忍看争地复争城。群小嚣浮一慢二,不以齿德为尊荣。斯世那无高抱士,可奈纷纷臧氏子。远贤亲佞嗟古然,感慨悲歌浪忧喜。范子睥睨世途难,抱琴逃入深山弹。不问来朝炊米断,文君但共风骚攀。万古一棺何处是,空余风泪硼狼山。

十六叠均梦

老龙蹒跚怒张口,鲲鳣尸闪鼋如斗。奋鬐掉鬣瀛波翻,横飞倒泻风霆还。百灵明灭动恍惚,愿惶嗷号骇涛间。訞荡天门忽偷上,五精舞技八神赏。铿轰玱阁钟簴声,紫玉为舍珰为城。宛蟺陆离红翠驳,金蛇掣尾鸾飏荣。璀璨玑珪曳縠绮,笙镛穆羽夔牙子。飘裾翳带乱花飞，素女湘娥互悲喜。龙吠一声落世间，乌啼人静剑光弹。微风吹幕草垂井，鹤毛露湿愁登攀。红轮东开天地阔，瞠眙犹忆水下浮荡之三山。奇气。

十七叠均送友人

爱慕在心嚅嗫口，欲言面热胆如斗。离情忽落马蹄前，问君此去何时还。好惜年华各努力，天涯何异比邻间。黄河汤汤泛云上，戎夷禽兽交欢赏。浩浩大漠沙石横，山高万仞耸孤城。花雪积袍寒断骨，那如乐天知命安吾荣。我有大砚平如砥，有醪有肉有童子。窗明几净兔毫飞，风来哦咏尤堪喜。山川千里笑音难，不谓无钟牙自弹。骋尔才华极能事，归来经过念相攀。君不见笑对文君弃汉武，金泥一简封泰山。

伯鹰连年落第今夏取录大学人皆以是相贺会伯鹰次余出城均赠四诗赋此奉酬十六叠前均

非之于心唯于口，玑珠聊与沙论斗。只以多少分愚贤，璧则可受城难还。屯蹇年年浪言仕，空劳阳虎慰途间。一朝还辕秋律上，春卿睥睨忽入赏。煌煌大字门额横，僮仆欢语雷轰城。玄豹雾腾文自隐，凌霄偶挂宁松荣。嗟我交君六载矣，磅礴古今二三子。寿有久暂吾焉知，聊把琼章读而喜。自古高音和者难，夔弦枉向凡人弹。冰壶信莫夏虫飨，鹊巢孰可窥而攀。四十年还定何若，镜中一照期南山。

按：手稿题目“大学”前有“交通”二字。

连年水灾振济之声盈海内外人皆用是称国人慈心之渐返也感而成篇十九叠前均

不有远图只营口，古之道人谓筲斗。雷公鞭怪何骇然，倾盆大雨当空还。九河泛滥龙登陆，茫茫百万城池间。月光四溢水气上，高位只博风光赏。凄惨酸风送泣声，号呼振济亦满城。大万财名震瀛海，慷慨却受龙章荣。筲斗无才固如此，贤豪枉自穿眸子。纵使歌声泣鬼神，氓自鱼呞彼自喜。冷然清响疏越弦，六合风云归一弹。古风萧萧吹我上，凤仪兽舞锵相攀。神禹邈乎舜夔没，伊谁疏瀹奠河山。

二十叠均自跋一首呈师

勇气潜心又直口，刚肠枯槁浇以斗。枯肠得酒森芒然，蛇蛇蜿蜿鸣来还。块粒槎枒珠玉润，喷然洒落案头间。瓦邪砾邪审案上，扪形扣响羞自赏。要当一鸣人海惊，传写纸贵洛阳城。卷曲樗材愧松柏，更能桃李争春荣。嗟余浅造既如此，逡巡不敢呈夫子。细涂大抹慢思量，一读再读聊心喜。一封飞笺投街前，疾如羽箭弓初弹。高阁清明似闻响，剥剥啄啄来门攀。曰汝辔端马初放，吾将长鞭直策昆仑山。以上各篇滔滔汩汩，大放不止，而词句皆能锻炼深稳，复有奇气震发乎其间，是才思大启之候也。

中秋玩月诗里中作

蜻蜓点水燕掠波，小园雨后儿童歌。尘城烂漫归偏好，灯前快酌金叵罗。汤盘孔鼎发古气，颠倒岑岫纷嵯峨。手拂丝虫自寝馈，万古耽好愁难阿。楼头大月九秋朗，凉松刮地飞青鼍。风吹歌管云端下，姗姗桂影森成柯。下土馨香宁与让，停杯欲问呼姮娥。吟望悠悠浑莫测，泪痕孤照荧滂沱。清风拂拂天如水，琼琚鸣戛空庭哦。微生岂亦有知识，中宵何故鸣笼鹅。诗成聊以话圆月，皇敢托意希猗那。枭凤百年会同例，随所遭际应委蛇。词意高卓。

去年双十节寄尘伯鹰稚鹤履川寅生会聚寒斋畅谈终日并约相唱和今年是日诸君又相约同来聚谈甚欢忆往聚恍如昨日感韶光之迅速慨世变之多端而日来秋风大作天候剧变正宜有诗履川以题其乡张君诗集之作见示即用其均并呈诸君

惊风动地来，尘沙漫空廓。齐戒自更衣，缄默坐小阁。宁忍出庭看，四壁倏萧索。角巾自阅玩，阳乌忽闪铄。天地似惊翻，霆飞海为跃。万马奔狂埃，百怪忽唯喏。蛟螭突起立，松楸戛云崿。叫啸罗庭竹，感泣在樊鹤。何来二三子，欣践携手约。白屋气巍峨，侈口纵横略。扬吭发幽衷，按简写寄托。沥血洒晴空，天日高难吁。侧闻天东隅，海沸甚汤镬。百妖睒睗出，蝮蛇昂然作。陆吼骇天神，喧豗斗山玃。吾闻百变龙，从来潜巨壑。每于歙云汉，圭角翻铓锷。倒吸江海水，风雷任击搏。终焉雨九野，百卉吐葩萼。今岂有龙哉，万怪随谐谑。抑乘默运功，阴类肆磅礴。冥思乱魂梦，觉来迷今昨。世途日机诈，谁为浑沌凿。男子魁奇身，千载微名缚。冗俗日包缠，糟粕勤咀嚼。宁乏雄豪姿，片羽收河洛。千秋惜生晚，吾时古不若。缩手到篇章，质庸愧笔弱。披览今之书，辄恶其咿嚄。落落多触忤，录录憎惭怍。况从辛亥来，儒风日嚣薄。弁髦弃六蓺，新奇肆恢拓。我无飞鸿翼，莫缩雪泥脚。思为神骓怒，轩然脱缰络。蹴踏一长奔，风雨听铃铎。看月走燕山，扬沙驰大漠。长顾自许颇，一鸣人尽愕。穷途觅英雄，乌江扫鲸鳄。却屈阜栈间，纡轸常如瘧。飞叶乱黄尘，飞蓬任飘泊。风声弥激烈，披掠何浩博。日月真转毂，霜花又零落。年年此良辰，欢会除寂寞。海路有新魂，遥奠酒一勺。安能为是悲，且与尽残酌。诗书有删定，春秋有笔削。何当叩重阍，唤取金丹药。纯用韩公家法，所谓乘酣斗雄怪者也。

按：吴北江在手稿题上眉批："佳诗，不可不存。"

伯鹰为作镌印歌依均酬之

使君高义证维摩，龙蛇入眼皆么么。方寸回皇多妙谛，歌声远播惊荒裔。群阴灏淼秋风生，飘萧黄叶飞尘城。万里龙蛇昂首峙，磨弄牙角夸能精。柴扉双掩晓生寒，衰兰憔悴泣珠残。双凫落空忽相念，燕山片石为君刊。我弄沙虫动阶底，君骖鹏背扶摇抟。鞭笞鸾凤走八极，扶桑税驾天浆沧。连天瑶草炎飚荡，玉女络绎来相干。振裾拂袖试猛进，深探月窟何漫漫。嗟予不早立其鹄，摩挲顽石捐金玉。金玉顽石两等闲，哀歌顿见血渍肉。西北阴风匝地来，坐看尔我皮皲瘃。吁嗟乎丈夫意气凌云风，谁能顾悸形骸穷。电击冰欺了无害，云霓气吐尚如龙。

次均子建见寄

佯狂跌宕兴悠悠，浩漫烟涛遍九州。花径离披觉殊好，柴门寂寞自忘忧。游鱼潜水吾真羡，斗雀缘阶尔底愁。正好从容托风咏，萧萧落木满庭秋。

边荒借助诗人兴，坟典钟彝八代文。官苦自陵梅少府，诗清已跨鲍参军。中原虎豹方相搏，大陆龙蛇未倦勤。为问如何大疏忽，英威漫取靖边氛。二诗老健。

甲子十月书事感怀用履川次伯鹰韵眎履川

檐枣垂珠残，独坐看鼠踪。翛然忘物我，焉识围城攻。悽怆鸟吭里，悲愤马蹄中。将军在何许，仿佛鸣角弓。翻思克敌时，万蜸云雷通。风波一失所，不皇自责躬。事岂尽人欤，造化端为功。斜阳没万里，鬼哭声摩空。

慎莫多烦冤，亦莫踆踆走。月下歌我怀，灯前酌我酒。酒醉舞佯狂，士马咸昂首。欲以一掌微，掩尽天下口。益之蜉蝣辈，王齐犹反手。落叶挂空林，奄忽不复有。

自古何须数，翻云复作雨。临高一极目，秋气又盈宇。下有豺虎争，上有乱莺舞。壮观岂不快，侧听声则苦。孤寡号苍天，望祭何悽楚。万古功名人，等闲弃如土。

茫昧走暗途，遇君前秉烛。岂独启愚蒙，昼短可夜续。却忆两翁时，去如流电速。旅雁复成行，交情忽欢促。玄云滃然出，高棱望华岳。变化各努力，霜空自追逐。傲啸青云颠，萧洒丹霞谷。

凌植支文渊尊人双寿诗

左海泱泱有大风，川原苍莽镜函中。涌天雪浪江千里，踞地巉岩岭万重。雄浑。有子能增邦国重，平生好义里闾宗。万人齐仰长椿荫，鸠杖双扶日在东。

寄怀子建

千里思君意，孤灯试一歌。乾坤烽燧满，边塞岁年多。世事宁堪问，身家更若何。风云如有待，松影自婆娑。

喜仲谟自山中来

忆昔一相送，秋来音问稀。兰茎感凋谢，乌鹊恨分飞。天地空搔首，山林合掩扉。兵戈方未已，何事忽来归。

不寐二首

不寐风云夜，沈沈总未明。亲恩万重厚，身世百年轻。燧火终朝爇，轮车一月停。家书久不达，远客倍伤情。中四句乃不寐神理。

破晓登城望，云天雁影遥。环城山色远，旷野马尘嚣。目极云边鸟，魂翻海上潮。更堪挥手返，洒落御风飚。声调甚响。

赠孙抱存刚璞

古有神明契，曾无一面知。风涛几万里，歌咏乱离时。大雅今衰矣，文章孰振之。割鸡犹缩手，小技敢称奇。

按：手稿在“刚璞”下有“伯兰先生令嗣，以书并所刻印章相质正”，被诗人删去。吴北江眉批：“大方。”

郭自存振冈为绘小像戏题一诗兼酬自存

乍见翻疑我，相看只有君。眉长眸炯炯，额广貌申申。暗澹真何用，丹青若有神。料知常骨相，不解上麒麟。收意至高，笔亦隽诡。

次均和妹初冬杂感

鸡犬千村绝，楼台一炬空。朱旗挥日月，怒鼓挟云风。莽荡成今古，飞腾各长雄。安危有诸将，不用发幽衷。

栖惶对家国，欲救两无方。论义无生理，真情有断肠。微茫斜日落，灏淼暮云翔。血气方刚锐，忧端底用长。

烂漫一杯酒，真消万古愁。从来千里客，遑计一身忧。骨肉兵戈里，沧桑岁月流。扶摇难自料，汗漫羡鲲游。杜公神韵。翻畏家书到，窥天雁影斜。冻云连塞远，乱雪极天遐。路梗新烽火，霜凝旧血花。横流真满地，独立啸天涯。四首雄伟劲拔，五言绝调。

次均和妹见怀之作

侧身大野又连兵，日月晨昏剧送迎。万灶貔貅成白骨，耳边怕听鼓鼙声。

楼台歌吹舞青红，横卷流光万象空。盖世拔山成底用，逝波莫挽古今同。

佳章手把重悽然，弟妹遥怜各一天。只字应教成失喜，琼琚照眼况连篇。

甲子除夕感怀用妹咏雪均

不须慷慨倒金杯，醉死樽前郁不开。一炬咸阳宫庙尽，沟中断瓦或琼瑰。

豪门罢舞势犹雄，澈夜华灯烁碧空。咫尺荣枯谁管得，英雄无主古来同。

精采灯前拂剑华，悠然神会兴偏嘉。咤天立久还收匣，风骤霜飘卷岁华。

神驰邈邈奏歌时，磊磊悬求千载知。贤哲与人同至性，且披吾腹照吾诗。

除夕得妹寄诗即和

诗芒凛凛逼人寒，未许重吟岁已残。到耳忽惊千尺浪，回头犹阻万重峦。游人孤烛看斋壁，故国珍肴转玉盘。遥念弟兄欢宴乐，鱼龙寂寞水弥漫。

爆竹喧天澈玉京，听闻弥使客心惊。漫留壮士心肝在，真恐英雄髀肉生。万古江山何太碎，十年戎马若为情。漂摇风雨谁能料，独奈哓哓作怨声。

天游室诗卷第二

桐城吴北江先生评定
武　强　贺培新 撰

乙丑元旦与仲谟饮酒醉中口占　乙丑

美酒酬佳节，深心向故知。苍茫孤往意，寥落乱离时。痛饮知醒醉，高歌定喜悲。崎岖经万劫，肝胆自离奇。时有奇气。

次均谢刚主国桢初春呈师之作

师门论养德，慎莫恒怆恻。师门论为文，要使光芒艳。八代扶衰手，煌煌百世则。退处党负轩，斗米甘沈默。浩然千载情，对古独悫愊。恓惶五十年，斯文以靡忒。期我最深雄，血气增感恧。无端春色来，草木青红饰。凉飔倏披拂，万卉又倾侧。横被九州广，国门失阃阈。独搴兰茝芳，弃彼桃与芅。耿正指九天，修能靡止息。触念民生艰，滂沱泪沾臆。天生热肺肠，万古焰不息。江海莽汪洋，嚣尘岂淤塞。何来谢子诗，饥渴逢甘蜜。阆风方緤马，反顾忽日仄。满怀无穷抱，令我无颜色。终当神邈邈，不为心戚戚。津梁麾蛟龙，云旂委蛇出。一洗俗尘空，赫戏升皇陟。竟体老到。骚赋中语采撷入之诗文，最为隽永。

次均和妹初春感怀四首

迂生刚耿太乖时，独对同心千载期。户外严霜犹在眼，江干春树忽生姿。鲲龙大劫经千变，凤雀同飞到一枝。赵土浇来无賸酒，平原绣罢有余丝。

春色弥纶宇宙华，凤楼犹认帝王家。扬雄枉作千秋想，彭泽终为五斗嗟。但使烛龙光下澈，不愁玉宇净无瑕。贩缯屠狗知多少，暮景飞腾一眄斜。

袖手看余岁岁过，非才无意激颓波。残阳婉娈情何限，么凤飞腾意最多。碎柱相如才未展，沈湘屈子怨如何。从容会悟行藏理，独立苍茫发浩歌。

微红亚绿上畦篱，弱柳迎风袅万丝。海国浮云何浩荡，太行青草正离披。嚣尘兵甲难冰释，散发江湖愧世知。涕泪断肠何必尔，鹏风踠怒一培之。

次韵奉和北江先生兼眎同社诸子

晻霭风云间，此生百不妥。颠挤大群内，喘息戈鋋左。独赖男儿气，乾坤担在我。充之海不波，缩亦身免祸。舍此而不由，无不遭蹶跛。亘古德輶毛，而民鲜能可。火山与刀树，积薪或累卵。百水会流归，势如奔万马。岱岳气横天，培塿附其下。问子何所知，曰闻夫子也。忆昔吾太师，德泽在冀野。利民足百年，庇士营千厦。吾祖实与俱，吾师实继者。淋漓翰墨缘，庸非天所假。大业兀穹窿，直指殷周夏。一发到今朝，宁不在吾社。俯仰杂笑歌，风骚兼颂雅。自绝一世嚣，已为天锡嘏。昭质况未亏，高余冠岌峨。

妹寄诗有燕雀藩柴自娱乐何为九万扶摇游之句次均和之以反其意

大椿长荫八千春，老彭虽久嗟难神。九万扶摇取鸠笑，三千水击骇纤鳞。庸夫作难英雄慨，仁义为名盗贼代。此自庄生忧愤怀，万古哼哼故常态。一罊能专游彀中，逍遥无有旁皇空。槁木执臂得蜩翼，垂云大翼能培风。浮海愈往望无岸，禹迹茫茫始河汉。君不见御龙姑射云悠悠，吸风饮露辞春秋。野马尘埃任驰骤，税鞅同作青冥游。

东坡画壁韵戏题画扇

火云重重爇天出，远映千山万山石。汤汤碧水欲翻澜，十丈悬流喷雪壁。自笑平生不知画，何苦漫涂遭世骂。古人扬扇取清凉，摹取炎歊亦奚者。艴然掷案案生光，凛凛长空飞剑铓。试将合并持在手，袖中好听鼍龙吼。

和履川用韩均

文章四海畴如公，精思伟议蟠胸中。当仁不让古有训，诗坛牛耳能争雄。异书奇字参余味，周秦汉魏纷难穷。新篇过我每相示，海天吹下蓬莱风。惜哉涓滴渺何补，爝光讵可天衢通。缗诵百遍意不惬，慷慨大叫声摩空。方今无人重言行，逞姿摇曳争圆融。青紫朱丹唾手至，华榱大厦成深宫。提挈诛赏廊庙上，挥戈日落川为红。古人死矣原无用，争抱遗蜕嗟何衷。人生贵在适其适，奚以糟粕拘吾躬。形囚精敝高自命，掩耳走避谁欤同。纵有飘风一时誉，敢问何以全其终。曷如屏之一不道，得时斯驾成奇功。折管捐书抛大砚，空山雾卷看朣胧。不尔长安策六辔，风云咫尺翔天东。

次均伯鹰咏落叶

胆落空阶上，无痕却有声。拥衾难口语，隐几暗心惊。乱柝敲风急，飞霜杀叶鸣。飘萧听满院，处处是秋情。

和妹咏怀原均

四海水滔滔，九街尘扰扰。酒阑隘中区，吟诗夜达晓。吾窥上下际，形色即空杳。苦厄度一切，三菩提三藐。至诚金石开，英贤故腾矫。补苴掇拾余，维系宁可少。

骋目四荒外，川原皆浩浩。盲进不知还，奇葩开满道。烈风动天地，龟龙岂寿考。飘飘归来云，悠悠飞去鸟。万生浩万纪，一例同草草。恻怆为惨然，突兀空所抱。

颇妒古君子，暗然而日彰。从之愧无力，缅之心旁皇。虽无抟风翼，誓随黄鹄翔。九点望齐烟，扬波顾大梁。神游天地始，脚底知何方。

里居抱恙朋游多以书问忆与诸君聚饮都中兴致至高归来累及诸友系怀赋此寄谢廿一叠山谷口字均

吞露嚼花馔入口，沫月漂星酒流斗。青毛骢马出京关，我徂家山不远还。歌声自遏云天上，世态传之阿堵间。一朝不慎沾微恙，三春景物无心赏。系怀重累故人情，飞简联翩到故城。荡胸顿然起奢望，欲撑病骨求真荣。古人学道要以死，赤身突穴探虎子。百怪蟠腹发雷音，感动鬼神忽悲喜。吁嗟乎文章要眇得之难，小才寡可多讥弹。蜉蝣采采自相媚，龟龙大寿终难攀。蝼蚁侯王孰多少，眼中余责如邱山。

二十二叠前均戏赠仰仪

自古达人多为口，肉山若瓠腹如斗。脍炙三餐常果然，顷刻坦腹鼻音还。觉来误著旁人服，两臂插架虚空间。独有高行羲皇上，傲然不许时流赏。剧饮雄谈四座惊，对卷号呼声满城。至言药石粥其友，黾勉抱道真奇荣。我闻此语恍然起，四海同心独吾子。贩缯屠狗多雄夸，东陵瓜侯浪自喜。吁嗟乎文机变化喻之难，韩公鼓舞颖师弹。无术追从万里凤，翱翔翼翼穷跻攀。流涕高邱叹无女，何时绁马阆风山。

赠稚鹤二十三叠均

任尔嚣嚣腾万口，有勇一夫胆如斗。对卷咀嚼神飒然，十万神兵蹴踏还。巨鹿昆阳夜战急，雷怒风酣万壑间。超然耸出唐虞上，皋夔拜稽尧咨赏。琼楼璃宇凝寒晶，讶然天外赤霞城。造化机缄既云畀，鸡虫得失何衰荣。尘雾滔滔人海里，袒臂狂歌吾与子。尧跖同归万古愁，酥醽到手心颜喜。君不见提剑收勋自古难，九天日月应弦弹。白也平明空啸咤，英豪功烈终难攀。以此校然信有命，不如早去归青山。

张心泉庆开创刊导报赋此寄之廿四叠均

张仪自具悬河口，欲正四时高揭斗。掉舌摇笔气昂然，八荒四海风云还。天关地扃荡开阖，鲸鲵手掣波涛间。常把大义担肩上，更将辣手行诛赏。褒讥唯是敢私情，鬼神昭布森满城。雷奋蛰开回气运，融风嘘壤敷春荣。吾邦自古多豪士，勇起卓荦得吾子。矫首舐天无翼行，昌言载途聊可喜。吁嗟乎天地干戈行道难，欲拼血泪涨江弹。炮震肉飞海倒立，五三盛世知难攀。顾睼苍茫欲安往，拥怀愤郁高于山。

章南磎超见和前均二十五叠均答之

涛翻云涌诗人口，伏首蓬庐妒箕斗。偷逃一世琐禅关，只有雄心收不还。漂泊干戈百不遂，坐辱槽枥奴人间。犹有孤怀千载上，四顾茫然谁共赏。时移世变礼难凭，更闻往教时出城。宁关先觉觉后意，只将时雨沾春荣。大床独卧呼不起，应运成名由竖子。千秋坟典浩茫茫，夙夜栖惶杂悲喜。君不见魏武三叹时光残，田文犹感雍门弹。道学藏身自终幸，爰时进取将奚攀。景夷高台容我上，北望汝海南荆山。有奇崛之气。

小园晚坐和妹见怀原均时学潮工潮甚器将引起列强重大交涉

璧月浮云影，金天冷露融。几番伤乱意，一写别离衷。鱼鳖翻惊浪，松杉乱碧空。栋材著意选，只付渺茫中。

再和妹用太白梁园吟均时交涉已起吾民死于难者数百人而列强争归咎于我方开外交会议于京师思昔抚今有感而作

滔滔尘雾弥京关，万年常悔不耕山。风浪翻天操一叶，咫尺卷入洪涛间。洪涛沆漾忧虞多，独踞中流放浩歌。明灭万灵浩无极，鲸鲲奋鬣扬其波。欲共南山守中国，我有迷魂招不得。用长吉句。微茫醉眼日西流，百年兴废倚高楼。万木郁蒸连大漠，萧萧风雨怕成秋。盟议槃敦自罗设，窗外斜飞冰与雪。伊谁赤手鼓狂澜，涤荡秽瑕百川洁。吁嗟乎方叔元老绝人群，功成委骨成高坟。雄心浩气散天地，老谋长算付流云。盖代之雄今安在，雨骤风飘不相待。鲸扬鼍舞涌潮还，犹有高名揭寰海。当风起舞振裳衣，邦家至此未宜归。上下四方广求索，飞腾慷慨留斜晖。歌曲终意迂远，清风高榻睡去来，一笑黎元生也晚。

按：手稿在题目“数百人”下有“所谓五卅惨案者也”；“京师”下有“今日之变有类庚子”，为诗人删去。

答王寿彭思钱见寄

时之不逢命也夫，浩歌激烈何为乎？我生性已众所迂，君学亦复非时需。天寒岁晚歌乌乌，高人枉自矜其姝。惯醉撼屋酣狂呼，指画天日兼心摹。星河侧足与云俱，投竿沧海拂珊瑚。平生孤抱宁肠枯，慎莫碌碌尘泥污。廉蔺胆照心肝刳，贤豪岂必非吾徒。畿南文献忆先儒，大帙传遍天东隅。

双十节明皆伯鹰履川稚鹤寅生相约来舍会谈忆昔吴熙甫先生诗云一室聚才贤此会难往往承平之世固然乱离之中不尤足贵乎因步其均成诗眎诸君

世变真茫茫，一瞬成今曩。去者浩无纪，光气有独壮。堪叹悠悠徒，果腹适莽苍。坳堂覆杯水，滂沛纵横放。大道无小知，大音无细响。诸子兄弟交，意气互森爽。颠沛丧乱余，迷离恣幽赏。谅哉多行乐，枉作千秋想。后世纵有云，宁抵万代谤。惟独古贤行，彪炳列天壤。凌夷到今朝，谁为横流障。由来扶摇姿，一蹴落尘网。鸿泥结爪缘，陆沈誓靡两。岂独术之难，亦坐气先创。吁嗟邦无道，千里弥榛莽。佳会宁弗珍，努力在自强。茫茫万岁后，悠悠千载上。所当畏未来，兢兢步已往。

和李芷洲先生广濂新春游故宫原均

冰雪满天地，冻锢牢难开。大气一潜转，万象森昭回。疾雷破天柱，一雨千山苔。霜风忽飕搅，落日堆黄埃。炎威势方盛，宁畏风雨摧。大山坐相失，脚底鸣惊雷。九天悬日月，照耀金银台。黄鹤去不返，万族奔腾来。归云幻飞鸟，天地倏蒿莱。斯须变化间，如递掌中杯。兴亡自古有，所贵非凡才。治国观浮海，辽乎诚远哉。故宫。

象形同会意，范水兼模山。往往一无就，忽忽非朱颜。欲逝天高处，开阖云雷关。旭日濯芒出，花色浮空间。眼中画千幅，良工亦等闲。一览众山尽，去去吾其还。书画。

夜半闻鸡声，虎豹开九关。明星垂万点，瑶界苍茫间。忽入鲲鹏海，或遇龙蛇山。赤手急与角，顷刻不敢闲。百劳觊有获，月里窥云鬟。考古贵其奥，精神相往还。体质形似间，悠悠何足攀。古铜器。

漫道世凋敝，丧乱失天经。技艺日精巧，百事翻奇形。取皮遗厥骨,得粗失其精。睥睨更不进,钓竿投沧溟。自谓声轰霆,世视寒蝉鸣。洪海阏尘壤,大地生鲵鲸。安得起衰舜,变窳夸寰瀛。近代陶器。

青天时一围,崇崖多峭石。烟峦莽历乱,流丹复飞碧。山河满目中,昆仑独历历。流沙万里外,宁复有人迹。万死获宝归,璧石或盈尺。一朝落俗手,清浊天地隔。物岂感知音,髣髴泣琼液。璧玉砚石。

寒女贡绣丝,绣作金银阙。灿灿平原君,皓皓瑶台月。何来千佛容,坐令壮心歇。笙歌涤耳清,霜钟千里发。屏气瞻光辉,肃容参入微。回头顾人海,顿觉尘生衣。悲咤苦羁绊,兀兀何当归。风雷入奇怀,开阖阴阳机。九幽砰变化,八表惊霆飞。丝绣佛像。

浮云 丙寅

狂谈剧饮会高朋,那有闲情计宠荣。欲卷胸怀飞动意,浮云一片寄吾生。

次均和冯述先复光呈师之作

古人亦有言,狐死正丘首。反本问道源,吾固心惭久。每遇同心人,强怀如中酒。意气陵云高,沈忧共地厚。笑傲任旁瞋,硁硁谨独守。大块有噫气,万穷霆飞走。鱼龙变微茫,泛地摇星斗。于喁小大和,黄钟乱瓦缶。翛然众窍虚,蜂蝶枝头斗。北园郁苍松,南陌生红豆。碧水流青山,花风满千堠。吹万使自已,无心云出岫。膏泽略沾濡,欢颂声盈袖。运会使之然,晚禾偏早秀。盈缩有天机,金石或不寿。望气龙眠高,慨然千载后。研练深稳。

按:该诗发表于《天津民国日报》1947年5月15日第6版《民园·天游室诗》,题为"次韵述先呈师之作"。

齐燕铭震工篆刻以手摹元押两册属题

王城人海中，齐子颇好古。居恒手一编，葩藻自吞吐。兴来学五丁，频挥凿山斧。斧落蛟鼍生，郁律群灵舞。溪女洗天花，来合白云煮。霹雳起九天，缤纷落红雨。红雨洒微尘，阳春气和煦。花开红万山，龙螭自旁午。龙螭森万变，苍颉画如许。却出十指间，谲哉怖杀汝。我观齐子为，深知良工苦。一洗雕琢痕，宁屑斯冰伍。丁兹丧乱会，寥落畴其侣。元押五百余，字字皆手抚。奇气疏宕间，或不失厘忝。论自秦汉来，斯体为独树。论者或屏置，良用时去取。与其崇伪品，泥弱气不举。何如法后贤，庶几绳祖武。伯牙绝其弦，待为知者鼓。

按：该诗发表于《天津民国日报》1947年5月20日第6版《民园·天游室诗》，题为“燕铭工篆刻以手摹元押两册属题”。

次均和伯鹰论诗三绝

天遣裁诗不论才，孤吟自吐短长哀。由来骚客千张纸，未解心头一念灰。

使君孤抱我能知，天马凌虚态自宜。唤取昆山珠玉气，更吹妙谛满须弥。

雪岭苍茫独立身，檐花春酒酌浓醇。沧江一卧天难转，空说高歌觉有神。

和伯鹰夜行均

明星万里压城闉，夜景沈沈入眼清。忽忆石壕别翁语，千家幽咽耳边声。

次均和刚主

四壁架群书，此外一无有。玩世卧云烟，看人斫伤手。当时张与吴，道踞斯文首。大父及范公，倚天南北斗。英豪所陶冶，各作蛟龙吼。笔端抟造化，云梦吞八九。气机所推荡，士习不敢苟。群雄不相下，德齐而地丑。徒有文在篇，曾无印系肘。饥寒忽相迫，南北天涯走。夜吟倏达朝，晨餐或至酉。栖惶百代心，飘零一杯酒。謦欬接马扬，意气无韩柳。悠悠三十年，烽烟被陵阜。不惜焚其躯，真当度乃口。谢子才轶伦，威凤在郊薮。上饮瑶池露，下食明湖藕。纂述追顾秦，余事包虞欧。苍茫千坠绪，吾已迷津久。韶夔音不作，雷鸣轰瓦缶。舟子正招招，昂从人涉否。稳洽中有奇致。

按：该诗发表于《天津民国日报》1947年5月22日第6版《民园·天游室诗》，题为“次和刚主”。

雪后登塔与伯兄仲兄翊新妹联句

西山挂云幕，万树开琼花。迪　壅培根深奥，覆压枝横斜。培　俯仰一身外，天际浑无涯。又　深宫封玉屑，残阙埋寒沙。迪　琼楼气凄凛，玉宇森排衙。平铺吹素练，层叠屯峆岈。培　谁将曲径扫，蜿蜒如长蛇。又　晶莹光万顷，点点翻寒鸦。翊　对景发幽兴，挥毫落彩霞。又　联吟风出谷，沦思笋抽芽。翊　欲将心比雪，皎皎净无瑕。又　恣情写怀愫，休向旁人夸。迪　崛强天所忌，松老看龙拏。培　鳞皮自翻裂，一白焉能遮。翊　郁律天容晦，诗书气自华。迪　升沈原有命，莫漫苦长嗟。又　岑岫纷倾倒，颠风散乱葩。翊　归途惊顾笑，未老鬓成华。培兴会高逸。

飞蓬二绝赠友人　丁卯

飘飖流转任东西，乱绿残红已作泥。自谓干云上无极，终然摇落对荒陂。

一庭零落散群芳，愁绝孤蓬独激昂。断梗残荄任漂泊，荒山辽海定何方。

和妹梧竹诗均

十亩成林梧，千竿插天竹。绝无赤地赪，一意扑人绿。古藤生老蔓，偏有蹑云术。倚靡飘风来，激飏放歌独。大河曲九回，历乱帆千幅。鹓雏趣林莽，鹅鸭泳河腹。霹雳忽惊天，凉雨逗自隙。嗟兹故乡乐，何异藏深谷。势殳为王驱，万里待膏沐。杲杲日方炎，欲雨那能速。

再和前均

圆颅浑若瓠，细发森如竹。研砂口含丹，刷翠眉染绿。引吭哓哓音，纳腹哼哼术。一例何贤愚，千载共幽独。所以栩栩梦，蝶翅看幅幅。鷦鷯巢一枝，偃鼠饮满腹。无为无不为，物外皆空隙。踉位鼪鼬径，藜藋柱空谷。跫然闻足音，喜色新如沐。总胜尘寰间，忧虑催命速。

答张磬宾庆泗

张子信吾徒，才高转若愚。规摹三古业，俯仰一床书。凡驷材皆下，神驹气自殊。仓皇戎马里，辛苦识之无。

按：此诗手稿题为《答张磬宾庆泗见赠》。

端阳日陈小溪汝翼杨泊庐溥共饮吾家酒后各画一扇余即时各题一绝

虬干饱经霜，清波沁晚凉。万山丛翠里，高拥读书堂。泉石两清幽，蔽天但篁竹。十年餐雪人，独向溪岩宿。泊庐官边省十余年，自名其居曰餐雪轩。

题成达学校学生题名录

吾将自涯返，诸君自此远。雪浪拍天飞，孤舟慎操稳。

按：手稿题中“学生”为“同学”。

小溪泊庐皆以画著称端阳日偕吴海山羲同游北海遇雨而归相约小溪泊庐作画余与海山为诗

屠龙技成荡百产，世间俗物不挂眼。荒烟缛草怪奇山，风走雷惊入怀满。砰然变作腹槎枒，腕底云涛任舒卷。欠伸掷臂掉头行，四顾苍茫开翠巘。十年餐雪人，妙笔得天真。亦有希声子，景物能传神。端阳时节聚情话，碧湖荷底潜金鳞。亭台错落眇盈望，游艇万点何纷纷。新蒲风动娇作态，小鱼逐水吹成纹。顷刻奔云四面集，晦明倏烁訇雷急。狂风破海轩波立，江河交会同呼吸。万木号呼动天泣，疾走狂驰患靡及。归来薄醉踞胡床，云雾澒洞气犹湿。后半气变神变，摹杜公得其神似。

按：该诗发表于《天津民国日报》1947 年 5 月 24 日第 6 版《民园・天游室诗》，题为“小溪泊庐皆善画端阳回游北海遇雨而归”。吴北江在手稿上眉批：“用险韵颇能深稳。”

用濂亭先生留别莲池诸生均示来学诸子

百代绪苍茫，寻搜经几载。方寸日回皇，羽翼修采采。春风过寥廓，春雷破花蕾。锦绣画图开，纡缦山容改。对此一舒啸，牢愁迎刃解。会将凿坏逃，万唤不回睐。世态更枯荣，风雨一飘洒。煌煌李杜文，众流之所汇。来者不可及，往者莫能待。愁绝嫫母容，枉用花雪靧。换骨无金丹，倛丑亦何喟。诸子皆敏才，盛气可吞海。八表战尘飞，斯文余几在。何当策奇勋，矫翼云霄内。用险韵颇能深稳。

和妹雨后五首用杜公秋野元均

真人久无语，寂寞独逃虚。古绿藏深洞，遗踪访故墟。看松还坐钓，种豆自携锄。雷破山出雨，清溪添巨鱼。

报国无长策，安身与愿违。真当昏梦觉，竟自倦游归。髡首楚狂美，逢殃伍子非。玉阶仙露满，着意采芳薇。

尘网逃无术，羁愁恨正长。兵戈弥九有，云雾暗三光。鼙鼓催惊魄，流星裂帐房。万方多难日，燕寝自凝香。

杀气蒸炎热，云天似火红。万牛回皓日，匹马走清风。桑海千年易，风云百古同。含元群仗卫，已在紫微宫。

云雨油然作，惊飞鸥鹭群。电光天外掣，雷鼓夜深闻。汩汩千山溜，霏霏万壑云。凭谁为湔祓，倒海洗三军。

和寄尘见投原均

缅怀前数载，有隙辄相寻。间携访名胜，踏影行幽林。缛草浥微露，鼌景鸣仙禽。屏绝亢阳意，行行一径阴。仰首窥白云，俯听流水音。空翠扑我面，涧芳袭我襟。洒落见忠厚，肝胆豁天真。多谢故人书，前踪漫用摅。莫为伏枥马，当为汗血驹。后生良可畏，来者信难诬。百年素王殁，文不在兹乎？生幸与于斯，不力宁非愚。舍失求则得，在我宁独无。大哉明德远，微禹吾其鱼。

阴雨与妹联句

阴阳气交会，云雷万鼜通。连钱铺满地，万杖交排空。冯夷驱海立，鞭怪波涛中。丰隆击天鼓，陆地登鱼龙。培 陵谷无由办，万象难究穷。誓倾东海水，一洗烽烟重。小院炎威戢，联吟兴倍浓。又 龙芽煮双井，聊慰枯肠鸣。培 学舍如舟小，榴花似火红。又 池清鱼晶晶，萍弱波淙淙。檐溜有清音，万窍号笙镛。急雷为怒鼓，沈雷为洪钟。培 荡漾千丝柳，岧峣万丈松。孤松峙云表，弱柳乱西东。又 坚贞质固异，凡材难苟同。繁英罗百卉，过耳若飘风。黛色横天外，万古高穹隆。寸茎荫百尺，吾闻之太冲。离离苗已萎，郁郁松犹崇。而今始未信，地势宁为功。培 久雨花零落，飘流任转蓬。艳质堕泥泞，忧愤填深衷。阳乌唤不应，天公如瞶聋。又 愁颜长惨惨，涕泪还漎漎。洪水泛郊野，人马失常踪。云谁履虎尾，讵免杀身凶。天作孽可违，自作孽常钟。人孽吾能免，天孽宁为容。培 疲民苦屋漏，饮食常不充。日出可力作，久雨愿何从。有田难穫稼，有屋难藏躬。稚号隐呜咽，气尽睁双瞳。又 老叹频泣血，衰飒心矇矇。疮痍满天地，块垒莫填胸。且倾杯酒尽，放眼睨群雄。摛辞聊啸傲，落笔接鸿濛。神游天地外，兴起废餐饔。培 惊人构奇句，吐气干长虹。宁辞寸管折，沙石勤磨砻。斯世无知己，天鉴此孤忠。又 相看成至乐，大化真良工。晚景沈沈至，暮鼓声隆隆。培 淋浪犹未止，庭水纷泾溶。又 石破天难补，神娲岂再逢。千涂泥扰扰，浩漫竟谁宗。

秋　雨

鸡犬萧然百不闻，霏微秋雨绿萝纷。莲房子满菱初老，时有微麟蹙锦纹。清丽。

明皆用韩石鼓歌韵作北海歌叠均和之

高吟阮咏扬洪波，因哦太白梁园歌。远绍风骚大手笔，梦寐不接伤如何。目骈甘华茹荼蓼，四海扰扰翻矛戈。功业未建惜髀肉，坐令风日相消磨。念我生初我生后，爰爰有兔雉离罗。中情信芳默亦已，陆离长佩冠嵯峨。逢此百凶亦何喟，无言独寐考槃阿。深谷逶迤鬼自守，鼪鼬虎豹频遭呵。人生在天各有命，自安其命斯无讹。轩冕名称论贵贱，牺尊沟断浑同科。我昔梦天大瀛览，青铜碧水磨鼋鼍。珠贝瑶辉万灵泳，海底照烂珊瑚柯。仰头星月朗可摘，霞裳交衽光腾梭。累榭层台邃明旷，神工刻桷生龙蛇。直屏鸿龙诉真宰，将驱玉狗呼姮娥。几许奇情柱胸臆，不堪重忆涕滂沱。此段最为伟丽。吾友王侯近十载，少长游好言行和。江河奔流东注海，相期固本先盈科。名园郁郁高秋爽，流霞倒影月明多。分曹赌酒恣酣乐，可无荆棘悲铜驼。枉辱桥边长老赠，扬眉拂剑风云过。朅来更学作人术，有如璞玉加切磋。险均大题漫载笔，又似鸥鸟凌沧波。插脚常途自无可，披肝沥胆平不颇。今之诸侯莫相过，好臣所教知靡它。凡才豢养备咨问，讵能有断徒婞婀。疾雷到耳貔貅散，须眉震耸劳摩挲。吾言止此意以适，碧天照水风乘哦。君不见杜老哀吟叹离别，愁看天际飞驾鹅。歌泣鬼神固如此，有学无命理则那。科头自在羲皇上，岂免一世常轗轲。鲸身辄拟偃溟渤，宁肯涸迹胶江河。唐虞稷契慎期许，白首濩落甘蹉跎。通体矫健。

寄尘来书促和诗其词甚厉次均戏答

刀剑咄相逼，善士心胆寒。君子必自反，横逆来无端。弱质固多怨，恩绝悲齐纨。所以圣人智，采蕨西山颠。独行自不顾，万古哀忠肝。

朝暾出扶桑，炎辉照胆明。老骥伏槽枥，忽作不平鸣。秋风起朔漠，次第来中庭。萧萧还瑟瑟，碧水凝寒晶。转眼岁律回，百卉还故青。丘曰欲无言，白曰不用醒。哓哓复喋喋，讵免高人颦。以下诸诗皆极稳健，涵蕴功深。

再和前均

放怀八表外，得句自高寒。吐纳湖海气，奇趣生百端。清声振金石，逸态飘罗纨。浮空恣游览，跨越千山巅。独怜旧乡马，临睨一摧肝。

负辕大行道，伯乐眼独明。老骥感知遇，俯喷仰而鸣。三年默无语，大鸟止王庭。冲天飞九万，婉娈双圆晶。九点烟痕杳，不办齐鲁青。莫尔化蝴蝶，如周魂梦醒。攀追莫由达，令我愁生颦。

反寄尘意和寄尘元均

点缀天地间，端赖春桃柳。飞燕与阿环，常占风华首。人生寄一世，为乐及年茂。好持平旦气，莫寢宰予书。豫章高连云，抽空挺孤秀。谷圮山或崩，讵保千龄寿。自古成功徒，不在躬德懋。夷齐绮角俦，抵死老岩岫。尧囚舜野死，苍生卒莫救。所以真达人，笑谢天下授。君诗日有进，笔端能富有。独笑孟公迂，王齐犹反手。收尔夸大言，千秋有不朽。

七月二十三日生女朋好多以为贺赋谢

杜陵盖代才，遭乱唐天宝。触念民生艰，悲歌动苍昊。当时征令下，白骨堆万灶。契阔叹死生，执手愿偕老。长男新战死，中男绝短小。鸡犬绝千村，田畴尽枯槁。大万好男儿，埋没随百草。健妇把锄犁，陇亩纷莫晓。妻子痛陈词，耶娘泣相吊。曰知生男恶，反是生女好。人情自古重，多男长寿考。生女惧贻罹，生男君王兆。谲哉老拾遗，椎心发孤啸。刻骨作诡词，悲惋知多少。所以后世人，一读愁绝倒。乃知贤哲心，羞为一身饱。君看斯世上，八海纷云扰。惊涛击怒流，白日愁失曜。猰貐竞人肉，豺虎磨牙爪。炮火夜薄天，战尘塞八表。乱离苦兵役，万姓同一悼。粒食自为艰，遑论八口保。我躬犹不阅，我后谁能料。才知老杜言，尚未揆其要。生儿信为恶，女亦何所好。区区儿女间，何足为忧乐。一简谢隆情，为君吐孤抱。一气奔放，如丸走阪。而坚老雄浑自如，殊不可及。

北海夜坐口占

淡月疏星光耿耿，绮食雕盘共酩酊。灯华掩映荷田田，万道金蛇凌倒影。

六言题画

匿迹嵚奇山里，不愠不忧不喜。闲来独钓船头，坐看烟波万里。

答袁珏生励准论印学　并序

袁君题印存诗，意谓赵悲盦、吴仓石不足语，于是必直窥秦汉，不在赵吴篱下。斯可谓高论矣，然而有未当也。夫悲盦雍容大雅，婉妙工秀；仓石温醇古浑，苍莽雄奇。各有独到孤诣，人所不能至者，开斯事无限门径，仰承俯授，为后学宗师。常谓印中之有赵吴，如文中之有扬马韩柳，诗中之有李杜苏黄。屏诸家不道，而曰"我欲学诗书"，是妄而已矣，况诗书终亦不容拟似也。故欲窥秦汉，必先得二君所自得于古者。盖秦汉印多冶成，寓天趣于平易之中，其妙难知，其迹难求。二千年来纷纷摹拟，何能得似万一？不有进阶焉，终亦工匠之为、雕琢之技而已。雅俗之莫办，乌足以言高古哉？独亦难为不知者道耳。

悲盦启径窥高古，仓石沟通集大成。不悟二君攻苦在，未知步伐敢言兵。

悲盦逸态殊多妙，仓石雄奇实可师。若论功能镵造化，鸾凰龙虎两殊姿。

浑沦秦汉真何似，廿八篇《书》三百《诗》。天趣正由平易见，中庸至德邈难期。

后人妄说追三古，力竭筋疲让杜韩。鼷鼠饮河聊满腹，豪情一洗腐儒酸。

诗书亘古无人继，秦汉良工识者谁。笑杀大言漆园吏，扶摇九万竟安之。

巧专自得臣为鏤，传世藏山两等闲。但觉高歌泣神鬼，悠悠毁誉已全删。六诗得大自在，自是行家心得之谈。

苏卓人以诗二首征和勉和其一

不须巢燕患焚堂，雨注风穿已可伤。宁肯跖夷同损性，终归臧谷两亡羊。三千大帙宜埋首，八百孤寒又晚霜。日落风酣何处著，酩然醉舞自佯狂。

骏马和寄尘以原均未尽意辄增数均

大宛花骢马，骄嘶在原野。邓公一见之，牵试华轩下。不使伏槽枥，不惯服车驾。罗帕覆银鞍，千金难论价。天厩真龙种，斯须千变化。紫焰双悬瞳，寒光白照夜。西北起大风，昼晦愁深衷。扬沙走砾石，折木长林中。窈冥日色白，百草皆不丰。天地去咫尺，隔绝而不通。空怀敌万志，不得成奇功。风吹鬃尾萧梢起，顾影矜怜自流涕。

和寄尘沧海均

海运徙南溟，水击三千里。九万抟扶摇，上与星辰拟。大翼负青天，培风乃一止。野马育生物，息吹尘埃起。正色莽无极，下视苍苍气。风厚天自高，杞国浪忧坠。好自惜年华，得酒且恣肆。酒罢有余哀，褰衣起徘徊。游丝千万绪，纷涌心潮回。事业不早致，流光忽忽催。何当握符钺，怒马逞狂埃。

国庆日寄尘有作和之

人豪宰天下，乘便无区域。风云际时会，河山壮容色。万骨换功名，谁为动怆恻。问天天何言，投豺豺不食。曷不归去来，归去山城隈。多谢匠人顾，未是牺樽材。牺樽间粢盛，往事已飞灰。万劫古王城，讹言夜夜惊。家家庆良节，犹自管弦声。我亦对君激，作诗见性情。樗材自拥肿，大厦谁忧倾。

奉和濒生先生题印草元韵

白石山翁百不为，冥心吾道岂全非。阶前落叶萧萧响，空际归鸦款款飞。老骥脱缰心未已，神鹰侧目志多违。凭余细写芬芳意，蝶恋枝头未忍归。

匠门散木受知殊，昼寝聊堪匹宰予。能事并攘千载美，风怀一览众山无。神龙变幻非人力，元气淋漓与化俱。惆怅高深见何日，筳篿吾欲问灵巫。

按：手稿题中“濒生”为“白石”。“多违”下诗人自注：“先生画脱缰马，又善画鹰。”吴北江眉批：“二诗极方雅。”

再和前人二绝句

神工鬼斧妙能赊，高视千秋自一家。胸有奇葩千亿本，粗绘不掩气高华。

好惜珊瑚守故吾，晶光宝色照人殊。风饕雪虐寒深矣，炙热趋炎自不须。

按：手稿题中“前人”为“白石”。

再和七律一首

拏空乱雪气凝寒，挺秀长松自岁年。蛟舞鳞皮磨硐壁，龙腾爪干战风烟。名驹不怯垂身辔，栈驽真愁及腹鞭。安得凌虚游汗漫，冥灵大寿万斯千。

按：手稿题中“再和”为“和白石先生”。

履川明皆见和生女谢贺之章皆以旷达之论为用解其穷愁致可感也会为徒友解说杜公同谷作歌有感于怀因叠前均奉酬而以偏宕出之或为二君所许邪

人生二十余，年华信为宝。譬彼当春华，欣欣向晴昊。志欲期贤豪，虑宁及厨灶。真当早致身，莫待垂垂老。泰岱何苍茫，一览众山小。三年走荒山，饥冻形容槁。弟妹各分散，形势何草草。万感集中宵，长镵吁难晓。寒雨湿荒城，影形自相吊。按剑斩蝮蛇，谁能分丑好。以此观生理，正不烦咨考。矫首歌乌乌，乖时此其兆。不见英豪人，咳唾龙虎啸。万死成功名，头颅掷多少。成败听之数，安用愁潦倒。烹翁请分羹，尚自堪一饱。世间本无愁，庸人多自扰。满持爝火光，争拟白日曜。东坡有妙喻，寄世鸿留爪。不图及时快，底事高人表。任人为笑傲，而自中心悼。率土为铺糟，高冠宁独保。易行趣革面，虎变非所料。毋劳鸩为媒，休来告不好。雄章钦二妙，可忘天下乐。再拜申谢忱，百感萦怀抱。

和李杏南镰镗三绝次均

未到新年气已新，酣嬉谁伴素心人。闭门长吉愁无奈，见说当帘阅角巾。

少小年华倏若驰，童心未歇颔生髭。便从少小看今日，已自推知老大时。

独有孤怀莫与俦，严霜落木一天秋。偶然激动心头血，万斛泉源汩汩流。

寄尘见和生女诗而自慨无子亟称有子者之为福仆则仍持原议走笔答之或不免持论过偏之讥所不计也

欲尊人之尊，必先老吾老。欲幼人之幼，必先小吾小。养老吾未能，中心悲且悼。有幼畜非易，无之岂不妙。堕地而受形，炳如初日曜。一自身家缠，更兼妻子扰。珠玉磨泥沙，精光顿飞杳。养亲在养志，口体未为孝。养志在显扬，不在儿女绕。无后不告取，君子谓犹告。孟公强词耳，乌足为典要。尧舜圣且神，朱均昏而眊。使无不肖儿，纯德益皎皎。圣王明德闳，斯固不足少。谁为谢后人，反唇称其肖。世俗重儿女，所期在温饱。巢成不生子，切望兼祈祷。得子祖有孙，满谓嗣可保。不知祖有年，宁待孙见报。为父而赖儿，居心亦可笑。一己不振兴，为亲争光耀。孝养当抱孙，藉口抑何巧。阴阳蕴雷雨，天命有定兆。人力求之难，不如听之好。儿子贤不贤，投饵譬垂钓。尽铒飨虾虫，咄嗟能无恼。世事譬摴蒱，输忧赢则乐。攘臂入博场，讵能如所料。君犹壁上观，心安自地躁。养精磨厉须，蓄锐收后效。且待枭卢分，试数注多少。

秋讯　戊辰

秋讯从何至，飘萧万叶飞。兰衰芳意瘦，菱老旧衣肥。冰雪知犹蚤，阳和气已微。玉关霜气重，莫忘理寒衣。

偶用东坡游金山寺均

十载结庐城西北，北临北海什刹海。重楼飞宇跨空霄，北地风光于斯在。峰峦稠叠石陂陀，银鸥出没乘涛波。浮图插天上绝顶，宫阙参差落照多。偶从渚岸呼舟楫，晴波澄澈鱼吞日。悠然竟似舟浮天，日藏海底波为赤。冷气萧森动魂魄，举头近岸天苍黑。回眸错点万火明，游人木末驰如惊。此境人间那易识，信知世外真无物。坡翁阅遍名江山，作诗自谑矜其顽。我笑坡公可以已，飞声已作滔天水。

和履川用东坡聚星堂雪均

蒋芽才吐春来叶，漫天飞舞花如雪。春光葱郁气佳哉，独对飞花寄愁绝。谪仙快意散千金，渊明五斗羞腰折。珍重千秋万岁名，星河涵泳光明灭。掀雷抉电咳风云，大海鲸鲵归一掣。云昏草暖懒行游，散乱天葩眩生缬。缅想风流绝代人，正有瑶章霏玉屑。贤豪旷代追而从，蠹简千编聊一瞥。熟思吾道未全非，深心未许轻言说。利矛铦戟可奈何，万仞高城劲如铁。

妹用前均有作再和兼眎履川

歌声颤动枝头叶，皭质清词似冰雪。云烟缥缈接苍茫，翠嶂苍崖真峭绝。置身万仞看云流，琼树琪花恣攀折。纵令日脱天可倾，信此琊嬛终不灭。倒挽洪流东复东，旋转乾坤手横掣。盖世雄怀竟若为，望眼迷离如散缬。竭来歌咏合天倪，翦翦悦人吾岂屑。挠挠龙虎斗人寰，飞鸟流云供一瞥。焉用韩非说难为，信识其难吾不说。删除彼已暂为人，铸造心肝用生铁。以上数诗琢练皆工整。

章俊之用与吾友潘伯鹰善伯鹰时为余道及君又为君道及余顷自神户寄留别诗二首云将转赴欧美属为和章因次均由伯鹰转致

百载千载遥，亿里万里外。岂必形迹亲，全以神明会。气类相萦牵，断岭横云带。片言苟契心，形神舒而泰。岂比酒食交，毛发计利害。观势为厚薄，誓天不足赖。人当少壮年，志气兴未艾。遍结人群英，历览寰区大。首在务兼包，次以孤怀最。智勇冠群伦，决疑宁用蔡。

吾闻至人说，大巧反若拙。一言破天机，所以为奇绝。章子扶摇姿，践履自殊辙。挥手谢风烟，行行从此别。大海探骊珠，求益心实切。负匮担行囊，精英恣盗窃。小智为人守，讵能保无缺。用庄子为大盗守。具此奇伟思，历落数时杰。顾我竟何人，而在招手列。君其运神勇，赤身突虎穴。探得虎子归，大名应炳烈。青云直上日，商山自高节。脱有经过便，莞尔或一悦。吾党有东坡，谈锋不可折。人非默不宣，人善扬复撷。似我百无取，诩诩犹不辍。君子欺以方，吾今信前哲。研练生新。

按：该诗发表于《天津民国日报》1947年6月2日第7版《文艺·天游室诗》，题为"次和章俊之出国留别之作俊之伯鹰介也　二首"。手稿题中"用"后有"行严先生令嗣也"，为诗人删去。

得仲谟自山中书以诗代简

吾与李夫子，相隔一千里。三年不一见，积泪荧清泚。乍得一封书，开缄忽而喜。一读欲起立，再读弃著匕。心头万里意，浑茫接汾水。汾水生层波，时落时复起。吾心与之然，久久乃得止。萧疏山水趣，远胜尘城里。布袜青行缠，杯酒佐双鲤。何时访卢敖，黄花饯行李。

按：该诗发表于《天津民国日报》1947年6月7日第6版《民园·天游室诗》，题为"得中谋自山中书"。

寄尘官财部十年不迁兹迁有端矣而亟欲南归去之惟恐不速余则叹知交之离散多寄尘之洒落而赠是诗

许由闻禅让，临流洗吾耳。巢父掉头去，牵牛就芳沚。自古高人怀，难测类如此。后代谁继踪，指树为姓李。吾生渺若尘，浮寄虚玄里。真我唤不归，尘劫何时已。一朝去志决，直向天南指。浩浩高天风，翻翻大海水。摇天泛无岸，由光去邈矣。独散万古愁，依然濯万里。胸襟洞豁开，文思腾翥起。磊落大篇章，云霞幻奇伟。尘城吾独居，怆然忽不喜。盐坂滀埃风，有技将焉使。吾师有至言，骈死固其理。以上诸诗句字皆深稳，间出光怪奇伟之致，诗境视前益精进矣。

按：该诗发表于《天津民国日报》1947年6月7日第6版《民园·天游室诗》，题为“送寄尘南归”。

题建威将军阮竹初事状

胜国中兴将，英名独至今。孤忠标亮节，纯孝格天心。寥落雄风迈，苍茫落日沈。崎岖愁国步，望古意何深。

百战中原迹，仓皇四十年。挥戈翻大海，勒马止流川。报国投知己，生儿望继贤。英灵照淮水，万古共潺湲。二诗气骨雄健。

前题再作

叵测风云会，成功自有由。至诚天可格，神勇世难俦。成败凭孤垒，存亡定大谋。艰难为砥柱，淮海静狂流。

文正功开国，文忠继枕戈。江河清似带，士卒饱而歌。盛烈今犹在，中兴事若何。苍茫试回首，忧患卅年过。

北江先生五十寿诗

桐城文学光熊熊，群贤力躡方刘踪。惜抱先生最杰出，皎如朗月澄秋空。龙眠灵气未云歇，太师崛起当咸同。大笔淋漓草章奏，佐成曾李中兴功。手提皓日烛幽暗，彬彬四海来趋风。江北江南化行处，闳儒辈起传无穷。肸蠁唐虞会周孔，崇规百代开儒宗。三十年还竟何若，嗷嗷四野鸣哀鸿。人往风微道晻晻，鲸扬鼍舞涛汹汹。勇起吾师怃然作，曰兹绝学担吾躬。千百万言著简册，二十八宿罗心胸。点窜经史抉奥秘，指画天日开愚蒙。祁寒酷暑岂怠倦，夙兴夜寐无休终。坠绪苍茫搜既杳，颓波历乱回之东。嗟予少小亦何幸，门墙竟入窥其宫。期我愔愔一何厚，高山仰止良知崇。幼学壮行勉以戒，良辰吉日趋而从。探取琼浆献瑶斝，期颐预祝日方中。骨干劲拔。

按：此诗手稿题下原有一“代”字。在“趋而从”后，原有“天下兴亡各有责，敢辞报国扬精忠。武城作宰子游愧，可能莞尔领从容”。眉批：“去此四句可以不书代作矣。”

题廉南湖泉所藏洪宪金印拓本

万流仰戴国门高，叱咤云雷盖世豪。巴峡飘风吹败萚，潇湘飞雨洒宫袍。鸟胎三日生双翼，错铸千钧等一毛。眼底朱殷遗恨在，颓波莫挽逝滔滔。

前 题

共和符毁帝符成，错铸洪炉悔吝生。俯视九州真一芥，宁知众志有金城。

屠狗屠龙浑一科，窃钩窃国罪如何。覆车留作英雄鉴，泰岱鸿毛孰少多。

次均和夏旭初肃初卖菊行

秋来无迹谁知秋，惊心耳际声飕飕。碧影华容两凄绝，昨朝青鬓今白头。头白何关子夏子，只惜花魂溷泥滓。群芳憔悴振孤标，顿使天公夺所恃。绝艳谁教入市沽，市中灿烂罗千株。欲把凌寒比傲骨，嗟哉一览成空无。渊明子美今所贱，两开谁绕篱东遍。路旁贫窭冻欲僵，中堂卫霍方高宴。霜重寒深感岁华，秋容冷淡一长嗟。欲添婉娈十分色，正有残阳映浅沙。稳健。

按：该诗发表于《天津民国日报》1947 年 9 月 22 日第 7 版《文艺·天游室诗》，题为“次和旭初卖菊行”。

送张戎停治昌南下

昨宵把酒意飘然，明日云车路几千。江草江花欣有托，秋风秋雨远连天。邀盟带砺看今日，飞舞龙蛇忆昔年。四海流离兵役苦，可能为我入诗篇。以下三诗皆有兴会淋漓之致。

次均和龙健行灿中秋望月不寐

矫首瞢腾欲舐天，夜分匡坐不成眠。了无微染真清绝，独有光芒极大圆。

次均和旭初

落日秋风两不宜，万家刀尺理寒衣。拾遗莫作非非想，广厦千间定几时。

北江先生于戊辰秋赴辽东讲学未及为诗送行岁暮返辕以新篇见示谨步韵呈一首

四海犹一家，小别讵为久。度量公私心，离合孰好丑。群情斗方寸，兀兀如中酒。别绪绕征轮，倏已瞠乎后。行矣更何言，大类陈刍狗。不如口自缄，涵盖无何有。缅怀造育恩，天地同高厚。一别曾几时，雪花大如手。行行日已远，春气回冬柳。边关莽空阔，独立谁与友。兴来发浩歌，金石鸣不朽。俊乂罗门庭，掊扃凿户牖。四海靖烟涛，古剑庸一吼。路远思追从，投冠去之走。笼鸟脱羁扳，鲸鱼能驾否。一夕电音喧，欢呼动邻叟。巢父掉头归，光气干牛斗。我亦献所怀，亵然为举首。意兴豪迈，词旨瑰玮，奇思逸致，层出不穷。

题太平天国玉玺

青玉蟠龙螭，双钵名天国。胜国当咸同，燎原南渐北。尸骨重丘山，士卒苦行役。真穷天下力，御此惊湍激。一代奠安危，中兴吁岂易。忽忽曾几时，对此成追忆。珍重古名言，慷慨各努力。

姚慎思孟振冯岵庭振彪各以百均唱和诗见示聊答一律

悠悠同泛梗，一遇忽然亲。肝胆森能见，须眉飒有神。行歌动寥廓，玩世卧烟云。豪气知应在，谁言老更驯。

前均再和

漫道儒冠误，诗翁自可亲。身如八表鹤，心似九秋云。兴到空余子，诗成觉有神。沧波千万里，孰遣白鸥驯。

天游室诗卷第三

桐城吴北江先生评定
武 强 贺培新 撰

伯鹰以说部人海微澜索题 己巳

江头乱柳摇青春，飞花扑面愁杀人。眼看绿肥递红瘦，侧帽行吟欲断魂。放歌不尽十一二，长篇短简排胸臆。风雷謦欬幻恩情，聊把乾坤作游戏。三春士女争狂颠，香车宝马如飞烟。中有佳人近佻细，弹作哀音迸素弦。弦音疾促雨声急，晨风吹林黄鹄泣。云翻雨覆天回旋，事殊兴极忧思集。一卷坐对交悲欢，森然魄动情无端。人间万态叹观止，何时尘海收微澜。稳洽。

按：该诗原载潘伯鹰著《人海微澜》卷首，天津大公报馆，1929年8月版。题为“题人海微澜”，篇末题“十八年春作于拥蕙庵”。

【校记】

〔何时尘海收微澜〕《人海微澜》作“道是洪海生微澜”。

唐雨梅尔炽以诗索刻印勉和一首

劖刻造化穷雕镌，治大国如烹小鲜。搏虎拏龙室如斗，不管世态更年年。醉卧春风呼不起，飞花历乱随流水。骚人对此伤春心，高歌自和无余子。云间灼灼蟠龙螭，雕虫小技何足奇。会唤五丁凿山腹，为君豢豹留其皮。音节甚佳。

按：该诗发表于《天津民国日报》1947 年 6 月 8 日第 6 版《民园·天游室诗》，题为“雨梅以诗索刻次和”。

孙云僧作字歌 用杜公李潮八分小篆歌均有序

孙名嘉礽，别署蛰庐居士。书法出入魏唐，古健可喜。罗叔言振玉称为五百年来未有也。

蛰庐居士生析津，大翼俨若垂天云。汗漫腾身周六极，川原苍莽森能分。饮露餐霞得奇秀，筝琶在耳如不闻。间驱籀灵唤仓鬼，指画天地求其真。得心应手口不语，疾徐以数行以神。世俗纷纷重点画，竞摭疏远遗宗亲。走马看花取大略，耸身直与元初邻。五百年来所未见，世间真赏别有人。一艺足娱鄙卿相，翻然与我温相向。更贻一卷蛟龙书，古藤老木交屈强。雄心欲览天下奇，风惊雷走撑怀壮。嗟予千遏未一放，怯懦自知难比行。杜陵诗之圣，独为李潮歌。此老犹惭才力薄，吾侪小技将如何。捶练有工力。

胡笠僧景翼祠堂题壁 代

自从鼎革来，国民无远志。八表劫尘飞，忿争徇私意。概概胡将军，肝肠铸侠义。所贵心乎民，老谋断壮事。中原嘶战马，天上收骐骥。览辔思良图，长驭竟中坠。自古皆有死，临穴胡惴惴。百夫痛绝望，千年留浩气。至今祠屋中，风雨暗旌旆。国倚英雄姿，何代不崇畏。我来瞻拜余，刊辞劝来裔。音节琅然，有似杜处。

和吴夔厂锡永重临西湖之作

应信今吾是故吾，重来依旧照明湖。吴霜点鬓芦花白，汉赋凌云衣裹乌。虎变早知愚不测，麟亡争奈圣长吁。连年憔悴干戈底，尚喜江山足启予。

夔厂自江阴关移长申江财政朋侪多以为贺寄此代简

才闻榷税筦江关，又总春申九府圜。阳虎遇途吾且仕，臧仓阻驾尔非悭。纵横饿莩盈原野，郁律烽烟起戍边。抚事感时悲不禁，惭无贺简到君前。

慎思以戊辰自寿诗征和因次其均

独寝不惭衾，独立不惭影。率尔游人间，江海同浮梗。文字尚糟粕，形骸尤赘瘿。安用封泰山，镂文颂岑鼎。大炉冶万类，为物固多眚。踊跃为莫邪，自致非天幸。不见广成翁，抱静百不逞。身老神独完，世乱语尤警。退之思敛退，新儒济前猛。岂尽关学力，见道老愈炯。裹体有粗绘，实肠有硬饼。广衢骋逸足，澄波摇舴艋。称量而为之，焉用摩踵顶。宁舍岁九迁，甘为日三省。道人行有道，所以得年永。吾生方未央，神丰貌可瘠。五陵马自肥，广文官独冷。茅屋破秋风，鹿场耀疃町。独于家国难，直言有骨鲠。任尔诼蛾眉，孤忠自耿耿。有蕴而不施，譬彼金在矿。浩歌弥激烈，丰年说淮颍。尽日行稆穲，当门田十顷。谁能更拘束，飞腾斜暮景。群雄宰天下，万马方驰骋。愀然独自悲，颓檐醉酩酊。莫漫轻恒人，神思包两溟。构思琢句回不犹人。

按：该诗发表于《天津民国日报》1947年6月9日第7版《文艺·天游室诗》，题为“慎思以自寿诗征和次均”。

和旭初暑雨用东坡栖贤三峡桥均

宵起郁陶陶，暑蒸汗成溜。冰雹乱飞雨，盘空万龙斗。气接渤海东，势包太行右。不惜亏天精，誓将填地窦。山林变杳冥，倏烁号猿狖。惊喜川增肥，渐觉山益瘦。夏侯才捷敏，清音为余奏。四十未全老，大弨待满彀。小院花连天，沈思夜达昼。浊块不可居，清泉尚堪漱。精覈。

按：该诗发表于《天津民国日报》1947 年 6 月 8 日第 6 版《民园·天游室诗》。

邓少云耀以游山诗见示次均和之

善谈名理数坡公，城郭山川趣自同。风雨浸陵嚣万木，云天惨淡想孤鸿。身居累卵危巢下，世在惊涛骇浪中。漫著芒鞋好归去，要看倒挽百川东。

海山寄示题子建诗集之作次均和之兼寄二君滨江

勤力患不知，精知患不至。可贵在难能，天机见游戏。往岁刻意功，属词兼比事。妄念小古人，雄怀霸一世。字字呕肝肺，往往扰清睡。吾年讶未衰，忽被周公弃。薄俗何万端，乱我似有意。每于人定后，秘密发书笥。怵惕汗满颜，古人真独异。探邃穷幽遐，百难得一二。乃知绝代才，高踪邈难继。韩勇无不敢，杜律老愈细。精微洞神明，恢闳崇体制。崇墉排广殿，良由一阶砌。却窾中甚微，谍然土委地。山水极清嘉，山花极瑰丽。只须入山深，自有美盈睐。日月光昭明，江海流远大。后学误聪明，潢潦丽千派。要知古作者，浩气包无外。飘飘鸾凤姿，挠挠龙虎概。鬼神归咀嚼，风雷生謦欬。抗志诗书俦，高视黄虞代。所以桑海移，斯文常炳在。哀哉尚靡艳，雌声竞细籁。坐令千秋心，望古同一慨。两君今之杰，善言闻则拜。特识自超群,决疑宁待蔡。边患今方兴,莫漫愁无奈。诚恐海倒立,未仅偿斯债。沃沃乐无知,苌楚且歌郐。中间大言炎炎,光气甚雄,前后亦称。

次均和孙念希秘监松龄

寥落孤怀只似秋,花开焉喜谢焉愁。直须自我求千载,欲向何人放一头。莽荡关山闻战伐,仓皇家国到横流。扬帆解揽看争渡,涨海风涛稳送舟。

次均和夔厂四首

逝景难留住,青春不再来。兴亡关气运,贤佞办群才。竟欲斫轮老,谁为倾国媒。也知澜待挽,聊且避烟埃。

云海长相忆,迢迢万里遥。老成忧远重,薄俗气矜骄。雨雪更翻逼,乾坤入泬寥。回春来日事,伫待起枯焦。

雾隐来新市,烽烟望故乡。风云时感会,日月变遐荒。血染江流赤,风翻塞草黄。纷纷功罪里,莫与说行藏。

寄语诸边将,夷戎漫内侵。心期邦国活,恨与海潮深。悔祸当追始,同仇要慎今。艰难筹上策,莫负济时心。

健行寄示梦见诗用杜甫梦李白韵和之

别久亦惄然,得书情转恻。兵戈满天地,寸心畏消息。万事不犹人,何必苦相忆。不忆梦魂通,神明信叵测。皖水茫茫白,燕市沈沈黑。相望郁苍苍,翱翔共翼翼。天风忽肃然,对君有难色。一失入尘寰,君我两无得。

万里犹比邻,势格无由至。纪梦作长歌,恻怛见诚意。人海觅同心,咄咄良匪易。嗟余宁可保,情亲永毋坠。由勇点从容,亦各言其志。衾薄感秋深,芳华已憔悴。白发拜高堂,妻子多牵累。往事付流云,珍重畜与事。诗格深稳。

旭初送之颐和园次均和之 以下并颐和园作凡三十一首

龙涸于泥易所悲，长空浩渺忽惊飞。千形世态随云远，万里湖光入眼微。霄汉可容间侧帽，蓬莱独许醉吟诗。不堪重忆樊笼里，十丈缁尘玷素衣。

人间游戏莫须嗟，去亦萧然住亦嘉。冰下潜鱼难入网，雪中覆笋渐抽芽。繁英向暖都凋采，傲骨凌寒自放花。渺渺余怀谁识得，吟君名句当煎茶。诗境清淡入妙。

遣怀次少云韵

沦踬尘埃得句迟，仰天拊缶乐无知。颓纲漏网嗟何补，授钺登坛各有词。但顾放言河泻口，不忧理乱手棼丝。风涛敛遏天无语，满院蛩音自写诗。

次均夔厂见寄二绝句

几案萧萧一夜风，微尘爪迹过飞鸿。遥知江上思归客，击筑高歌气正雄。

元龟堕网悲何甚，刍狗文章未足多。浊酒一杯君且尽，不须惆怅接舆歌。

住颐和园次某君游昭陵均

装画骊山事可伤，云间飞阁绕红墙。千官只见尊王母，万姓争传弃汉妆。数尽湖山呈惨淡，悲来草木变荒凉。飞飞黄鹄无由返，输与群鸦闹夕阳。

题阮建威公像

一卷嘉言坐相对，读不终编意慷慨。波涛汹涌势襄陵，岱色横天常自黛。将军张禄相追踪，将军有马如飞龙。神采高寒骨似铁，顾盼咤叱生云风。苍茫吾已迷津久，欲睹遗型邈何有。天相神州运倘隆，犹赖规模崇浑厚。韶光易老有余悲，此身伫立将焉之。横睨百代感孤愤，可无后起立闳基。百劫到今何可说，拥怀累代声此辞。

和何理之世伦颐和园见投

山外看山只一丘，入山顿觉出天游。胸中浩浩尽湖水，长啸一声起白鸥。

驺衍空谈大九州，长公真见海中楼。嗟哉十载燕尘底，咫尺仙区几度游。

峥嵘无地广无天，前后波涛接递绵。刻刻年华如此水，寻津争渡各风烟。

偕蒋步墀蓉阙万茂矩墨隆泛舟昆明湖用北江先生与健行玉泉山唱和均

山居饱饮湖光清，山名万寿湖昆明。扁舟载酒二三子，与世异趣良有情。孤怀浩浩凌波起，飞阁重楼悬眼底。中流顾盼气佳哉，帝业而今一沤水。放怀漭瀁恣吾游，世情笑遣云悠悠。发愤沈渊成底事，学人王静安国维投此水死。依然人世多烦愁。

余居颐和园养云轩凡三阅月迁乐寿堂东殿居焉去轩之日手植丁香二株于庭并书此以志　庚午

昆明湖北，排云门东。断取湖波，浩浩松风。轩日养云，云无处所。我结幽居，爱此宅土。自冬徂春，百日及兹。芳树植庭，以为去思。爱护培成，属诸来者。播此名香，千载而下。

齐燕铭娶妻余述与结交以来之情缀四诗以贺之

结宅城之隈，石井满苍苔。草色绿平门，花木还自栽。端居闻剥啄，有客从南来。婉娈两倩影，鲜衣何毶毸。瞳人翦秋水，秀色明双腮。侈口吐妙词，字字皆琼瑰。去去不可留，临畦独徘徊。八年前君与伯鹰过我西城寓庐，始识君。

人海浩茫茫，求友增徬徨。大群著斯壤，畴可相扶将。吾友潘夫子，瑰奇美文章。因潘而识君，爱慕非寻常。裂石出龙蛇，寸刃含风霜。交柯珊瑚树，顷刻移书堂。绝技此一二，类是不可方。君工铁笔小篆，诗文余艺皆佳。

百鸟鸣中洲，飞集何悠悠。一鸟炫毛羽，众鸟争与俦。一一皆双翔，各各相唱酬。翩翩都静好，观者心无忧。余曾为君议婚，为所议者顷亦已婚矣。

我居昆明湖，此境人间无。湖鱼逐队泳，山鸟鸣相呼。玉兰皎白璧，海棠灿红襦。藤萝飞绛紫，山果垂丹朱。桃实大如瓜，石榴圆似壶。合欢左右茂，鸳鸯上下趋。宜男草成茵，连理松覆庐。莲开皆并蒂，百顷连平芜。持此颂偕老，天风鸣琼琚。词甚华妙。

书孟氏妾万缦如事

无计脱风尘，饥寒逼此身。感君相厚意，托命更何人。九死仇杀贼，一生老奉亲。余生千劫后，聊报九幽魂。

游温泉作

温泉一日游，先至水塔寺。云是古梵宫，借作忘机地。小有林与泉，大有琴书字。亭阁十数椽，悬廊敛幽意。到脚一池碧，临头万丈翠。强红拒不受，浓绿湿欲坠。去去且从容，行行聊小憩。穿篁出微径，辞岩入人世。回首城子山，横天耸佳气。觅寺竟已无，谲哉造物异。水塔寺在城子山下，满人溥氏营为池馆。林木甚盛，数十步外不见其中有亭台也。

磨崖有深刻，大书水与云。澄清天即水，郁律山为云。茫茫云水间，山石何嶙嶙。而我踞其颠，四望空无人。沃壤千万顷，碧绮吹成纹。禾苗丰以茂，树木硕而蕃。舍此美富区，负此空旷身。变故寻衅隙，哀怨争纷纷。万代踵相续，抢攘于斯群。归问何法家，此理安所论。同游何海秋，法学家也，出水塔寺，不及登是山，先归。

按：该诗发表于《天津民国日报》1947年6月9日第7版《文艺·天游室诗》。

题唐伯虎清溪渔乐图卷用虞伯生题渔村图均

萧萧萑苇水边村，一一渔舟系岸根。妇作稚歌柳阴下，有酒满盎肴满盆。老翁数辈孰主客，分曹睹酒呼五白。绿茵一鬅不世情，手弄孩儿仰箬席。百顷平波任去来，风飘衣带何毰毸。微飔凉透忧国梦，弱水欲涤生民哀。碧翠丹朱荡霞绮，一片风光收不起。唐侯妙笔绝人寰，笔端倒泻清溪水。

按：该诗发表于《天津民国日报》1947年6月9日第7版《文艺·天游室诗》。

【校记】

〔肴满盆〕日报作“肴盈盆”。

次均奉和籍亮侪先生忠寅颐和园见赠四首

十载困燕市，日日思名山。西山咫尺近，愁绝天难攀。清风恍然至，吹我天西偏。明漪供饮濯，皎月不须钱。泛舟月光下，照影湖波间。闲依松谷坐，醉倚云窗眠。醒来发逸兴，一气飞岩端。世间蜂蝶闹，溷我绝无缘。亮公隐于病，对此开心颜。写诗娱寂寞，妙到秋毫巅。韵险难为和，磨砚穿秦砖。

论诗愧未工，积习终难革。激烈性所秉，恺恻心所宅。向明强笑欢，入夜思反侧。抟方必使圆，咄咄焉可得。朅来泉石游，山花笑迎客。萑苇浩无际,禽鱼欣有托。曲磴历千盘,繁英炫五色。喘息坐松阴,松子襟前落。行藏我何有,不离亦不即。不见云松巢,飞云邈无迹。

隐隐山如龙,人行龙之脊。危楼映水明,万柳临风碧。廊长不计丈,湖广不计尺。森郁浓黛中,无数颓垣壁。松柏高参天,论数或万亿。举头西南望,山势殊未极。人皆罪西后,挥金园囿辟。万舰信无价,沈毁亦已息。自伐到今朝,吾宁彼此易。此园海军费所筑。

湖山恣嬉游,啸傲惟所适。不遇同心人,焉见衷忱赤。宾朋日谈宴,谁某不相识。久之吾亦厌,独乐乐其隙。攀藤蛇引人,穿篁泉湿屐。跌宕翠中天,坐卧泉旁石。兴来放浩歌,偏与风涛逆。声响破云霄,顿觉雷霆寂。视后犹视今,于此姑留迹。

按:该诗发表于《天津民国日报》1947 年 6 月 9 日第 7 版《文艺·天游室诗》,题为"次和困斋颐和园见赠四首"。

次均奉和亮侪先生玉泉小饮

裂帛帛铺云,迸珠珠化水。裂帛、迸珠皆泉名。水云更平声变化,甘冽沁牙齿。西子比西湖,前人句良绮。自顾吾何人,公然续貂尾。除疴功胜药,得味清于醴。豪饮涤心神,深甘刻骨髓。四海尽疮痍,周道生荆杞。待泽遍寰中,恃源嗟视此。

按:该诗发表于《天津民国日报》1947 年 6 月 14 日第 6 版《民园·天游室诗》,题为"次和困斋玉泉小饮"。

约籍先生游玉泉山诗以纪之

游山疑有癖,发愤憺忘食。沼回不尽兴,此生深可惜。晨起天微云，赤帝不敢赤。飞简水一方，期会难再得。所期伊何人，道人名籍籍。了无世俗心，富有陶钧力。行行吾往矣，相见泉旁石。余先行投简相约。

遥遥玉泉山，悠悠玉泉水。见水思其源，神飞不自已。越陌更度阡，飘然已至矣。一沼澄无波，万绿结如绮。水与树婆娑，树与云叆叇。云化翠欲流，树化水欲圮。一片白濛濛，云烟吹不起。由阴而雨。

饮泉已满腹，登山庸可罢。健步飞巉岩，细雨浩如泻。心力交匆忙，千山看不暇。孤塔高插天，倏尔临其下。乃知有真异，众峰皆已化。迷漫谁复高，睥睨吾宁亚。七宝号庄严，从容更飞跨。

微凉散空湿，六月清无暑。雨渐为云收，山渐为云吐。仰首可见天，俯首可见渚。烟峦叠翠中，鸟雀炫毛羽。远山出大云，浩如蒸气怒。天公贪以取，用之何处所。元气良无多，既竭将焉取。惆怅下山来，主人饭已煮。邢介秋于清音斋具食相候。

帘外飞喧声，籍公云已到。峥嵘貌何古，恺悌神所劳。病其如吾何，年老心自少。崎岖视若平，艰险惯能冒。不必俟须臾，立可探幽奥。东登华藏塔，西临妙高庙。一路挹清芬，落日相澄照。何处飞来山，初开浑沌窍。窍开无尽相，万佛并罗耀。崇崖嵌高空，峭石错磝硗。白鹤倘招来，风篁声杳杳。

入洞辞青天，出洞即人世。三山倏周遭，此老真不易。山树暗苍苍，暮色自远至。恋恋山不留，去去日已坠。一路明月光，蛩声杂诗意。以上诸诗多超隽之致。

按：该诗发表于《天津民国日报》1947年7月7日第7版《文艺·天游室诗》，题为“约籍困斋游玉泉山六首”。

【校记】

〔用之何处所〕日报作“取之何处所”。

入 城

止或泥之行或使，天下之事每如此。我居京国余十年，踪迹不到颐和园。名园距城近尺咫。驴背车唇片刻耳。时乎不至思枉然，清游半日攀天难。一朝命坐山水运，湖神山神不能吝。樽前野水碧于天，梦里飞花乱成阵。山居半载不思归，入不言兮出不辞。盘食有鱼吾不去，讼庭生草孰怜之。言则如斯事不尔，柢天炮火嚣尘起。中原定乱赖群才，应运夏旭初楼辛木俱往矣。官曹以谁实其空，散材构厦真安用。湖山信美难久留，飞飚激断蓬壶梦。夕阳送我下山来，玉峰塔影昏烟埃。槛鸟池鱼失良伴，万顷琉璃安在哉？侯王匹夫亦如是，或拔而起挤而止。弥天一片乱蛙声，不觉悠悠入城市。意甚诡谲。

读念希诗稿

念老最知诗，所争在其味。古淡良独难，靡丽岂足贵。恺恻骨肉情，悽怆家国泪。长叹复沈吟，恚怒杂嘲戏。古风胜近体，七字胜五字。逸气极飞腾，落笔颇雄肆。西沽掠朝霞，东湖餐夕翠。一梦西风酣，邈矣人间世。《西沽看桃》《东湖泛舟》二诗为集中佳制。

双十节文学社同人有文酒之会往年例也至今日独余一人留此能勿有感于中乎会伯鹰自辽宁寄示和唐雨梅妥字均叠均答之

国计千万端，廿年无一妥。勉循朋侪乐，人意与人左。年年双十日，群贤顾及我。作诗不作史，故免天人祸。自谓坦荡途，虎步焉有跛。忽忽逾十稔，谬算百不可。坐使双鸳鸯，营巢孵其卵。浩浩十万兵，酋酋万匹马。旗影闪朱殷，随风飘上下。气象犹昔曩，民命何如也。妖星飞太空，赤血流原野。凿地而穴藏，祸至空千厦。吾徒守诗书，抚躬愧贤者。委蛇自欺心，傲慢真无假。就食走四方，聚饮期冬夏。盛节感萧条，文学难为社。有泪歌别离，无心追演雅。劫运方未央，不信天能瑕。翘首望边关，无限山嵯峨。甚有气势。

徐明甫仁铨约饮余以滞津不与次晨始归旭初有诗次均反其意和之

旅馆更残闻妙香，隔墙红袖歌断肠。悲管清弦逐烟雾，霜风晓起天为黄。昨夕春明谁置酒，城北徐公意良厚。嘉宾醉饱各充然，款段今来我何有。一过顾盼马群空，夏侯词笔真豪雄。事业犹当戛牛斗，便从四十嗟衰翁。君不见渭滨老叟有余烈，虎变龙拏无所择。拈毫一作反骚诗，月魄冰心两清绝。稳练。

按：该诗发表于《天津民国日报》1947 年 6 月 21 日第 6 版《民园·天游室诗》，题为“明甫约饮余以滞津不与归次梦华均”。

旭初仍持原议再和余亦再答

郁郁盆梅发异香，森然芒角生枯肠。座中同伤霜鬓白，篱边独赏菊花黄。飞光劝尔一杯酒，谓天盖高地盖厚。尘埃野马欻相吹，百年一瞬吾何有。横接处最可喜。百年俗念未全空，万古纷争定孰雄。去日春洲将鹭子，归来秋水没凫翁。牛毛蜗角论功烈，颜回彭祖吾安择。矜衰嗟老竟若为，砉然已觉牙弦绝。

按：该诗发表于《天津民国日报》1947 年 9 月 22 日第 7 版《文艺·天游室诗》，题为“再和梦华”。

次均奉和王晋卿先生树枏八十自寿五首

少年才力富，作赋追都京。堂堂至八十，述作无时停。昌黎颂南山，杜陵咏北征。黎元肠内热，泰岱胸中横。是非吾必论，得丧孰与争。千秋讬玄想，四海扬名声。世衰道亦敝，老辈日凋零。抱持灰烬余，绝学传伏生。

昔谒广成翁，黄帝心有警。至道闻其精，退喜时邴邴。顾惟血肉质，易折如蓬梗。贞以松柏操，共愿谁敢请。门墙悬日月，普照九州炳。我欲参其光，缗昏焉所屏。安得形不衰，一往千秋永。

洞道成见鐻，著书能汗牛。虚堂证超忽，八海腾龙虬。豺虎竞人肉，怆恻惊双眸。而我燮阴阳，八千岁为秋。鼓怒荆门空，树斫穷庞收。云天自闲淡，杞国何多忧。偶来人间世，率尔彀中游。羡彼双鸳鸯，和鸣求其仇。

功名争夺场，谁肯死前息。立言期不朽，百步与五十。老来益澈悟，观本伤喑醷。去去辞故都，行行度关塞。皓月自经天，岂畏妖螟蚀。天海两清泚，广漠无荆棘。高冈试回首，云雾恣眩惑。秦网密且严，汉吏酷以刻。泽畔独行吟，啸咤风云色。

须髯肃高古，文字森光芒。山川毓灵秀，麟凤褰和祥。中年为国谋，贻猷追杜房。挂冠勇卫道，游夏论短长。珠玑蜚文绣，四远相输将。高歌祝眉寿，天地与为常。忝属通家旧，献词用侑觞。颂声满天地，侈口呼于皇。韵险而琢练深稳。

按：该诗发表于《天津民国日报》1947 年 7 月 7 日第 7 版《文艺·天游室诗》，题为“次和匋庐老人八十自寿五首”。

香字均诸君叠之不已牙弦虽绝不得不复张之也

赤文绿字摇天香，一字不惬千回肠。正如曹霸洗凡马，龙池突出真乘黄。大夏嗜诗如嗜酒，世守弗坠端且厚。学如萧相入秦宫，图籍文书尽罗有。万古斯文在太空，势与五岳争峻雄。汩没尘埃百不就，放翁笑我真渔翁。诸公笔阵争侠烈，利矛铦戟吾无择。直须三舍避得臣，深堑高城与君绝。

四叠均再和

临风三嗅泣馨香，愀然冰炭交中肠。登高四顾聊相羊，莽莽大漠边云黄。与君姑酌金罍酒，相娱岂暇论薄厚。烂缦春荣君见否？流光横卷今何有。吁嗟乎霜风激荡万山空，虐雪严冰势尚雄。猿啸乌啼惊壮士，枕戈一夜倏成翁。悲歌燕赵多先烈，臣妾人豪听尔择。且将相狗取君欢，更待获麟催笔绝。以上二首句法研练，气势浑成。

题王勤生先生孝箴桃源隐居图

吾读藏园记，神交忆昔时。勤生先生考小泉先生有藏园。先祖为作记。奇缘留翰墨，至味托兰芝。小子生何晚，高风仰在兹。桃源如可往，倘许一追陪。

次和许君自寿诗

黄农遗孑总无余，转瞬乾坤蘧作居。避世未妨结潜宅，藏山安用著迂书。一樽自劳神弥王，八表同昏惨不舒。揽镜剧怜霜在鬓，自将朴学榜门闾。

寿伯鹰廿八

潘郎等是花为骨，差少十年更傲张。长吉赠张大沏诗云："长鬣张郎三十八，天遣裁诗花作骨。"羞向京台随衮衮，独从人海探茫茫。东坡才调词如锦，季子言谈舌有霜。曳尾泥涂顽且固，君曾自名其居曰龟庐。兴来与尔醉千觞。

题纪香骢先生钜维画像及手札其门人王君索题

眸子摄万象，次第貌其形。纷然潜幻影，如海纳万星。有倏灭以泯，亦耿昭而明。此心所独异，终古服诸膺。吾乡纪夫子，少小闻其名。城南一瞻晤，俯仰岁十更。梦寐悬笑语，生死隔幽明。遗编半苓落，后起愁伶俜。生时偶相值，久亦淡忘情。墓木今已拱，反觉心怦怦。先正不可作，孰为孰令听。餔糟看率土，贤哲鸿毛轻。偪仄苟全世，嗒若丧其生。何期空谷里，夜半闻人行。展图漫相示，吾意已先惊。十年悬幻影，一旦轩豁呈。语语金石重，字字蛟龙腾。卷图庭际望，乱雪扑帘旌。

顾善先仪曾持其兄叔弢画册属题

东坡论画重象外，不问画工问神会。在昔摩诘与道子，显然以此课殿最。自古论艺尤在人，本之不立艺安存。以人传艺艺乃永，不妨坎壈缠终身。得失真赏贵自我，众口悠悠难遽妥。谁软异代识吾真，抵死无闻固自可。顾侯此册岂作画，霞光云气真无价。偶然落笔兴俱飞，妙笔生花花欲化。岂知世事多烦冤，人随花化去弗还。我信乃昆由乃季，作诗聊以慰鸰原。名论不刊，词亦跌宕。

李旭斋彝录其尊翁循吏传属题为作长歌

山阴儒吏宰于湘，新田政洽名声扬。惠德感人浃肌髓，史乘载迹驰其芳。泷冈一表人争读，两郎对此悲号哭。父兮欲报痛无由，母氏劬劳斯闵育。凛然闻训惕冰渊，砥躬砺行年复年。勋业未立老将至，缅怀先范空潸然。余责显扬焉敢后，录传征题到朋友。与余一遇尽殷勤，已具黄钟论瓦缶。八海涛声声正狂，九州龙虎竞腾骧。风沙十丈凌苍苍，先民彝物沦其常。滔滔皆是宁堪量，狼贪羊很不可方。流离琐尾何苍凉，贤愚同尽孰能强。天亦颠倒瞶耄荒，世变愈降贤弥昌。令子令孙勇就将，世其忠孝永不亡。

游八达岭和妹均　辛未

天险山回抱，单车凿石通。国门严锁钥，地脉隐蛟龙。霸王余威远，怀柔盖世雄。何当执棰拊，簪海继丰功。

纪游用徐铁华方纶朩纪游唱和均

翦棘蹋险巇，手皲足成茧。何以偿疲劳，高处一流眄。涧底千尺松，一一栋梁选。不必植高原，孤高了无觍。石根蟠地脉，铜柯傍岍崊。亦有桃李花，离披复婉娈。由来坦荡人，遁世避轩冕。袖手看兴亡，抱道甘沈湎。坐使万斛泉，千派恣流演。力洞神之幽，雾藏文不显。沧海斗龙蛇，乾坤驰鞅韅。祸乱几循环，怵惕常黾勉。求友到牙周，独系千载缅。此士难再得，匪石心不转。我昨游西山，屐齿黏深藓。春雨濯梧碧，东风吹柳软。人与春意竞，不惜足重趼。喘息野人家，呼茶不择荈。野人识礼度，去来寅宾饯。不似城中人，骄盈复谗殄。智者形役役，佞者心翦翦。飞腾日月荒，兼独天人善。持与青山衡，久暂应可办。迫隘思远游，浮潜逾于沔。崖谷听飞泉，烟波望云巘。平沙骋骏骓，江湖泛艖艑。不然趣归耕，妇子馌于畎。遨游共榛狉，邻里闻鸡犬。啸歌畅天倪，行为脱关键。此愿十载前，此约今初践。水转山渐回，兼葭森可赞。峰峦忽出没，亭台高偃蹇。山主睡不知，吠龙狂欲谳。披裳到磐石，箕踞双足跣。谁能懦趑趄，谁能谨绻缱。年来虎口余，今也吾知免。游神接太清，洁身远洪涊。笑看六国印，销造无条件。泉声响琤琮，鸟语鸣睆睍。击石载赓歌，望古诵谟典。浩浩三皇前，人各才思展。规摹天地形，象取仓籀篆。流落五千年，鼎彝卣敦甗。鸿文夏商周，一一皆可办。海阏城或焚，此物终能搴。会神通造化，宁虞知者鲜。窃笑羊公愚，硁硁表陉岘。春日气载阳，游女多盛鬋。遗老争叹咨，悼伤时运舛。嗟今天下溺，厉揭随深浅。平生壮往志，次第怀而卷。独对斯文心，缠牵未能遣。

与季父君质同居温泉红叶山庄游妙峰山遇雨

我居红叶庄，万叶萋以绿。麦秀桃既实，官槐如兔目。一年好光阴，宁不及时乐。约我同心人，层峦恣游瞩。灵山曰妙峰，磴道险而曲。危峰耸云表，怪石相撑触。苍莽虎豹穴，郁律龙蛇窟。磅礴环而雄,阴森憀兮慄。旧京号人海,十载困拘束。咫尺非人间,胡哉来不速。遁世天所褒,微阴日无旭。

万壑云苍茫,凉风渐吹雨。阴阳气交会,脚底生云缕。身边万仞山,碑兀无寸土。宁复敢回顾,艰哉超险阻。混然万象寂,大炉付一煮。乔松与深壑,怪石复幽渚。九天与九地,一例不可睹。一气浑茫中,吾将化云去。此境夙未历,沾衣不为苦。

微飔衣袂寒,大笑冠缨绝。但觉仙气清,未知人世热。盲进不知退,兴至忘饥渴。生命且置之,得失更何说。濛濛云雾中,好花繁似雪。采缬望迷离,随云变明灭。心讶问舆人,桃李今初发。气候比人间,冷暖差一月。山高四十里,直上自有术。时哉不我与,四海同阴郁。乱岭僭自高,嗟予焉所遏。长啸归乎来,载笔记欢悦。

按:该诗发表于《天津民国日报》1947年7月21日第7版《文艺·天游室诗》,题为"居温泉红叶山庄游妙峰山过雨三首"。

得伯鹰狱中书赋寄

春葩秋露未终筵,风掠雷驱路几千。涸泽生龙失圭角,荒台饥凤困鹰鹯。茫茫世事何从问,磊磊心情只自怜。倒海狂澜收不得,好珍采笔续雄玄。

童稚相亲十二秋,恍如裂地断江流。作书鲂鲔枯鱼泣,拔剑蛟蛇壮士忧。儿女有情双涕泪,干戈无路一横眸。与君共待澄清日,恻怆应须污漫游。

吾妻家纪陂别业去胜芳且十里盛夏观荷处也余以四月中旬往观其时荷甫出水流连久之而作是诗

放翁语妙天下稀,霜落荷枯又一奇。我今观荷值初夏,反君此意为此诗。小叶田田似荇藻,大叶落落如盘匜。便从少小视盛壮,生机无限萦愁思。憔悴衰残岂足道，繁华盛满争分驰。盛极斯衰理则尔，人弃我取神常怡。生成净直气清远，质无壮弱皆冰肌。亭亭数茎出尘表，皎然已自空水湄。奚必千花万叶荡，朱碧狂蜂怨蝶纷。离迷火云蒸热散，精气凉意汩丧乖。幽姿珍重古人及，时训颜色绝世今。其时葭苇萧萧风，习习呼吸四野延。晴曦容与轻舟荡，无外飞轩奕叶多。名题静集间飞炫，光采鸡鹊鸂鶒鸥。鸬鹚此境人间那，易有空明涵泳青。天围二顷之田属，坡老诗成一梦追皇羲。

次均和长吉诗六首　二十年九月

长歌续短歌

长歌身欲舞，短歌冠冲发。斩丝绝世情，流离肠自热。颇闻拔禹溺，量移河内粟。纻丝如何寒，衣色如何绿。用法言。歌管渡中流，鲸鲲伏舟底。动地轩层波，震荡空明外。太息舟中人，酣嬉倘能改。

平城下

不见汉旌旗，凄凉犹汉月。城郭今是非，一夜霜侵发。昏霾暗太空，横术血殷红。泥鳝争窜脱，号令谁真龙。胡笛吹城上，抚髀叹城下。枝上啼饥乌，蓬间卧疲马。寄讯关中吏，蹙国今几里。愿伸同袍情，粉身代君死。

公无出门

天迷迷，地密密。腥风摧裳衣，寒月澈肌骨。乱叶交柯摩索索，惊心谁是思归客。门外天涯人迹灭，黄尘三尺封华轭。梦中故国那得还，残烽废垒尸成山。怒红惨白摇旗镮，锯牙虎吻垂腥涎。眼中枕籍皆长眠，路旁流血凝斑斑。幽居荒白日，井底犹有天。吞声籲苍盖，翻覆胡为然。忍饥闭户损颜色，齐州走马吟梦天。

铜驼悲

楼阁连霄矗，信美今谁家。狐狸啼空巷，荆棘埋铜驼。夷犹思去路，逡巡寻故人。霜雪满天地，已冬复愿春。乐舞想瑶台，华灯错明烛。神仙纵无闻，铜驼自哀哭。

还自会稽歌

瘦日映寒沙，野鼠穴宫殿。摛藻脱贼囚，夜夜悲铜辇。崦嵫试回首，飞腾白日晚。死丧归田园，不为奴妾贱。

北中寒

马毛瑟缩云凝紫，尖风透骨皮肉死。测度天形察地理，荒茫沥血松江水。将军不惜金连钱，誓将赤手回青天。军行夜半寂不喧，横扫欃枪解倒悬。

题梁卓如启超书册

廊庙峨冠侧俊髦，谁堪郁郁老风骚。临池弄墨浑间事，睥睨时流亦自豪。

绸缪家国两无方，万轴牙签挹古香。盖代声华同逝水，独留翰墨向苍苍。

按：手稿题下有“壬申”二字。

仲谟来书谓将来此用吴范二公唱和韵寄之

万口铄黄金，匡居量然否。决疑指稷下，行行还自止。智勇贯人天，聊适吾志耳。艰难得子书，喜有新悟理。我犹嗒丧人，落拓长安市。在昔范无错，都城靳一趾。子去不复来，莫亦迹前轨。令我顾无巎，有斤焉所使。平生耻蠹鱼，日夜钻故纸。雄嘲自不至，那更纡青紫。仓皇了一世，粗绘等绣绮。假口迫寒饥，身名败于此。子今隘世网，心与道相倚。奉礼隐卑官，作歌人姓李。惊心陆沈祸，关塞今已弛。玉龙咽无声，壮士无地死。中宵空啸咤，儒冠真误矣。斯世几同心，不遭更焉俟。书稀吾所恚，人来吾所喜。飞檄到君前，速驾君当唯。

次均和伯鹰见寄五首

分羹请烹翁，燃萁自煮豆。种桑不择原，乃今悔莫收。凉飕送秋节，明月出怀袖。黑水咽流澌，白山为谁秀。断折乱蒿蓬，气悽日亦瘦。寒蛩尔何知，似亦惊节候。茹苦胆同尝，戒忽心应镂。要使松柏姿，蕴为天地寿。扁仓投药石，神方那轻授。哼哼将无讥，留以诏吾幼。

十年拟玄隐，廿载幻苏梦。泛泛水中凫，翼翼云间凤。飞鸣自求侣，岂效鸩媒讽。谣诼妒蛾眉，善淫交口讼。平居相慕悦，酒食徒亦众。堕穽齐下投，媚灶纷然颂。岂知人间世，百载一堂哄。蒲苇争旦夕，构厦谁为栋。齐人骄妾妇，苏张说衡从。至人欲无言，一一目而送。宁独痡怜王，发卷神时恫。时鸟多好音，萧洒引清哢。殉世大有人，邻家哭正恸。

巷僻绝人踪，槐花深积门。百喧守一寂，独坐安我魂。鸾凰止琼树，众鸟随翩翻。音声何窈窕，惩躁而雪烦。招邀好朋辈，子妇兼弟昆。共祝年谷熟，膏腴亩数盆。憀兮仙露落，戛然异响喧。飞飞去已杳，直上埋云根。

幽人善养生，明察秋毫端。丹砂耀几席，四壁皆琅玕。椟韫乐所乐，喤引难乎难。松柏荫自远，兰蕙芳可怜。恋松复爱兰，愿留度岁寒。滔滔清与浊，千载谁愚贤。悠悠功与罪，万古谁忠奸。

古喻良可哀，溺人终必笑。衰兰独何心，送客咸阳道。新燕还旧居，发问益多妙。北征有深谋，岂惟矜古调。荣华亦可怜，一语中窾要。鉴此明达言，愤舒一长啸。吁嗟百五十，奔走亦何校。那堪墙阋余，事仇致忠孝。散发放江湖，觚棱魂梦绕。比闻官军发，伫想金甲耀。万国莅嘉宾，候人愿为导。终疑瓠本呺，岂其锋在鞘。犹豫心狐疑，憔悴减清儿。念子夙昔怀，鞅掌难自劳。挥汗和新篇，偃仰恣号叫。以上数篇多深湛之思，而锻炼深稳。诗才益臻纯熟。

按：手稿眉批："苦太艰深，邻于晦涩，宜求爽朗为善。"

王叔云先生祖绩吾妻世父也赠诗次和

烛龙衔白日，九州光自映。人持爝火微，亦各标名姓。鹤长凫胫短，断续两害性。游刃在寻却，调弓须待檠。我生愧籍狂，书剑学不竞。更敢步武侯，草庐待三聘。不进亦不退，高蹈兼庸行。霜空逐鹰鹯，寒山猎枭獍。勒马及悬崖，守真在无竞。险绝悔悟深，静空归一净。畏缩图苟全，岂曰能知命。北风正裵裒，时维冬之孟。伊人水一方，肸蠁通往圣。扁舟挹风采，古貌昔所敬。九天落珠玉，望外喜相庆。我无扁仓术，七发倘已病。培塿附岱宗，潢潦仰明镜。

次均奉和北江先生七首

少小譬乱流，性情靡定在。无言天默默，任意长蒲稗。忆我髫龀年，自矜只重外。指画天地垠，取意风云会。缤纷时变易，芳草为萧艾。离尤夫子辜，污垢庸可汰。弁髦弃贤圣，仁义存驵侩。中宵起惆怅，顿觉世途隘。龙眠有至人，饷我殊方味。甘心糁一尘，蕙茝杂菌桂。濯发晞阳阿，吞刀洗肠胃。淬锷厉锋铓，转喉多触讳。但求自快意，不为爱惜费。明明日月光，向往知慕爱。无由换凡骨，空荷殷勤惠。

百年一旦暮，何者非蘧庐。奈何二三子，迹远情益疏。离群圣所戒，素抱期不渝。石泉饮山鬼，瑶华遗离居。善学贵三反，名教举一隅。大道本平易，温饱如布蔬。精灵有消息，要与古为徒。惜哉庸妄辈，不见古人书。精知患不至，鼓勇犹贾余。久久开金石，天命终何如。

长风轩大海，浩漫坤乾中。功名与杀伐，万古皆雷同。身心不自淑，谤毁已先聚。谁能挽西日，坐使川回东。有文充在腹，謦欬生云风。一芥不留滞，万汇能包容。飘飘安取似，天际看飞鸿。

高文亦何有，光焰久衰歇。川原气亦薄，因循蹈陈迹。历览千载间，纷纭心愊忆。肸蠁接虞唐，旷世固难觅。天地悬至精，畴与大道适。山海积壤流，匪伊一朝夕。

举世皆淈泥，安取夷齐洁。养空舟逍遥，委运沤起灭。弃形保厥精，进退孰优劣。大隐在无名，箕裘自有业。一朝纲纪败，千钧发垂绝。蹴踏挈嬴刘，风雷还圣哲。冥会千秋心，对卷长脉脉。

世乱无好怀，幽居正郁陶。谅哉东野才，未足当韩豪。风霜肃秋气，转眼回春娇。笔端夺造化，四时荣不凋。强颜作郊岛，外内交相挠。兵荒杂流窜，宁免为饥嗷。愿言折若木，拂日长逍遥。

大道日以塞，异说日以滋。嗟岂人事然，正亦天地私。椎埋尽侯王，贤哲无立锥。胸中不平万，到口防其巇。但当消块垒，珍重倾金卮。黾勉迓天福，犹及朝日晖。弦歌博莞尔，夫子倘亦怡。道丧桴浮海，从者非由谁。数诗用意深邈。

次均答馀斋

王侯文采耀琼瑛，八代苍茫眼底横。修己俟时绵绝学，忧边有志堑长城。庄生阅世悲刍狗，杜老何心慕大鲸。耳热酒酣河泽冻，尘埃兀兀圣无名。

题韩虔谷先生德铭诗稿

鼻息虹蜺贯碧霄，忧时愤国血如潮。云雷反覆天难料，独有诗篇问泬寥。

次均答张叙宾铭礼见赠张韩虔谷弟子也

韩门尔张籍，法度有闳深。不作潼关吏，聊为梁甫吟。极天驱汗马，战格蔽飞禽。惆怅金牌意，英雄泪满襟。

天游室诗卷第四

桐城吴北江先生评定
武　强　贺培新 撰

李伯言永福约游玉泉山用北江先生赠李光炯均　癸酉

蟠胸百怪牢千奇，过驹坐阅韶光驰。人海尘埃渐埋没，穷年郁郁将何之。无端飓气轩东海，天容惨淡山河改。先巢燕子意何如，朝暮蜉蝣怜采采。李生念我清幽居，华裾摇辔时停车。连镳偶作寻春约，玉泉积雪今有无。朱颜白发此湖水，几代豪华去如驶。壮怀万里镇茫茫，欲敛风涛一尘里。岩谷出没石盘陀，表独立兮山之阿。忽忆故人张子高与叶石荪，清华园畔更相过。整练中时有奇致。

春日偕李伯言游燕京清华两大学宿焉用杜公何将军山林十首均

去去城西望，杨丝挂小桥。情怀结农圃，意气薄云霄。世事何从问，山林久见招。骁腾千里志，咫尺未为遥。

迢递溪流水，出山尚自清。池边生浅草，树杪听流莺。潭淹春如酒，芳菲味入羹。黄鹂自相语，飞絮送君行。

画栋千间厦，良非一木支。金人标巨阙，玉柱映清池。训典余三畏，图书纪四知。漫寻书带草，荒径久离披。

湖畔雕龙石，园隅放杏花。陨星群蹴踘，洒雨乱惊蛇。独去知何许，兹游兴已赊。愿言晤朋好，隔户向邻家。

细柳铺新绿，名园奕奕开。藤编覆庐网，路夹作垣梅。大屋千人聚，闳规万国来。只忧漫风雨，无计扫莓苔。

悬口千河水，抽思百道泉。氍毹华似锦，幄幕软于绵。大器能谋国，崇楼不计钱。苍茫独高咏，聊作对秦川。

夜半披衣起，瓶花散妙香。映窗湖水静，到岸柳丝凉。冥漠山如晦，沈阴月亦藏。松声挹幽色，寥寂变清苍。

晓云凌倒影，霞绮散深池。幻象生蜃市，何人着接离。君能思野老，我亦与婴儿。不见晴波暖，浮鸥上下随。

望里千寻塔，胸浮岱岭云。鹍鹏咸异趣，鸑鷟自成文。韩杜企予望，乔松并坐分。迎风花万点，红紫乱纷纷。

城郭吝游兴，收身意若何。尘从戎马起，声与乱鸦多。漫写登楼赋，应为出塞歌。艰难收蓟北，涕泪更来过。清迥可味。

再用前均送伯鹰之沪兼讯履川

学道悲岐路，凌江孰作桥。酣歌鱼跋浪，微唱凤搏霄。万古白云去，千年黄鹤招。神驹心万里，沙漠欻来遥。

夫子门墙近，园林气象清。奇葩高引蝶，香叶密流莺。文字昭双美，甘辛糁一羹。朝朝液池畔，携手与君行。

隐几聊舒叹，垂颐手自支。残花铺石井，落叶委鱼池。肝胆明孤向，篇章待后知。年年双十节，痛饮醉纷披。

灿烂天孙锦，开张师子花。芥舟浮渤澥，蜩甲幻龙蛇。扬马香俱在，黄虞迹未赊。桃源看竞渡，会约到仙家。

大器成非易，名花晚独开。凌霜迟荐菊，冒雪夜探梅。憎爱春仍去，寥茫秋又来。国香留不住，和雨入青苔。

奇殃来突兀，耳底吼奔泉。呜咽悲沾袂，仓皇体未绵。图凄多梦魇，饭饱不须钱。珍重功名会，为书讯百川。

金石贞能久，芝兰远益香。气寒煨芋暖，内热劈瓜凉。米贵腰须折，囊深颖可藏。平津三百里，相望郁苍苍。

苦忆荷千顷，昆明帝凿池。见过交履舄，共寝乱纚离。宝镜窥西子，银鸾羡杜儿。清游宁可极，云去莫能随。

绛雪香吹院，苍藤势尔云。萧斋陶古字，采笔绘新文。六鹢飞还退，双龙合再分。鲁连今远去，谁为解秦纷。

十年南北走，车辙奈愁何。身世嚣尘惯，关山落照多。别筵期各厉，春酒且高歌。寄语通家旧，淞滨为我过。数诗质健有气。

用杜公送高三十五书记均寄明皆军中

烽烟逼堂奥，愤出倾城师。兜鍪不适用，更假占毕为。王君吾党健，投笔思雄飞。不为侧翅鹰，今作好男儿。风沙抗北边，挥手与我辞。时议气欲夺，伫见宣棱威。吁嗟翻覆事，天理不可知。士卒宁负罪，主将失厥仪。生还整衣履，重往随旌麾。恻怆渐平澹，慷慨忘忧思。死生亦何有，功勋树几时。却忆别离时，户外为天涯。一杯杂攀怂，执手交欢悲。浮云飘白日，怅望焉能随。空囊堪久戍，弱质应期归。言尽怀不极，惟君鉴此诗。横空转接之处，最是大家意态。

寄怀王叔云丈

赏菊未可期，人事邈难度。易退我不如，东坡叹园鹤。去秋惠我诗，清声动寥廓。驱我厕横流，不容远缩脚。我时戏答翁，苟全殊不恶。誓从蒹葭外，一叩金丹药。翁闻默无语，目瞪光灼灼。谅知与俗走，逃雨难绰绰。济盈轨不濡，锄豆露已着。垂翅望青冥，枯鳞嗟辙涸。去去莫复道，屈伸随龙蠖。谁谓负天鹏，定免缯与缴。四郊满机彀，三边弛锁钥。生命须臾间，釜底痛犹跃。崦嵫迫落日，逝水急归壑。莫漫愁篱笼，会翻巢燕幕。工力深稳。

书范先生像用东坡书太白真均

稽天浊浪千浮沤，孤舟超越腾空游。欲疏九泽奠九州，蹭蹬风尘志不酬。狼山喝海几春秋，长胫俯啄斯须留。飞飞八海谁能求，大江滚滚出峨岷。涵灵会海钟斯人，春风吹鬓看文君。悬泉肆口流天真，雄才霸气冠千军。摩天积愤杂嘲瞋，高歌异世谁当闻。矜练中有票姚俊伟之气，斯为杰作。

按：该诗发表于《天津民国日报》1947年7月21日第7版《文艺·天游室诗》。

书郑将军金声碑用山谷书磨崖碑均

丹枫落叶飘深溪，长清新树将军碑。将军勇武动天下，廿年忧国鬓成丝。兜鍪不释剑在手，貔貅十万驱健儿。饥鹰戾天豺虎肆，民安止息禽安栖。将军张髯奋作色，九域弗一将何为。推排日月施云雨，雄军北迈图京师。肘腋变生天黯黯，鲁阳落日戈频挥。龙鱼鼠虎倏倒置，妖蟆蚀月嗟命危。将门有子殪元恶，镌功勒石征题诗。谁欤即今大手笔，上继罗李曾相词。风尘奔走感川逝，前踪犹记相追随。破碎河山袅余照，秋风遐起兴亡悲。收有情韵。健拔可诵。

前题再作一首

丰碑三丈高穹窿，大书深刻标奇功。将门仍世扬精忠，倚天吐气如长虹。山川蕴毓为国雄，廉顽立懦传无穷，歌成啸咤生云风。

李晓东鸣钟属题工笔画卷

李侯手提古画卷，道是旧藏希世选。披图人物相恬熙，一水清盈山巉嵯。隽永。柳摇万屋波动船，旗鼓青红纷在眼。旄倪贵贱本来齐，城郭山林何足办。我观此画心悠悠，三日神游憺忘返。卷图三叹还送君，邈矣余怀起遐缅。收味悠然不尽。

次均和旭初

连朝快雨洗兵气，安得常令宇宙新。冤愤敷天迷皎口，横流满地到吾身。穷边有武思归汉，东海无连耻帝秦。心与长风散云表，空庭无语泪沾巾。

次均和旭初

离奇肝胆发雷声，对面真疑泰岱平。事去秋波聊自放，愁来春草不能生。连云战格飞难越，匝地残花眼尚明。醉倚大风歌猛士，李陵降后更论兵。

次均和旭初北海夜坐

漫从世外觅清凉，火热渊深那得将。倒挽银河清浊浪，闲擎花朵挹浓香。星光涵泳灯摇水，雾气迷离树拂墙。好趁月明归去也，蛩音鸡喔乱书堂。

次和林伯渊

澄怀时对月明多，川上何人感逝波。尘涴青衫宁素抱，灯摇细雨且高歌。秋风关塞增惆怅，落日河山独啸哦。万里相期惟各勉，好持玉玦莫蹉跎。

次和旭初

偶凭香草写离忧，任把蛮笺纪胜游。秋雨萧寥萦客感，春波灿漫浩谁收。芳兰匝地侵衣袂，皓月悬天落茗瓯。完取孤怀容独往，烂羊腐鼠两无求。

次和王叔云丈

平生电掣五花骢，伏枥年年数过鸿。中坂迁延漫流汗，长空喷歆自乘风。藏身人海伤多难，织锦天机比化工。碧水霜髭可终隐，宵深剑气动弢中。

飞腾日暮悲灵琐，怅望崦嵫可少留。疫气冲头浑未觉，秋风入户又添愁。由来肥瘠看秦越，那更贤愚办跖邱。朝议和亲容小憩，千金不用饰刀头。

次均和刘敬舆总长哲重九登高

登临极目又高秋，一日回肠一万周。聊藉酒杯浇块垒，未烦药里起沈忧。归飞倦鸟犹争树，向晚残葩正满丘。迢递关山余涕泪，不堪往事数从头。

张子和作梅赠蜜用东坡安州老人食蜜歌均

花似明霞枝似铁，散粉飘香恣百舌。花容蜜意争酣贪，苦胆何年兴践越。悠悠此意谁复知，张傻仪表真雄姿。遂畅天倪除芥蒂，归真吾与为婴儿。宝罍碧玉新熟蜜，溉我甘芬医苦疾。即今荼蓼天下茹，区区独免忧宁失。伯夷盗跖谁为廉，澡身浴德人所嫌。秋蝶可能芳意恋，陶陶梦里寻黑甜。茹苦寻甜皆画饼，西风柳老秋蝉影。蜜蜂惧见荡金飚，冰滑辘轳冻石井。

子建持解大绅学士草书卷子属题为赋长句

连朝郁悒心烦忧，展书忽讶蛟龙纠。涵象诗人谪仙后，持此珍重如琳璆。天吴移海几百载，淋漓墨气犹云浮。崚嶒劲骨程杵节，纵横才略雄山俦。豫章排空上霄汉，紫烟腾绕祥云流。霜凌霰集斤斧赦，调刁呜咽风涛愁。榆枋纷控自得意，青冥一折归冥幽。朅来愈觉世途隘，悠然掉鞅人间游。流云飞马度人表，凌空一笑三千秋。胡为对此百惆怅，怜才欲杀谁恩雠。淫威谗口古来有，喉间骨鲠焉能瘳。冰天雪海增感激，诗酣耳热天无尤。韦脂柔滑士莫羞，不见盖世重瞳不屈死亦休。词气极近长公。

按：该诗发表于《天津民国日报》1947年7月21日第7版《文艺·天游室诗》，题为"子建持解大绅学士草书卷子属题"。

题某君漫游集

海底珊瑚枝，虹光云外映。山头杂花稠，乱草没荒径。质量有不同，显晦各遂性。轮扁笑桓公，糟粕相与竞。觥觥漫游集，山水恣涵泳。读罢天茫茫，风云难遽定。

张筱云庆沄七十寿诗

潮落波兴数上声豪杰，鹤骨龙髯自高洁。区区文字那足多，积习不除聊可悦。仓皇已届杖朝年，萃祯繁祉皆由天。绝壑深林任还往，清夷和惠谁愚贤。四十年间活国手，功成身退吾何有。倾天怒雨挟山来，楹杙可能支厦否。天崩地裂无谁论，大椿朝菌皆浮云。赢得娥江一竿钓，龙拏虎掠争缤纷。虎掠龙拏同一愧，对花把酒还沈醉。黄尘清水更千年，老彭常作人间瑞。

梁子超将军冠英为父母立碑征诗

武以戡乱亦启乱，文风学俗今泮涣。天地正气在英豪，儿能效国吾无患。父母喟叹言犹新，哀呼痛号皆不闻。罔极深恩未遑报，幽光不显难为人。旌旗十万蔽飞鸟，北狄东夷谈笑了。归来马鬣护高封，赑屃丰碑矗云表。光昭令德今何时，玉关汉月犹骑危。天意苍茫涕笑并，乾坤何处著题诗。

郭麐霆瑄母夫人挽诗

朴厚深醇风化始，乡邦教泽皆如此。懿铄夫人懋令闻，册载相夫兼教子。教子成名母心悴，功成名遂真当退。近闻贤子凿抔逃，先灵地下倘可慰。

山右王君寿诗

代北山雄峻，醇风相吉人。慈祥周物性，豁达见天真。松柏凌霜劲，云霞到眼新。陂陁红叶满，高节著河汾。

天下昏冥际，端居养太和。大椿绵历算，老鹤舞婆娑。舜槿荣旋改，蛙蟆争谓何。高歌心万里，应博醉颜酡。

次均和旭初

黄尘走马几多时，竟把无涯遣有涯。独自惊心怜楚国，可堪变色耻袁丝。尚余笔底蛟龙气，更识人间尔汝谁。会与知心拼一醉，醉归径去不言辞。

代人和诗并次均

词坛望古有闳规，坐困尘城郁百悲。賸欲高歌望东海，鸥波万里慨时危。

蚤年驰骋猎文场，岂意非才厕庙堂。颇愧孙阳识骐骥，群空冀北竟留良。

按：手稿题中“人”原为“克之”，“和”下原为“陈君自青岛寄”，为诗人删。

题吴养臣玉泉寻梦图

隔溪高耸稜金塔，案剑帷灯识旧尘。魂梦依稀还故我，大根和尚是前身。

行空天驷东坡老，卧虎潭潭忆鲁公。等是头陀前世果，先生可与二君同。

按：此诗手稿题为《题王君玉泉寻梦图》。

题某君自寿诗后

世德涵濡说庆余，大年小智本区区。伊谁自致千秋在，铭鼎封山百不须。

林烈敷竞画还我河山图并题二律征和次均

寥茫一幅佳山水，笔墨雄酣气亦奇。风雨萧萧何日事，关山历历系人思。挥戈空负心期在，构厦曾无伟干支。连塞冻云肠欲断，极天鸟道仗谁持。

平生八表飞腾意，瑟缩真来燕雀聚。岭峤峥嵘盈腕下，云涛汗漫写胸中。降心篱畔情偏笃，回首天涯意岂穷。鼓角腾腾惊壮士，中宵剑吼马嘶风。以上诸作骨干愈坚，光采愈出。诗力较前更加猛进矣。

节义行用杜公冬狩行均　并序　甲戌

李夫人者何，柱国将军之世母也。胜清洪杨之乱，将军祖某奉命提乡勇御贼范亚音于辽东温鸡堡，城陷死焉，举家殉难。独夫人携将军逃避得免，忍痛抚孤，将军得以成立，今为第五十七军军长。东北变后移防关内，夫人九十一岁考终里第，将军述行征文，为作节义行云。

倨牙钩爪恣豪雄，惊天岌地争图功。狂潮摧山海倒立，生民鱼烂嗟咸同。太翁进剿不能下，慷慨就义凌苍穹。至今太平垂百载，追维遗烈光犹熊。忠节巍峨国家瑞，弟兄寥落门庭空。贼陷温鸡堡，奔避飘流任转蓬。忍辱伤离冀还聚，阴霾旋复归家中。葵羹谷饭谁与同，骁骁犹子人中骢。茹泪抚孤望成立，至今桀戟生雄风。疾雷破山邻叟泣，中宵北顾天为红。突兀不平。龙战玄黄二十载，坐令堂奥骄夷戎。负恩报德此何日，悲哉一炬咸阳宫。燎原火势讵可灭，空言更忍欺愚蒙。呜呼！空言更忍欺愚蒙。沉痛呜咽。

鹤次旭初均

止庭大鸟定谁惊，默默三年不肯鸣。松下暂栖愁日晚，水涯独立待天明。宵深寒露瀼瀼下，月落惊飚飒飒生。曲沼低摧湿毛羽，云霄昂首若为情。

黄膺白先生郛夫人寿诗

凤城腊尽看春回，映雪繁枝绽绿梅。钟鼎铭中蕲寿耇，凤凰枝上映毰毸。金张世回貂仍珥，王谢堂前燕又来。翟茀朱帻骄四牡，瑶池雉尾为谁开。

麾霆寄示自怡轩诗走笔嘲之

东坡人中仙，不忘二顷田。娓娓爱吾庐，渊明亦有然。二子称达士，未免俗虑牵。一片白云身，无限黄鹄天。养空游鹏鸟，脱殻飞秋蝉。奈何镜于物，而不离其铨。君今能自怡，何用矜名轩。为轩已蛇足，得句尤蹄筌。嘲君还一笑，岂若吾无言。

按：该诗发表于《天津民国日报》1947年7月21日第7版《文艺·天游室诗》，题为“和某君自怡轩诗”。

【校记】

〔矜名轩〕日报作“于名轩”。

武训诗 并序

武训者，堂邑人，以一丐兴三县义学十余区。畸行苦节，知名中外。训生于道光十七年，卒于光绪廿二年，得年五十有九。民国廿三年，三县义学执事者以训逝世三十八载，征文纪念，为赋之云。

武训行乞毕一生，抗心贤哲标仪型。丈夫自致千秋业，传世何有于功名。伶丁荼毒历贫苦，戆直笃质心坚贞。富贵孰非东郭乞，餍足只博妻孥荣。一毛不肯利天下，誓摩顶踵羞公卿。时积日累岁月异，根培叶布枝柯成。广厦千间庇寒士，良田百顷资群英。滂流教泽日有益，馆陶堂邑兼临清。行乞终身老不异，为而不有谁则能。呜呼为而不有谁则能，千龄万代扬名声！

按：该诗发表于《天津民国日报》1947 年 8 月 3 日第 7 版《民园·天游室诗》。

甲戌上巳南海禊集未与靳仲云志代拈玉字

瀛台三月初，太液漾寒玉。几辈神仙人，禊事纷相属。年来烽火警，春睡苦不足。卓午且偷闲，一酣日已蹙。熨眼强起坐，自顾少清福。忘事有师丹，嗟今未老秃。花开花复谢，日月剧轮辐。岂不有来朝，风云倘难卜。

按：该诗发表于《天津民国日报》1947 年 8 月 11 日第 7 版《文艺·天游室诗》，题为“南海禊集不与某君代拈玉字”。

【校记】

〔强起坐〕日报作“强坐起”。

前题代作得横字

春来依旧万花明，太液晴波静不惊。压境西山浓欲滴，掀天东海浪难平。群公觞咏犹高会，千载风流倘继声。禊事忝参聊一笑，胸中底事百忧横。

按：手稿题中“代”后原有“克之”，“作”后原有“一首”，为诗人删去。

马伯逸晋为画马题之

天骨峻嶒立，霜蹄万里图。趣令当战阵，宁敢惜微躯。肯使骐驎种，常随阜栈奴。干戈漂泊会，善养待时须。

题长城战役阵亡官兵纪念册

挥戈跃马见精忠，辛苦防边烈士风。舒卷寒飚吹日白，淋漓热血染波红。头颅十万鸿毛掷，版籍千年枳棘丛。独有丹心照今古，摩天积奋鬼犹雄。

又　题

放翁鬼语最堪悲，不见秦亡见楚危。千载兴亡谁料得，头颅自博好男儿。

张季鸾炽昌为父母立碑以状塍章太炎所为墓表征诗季鸾大公报主笔也

张君邮状来征文，章公表墓文绝伦。张君文芒被八裔，争以不朽扬其亲。自言未冠丧父母，孤茕远走扶桑滨。归来痛值家国变，欲以言论康斯民。词秉大公动天下，纸飞十万凌霜晨。刍议倘能发其瞶，冬枯冀可回之春。历载廿余玄鬓白，惊心板荡山河翻。雄文悬国竟何益，不直覆瓿唯当焚。于国不才亲不孝，公私两负难为人。群阴灏淼酝秋思，飘零黄叶传悲辛。满目萧寥赋归去，磨石镌字崇高坟。一语之褒百朋锡，广征一代人文尊。阐发潜幽暨百世，山川弹压光寒门。我闻是言拜起舞，属词肝胆森轮囷。方今舍本竞齐末，溯流畴肯求其源。回澜反日正百度，尚烦大笔为前军。会当壅培植根柢，坐见涤荡清烟尘。城上饥乌呼正急，悲声夜夜惊悽魂。涵咏深沉，吐属大雅，卓然正始之音。

按：该诗发表于《天津民国日报》1947 年 8 月 11 日第 7 版《文艺·天游室诗》，题为“季鸾为父母立碑以状滕章太炎所撰墓表征诗”。

次均酬小溪题印草

头陀再世空尘障，蹀躞人间恣狂放。胸中尽日幻云烟，低头不肯拾卿相。身如海波横一芥，龟龙孰视不为怪。含光溷世邈若无，从容自与天机会。平生此意空自奇，屠狗屠龙两不施。五丁六甲凿石破，南箕北斗经天垂。十日一水五日石，百分举酒七步诗。呼牛呼马百不问，不饮不食真殊姿。十年与尔神明契，相对乌乌行裔裔。无言流水自年年，题诗更用矜才艺。读君诗十载，至此乃臻大成。此后放手为之，反正纵横无往不利矣。

书亡省纪念册

物换星移岁几周，无言黑水自长流。马嘶关塞秋风恶，鸿泣云天落日愁。巨刃何人剸碧海，长鞭此日策鸣驺。精诚耿耿冲霄在，勿吉应须指掌收。

柏烈武文蔚寿诗

谋国驰驱已有年，壮猷坐镇几山川。江淮浩漭终无竭，岭峤蹉跎坐不骞。藉甚名声愁后起，几多威惠媲前贤。河山莽荡人增健，屈指高旻看转旋。

张伯英钫母夫人寿诗

风掠枯荷雨送凉，伯歌季舞竞传觞。泽人积德余家庆，教子成名灿国光。浊世声华时怵惕，薰天事业视寻常。众宾烂醉如渑酒，风雨鸡鸣夜未央。

赠日本今村司令

海国推名将，英英烈士风。深秋新雨足，清酒一樽同。天意高难测，危途变不穷。醉来无检束，一笑海天空。

题宝应刘氏西浦图

十里明漪万木丛，危楼掩映绿阴中。幽居不是人间有，几代风烟感慨同。

旭初有诗于梅伶演剧颇致感慨次和

高歌自和对斜曛，醉倚苍松卧白云。燕笑莺啼谁管得，萧然禅定百无闻。

衮衮侯王同聚蚁，茫茫世宙付飞烟。眼前何限荣枯事，一艺兴衰未足怜。

题徐燕孙操工笔人物

临风一曲散愁心，曲里幽情似海深。转眼昨欢浑似梦，微阴天气恼难禁。

向晚仙葩尚嫩红，微凉秋意入梧桐。襟怀多少恩和怨，听取笙箫曲调中。

次均和伯鹰成都见寄　乙亥

雾重天东日色微，登高望远不胜悲。狂花尔岂沾泥质，暮景谁为冒雪姿。摧拉一朝惊浩劫，迢遥万里共风期。连年苦被微名缚，何日春山猎一围。

笔阵催诗巴蜀过，江灵山鬼定遭诃。已多险怪供游览，应有雄酣助醉哦。忽忽晦明金阙日，年年枯菀液池荷。细看景物无殊昔，底事啼痕杂笑歌。

王铁珊先生瑚既逝二载公子用骧以遗文属题

万感如春茁野茨，一编坐对起遐思。危时有补未有补，廉吏可为不可为。苦节自令流辈愧，空文留待后人知。嘉名美政同归尽，遗蜕争收欲付谁。

代赠宋明轩将军哲元时主察政

战机翕辟惊神鬼，静若山寒动电飞。建节拥旄隆塞上，黄云健马肃军威。当年长驭歼群丑，几日边城返夕晖。太璞不雕知质重，挽回浩劫更伊谁。

代赠万寿山将军福麟时治军西苑

当年秉节镇边陲，北塞荒寒赖指挥。荡涤神州身几战，平澜碧海意多违。潭潭卧虎山千叠，矫矫游龙水一涯。坐管北门声自重，春风浩渺动旌旗。

次均张聘三先生宝贤七十述怀

幽人抱道自耕山，红叶青螺映寿颜。绮角风高浑可接，黄虞世远不容攀。东篱西圃心常系，春韭秋菘意自闲。更有清谣惊下里，置身苍莽水云间。

廿年奔走困风尘，报国空羁物外身。北斗京华愁汉月，东山霖雨愧齐民。乡心云表空濛逝，世好诗中气味亲。千里迢遥归未得，摛辞犹及染朝云。

赵瑞泉琪以其六世祖耀澄清海宇册属题

五百年遗烈，而今尚典型。西江瞻荡节，东海肃秋声。奕叶贤孙子，凌烟显姓名。何时赓盛事，海宇再澄清。

题何海霞瀛拟清湘画册

结宇依丹嶂，盈檐宿白云。岩居多胜赏，邈尔绝尘氛。清湘老画师，寥落三百载。眼底是邪非，霞光幻瀛海。

次均奉酬刘作琳秘监善琦

刘侯雅望非常科，贻我瑰句云峨峨。有如降城纳勍敌，讵敢抗议徒唯阿。苍茫四顾风云多，鸩媒鹏哕森天罗。愁来隔窗曝晴晓，静观蝇脚双挼抄。苟安暇逸壮心歇，高旻日夜驰羲和。摘文弄艺等游戏，狂谈简行弛臼窠。千秋大业望生畏，恍如蚊负蛟驰河。雍门岂有假食分，绕梁谁复歌韩娥。悟兹生理耻干谒，并懒书字收笼鹅。世匪我弃我世弃，凉凉踽踽将如何。突兀逢君情意重，垂云大翼凌天摩。鹍鹏变化本一体，横流对立恣酣歌。深心苦语两见界，大道暂晦终无他。要须乘风破逆浪，莫漫踠足愁长坡。鸦雀市人同浩浩，孤萤自照勤磨磋。嗟予驽蹇困盐轭，安能千里追风驼。飞霜十月朔气厉，冲风激荡扬寒波。东家入室无礼度，薄务细故烦谯诃。含闳隐忍默弗较，誓披肝鬲相磋磨。横逆有加竟无已，呜呼吾意其蹉跎。试数旌旗望城郭，归来一夜须眉皤。手无寸刃坐叹息，聊将孤愤摅吟哦。龙颠虎倒绝壁坏，等闲身世依松萝。烽烟但恐逼岩谷，未许从容咏硕迈。坚苍老劲，退之介甫之嗣音也。

延长令　有序

董公绶，字印之。安徽至德县人，官陕西延长县令。民国二十二年，赤党肇乱，君以抗战守城死焉。主席邵公状行征题，遂赋之。

北岭绵亘中国中，入秦郁律为瑰雄。横山梁山双络绎，延长宝藏当邻封。延长贤令董公绶，在昔授读年甫九。千言下笔目十行，忠孝篇章不释手。自是松筠有贞性，霰集霜欺节弥劲。盈庭蒲柳乱纷纷，俯仰随风安所竟。年来国步多艰难，飓风赤焰凌空盘。报国勤民匹夫责，守土有死无由全。从容方作良能教，海涸山崩旋见告。豺狼从目皆甘人，一届横流亦何校。浩然正气虹蜺高，誓将寸刃歼群妖。众寡不敌战一再，力疾贾勇风调刁。此时贼势风雨来，或劝稍避休徘徊。正色沮之君勿语，丧节偷生义何取。国难民仇报及时，潜窜吾宁虎变鼠。吾不能丧师辱国愉高官，脂韦软熟图苟安。又焉能强颜事仇效奔走，趋利避祸羞容颜。匹夫有志不可夺，诸公好振邦家孱。中宵海沸天柱折，日星脱败坤维裂。城头啼乌口流血，金鞭斫断风声咽。重围弹尽援兵绝，裹创赴贼搏益烈。环顾左右皆灰灭，肝胆轮囷铁石热。一晌从容完大节，逾年大吏以事闻，题褒抚恤争纷纭。君不见长白山前峰岝崿，图们江寒风色恶。阴天冷月哭烦冤，碧血黄沙泪如昨。骨格劲伟，有弦外音。

溥叔明僡以所作忠樟行见示为言辛亥革命清帝逊位诏下西湖有古樟树为风雨所拔而死文士多为作诗读罢有感次均和之

飞霜陨叶鹍鸡鸣，卧闻屋角山梁倾。壮士枕戈呼起起，永夜阑干泪如水。天明颜色不相似，但觉酸风射眸子。咄汝倏忽谁恩雠，凿窍终成浑沌死。君不见倚江枏树二百年，风雷偶断根柯连。江边种桑值江改，自致摧折非神仙。

子建作琳用杜公白凫行韵唱和因次一首

君不见对面为盗南村童，公然抱茅欺老翁。天寒衾冷守长夜，何由脱此艰危中。真当牧羊留漠北，莫作归鹤翔辽东。沾湿屋漏难久住，昏黑魑魅吹阴风。以上两首意皆深隐，词皆沈奥。衰世之文固应如此也。

观童剧次前均

展诗会舞皆儿童,衣冠竟作廊庙翁。威仪霸气望不称,居然号令雄图中。睽睽万目叹绝望,颓光莫挽斜阳东。沈冥至暮浑不省,户外冰雪掀狂风。寓意深远。

次和叔明江亭即效其体

宝盖云逶迤,青骢气腾趠。明漪青一湾,碧天无纤浊。指点寻幽亭,翠羽隐华桷。零语挂虚无,箫声送清汋。归来日已暮,冥想襟怀濯。掠鬓葭苇风,冰轮见城角。似散原。

按:该诗发表于《天津民国日报》1947年8月11日第7版《文艺·天游室诗》,题为"次和叔明江亭"。

【校记】

〔零语〕日报作"铃语"。

挽陈希哲继贤江西

曩年太学共穷经,一别真成隔死生。壮志已随飞景尽,雄谈尚喜著衡平。还乡岂料兵戈满,求仕无成岁月更。不独庙堂愁北顾,归魂应怆鼓鼙声。

代赠陈济棠将军

南天一柱郁崔嵬,振雨兴云实壮哉。溟海波掀山不动,虞渊日落手能回。安边北极输南极,苟活庸才胜霸才。不道溃堤嗟莫挽,何难一掷阵云开。

按:手稿题中"代"下原有"宋明轩将军",为诗人所删。

子建母夫人挽诗刚已先生配也　丙子

幽燕平坦无奇气，独出精英盖世豪。诗与杜韩通謦欬。文从扬马乞波涛。百年帷闼鸣琴瑟，晚福儿孙誉俊髦。白首孤楼犹有憾，十年兵燹况萧骚。此首最为浑成。

谪仙家世诗为业，继起声华更赫然。薄宦远浮东海上，置身已在盛唐前。应看表德泷冈并，会有奇方宿病蠲。如燬邦家忧正急，可堪雪涕到重泉。

通家三世话酸辛，予室翘翘足怆神。百虑心焦谁与慰，一朝梦断了无因。名贤四海争为诔，懿范千秋总若春。倾海怒潮来眼底，全归犹是太平人。

按：该诗发表于《天津民国日报》1947年8月11日第7版《文艺・天游室诗》。

日照李氏两世节孝征文

征文亦自关风气，万叶翻飞到案来。衰世真应绝麟笔，庸行那复当鸿裁。犹龙世德馨兰菊，冒雪双贞挺竹梅。左海寒涛横岱岳，众山终古是陪台。以上数首骨格皆苍老。

游厂肆见某名宿书东坡句云梦里犹惊翠扫空爱其清艳讽不绝口梦中成一绝句夜起书之

梦里犹惊翠扫空，春风无语断疏钟。绿窗花静香如海，一片飞云过乱峰。

二月三日何克之秘监其巩黄君君坦孝平约往西山观雪归用君坦人日倚楼望雪均

巷口停高轩，雪天共晴皓。云出城西游，神思飞缥缈。珍此玉晨光，犹及天未老。抚迹惭缁尘，微风送寒抱。艰难访钓台，路淹浑莫晓。几代繁华空，历历亭台好。弥天作严冻，春讯真颠倒。凝睇痛百昌，伤心到饥殍。畴与弄奇幻，眩此琼花皦。凌暴遏生机，粉饰装蓬岛。会见阳律回，春雷起江表。

西山之游以双清别墅观鱼最胜君坦有诗因与同作

昨者到双清，大非昔日景。素练覆盘松，玉屑埋重岭。一白浩无际，心迹都清冷。汩汩碧泉流，悠悠细鳞影。相顾各寒噤，鱼乐谁解领。尔我俱非鱼，此中盖化境。

按：该诗发表于《天津民国日报》1947 年 8 月 11 日第 7 版《文艺·天游室诗》，题为“双清别墅观鱼”。

前题又次君坦均一首

积雪山之曲，涧石光晶莹。茫茫一片白，浅碧留孤明。尘襟鉴澄水，顿觉肝肺清。凝心逐鱼队，立久浑忘行。同游伟丈夫，勇若发霜硎。抟雪投入水，冥化空无声。而鱼游自在，超世真幽情。

题与李伯言王金璐合照金璐乃伯言弟子戏曲音乐学院文武才之杰出者也

唐儿眼大复心雄，踏臂银鸾翦水瞳。昨岁寒梅浑似梦，强颜桃李向春风。

冰雪一身寒澈骨，虹蜺千尺气腾霄。王郎斫地才殊众，跋浪翻风起怒潮。

云烟满纸幻耶真，傀儡侯王过眼尘。还汝真容真亦幻，共留幻影讯前因。

丙子上巳北海禊集用昔岁南海禊集均

液池春暖涨空明，烽火连年倘未惊。世事不堪结遐想，清樽相共话承平。胜游可嗣今何日，古韵云遥孰继声。莽荡乾坤何处著，放怀聊与一纵横。

和作琳

堂堂历乾坤，兀兀越朝暮。春来睡事足，公朝谢不赴。四海多艰虞，有闻成触忤。出门云有访，苍茫欲谁晤。冥心千载上，一一可欣慕。鸾凤燿阴阳，云雷自盘互。蓦然心波翻，百年一指顾。功烈土一抔，真当守吾素。熙春气转和，万雀闹深树。小院闭幽踪，微飔散寒沍。气平心愈下，神定鬼不怖。澄水鉴初心，岂被浮名误。君看沓泄流，持身几何悟。利义交乎前，名节畴可固。自怜凉踽人，胸臆偶一吐。犹余奇逸情，滉漾飞凫鹭。具见工力。

应溥心畬儒叔明昆仲之约萃锦园观海棠拈韵得不字

故国名王邸，乔木森而郁。王孙叔仲间，文采双健倔。三春花事亟，俊侣邀簪绂。霞色烘白云，香飔散清拂。胜赏剧陈迹，俚句形愧艴。千载常棣花，韡韡咏鄂不。清隽。

按：该诗发表于《天津民国日报》1947年8月11日第7版《文艺·天游室诗》，题为“心畬叔明昆仲约观海棠拈得不字”。

题 画

贝阙瑶姬绣绮襦，弥弥弱水渺愁予。玉栏干下香钩侧，可许金鳞撇去无。

谢作霖霈以其弟蕙庭长卷属题

家家榜额字峥嵘，别驾风流满故京。不识宛丘何太陋，先生才调蚤齐名。

按：该诗发表于《天津民国日报》1947 年 8 月 11 日第 7 版《文艺·天游室诗》，题为“谢作霖以其弟蕙庭画卷索题”。

作霖以先德节孝册属题

孰与亘光芒，天地此至性。大力挽颓波，万古一寒镜。

按：该诗发表于《天津民国日报》1947 年 9 月 15 日第 7 版《文艺·天游室诗》。

游妙峰山遇狂风雨

穷年役尘溷，结想在绝巘。妙峰今再游，百里未为远。昔游值阴曀，山容蕴不显。淋浪水与云，驱人入愤懑。此日天光莹，晓色澈清畎。一览收瑰雄，情致转平坦。祈祷来千里，男妇杂贵贱。同化到戎夷，偕来致诚悃。朱衣饰罪囚，手足刑具绾。采服作伶优，舞蹈歌缓缓。举步一泥首，臂膝同负版。宛宛双香炉，穿腕金丝罥。花红插满头，黄帕加诸冕。纷纷历险巇，五色炫满眼。绎络如长蛇，直向青天引。四月朔至望，昼夜无停蹇。人人登绝顶，各各求福善。信民号卅万，所祷各有办。彼神亦已劳，修短凭何算。千变岂能供，坡诗见犹浅。亭午日向炎，篮舆山下转。众壑分阴阳，瑞霭浮町疃。慄慄心时悬，回头艰一眄。狂风挟雨雹，天昏沙石卷。掀簸舆几翻，凌暴面如翦。砭骨生奇寒，重棉倏已澣。真成啼笑非，惊定犹余喘。斯游足奇逸，百体欢娱满。莫漫愁诗材，天公厉疏懒。通体整练中多俊语。

按：该诗发表于《天津民国日报》1947 年 9 月 15 日第 7 版《文艺・天游室诗》。

黑龙潭

泉出瀦为潭，澄圆寒不涨。老木间古藤，夭矫干云上。黑龙始何年，擅此风云壮。歙吸一泓微，击搏连天浪。遂令后世人，栋宇起叠嶂。旱涝饥痴贪，一一此求偿。人君愚众民，诡词饰虚妄。贞石累代镌，骈罗欲成障。异代感萧条，彼神亦无状。颓基泻隐哀，堕瓦丛馀怆。圆潭独常莹，弗竭亦弗漾。坐想万代后，此水如今尚。僧徒今已空，殿宇来何况。悠然心不适，攀登荒塍望。墙角浣溪人，记取安闲样。自然高雅。

按：该诗发表于《天津民国日报》1947 年 9 月 22 日第 7 版《文艺・天游室诗》。

朝阳院

古刹嵌山腹，高甍亘几层。石渠深刻画，松影乱髯鬙。百鬼狰狞壁，千年熠燿灯。几宵伸足睡，清福记吾曾。

按：该诗发表于《天津民国日报》1947 年 9 月 15 日第 7 版

《文艺·天游室诗》。

宝藏寺

三年闻宝藏，今日独来游。径转红山口，凉如白露秋。悬廊临绝壑，野水豁双眸。悄对佛香阁，湖山一望收。

都城王气尽，隐约耸浮图。岚气揉深黛，天风荡碧梧。火云融瑷瑊，石乳浸肌肤。物外闲时日，尘心淡欲无。

按：该诗发表于《天津民国日报》1947年9月22日第7版《文艺·天游室诗》。

【校记】

〔浸肌肤〕日报作"漫肌肤"。

次均酬作琳

岳岳刘夫子，声华蚤有闻。一朝接戎幕，数卷读鸿文。广大江湖量，劬劳夙夜勤。脩鳞自云渚，短翮止虹枌。荡荡高天迥，苍苍落日曛。幽情摇翠篠，逸兴托青芸。句满江南秀，才空冀北群。书城罗百国，笔阵扫千军。雅惠情稠叠，名篇气苾芬。春风笼远霭，晷景散晴雯。国破增新痛，时危数旧勋。贤豪畴奋发，蛮触又纷纭。事去凭床睡，愁来任酒醺。日高呼不起，白练请书裙。

述先重居北平昨来谈及初晤于红桥柳巷之居越十年矣余语赠以故都食物别时竟忘之翌日媵诗送之用范先生酬张州判均

壮士几蹉跎，俯首甘叔仲。岂期恬退功，见猎心犹动。廿年厌作客，无补愧食俸。荒径浩归来，万缘纷聚讼。萧斋书数卷，精液挹余供。樗栎分应捐，敢说才难用。四野斗龙蛇，喜得安闲空。不见旧京华，冠盖时亦众。俯仰俱成尘，不寒发生洞。重来一城居，我喜薄有送。暖灶非膏粱，端阳更无粽。燕谈尽白日，直谅不为颂。口惠昨实过，賸诗聊可诵。忽忆红桥居，十年真一梦。

大公报载余小传题曰印人某漫书二绝

溷迹年年自隐沦，鹍鹏过眼尽飞尘。为周为蝶知何是，惭被群呼作印人。

烟云变化横天半，江海濡涵运百灵。错使人间见鳞爪，春雷终愧未收声。以上各篇诗境益老练深稳。

按：手稿原题为“印人”，“鹍鹏过眼尽飞尘”为“鲲鹏眼底祇微尘”。

次均和伯鹰

夜读紫霞篇，精微穿溟幸。云海山万重，相去何辽回。平生阅世术，无睡亦无醒。泛泛养空游，悠悠味梦境。空明自澹荡，菱蔓聊相引。流眄沐温光，惊心感芳謦。飘风飒然至，微雨浸肌冷。零落吹惊凫，婉娈斜阳影。失色各相顾，翩翩散归艇。水澨与山陬，到处潜悲闵。归来伴谷神，且与养玄牝。窥窦望茫茫，士马腾殷轸。醒睡孰是非，啼笑自矛盾。哀哀恋刍秣，朝暮犹牵纼。和诗远寄将，风雨思连畛。此篇最为精警。

按：该诗发表于《天津民国日报》1947年9月8日第7版《文艺·天游室诗》。

【校记】

〔思连畛〕日报作“思连轸”。

题王雪涛所绘百花长卷

万代茫茫驹隙中，佛言世界一花同。幽人笑谢荣枯事，次第看花直到冬。

急雪惊沙漫九阓，孤怀醖釀总成春。仲宣底事无穷感，徙倚楼头一怆神。

按：该诗发表于《天津民国日报》1947 年 9 月 8 日第 7 版《文艺·天游室诗》，题为“题雪涛所绘百花长卷”。

吴伯芝防得子伯芝北江先生令嗣也

气并龙彨绵世泽，光腾鷟鷟启人文。年年惯见来巢燕，那似鸾雏回出群。

按：手稿原题“贺吴北江先生得孙”。

和作琳看菊诗

一秋无雨风自厉，仰首空白看飞云。三径已荒草树秃，繁华过眼飘轻尘。不饮胡为醉兀兀，苏句。寥茫百代谁相亲。炫光振采洎晚岁，咄尔何物忘宵晨。花若语余君莫异，凡物有性难为驯。冷淡非关挽颓势，寒骨不胜氤氲春。耻乘时会媚蜂蝶，勉自树立由艰辛。幽香自保且卒岁，敢劳风管飏天滨。花以臆对我臆受，恍若初沐清心魂。醉吟慎尔刘伯伦，多言哓哓花所瞋。

作琳以商山紫芝滕诗为赠云即四皓所采食者也次和二首

渭滨钓迹没千年，黄石奇书世莫传。独倚紫芝存四皓，悠悠功罪总霏烟。

心迹何从论显晦，千秋落落一回看。诸公老去犹思轶，真隐无闻事大难。

题黄碧碧崖画蜂画菌册叶

惊飏零落散游蜂，偷歇花间不自容。犹道自防摇毒螫，看余敛手待三冬。

乐出由虚蒸作菌，庄生妙喻绝殊伦。世情诡变浑如此，写入毫端证净因。

按：手稿原题为“题画二首”。

吴絅斋先生士鉴夫人寿诗公子甘侯承湜辱交于余令祖子修先生庆坻又与先大父为丙戌同年进士

九重宫殿试群贤，前辈渊源溯卅年。继世文章班父子，钟人灵淑越山川。旧京夙契欧阳学，新谱翻成天保篇。明月无心光自永，一尊遥献北堂前。

稚鹤南去履川有诗次和

欲离故栖总迟徊，一旦风驰去不来。易地倘关功业立，送穷宁救鬓毛摧。堂堂百载容高枕，历历千秋看劫灰。谁识湫潭深万丈，阴阳吐纳醖云雷。

伯鹰嘲履川有恋儿之癖履川以不堪忧患答之次均兼眎二子

人生忧患寻常事，春满胸襟自适然。各以婴倪慰痴想，共将风雪送华年。桔槔俯仰人胥引，轮扁精微子不传。烂缦众雏啼笑惯，顺时瞋喜弗关天。

次均和作琳

混茫无极战尘嚣，怒雨倾天那可逃。秋菊奇芬宣馥馥，晚松幽韵听骚骚。寒江落月鱼龙寂，黄叶惊风燕雀高。运海负天两无分，只应恻怆逐蓬蒿。

天风荡袂看云流，千仞高居自寡俦。斜日荒烟八表暮，落英衰草四山秋。沈光匣剑时流露，远响霜钟与唱酬。整顿乾坤容可企，穷年兀兀独昂头。

天游室诗卷第五上

桐城吴北江先生评定
武强 贺培新 撰

祁门黄立中以令祖莲峰先生行乐图附事状属题谓曾公祁门之困赖先生规划而获全也

铜官感旧长沙章，曾公靖港之败，自投湘水。长沙章寿麟救出之，有《铜官感旧图》，名流多题咏之。手援曾相名远扬。岂知时势适相值，未必不值曾果亡。天右圣侯奠宇内，阴施阳夺谁能量。当时却见题咏遍，至今余韵鸣琳琅。命世贤豪起旷代，举止动与传无疆。指点山川议碉守，于今又见祁门黄。祁门逸老厉学行，高节自比寒蟾光。智名勇功不入眼，韬钤龙虎视寻常。不附青云亦千载，寄语后嗣休傍徨。

按：该诗发表于《天津民国日报》1947年9月8日第7版《文艺·天游室诗》，题为“题祁门黄莲峰行乐图附载事状谓曾公祁门之困赖君规画而获全也”。

与雪涛游妙峰山有怀昔游归赋赠之

王郎当代丹青手，兴来携向山中走。意气高于出岫云，功名视若陈刍狗。豪情激荡生风湍，奇葩异豸收毫端。夭矫飞龙起天半，霹雳陡落江翻澜。入不言兮出不语，欻然而来倏然去。蝴蝶翻翻醉梦中，客来梦觉知何处。蹀躞人间亦等闲，凄迷香雾拥娇鬟。剧饮高呼送白日，世事真当袖手看。一日山村足游乐，五年三践寻山约。青苍山色自年年，陈人一去浑无著。余始游此山乃与季父君质相偕，而公则已于今春下世，年才卅七耳。

挽朱艾卿姻丈益藩

前朝耆旧散如烟，争说开天事眼前。南渡衣冠留剩迹，西台风度记当年。晚从出处争名节，书擅风华接昔贤。竟与陈王陈弢厂宝琛、王匐庐树枏。相继殒，凋零谁与补娲天。

按：该诗发表于《天津民国日报》1947 年 9 月 8 日第 7 版《文艺·天游室诗》。

团城杂诗　丁丑二十六年八月作凡二十八首

纪　事

忆从辽沈失，岁岁有新盟。春草初还绿，胡尘又满城。啼垂闻比户，烽举照残更。啸咤平明意，何人识此情。

沈寂屯边戍，苍茫起暮氛。兵戈随落日，机毂乱飞云。露布传歼虏，壶浆竞劳军。书生悲喜杂，不饮已成醺。

通衢屯战垒，平野布沟防。雹打秋禾尽，炎流古树荒。饥乌空自噪，断雁不成行。白刃交寒月，潜师出断墙。

无端尘蔽日，真见火燎原。大海鲲鹏化，长空日月翻。瑟犹歌北鄙，军已次东垣。城郭成灰烬，宾酬尚自繁。

仅瞻天北斗，已失国东门。毋复疑和战，真当泯怨恩。危舟漂雪浪，杀羽困笼樊。抑郁终成痗，矜持不敢言。

缚虎难为斗，饥鹰意若何。旱云时雨少，乱岭夕阳多。戆直谁如黯，艰危尚有颇。回看百年内，一例总言和。

见说风云定，连朝暑未收。昼长姑隐忍，波潏暂沈浮。已叹辽东鹤，应怜北固楼。中分宁可恃，仿佛画鸿沟。

市井销兵气，安居一夕初。屠城连炮火，越垒又戎车。风困伤凡鸟，狐疑到比闾。古来盟白马，不必信丹书。

马蹴国门空，旌旗蔽日红。蛟龙潜水底，鹳鹆入罗中。追北胥攻楚，平西度总戎。会看收蓟北，指掌下辽东。

炎威不可戢，翘首望穹苍。空负诗千首，难禁泪万行。城危鼙鼓急，国破幅帧长。衮衮中朝彦，初闻说自防。

电讯千村断，舟车四面停。炮声殷地脉，燧火灼郊坰。岁歉应诛纣，为霖倘伐邢。封豨驱域外，重与肃严扃。

晓兴闻吉语，将帅旆旌连。俄报擒骄虏，旋闻反故田。刃推看破竹，隼落动鸣弦。一捷千钧重，三军尚慎旃。

一夜回风起，山沈万丈渊。孤吟心嗒若，相对色愀然。鸟语犹时聒，花阴已暗迁。壶中唤苍盖，无复问愚贤。

寄怀述先济南述先方漫游江南归也

不作穷途哭，翻为万里行。豪情鞭骏足，峻节堑高城。飞电传河朔，沈雷落宛平。语君风雨夜，栖燕未曾惊。

寄伯鹰南京

北乱劳书问，今朝甫及旬。横身风雨过，袖手日星沦。棋局从谁覆，猴冠尚自珍。鸣蛙自秋水，烦语慰同仁。

寄怀王式九义梿保定

茫茫尘海阔，青眼见斯人。仕显心偏下，形疏意转亲。庾郎富辞采，王粲久风尘。千载江南赋，登楼一怆神。

一别咸阳道，郊原惨似秋。惊风吹落日，飞雨覆全舟。骐骥乘时去，蛟龙岂自谋。艰难筹笔驿，何日赋刀头。

赠朱伯愉恺一

两载同舟济，忘形彪弁交。精诚金石贯，质直虎罴哮。涸迹伤饥凤，违心叹系匏。可堪蚊蚋夜，四野动哀铙。

寄怀李绍先承瑞天津

少长相优狎，怜君若弟兄。艰危共肝胆，生死论交情。乱后音书断，传闻梦寐惊。何时一樽酒，流涕说分明。

怀妹避地天津

津沽遭一炬，吾妹定何如。强睡何曾着，愁心那得舒。悲笳风雨夕，毒雾犷猿居。径欲飞天阙，排阊一望予。

寄怀妹夫张泽刚度汴梁

烽烟河朔起，辗转苦张卿。涸俗难为孝，饥驱不计程。风沙沈断雁，骨肉入危城。家国劳肝肺，悬知泪尽倾。

赠万伯龙世骧表兄伯龙曾绾军符者十余年而其尊人正甫先生其谊亦以参赞戎幕终其身

燀赫家声远，飞腾战伐初。归耕三径后，解甲廿年余。乌帽常簪菊，长裾自佩琚。重临襟带地，豪气定何如。

云雷翻覆手，裘带有风流。自分虔耽酒，谁知广不侯。狂鲸轩左海，劫火断芦沟。天地蒿莱日，明珠莫暗投。

按：该诗第二首发表于《天津民国日报》1945 年 10 月 21 日第 2 版《副刊·饮雪集》，题为“赠伯龙”。

次韵奉酬高阆仙先生步瀛见寄

危邦艰作客，乱世不能才。飘泊儒冠误，蹉跎霸略恢。风雷翻坠景，楼阁化寒灰。不救纲维败，真看世宙颓。凄迷江上路，零落掌中杯。涕泪瞻行旆，流离恋宿台。沈沈幽谷合，粲粲朵云开。史笔千人废，文思万马来。波涛流浑浑，山岳望崔崔。惭愧羊皮质，何堪报碧瑰。

按：该诗见《天津民国日报》1945 年 10 月 12 日第 2 版《副

刊·饮雪集》,题为“次韵奉酬高阆仙先生见寄五言排律十韵”。

上陈散原先生三立

老去诗名震九州,平居延誉自清流。一樽菊酒陶潜宅,百顷蟾光谢朓楼。北顾已伤宫庙尽,东来又见蝮蛇游。白头子美江头暮,哀吹弥天乱莫收。

按:该诗发表于《天津民国日报》1945年10月12日第2版《副刊·饮雪集》,题为“上陈散原先生”。

题画梅竹双清图

抗节称三友,双清盛至今。孤标不可见,念尔岁寒心。

按:该诗发表于《天津民国日报》1945年10月12日第2版《副刊·饮雪集》。

题画柴头络纬

不向花丛驻,孤高托足难。翻飞知不逮,空自冒秋寒。

前均题画枯枝孤鹊

木落天逾远,风高奋翼难。真当惜毛羽,八表正荒寒。

按:该诗发表于《天津民国日报》1945年10月12日第2版《副刊·饮雪集》,又发表于《天津民国日报》1947年9月8日第7版《文艺·天游室诗》,题为“题枯枝孤鹊画幅”。

读拙园诗集大城邓和甫先生所著也

在昔莲池才,群推常稷笙籍亮侪邓。邓公来最迟,齿弱才尤盛。

天葩散缤纷，星月恣涵泳。旁观眼迷离，敛手不敢竞。诗合拟陶潜，淡宕见天性。嘘噏乘化机，去来蹑仙径。中年悔谋国，向晚益多病。骙褭飞腾姿，渐与风云定。胸中数上声丘壑，犹堪压祁郑。望里寒山青，永对莲华净。拙园曾为余写莲华峰。

按：该诗发表于《天津民国日报》1947年9月8日第7版《文艺·天游室诗》。

李海云元泽持示其尊翁子建先生遗稿因书其后

师友平生亲，几人及吾子。忆我二十前，学诗自君始。商量是与非，评骘乱丹紫。黾勉敏师门，伐肝更洗髓。君才正风发，汪洋大海水。与师相唱和，一朝累十纸。得气骥奔泉，吐辞葩放蕊。会不二十秋，竟成忧愤死。神州方鼎沸，邦家正如毁。涂炭地与人，延袤数千里。生死亦奚论，虽死君应耻。郎君抱遗书，昨者置吾几。魑魅斗龙蛇，诙谐杂奇伟。煌煌涵象集，久已传燕市。秉烛修余功，孤怀谁办此。嗟哉生不辰，大难何时已。不把金瓯完，多文亦徒尔。以上各篇诗才深稳，益入老境，纯乎少陵晚年笔意也。

按：该诗发表于《天津民国日报》1945年10月12日第2版《副刊·饮雪集》，题为"题涵象先生遗著"。

【校记】

〔杂奇伟〕日报作"离奇伟"。

读汉书马援传寄仲兄

跕跕飞鸢仰上头，熏蒸毒雾潦横流。劳军浪泊男儿事，坐食偷安愧少游。

按：该诗发表于《天津民国日报》1945 年 10 月 13 日第 2 版《副刊·饮雪集》，题为“读汉书马援传”。

履川寄诗适读孟坚燕然山铭却和

终风兼苦雨，天意未教晴。北郭千家哭，东园半壁倾。云辎腾瑰玮，金甲耀峥嵘，截海何年事，恢闳大汉声。

按：该诗发表于《天津民国日报》1945 年 10 月 13 日第 2 版《副刊·饮雪集》，题为“读孟坚燕山铭”。

孙念希公子婚

笳鼓声声动九闉，飞鸾队队掠秋云。名都美酒黄花候，欲向蛾眉洗劫氛。

次和王子纯同阳

陈陈千载患雷同，异采新词定孰工。大木百围安所厝，小知一孔自称雄。年华荏苒双鸿去，意气轩昂五鬼穷。犹有高歌震山谷，乱飘木叶舞回风。

艰　难

艰难未办九州同，往矣徒劳汗马功。深巷闭门防市虎，寥天举目送飞鸿。中原已见龙蛇没，万古终回江汉东。寄语翩翩新燕子，先巢回首意安穷。

按：该诗发表于《天津民国日报》1945 年 10 月 13 日第 2 版《副刊·饮雪集》。

前均再作

霜天独自眷征鸿，徙倚空阶西复东。鼎鼎百年人事改，沈沈千里暮云同。羁樊鹳鸽原非罪，揽海鲸鲵尚论功。一哄蜩螗何足算，蹄涔蜗角问谁雄。

按：该诗发表于《天津民国日报》1945 年 10 月 13 日第 2 版《副刊・饮雪集》。

次和刘峄莘桐良

曲高和自寡，可贵正因难。已分余蜩甲，何妨汝鼠肝。龙媒云际仰，蜃市雾中看。寂寞辽东道，谁人识幼安。

时流矜苟得，不学岂知难。叱咤生风雨，槎枒入肺肝。追踪夐愈竞，抗手凛相看。万物皆刍狗，争求一字安。

杨泊庐以所画古柏索题有北江先生题诗

杜老高吟古柏行，丹青曹霸亦知名。从今莫叹才难用，正颇撑持大厦倾。

按：该诗发表于《天津民国日报》1945 年 10 月 14 日第 2 版《副刊・饮雪集》，题为"题画古柏"。

泊庐复以所画山水索题取小山招隐之意书之

慕类相悲熊与猴，禽亡兽骇夜啾啾。深林丛薄凄凉甚，寄语王孙不可留。

按：该诗发表于《天津民国日报》1945年10月14日第2版《副刊·饮雪集》，题为“读淮南小山招隐士”。

季父君质先生之逝久无文字阅八月箧室生子乃感慨而赋之云

束发始受书，我实与公俱。公年二岁长，才则十倍吾。偶然施应对，累累如贯珠。我虽苦磨厉，瞠然惭不如。豁达长者度，岂屑辕中驹。恣览百家作，适意无程途。儿戏太公旁，跳踉鼍日初。居室为之窳，庭树为之癯。较然一天地，万物皆区区。观鱼忘尔我，枕股交缨裾。天风荡云袂，零落吹双凫。飞霜杀兰畹，惊雹摧华树。虎啸熊罴咆，沙沙闻菰蒲。倏来忽而逝，铩羽相呴濡。入世忽廿年，回首增叹吁。而公坐老大，不琢真璠玙。每念世机诈，坦荡如公无。婴儿与赤子，圣哲犹相誉。旧京万人海，十稔又同居。尘城闹鸦雀，射影纷妖狐。叩门随马返，冷炙残杯余。引公消怫郁，尽壑穷岩岖。深山慑猿鸟，春雨湿衣襦。霏霏云雾底，迷不知所趋。淋漓一朝欢，蘽忽真凌虚。如何不可续，一倒无人扶。亲朋痛伯道，会无三尺孤。门庭冷凄恻，幽咽连悲嘘。我时思有述，执笔心如屠。默维灵不昧，厚德当谅余。吁嗟天下事，奇绝有万殊。堂堂旧窟穴，三日生于菟。恍恍并悲喜，憭慄观荣枯。孤吟偿夙负，万绪纷难摹。

次韵和履川

牛马嘶中夜，萧萧泣万灵。战机沈止水，飞镝乱奔星。月落江风急，潮来海气腥。自非毛羽客，谁解逝青冥。

廊庙迷飞雨，墙籓掣斫霆。灰中看奋革，劫里皙全形。翼卷沧波立，魂来枫气青。思君愁不寐，冒雪步中庭。

忆昨环攻会，凌晨梦未醒。何心超彼岸，委命纵虚舲。丧乱犹全活，栖惶敢自宁。寒梅冰雪夜，孤立有婷婷。

按：该诗发表于《天津民国日报》1945年10月14日第2版《副刊·饮雪集》，题为“次和履川南京三首”。

次韵和海山

闺中有佳人，颦眉恨离居。门前柳折尽，怅望心焉舒。昨欢如梦寐，形影随娭娱。云龙上下逐，田猎左右盂。蓬松绿云鬓，而今但增吁。何况朔气厉，飞霜咽鼓鼙。烽烟莽颠倒，弃捐恍若遗。抑志而屈心，宁独困于兹。之子情信芳，穷达非所渝。云霄猋远举，冀州览有余。小戏古来今，偷闲且著书。浑茫乘造化，神马载尻舆。以上诸篇琢炼皆深稳，大气包举，独往独来。

按：该诗发表于《天津民国日报》1945年10月21日第2版《副刊·饮雪集》，题为“次和海山”。

天游室诗卷第五下

用东坡醉墨堂均

一事不知儒者耻，纵有惊众那便休。东坡解嘲语堪笑，不能善草翻言愁。以天合天技绝妙，药必瞑眩疾始瘳。郁勃九幽发光怪，扫除六凿真天游。我始学书在髫岁，怅望前哲徒增忧。涂鸦万纸遍乡井，沽名欺世何尝羞。穷探旷览转滋愧，眼中突兀千陵丘。望岳杜陵凌绝顶，梦天李贺轻齐州。功成几许岂自料，道云可致不可求。何用金丹换凡骨，要看春播秋常收。大道煌煌悬圣域，百艺聊以贤俳优。鞭鸾笞凤抱明月，允哉与尔为同裯。

按：该诗发表于《天津民国日报》1946年12月28日第6版《民园·天游室诗》。

次和克之校长更岁杂感 戊寅

冰霜凛凛晓春寒，依旧包羞强作欢。知否昨宵江畔路，风欺雪压万梅残。

千年华表看孤鹤，百尺危楼望四荒。沦落天涯偶然耳，伤离犹自九回肠。

骨格嶙峋自耐冬，蓬飞柳折岂相从。沈埋英俊浑闲事，万古苍苍涧底松。

空明幻影荡瑶台，变灭斜阳未足哀。吹海黑风过江雨，伫听脚底一声雷。

次和王会厂嘉亨

疮痍满天地，吾道究谁亲。纵酒吟陶令，怀沙吊楚臣。流言朝复暮，妄语幻耶真。祇合重关闭，冥心养谷神。

作琳过访阻于午睡而归有时云世俗礼文原可略云云因反东坡喜刘景文至诗意戏答

未办南柯侪穴蚁，已看熨眼失髯刘。尚书不醉蛾眉侧，千里寻坡事谬悠。

为王道生祖绂画双松箑面题之

毕宏韦偃没千年，杜老高歌谁与传。眼底双龙起天半，诗情画笔共云烟。

秋怀和会厂韵

号咽阶除蛩，廓落羁旅心。薄寒袭书幌，玉露凋枫林。静院洒凉月，篁竹何森森。憯凄度长夜，幽忧苦见侵。虢虢乱石底，陂草漫浸淫。成亏几何在，寂寞昭氏琴。憭慄虎豹嗥，风雨蛟龙吟。廪秋谁独悲，调刁嘘窍音。

次和会厂

廛市喧声沸，寒灯独掩门。闻鸡时起舞，问寇尔谁尊。语向王孙尽，文从李白论。悲秋秋又到，况乃值艰屯。

次和会厂

风雨掀茅屋，乾坤置散才。江山容我懒，怀抱向君开。愤恨秦焉避，凄凉郢可哀。沉沉愁海气，明灭荡蓬莱。

按：该诗发表于《天津民国日报》1945年10月21日第2版《副刊·饮雪集》，题为“和会厂”。

次和会厂

有酒客常满，穷愁安在哉。风流兼任侠，庄雅杂嘲诙。抗节宁空甑，逃名故凿坏。荆高今已醉，日落北风来。

题雪涛临前人墨花卷

无色无香但守黑，濡毫直欲继前风。不独绘香兼绘色，即香即色色香空。

即事用妹咏秋均

栖息定谁安，鸰原早晚寒。云边侪义鹘，沽上和飞鸾。石炼天终补，时危梦屡残。平生奇绝意，不与岁时阑。

语尽情犹热，吟成均转凉。驱车追夕景，归辙趁朝阳。倏忽自来去，飞腾兴短长。死生甘契阔，天地正苍黄。

按：该诗发表于《天津民国日报》1945年10月30日第2版《副刊·饮雪集》，题为“津沽晤兄翌晨即归二首”。

次和会厂

霜气申秋肃，雨声催早寒。分张同寂寞，相对话悲酸。苓落乡关回，萧条道路难。好持云梦量，莫借酒杯宽。

旭初卜居散原先生旧宅感赋寄之

萧旷园林趣，诗翁旧结庐。云飞黄鹄香，秋洗碧萝疏。亮节空三季，高吟接太初。清芬如可挹，三径稍踟躇。

雁去蝉声寂，秋襟怆故都。天惊云狗幻，石烂海桑枯。胜概今寥落，斯人世有无。艰难勤寄札，相共话崎岖。

按：该诗发表于《天津民国日报》1946年10月14日第5版《文艺》，题为“梦华卜居散原先生旧宅”。

邓子安为姊陈夫人征诗

大城之邓多豪俊，巾帼奇才孰与先。有弟声华满河朔，逢人径道女兄贤。

女宗不独亢其宗，手揭坤灵震聩蒙。四十六年一弹指，成蹊桃李醉春风。

惭　愧

惭愧当年傍鹄飞，苍茫回首意多违。荒园碧草吞幽径，空阁珠帘卷夕晖。倒海狂鲸何浩荡，回风寒鸟且因依。剑能换酒直须饮，托宿鲊诸醉有归。

令　节

呴濡何似江湖忘，令节今逢且割鲜。浮念经秋收渼畾，丧怀被酒起沈绵。兴亡一瞬浑茫事，醉饱三时自在眠。极目斜阳烟雾里，司徒何计入幽燕。

次和作琳见寄二首

佳人感迟暮，绝代有高歌。庭藓深仍滑，秋霖晚更多。一编忘魏晋，千载想盘薖。瘖寐惊时节，何心泣薜萝。

晨曦明树杪，鸡唱杂童哇。亟亟酬生事，营营惜物华。百年风掠耳，一霎水沈沙。不见归鸦集，寒城又暮笳。

按：该诗发表于《天津民国日报》1946 年 10 月 14 日第 5 版《文艺》，题为“次和晚松见寄”。

与作琳共读史梅叔诗集作琳有诗盛称之因次其均

格调殊朝代，风裁变古今。幽灵愁绝响，旷世叹知音。鸿鹄江云阔，龙蛇山泽深。孤吟留自赏，传否岂关心。蚕丛明远径，万里共清辉。蟄转雷霆寂，秋高星宿稀。几番长夜饮，一梦故园非。身后名憔悴，难禁屡叹唏。

按：该诗发表见于《天津民国日报》1946 年 10 月 24 日第 5 版《民园·天游室诗》，题为“次和晚松读史梅叔诗韵”。

次和克之校长二首

广厦千间想，牢愁只在民。北征歌激越，南渡事酸辛。碧海擎危柱，丹忱照八垠。东山终再起，大业岂沉沦。

风雨犹如晦，淋浪胜昨朝。阴氛看就歇，块垒不须浇。豹隐文仍炫，狐飞秋正骄。徒劳笑樵子，一梦鹿藏蕉。

按：该诗发表于《天津民国日报》1945 年 10 月 30 日第 2 版《副刊·饮雪集》，题为“次和忍厂校长二首”。

两赴李仪廷凤年家看菊并承以菊芽数百种见贻

犹龙老子隐云雾，高卧东篱甘不遇。骑鲸跨海梦依稀，漉酒培花到迟暮。狂风移海吹平山，沉沉一睡三千年。几度槐安观蚁斗，倏然自适壶中天。结庐僻在城西曲，满院离离尽幽菊。傍道双扉昼不扃，绝尘老圃无由俗。嗟我爱花兼爱客，旬日再来看不足。相与订交竟忘年，贶我名芽不待促。我笑畦边万绿丛，惹蝶牵蜂斗芳馥。不知天外正斜阳，顷刻霜飞遭殄戮警悚。吁嗟乎晚节峥嵘良独难，九秋绝色真当餐。

按：该诗发表于《天津民国日报》1945 年 10 月 30 日第 2 版《副刊·饮雪集》，题为“两度过仪廷看菊并承以菊芽数百种见贻”。

【校记】

〔离离〕日报作“离夕”。〔不扃〕日报作“不扁”。〔晚节〕日报作“晚难”。

霜　后

霜后残花烂漫舒，如油平路骋轻车。离披未厌萧森候，憔悴犹承霈泽余。百衲粗缯萦玉骨，一天荒草闭鹑居。韦忠多谢张华辟，万顷洪涛荡尾闾。

按：该诗发表于《天津民国日报》1945 年 11 月 2 日第 2 版《副刊·饮雪集》，又发表于 1946 年 10 月 24 日第 5 版《民园·天游室诗》，题为“次和会厂”。

应王什公揖唐约禊集北海旭初有诗并索同作　己卯

花谢奈何春，妖重难为禊。趋跄好俦侣，觞咏水之裔。什公今诗伯，音律老愈细。歌征雅颂声，次第及自郐。被酒肠转枯，芒角何从匄。秋水学蛙鸣，泥涂作龟曳。夏侯吾契友，肝胆森五内。抵牾惟一端，悲歌伤老大。草间庆仍活，劫底聊一快。敦厚惭风诗，余意犹噤断。

王晋卿先生画像文孙会厂索题

虎豹九关闻鹤唳，风流一代伤川逝。干戈满地狐鼠鸣，耆德高行今孰继。坤舆全盛事堪思，政闻才名四海知。师友生平尽豪杰，声施往往动边陲。古来才大难为用，风尘澒洞真如梦。云霾日月海生尘，老死虫鱼堪一痛。四句撑郁而起。展图忽见鸾风姿，恍忆匋庐侍座时。箸作等身传两海，须眉皓绝大宗师。散原诗伯同年谊，四十春明老更至。主盟坛坫与公同，两代儒林标姓字。神交绵邈心如醉，八十年来原不识。一樽何意话平生，相与周旋真盛事。由来龙种出龙门，家学承传更有孙。已网珠玑穷大海，追逋犹复到清贫。嗟予荒殖百无得，万感攒胸催夜刻。三更风雨挟山来，起视中原阴似墨。漫伤老木断根柯，会见屋茅资盗贼。杜集《枬树为风雨所拔叹》、《茅屋为秋风所破歌》二诗并载。强移沾湿作哀吟，满纸淋浪和泪滴。光气勃发如蛟龙蜿蟺云中，时露鳞爪，最为胜景。

按：该诗发表于《天津民国日报》1945 年 11 月 2 日第 2 版《副刊 · 饮雪集》，题为“题王晋卿先生画像”，无注。

【校记】

〔催夜刻〕日报作“催夜到”。〔资盗贼〕日报作“恣盗贼”。

次和王念伦祖彝丈留頙

隐几坐兀奡，目瞪手承颏。咄尔悠悠徒，筲斗焉能涣。文史足娱娭，图书资荡骀。但结万古欢，那问明朝馁。尚怜蜉蝣辈，羽翼修采采。生命几何时，何由诉真宰。杀伐今古同，陵谷朝夕改。襟抱有须弥，谈笑无瀛海。愚智三十里，短长一百载。或偃蹇后至，或疾趋前侍。养生鞭厥后，得道敬胜怠。坦腹捻霜頿，粃糠视丹鼐。

按：该诗发表于《天津民国日报》1946年10月28日第5版《文艺》，题为"次和念丈留頿"。

【校记】

〔纂〕日报作"傲"。〔丹〕日报作"鼎"。

次和百之咏菊三绝句

娇英次第委尘埃，寂寞篱边菊未摧。霜气渐深愁傲骨，好培根柢向冬开。

穷年辛苦勤浇溉，摘蕾删条养独枝。色相只应秋共淡，风沙满目此何时。

冷艳寒芽岁岁栽，生机满院绿成堆。含葩一往深秋意，未许春风劝驾回。

按：该诗发表于《天津民国日报》1945年11月4日第2版《副刊·饮雪集》，题为"咏菊三绝句"。

题婴戏图

烂漫天真气一团，兰闺彩笔写轻纨。世间何事非儿戏，付与婴娩一例看。

次和李响泉浚之兼寄罗复堪惇曧

杜老抗饿寒，肠热哀惸独。浩然千载情，高歌向同谷。陶令赋归来，欢颜慰童仆。寄傲南窗樽，会意东篱菊。千秋奇逸人，历历森在目。胡为自结束，日抱法文读。锱铢较寻常，权衡参斗斛。万古一沤浮，荒丘递华屋。两公有道士，须眉清蔌蔌。遁世甘幽栖，饱学自扪腹。逍遥游羿彀，老健乘天福。梦境摇翠微，襟期洒飞瀑。霏玉接清谈，弹冠恍新沐。吁嗟时已非，千山草木秃。惊飚撼危巢，伏处焉能淑。强作寒蛩号，和诗转滋恧。安得神独全，吾形如槁木。

按：该诗发表于《天津民国日报》1946年10月28日第5版《文艺》，题为"次和响泉兼寄复堪"。

【校记】

〔恍〕日报作"蛰"。〔蛩〕日报作"恍"。

次和朱易谙履谦咏晚菊

白袷傲侯王，黄花笑兴废。突兀见来章，起懦兼忘痗。初冬厉阴气，是夜翻风队。晚菊犹强留，婉变得浩态。绝色淡愈妍，不假霜毫缋。就别意绸缪，相看魂破碎。支离撑劲骨，竟作楚囚对。霜雪被天涯，何地为君采。采邑之采。萧萧庭院空，松竹紧相爱。窟处狐兔悲，鸡鸣风雨晦。憔悴更垂头，畦边笑流辈。野圃茅檐下，犹当愧寒菜。赋质休负天，晚荣聊报赛。万古誓同心，高歌荡吟肺。

按：该诗发表于《天津民国日报》1945年11月4日第2版《副刊·饮雪集》，题为"咏晚菊和易谙"，又发表于1946年10月31日第5版《民园·天游室诗》，题为"次和遂园晚菊"，均无"采邑之采"。

【校记】

〔侯王〕《副刊·饮雪集》作"王侯"。

〔霜雪被天涯，何地为君采采邑之采。萧萧庭院空，松竹紧相爱。窟处狐兔悲，鸡鸣风雨晦。憔悴更垂头，畦边笑流辈。夜圃茅檐下，犹当愧寒菜。赋质休负天，晚荣聊报赛。万古誓同心，高歌荡吟肺〕《民园・天游室诗》作“窟处狐兔悲，鸡鸣风雨晦。萧萧庭院空，松竹紧相爱。憔悴更垂头，畦边笑流辈。赋质休负天，晚荣聊报赛。万古誓同心，高歌荡吟肺。”

次和易语

江湖坐老济时才，尽卷风云到酒杯。梦里游踪聊远举，胸中道味自深培。逍遥纵壑真无碍，夭矫飞龙不受裁。高卧北窗殊未起，寒城画角漫相催。

按：该诗发表于《天津民国日报》1946年10月31日第5版《民园・天游室诗》，题为“次和遂园”。

天游室诗卷第六

题画洛神 庚辰

尘袜轻盈洛上过，碧空无际想云罗。敢期解佩贻交甫，正欲通辞托渌波。

寄华妙天洞一用玥簃均

萧齐燕坐生清寒，冰肌玉簟嫌衣单。轻尘紫陌念之子，春花如海香漫漫。春花历乱飞红雨，清游未觉移庭午。招携俊侣命铃銮，油路胶轮驾三五。碧天如水车如舟，一霎微痕向谁数。使君朗抱如江月，眉宇之间见英发。鸣琚戛玉佐雄谈，逸气凌虚得仙骨。凄魂不用话桑田，弥天风雨恣年年。霞笺珊管泻清唠，慧心绮思看飞泉。君不见陶令归来谢尘土，微醺自傍云窗眠。又不见坡仙人间聊小戏，心月皎皎常孤圆。坡诗云：我今不饮非不饮，心月皎皎常孤圆。

按：该诗发表于《天津民国日报》1946年12月30日第7版《文艺·天游室诗》，题为“寄洞一”，诗末无注。

雪涛尊人八十双寿诗

廿年喜与郎君共，朗抱澄怀相向知。吾友才名今哄市，风规谁识本庭闱。

鸠杖自饶林壑趣，画堂争仰竹松姿。宁知绝代丹青妙，却出斑衣膝下儿。

巍峨王会当年地，浩荡花光入梦时。嘉燕不辞今日醉，千秋艳说报乌私。

滔滔四渎横流日，安石襟怀正奕棋。雀败螳僵聊一笑，遐龄自与海山期。

次和会厂

残照追飞鸟，颠风扑落花。梦痕温尚熟，瞑色肃无哗。国破迟闻报，身存敢问家。野田看雉伏，舒羽自光华。

按：该诗发表于《天津民国日报》1945 年 11 月 4 日第 2 版《副刊·饮雪集》。

放歌用觚庵韵

清夜沉沉作微雨，芦洲四面听蛙鼓。孤篷抱膝恼幽人，满抱芬芳向谁语。芳洲杜若绝清新，豪雨连朝水气昏。正有飘零迟暮感，更堪哀乐关他人。中宵起舞胆如瓮，痛饮高呼觉船重。千古兴亡暮雨中，得鹿亡羊俱幻梦。君不见霸图几度为飞烟，崩溃谁与完娲天。归云飞鸟自今古，血肉何人支百年。会见惊风动天地，月明花底流澌细。悠悠万顷看靴纹，杲杲骄阳示天意。君不见蛟龙轩海倏颓波，变化何异杯旋螺。樵夫掩面莫愁绝，日暮途穷荆棘多。

按：该诗发表于《天津民国日报》1945 年 11 月 12 日第 2 版《文艺·饮雪集》。

用欧公澄心堂纸均谢妙天赠华笺

君不见商彝周鼓琅琊刻石作者皆奇才，千载而下精气煦煦吹尘埃。又不见钟王颜欧虞褚苏黄亦各极其妙，九天乱落纷琼瑰。事功艺学本相翼，明窗小阁亲松煤。试纳须弥归芥子，旁观叹诧惊崔嵬。龟息无声豹隐雾，气排风雨天为摧。当其志满神与会，侯王将相知谁哉。彼骄自佚惰自弃，琢丧天赋真堪哀。游艺于斯足真乐，消愁那用倾樽罍。烟波纨绮荡云锦，天孙拱手供吾裁。有时翻鸦类狗亦弗问，悠悠俗口恣嘲诙。浮沤大千等幻妄，试问天地何时变灭何时开。指点山川啸前纪，飞灰几度荒燕台。文字句留霞断续，偶尔亦作祥风膏雨肥蒿莱。君知我妄又耽此，霞笺妙楮贻我何啻珠千枚。便当从此乘云御风八表九垓恣挥斥，鞭鸾笞凤终古相追陪，开阖云雷，推排日月。狎顽龙，叩天阙，他年化鹤重归来。才气豪横。

按：该诗发表于《天津民国日报》1946 年 12 月 25 日第 6 版《民园·天游室诗》，题为“用欧公澄心堂纸韵谢洞一赠华笺”，无吴评。妙天、洞一为俞大酉号。

【校记】

〔御〕日报作“逝”。

余入美国同仁医院割痔已二十日吾妹自津寄诗因忆在平时谈诗之乐次均答之

云车指点征人发，风城晓色明修架。乱离作别苦如荼，信宿清谈甘似蔗。冲霄健隼万仞跻，破壁飞泉千斛泻。磋磨怪石木怒号，赤手搏龙谁敢暇。嘎嘤砉欻响萧寥，客舍寒灯生暗怕。百般诗境快同论，一别炎风顿烧夏。沈吟病馆兼旬卧，默数兴亡心上下。时德军以旬日内破法军。连朝新雨气转润，欣喜清飚入良夜。无端古井忽翻澜，怪底风雷生叱咤。

按:该诗发表于《天津民国日报》1946年12月30日第7版《文艺·天游室诗》,题为"入医院割痔和妹论诗之作"。

病　榻

意至天可通,精贯石为裂。病馆夜沉沉,冥想入奇绝。灯火暗城闉,星河上森列。缺月不窥圆,素女空高节。憔悴损容辉,桂枝攀尽折。寒蟾与玉兔,颠倒露凝血。沈忧令人老,去去休饶舌。

按:该诗发表于《天津民国日报》1946年12月30日第7版《文艺·天游室诗》。

夔厂来医院视余伏病榻上写近诗三首相示因次均书之稿尾

老夔行迹天下奇,免除介胄来耽诗。缅想喑呜叱咤际,飞腾战伐何淋漓。泯尽恩仇作诗械,以诗械与诗囚并举见《易实甫诗集》。英姿不入凌烟画。三山二水恣游遨,秋月春花聊自快。东来忽见蝮蛇游,楚王台榭空山丘。故国黍离何足较,直须俯首拾公侯。四海风云方澒洞,瓦缶鸣雷牛铎哄。轮囷肝胆向谁倾,泱漭中原真一梦。千秋万代谁能豪,夷齐抗饿名不挠。蜉蝣蟪蛄旦夕命,素秋恻怆随飞蒿。高轩陋巷每相忆,心写鸿仪三叹息。交亲倾盖默无言,骨鲠生喉那吐得。君不见抔土黄泉松万树,此是人生归宿处。是非愚智两茫茫,行见云归吾亦去。

再和二律次元均

云龙风虎忆相从,十载浮沈一瞬中。世事涛头吞白日,生涯天际回孤鸿。恓惶春梦三年别，珍重秋心异代逢。独有佳人芳意恋，嫣然一笑已情钟。

鼍咋鲸吞两海同，暗惊蝶蝀在天东。秦淮鸣咽萦回水，巫峡萧森断续风。大业异人资重负，壮图指日总成功。杜陵狂喜收京泪，洒向晴天讯此翁。

按：该诗发表于《天津民国日报》1945 年 11 月 12 日第 2 版《文艺·饮雪集》，题为“次和夔公二首”，又发表于 1946 年 11 月 11 日第 5 版《文艺·天游室诗》，题为“次和夔厂”。

除　痔

余罹此疾十载余，浮沤起灭时有无。红豆樱桃渐枣栗，坐形未免劳形躯。呻吟苦病固不达，脱略精神逐毫末。驱除无力期共存，强作达观亦屈抑。吾观退之记落齿，无可如何聊尔尔。羡人牢洁刀截蕺，皓颈朱颜讶难拟。吾友子建腹有痞，浪说瘤妻配佳士。破涕为笑诗解颐，沈痛在心谁遣此。人称十人九患痔，日月珠玉各有玼。百体矫健神又完，那便饶君小疮痏。弥缝涂塈苟免咎，隐忍姑息亦已久。侵凌不剥自由权，危战凶兵孰径取。今春斗转岁在辰，囚王不足偿贪秦。江河壅塞餐寝废，欲起唯有长哀呻。语汝而公日杲杲，东山那便萧闲老。有加无已岂汝容，唤取风雷快一扫。以上诸篇诗境益臻老到，所谓炉火纯青、工夫纯熟之候也。

按：该诗发表于《天津民国日报》1945 年 12 月 10 日第 3 版《文艺·饮雪集》，题为“除痔诗”，无吴评。

刘作琳失子用韩公孟东野失子均慰之

善败存乎人，生死听之天。苍天浑漫与，初无正与偏。颜回年不永，原壤寿转延。木雁各有喜，材与不材间。生比纵壑舟，死即潜黄泉。滔滔递代谢，曾无一息安。东家有娇子，谓将大吾门。既长病且废，竟与无子均。西家惭无子，休戚谁相关。名成而德立，声华烂星辰。无子充然足，有子反顿颠。得失倒愉戚，谲矣知何因。何况刘夫子，较此又不然。学道穷明窈，探彼阳阴原。责人有道义，不用姑息怜。鼓盆效庄叟，宁复伤老鳏。碧梧骞雏凤，八表恣飞翻。拏云看鹏翼，蟠泥分去声鼠肝。韩诗讽烂熟，子好何恩勤。东野失三子，无后犹能然。子多宁免厄，偶失吾何叹。形神委大化，夷险随流迁。祖怀向天地，直道应无悛。生浮死即休，税驾终当还。从容历千劫，俯仰暂为人。昌黎恣吊诡，灵龟托玄巾。嗟余不量力，质直陈斯言。相望各大笑，万象皆忻忻。

璧月篇

疾恶常如雠，闻恶发为指。杂虏性豺狼，从目行奸宄。蔡琰旷代才，所遇有如彼。击碎珊瑚枝，千秋泪如泚。仰头见明月，高明照万里。凛然不可犯，皎然不可浼。白璧亦有然，岂容瑕玷毁。

按：该诗发表于《天津民国日报》1947年1月3日第6版《民园·天游室诗》。

咏菊次易谙均

婆娑鹤发对西风，菊有鹤发童颜之目。凄雨寒沙四海同。回首众芳迷故态，枯黄秽萎一畦中。

自撑劲骨傍东篱，永夜清霜未敢辞。留得人间春意在，要盟更与竹松期。

秋云掩映月光寒，玉爪金鳞稍觉残。鳞爪只应天上去，骚人漫把落英餐。

按：该诗发表于《天津民国日报》1945 年 12 月 19 日第 3 版《民园·饮雪集》，题为“咏菊”。

次和夔厂六十自寿

秋菊应看插满头，萧萧枫叶又经秋。京华冠盖翻棋局，沧海波澜动客愁。酒政推恩期共醉，诗坛定霸听谁筹。韬钤龙虎当年概，回首中原怆旧游。

百斛空斟无当卮，冬裘夏葛各攸宜。宁知川泽鱼枯日，正是沧溟鼎沸时。槐国三朝原是梦，渭滨八十不言衰。欲寻稷下陶潜卜，渺渺伊怀作此诗。

晓行口占

月澹星稀晓色苍，竿头灯火尚微光。孤吟浑忘人间世，寂寞欢娱两渺茫。

银霜铺地似轻纨，树色蒙茸雾一团。断桥古木赪如染，水底枝间双玉盘。

净业湖边独自行，忘机鱼鸟不相惊。晨熹冉冉散明镜，林隙初闻扫叶声。

淅飒清飔绝点尘，欣欣万象各天真。眼前景物浑闲事，收入诗篇便可人。

稍悔从来自律严，廿年忧患积如山。人生适意良由己，将相侯王只等闲。

按：该诗发表于《天津民国日报》1947 年 1 月 3 日第 6 版《民园·天游室诗》。

晓行北海

湖面蒙蒙白雾霏，楼台倒影漾飞翚。岸头缓步谁相狎，忽见惊鸥拍拍飞。

荒草荒林遍雪霜，高丘曲径最苍凉。断霞一抹横天外，大地孤悬日吐芒。

陨霜败叶满林绯，啄粒衔枝鸟雀肥。适意骄阳舒秀羽，向人侧目不惊飞。

代谢人生日夜流，兴衰得丧百般忧。此心此水两无竞，湖水悠悠正似油。

按：该诗发表于《天津民国日报》1947 年 1 月 12 日第 6 版《民园·天游室诗》。

北海冒雾

独立危楼揽八荒，腾腾晓雾塞寒塘。眼前咫尺无由办，身世悠悠付浑茫。

云雾笼身兴更孤，飘然挥手谢浮图。归来衣袂凝霜遍，车马行人半有无。

按：该诗发表于《天津民国日报》1947 年 1 月 12 日第 6 版《民园·天游室诗》。

晓行中海南海

行止逍遥可自由，身入纵壑泛虚舟。沉沉万屋酣余梦，独与晨鸡作唱酬。

高莽轻寒舒肺气，名园遐景祛沈忧。陂陀侍者休猜讶，不是荆高磊落俦。

败柳萧条犹妩媚，枯槐夭矫化龙虬。衰残满眼凄其甚，为问来年犹此不。

按：该诗发表于《天津民国日报》1945 年 12 月 24 日第 3 版《文艺·饮雪集》、1947 年 1 月 18 日第 6 版《民园·天游室诗》。

晓行积水潭汇通祠坛上小立

汇祠坛上迎初日，积水潭边趁晓风。百变沧桑浑不办，千秋更问此谁雄。

三年薪胆终兴越，万里河山混战尘。平旦悠悠成独往，一泓澄水鉴初心。

按：该诗发表于《天津民国日报》1945 年 12 月 24 日第 3 版《文艺·饮雪集》、1947 年 1 月 18 日第 6 版《民园·天游室诗》。

琼岛绝顶迎日

平旦气高寒，呼吸吞旭日。婉娈蕴光芒，赤心照城阙。

按：该诗发表于《天津民国日报》1947 年 1 月 18 日第 6 版《民园·天游室诗》。

晨兴见雪喜甚遂游琼岛

推窗有快意，此景可忘老。触眼玉无瑕，丑类忽如扫。玉栏明玉镜，琼岛映琼林。身入冰壶内，清凉沃此心。冒雪凌崔嵬，天葩正颠倒。万屋白茫茫，孤烟上缭绕。长空歌徙倚，绝顶振衣襟。六和徘徊去，飘然李白吟。

按：该诗发表于《天津民国日报》1947 年 1 月 27 日第 7 版《文艺·天游室诗》。

雪后晨游南海万字廊

回廊窈而曲，竹石交相映。积雪叠峆岈，百卉尘根净。堆石耸嶙峋，贮水冻深谷。台榭错冰天，鼍阳挂枯水。微阳不成曙，虐雪弥六合。岿岿大哉居，何人鼾睡榻。房舍有僦居者尚未起也。

黄尘对庙谟，石室渺金匮。贵贱等销沈，苍茫两何谓。廊后正室为徐东海总统举行国务会议之所。廊前石室袁项城总统所建，为金匮函名处。

按：该诗发表于《天津民国日报》1947 年 1 月 27 日第 7 版《文艺·天游室诗》。

【校记】

〔房舍有僦居者尚未起也〕日报作“屋宇有敌人僦居”。〔渺〕日报作“空”。〔后廊正室为徐东海总统举行国务会议之所。廊前石室袁项城总统所建，为金匮函名处〕日报作“廊后正室为徐总统举行国务会议之所。廊前石室袁项城所建，为金匮函名处”。

次和许用康先生泽新雪中松柏

隐隐山浮白，垂垂雪压青。十围看倔强，千载笑飘零。玉屑培根古，仙泉洒面醒。萧齐明几席，寒色透疏棂。

按:该诗发表于《天津民国日报》1946年11月11日第5版《文艺·天游室诗》,题为"次和榆园先生雪中松柏"。

会厂寄诗意兴衰飒因故为壮语次均答之

岭头明月上,照破万方昏。鳞介窥潭影,枫林醒客魂。雨濡三辅地,龙跳九天门。回首艰危际,低徊孰与论。

按:该诗发表于《天津民国日报》1946年1月7日第3版《文艺·饮雪集》。

次均奉酬用康先生见寄五言排律十二均

板荡中原日,惊鸿四散哀。黎元家半灭,海寓衅全开。日月翻空去,风霜逼岁来。榱崩伤众压,天步仗谁推。兰蕙芬堪纫,珩璜道自该。频频瞻气象,兀兀没尘埃。垂教昭名法,从游溷薄才。君为余二十年前刑法讲师。三春风始被,廿载首仍回。鱼水响生气,云龙起死灰。烟波烘彩笔,星斗泛瑶杯。八表雷霆迅,三关虎豹摧。轩腾待天马,珍重写云台。长律唯杜公独绝,此能得其妙处。

按:该诗发表于《天津民国日报》1946年1月7日第3版《文艺·饮雪集》,题为"次均奉酬用康先生见寄五言排律十二韵",无吴评。

古 意

怀袖三年字不灭,区区那便从人说。书来劝我拉杂烧,正恐相伤示愁绝。猛虎当前蛇在后,调刁嗷吼坤维裂。眼前晚菊尚黄花,稜稜抗此凌寒节。结根失所冰霜缠，悍柯大叶随风旋。谁拯秦焚拔禹溺，誓教仙骨转生天。夕避长蛇，朝避猛虎，吮血磨牙，食人率土。霰雪无垠，霏云承宇。捐佩折芳兮聊延伫，秋菊春兰兮无绝终古。

按：该诗发表于《天津民国日报》1946年11月11日第5版《文艺·天游室诗》。

次均答作琳年六十新娶少妇闻日唯教之作诗

黄鹤楼空草萋碧，凤凰飞向老梧来。相如琴好朱弦叠，季长经香绛缦开。淮右尚烦诛乱手，燕然正待勒铭才。腾蛇岂是池中物，漫把闲身隐草莱。

次和用康先生看雪

清爽透帘帏，晶莹动窗牖。飘飘填谷壑，浩浩埋陵阜。见空不见净，无净更无垢。绰约藐姑神，祝君千万寿。

次均和易谙

负郭依陈平，泽畔独来去。室迩人自幽，何必云深处。鸾飘消壮采，樗散老嘉猷。掀天东海浪，风雨正同舟。家国两苍茫，思之转凄惘。独对丛菊花，悠然寄孤往。三复杜陵诗，枫林青入梦。流连采芝操，珍重汉阴瓮。

按：该诗发表于《天津民国日报》1946年1月14日第3版《民园·饮雪集》，题为"次和易谙"。

再用与会厂唱和均

从游忘岁月，慰意亘朝昏。恺恻生肝鬲，芬芳醉梦魂。青山藏雾豹，赤日跃云门。要眇文章境，萧闲更细论。

按：该诗发表于《天津民国日报》1946年11月20日第5版《民园・天游室诗》，题为“用会厂韵和晓晖”。

叠均再作

天飕吹海立，飞雨湿黄昏。日月输英胆，风雷起醉魂。幽禽眠客舍，落叶闭柴门。差喜同心友，孤怀与共论。

按：该诗发表于《天津民国日报》1946年11月20日第5版《民园・天游室诗》，题为“前韵再和”。

次均和易谙

肝肺常收天下春，谁欤对面识吾真。马迁自负青云士，杜甫尝矜观国宾。挥泪帝妃湘水畔，吞声野老曲江滨。黄昏胡骑尘城满，漂泊干戈百不伸。

按：该诗发表于《天津民国日报》1946年1月14日第3版《民园・饮雪集》，题为“次和易谙”。

秦母李夫人八十寿诗其子幼泉骏英以发明唐山陶器得名

陶人为甗鬲，旊人为簋豆。抟埴载周官，考工重研究。救败舜之功，东夷器窳陋。躬苦民斯从，德化裒然首。海通外器至，精巧工雕镂。都市尽充溢，乡里亦争售。吾器绌相形，坐失天所富。南纪尚从容，北鄙更悠谬。勇起得秦君，滦滨烧罇罄。广揽欧美雄，远挹古初旧。唐窑亹矣名,国用于焉懋。精进方未艾,成功讵可囿。比闻堂上母,大耋膺天佑。事畜出艰难,饥寒转昏昼。劬劳兆亨吉,甘旨酬恩厚。朋好佥曰俞,儿名母所就。再拜北堂春,持颂南山寿。诗有包孕,方不苟作。琢练亦方雅。

按:该诗发表于《天津民国日报》1946 年 10 月 11 日第 8 版《民园·天游室诗》,题为"秦幼泉为母寿征诗秦以发明唐山陶器得名",无吴评。

黄之六寿祺闽人以所为文见寄因答以诗余曾见其所为石鼓歌首句云华表西风独鹤语

我昔见君歌石鼓,西风华表鹤冲霄。满斟杯酒邀明月,高敞轩窗听早潮。倒海鲸鲵光闪烁,极天鹰隼羽调刁。阴霾冰雪蚕丛径,石栈云梯正未遥。以下三首气势凌空,七言胜境。

按:该诗发表于《天津民国日报》1946 年 11 月 20 日第 5 版《民园·天游室诗》,题为"黄之六闽人以所为诗文见寄余曾见其所为石鼓歌首句云华表西风独鹤语",无吴评。

前均和之六

君家去此几千里,几许青峰插碧霄。一旦误投燕市筑,十年轻失海门潮。凌烟猛士朝看镜,积雪寒城夜听刁。荼蓼羁心困长吉,极天关塞恨迢遥。

按:该诗发表于《天津民国日报》1946 年 11 月 24 日第 6 版《民园·天游室诗》,题为"再和黄之六均"。

叠均和之六

别岁何心谈故国，哀歌一曲响排宵。就烹大蟹犹喷沫，既倒狂澜尚作潮。虎豹九关森莽莽，龙蛇万壑郁刁刁。冰霜满眼今何日，快雨横风讯转遥。

按：该诗发表于《天津民国日报》1946年1月14日第3版《民园·饮雪集》，题为“和之六”。

绍先续取后来书颇多深思远虑郁郁寡欢赋此为寄

心事一腔谁与说，倚楼脉脉蕴清愁。中年哀乐寻常事，宗国存亡危急秋。掣电过驹时忽忽，飞珠溅沫水悠悠。人生快意知能几，那便深思使泪流。

按：该诗发表于《天津民国日报》1946年11月24日第6版《民园·天游室诗》，题为“绍先来书颇多深思远虑赋寄”。

妙天近颇用山谷口字均为诗廿六叠均和之

至道高文讽诸口，胸中耿耿罗星斗。居然参透沈冥关，真从苦海收身还。故园樽酒孤松下，赤壁清风明月间。神鹰会是翻鞲上，凡鸟驽骀那堪赏。九天变化惊霆声，笑叹七十下齐城。阳阿晞发散愁思，春风洗面增光荣。千古兴亡云雾里，湖上悠悠笑西子。几番轩冕浪淘空，一梦南柯亦堪喜。高山流水喻无言，琴本无弦未用弹。悲类熊猴掩林薄，王孙聊把桂枝攀。避世真当学心隐，闭门闹市如深山。

按：该诗发表于《天津民国日报》1946年11月24日第6版

《民园·天游室诗》，题为“廿六叠山谷口字韵和晓晖”；其收入作者所编《口字均集》，题为“俞古函用前均有诗二十六叠均和之”，可知晓晖即俞大酉。

【校记】

〔七十〕日报作“七七”。〔掩林〕《口子均集》作“掩丛”。

廿七叠前均再和妙天

忆昨潜身脱虎口，雪压天河槎泛斗。相逢一笑心清闲，芳菲留赠翩然还。胸中浩浩满飞雪，飘扬充溢天地间。骐骥负辕盐坂上，不逢伯乐谁相赏。饱惊槽枥奴人声，何由大漠控边城。泥涂榛棘任驱策，银鞍金络宁为荣。逸足犹堪骧万里，穷途忽遇寒风子。解衣痛哭惜良才，俯仰喷鸣真见喜。君不见桂边吴质不成眠，李凭正对江娥弹。鸾吟凤哕响冰玉，云楼雾渚期相攀。耳底鲸波转杯溜，望中蚁垤坟邱山。

按：该诗发表于《天津民国日报》1946年11月28日第6版《民园·天游室诗》，题为“廿七叠均再和晓晖”；其收入作者所编《口字均集》，题为“二十七叠均再和”。

【校记】

〔泛斗〕日报和《口子均集》作“犯斗”。〔凤哕〕《口子均集》作“凤语”。

廿八叠均再和妙天

坐讽新篇心语口，此才岂只植八斗。我今叹诧非徒然，要看往哲追而还。千秋落落试屈指，句留青史有无间。堪笑老坡牛背上，雨笠烟簑画中赏。市人鸦雀浩同声，游居何间山与城。日对三军虑凝一，形如槁木心滋荣。雪虐风饕几万里，泣血孤臣怜赤子。弥天冰冻咽哀筎，虎死龙僵君勿喜。君不见茂林黄雀栖方安，岂料王孙挟弹去声弹。薮泽网罗徒自密，冥冥鸿去难追攀。何似掉头学巢父，钓竿归拂蓬莱山。

按：该诗发表于《天津民国日报》1946年11月28日第6版《民园·天游室诗》，题为"廿八叠均再答晓晖"；其收入作者所编《口字均集》，题为"二十八叠均再和"。

【校记】

〔我今叹诧非徒然，要看往哲追而还。千秋落落试屈指〕《口子均集》作"由来巾帼难高贤，千秋蔡琰追而还。自余碌碌那足数"。〔薮泽网罗徒自密〕《口子均集》作"毕弋弓弩网林薮"。

昨日大雪今晨寅刻即起阍人方睡双扉尚扃散步中庭卯刻始出蹀躞于琼岛浮图间且吟且步归来妙天书置案上发缄得佳篇遂续成寄之廿九叠前均

四顾无人独闭口，起步中庭看北斗。阍人熟睡不放关，轩楯阶除频往还。迫隘人寰裈底虱，神魂飞越巉岩间。五云楼阁腋风上，玉阙银台恣欣赏。霜天何处乌啼声，乱鸦点黑延秋城。地天闭固冰崪屼，朝阳几日回春荣。阮歌岁暮亦云已，归来依旧恋妻子。红泥小火酌葡萄，恰有鸿书助吾喜。开缄三复会心言，引徽落斧相纠弹。不独心声期共印，重重圣户当同攀。及壮应须各努力，为人学道如登山。

按：该诗发表于《天津民国日报》1946年12月2日第2版《文艺·天游室诗》，题为"廿九叠均酬晓晖"；其收入作者所编《口字均集》，题为"昨日大雪今晨寅刻即起阍人方睡双扉尚扃散步中庭卯刻始出蹀躞于琼岛浮图间且吟且步归来古函书置案上发缄得佳篇遂续成寄之廿九叠前均"。

妙天以五叠前均诗见示卅叠均答之

世事那逢开笑口，边城夜夜惊刁斗。轮囷肝胆自年年，徘徊六合云飘还。芙蓉满抱为谁采，懭悢尘埃野马间。风期凛凛云霄上，正有奇文共欣赏。松窗大蟹沙沙声，三更雪压燕都城。贤愚万古俱尘土，风月慰意为真荣。与尔试裁天下士，阮公痛悼桑林子。帏苏粪壤薄申椒，暮四朝三众狙喜。君不见李白高吟蜀道难，曹瞒晨上散关弹。英豪远想自出世，岂有薄俗能牵攀。龙拏虎变俱不测，与子相期山外山。

按：该诗发表于《天津民国日报》1946年12月2日第2版《文艺·天游室诗》，题为“三十叠均再酬”；其收入作者所编《口字均集》，题为“卅叠均再答古函”。

【校记】

〔懭悢〕日报作“懭恨”，《口字均集》作“怅怅”。〔阮公〕《口字均集》作“左思”。

把酒问月效太白作

中天明月沈池水，有谁摘下谁捞起。举杯邀月对月眠，团团朗月冥心看。蘧然梦觉群阴覆，清风送月藏怀袖。月似责我情何多，恨少雄光奈若何。淡明相照意良足，万岁千秋挂心目。我今把酒亦问之，月行果否人相随。颇饶奇趣。

按：该诗发表于《天津民国日报》1947年1月27日第7版《文艺·天游室诗》，无吴评。

月下吟

君不见姮娥清绝自终古，笑尔诗肠回子午。明月高高那可攀，自将高咏散湖山。镜湖一夜月飞渡，六合徘徊买君顾。菊次梅边足洁盟，寒辉照胆动平生。君不见走马千年尘变水，中天皓月常如此。攀月谁真上九天，难禁地下虱臣看。睾然可望不可即，永夜终宵相向默。清光被体惬诗魂，息机悄对真忘言。

按：该诗发表于《天津民国日报》1946年12月27日第6版《民园·天游室诗》。

月下看梅

明月被花花不恼，对花且证岁寒心。销魂淡色轻冰雪，澈骨清光照古今。绝代寥茫谁会意，百年歌哭自知音。溷花渎月真吾过，视尔幽怀偿倘自禁。

夜起吟叠用夔厂自寿均

腊鼓隆隆岁尽头，风驰过往几千秋。龙饥虎困风云壮，地拆山崩鸾凤愁。万里旌旗凝不动，几家菽帛好安筹。中宵感触黎元痛，起舞佯狂怆独游。

自傍寒灯尽一卮，肚皮未用合时宜。由来击电轰霆后，定兆光风霁月时。紫凤天吴由汝拆，朱颜绿鬓问谁衰。风云感会寻常事，羞杀陈思弃妇诗。

大风雪太液踏冰

飕飕风卷雪，冰上作晨征。冰滑足难立，风推人自行。寒鱼涉有水，冻雀噤无声。独步来何为，凉凉兀自惊。

按：该诗发表于《天津民国日报》1947年1月27日第7版《文艺·天游室诗》。

俞古函大酉喜以释理入之诗歌今来书复多引释氏说作此示之

释理入之诗，聊以资娱悦。纷纷百家作，往往亦参列。逮稗官杂记，偶亦备一说。岂其事理精，真足吾儒撷。吾儒有至道，穿天探月穴。修广庶类包，要眇人情切。爱人保赤子，幹国孕雄杰。霭霭慈母慈，斩斩烈士烈。崇之山岳矗，放之江河泄。充则邦国宁，缩亦身家絜。横胸日月光，照人肝胆血。温意胎可生，刚气山为裂。动理万机了，静闭百念绝。吾心天地心，雨露风云雪。君子亶修身，期合圣贤辙。箸文讯万世，道载斯无缺。景行心向往，群吠供一瞥。不有千秋心，那树万仞节。如何吾党秀，学圣释之涅。无端芥滞生，妄作甘苦别。苦海迭转旋，幻影倏生灭。将行足罥羁，欲语喉鲠噎。快事笼郁忧，安居坐兀臲。好好云梦胸，忽忽尘垢巇。吾将洗毛髓，日洞冰心澈。芜田痛掘除，阏井大浚渫。翻天风雷劖，搅海鲸鲵掣。九幽鬼怪淹，八表星辰揭。高步升皇陟，长揖人世诀。回首睨旧乡，顿觉肝肠热。恻恻数人纪，茫茫悲庶孽。大道几人悟，昭质易亏折。火书庐其居，仁义重铺设。吁嗟昌黎公，所以为大哲。句法深稳，气势浑成，足为吾道干城，在作者集中亦为出色之作。

按：该诗附于作者所编《口字均集》卷末，题为“古函喜以释家之理入之诗歌今来书复多引释氏说作此示之”，诗尾有评云：文以载道之旨于此发之，不刊之作也。辛巳正月二十四日晚。

北江先生写示令嗣伯芝贺人新昏之作次均二首呈先生兼睎伯芝 辛巳

旌旗百万恣飘扬，海水奔流迫庙堂。佳耦双飞干彩笔，才人得句竞红妆。巉岩盐坂鞭骐骥，跌宕桐花养凤凰。万岁千秋争一瞬，高天日月总飞荒。

廿年回首气扬扬，日日来登君子堂。河伯自怜难语海，天仙不用学啼妆。风云百变犹宗岱，燕雀纷拏尚认凰。满眼兴亡关底事，独持卮酒问鸿荒。

次和刘佩韦厚滋二首

闲将珊管写乌丝，门外寒流尚结澌。空谷久生寥寂感，荒城况值乱离时。千金藏帚供谁赏，五鬼催诗祗自嬉。劲草尚承苏武泪，颓云莫作李陵悲。

目送飞鸿几度过，风欺苦竹夜声多。手挥天地频搔首，息吹虹蜺作浩歌。赤壁到今怜孟德，黄州自古溷东坡。寥天极目肠堪断，髀肉横生唤奈何。

上元前一日步雪晨游琼岛

百丑潜遁形，一洁掩万象。满眼眩瑶华，地天相排荡。高冠锵玉佩，置身千仞上。颇怪明宵月，不共今朝赏。

返顾经行处，步步皆深痕。吾足所未涉，一色平无垠。要当周六极，蹴踏银河翻。劳劳空四望，默默谁与言。

独往还独来，大千真浩浩。百年谁不归，慰意斯为宝。回首去年人，游踪倏已杳。时贵境清空，尚留好怀抱。

按：该诗发表于《天津民国日报》1946 年 9 月 25 日第 6 版《民园·天游室诗》，题为“上元前朝步雪登琼岛”。

【校记】

〔宵〕日报作“窗”。

琼岛绝顶观春雪

川原白玉树琼瑰，清回真从世外来。谁起深宫酣梦觉，高丘延伫令空回。

意中暄暖好春来，红紫芳菲烂漫开。寒冱无端笼大宇，已萌春意又潜回。

晨风忽起震寒林，倒卷飞花乱客襟。纵是好春春亦歇，百年飘忽定何心。

浮云荡尽丽朝阳，转眼寒消雪沃汤。大地终归春覆育，颠风戾雪总荒唐。

按：该诗发表于《天津民国日报》1946 年 2 月 5 日第 3 版《民园·饮雪集》，题为“春雪”。

惊蛰降雪有咏

虽寒不太甚，纵雪不能多。大气已潜转，颛顼能奈何。犹复逞寒威，每每挥霜戈。心劳力弗济，幻景皆蹉跎。萌芽茁厚土，惴耎蠕深窠。惊雷一朝震，好雨来滂沱。万卉蓬勃起，百羽翩翾过。抗车笑螳臂，赴烛怜飞蛾。劝君且安坐，一意调阳和。

按：该诗发表于《天津民国日报》1946 年 2 月 5 日第 3 版《民园·饮雪集》，题为“惊蛰降雪”。

次和子纯咏石

城市烟尘积，名山何处寻。一拳看变化，万壑寄雄深。不有青云志，能为白雪吟。寒潭窈何许，珍重斩蛟心。

按：该诗发表于《天津民国日报》1946年2月4日第3版《文艺·饮雪集》，题为“咏石”。

悠　悠

悠悠千载心，飘飘悬空中。总总班陆离，落落谁与同。徬徨复徬徨，艰哉时一逢。盈盈隔几许，安往输孤忠。肝肺万古春，气象万古冬。精思洞肌理，对面佯痴聋。百年岂自保，相期以终老。

寥　绝

神物终当合，干将与莫邪。横天烛牛斗，入水化龙蛇。星月光明甚，风云感会赊。千秋谁办此，寥绝一张华。

题彭八百溥皋画兰石

瑰玮玲珑，可贞可久。鸣乎兰乎，与石为友。一解。幽香溢衍，空谷渊深。山泉未浊，千载知音。二解。本压众芳，宁伍凡卉。尚慎旃哉，珍此臭味。三解。代舞传芭，相羊容悦。左之右之，终古无绝。四解。

按：该诗发表于《天津民国日报》1946年10月6日第6版《民园·天游室诗》，题为“题彭八百画兰石”。

绍先来自津与之雨行街衢遂至北海

友至与倾壶，雨行焉用圣。用《左传》御尗诮臧纥语。祸福岂自知，苦乐端谁竟。李子少长游，肝鬲尝畏敬。缅邈春风柔，巉岩穷骨劲。析津三百里，一夕临飞镜。久旱逢甘霖，慵龙施宿令。阴阳浩一体，草木浑同命。永夜神明怡，盛夏肌肤清。团团三尺盖，千杖交飞迸。彳亍形俳诙，放浪心辽夐。泥涂困龙虎，华轩载衰病。豖虱会同燔，安知非顺性。意中有明月，天水恣涵泳。福慧良已多，倏然作孤咏。

按：该诗发表于《天津民国日报》1946年8月7日第6版《民园·天游室诗》，无注。

【校记】

〔鬲〕日报作“胆”。

古函以碧纱灯见贻赋谢

百年苦昼短，夜夜当秉烛。郁此千秋心，枉作穷途哭。嗟予久答丧，邈尔谢拘束。身外利与名，圣跖两何福。以兹悟生理，稳睡常自足。面海迎朝暾，衔山卧幽屋。天涯惜飞镜，冥想在心目。章甫被文身，辜负华灯绿。

按：该诗发表于《天津民国日报》1946年10月6日第6版《民园·天游室诗》，题为“碧纱灯咏”。

【校记】

〔朝暾〕日报作“晓日”。

前均再酬

早起恋月星，早寝省灯烛。不为山公醉，不作贾生哭。怵惕寡悔尤，黾勉自约束。推诚不记功，行义非求福。知识万端奢，生涯一饱足。励德期入圣，润身兼及屋。山河违壮心，龙蛇走深目。解佩欲谁贻，行行一溪绿。

按：该诗发表于《天津民国日报》1946年10月6日第6版《民园·天游室诗》，题为“前均再作”。

腹泻旋瘳有咏

块垒正须除，涤荡得暴下。积劳胡自偿，小卧一日夜。梦蝶漆园叟，辟谷藐姑神。出壳扫陈秽，入骨皆清新。阳气见眉宇，浸淫满大宅。雌蜺云端垂，雄鸡天下白。古训亦有之，无患国恒亡。风霆羌昼晦，化日弥辉光。

按：该诗发表于《天津民国日报》1946年2月4日第3版《文艺·饮雪集》。

【校记】

〔劳〕日报作“痨”。

晨　游

晨兴习腰脚，两海日一周。什刹海、后海、积水潭三处每日必游其二。什刹海亦称前海，积水潭亦称西海。捐弃人间世，独作逍遥游。逐彼北海若，脱此南冠囚。犹有旷世怀，横览余九州。九州莽纷乱，八海交横流。城崩掀万屋，海啸倾千舟。飞雹不遑避，烈风无时休。白虹为贯日，白骨垒枯丘。两间豢丑类，睽睗将何求。搏噬苦不尽，芟刈期全收。所以贵达生，恻怆终天游。跻攀千仞上，俯视腾万牛。噫嘻乎悲哉，起灭千浮沤。

按：该诗发表于《天津民国日报》1946年2月18日第3版《文艺·饮雪集》。

晨游绝句

风疾景萧森，冰坚可行立。游鱼与行人，咫尺不相及。春泽游气多，晓日淡于月。凄绝掩雄光，可能周万物。鸟雀号笙镛，烟波濯纨绮。世识我为谁，苍茫立烟水。草覆两岸青，萍漂一溪绿。于此往来人，面貌久相熟。萧条万虑空，悠然纵孤往。满抱婴儿心，浩荡江湖上。

按：该诗发表于《天津民国日报》1947年2月17日第7版《文艺·天游室诗》。

二绝句

沧波泳明月，明月涵沧海。相照两无言，由来几万载。
高人惜美酒，美酒怜高士。相喻两无言，于今复几纪。

四绝句

高筵幷喜忧，斯人有新故。参商悬中天，终古不相遇。
且共新知欢，莫作生别惜。百变终不漓，为君咏磐石。
嗛嗛饮且食，煦煦笑而语。谁念绝代人，风流自千古。
岁晚梅愈清，秋深荷益爽。三宝净皈依，我佛莲花上。

偕古函又妹晨游用二子唱和均兼眎二子

兹游嗟尔意何如，飘若闲云过碧虚。百丈离披官渡柳，千门绿锁曲江蒲。朝霞落水散云锦，细莎侵路横氍毹。危楼远耸渺云汉，高荷乱插含葭芦。奇怀旷世兀自诡，同游论道真不孤。年来萧洒贵心远，得此直欲轻江湖。此生不王寸土无，纵横猛志空有余。南渡崩奔缠寇盗，北羁惭愧完身躯。胡尘满眼杂乱聒，飞仙安得王乔凫。惆怅中宵感孤愤，满腔热血何由舒。辞赋千秋亦安用，湘累终傍彭咸居。

按：该诗发表于《天津民国日报》1946 年 2 月 18 日第 3 版《文艺·饮雪集》，题为“偕妹晨游”。

风雹起兴

飞雹狂风天外来，了无膏泽先成灾。雷公击鼓大木拔，鲸鱼跋浪沧溟开。气求声应感如电，通人大观泯愁怨。人非木石那无情，作茧春蚕乐自萦。白雪襟怀久自知，碧天星月总无猜。冷淡幽姿九秋菊，苍茫香海一山梅。千秋万岁问身后，富贵功名定谁有。熙怡纵意取自适，且炙肥牛饮淳酒。鹏翼终培九万风，金人且共三缄口。

幼妹有酬古函兼寄余诗次和

此生要贵知其意，人间飘忽浑如奇。玄风破海起阴霾，郁律岷峨瞻霸气。人生有情泪沾臆，回首可怜歌舞地。杜句。哓哓焦口喻皆迷，兀兀穷年醒众醉。仙山缥缈飞清梦，琼华婀娜栖威凤。我能剖血慰孤愁，令知真赏非虚讽。坠绪苍茫乱莫收，疮痍四海天乎痛。枕戈要办虏全枭，临川更作河清颂。

按：该诗发表于《天津民国日报》1946 年 2 月 28 日第 3 版

《民园·饮雪集》，题为“次和又妹酬古函韵”。

题健侄长河打纤摄影

长河远望白云起，挂帆欲逐东流水。息机未待火油风，行止悠然谁或使。君不见汉阴老圃常抱瓮，机心机事非吾用。役筋易饱支百年，存亡自我宁关天。雄图回首丘山重，苍茫前路风涛控。要看赤手挽狂澜，收入孤篷放意眠。

按：该诗发表于《天津民国日报》1946年2月28日第3版《民园·饮雪集》。

【校记】

〔君不见汉阴〕日报作“汉阴”。

题健侄群羊摄影

坡云乱石如群羊，我道群羊如乱石。或谓群羊去如水，今见群羊多似鲫。有鞭其后前者驱，联翩队逐真如鱼。谁云性狠不可夺，积威之渐争凫趋。皮存笑尔空复众，草根塞腹将安用。不能号令真徒然，前溪听我鼓鼙鞭。

按：该诗发表于《天津民国日报》1946年3月7日第3版《民园·饮雪集》。

偕内子赴晓市遂绕两海而归

平明正好眠，城隈顿成市。嗟尔悠悠徒，谁关寒燠旨。痛痒弗相关，利欲所必争。相携舍之去，来傍溪边行。雨过秋光明，日薄衣裳冷。翠盖覆溪桥，婉娈双人影。一路玩芙蕖，行行日高起。慈乌恋众雏，归飞未能已。

秋夜吟诗遂食李仪廷所赠葡萄云玛瑙红法国种本年初结实也

李家新结玫瑰紫，法国初传玛瑙红。吟罢心脾愁永夜，一珠疗渴抵千钟。

潜 道

积愫期尽倾，默对两无有。一别心歉然，万语常在口。平生聚散怀，兀如饮醇酒。悠悠指后期，一日三秋久。百年亦一瞬，三秋岂为后。正如好月来，清光盈户牖。善卷隐唐虞，妙天潜二酉。秦人引相避，得道十八九。

参 关

春蚕作茧蚕方乐，斩丝剥茧蚕何着。扶摇九万嗤大鹏，翻飞八表愁孤鹤。邹衍空谈大九州，庄生吊诡恣谐谑。圣门垂教根人情，风什温柔资笔削。咏叹长言婉以深，缠绵悱恻萦心魄。家人亲切话天倪，君子言行戒肤廓。大含元气入几微，远控天涯由立脚。扪心参透此关无，地天苦被秋毫格。

按：该诗发表于《天津民国日报》1946年12月23日第6版《文艺·天游室诗》，题为“参关一首赠洞一”。

题甄奉三溟所画山水

水外山复山，眼界渺万里。城郭与舳舻，尽没烟波里。此山万万古，此树已千年。此路往来客，山灵笑变迁。雪巘层层出，风帆浩浩来。壮怀何处着，小技溷奇才。草劲风莫摧，雪深波不冻。始知风雪会，自有擎天栋。一抹断霞横，百丈悬梁渡。招隐好归来，免被熊罴怒。出岫云无心，摇天波有意。璀璨五云楼，想象崇闳议。

按：该诗“草劲风莫催”之后句发表于《天津民国日报》1946年3月7日第3版《民园·饮雪集》，题为“题画三绝”。

啜佳茗

百味纷陈求适口，入口平生几曾有。清香彻骨毛孔开，凉月刮胸光暗走。祛痰涤垢新机生，百体倒跃诗肠鸣。棱棱逸气欲遐举，下窥五岳浮云轻。旧云观海难为水，甘苦自知今信矣。繁英杂卉森满畦，那似幽兰真可喜。玉堂一盏荐寒泉，拥云抱月酣清眠。香痕一缕袅空起，梦中化作飞空仙。

按：该诗发表于《天津民国日报》1946年8月7日第6版《民园·天游室诗》。

酒肆饮谢祝宸宠泽杨雨人希时崔仲明家焜俞古函子正大贞归用前均示诸子

悬泉喷薄多言口，见性明心几曾有。高秋明月玉壶冰，相照无言精气走。萧萧树杪秋风生，寒蛩床下时一鸣。文章得失贵心识，那向时流分重轻。莫讶桃源隔流水，万里扁舟吾逝矣。偶逢燕市醉荆高，恰似流人见人喜。四句神气纵宕，笔势弘远。出山犹是在山泉，暮城寂巷容高眠。传芭兰菊邈无绝，芳菲康乐玉堂仙。

按：该诗发表于《天津民国日报》1946年8月9日第6版

《民园·天游室诗》,题为“酒肆饮谢祝宸雨人仲明古函子正诸君子仍用前韵”,无吴评。

次和之六

凉风天末意如何,盖世功名等逝波。心逐长风飘日月,魂随飞鸟认山河。空堂深堑来人少,积痗幽忧与岁多。戎马乾坤方鼎沸,浑茫无地着悲歌。六厂豪兴问如何,三十居然叹逝波。岂有青山容绿鬓,端项赤手挽银河。运时屯蹇忧方大,师友观摩乐正多。九月黄花风渐冷,一杯相属听君歌。

按:第一律发表于《天津民国日报》1946年3月7日第3版《民园·天游室诗》,题为“次和六厂”。

题吴镜汀熙曾山水画册

吴子作画如泼水,飞雨洒落云烟起。须臾扫出好林峦,忽复置我林峦间。长松修竹森森立,颓云好覆苔痕湿。桃花流水涤烦冤,弥天已觉干戈戢。画师笔底蟠龙螭,胸际逶迤郁怪奇。高卧明窗看白昼,坐令鼻息吹虹蜺。闭门四壁有千古,轻纨细绮森旁午。今朝醉饱百不图,促迫而公定难许。写出名家意度。兴来逐手千金尽,悲欢杂沓无条件。无主山川谁复问,将出换酒吾何吝。造物渊渊无尽藏,百岁人生笑一场。寥天雁语出云背,烽烟四海无还乡。

按:该诗发表于《天津民国日报》1946年8月9日第6版《民园·天游室诗》,无吴评。

会厂以匋庐太年丈所藏张吴两先生书札合装册索题

前朝张吴公，譬唐韩与柳。并世发雄文，旷代所希有。匋翁昔盛壮，嘤鸣恳求友。九天散珠玑，轻轻落公手。不才晚入京，国变公已叟。题咏到雕虫，公一再题拙制印存。辱知遇尤厚。道德付今王，名声称祭酒。一瞥二十秋，而公殁已久。文孙吾所契，家学资荷负。览古发幽情，行今唯墨守。宝此金玉篇，渊源明授受。吁嗟时几何，恍如千载后。以下提笔发议而神气完足。正路谁复由，狂夫中风走。人亡国亦瘁，持此将安咎。多君承坠绪，寥落孰侪偶。裸国被龙章，亦颇恻心否。珍重范公言，泰山天北斗。肯堂先生颂张濂翁诗云：山有泰山天北斗。

按：该诗发表于《天津民国日报》1946年8月26日第7版《文艺·天游室诗》，题为“张吴两先生书札册匋庐太年丈所藏文孙会厂索题”，无吴评。

【校记】

〔肯堂〕日报作“范肯堂”。

双玉谣

朝月玉色白，朝日玉色红。团团两片玉，遥挂天西东。万古变朝昏，光芒相照同。而我仰天笑，精气能感通。安得挟飞仙，与子游无穷。

泽畔行吟

清溪沈白石，黄叶覆长陂。细雨微风岸，悠悠故国思。

按：该诗发表于《天津民国日报》1946年3月16日第3版

《民园·饮雪集》。

雾 中

四海今若何，六合满云雾。率尔作冥行，无忧亦无惧。烟云迷万象，供养此闲身。长昼连长夜，漫漫闷损人。

按：该诗发表于《天津民国日报》1946 年 3 月 16 日第 3 版《民园·饮雪集》。

寄朱伯愉安凤岭

一别天地翻，瞠目空相视。鱼雁载浮沈，十书九不至。神气总摄全篇。语嗫岂宣衷，辞晦难达意。提笔书未成，已泻千行泪。所以三载来，默然无一字。鸿篇寿大母，奉书忆昨岁。我兹谨告君，逾年九十二。君去春自安凤岭寄诗寿大母，谓大母八十晋八。大母去岁实正九十，明年九十二矣。昔闻投劾去，还山博亲慰。适中鄙吝怀，想象祥和气。大耋当有述，勉酬孝子志。昔诺心悬旌，不文宁敢避。昔君在平，谓母八十当索吾文为寿，余诺之。由来世教颓，阃德揞衰季。以下凭空特起，大气磅礴。湼背斫豪英，挺挺天庙器。疾风劲草见，乱世儒冠弃。扰扰狐兔群，熊罴固难类。地轴今横旋，天公方浩醉。活国淹谋猷，斯人独憔悴。风云幻旧京，几载甘沈坠。过眼劫尘飞，历历堪酸鼻。迢遥望云海，梦寐瞻文旆。踊跃延平津，双龙终一会。中宵悲风起，破耳电音沸。如何慈竹摧，竟道萱堂背。负诺吾有疚，笃孝君何奈。我懒庸更迟，濡毫啧哀思。丈夫生世间，首重敦大义。风急树飘零，显扬君子事。天风吹白云，中原看揽辔。运筹帷帐中，决胜千里外。辉煌族类光，莽荡乾坤大。伫见阴霾消，转眼江天霁。收尤轩昂英伟。

按：该诗发表于《天津民国日报》1946 年 3 月 28 日第 3 版《民园・饮雪集》，无吴评。

用康响泉大同看菊后皆有诗二公并号榆园

新篇一朝至，南北两榆园。飘洒须眉古，清臞骨相尊。秋魂凭菊合，梦影待诗温。凛凛风霜会，拈花一笑存。

之六返闽坚以中国大学讲席求代再却之而不获瞰亡往拜饯之以诗

室迩人遥倘有由，相思芳杜写离忧。南华秋水无穷意，两海鹓雏自在游。君固视如敝屣矣！宁知以腐鼠为吓者，尚有其人耶？

攀援桂树莫淹留，岁暮王孙尚独游。万叠云山无限意，天涯回首小沧洲。

按：该诗发表于《天津民国日报》1947 年 2 月 17 日第 7 版《文艺・天游室诗》，题为“之六返闽坚以讲席求代却之以诗”，无注。

【校记】

〔叠云〕日报作“云叠”。

张岷泉荫江先生寿诗先生吾兄童子师

茫茫天地本无忧，飒沓霜风遍九州。今日喜陪文字饮，春光看上柳条柔。

前尘一梦岂容温，晚福儿贤更有孙。桃李公门开寿域，长江万里溯岷源。

尚节之秉和先生以书画扇见贻画雪景山水书李刚己先生诗有欲剖君腹求明珠之句

太华奇观万古雪，六合茫茫同一洁。意中清冷透须眉，千年老桧冰霜节。凛凛冰霜天下寒，诗翁胸际春斓斑。调云划雪化春乳，倒倾纸上凝冰山。丽句可喜。题诗惭愧明珠句，安国受书应问故。煌煌大易通人天，一代精擘推独步。弃捐箧笥毋复论，天心舒惨见贞元。飞轮时序有炎夏，待将中绝恩情温。

按：该诗发表于《天津民国日报》1946年4月8日第3版《文艺·饮雪集》，题为“尚节之先生以书画扇见贻画雪景书李刚己先生诗有欲剖君腹求明珠之句”，无吴评。

小　时

小时上房日无数，缘墙走瓦如平路。脚腰矫健臂连猿，鬼怪神祇无所怖。误投大邑三十年，溢巷填衢腾宝辂。轻裘肥马黄金衔，的皪华灯错烟雾。碧围屏里搏风姿，红氍毹上凌波步。肥浓甘脆充胃肠，入辇出舆忘寒素。精神涣漫筋骨解，血脉衰耗颜色暮。百岁春秋本过驹，况复狂涛日奔注。驻景还婴那可期，未老先衰亦堪惧。孽海沈沦兀自惊，颓波追逐知何故。奇警。一从除痔发生机，便以晨游启新悟。冲风冒雪饮烟霞，跨谷凌坑狎鸥鹭。赤色腾腾初上墩，清风肃肃鸡鸣曙。花开叶落转飞轮，潦涨冰凝更岁度。气象长留浩荡春，韶华童景依稀住。仰天长笑气凌空，朗月横胸澄万虑。

按：该诗发表于《天津民国日报》1946年12月2日第2版《文艺·天游室诗》，无吴评。

【校记】

〔搏〕日报作“抟”。

每日晨出天犹黝黑街灯错点而三五以后十日之内朗月在天炯炯放明情景无异良宵特暮气朝气有别耳

渊明带月归，而我带月往。青天只一月，光辉万人仰。夜月人争看，朝月吾独赏。熠耀千电灯，真成判霄壤。

按：该诗发表于《天津民国日报》1947 年 2 月 24 日第 7 版《文艺·天游室诗》，题为“平明之月”。

【校记】

〔带〕日报作“戴”。

平日黎明晓市负贩肩磨踵接昨雪之后竟无一人街衢泽畔独往独来得意有诗

玲珑白玉城，阒绝无人走。大似吾独存，此天得专有。闹市朝朝聚，空寂忽可怜。乃知逐利辈，不耐岁寒天。

按：该诗发表于《天津民国日报》1947 年 2 月 24 日第 7 版《文艺·天游室诗》，题为“平日黎明晓市负贩摩肩接踵昨雪之后竟无一人独往独来得意有诗”。

次古函幼莘酬唱均

秋意比秋花，佳士如佳句。秋花澹愈妍，佳句雅而趣。卌载尘寰游，八表流云度。冷眼阅沧桑，热肠见知遇。世路千险巇，盍来归学圃。巧诈空尔为，悫愿守吾素。云雷天外起，大海风涛怒。动荡声喧豗，闪烁光来去。谲变袖手看，恶搏横身与。猛虎杂龙蛇，神定畴予惧。诗简碧空传，门巷华轩驻。韬敛千秋心，酝酿三冬酤。

童禧文德禧以自撰夫妇合庆百龄寿诗征和勉赋禧文教授大学有年

那便耐寿人，平生懒寿己。原壤长无述，孔曰老不死。修短有成命，寿夭无定理。忽然而为人，何值关忧喜。陶钧播万物，浩如大海水。变灭一浮沤，本不关闳旨。诅亦不为功，颂亦难可恃。何况憎爱情，拉杂复鄙俚。献谀富贵前，澳然不知耻。持颂道路人，嗟哉焉用是。若云对知己，默焉而已矣。至亲斯无文，抑又可以已。粉饰徒费词，虚矫亦恒技。陈陈相因袭，无谓趋一轨。大鸟鸣在喉，戛然常自止。猛虎局槛中，长卧不摇尾。赋性使之然，率真非自诡。等视死与生，更论此与彼。老童笃伉俪，自寿句能绮。澹泊有生涯，清高无禄仕。振铎警群迷，耕桑长儿子。京华奔竞场，萧闲宁有此。衡门望匪遥，朝夕枉相视。兵戈满天地，相对增嘘唏。偷活草莽中，恍惚忘年纪。愿尽有生日，德业相砻砥。嗟予斫不善，汗颜而血指。等是寿君诗，颂扬不敢侈。

按：该诗发表于《天津民国日报》1946年7月29日第6版《文艺·天游室诗》，题为“童君以其夫妇合庆百龄自寿诗征和”。编者识：天游先生尝谓编者云：古有冠礼而无寿礼者，立身成人发轫之始，所当郑重以将，祝其前程无限。若老而无闻，行将就木，夫复何说，然子孙庆其长上，发于孝思，犹之可也。挟长矜衰，沾沾自喜，则去夫子“五十无闻亦不足畏”、“不知老之将至”、“老而不死是为贼”之意远矣。若夫夫妇合庆，于理尤有不合，然则推而广之，家庭可合庆数百岁，团体可合庆数千载，于寿字之本意，殊有未安，是以不可以已乎？然先生与童君至交，故特藉端一发耳。

陈子衡铭鉴为尊人百岁冥寿征诗书其函背

丧心那寿死，从来懒寿生。生寿非古礼，死寿非人情。文章粪土贱，儒士鸿毛轻。能文资众役，谄谀穷玄冥。颂扬地轴裂，润色天维倾。要云日不白，真使天无青。凿空安取信，簧鼓难为凭。百年同一死，镌石埋幽铭。周年而十百，递积千万龄。三朝纪念告，五稔诗文征。文家知负赋，箕敛时时增。苦口求饶恕，峻拒谁则能。须知文家文，载道斯足称。背道而为之，泛鄙安所程。崇文道始立，舍是优与伶。咎由作者尸，求者何足惩。题诗务明道，气象非崚嶒。

按：该诗发表于《天津民国日报》1946年8月12日第6版《文艺·天游室诗》，题为"陈君为尊人百岁冥寿征诗书其函背"。日报编者按语云：先生此诗与前刊寿童君诗，皆作于倭敌入寇北平沦陷时期，故前篇云：兵戈满天地，相对增嘘唏。偷活草莽中，恍惚忘年纪。此篇云：颂扬地轴裂，润色天维倾。要云日不白，真使天无青。盖当时敌伪废青天白日之国旗而易之以五色，其有私藏青天白日旗者论罪，而敌伪报章亦宣传文字，方日诋毁其本国，认贼为父，颂扬战争，无所不用其极，故曰"颂扬地轴裂，润色天维倾"也。文字而如此，则文人之价值何在？故先生慨乎言之。又此篇斥冥寿之不合理，主正谊明道，其意绪甚明。所谓"咎由作者尸，求者何足惩"亦《春秋》责备贤者之义。至云"文家如负赋，峻拒谁则能"，乃曰理与情不得不兼顾耳。"题诗务明道"固不容不言，然人为其父征诗，抑岂可斥之太甚，故亦仅书其函背而已。

【校记】

〔背〕日报作"悖"。

为问

为问汝诗人，何故不咏星。何故不咏灯，千秋争咏月。岂其有独明？宁唯有独明。六合只有一，闪烁星与灯。数穷不能毕，光狭不能阔。沧海包地天，明月笼其全。清光洞肌骨，慧照原无边。豁昏兼涤秽，祛热能消烦。群嚣淡不耀，宵静方完完。炎凉不苟易，四时原一斑。谦退隐君子，澹定大乘禅。高高挂无极，万古谁追攀。一夕坏金枢，千寻沈碧绮。举世恨难逢，苍茫大海水。

病指

猛气纵横浮，两年三病指。祸患忽隐微，挫跌讵非耻。指病体全废，百业置不理。鄙事空多能，善斫亦徒尔。因之悟人事，放手斯已矣。平时如弗及，那值一笑弛。营营亟亟求，总缘博人喜。垂拱返无为，相看亦相抵。我本不负人，胡哉任驱使。致诚兼致忠，求精益求美。宁知天下事，端贵适可止。刻意求无疵，或得求全毁。顽态久不悛，自矜还自是。神明降微罚，惩所不获已。冥心接古初，袖手阅人纪。雕虫与屠龙，均耳等闲技。回头岸匪遥保身孝之始。

按：该诗发表于《天津民国日报》1946 年 12 月 4 日第 6 版《民园·天游室诗》。

【校记】

〔时〕日报作“生”。

右拇指病常以左手治事作书

双手左右垂，精诚总倚辅。右劳左常逸，相安无龃龉。一朝右倦勤，事来不迎拒。众役左独支，勉强亦能举。颇似甘心焉，无怨亦无怒。相维道始成，互助情亦古。一身相首尾，交融譬水乳。允宜两利时，分工求建树。弗让弗推委，次第蒇功绪。何必待相需，始作遗缺补。合掌礼空王，顾盼聊仰俯。

盆 梅

梅蕊吐琼苞，已觉春光泻。疏影映窗前，寒香散月下。坐对憺忘言，三嗅何为者。素质古无俦，清标今盖寡。匪余有殊誉，岁寒韵奇雅。一笑足千秋，伊怀不能写。

按：该诗发表于《天津民国日报》1946 年 8 月 26 日第 7 版《文艺·天游室诗》。

辛巳岁尽晨出步雪

破晓酣梦醒，猛闻儿唱雪。推衾起披裘，启窗意佳绝。夭矫鱼龙势，历乱琼瑶屑。吾乘风雪逝，六合聊一瞥。万象还浮熙，孤抱凝寒洁。痴绝玉楼人，烧舻煨内热。

按：该诗发表于《天津民国日报》1946 年 8 月 26 日第 7 版《文艺·天游室诗》。

天游室诗卷第七

壬午正初指疾瘳　壬午

车毂交横驰，万旌纷腾舞。键关但兀坐，韬养甘伏处。动静各有时，悲欢原异绪。颠倒笑群飞，反欣吾得所。出门忘所适，入户默无语。与槁木死灰，凝云古井伍。明心鉴澄水，微痛感凄楚。长夜真漫漫，长日复煦煦。元气自蕴培，内力增抗拒。病菌聚而歼，流毒不能腐。新机朝暮变，精悍见眉宇。指掌理大千，生龙与活虎。

按：该诗发表于《天津民国日报》1946 年 4 月 8 日第 3 版《文艺·饮雪集》。

次古函幼莘唱和均

识龙剑者唯张华，两胁犹看生碧花。黄蛇腾天蛟入水，神物终合言非夸。谁软谈言有微中，片词已破群儿哗。熙来攘往百千辈，寸衷乖牾真褒斜。孤怀迢递结微尚，高高云表标朱霞。太华拔地五千仞，峻节宁畏浮云遮。半断枯槐蚁争聚，一泓秋水蛙为家。寒蛩深穴死相保，连天霜气茫无涯。雨骤风飘羌昼晦，日颠月倒轰雷车。飘摇予室已穿漏，嗷嗷田夫瞠咨嗟。五陵佳气望还盛，长安尚满城头鸦。垂头大鸟定谁弋，宝弓休向鶀鶱加。

堂 北

堂北春常满，微阴偶未晴。惊飚旋夜枕，寒色入愁城。灵草回阳旭，慈晖覆短茎。晓来天地豁，屋桷曙鲜明。

前均呈北江先生

经词朴质诗词华，赋才烂缦春之花。庄诙非酷孟轲伟，史迁偏宕邱明夸。杜诗韩文嗣圣响，自余诸作纷喧哗。坡仙贺鬼白游放，晚晴星斗交横斜。后起得天谁独厚，山川照烂看明霞。或才不逮力未到，青山白雾蒙蒙遮。吾师方今杜韩辈，高文妙谛传之家。问业从游二十载，涉江浮海茫无涯。读书万卷行万里，豪杰自办轻舟车。我今局促百无就，阶下囚耳堪长嗟。天昏地暗万籁寂，电光闪闪惊林鸦。偷食吞声曲江曲，意中万炮方交加。以上各篇佳处在深沈幽邈，绝迹而趋。

按：该诗发表于《天津民国日报》1946 年 4 月 30 日第 3 版《民园・饮雪集》。

少年乐效长吉作用觚庵均

阳春三月飞梅雨，官街碓碎千年鼓。玉堂惊起睡芙蓉，雕梁翡翠呢喃语。芳甸蒙茸草色新，风柔云暖倏黄昏。轻烟浅渚濛濛柳，中有风流绝代人。分霞贮月倾新瓮，封就瑶华寄珍重。池塘春草活诗心，谢家恰枕西堂梦。摇空九点飞齐烟，琼华珠树森浮天。楼阁玲珑桂香陌，鸾佩相逢乐少年。一片罗裾云撒地，凌波玉步声声细。吹香兰蕙悄无言，青山碧水知君意。天风倒卷银河波，玉人挥手凝双螺。锦堆娇蝶抱新蕊，小园美意春常多。

按：该诗发表于《天津民国日报》1946 年 12 月 23 日第 6 版《文艺·天游室诗》，题为“少年乐效长吉作”。

【校记】

〔蝶〕日报作“蝶”。

太平花

花以太平名，世乱梦不已。去春初有赠，吾母闻之喜。曰花来岁放，平治差可企。花开世如故，而母不见矣。

伏雨后与古函又新晨游净业湖归来联句

蒹葭笼薄雾，宛在水中央。培。树色连云远，蝉声到耳长。徐行苔径滑，闲坐石阶凉。又。气象菰蒲秀，襟期菡萏香。培。素波凌倩影，仙露滴莲房。又。淡翠光生岫，轻黄潦注塘。培。遥钟启诗思，雅抱托鹓行。又。汤火连宵沸，风雷顷刻狂。雨余炎暑涤，心静万缘忘。西。昨梦翻萧瑟，悲歌意渺茫。吾行感奇遇，淑景驻年芳。又。明道真吾责，扬威痛国防。韬将冲斗气，瓜豆好商量。培。

退　飞

平明沈醉至日入，婵媛悬影何由拂。梦中喜月入疏棂，蘧然一觉还相失。绮阁珠楼翠柳边，衔泥三匝不能前。绸缪故渚待翔顾，退飞六鹢矜风颠。吁嗟乎浮生飘瞥如飞电，四十年华应及半。茫茫忧患火销膏，千金一笑君当眷。

按：该诗发表于《天津民国日报》1946 年 12 月 23 日第 6 版《文艺·天游室诗》。

病 喉

内力不自固，外恶从而谋。何物幺瞢虫，直来踞吾喉。命脉经控制，百体皆谬悠。呻吟宵转昼，颠倒春与秋。饥肠如转雷，怒火冲满头。卷舌不敢声，噤歌不复讴。蔬黍不相入，茶汤不下流。分明浩一体，无由通一沟。天君号司命，告尔马走俦。灭此乃朝食，不者性命休。输血始济弱，攻毒方有瘳。众擎重易举，孤注功难求。针注兼药涤，细菌穷追搜。刚风扫败箨，势不斯须留。匡床酣昼睡，猛醒全神收。一笑三千年，一举凌九州。

按：该诗发表于《天津民国日报》1946 年 5 月 4 日第 6 版《民园 · 饮雪集》，题为“病喉诗”。

【校记】

〔斯须留〕日报作“须臾留”。〔醒〕日报作“省”。

严孟群群以幼陵先生复书册属题先生孟群伯祖也

严公生海峤，郁律兴云雷。天风吹向西，排荡声掀豗。倒卷西海水，飞雨中天回。春风拆芽甲，潜气苏根荄。宫庭逮黎庶，递渐豁达开。积重苦难返，变法终摧颓。东国同学翁，伊藤与大隈。彼归方大用，蹴踏骎西来。公痛国步蹙，吾道方尘埃。闭门大译箸，自敛经纶才。唯公富文章，韩柳兼邹枚。临池亦余事，犹足欧虞陪。俯仰百年中，谁欤公等哉。道大自不用，世乱粉难裁。崇高守千古，侧媚苞祸胎。抚今念畴昔，慨然使心哀。后幅似杜。

按：该诗发表于《天津民国日报》1946 年 1 月 21 日第 3 版《文艺》，题为“题严几道先生书册其从孙孟群索题”，无吴评。

以小园丝瓜分饷用康先生先生有诗因和其均来诗所钤小印曰癯许也

崇朝翠幕黄花遍，零露盈头引蔓长。訇起狂蜂荡豪肺，垂来屈蠖画愁肠。臞仙自古标清节，讲肆何年闻妙香。不见空同求至道，终然拜倒广成旁。

妙天见和前均次答

东陵瓜美名声远，西蜀樱红意味长。独掬丹忱殷向月，不须绿酒苦浇肠。高秋弱柳萦蝉梦，九月西风飘桂香。莫是广寒太清绝，飞花散彩满身旁。

按：该诗发表于《天津民国日报》1946 年 12 月 4 日第 6 版《民园·天游室诗》，题为“次答晓晖”。

前均赠妙天二首

文星昨夕照吾堂，自吐光芒万丈长。偏有性情融水乳，更无芥蒂隔肝肠。孤高秋梧伤心碧，三嗅天葩澈骨香。便与冰霜盟晚岁，盘根苞蕊秀岩旁。

虎头燕颔相堂堂，印视天东日正长。万古高文光日月，九州生铁铸肝肠。风前翠竹棱棱节，霜后黄花淡淡香。挥手时人期共励，扶携直上斗牛旁。

按：该诗发表于《天津民国日报》1945 年 10 月 20 日第 2 版副刊，署名瀛洲，题为“寿洞一舍人”。

与克之校长沈季让家彝童禧文夏以农左仲纶文诰姜念伯徐幼溪周汉南相约琼岛登高未赴克之有诗因和其均

登高昨愧后诸公，气象萧森忽不同。倾海怒潮喷雪白，破山冥火薄天红。

吾道原为天下公，会看车轨九州同。寒禽不解春犹返，得意秋霜一霎红。

按：该诗发表于《天津民国日报》1946 年 5 月 9 日第 3 版《民园·饮雪集》，题为“某公招重九登高未赴”。

孟群再以幼陵先生手书长卷属题

端居下笔想千秋，胸际逶迤劈众流。守道儒冠真自娱，忧时血泪浩难收。惊心几见奔封豕，缳我终成老牸牛。同学少年多不贱，骎骎西向翦台球。

奥衍鸿文媲晚周，吟篇沈郁杜韩俦。一家言究天人际，千载功通中外邮。风雨杈枒惊变豹，波涛明晦无潜虬。弥天烽火今何日，片羽吉光自在留。

按：该诗发表于《天津民国日报》1946 年 1 月 21 日第 3 版《文艺》，题为“孟群再以几道先生手书长卷属题”。

早　课

为遣有涯生，廿年亲简牒。但求身心安，遑计俗情协。孤怀起迢递，邈矣山千叠。解佩待贻谁，得句藏诸箧。严寒十月厉，荒城风猎猎。刻苦少时功，晓起年来捷。讲贯事等闲，厉懒志差惬。张灯心飞驰，启户月迎接。谁谓明月遥，朝朝见眉睫。

按：该诗发表于《天津民国日报》1946年12月4日第6版《民园·天游室诗》。

张子高准属题姚惜抱墨迹卷子 癸未

惜抱先生皭冰雪，明月梅花伴高节。风华掩映色清妍，韵度悠扬声激越。文字千秋兼擅书，细筋入骨秋鹰如。蝉吟枯树罗衣薄，轻鸥远水思凌虚。桐城天下文章薮，承前焘后公枢纽。方平刘悍植之癯，自余那复论谁某。支离学派慨当年，由来只手难回天。孤行特立绍文统，到今谁似先生贤。先生精能洞幽眇，明漪修竹烟缥缈。金生玉润珠含莹，帝子悲秋风嫋嫋。不图私淑起湘乡，天清海泚重开张。涤荡百川泻瑕秽，沐日浴月森光芒。光芒照灼满天地，斯文涂径于焉治。后有作者举难违，违者端为圣所弃。张子通今尤博古，遗编名迹勤搜补。锦衣玉轴尽家珍，燕坐萧斋唯默数。世变苍茫海横流，等闲文字真浮沤。神徂圣伏心悠悠，兽嗥鬼哭天为愁。十年不办完金瓯，玉堂秘籍知谁收。侯王将相冠沐猴，更谁与论酬恩雠。忽然一瞥三百秋，胸中浩浩神往游，承平端为先生留。

按：该诗发表于《天津民国日报》1946年5月20日第3版《文艺·饮雪集》，题为“子高属题姚惜抱墨迹卷子”。

【校记】

〔承前〕日报作“承先”。

敬题张濂亭先生墨迹册

太伯夷齐高不仕，史公作传冠群伦。笙歌煊赫娱心目，谁弃功名轩冕尊。金印煌煌未入手，聚偻滕楯裒荒坟。所以达人解其会，视弃天下如埃尘。公生值清中兴叶，问学亲炙曾侯门。振衣千仞濯万里，茫茫百代穷其源。雄文状采媲扬马，异书奇字高周秦。网罗坠绪躬焘后，睥睨流辈甘居贫。门才济济各龙虎，意气犹足张吾军。毕生坎壈四立壁，掉头终匿平国君。贤相耆儒两相喻，各一千载扬清芬。谅哉不朽当自致，声施底事关青云。天渊怀抱好韬敛，横流满地猪吾身。

按：该诗发表于《天津民国日报》1946年9月30日第6版《文艺》，题为"题武昌张先生墨迹册子"。

夏蔚如仁虎以所著枝巢四述为赠兼征七十寿诗

旷代有渊明，裁诗写冲澹。枝巢千载后，大笔能无忝。我昔读雅言，瑰章时入览。深丛见孤罴，微雨湿连荚。世教伤凌夷，文字遭坷坎。旧圃渐荒芜，新获尤啬俭。枝巢喟然叹，坠绪勤搜检。四述一编成，士林传雅范。况值古稀年，重将英俊揽。白发照红颜，兴酣五岳撼。短章祝黄耇，羊皮愧琬琰。以上各篇取径日益幽敻，翛然自得。

按：该诗发表于《天津民国日报》1946年9月30日第6版《文艺》，题为"枝巢以所著四述征寿"，无吴评。

孙蔡二生行

有客有客门停车，狂飚飕飕扬飞沙。粗缯不掩诗书华，异书奇字蟠龙蛇。开颜二妙无参差，龙泉古刹幽人家。旧游廿载重咨嗟，稽天骇浪迷津涯。少年意气风云拏，才华词藻天边霞。聊自娱耳宁堪夸，素衣皎洁缁尘遮。古城白日荒烟斜，陈编败簏勤搜爬。枕边夜夜悬胡笳，一腔肝肺森楂枒。安能坐老非匏瓜，闽江粤峤尸如麻。弥天战血凝霜花，凌风一举愿岂奢。沉沉六合清无哗，伫看海日蒸朝緺。

按：该诗发表于《天津民国日报》1946 年 5 月 27 日第 3 版《民园·饮雪集》。

【校记】

〔开颜〕日报作“升堂”。

镜汀为画扇骨作山斋读书图题之

可能明道免乡人，廿载青衫涴市尘。四十真看判生死，要从人海早收身。

按：该诗发表于《天津民国日报》1946 年 2 月 28 日第 4 版《民园·天游室诗》，题为“镜汀为画山斋读书图题之”。

又作独坐观瀑再题

一瀑如龙破壁来，心凝神释坐深苔。水声岚气俱千古，不逐飞尘到九垓。

题雪涛双鸟图

比翼兮横空，连理兮梳风。刷毛羽兮春徂，冬天苍苍兮海阔。割阴阳兮出没駇，惊涛兮荒白。日平野兮青徐，衔华露兮呴濡。千龄兮万代，共鸣兮相呼。

又作花蝶图再题

花香醉蝶蝶恋花，花头高踞宁为奢。晨风夕露各千载，延年美意无织瑕。

子高赠诗次均奉酬

苍苍彖九万，野马与尘埃。鲸吞豺狼噬，惨矣天下皆。飞龙有天步，瞬息遍九陔。烟云横变化，掉鬣雄风培。谁令噤湫水，瑟缩藏山隈。天凝地牢闭，八表无惊雷。我欲叩帝阍，日照天颜开。飞廉御鸾凤，陆离霄汉排。指㧑云雨师，膏泽苏枯荄。颓波倒八海，手挽随潆洄。咄咄百不遂，摛藻追邹枚。虞罗羁鹳鸽，蹉跎颜色摧。所欣对夫子，披豁无嫌猜。风骨崚嶒并，嗜好酸咸谐。穷坚老弥壮，吾党狂堪哈。

按：该诗载张铸时、齐纪图编《岁寒集》，天津民国日报社1946年2月出版，题为"勤斋赠诗次韵奉酬"；又发表于《天津民国日报》1946年6月17日第3版《文艺·饮雪集》。

【校记】

〔潆〕日报作"萦"。〔哈〕日报作"咋"。

子高再和余亦再答

茗谈瀹清思，俗念逐飞埃。衡门饥亦乐，但愿年年皆。忧来睇萱草，痛定循兰陔。哀哀寸草心，网极春晖培。松贞屈涧底，花好埋墙隈。郁陶宵不寐，侧耳惊蚊雷。夫子重格物，讲肆资宏开。崇儒勇卫道，口吻邪诐排。九天作霖雨，廿载膏春荄。驱江指沧海，万里容沿洄。求福本直道，诗云藟施枚。等闲抗寒饿，那便雄图摧。裁诗托微眇，句句烦商猜。餍人滋味厚，中节音声谐。狂言前已太，吾敢重嘲咍。

按:该诗载张铸时、齐纪图编《岁寒集》,天津民国日报社1946年2月出版,题为"勤斋再和余亦再答"。

用康先生以新剥园枣及西藏青果见贻适有所触因呈一诗

园枣小而甘,藏果青而苦。似云甘苦离,世味聊可茹。藏果苦而青,园枣甘而小。似云形色一,佛谛差可晓。君子慎修身,道无乎不在。教人亦如此,受者应知戒。苦口利于病,甘言摇汝精。不吐骨鲠喉,吐出人难胜。甘苦亦何凭,形色人自觉。吾与为婴儿,江天净如濯。

按:该诗发表于《天津民国日报》1946年10月6日第6版《民园·天游室诗》,题为"榆园先生以新剥园枣媵西藏青果见贻"。

子高约与用康先生同观所藏古墨奇石并悬曾文正公为其曾大父所书杜句楹帖于室精采得未曾有日暮而退充然意得君故以数石属篆因刻还之翌日用康先生有诗又次均并眎二公

论交不共千秋抱,那保区区百年老。矜形矜色两何居,守贞守黑良为宝。山川精气钟异人,散为万物皆殊伦。曾侯树立甚宏达,张子好古罗奇珍。入门陡觉天地肃,苍松十丈轩高屋。千岩万壑寄雄深,奇芬异采醒心目。足吾所好遑求多,清姿逸品差能罗。平生寓物不留物,六一愧对非东坡。云涛雪浪千番供,心藏腹写权轻重。归来凛凛看霜锋,龙蛇划起君前贡。握手一笑三千秋,嘉会同销万古愁。石烂桑枯云狗幻，百年回首谁能留。花残秋老群阴积，骇浪孤舟风雨夕。吟蛩衔恨抗寒宵，声声欲裂阶前石。

按：该诗载张铸时、齐纪图编《岁寒集》，天津民国日报社1946年2月出版，题为“勤斋约与榆园先生同观所藏旧墨奇石并悬曾文正公所书楹帖于室精采得未曾有日暮而退充然意得君故以数石属篆因刻还之翌日榆园有诗又次韵兼视二公”。“曾侯树立甚宏达”后加注“曾公联书杜句云：树立甚宏达，结交皆老苍”。该诗又发表于《天津民国日报》1946年7月1日第2版《文艺·饮雪集》，题为“子高约与用康先生同观所藏古墨奇石并悬曾文正手书楹联君故以数石属篆因刻还之以诗为媵”。

晨 游

雨后溪边踏嫩苔，溪回路转小桥隈。绿萍翠柳接天碧，迢递青山入眼来。

秋风飒飒雨霏霏，未阻清游浩荡归。恰似陶公霑夕露，沾衣但使愿无违。

按：该诗发表于《天津民国日报》1947年2月28日第4版《民园·天游室诗》，题为“晨游小雨”。

次韵和子高　甲申

颜子操箪瓢，陋巷常独喜。夷齐首阳饿，政亦自取否。孟韩辟异端，煌煌有终始。羞与管晏俦，那得信陵比。众善或不善，独美斯为美。谣诼妒峨眉，粪壤薄蘅芷。千秋磊落人，心血呕在纸。抱道郁不施，诛奸书卷里。正气有肃杀，幸免能有几。口吻含冰霜，风云恣吊诡。卫道罔恤身，不死不自已。所以感人深，弃匕箸立起。如何有悔心，趦趄左右视。文物宁崇予，自崇端由子。宝墨光如玉，大砚平于砥。饱学融中西，箸书才岂菲。今朝忽阴沍，大雪白玼玼。两海掠寒归，濡毫续貂尾。

按：该诗载张铸时、齐纪图编《岁寒集》，天津民国日报社1946年2月出版，题为"次韵和勤斋"。

叠韵再和

衡门望邻里，游从时可喜。追欢造文字，磋磨定臧否。法度溯宗匠，境界拟古始。奏雅黄钟叶，立德白玉比。排击有深衷，推崇无溢美。心田施耰锄，性畹树兰芷。四海风涛骇，露布飞万纸。人物浪淘空，兴亡斜照里。苍茫数人纪，今古凡易几。蜗斗与槐安，何者非奇诡。贞元关定数，大难会当已。挥手谢蓬蒿，明堂歌喜起。沉沉此何日，束手瞪相视。高卧有匡床，成名资竖子。同心结金石，永期交厉砥。昨者奉书币，致使采葑菲。为言皆尚同，未宜光独玼。往矣楚大夫，泥涂吾曳尾。

按：该诗载张铸时、齐纪图编《岁寒集》，天津民国日报社1946年2月出版，题为"叠韵再和勤斋"。

叠韵再和

福兮祸所倚，致悲因失喜。决死可求生，转泰由极否。招侮岂偶然，自伐端祸始。遂令曹瞒辈，误把刘琮比。六月夏生凉，轩窗朝睡美。幽香袭堂奥，光风汜兰芷。脚底一声雷，急雨透窗纸。狂飚吹海立，腾蛇斗云里。茫茫万城郭，未溺今余几。幻蜃兼化禽，陆离杂恢诡。三年艾则求，七年病未已。微禹吾其鱼，反风禾尽起。遐方侧耳闻，邻里刮目视。沈痛贤共愚，奋猛吾与子。勉旃学道心，圣域平如砥。养根而竢实，古义良不菲。卜国亦如是，磨砻光有玼。不见雷电光，烨烨烧蛇尾。

按：该诗载张铸时、齐纪图编《岁寒集》，天津民国日报社1946年2月出版，题为"三叠韵和勤斋"。

子高倒用前韵有作再和

警句探骊珠，险韵履虎尾。焕采金吐芒，刮垢玉生玼。友声歌鸣雁，德音咏采菲。斥卤变膏腴，荦确化平砥。蛇蝎避谗佞，表里完君子。眼中无全牛，三年皆洞视。密勿秋毫合，啸咤风云起。河图凤不至，圣亦叹吾已。当仁有不让，守义敢自诡。鼓舞澜可回，畏缩身余几。与公坐嗒丧，久在樊笼里。蟠胸足怪奇，朅来书数纸。不琢宝琥璜，无言芳茎芷。颦笑自天仙，宁待啼妆美。奈何苦抽竭，萁豆春蚕比。相煎又自缚，要问作俑始。高视见霸王，谁旋天地否。鬼语问兴衰，哀矜而勿喜。

按：该诗载张铸时、齐纪图编《岁寒集》，天津民国日报社1946年2月出版，题为"勤斋倒用前韵有作再和"。

用康先生见和五叠前韵奉答

孤往避腥臊，桃源差可喜。太平心自致，造化不能否。古贤尽如是，不自陶公始。世乱春秋治，木铎由人比。孟氏笑蚓操，庄生说颦美。牢愁逃麹糵，忠耿托茝芷。精微蕴方寸，糟粕留千纸。神游天地外，形困尘埃里。不有千秋心，自拔看有几。吾师道自尊，吾友文多诡。欲从既竭才，欲罢何由已。半涂喜开凿，轩然大波起。雷霆寂无声，太华坐平视。刖足献荆璧，入穴探虎子。巨刃待磨砻，谁操天下砥。贱子性疏狂，多公宥庸菲。黔驴技止此，非玉那能玼。计得亦何伤，苍蝇附骥尾。

按：该诗载张铸时、齐纪图编《岁寒集》，天津民国日报社1946年2月出版，题为“榆园先生见和五叠韵奉答”。

妙天问为诗六叠韵眎之

世事蕉覆鹿，光阴蛇掣尾。骤进鸟奋翮，恬退玉韬玼。穷奢岂云厚，安贫匪自菲。往往柔克刚，水石看磨砥。的亡鉴小人，暗章保君子。生灭共一尘，彭殇坐等视。深山虎豹窟，大泽蛟龙起。至道江河行，万古流未已。退之狎浮屠，诃斥言多诡。淡与泊相遭，于艺成者几。斗进得丧中，苦较锱铢里。旭书所以神，一挥尽万纸。盈室薋菉葹，益贵兰蕙芷。不饱嚣杂烦，未觉林壑美。杜陵深识此，许身稷契比。苏州宁弗高，未宜学经始。枯淡华不生，流易才沦否。大钧须远去，韩公诏侯喜。

按：该诗载张铸时、齐纪图编《岁寒集》，天津民国日报社1946年2月出版，题为“古函问为诗六叠韵示之”。

杏南为羡节母征诗

前贤论词章，首贵办俗雅。人物岂不然，言行判文野。子云挥门墙，夷狄反相假。退之斥吕医，熏浴三陶冶。才俊如川增，奋起百代下。吾教亦多术，得此于人寡。杏南才俊侍，继世为儒者。当时祖若父，清标仰乡社。为言羡氏姑，苦节自担荷。潜德苟不彰，世风恐颓堕。忆昔孩迎姑，寸车跃蝗马。盘盂共珍羞，趣味纷摹写。一梦卅年还，世变风云叵。文章破藩篱，嗜尚贵袒裸。质诚与世见，不知其不可。暴敛会头箕，搜括屡及我。与君三世交，相施亦良伙。矧对松筠操，吾宁默息也。诤友不贡谀，论文兼祝嘏。花甲倘开筵，犹当进一斝。

按：该诗发表于《天津民国日报》1946年9月16日第6版《文艺·天游室诗》，题为"李君为羡节母征诗"。日报编者按语云：此诗应玩味"办俗雅"、"判文野"、"破藩篱"、"尚袒裸"、"质诚与世见，不知其不可"。所谓"不知其不可"，或亦不知其可乎？又曰"诤友不贡谀，论文兼祝嘏"。此篇殆指征文事略而发欤？编者识。

【校记】

〔杏南〕日报作"李君"。〔筵〕日报作"颜"。〔斝〕日报作"斚"。

平明陟琼岛浮图观雪遇子高乔梓相偕沿流而归子高有诗倒韵和作

夜半寒光生旷野，苍茫六合瑶华洒。猛看窗纸透空明，知是无声浩如泻。欣驰快逐起微哀，雁阵南翔倘再来。浮图倒映三珠树，一笑居然二妙台。与子呵嘘不成热，凝寒覆雪冰三尺。细鳞犹幸活微流，相忘去作濠梁客。淡到忘言气不平，作诗耻作寒螀鸣。年来面壁苦修饬，匣剑悬腰夜发声。君诗字字出欧冶，笺刻勤斋阑色赭。矫如孤鹤挂云端，作者纷纷甘拜下。精思杳旨薄鸿蒙，薇蕨充肠兴转浓。求仁得仁本无怨，颜氏当年亦屡空。雪岭横天高巀嵲，蒿目群生久骚屑。何时云汉见昭回，万古沉冤聊一雪。

按:该诗发表于《天津民国日报》1945年11月26日第2版《文艺·诗页》,题为“倒韵和勤斋”。

勤斋约与榆园钝厂会饮榆园有诗勤斋次均亦作余倒均兼呈三公 乙酉 勤斋张准子高榆园许泽新用康钝厂邓以蛰叔存也

垂翅困樊笼,忧天无寸补。俯仰四壁书,是中有乐土。风虎逐云龙,由来以类聚。耿耿元精含,偶然溢豪楮。赏音不在弦,见性非关酺。高词媲皇坟,闭门自千古。犹有烈士心,惊雷出肺腑。幽潜震虫蛰,风雨占十五。萧萧闻马挝,夜起看部伍。正气摧利兵,执梃挞秦楚。

按:该诗载张铸时、齐纪图编《岁寒集》,天津民国日报社1946年2月出版,题为“勤斋约饮榆园先生有诗勤斋次均亦作余倒均奉和”。

连日与榆园勤斋唱和钝厂默然不发一语因叠原均兼挑钝厂

狂风乱春序,永日含凄楚。避世逃虚空,寥落欲谁伍。矫首数飞凫,三三兼五五。瑰章联翩至,字字镂肝腑。笑对双鲤鱼,临风怀万古。邓公无马癖,烂醉盈樽酺。百转蕴诗肠,不肯吐向楮。君看垓下战,数骑犹能聚。攘臂角雌雄,建国各分土。那便拆天吴,从容将绽补。

按:该诗载张铸时、齐纪图编《岁寒集》,天津民国日报社1946年2月出版,题为“连日与榆园勤斋唱和钝厂默然不发一语因叠原均奉酬二公兼挑钝厂”。

叠均再和榆园勤斋

杜老句惊人，脱字知难补。安命赖有诗，不王由无土。中窾全牛解，落笔群灵聚。玄文鬼觊幽，宝墨光生楮。方寸作甘霖，万家醉春醑。平生畏师友，著作追往古。伐毛洗骨髓，革面易脏腑。学养贯三才，阴阳定二五。九万鲲鹏游，宁屑蜩鸠伍。斯道果何居，拜倒庚桑楚。

按：该诗载张铸时、齐纪图编《岁寒集》，天津民国日报社1946年2月出版，题为“叠韵再和榆园勤斋二先生”；又发表于《天津民国日报》1945年12月12日第3版《民园·乙酉唱酬集》。

钝厂应挑有作四叠均奉答兼寄榆园勤斋

慷慨扬清宫，浩歌发激楚。甘作木石居，不与鸡鹜伍。昌黎座上客，鬼俦十去五。戛骨洞吾肌，劙肝置子腑。丧乱遇三公，夐哉思旷古。仰天忽大笑，寒江变春醑。淡抹醉西施，浓云透琼楮。元气灏淋漓，八方风雨聚。霸业覆手成，定封听裂土。一战万世利，问君岂小补。

按：该诗载张铸时、齐纪图编《岁寒集》，天津民国日报社1946年2月出版，题为“钝厂应挑有作四叠韵奉答兼呈榆园勤斋”；又发表于《天津民国日报》1945年12月13日第3版《民园·乙酉唱酬集》，题为“钝厂应挑有作叠韵奉答兼寄榆园勤斋”。

连日与榆园钝厂勤斋唱和往返十余篇由勤斋招饮始也五叠均兼呈三公

劈地起三峰，断处飞云补。直上戛斗牛，崥屼无寸土。困虎使风行，饥凤衔竹聚。亦有燕雀朋，倦飞楼㮰楮。揖仙乞霞佩，攀天挹琼酺。魏晋事茫茫，不觉岁月古。游从脱形骸，忧乐关肺腑。有时骇世俗，伴歌效阳五。诗阵法森严，吾其敢失伍。受犒餍壶浆，收威慑夏楚。

按：该诗载张铸时、齐纪图编《岁寒集》，天津民国日报社1946年2月出版，题为“连日与榆园钝厂勤斋唱和往返十余篇由勤斋招饮始也五叠均兼呈三公”；又发表于《天津民国日报》1945年12月17日第3版《民园·乙酉唱酬集》，题为“连日与榆园钝厂勤斋唱和由勤斋招饮始也叠均戏呈三公”。

前均已不拟复作继思吾侪今日之乐岂偶然哉应道其归宿六叠均赓一首

飞霰漫长空，飞飚猎棘楚。断雁与惊凫，零落自成伍。迩来酬唱词，篇章各已五。甫曰泣鬼神，坡云愁肺腑。平地生膏腴，此乐宁让古。天风吹散云，会饮黄龙酺。横揽大江流，浩歌传万楮。鲸跋沧溟开，日曜龙鳞聚。大义伸百族，利甲包圜土。彩笔许同干，阙遗珍重补。

按：该诗载张铸时、齐纪图编《岁寒集》，天津民国日报社1946年2月出版。

七叠韵有寄

大壑长虚空，总待山泉补。嘉葩含美实，沃壤真吾土。秋水隔伊人，梦魂偏易聚。麝月照双心，香云落满楮。寄意梅止渴，写情茶当酺。一体化鲲鹏，奇绝足千古。室回静氛埃，梅香浸肺腑。东皇苦留客，花放才三五。卫文心塞渊，騋牝森成伍。桐梓伐瑟琴，升虚以望楚。

按：该诗载张铸时、齐纪图编《岁寒集》，天津民国日报社1946年2月出版；又发表于《天津民国日报》1945年12月22日第3版《民园·乙酉唱酬集》，题为"寄洞一汴梁七叠前韵"。

【校记】

〔香云落满楮〕《天游室诗未刻稿》无"落"，据《岁寒集》补。

钝厂以江南春景画箑头见赠赋谢

半生不识江南春，披图置我桃源津。一叶渔舟迷远近，浑忘世代真逃秦。幽人无事不出门，卧看云烟睥俗人。沧桑云狗瞬千劫，青毡世守今犹存。云林黄鹤画绝伦，道州书法尤传神。生来入骨爱风雅，落花红雨常微醺。病心偶作西施颦，漂泊干戈百不伸。散发江湖容独往，尼山掩袂伤亡麟。滔滔世难茫无垠，鸥波浩荡谁能驯。好为士林珍国手，要看斡日回乾坤。

按：该诗载张铸时、齐纪图编《岁寒集》，天津民国日报社1946年2月出版；发表于《天津民国日报》1946年1月9日第3版《民园·乙酉唱酬集》，又发表于《天津民国日报画刊》1946年1月1日第2版。

钝厂以元季高士曹云西秋山宦隐图见示用东坡鲜于子骏家吴道子画佛均咏之

武昌旧令心能闲，邓圣求，东坡友也。求书购画倾家钱。笔力雷霆穿地邃，精光星斗通天玄。见仁见智各遂嗜，测高测下谁真贤。耽之鹿皮亦苍璧，不者对面迷真仙。权衡万象衷一是，拘墟方寸神斯颠。微君真赏高四海，区区妄议畴余然。高人作宦鸿泥爪，秋山招隐归来翩。怒雨倾天亏岂塞，无波古井终持全。气度波舒浩无际，才情葩发纷其妍。云山在望不可即，神明默契由天缘。人海收身犹故我，素衣未用沧浪湔。黄帝空同求至道，退居天下犹能捐。携手与君长啸去，千秋过眼如风烟。

按：该诗发表于《天津民国日报》1947 年 3 月 3 日第 7 版《文艺・天游室诗》，题为"钝厂以元季高士曹云西秋山宦隐图属题用东坡鲜于子骏家吴道子画佛均咏之"。

玄厂赠诗媵所为词见寄置经年矣次韵漫和

战云弥漫风萧瑟，臃肿全天元不恶。匡床高卧梦无忧，含哺嬉游醒有乐。岩岩西伯窘拘囚，赫赫夷吾遭束缚。澼絖轻卖百金方，混沌宁堪七窍凿。黔敖失礼丐死嗟，阳虎呼来圣亦诺。六月承蜩累五丸，万事皆灰专一壑。自非泠善可御风，那免迷阳伤吾脚。年来闭口向世人，与子相遭气喷薄。兰茎馥馥心乐康，金石铮铮面攻错。进德取善苟日新，论道通微兼合漠。盘石千年无转移，蒲苇几辈伤荏弱。鸢飞鱼跃蜃楼空，袖手旁观聊一噱。不辞岁月水流东，但恐欢花瞬飘落。由来枳棘栖鹓鸾，谁问高堂巢燕雀。和诗会面动经年，定知懒态非君度。稛载见投垂橐报，轻别忘情听君谑。迟迟春永倘相存，花间置酒为君酌。

按：该诗发表于《天津民国日报》1947 年 3 月 8 日第 6 版《民园·天游室诗》，题为“玄厂赠诗置经年矣次韵漫和”。

前均再答钝厂勤斋

人与万物争青春，扬帆涉海茫无津。贤豪进德等图霸，要驱六国西朝秦。旧游断绝公侯门，来向江湖拜散人。尺棰寸刃纵难假，口中舌有风霜存。壶天欲唤刘伯伦，杜老衔杯歌有神。我今不饮非不饮，临风三嗅常余醺。会心时自舒轻颦，屈抑全凭知己伸。江河万古有不废，终使天骄识凤麟。异时健步轻天垠，矫矫龙性今柔驯。海下由来王百谷，浑沦元气包乾坤。

按：该诗载张铸时、齐纪图编《岁寒集》，天津民国日报社 1946 年 2 月出版；又发表于《天津民国日报》1946 年 1 月 30 日第 3 版《民园·乙酉唱酬集》，题为“叠韵再和榆园钝厂勤斋”。

【校记】

〔口中舌有风霜存〕日报作“口中舌在风霜存”。

叠均赓和榆园勤斋

卅年旅食京华春，怏怏空歌据要津。况堕胡尘又八载，欲东入海西驰秦。腥臊欲去无逃门，云霄遥企神仙人。涂炭糟糠溷形迹，故园松菊聊心存。大含元气细无伦，英华咀嚼通鬼神。绿涨葡萄江变酒，轰然一醉天为醺。天颜舒惨笑以颦，蠖屈泥蟠几日伸。但拨阴霾光日月，等闲功业图麒麟。吾儒至道昭无垠，枭鹰易狎鲸能驯。起看江河走东海，滔滔日夜吞乾坤。

按：该诗载张铸时、齐纪图编《岁寒集》，天津民国日报社

1946 年 2 月出版；又发表于《天津民国日报》1946 年 1 月 28 日第 3 版《民园・乙酉唱酬集》，题均为“叠均赓和勤斋钝厂”。

【校记】

〔松菊〕日报作“松竹”。

半年来无一字之诗会遂园契园遂园朱易谙契园刘壬父屡投诗索和因勉凑数韵聊自明焉

穷苦言易好，欢娱辞难工。义高文不朽，千载昌黎公。争奈啼笑非，难乎为作者。回肠日万周，心绪茅一把。引吭不成声，属思不胜情。迷离眩吾睛，恍恍摇吾精。何以遂吾生，无言天默默，心月总双明。

按：该诗载张铸时、齐纪图编《岁寒集》，天津民国日报社 1946 年 2 月出版；又发表于《天津民国日报》1946 年 3 月 11 日第 3 版《民园・天游室近作》。

前韵奉答子高见和

浑茫但一气，大化真良工。人世虱处裈，偪侧论私公。乘流逝还止，谁是忘机者。满抱采夫容，清露不堪把。风吹弦管声，森然动客情。耿耿照双睛，大月含元精。何以答先生？不须空啸咤，匡坐有天明。

按：该诗发表于《天津民国日报》1946 年 3 月 25 日第 3 版《民园》，题为“次韵酬勤斋”。

纪雪 丙戌二月十三日

经年内热喜一雪，今春大雪不可说。窗前松竹压垂地，门外湖山乱明灭。鸟雀侧目迷巢入，鸡鸭抽足跳不出。吾行去矣指浮图，步步深痕没鞋袜。浩浩牢笼天地间，飞飞四海同飘忽。那无逸兴探月窟，别有幽怀不堪述。酸辛几度春秋阅，消除疹疠有今日。完完大好玉版图，搏之不坚中自裂。播播深溪自流汞，活活波声响清越。凛凛冰霜天下寒，奄奄生灵苦骚屑。生意阳春反回斡，新机萌蘖遭肃杀。玉干琼枝璨成缬，孤游独往真奇绝。振衣窸窣鸣玉玦，帽檐负雪深寸八。耸身直诣山头佛，磴道平埋脚底滑。高陵深谷浑莫察，纵情蹴踏任奔突。人生快意肯放过，快意人生殊卒卒。殷忧何用杞人匹，阳和终古还熏祓。欲呼明月豁阴噎，满座顽云不容拨。归来美酒醉葡萄，更写新诗叩天阙。

按：该诗发表于《天津民国日报》1946 年 4 月 3 日第 3 版《民园》，题为“纪雪　卅五年三月十六日”。

用前韵为纪雪后篇未竟会挈园遂园偕胡冷龛上巳过访草堂寻禊挈园有诗索和因缀成章兼寄三子

一冬无雪盼春雪，春雪大来更何说。檐流屋漏伤今至，秽迹丑形喜昨灭。千村在望无可入，孤城深堑那得出。街泥陷车不转轮，庭水穿鞋浸及袜。弥天严冻乃如此，沃汁瀜汤真倏忽。只合招携酣酒窟，满腹郁陶聊小述。空自茫茫四时阅，秋雨春风送斜日。矫首天涯皓月新，抚迹尘埋肝胆裂。独行不返性坦率，高歌自和声激越。滔滔一殉古今来，鸡鹜争籓吾岂屑。圣云仁义天可斡，佛说慈悲能戒杀。众论纷纶散如缬，虎噬鲸吞宁见绝。灵均为谁捐尔玦，睢阳枉死巡南八。道穷无地呼灵佛，得势鱼龙海波滑。祸福无常坐不察，谁暖孔席黔墨突。城北明漪清一湾，时与幽人共仓卒。索居正自念俦匹，上巳草堂来禊祓。相对唏嘘话鲠噎，万虑千愁齐触拨。此诗不和鱼鸟嗔，契园原句。为寄珠宫投贝阙。

按：该诗发表于《天津民国日报》1946年4月18日第3版《民园》，题为“用前均作纪雪后篇未竟会契园遂园冷堪上巳过访草堂寻禊契园有诗索和因缀成章兼寄三子”。

次和冷龛禊诗兼寄契园遂园

满眼妖灾终见祓，欣欣万象观葱郁。茹蘖饮冰八载还，头虽常低气不屈。开门明快涨春湖，老柳撑堤各强倔。古城合抱水逶迤，钟鼓双楼相向屹。嫩黄新绿映丹壁，点缀文章璨黼黻。行吟聊狎水中凫，更喜春风一披拂。卅年家国几沧桑，屋底青毡犹故物。存亡饥饱端自为，何用祈号叩泥佛。忆昨胡氛一扫空，无数天兵降朱绂。冠盖京华醉梦中，四野嚣尘起坌坲。登高怀古览八极，茫茫浩劫何时讫。佳友良辰寻禊事，祯祥正拟从君乞。瑰章大句联翩至，丰骨高骞并奇崛。永和陈迹无复论，要使后人令仿佛。

自诡

游戏人间聊复尔，有拔而起莫挤止。俯仰随人桔槔似，不系之舟泛清水。阅世无忧亦无喜，乘兴而趋兴尽已。草堂独坐良自诡，白鸥出没烟波里。

按：该诗发表于《天津民国日报》1946年4月26日第3版《民园》。

喜雨行用䂮园苦雨词均

炎天河处宜逭暑，西潭碧草鸣蛙聚。失喜连朝得豪雨，洗尽郁葱涤烦苦。役田穿屋君莫嗔，由来天意难遂人。八表流云寄此身，梦饱东坡悟真饿。无田食砚砚又破，饮露吸风自高卧。为君翻作喜雨行，门开湖涨鱼秧生。飘风飞雨柳拂城，一片雷奔电笑声。

次和古函峄莘鹏南幼莘消夏之作

此地真无夏，诸君自不知。门摇波十顷，堤曳柳千丝。汲井凉生发，承檐绿满枝。晚来冰簟冷，一霎挽流曦。

清夜云端月，平明露下风。孤吟聊自和，赏会更谁同。渭水千竿竹，龙门百尺桐。干霄养风雨，三匝凤翔空。

按：该诗发表于《天津民国日报》1946年7月15日第5版《文艺·消夏集》，题为"古函鹏南峄莘幼莘以消夏唱和诗见示次韵奉和"。

次和䂮园咏菊

羞与凡花竞艳芳，嶙峋劲骨气堂堂。大似江湖投老客，茅檐高隐傲侯王。

谷九峰议长钟秀见过寄诗倒用其均奉和　丁亥

闲从人海觅高吟，廿载时殷向往心。访戴空回聊问雪，慕陶识趣不劳琴。青霄仙掌千年露，古柏龙鳞万壑阴。正倚风霜蕴春雨，飞红和絮扑衣襟。

按：该诗发表于《天津民国日报》1946年11月25日第7版

《文艺·诗录》，题为“次均答谷樵风议长”。

叠韵赓和九峰先生

昨造高斋畅素襟，满庭竹影与松阴。谪仙感遇宁弹铗，昭氏无亏不鼓琴。钓渭经纶闳远略，移山气概写雄心。草堂孤客伤多难，日暮聊为梁父吟。

按：该诗发表于《天津民国日报》1946 年 12 月 5 日第 6 版《民园·诗录》，题为“叠韵赓和樵风先生”。

九峰先生再和倒用均再答

天风吹下凤鸾吟，戛玉鸣琚寓道心。三径晚花聊佐酒，一溪流水惜无琴。千山落木消阳旭，万道狂澜铸冻阴。安得杖朝经国手，倒倾东海洗烦襟。

按：该诗发表于《天津民国日报》1946 年 12 月 7 日第 6 版《民园·诗录》，题为“三叠均和樵风”。

四叠韵和九老

临风对月共开襟，不使心灵翳片阴。老手斫轮看运凿，当年治国若张琴。栖鸾宿凤翻香叶，溜雨凌霜见苦心。大厦如倾要梁栋，弥天冰雪听龙吟。

按:该诗发表于《天津民国日报》1946 年 12 月 7 日第 6 版《民园·诗录》,题为"三叠均和樵风"。

掔园约赏菊征诗并赠菊

故都轰动君花好,几度花开君已老。匿迹同居西海西,年年花讯吾知早。名菊原为天下公,倾城俊侣访花丛。亦知培灌一年事,独劳众享谁得同。感激酬诗纷满册,人与名花共标格。数株移植草堂东,葡萄酒美灯花红。

按:该诗发表于《天津民国日报》1946 年 12 月 10 日第 6 版《民园·诗录》,署名无逸,题为"掔园约赏菊征诗并赠菊见报端有戆公咏菊诗因次其韵"。

五叠均和玄厂

烟尘何处遣清吟,皓月空悬婉娈心。老柳明湖窥宝镜,长松古寺奏瑶琴。廿年倾盖论交旧,八表惊霆尚夕阴。相保岁寒谁得似,依然冰骨雪胸襟。

按:该诗发表于《天津民国日报》1946 年 12 月 16 日第 6 版《民园·诗录》,题为"五叠韵答玄厂"。

六叠韵和刘商

茫茫百古一推襟,横扫云霾豁积阴。伯乐不逢谁识马,钟期入座听弹琴。眼中魑魅今何世,笔底虫沙劫后心。沧海倒流烽满野,令人肠热不成吟。

按：该诗发表于《天津民国日报》1947年1月6日第7版《文艺·诗录》，题为“六叠韵答刘蔺”。

再用韵和勤斋契园

明月清光常在抱，青山有约看吾老。回溯伊人道阻长，十年尘海知君早。飞凫集鹰引天风，相逢一笑菊花丛。菊花并蒂醉双蝶，秋光争比春光同。英豪事业载方册，千秋艳赏风流格。风流淘尽大江东，功名尘土满江红。

按：该诗发表于《天津民国日报》1947年1月9日第6版《民园·诗录》，题为“叠均和勤斋兼眎契园”。

叠韵赓和勤斋契园

五三治道宁弗好，争奈天荒地已老。应时而变须日新，直追急起真当早。神鹰侧目击霜空，纷然毛血洒深丛。霆轰电扫忽而霁，揽辔澄清跻大同。吾言出口笔之册，精诚所至天能格。颓波谁障百川东，燎原四顾天为红。

按：该诗发表于《天津民国日报》1947年1月14日第6版《民园·诗录》，题为“叠韵兼和勤斋契园”。

四叠均答契园

叠均贵多尤贵好，好句真使天忘老。笔之未到气先吞，均欲落时神已早。龙吟虎啸四山风，落叶飘萧万木丛。日月晦明海水立，骇人矫变无苟同。歌哭百家罗简册，才情各具超凡格。滔滔日下江河东，横天一抹断霞红。

按：该诗发表于《天津民国日报》1947年1月29日第6版《民园·诗录》，题为“四叠韵和勤斋契园”。

【校记】

〔断〕日报作“彩”。

五叠均对雪答勤斋

无言对景凝寒抱，四十男儿未全老。清风明月伴吾生，富贵何须置身早。东京吏部文章公，万死投荒谤又丛。九十带索解三乐，夷叔西山固不同。千古悠悠凭史册，饥饱宁知无定格。生涯杲杲日方东。春风所被郊原红。

按：该诗发表于《天津民国日报》1947年1月29日第6版《民园·诗录》，题为“对雪和勤斋契园”。

戊子上元次和金静庵毓黻

净湖风景城中无，新篁老柳萦茅庐。一年初照上元夜，冰轮倒映门前湖。气类凭虚相感召，金侯风度追逸少。一樽何意得同倾，乱世难逢开口笑。烽烟恍恍兼迷离，蜗角蛮触真儿嬉。千载荣衰定何物，自得且乐今其时。曷来醉卧潭西屋，负喧饱饭聊扪腹。山木自冠膏自煎，臃肿全天差可福。金侯史笔陈范邻，玉堂华屋非吾珍。大布粗缯华气象，古云忧道不忧贫。举世茫茫谁悦礼，长裾佩玉真君子。清夜和诗杂悲喜，来年此日知何似。老子犹龙造化通，相期变化烟云里。

天游室文补编

编者按:贺培新1937年将历年创作之古文辞纂成一编,题为《孔才文草》,又改题为《天游室文》,请其师吴闿生先生批点。作者将大部分作品刻入《天游室文》二卷本中,将少数作品删除。《天游室文》手稿现藏国家图书馆,由作者1949年3月捐献。编者据手稿将被删之作辑成一卷,题为《天游室文补编》。

目　录

天游室文补编

桐城吴北江先生评定
武　强　贺培新 撰

中正题词　己未

己未之冬，余学在京。同志廿人，会以中正。培也不才，幸得参附。志起救亡，纲维是传。孟辟杨墨，韩斥释老。恶紫乱朱，佞伪败道。放斥邪淫，罔避艰劳。千载之下，功参舜尧。近代学子，眩惑东西。马班革命，名异嗜奇。滔天泯夏，人道欲罄。驱而除之，敢承二圣。中国之学，皆根六经。六经大道，靡非中正。孔孟守之，传畀退之。退之既没，斯道寖失。宋元明清，乖违分离。迨至今日，是非并驰。醉欧化者，浅弱而骄。废訾国学，一从新教。我民不察，唯异是从。以败风纪，淆乱学宗。正道苟替，国亦颠危。吾徒斯惧，妄希图维。世不吾与，吾不世许。区区所冀，君子启予。振拔稳称。

按：该文录自手稿“天游室文卷第一”，首篇。

祭余效农文

我匡我亲，君外而谁？谁知君心，喋焉奚为。弃我而远，我其何追。己未岁终，殷勤始通。文质彬彬，雅度雍容。志大识卓，学奥行躬。偕我交坚，向述其先。曰父少苦，今且高年。家庭多故，思齐昔贤。衷曲千万，南简莫宣。志期其遂，维学是劬。一言一字，靡不咨诹。学超等伦，犹恨进迟。忧心如焚，貌斯祟之。君疾我惧，数相书督。焦懑其辞，虑无会期。余曰危哉，神悸而慭。哀问忽至，心痛而恧。伟幹庄庄，胡凶不救。意气英英，胡终莫就。始我无徒，援君自副。孰谓今朝，奠杯哭柩。彼苍者天，不悼贤人。抑其心志，不使少伸。谓降大任，胡令早亡。命耶数耶，施何不当。人曰古有，奚用悲伤。我非木石，情安能忘。神乎知乎，其来格享。此文全用逆势，最合古法，锤炼亦深稳。

按：该文录自手稿“天游室文卷第一”，前一篇为《无政府说　庚申》。

齐近衡墓碣铭　代

齐秉灵，字近衡。湘潭人。今丹青金石家白石山人璜之孙也。性敏好学，周晬丧母，王母陈氏恤养之。读书多奇悟，过辄不忘。十龄就外傅，虽游戏，卷册不去手。作诗已斐然可观，美恶是非，剖别独至。晓大事。从其祖来都下，肄业某校，每慨然有千载之思，因劳致疾。既愈矣，独攻苦不懈。返湘四月，于某月日呕血竟卒，年十七，葬某所，其母段氏墓侧。既死，其祖若父悼怛之甚，介某来匄铭。铭曰：

敝形罷精志于道，驾短途夐厄胡蚤。譬玉碎椟骥仆皁，气夺光亏唏莫造，镵石埋辞天可老。

按：该文录自手稿“天游室文卷第一”，前一篇为《王孺人墓表　代　辛酉》。

答某君书　壬戌

辱书，以世之并生竭力治术业名不暴而顽不变者为可诧。仆谓此不足怪也。夫一术之成，彼皆有以自得。既自得矣，天下万事且不足知，传不传且不足道，况当时毁誉之名乎？且名之未可恃也久矣。伊古以来，藜藿穷儒，老死卷册，名四达不逾百里。或志欲有为于时，而终于困厄以死，死而名且泯焉者不可胜数也。然而聪明才俊之士，或毅然为之不顾，前后绵延不绝，彼也纵其性之所至，适之所安，遂甘心焉云尔。夫何显晦之足云？或有以显矣，而其心所独寄反益淹没，然亦澹焉弗以为意也。彼则谓我之炫于外者，人得而毁誉之。至于意量所在，虽师友不必尽知，欲执途之人而强喻乎？苟气类相感，虽旷代殊域将有不能遏止者。嗟乎！此子云所以待后世之子云也。

惠书又曰："吾作画戏焉耳，人交称之；而吾心所期固不在是。盖戏焉者易就，而心期者难工，吾将弃此就彼乎？"仆又以为非也。人之精力有强弱，而进有速迟；术业有易难，而就有急缓；时之遭际有善恶，而为用也有先后。易者庸钝或立谈而就，难者聪敏或毕生而不成。血肉之躯所畏者死耳。苟犹未也，必有不可量者在也。足下年方未老，心所独期，正大有造，遽可以炫于外者之誉毁而将潜于中者弃之乎？足下苟以仆言为然，甘为之不止，久必悠然有以自得，视向之毁誉我外炫之迹者为可笑也。

书不尽意。谨再拜！意量甚高

按：该文录自手稿"天游室文卷第一"，前一篇为《张贞女坊表》。

朝阳高君传

君讳其杰，字某，朝阳高氏。生以孝友闻，肄业某校，专攻政治经济之学。某年内讧起，畿辅扰乱，君星夜省亲。时奉天军溃窜热境，与驻朝阳直隶军接战，互为进退，民不堪其苦。君谋卫乡里，督率警察民团，力守所居镇，死奉天军官长数人。后村人有逃者。君瞋目呼曰："死而死耳，何怯？为各自为计，置父老妇孺于不顾乎？"既君知不可为，侍父兄作远避计。甫出城，遇奉天军，皆被掳，鞭棰凌辱，衣破，血淋漓。君意气如平时，不少怯。翌晨，两军复交颇剧烈。奉军长曰："我军失利，民团之咎。"下令杀君。君与弟某大呼骂曰："汲金纯都热虐人，蹂躏地方，罪万死。"众咸大惊色变。言未已，父子四人同遇害，年廿五，时某月日也。父某，母某氏，妻某氏，子女各一，襁抱，犹未名也。

论曰：处死难矣。曹沫、专诸、豫让、聂政、荆轲辈，史公为立传，表其英烈，而其行固不必轨乎义也。有人焉以死卫其亲、卫其乡，不怯懦以贪生，不为不义屈，英凛激昂如君者，固非曹沫辈所可同语。人情日益巧伪，韩公所谓临小利害反颜若不相识，曾公所言奸伪相吞，变诈相角。畏难避害之时也，君独耸然峙立如此。嗟夫！世之狡黠不道者闻之，谓之何哉？

按：该文录自手稿"天游室文卷第一"，前一篇为《赠李寄尘序》。

直鲁豫巡阅使曹公寿序 代

民国十有一年某月日，为陆军上将、勋一位、直鲁豫巡阅使曹公六十晋一诞辰。将校僚吏之在军在官者，奔走聚议，佥以上将自国家鼎革以来，雷厉风飞，拔凶铲慝，屡建再造之功，以奠邦本。元勋赫恭，遐迩蒙庥。聿值良辰，思谋所以铺张上将之闳休，以致其欢欣鼓舞之忱。于是历阶而升，执斝称寿，争献其所为诗歌颂祷之词，以为上将绵祜遐龄之庆。

有以其事告某，且曰："国体变后，政事抢攘。沧海屡变，百川沸腾,波翻云涌,骇幻无端。或盲昧而擅革政体,或媚外以摇撼邦基,或欲恃天险之雄,聚虎狼之士,跋扈一方,横行九有。举凡憝奸险诈、腼然玩国殃民、丧心蔑法而不耻者,所在多有,罄竹难以尽纪也。上将以威以严,剜痍戡患,拔扫涤荡,次第廓清,又必上辅总统之心,下协万民之意,手决国是,栖栖惶惶,政轨所向,促定宪章,整饬提挈,纲维以彰。二十世纪民治之精神,耀乎其灿然矣。是以国政于今得以少安,闾阎得以少息。拮据十有一年之久,至今日庶有河山带砺之望也。然而元气凋伤,大局杌陧已久,一旦少定,四民失所,未能遽还。且法统既复,立宪有期,前此营度,后此维匡,难且倍于所已为。苟一不善,趋竞之徒,草窃之寇,群起冒利,啸聚为奸,是必国用空虚,四方云扰。然则国运替隆,民命安否,至今日犹匪易卜。不赖上将贯澈始终,贞以定力,安能防危消患于无形,而要其成功也哉?故皆喁喁期望,咸谓上将已往勋猷无前大勇,后此建树,亦必非上将之大慈莫属。其鼓舞欢呼,祝上将康强寿耇,与国家永永无极者,无怪已夫。”

某曰:“然!某不才,而窥知上将深。上将大勇大慈,壮猷闳度,子之论固已包举言之。然生人之道,能者所操持必劳,才者所担负必重。国家施设于民者愈餍乎人心,舆情期望于上者乃益奢而靡已。则今所不得不属望于上将者,又岂惟于内政修始善终而已乎?列强环伺,利害斯生,国际利权,不容或爽。我国家于掇拾之馀,追随群雄之后,懵然于世界之势。列强视我无异童骇,苟非于修明内政之馀,亟讲交外之策,理克论服,振厉我声威,则未来之患何堪?豫想顾人之卑我,皆以我自羲皇君主以来,民困而愚,不通晓外事,安于专制政体之下,自甘暴弃,其民权而不知,虽忽焉一易而民主,其民习未必丕变。苟期庶政革新,民智毕启,于国际不在在落人后者必一取法乎?彼其自负愈甚,鄙我益厉。我民遂不察所以,自馁其气,尽弃其故,惟外之求,于今且百年。来求于外者,踵接归国,外事渐悉,民智渐开,然初以舍己从人、至今而自顾不足之弊又于是乎为大矣。间考希腊古昔,鄙野外邦,欲悉征服。罗马则信帝国无两,志欲己之外,不复容独立平等之国，而称霸世界。此昭彰简册，厥有明征者。若回顾尧封唐虞，开大同之局，春秋重邦交之礼，五伯均势争长，七雄达衡合纵。圣人作之，君师宰制宇内。溯秦而上，民权为本，览世界今日之变，举亦莫能外是。而西人翘其文野之论，无端鄙我，我竟自馁，以助敌焰，良足悲夫！

上将于扬威耀武之馀，奠定邦基之后，乾坤重担，躬当不疑，指麾听断，开阖关机，倡明文教，转移风习，使吾民于讲求物质之外，洞明我古昔致治精义，俾与欧西新说糅而化之，举以隅反，相得益彰，士气一振，民自大和，推而宣示于外，固将鄙我者重我，师我者效我。当兹世纪，民权跃跃，仁道煌煌。上将固不必于勘定内乱之馀，一一征服外邦，而国际公断，自有其公，亦将欺我者反益。侵我者反让而羡我而畏我也。或并泯乎其疆界种族之见，而一效吾夷则夷之、进于中国则中国之旧，万事以理为准，则吾唐虞之风庶几乎复见于今世，则上将不独于吾国之伪幻共和、民权莫彰之弊为荡尽之闳休，世界之功亦遂于是告成矣。

嗟乎！嗟乎！非有旋乾转坤之力，父母万民之德，辩摧众口，学通百氏，气盖千军，目营八极，冶铸今古，融会中外，所谓闳伟非常、大英大杰其人焉，乌足语于此乎？某虽就衰，他日犹当凝神竭力，以效于公，驱驰于后，不敢告劳，以致其见知之私，以辅成上将闳业，非此盖不足为上将道。而某之所以祈祷上将大年庞福者，亦非此不足以侈陈矣。

按：此文录自手稿“天游室文卷第一”，前一篇为《答某君书壬戌》。

高阳孙禹行先生墓碑 代

中华民国十有七年夏，我军方鏖战豫鲁河北之交，而是前国民军副司令兼第三军军长、高阳孙禹行先生以讣闻。全军雪涕，誓完公志，遂克旧京。政府追念前功，褒恤如礼。袍泽僚友议公葬于平西显龙山之阳。某适理市政，受命襄理窀穸，因诠次其大节，为文以揭于阡。

维公才兼文武，少负大志，秉承远祖遗教，不猎官清廷。长以矢志改革，报武备学校，结纳豪侠，灌输新知，激励大义，隐然为北方革命巨子。辛亥义起，约期响应。事觉被斥，间道走南京，任江北军总参谋，转苏淞沪扬镇五路总司令，立功最多，以见忌罢免，旋复。浮沉镇旅，敛锷韬光，而初志不渝。甲子春，国民军总司令冯焕章先生将举义首都，环顾北方将帅，惟公与胡公笠僧可计大事，遂缔盟，誓共生死。比冯公返旆，公亦投袂而兴，不动声色，京师勘定，北洋军坚厚之壁垒摧陷且尽，而国民军之麾帜与两粤义旗遥相辉映。薄海志士，望风景附，有左右天下之势。然而雄藩大猾，犹冥顽不悟，百端龉龁，更覆迭起。逮津沽之役，公由陕东援，遂移直省，政清军肃，直人叹为未有也。旋以友军失利，冯公痛国势蜩螗，内閧无已，遂引身远去，冀发国人深省。公亦授军于徐君永昌，仍养疴军中，转徙无定。及乙丑秋，某随冯公归自欧洲，誓师五原，公睹冯公艰苦憔悴，泣数行下，倏又破涕为笑，作壮语，以鼓将士。三军感动，欢如挟纩。某趋承两公间，睹两公精诚之所孚召，不禁穆然有深感也。后冯公出关破敌，公亦就职枢府。某时衔冯公命，奔走宁汉，相与筹议拨乱反正之道，无几微不至，忧劳交集，病以不起。今北伐告成，庶政万端，使稍假之年，其所靖献于国者，庸有纪极？顾竟浩然长往，不获一见，此吾党所同声嗟悼者也。某抚今思昔，百感苍茫，又于职为有司，于谊为后进，其敢以不文辞纪？畚筑既竣，爰磨石镌辞，以告来世，而系之以铭。曰：

燕赵悲歌，古称侠窟。笃生魁杰，卓然有立。文正之裔，义不仕清。九世复仇，翻学为兵。维公桓武，韬龙钤虎。新国新民，孰为宗主。沉机观变，藏铎于密。得时迅发，遂光汉帜。千磨百折，而气不降。灭此朝食，以绥万方。大功垂成，一瞑不视。食其赐者，乃在后死。西山峨峨，唯城葱葱。敢告三光，护此幽宫。简核有体。此种党系文字，将来刊集时，似不必存。

按：此文录自手稿"天游室文卷第一"，前一篇为《李鼎臣先生墓志铭》。

祭孙禹行文 代

事有毕生而不悟，余莫测其何心。羌韬龙而钤虎，坐叱咤而呜咽。驱戎车而内爨，势啴啴而焞焞。民焚溺而垂尽，国杌陧而将危。犹黩武而穷兵，骋霜气于一世。无大杰以殚之，世呜乎其康济。惟我公之秉质，实忠惠而塞渊。倏屡变于不测，决大计于片言。忆甲子之阳春，结草亭之密议。誓革命于首都，畴毁法而窃位。嗟无前之壮举，实动地而惊天。设非公以援手，天下溺于何年？览四海之滔滔，横流汹其未已。被犀甲以枕戈，扫氛霾而清泚。胡昊天之靡常，吾军阨于南口。授兵柄而投冠，挺只身而狂走。逮国府之肇基，参中枢之密勿。瞻九州之靡同，情汙轸而恻怛。今统一之底定，薄海宇以腾欢。神一瞑兮不见，亘万古兮一棺。荐酒醴于馨香，望灵辆而延伫。感无限之深衷，竟抑郁而谁语。印云天之莽莽，拼雪涕而陈词。庶英风与毅魄，式昭望乎今兹。尚飨！文有英爽之气。

按：此文录自手稿"天游室文卷第一"，前一篇为《中山先生告窆词》。

祭革命军阵亡将士文 代

望平芜之苍茫兮，痛兵凶而战危。当义愤之激发兮，群誓死而不归。嗟士卒之忠贞兮，视黎元如骨肉。恨横暴之凭陵兮，逞骄恣而屠戮。正吾气其堂堂兮，遑暇恤乎身家？予及汝其偕亡兮，听呜咽之悲笳。留灵琐其将暮兮，望崦嵫而日晏。览荃蕙之化茅兮，故解体而不变。羌陆海与穹空兮，真穷宇内之力也。历万艰始有今日兮，缅先烈而悲极也。杳招魂于何所兮，哀蔓草之茫茫。荐芬芳而致祭兮，沾余襟之浪浪。愿在天为日星兮，愿在地为河岳。佑后起以奋厉兮，屏强梁之侵略。扬国威于垓埏兮，历万代而炳烁！

按：此文录自手稿"天游室文卷第一"，前一篇为《祭孙禹行文　代》。

天游室诗补编

编者按:贺培新1937年将历年所作诗篇纂成一编,题为《孔才诗草》,又改题为《天游室诗》,请其师吴闿生先生批点。凡吴先生许可之作皆刻入《天游室诗》五卷本中,其他诗作则被作者删除。《天游室诗》手稿现藏国家图书馆,由作者1949年3月捐献。编者据手稿将被删之作辑成一卷,题为《天游室诗补编》。

目　录

悲战场

阴风惨动国殇思，心绪迎风发乱丝。望祭堪怜孤寡意，欻亡同起鹤猿悲。凄凉白骨无人问，狼藉荒原有蚁知。壮士捐躯聊尔尔。同人受赏论功时。

尔家求骨茫何所，欲为通书知尔谁。意气煌煌齐日色，悲风谡谡动松枝。阋墙之衅吾怜矣，视死如归孰惜之。惆怅不言挥手去，看云山上采灵芝。

按：此诗录自手稿“天游室诗卷第一”，前一篇为《酷暑大雨》。

和子建夜雨之作

飞炎列缺碎崩声，电击霆奔大宇惊。万户千家成一哄，五更三点洗千城。人无可罪申威怒，花有何辜夺锦荣？欲叩重阍诘真宰，可怜凡骨未全更。五六一联欠工。

按：此诗录自手稿“天游室诗卷第一”，前一篇为《答伯鹰用元均》。

子建再和余亦再答 七夕作

梦中怊怅心方危，恍闻鸿雁叩柴扉。银花珠雨纷毫挥，缥缈寄托邈难知。心神领会豁明时，恧血愧水交颜驰。醉饱岂必酒与酏，廿八篇书三百诗。皓皓灿灿波溜曦，含咀茹咽芬生髭。游骑从来耻莫归，况今四海竞旌麾。吾徒奚骛举世非，自惹中宵涕泪垂。天工今夕缀锦衣，千秋嘉会渡瑶溪。因慨沙场残甲鞮，孤寡冤愤向谁披，愁添今夕心如泥。"恧血愧水"不佳。

按:此诗录自手稿"天游室诗卷第一",前一篇为《次均和子建》。

赠吴稚鹤兆璜用山谷霆字均

长安一旅神山兵,萧然十载无能名。神龙腾波瘦蛟舞,银宫灼电奔飞霆。天马一朝入尘海,夕趋奋往刷周京。偷负明珠百万粒,归来气若江河行。鼍咋鲸吞斗龙虎,浪咏江娥啼素女。超然自得两妙馀,将相侯王宁要渠。肸蠁茫茫百代上,乾坤一瞬徒斯须。嗟嗟子友真凡夫,廿年坐觉神中枯。便欲荒村恣放逸,桑麻喜酒看牛胡。夕趋句未妥。

按:此诗录自手稿"天游室诗卷第一",前一篇为《子建再和余亦再答　七夕作》。

常伯华表弟锡光婚诗

五三生乎前,后人枉弄巧。旧六道已尽,何用墨与老。所以弃不为,华竟常慅慅。独有孤生菌,皎然异荼蓼。又有太华峰,万载无倾倒。污秽岂能攀?独邀明月照。丙辰客抱阳,尔我皆尚小。(云鹤已高飞,泥蛙仅睡饱。况复耽游戏,坐案时都少。)偕骋荒郊外,意兴何华耀。顾谓得此游,两间无足乐。嗟今六七年,夜梦犹时作。世变莽纷纭,首不堪回掉。抽摅竹马游,祝君庆偕老。金石对质坚,荃兰同味好。露技惭黔驴,隐文羡玄豹。

按:此诗录自手稿"天游室诗卷第一",前一篇为《北江先生用韩公赠无本均见示谨依均奉和一首兼眎同门诸君》。

新卜园中晚坐

芙蓉泣露兰含笑，独醉风光听燕莺。树杪蝶分黄粉去，池边鱼逐绿萍行。瓿头牛尾饶千转，井上鼍身慢几萦。汲水沦茗披书史，爽风西起碧云生。井上鼍身八字似出杜撰。茗披二字不调。

按：此诗录自手稿"天游室诗卷第一"，前一篇为《戏酬寅生赠文》。

双十节稚鹤履川曾克耑寄尘先后来访寅生最后亦至约相唱和而嘱余先用均

晨间稚鹤来，纵谈实快哉！继以曾与李，高咏复低徊。先后各辞去，私自輾然咍。邈焉如有思，荡荡方子至。讶视谓我言，将开太平治。中原有大吏，机势天所赐。云雨聚雄兵，骏马簇万骑。华岳逐手开，排荡海沸出。句法老成。士卒与谋主，纷纷各龙虎。粮可饱八区，财堪夸九宇。以此应元首，威望塞群口。大队充通衢，散卒哄巷走。庄严俨王气，扫尽奸邪丑。谅知容色改，自镜何风采。况复逢佳节，满堂飑丽彩。我生良不辰，海内莽纷纭。天道幸无常，祸福转相因。乱极自当治，隆隆反倏绝。于其炎极灭，未若潜其热。高古可诵。方今潜运转，至理固不殊。我乐良为此，子说其何如？丈夫志事茫无岸，穿透八表出云汉。万里濯足犹未半，醉死梦生何足算。蔼蔼富贵尘埃看，峨峨王侯鸟兽散。寤寐丘轲求一贯，行看海枯石亦烂。高步会凌千仞岸，唾手不管百牛汗。俯视大瀛浑漫漫，忽作龙兴何浩瀚。天风拂拂云悠悠，莽莽苍昊自春秋。逐鹿乾坤事未休，奚有馀泪为交流。未能尽稳。

按：此诗录自手稿“天游室诗卷第一”，前一篇为《故城诗六首》。

寄尘履川寅生皆见和再用均酬之

知好能会来，相望极悠哉！欲别不忍别，日暮犹徘徊。诙嘲肆口溢，客散留欢咍。中夜正相思，薰风送笺至。追逋到贫家，朽木惭雕治。更讶瑰雄篇，疑出神所赐。如海朝群流，八荒耸单骑。试看京国地，豪彦实蜂出。相视吾与汝，岂肖出柙虎。沈酣一卷中，何日周环宇。愿能为霸首，岂屑上荐口。原无快快心，安用蹬蹬走？精神会有讬，嗤瞋任群丑。忽忽岁月改，犹是儿时采。伯瑜众所道，老大犹玄彩。行藏辰乎辰，莫浪愁纷纭。秋槁雨虽濡，春活知何因。上懵下混混，国运会将绝。观火知难灭，何事迩其热。贤豪一辙同，万古无异殊。毕竟穷吾说，扪腹还哑如。吾闻江厓与澥岸，烟霞缥缈接银汉。置身如在天之半，世事不暇巧历算。惊凫万里遥相看，不若蚊蝱随风散。千艘万舰欻鱼贯，月朗风高星有烂。泛潮摇天浩无岸，喧豗回击蛟龙汗。漭沆洋溢浪以漫，一气浑茫真浩瀚。仿佛神游怅悠悠，其如釜甑无春秋。沈醉酣歌暂勿休，万端薄俗浮云流。韵险，能运掉自如，亦有佳句。

按：此诗录自手稿“天游室诗卷第一”，前一篇为《双十节稚鹤履川曾克耑寄尘先后来访寅生最后亦至约相唱和而嘱余先用均》。

示健侄

看汝芝兰秀，宜求特达知。祖宗开盛业，孙子荫馀姿。世论真狂矣，家风傥渎之。此情应永矢，慎养莫矜奇。

按:此诗录自手稿“天游室诗卷第一”最后一首,诗人并未删除,而刻本无,当为漏刻。

偶题印草二首 丙寅

逝水滔滔岁月赊,拘墟能事愧名家。霜风一夜沙沙响,几案凌晨眩赤露。

郁郁风尘百不伸,聊将小技写天真。即今屡写寻常貌,睥睨宁堪俗眼人。

按:此诗录自手稿“天游室诗卷第二”,前一篇为《和李沚州先生广濂新春游故宫原均》。手稿眉批:第一首无味,第二首抄袭而不能变貌,故删。据口吻,当为自评。

妥字均答子建

不观群狈行,待狼而后妥。狈岂能自由,以狼为右左。末俗倍浇漓,举世杨为我。酝乱狼斯奔,狈坐丁其玩。颇肆,恢奇。宁料兔狐悲,并伤而两跛。矰缴蔽云天,奋飞乌乎可。何如归荒山,敛翼胎其卵。奇逸人中龙,开张天岸马。浩气自挑宵,那甘处人下。斯意对君激,瞠乎吾后也。当年尼山迂,莫化何由野。陋巷有颜生,终难庇寒厦。吾师今尼山,老颜君嗣者。此等殊欠大雅。嗟予愧何由,戆直真私假。缊袍侧其间,竟自滥游夏。遥想滨江滨,簪绂联吟社。新声斥夷狄,古词歌风雅。性灵瀹天机,离乱得纯暇。朔雪浩漫漫,重山高峨峨。

按:此诗录自手稿“天游室诗卷第二”,前一篇为《齐燕铭震工篆刻以手摹元押两册属题》。

用前均作杂诗三首

空负屠龙盖代才，一穷难遣寸衷哀。挽须笑对痴儿女，此老新归志未灰。

举国无人莫我知，每凭香草写时宜。英灵容与流沙远，耿耿丹心四海弥。

太史刑余肮脏身，网罗放佚益精醇。至诚肝胆森芒角，沥血人终有鬼神。

按：此诗录自手稿“天游室诗卷第二”，前一篇为《和伯鹰夜行均》。

一壶歌效放翁作

生来不饮即狂颠，每过屠门嚼口馋。浪说一壶醉花底，不曾酌取不曾添。

考槃薇藏首阳阿，率土餔糟搅海波。若问鱼熊将一可，不曾不及不曾过。

晦明雷火倏隆炎，青草人人上白衫。万古趋跄名利事，不曾摆脱不曾黏。

千金散手换春华，取与真难一芥差。客恼壶中何太少，不曾吝啬不曾奢。

千秋蛇蜕浩纷陈，万国奔涛莽失真。入眼迷离尘雾底，不曾了了不曾昏。

俗调，不必存。

按：此诗录自手稿“天游室诗卷第二”，前一篇为《飞蓬二绝赠友人　丁卯》。

雪后得述先赠句次均酬之

银海光生眩，琼楼气绝清。饮河聊满腹，见镰故逃名。用庄子梓庆为镰。杀伐真成嗜，流离暗自惊。骅骝尔何恨，枥下忽悲鸣。

按：此诗录自手稿“天游室诗卷第二”，后一篇为《答张磬宾庆泗见赠》。

失题 戊辰

拂面吹人醉，轻风耎似罗。青山开霁色，碧涧漾微波。细翠浮芳径，长红乱远阿。春光留不得，已觉落花多。

万木森蒸郁，荷花开满塘。玄云时蔽日，赤帝更扬汤。酷吏久未去，薰弦调亦忙。谁令倒江河，大雨忽滂滂。

橘柚香盈室，貂裘手自温。高冈风入裂，大海浪生皴。舒惨天心见，贞元易数存。满期春信近，白雪又翻翻。

按：此组诗录自手稿“天游室诗卷第二”，后一篇为《偶用东坡游金山寺均》。此组诗共四首，原题为“四时诗”，后改题“自秋徂冬”。作者眉批：“此四诗拟留后二首，为改题如此，可否？”吴北江眉批：“似可全去。”但作者坚持留下第三首，在第三首上端批“此首写”。这第三首改题“秋讯”，收入《天游室诗》卷二。其余三首分咏春、夏、冬，作者没有命题，编者姑以“失题”名之。

次均和蝶园张国棣咏石

吾尝闻之斫轮叟，得之于心应于手。不徐不疾数存焉，可会以神宁以口。惊涛海宇正翻飞，苍茫四顾空搔首。东皇费尽东风力，吹得春光上新柳。鳞肥波暖漾微明，涧碧山红烂岩薮。嗟予性僻耽金石，高视千秋怨无偶。间掺寸刃试刻画，字体不类隶科斗。周秦矱榘汉规绳，欲持寸铁收九有。东施颦里惊市人，莫不相携去之走。况复世态正翻新，毁绝冠裳剖鼎卣。冈荒不治任芜没，谁办嘉谷与莨莠。间姝屏绝嫫母容，谁办善败与妍丑。我今甕坐甘釜游，昆仑万里乘幽黝。碧云黛色高参天，当年形势谁割剖。艾叶绿。黄云映日袅游丝，田黄。丹露灿烂无氛垢。鸡血。龙盘虎踞各殊形，更有仙人为护守。纽。纤云四卷天澄清，虾青冻。的皪灯光乱星斗。灯光冻。遥想群仙方饮宴，峨眉中涵朱颜忸。桃花冻。琳宫璇室夺目睛，鱼脑冻。白玉黄金堆及时。白黄寿山。张馄粢稻有琼浆。穱麦黄粱杂薤韭，杂石。奈何飞雪落人间。幻作冰山俯培塿，田白。惟余恭谨尚劳形，嗟彼荒淫宁可久。会看杲日震天威，摩戛风雷施击掊。空同高卧老广成，于物人弃我则取。抱一遁世神守形，日月天地争不朽。何当拜倒此翁旁，弃捐天下常相友。

按：此诗录自手稿"天游室诗卷第二"，前一篇为《秋讯》。诗人眉批："此诗太离奇，故删之。"

次均太白将进酒

君不见天马长鸣入世来，气薄青霄不顾回。又不见陌头万柳纷如发，浩荡飞飏絮翻雪。絮飞柳老春已残，颜色蹉跎对孤月。事业真当成立早，滔滔逝水不复来。豪竹哀丝倾意气，欲挽河汉添金杯。酩然一醉齐死生，世事浮云驰不停。鼻息春雷自相应，呼风鸟舌无人听。夜半霜钟破幽梦，豪兴风发魂先醒。真以豪歌答天意，谁将死后争浮名。与尔今朝且为乐，倾吐肺肝杂嘲谑。兴酣酒美径提壶，飞泉直向谷中酌。驼蹄羹，貂鼠裘，流离载道无人收，赢得荣枯满眼愁。和太白此等名作可谓不量力，故去之。

按：此诗录自手稿"天游室诗卷第二"，前一篇为《妹用前均有作再和兼示履川》。

前 题

踌躇四顾更提刀，砉解千牛不费劳。敛锷藏锋原有待，焚符剖玺便称豪。

万窍号呼落木悲，楚歌四起搅愁丝。拔山盖世终何用，帐饮惊心悟已迟。

按：此诗录自手稿"天游室诗卷第二"，前一篇为《题廉南湖泉所藏洪宪金印拓本》。此题原为四首。手稿吴北江眉批："此四诗似未脱化。"诗人接批："拟酌存二首如何？"第二首、第四首收入刻本。

某君以佳石易拙篆联楹率作

焉用皖皖者，篆之未足多。娲皇报片石，一笑抵千鹅。此诗无味。

按：此诗录自手稿"天游室诗卷第二"，前一篇为《北江先生于戊辰秋赴辽东讲学未及为诗送行岁暮返辕以新篇见示谨步韵呈一首》。

次韵和李子建三首 壬申 二十一年三月

征夫叹

鼓角号悲声，骝驷已在门。仓皇从此别，恩情不复温。朝迎拍马鞍，宵哭招鬼魂。吉凶浑莫计，一曲凌青云。庙谟尚宽大，仇怨不具论。穷年被甲胄，何以报国恩。

役夫叹

不能执戈驱，所愿役沙场。忍看藩篱抉，荡尽家与乡。膏血溅原野，累累皆国殇。刳心役筋力，怒气盘穹苍。寄语妻儿辈，不须泪流泉。泪流即见血，过眼如云烟。匪我独无情，豹死当留皮。微生贪苟活，愧汗达四肢。百死吾敢辞，班师奈若何。终然无死地，来日常苦多。

灾黎叹

伶俜犹独存，骨肉邈安在。已闻邻里亲，十家九被害。官军三百万，奋战凭关塞。关塞失险阻，哀哉复何赖。去军祸洪水，肠枯胆俱碎。今年驱乱离，两度哭所爱。支离剩此身，沟壑焉所慨。盛贵颂群公，嘉会终不逝。三首均未自然。

按：此三首诗录自手稿“天游室诗卷第三”，前一首为《北中寒》。

次均和贾君玉丈即以为寿

世变浩难凭，人莫穷于士。巍巍帝王都，降格亦称市。礼法罪宣尼，吟哦斥子美。东疆侵狄夷，南亩辍耒耜。战士卧冰霜，豪门烹鳗鲤。犹有桑中期，赠贻水之涘。朅来隐尘雾，计情不计理。肝膈畴可通，功利吾知止。出门畏人欺，坐室尽日晷。北海笑拘墟，南郭聊隐几。大道朝群流，小才守一非。至行垂令名，磊磊轩青史。豪杰逆横流，今古无殊轨。桃李倏零落，繁华变荆杞。缅彼悠悠徒，悲泪成海水。梦悬东海隅，奇峰云外峙。中有抱道人，达尊推德齿。等身文献编，千秋坐可俟。蜉蝣朝暮事，非所关忧喜。岁暮感离踪，我诗持送似。侑觞颂无疆，在彼不在此。亦未显豁。

按：此诗录自手稿"天游室诗卷第三"，前一篇为《次韵和李子建三首　壬申　二十一年三月》。

王叔云先生祖绩吾妻世父也赠诗次和

文芒卷残雪，浩浩天雨汁。用《月令》："天时雨汁。"直与元气侔，淋漓幛犹湿。玉堂列奇珍，充然公则得。我贫徒立壁，逃逋情更急。孤吟夜向阑，咿唔伴鹅鸭。沈沈几砚静，露气透帘幕。遥知宾日上，海波半天赤。恺悌迓吉祥，虚室已生白。雄鸡时一鸣，奋起欲投帻。出门更还坐，酣歌自饮泣。共凛玉关寒，谁补金瓯缺。杜陵忘头白，歌行歌主客。愧非颜少府，和歌百忧集。

按：此诗录自手稿"天游室诗卷第三"，前一篇为《次均和伯鹰见寄五首》。原题二首，此为其二。其一刻入《天游室诗》卷三。

题韩虔谷先生德铭诗稿

功名谈笑空侪辈，抗手雄豪划大圜。眼底兴亡沤起灭，天心舒惨渺茫间。费解。

按：此诗录自手稿"天游室诗卷第三"，前一篇为《次均答馀斋》。原题二首，此为第一首，第二首刻入《天游室诗》卷三。

次均和旭初

忧国嗤嗤梦渐凉，来牛去马自迎将。佳人每苦世途隘，贱子惟闻书卷香。大海有容王百谷，连年何事阋萧墙。饱经世变肠犹热，剪烛重登君子堂。未工。

按:此诗录自手稿“天游室诗卷第四”。诗人以《次均和旭初》为题之作共三首,此诗为第三首。

曹靖陶熙宇为伶人新艳秋凝绿馆作诗征和次均

寂寞公孙舞剑诗,风尘澒洞日寒时。馆中凝绿留孤艳,天外飞霜凋万枝。声歇曲终冰置炭,哀来乐极涕交颐。珠喉挥袖三千辈,可抵干城十万师。

按:此诗录自手稿“天游室诗卷第四”,前一篇为《山右王君寿诗》。

题某君自寿诗后

表德空劳蔡寿词,蔡君寿君所为传状。颓波莫挽世沦夷。霜天落木山空后,又道来征纪念诗。不佳。

按:此诗录自手稿“天游室诗卷第四”,前一篇为《题吴养臣玉泉寻梦图》。此题两首。第一首刻入《天游室诗》卷四。

鹤次旭初均

毛羽休牵众眼惊,稻粱沾汝莫先鸣。长胫立雪看云过,孤影临流对月明。投饵下趋谁决去,上堂侧睨自愁生。暂无雕鹗云边逐,鸡鹜同藩却有情。五六未工。

按：此诗录自手稿“天游室诗卷第四”，前一篇题为《节义行用杜公冬狩行均 并序 甲戌》。此题两首。第一首刻入《天游室诗》卷四。

遣怀用前均

牛铎谁烦哄市惊，祇今东野以诗鸣。独从玄窗窥平淡，会至阳原遂大明。雨甲雷芽抽后劲，夏虫朝菌笑浮生。偃溟心事浑忘易，剑吼身边太不情。未工。

按：此诗录自手稿“天游室诗卷第五”，前一篇为《鹤次旭初均》。

张之屏寿诗

春色满天地，寿人朱在颜。排空飞赤舄，放意写青山。排空言其多也。钟鼎蕲黄耇，虫鱼待要删。一腔千载业，自赏弗渠关。“千载业”加一“腔”字，亦不佳。

按：此诗录自手稿“天游室诗卷第四”，前一篇为《马伯逸晋为画马题之》。诗人接受北江先生批评，在手稿上，改“排”为“清”。

同门诸子拟于双十日重为文酒之会自诸君散之四方不能重聚者四年国破人非慨然有作

不见出泉水，不见入春冰。不见服辕马，不见铩羽鹰。不见雨后花，不见露下萤。不见孵鹏鸟，不见树降城。岂有在山清，岂有当冬坚。岂有战场猛，岂有云天儇。岂有初开荣，岂有孤光熊。岂有枝头乐，岂有气腾先。今日犹曩日，情景绝不同。今会犹昔会，悲喜难究穷。今人犹故人，意趣谁始终。寂寥怀此志，慷慨当此日。栖皇对此酒，沈吟转愁疾。格局甚新，但词未尽稳练。

按：此诗录自手稿“天游室诗卷第四”，前一篇为《次均酬小溪题印草》。

题宝应刘氏西浦图

前辈风流迹有无，共传西浦有名图。物闲鬼守还无恙，朝市沧桑信有诸。“物闲鬼守”四字摘用不亮不雅。

按：此诗录自手稿“天游室诗卷第四”，前一篇为《赠日本今村司令》。此题原为二首，此为第二首，第一首刻入《天游室诗》卷四。

次均和旭初幕中即事

梦中悬影水云村，胸际生芒沧海暾。彭泽不须羞磬折，拾遗真叩富儿门。不工。

按：此诗录自手稿“天游室诗卷第四”，前一篇为《题宝应刘氏西浦图》。

陈斐如立碑征诗

朴学昭乡里，哭能作雨霖。无为隐廛市，克让见身心。春荫长无限，秋风盛不禁。壹碑镌寂寞，经古对青岑。

按：此诗录自手稿"天游室诗卷第四"，前一篇为《次均张聘三先生宝贤七十述怀》。

天游室杂著

编者按：1946年，贺培新在《天津民国日报》副刊《文艺》、《民园》上，以《天游室杂著》为总题，发表了一系列文章。编者按发表先后，将这些文章纂为一辑，收入本书，仍题为《天游室杂著》。

目 录

唁归松

十月十三日,培白:归松贤弟礼次,自吾子猝遭大故,培虽两吊灵前,终以吾子痛居苫次,未获一伸唁慰。而中心恻怛,盖未能一日去诸怀。良以风木之悲,昊天罔极,千古孝子之所同然。以子至性笃孝,其将何以为心耶?诚可伤也!第念太夫人以花甲之年,遗脱尘垢乱离之世,未始非心之所甘。而子女鼎盛,咸取令闻。回首九原,更当无憾。抑吾圣哲所以经纬天地、垂教后世者,曰修身齐家治国平天下,而其本则必曰修身。修身之道,盖匪独学问之事而已。故曰:"事,孰为大?事亲为大;守,孰为大?守身为大!"又曰:"身体发肤,受之父母,不敢毁伤,孝之始也。"是以哀毁或过,亦古人之所慎也。盖吾所受生于吾父母者,莫重于身心性命。吾诚痛吾亲之不可复见,则惟有于读礼之时,幡然猛省,反本还原,从一念幽隐之中,淑发真诚,反求吾之本心本性。举吾之本心本性,与吾父母之神明相接,更求先圣昔贤之道。所以修吾身、立吾命者,以报吾父母之德,以求合乎千古圣贤之心。而慎修其受之吾父母之身,则所谓事死如事生,事亡如事存,斯古人为孝之精义也。盖诚身在此,事亲在此,送死在此,尽礼亦在此。此之谓真学,此之谓真孝。明乎此,始知世间一切事业学术,类多浮泛不切己之事,而所以立吾本者胥在于是焉。至若亲在不以定省侍奉为重,而漫言显扬,亲殁不以反求诸己为先,而务隆后事,斯盖世俗之所谓孝,而非见道之君子之所敢苟同者也。以吾子拳拳于培,故敢以是言为吾子勖,不足为外人道也。朔风日厉,惟厉节哀自重。敬唁孝履,不尽百一!

按:该文发表于《天津民国日报》1946 年 1 月 7 日第 3 版《文艺·天游室杂著》。

复归松

奉手复，祇悉一是。所谈事，属为一筹，盖仆之为君筹者夙矣。徒以当时经过，微有复杂。辗转曲折，以至于此。在孝子自当痛心，虽仆亦为之凄婉，此挽词次联之所以作也。弟时移势异，虽不亟于求去，未必不可，然终不如脱然无累之为理得而心安，此须俟高明更自裁定耳。万一决心求去，鄙意则唯有一诚，可以济事。一而不可，而再之三之。辞之不得，而赓续求假，婉词恳说，反复不已。人非木石，盖未有不为感动者。且当轴之用人，俯首帖耳，奉命唯谨，犹或遭尤愆而申警饬。吾今以放弛避弃处之，在彼非独厚于我，亦非舍我则别无可属。久之，未有不生厌而憖置之者，此则我之幸也。人皆知求进之难、获进之喜，而不悟求去之难而获去之喜尤甚也。至于同仁之说，则鄙意以为不足虑。吾但当动之以诚，感之以义，而与沉痛剀切言之，乌有能感动外人而不能感动同事者？当轴且能相谅，而日与相处之友好反不能相谅者乎？同仁苟爱人以德，则必勿太相继。盖仆终以为求进难，求退或较易耳！

按：该文发表于《天津民国日报》1946 年 1 月 7 日第 3 版《文艺·天游室杂著》。

复归松

读十一日来示具悉。自古英豪贤哲，以及巨奸大憝，其所以异人者无他焉，亦曰真伪虚实之际，运用得其当而已矣。盖虽以往昔专制帝王之淫威，亦不能禁人之无病。谢病不赴，彼固无如之何。况三军之帅可夺，匹夫之志不可夺。此孔子所以可仕可止可速可久，而孟子进退所以绰然而有余裕也。夫求进唯恐其恶己，求退唯恐其爱己。良以爱之则必不释，恶之则必不收也。故反其道而行，庶乎其两济也。盖冀其爱而不肯委曲以求合，蕲其恶而不为偾张于无理。是故我无取尤于人，人无取责于我，斯善为进退者矣。抑古于父母之丧，未有不致仕者，特后世人渐不讲耳，故吾今必重之曰以病。但既曰不复到衙处理事务，何反赴署应肆周旋？既曰不便访之于其家，何讵谒之于官府？盖古者礼居之禁，官府为甚；私人之家，庸可勿论耳。至云病情奚若，我不自疑，人孰能疑之？故孟子有“昔日疾，今日愈”之说也。今我自疑于先，庸免人之加疑于后。凡此，皆足下所不能自解者也。不谓足下以博通中外之才，捭阖一世之智，而宅心之仁厚乃如此。韩非子云：伊尹为庖，百里奚为虏，故二子皆圣人也，犹不能无役身而涉世如此其迂也。然则吾于归松奚责焉？所谓欲使人知吾之去，别有苦衷。仆则以为，此不足济事以达吾志。独吾病之久且弗瘳，乃真令人无可如何耳。明乎此，则前途正大有可为。前书所谓赓续求假者是也。仆于此初无成见，尤非期足下以引退为高。聊因足下之下问，姑阐衍之，以成吾说，仍须俟高明自裁行事耳。又前惠书，有欲同仁依旧之语，极佩雅怀。领袖之存心，固宜如是。然窃独以为吾之未去，责无旁贷。吾今既浩然有归志，则去后之责，乃在上峰与新令尹，吾岂暇越俎过问而顾及之者？夫亦曰，爱莫能助而已。不宁为此，人生万事，盖莫不如是也。故为向某公恳切进言，而此意固未遑提及也。益友直谅，而劝善规过，亦为君子所许。故敢倾吐肝鬲，称心言之。足下虚怀若谷，从谏如流，当不讶也。伏维裁省。

按：该文发表于《天津民国日报》1946 年 1 月 11 日第 3 版《民园·天游室杂著》。

题梅伯言书札册

梅伯言先生承姚氏之传，所为文义法谨严，湛深经术，气韵润雅醇厚，非同门管异之、方植之、姚实甫诸君所能及。顾以才力稍弱，精微要眇，上视姚先生为稍逊；离奇岸伟，下视曾文正为弗如。然论者数有清一代古文大家，方姚以下必曰梅，自曾上溯亦必曰梅。殆如先大父祭张先生文，所谓承古接统、示祧之宗者欤？先生生平盖未尝致力于书，亦从不以书名。然高雅自然，了无俗韵，反非斤斤以书名家者所可比拟。殆所谓字如其人，字如其文，文人之书，学者之书著欤？乙酉冬日。

按：该文发表于《天津民国日报》1946 年 1 月 29 日第 3 版《民园·天游室杂著》。

题姚惜抱书石刻拓本

余尝谓惜抱书自然超妙，远在王梦楼之上。论者则曰，其书为文名所掩。其实非也！梦楼有意为书，惜抱无意为书。有意者其迹可求，无意者其妙难窥。曲高和寡，识者少耳。故伪梦楼书者遍天下，而无伪先生书者。盖亦曰自然神妙，并貌似而不可得耳。晚清范伯子诗云："天仙化人妙肌理，堕马蹄妆百不须。"先生书境，正自如是。惜抱书，流传不多，石刻尤鲜。胡君子瑫，得此属题，遂识之。乙酉冬月。

按：该文发表于《天津民国日报》1946 年 1 月 29 日第 3 版《民园·天游室杂著》。

与归松

尊恙想已就医，望加矜慎。盖尝谓人苟死得其所，死不足惜，否则必求较愉快之生。求愉快之生，必自调护自爱始。而神完体固，其初效也。平居充实内力，则外患不侵。外患既侵，必思解除压迫，恢复自由。此理甚明,无待深论。即知即行,何用犹豫?间者尝示君治身格言,不曰慎守身,慎修身,慎养身乎?不曰德日昌,神日王,神日强,可以却老,可以延年,可以成业乎?仆年来深唯此旨,颇能力行有功。且以蚤岁,意气未平,自欺自弃为悔。又尝深味乎圣哲接物之旨,何谓推己及人,何谓与人乐乐,遂悚然知所警惕,不敢妄自菲薄,而轻贻好我者之戚戚也。且事之待吾而理,人之待吾而拯,是非曲直之待吾而决,世之不公不恕不近情之举,杂然置吾目前,吾不为调处而亭决之,谁为引手而救援者?孟子所谓:"当今之世,舍我其谁!"则此藐藐之躬,益将不容吾之弃天而自佚。故修养身心之道,为先哲学问之大者,夫岂以为小节哉?比以面论不能畅所欲言,拉杂陈之,即维詧纳。

按:该文发表于《天津民国日报》1946年2月12日第3版《民园·天游室杂著》。

记欧公送徐无党南归序后

刘海峰谓欧公赠序当以杨寘、田画为第一,而徐无党次之。余谓田画第一诚然;杨寘描画空而少实,此篇议论高而过当,皆不足为佳文。范伯子仅许此文曰不至无味,措辞差有分寸,然亦庶几乎无味矣。衹以为众所称道,姑略驳议。俾与识者共证其是非。

公既许"见于言者"为圣贤之一,不与草木鸟兽众人三者同朽矣。中幅又叹文章著作之士同归泯灭为可悲,岂非自相抵触?退之云:"颜子得圣人而师之,汲汲每若不可及,其于外也固不暇",故陋巷曲肱饥卧举不足忧,乐其道也。今欧公曰:"若颜回者,在陋巷曲肱饥卧而已。"彼岂木偶土块为哉?至其"不违如愚",乃夫子风趣所寄,亦极口赞美之词。故又曰:"回也不愚。"其意正如太史公所言"好学深思,心知其意",爱之至也。而欧公则曰:"其群居则默然终日如愚人。"岂作如是解哉？太史公曰："闾巷之人，欲砥行立名，非附青云之士，乌能施于后世？"故曰："伯夷叔齐虽贤，得夫子而名益彰。颜渊虽笃学，附骥尾而行益显。"然则颜渊之不朽而存，一则曰笃学，再则曰赖夫子之言表彰之也。夫夷齐之特立独行，颜子之笃学取信，施于事也，俱得夫子之称道，见于言也。今欧公则曰："其不朽而存者，固不待施于事，况于言乎？"岂欧公之意，独以愚人饥卧陋巷，即能自致千载之名也哉？此等议论，殊嫌过当，不切实际，而流弊滋甚也。公又谓：班氏艺文志、唐四库书目所载，三代以来著书之士，文章徒丽，言语徒工，与草木鸟兽众人同腐，而致慨于言之不可恃，慕圣贤勤文字之不足为。余则谓自古著书之士，其文字虽有散亡零落，而其名则已见于著录，不可谓不传。倘其人文章不丽，言语不工，将并此而不得，始与众人等耳。今虽欧公亦知其为著作之士，安得曰与草木鸟兽众人同归泯灭哉？若谓其文不免泯灭，则先圣群经，久有散亡者矣。余尝读《论语》贤贤易色章，朱子引吴氏曰："子夏之言，其意善矣。然词气之间，抑扬太过，其流弊将至于废学，必若上章夫子之言，然后为无弊。"案上章夫子之言曰："行有余力，则以学文。"洪氏曰："有余力而不学文，则质胜而野。"朱子则曰："力行而不学文，则无以考圣贤之成法，识事理之当然。而所行或出于私意，非但失之于野而已。"今欧公之言，以慕古圣贤而尽心于文字为可悲，然则将何从而求之？如此立论，恐不特流弊将至废学而已，古圣贤亦永将追慕而无由耳。东坡云："凡不学而务求道，皆北方之学没者也。"可不慎欤？

欧公文章宗匠，徐生从学为文，日进无已。欧公则日摧其盛气，又以自警。夫文以载道，学文即学道也。欧公如恐徐生之重此忽彼，华文少实，宜为言学文勿忽道，为学兼重躬行之旨，不宜一味贬文，屏道不言，而只偏重寂寞以终身。夫徐生文辞日进，不为过也，何必摧其盛气？且欧公不赖文辞，宁有今日之盛名哉？盖斤斤自负其文，以为必赖以传名者，未免失之于隘。但如欧公直以能文为过，甚至似将为名之累者，抑尤失之过矫也。

按：该文发表于《天津民国日报》1946年2月18日第3版《民园·天游室杂著》。

与归松

风沙日历，穷年跋涉，所得几何，思之惭恧。抑学问文章之事，本贵自修。所谓门户涂辙，精微要眇，不过指示大略，心领神会，苦讨穷研，神而明之，变化无方，则必当日进无疆，月异而岁有不同，绝类离伦，优入圣域，端在于此。否则，虽强聒无益。姚氏云："骤以几之，合之则愈离。"此行家心得之言，不可不察。道家修功正复如是。亟亟求效，胥受其累，所谓蹶者趋者反动其心。圣人之说，固亦无二致也。夫天下妙功妙文妙境，曷尝不尽如是？全在于不即不离，若断若续，似是而非，亦实亦虚。放翁诗云："今朝忽悟始叹息，妙处原在烟雨中。"执事岂不谓然乎？执事明敏过人，而性失刚躁。遇事不问难易，辄思立竿见影，不翼而飞。所谓君比德于玉，须观其温润莹澈何如耳。曾文正公《答刘孟容书》云："其有所成欤，以此毕吾生焉；其无所成欤，以此毕吾生焉。"又须视其雍容之度何如耳。孔子弟子之学孔子，既叹欲从莫由，而又曰欲罢不能，又须视其儆勉惕励何如耳。妄自尊大，固为君子所不取；妄自菲薄，亦为君子所不耐。为政不在多言，即知即行，悔恨何用。仆不敢以流俗望吾子，唯吾子勉之而已。

按：该文发表于《天津民国日报》1946年2月20日第3版《民园·天游室杂著》。

上北江先生

先妣之丧，荷蒙临吊。并承厚赙，感激涕零。近拟先妣行述，昏迷苦由，十易稿而不克成文，不惟事迹恐多挂漏，即字句诸有未安，谨先录稿，恭呈钧诲。培新忝侧门墙二十余载，受教最深。今兹叙述先德，乃惶惧不知所为，愧恨曷极。昔马通伯先生为母行略，太夫子尝叹文衰。今培新自省，直无以为人子矣。伏祈绳纠尺度，施斧施斤，俾免贻笑外人，而增不肖之罪戾，不胜惶恐待命之至。瞻望云天，祷蕲曷已。少迟再当踵门泥首，重有所求，实不敢率然启齿也。再有请者，倩人填讳之举，唐宋以来，渐有其例，而顾亭林颇以为非。《礼》曰："临文不讳。"究应作何解，考填讳之例，前代见于金石者有之，近代印行先德录者有之，而亦殊不尽然。大家之例，亦无从考见。同门王君寿彭，主用填讳，否则不可著讳，而亦不能道其必然。且填太夫人之讳，宜者何人，于古尤难有征。若拘拘于此，即径省讳不著，亦非私心之所敢安也。伏望指示先路，俾有率由，尤深敛祷。

按：该文发表于《天津民国日报》1946 年 2 月 26 日第 3 版《民园 · 天游室杂著》。

记韩退之送王含序后

退之尝曰："世无孔子，不当在弟子之列。"此文盖隐以圣门自喻，而不便明言。寄眇旨于吐吞抑扬之间，意若曰：含之遇己，宜可以乐道忘忧，不独仕宦得失不足介意，即有托而逃亦又奚为？而惜乎含之不足解此也。故亦姑与饮酒而已，尚何言哉？左氏传记臧孙纥出奔，御叔之言曰："我将饮酒而已。雨行，何以圣为？"其恢诡之趣，与此正同。疑退之所本，皆千古以来之至文，他家所无有也。

按：该文发表于《天津民国日报》1946 年 3 月 4 日第 3 版《文艺 · 天游室杂著》。

记韩退之送孟东野序后

方氏尝引林希元评此文云:“谓人物之鸣,皆出不平。”未确。洪迈《容斋随笔》则谓:咎禹伊周之鸣,及所谓和声鸣国家之盛。皆非所谓不得其平。”汪武曹则曰:“不得其平,乃不得已,咎禹伊周之鸣亦不得已。读者勿以辞害意。”余则谓:不得已意,文中已自言之。且曰:其歌有思,其哭有怀。盖歌哭哀乐皆不得其平之谓,则极盛极衰极忧极喜,独有一非不得其平者乎?与春鸟夏雷秋虫冬风何异?且物之不齐,物之情也,唯人亦然。聪智才慧,相去倍蓰千万,岂有能平者乎?故凡退之所谓善鸣者,皆自有其大不平者在也。议者纷纷,皆胶柱鼓瑟之见,不能深思而心知其意耳。

按:该文发表于《天津民国日报》1946 年 3 月 4 日第 3 版《文艺·天游室杂著》。

记古诗十九首后

凡奇思幻想,皆文字中神妙之境。《青青陵上柏》一首中“洛中何郁郁”以下铺陈洛中情景,皆幻想也,非写实也,所以终上文“驱车策马,游戏宛洛”之旨。《东城高且长》一首中“燕赵多佳人”以下亦幻想也,非写实也,所以终上文“涤荡放情志”之旨。故诗境皆奇轶独绝,古人名作中不乏此例。屈原《九歌》:“闻佳人兮召予,将腾驾兮偕逝。”以下“筑室兮水中”云云,演成一大段。皆所谓奇思幻想,境界与此正同,疑为二诗所本。

按:该文发表于《天津民国日报》1946 年 3 月 18 日第 3 版《文艺·天游室杂著》。

记韩退之答窦秀才书后

退之当贬黜不得意时，无限抑郁感愤，不肯轻露，俱茹咽其意旨于笔墨之外，所以为高、所以为深也。读此文宜玩味其节奏，想象其神理，不宜只于文章之美、字句之奇求之。先大父松坡公《书牍》卷一有《与严范孙京卿》一书，其风格于此正同。吾师北江先生尝作眉评语云："此等书则至高之文格矣。"

按：该文发表于《天津民国日报》1946 年 3 月 18 日第 3 版《文艺·天游室杂著》。

记魏武帝秋胡行后

《秋胡行》第二首"有何三老公"云云，写遗世独立之高人，可望而不可及，悲己之局促俗间、无以自拔也。北江先生云："凡震世绝俗之人，皆有高世远举之志。其局促俗间，而以功名见者，皆其不得已而为之者耳。读魏武此等诗可见也。"余后读陶公《拟古九首》中"东方有一士"云云，陈沆谓此渊明自咏。余则谓亦犹魏武"三老公"一首之意，皆幻想虚设之词，用以自脱于尘埃之外。故收句云："愿留就君住，从今至岁寒。"其意甚明，未必以自咏为解耳。李太白《古风》"太白何苍苍"一首中所谓"绿发翁"，亦即魏武之"三老公"、陶公之"东方士"，其境界更无不同，疑自《秋胡行》第二首脱化而出。所谓"铭骨传其语，竦身已电灭"，即魏武之"沈吟不决，遂上升天"也；"仰望不可及，苍然五情热"，即魏武之"去去不可追，长恨相牵攀。夜夜不得寐，惆怅以自怜"也。可知虽旷世大家，有时皆息息相通，不必各以创造矜能。

按：该文发表于《天津民国日报》1946 年 3 月 28 日第 3 版

《民园·天游室杂著》。

题孙夏峰文稿

《岣嵝碑》以禹书而得名,《出师表》以岳书而流传甚广,其实未必为禹书、岳书。假其人以为重,好事者为之耳。右夏峰先生文稿一通,吾固未能证其为手迹。然而读其文,瞻其姓字,不觉邈然而深思,睾然而高望,爱敬之心,怦然动中,不能自已。故气节关人类之存亡。此之不讲,则乾坤或几乎息矣。子瑞先生宝此吉光片羽于迍邅丧乱之会,亦曰以此也夫。三十四年乙酉。

按:该文发表于《天津民国日报》1946 年 4 月 8 日第 3 版《民园·天游室杂著》。

题王君梦白遗墨

右王君梦白之遗墨,今已不可复得。君之画,以花卉翎毛为主。山水人物,亦偶为之,而各极其妙。天资超迈,故笔端饶空灵之气,生动洒落,自成一家,非并世有名诸家以涂涴描摹为上者所得而企及。故居恒睥睨流辈,使酒骂座,无所不至。用是流辈多妒嫉之,得隙则群相谤诋。君岸然不顾,日聚后生才士,为之讲说笔法,或口雪茄烟,蹀躞稷园松柏间,须鬓皤然飘飘,有出世之致。春明人海中,往往指目而道曰:"老画师!老画师!"盖君之成名二十年,主画坛于北方亦且二十年。人以君六十、七十,而君则以四十有七而死矣,岂所及料哉?君死之前岁,余与忝同宾席于江夏之幕,越年竟以死报,惜哉!惜哉!吾友王君雪涛尝受法于君。君门下士能传君法而继享盛名者,惟雪涛一人。雪涛藏君画至多。此卷以不署款识,属为题记。东坡观王维画诗,谓摩诘本诗老,而其画之清亦如其诗。今即以斯言移录此卷，使世人知君不独善画，且兼能诗。岂胸无点墨，而亦浪窃大名，反欲置君于死地而后快者，所得望其项背耶？

按：该文发表于《天津民国日报》1946年5月6日第3版《文艺·天游室杂著》。

题朱艾卿少保遗墨

右画山水乃朱艾卿少保益藩之遗墨也。少保以书名海内，尝自谓得力于右军褉帖。不作草，而能作工楷，圆秀朗润，有承平公卿气象。其馆甥王君仲嘉，为余妻弟，匄藏手迹至多。此幅画笔森秀，骎骎与董思白、王耕烟相颉颃，尤世间所不能得者。盖不徒不可得，抑且未之前闻。幅中无款识，亦无图章。仲嘉云："游戏之作，雅不愿以示人。少保殁后，始搜求而仅得者。"盖君子暗修自得，不求识于人如此。仲嘉装池完好，拟遍求名人题跋，而属余先识数语以为佐证云。戊寅夏五。

按：该文发表于《天津民国日报》1946年5月6日第3版《文艺·天游室杂著》。

去思铭　并序

中华民国二十九年，大同中学二十八年度毕业班诸生以行且离去，不忍于去后之思，爰置日晷仪于庭，而以苍松环之，索书勒石，用垂不朽，遂为之铭。铭曰：

爰居爰处，克劬克勤。是彝是训，既陶既甄。将翱将翔，弥思弥恋。譬彼冰融，渐辞旧岸。爰伐贞石，爰植贞松。授时象日，实茂声洪。千载斯期，寸阴是竞。揣本恃源，永资爰敬。

按:该文发表于《天津民国日报》1946 年 5 月 20 日第 3 版《文艺·天游室杂著》。原文镌刻于大同中学校园的日晷仪上,题为"去思铭并序"、"贺培新撰并书"。日晷仪现藏大同中学的后身北京二十四中档案室。从日英女士向编者提供了日晷仪铭文图片和释文。

【校记】

〔二十〕原文作"廿"。〔毕业班诸生〕原文作"高三毕业班同学"。〔离去〕原文作"离校"。〔譬〕原文作"辟"。

题某报纪念征文

古无报章,而《春秋》有微言大义之别。正论严词以昭示天下,其大义也。刺讥褒讳益损之文,每于吞吐之间见之,则所谓微言也。今之报章,如古之史氏,而事加详焉,责加重焉,审时度势而鼓吹之,疏瀹之,利导之,不可侈言,则微词著之,使潜移于无迹,默运于无形,所以培人心,正风俗,淑世运,厥功莫与京焉。固贤哲之士所当慷慨而致意者也。某报发刊十周年征文,为发斯义,用质秉笔诸君子。

按:该文发表于《天津民国日报》1946 年 5 月 20 日第 3 版《文艺·天游室杂著》。

题吴生工绘人物

前代画家以绘人物得名者,如李龙眠、仇实甫、唐伯虎、改七芗、费晓楼诸氏,其所以横绝百代不同寻常者何在?盖不徒工之难,工而神采生动无滞机,纳雷霆万钧之力于毫厘息吹之间,斯为难能耳。今世绘人物而能工者多矣,其终不能与古人争胜者或其在此。此幅吴生慧珍所作,颇有得于古人之遗意,猛晋不已,庶几登古人堂奥不远矣。周筱泉君索题，因识之如此。

按：该文发表于《天津民国日报》1946年6月3日第3版《文艺·天游室杂著》。

题成亲王永瑆书册

胜清一代名能书者，以成哲亲王永瑆、刘文清公石庵、翁苏斋方纲、铁保梅庵、翁师傅同龢诸家最著。晚清之季，张廉卿先生裕钊，糅合汉魏名碑、周秦金石，独创一格，高古浑穆，冠绝等伦。康南海著《广艺舟双楫》，称张先生集北碑之大成，推崇至矣。永瑆为高宗十一子，历乾隆、嘉庆、道光三朝，以文章风采，照耀朝列。异世追慕，至今不衰。手迹传摹，几遍海内。而脱乱失真者，亦复所在多有。当时手翰，寥若晨星。赝者屡杂其间，鱼目混珠，益复难办。间有存者，无不奉为至宝也。后之人高瞻远瞩，慨慕前修，千古同然，有不能以自禁者。呜呼！亦可尚也夫。

按：该文发表于《天津民国日报》1946年6月3日第3版《文艺·天游室杂著》。

跋蒹葭别坞斋额

李君智超，别署白洋舟子。一日，索书斋额，曰隔岸船坞。余曰：船坞，船之所止，非舟子所居也。司马长卿《上林赋》，有阜陵别坞之言。然坞在阜陵，亦非舟子所宜居。因忆《诗·蒹葭》之章曰："所谓伊人，在水一方。"是真舟子之所宜安处矣。遂书之曰蒹葭别坞云。戊寅中秋。

按:该文发表于《天津民国日报》1946 年 6 月 3 日第 3 版《文艺·天游室杂著》。

题涵象先生遗墨

呜呼!此吾友李子建先生临池之遗迹也。君殚精竭力,毕一生以为诗。《涵象轩集》成,世人以啧啧称道。抑孰知其书法朴茂,若是其神似古人也。吾尝与之论书,君谓:有清一代无书家,以取法下,金石气少,为馆阁体所误耳。余初未尝不以君言为过。洎今观君摹古之作,然后知鞭笞鸾凤,神游太空。其于芸芸穰穰之众,固有不屑一盼者。然君故不以书名,亦从不以自诩,其意量夐乎益远矣!后之学者,有意于此,志趣不可不闳,取法不可不慎,皆当于君乎鉴之。嗣君海云,装池属题,书以归之。

按:该文发表于《天津民国日报》1946 年 6 月 3 日第 3 版《文艺·天游室杂著》。

题文衡山画幅

涵象先生以文衡山所画桂树属题,气韵润雅,笔墨灵秀,洵可宝贵。顾论者以题诗笔迹,不似衡山他作之飒爽有奇气。考衡山生于成化六年庚寅,卒于嘉靖三十八年己未,享年九十。此幅甲寅作,为嘉靖三十三年,衡山已八十有四。书呈老态,固宜然也。特识于此,以质后之赏鉴者。民国廿五年丙子四月。

按:该文发表于《天津民国日报》1946 年 6 月 17 日第 3 版《文艺·天游室杂著》。

题李润生医室

润生先生，任邱李氏。先世多名医，有诚甫、恩甫二先生者，并为先生世父，最享盛名于北方。诚甫先生受知于合肥李相国，李公有疾，辄就先生，不假他人。南通范肯堂先生，晚清诗杰也。及北来，主李公幕，尝有疾累年不瘳，问医于公。公举诚甫，遂应手而效。范公因书联赠之云：“吾自天南至天北，却因良相见良医。”恩甫先生问世较晚，声名藉甚津沽间。性孤介，不随流俗。方剂主简，以为非简不能得轻灵之妙用。主培元气，补罅漏，使其病自愈。不主攻伐，动此伤彼。其说至通至当。然流俗医家务取悦于人者，不能喻也。先生受法于恩甫先生，能尽得其精髓。问世近二十年，救败于垂危，活人于无形。余惧世之惑于流俗就医而反为害也，因略述原委，阐而扬之，俾踵门者省览焉。戊寅七月。

按：该文发表于《天津民国日报》1946 年 6 月 17 日第 3 版《文艺·天游室杂著》。

跋自刻印丙子冬集

丙子刻石，凡成春、冬二集。春集存印五十二方，删去不存者十之二，凡十部皆手拓。冬集存印五十五方，则未加删汰而遗去者三十余石，凡十五部，非手拓也，故印泥浓淡，用力轻重，未尽调适。洎续成三十余石，懒于续入，一任随手散去矣。自以为差可观者或不及留，而丑者或幸致。盖物之遭遇不同若此，然亦聊志一时鸿爪而已。精粗美恶何足道！雁集凫飞，乌足以为多寡哉！丁丑上元。

按：该文发表于《天津民国日报》1946 年 6 月 28 日第 3 版《民园·天游室杂著》。

题李生所集拙刻印谱

侯兴从余问学有年，平居掇拾余治印拓本之零篇，集存为六册，属为题识。侯兴沉默寡言，而心弥缜密。艺业之作，日进有功。第念斯小技耳，余治之二十余年而不能工。然向视为玩好游戏，作辍无度，卒未尝专心而致志。夫专心而致志，庸讵敢谓其必成，况其不能专耶？能专矣，能成矣，于世亦何所补？与不能专、不能成者奚择？与摈弃绝不为者又奚择？而侯兴之珍重而护惜之，果何为也哉？

按：该文发表于《天津民国日报》1946 年 6 月 28 日第 3 版《民园·天游室杂著》。

跋徐燕孙工画节义图卷

东坡论吴道子画云："道子实雄放，浩如海波翻。当其下手风而快，笔所未到气已吞。"又云："吴生画佛本天授，梦中画作飞空仙。觉来落笔不经意，神妙欲到秋毫颠。"吾国用白描法画人物，至唐最盛，而吴道子集其大成。东坡以一代文宗，兼精书画。其推崇道子，可谓至矣！后李公麟、仇十洲略传衣钵。千秋落落，不可再得。深州徐君燕孙，北方健者。画笔之超，夐绝时流。尝见其雄放之作，笔势奇纵超忽，如飘风急雨之骤至，轻车骏马之奔驰。而此卷用笔秀逸，又似鸾翔凤翥，云烟缥缈于九天之上，回然非复人间所有也。境界不同，而其为绝诣则一。盖君于白描为尤精，余于白描亦独嗜，故偶有索，辄止之曰：勿着色云。

按：该文发表于《天津民国日报》1946 年 7 月 1 日第 2 版《文艺·天游室杂著》。

跋黄左田山水轴

黄勤敏公，当涂人。名钺，字左君，亦曰左田。生于乾隆十五年庚午，卒于道光二十一年辛丑。乾隆五十五年庚戌进士，嘉庆时官至礼部尚书，年九十余始告归。能书善画，词章尔雅。所作山水，笔墨苍润，得萧云从遗意。与大学士董诰，有董黄二家之目。此幅即作于成进士之岁，时年四十，正中年精诣之作也。片楮流传，洎今且百有余年。鼎革以还，国家多故，闾阎弗宁。余亦再迁家至故都，箧笥卷轴，不能尽携，任取数事，用自观玩。而此轴之在吾行箧，又且二十年。大难突起，故乡庐舍，化为灰烬，数百年藏弆故物，杳不复存。念先人所留贻，就中以乾嘉时名迹为多，而幸存仅此。又烟熏屋漏，浆解纸脱，亦联翩且作飞蝶矣。因加装池，并识原委。退之曰："兴亡百变物自闲。"夫能自闲者幸也。而天下之涂炭澌灭者亦多矣！所谓鬼神者，亦且穷于呵护，茫茫浩劫，正一往而不见其涯。夫然后知得与此画共闲于天壤间者为尤幸，而又且愧且惧，初不知吾之终能自闲与否也！

按：该文发表于《天津民国日报》1946年7月15日第5版《文艺·天游室杂著》。

祖父遗墨跋尾

先祖墨迹，家匙藏弆。见背后三十年来，往往搜求得之。此幅书《庄子·达生》，为吾友杨泊庐购自坊间转以相赠者。吾侄琇莹于归李氏，求赐曾祖书，俾永世思慕。因并求吾师北江先生跋识而归之。《诗》云："毋念尔祖，聿修厥德。永言配命，自求多福。"吾侄当知自勖也。民国二十八年己卯秋七月。

按：该文发表于《天津民国日报》1946 年 7 月 15 日第 5 版《文艺·天游室杂著》。

题半丁画幅

周君汉南，嗜旧玉如性命。腰间累累，恒佩数十。趋作锵然，有古君子之风。余年来渐有同好，苦自搜寻，辄屡攫之，汉南不以为牾。汉南喜丹青，余亦数以所藏弆者畀之，弗遴也。一日，过余见半丁此画于壁间，爱而思得之。余曰："箧中仅此，奈何？"君曰："公无玉非汉，汉无画不贺，不亦异日之佳话乎？"余喜其吐辞隽永，遂举以为赠。汉南曰："愿有记也。"忆时贤有句云："引玉愧非砖。"其是之谓乎？甲申中秋。

按：该文发表于《天津民国日报》1946 年 7 月 15 日第 5 版《文艺·天游室杂著》。

扇　铭

（一）不因人而热，不授人以柄，曷即曷离顺天性。

（二）吾终怀袖女，吾弗弃捐女。羌有清而无燠兮，尚怜女。

（三）坚贞平直，心通而虚，出则凛然见风骨。或抱素而退居，行藏取舍岂不绰然而有余乎？

（四）譬鸟双翰、车双轮，譬辐附毂、齿依唇，合衷斯济弗可分，同根共本恃厥源。

（五）列子御风泠然善，庄生游乎六气辩。鹏翼蜩翼何从办，咫尺天涯任舒卷。

（六）骨秀神寒，子蕴洁也。泯尽圭棱，子含节也。文理细密，久而弥澈也。世炎而独凉，趋时弗屑也。秋风起兮，行暂别也。弃置者常耶？时乎其哲也。

按：该文发表于《天津民国日报》1946年8月12日第6版《文艺·天游室杂著》。

跋明刻诸史详节残本

考据贵有确证，而鉴别贵得真赏。此书板本，自以吴子和先生断为明刊之说，为最有铁证而毫无疑义。所谓傅沅叔定为元刻之说，未见笔之于书，疑其或无是言。弟纵有是言，亦一人之私，不足以昭天下之大公也。至所谓朱墨眉评为有清仁庙、纯庙之手迹，题者纷纷，似均无异议。余则不敢苟同。盖笔迹纵绝相类，亦匪可臆断悬揣而遂定焉者，况其不尽神似耶？盖亦所谓无确据也！质之更生先生以为何如？甲申闰月。

按：该文发表于《天津民国日报》1946年8月12日第6版《文艺·天游室杂著》。

虚白轩印跋

吾友王君紫琳，以虚白名轩，属余为治印。余谓：君性耿介，淡荣利，似山阴吴泰交寿昌；好学问，耽著述，似桐城方宗屏昌翰；精鉴赏，喜丹青，其风趣又似昭文杨晓村旭。三君固均以虚白名其室者，君之有取于是也宜哉！

按：该文发表于《天津民国日报》1946年8月12日第6版《文艺·天游室杂著》。

记葛生集存拙刻拓本

葛生君献,为余主讲中国大学时所得士。为人忠诚幽静,喜艺术、文学,于俗好淡如也。平居集余刻石拓本之残存片楮,装为二册,用作把玩临摹之资,并索为题识。韩公云:“志乎古者希矣。志乎古,必遗乎今。余诚乐而悲之。”吾今于生亦云。

按:该文发表于《天津民国日报》1946 年 8 月 12 日第 6 版《文艺·天游室杂著》。

跋纪泊居先生书札册

泊居先生,宿儒饱学而名未大显,著述亦稀。殁后,门人辈搜集遗著,印以为《泊居剩稿》,乃诗十余首,文一篇,题跋书札数篇而已。何其寡也!往岁,王君恂庵以先生书札册见示,为题以诗。今张君子高,复以此册属题。二君皆尝亲炙先生门下,宜其于先生遗墨如是奇珍且重也。抑古之君子,务正谊明道,孳孳证得失于方寸,岂尝几微有名之见存?是故好古敏求,述而不作,而其意量实足以淹贯中外,涵盖古今。退之云:“内不足者,急于人知,而以唯恐有闻称子路。”此册多先生信笔偶书、往还酬酢之作,度尤非先生所欲存。而后之君子,护惜宝爱,流衍传嬗,有决不听其沉没者。彼亟亟以著述自炫,刊布之唯恐不力,卒之问世之日,即为举世�置之时,终不获人之顾及之者,独奚为哉?

按:该文发表于《天津民国日报》1946 年 8 月 12 日第 6 版《文艺·天游室杂著》。

天游室杂著补编

编者按:在《天游室文》、《天游室文补编》、《天游室杂著》之外,编者将搜求到的贺培新文章七篇纂为两卷,题为《天游室杂著补编》,收入本书。

目　录

卷一　传记　寿序

黎大总统事略

公以同治甲子生于汉阳，乃世界共和先进立国之岁。本籍黄陂。父讳朝相，以游击任北洋练军某职，驻北塘。光绪癸未，公肄业北洋水师学堂，英伟厚重，勤学为诸生冠。毕业后，服务海军者七年。甲午中日之战与焉，时公任广甲管轮官，由广州调威海。船本木质，不宜任战斗，管带官奋勇参战。及被陷，长官已乘小艇去。公义不为敌虏，蹈海走，几灭顶，卒凫行至大连，同行十二人，存四人焉，九月二十七日事也。

公痛军国日非，知非精研学术，实修战备，急图自强，不足以敌忾雪耻。会张文襄督南洋，新建江南各要塞炮台，难其人，闻公多材艺，富军事学识，召与语，奇其能，遂命监修金陵、江阴、狮狼等山炮台，皆坚精，中程度。旋遂节移湖广，偕德人放练湖北新军，三赴日本考察军务，凡侨东一年有半。历充湖北护军马队长、前锋统带、第二镇协统兼镇统，寻以财绌裁镇，仍任第二十一混成协统领兼管马炮工辎各队，假陆军协都统衔兼提调兵工铜药两厂，监督武中学堂，会办陆军特别学堂，并统楚字兵船六、湖字雷艇四。丙午彰德南北大操充南军统制官，戊申太湖宁鄂大操充鄂军统制官，指挥若定，动协机宜，声誉大震。

公勤诚清俭，治军严明仁恕，以官事为己事，不滥费公家一钱。军需节省所余，则以加惠士卒，故部下服装整肃，且视他军每年多发一次。公自治甚严，虽酷暑，闻熄灯号必入寝室，从不露宿；虽严寒，必先他人起，梳栉皆自为之；虽除夕元旦，必宿军中，数十年如一日。视士卒如子弟，教育惟恐不及，以故全军皆如挟纩。平昔优礼士大夫，遇有公益事务，乐与绅商接洽，故鄂人皆归心焉。公潜心大业，鉴于世界大势，以为军人非通明学术、有国家知识者，不足与明耻教战，故所募多知方向学之士。既以兵法部勒，复以大义勖勉，故兵士程度超越等伦。历年各处革命旋起旋灭，独鄂军举义，克集大勋，非公坚苦卓绝，一手培植之力不至此也。

清季失政，革命四起。瑞澂督鄂尤操切，偏听群小谗间，竟疏劾公。幸公以大操为枢廷所知名，事得寝，由是益忌。公檄调所部兵四出，故辛亥八月十九夜之变，革命突发，公兵不在省，固无负于清廷也。鄂军既多读书之士，愤激时政，充满革命理想，然皆下级官兵，并无若何政府组织。及瑞澂捕杀彭、刘、杨三烈士，复按所获名册，缇骑纷往各营递捕，一时人人自危，仓卒发难，全城无主，秩序颇乱。至二十二日，革命军与咨议局议员始一致推公为中华民国军政府鄂军大都督。公再三谦让，最后乃以首禁妄杀，暂以军事首领名义维持地方治安，国事听全国人士解决为主旨，相要约全体服从命令，乃遂就职。全省欢呼，情势大定。向非公出以重望，镇慑人心，以严法制止暴动，则地方糜烂，革命危矣。公从容定变，不动声色，一面领汉阳、夏口部署军事，以备迎战；一面派员与驻汉各国领事交涉，一致承认为交战团体。于是各省相继响应，并派代表公举公为中央大都督、陆海军大元帅。时黄公兴来汉，有筹设政府之议。公以军事为急，登坛拜将，请任军事专责。然汉阳虽失，南京幸捷，清廷派唐公绍仪南来议和。公任伍公廷芳为代表，在沪开对等会议。孙公中山自海外归，各省代表在沪公举孙与公为临时大总统、副总统。暨南京政府成立，孙公解职以让项城袁公，临时参议院复举袁与公为临时大总统、副总统。其时中央事权未固，各有争议尚多，排难解纷，皆赖副总统一言为之准，则隐然有左右轻重之势，系天下之重望矣！

公见都督权重，虑成藩镇之祸，致国家不能统一，负革命救国之初志，因主张军民分治，首自裁兵为天下倡，鄂军十师裁汰其七，资遣归农，绝无惊扰。民财各政归民政长；司法独立，悉皆予以全权。从未私荐一人，阴示一意。严厉禁烟，种、运为之绝迹。计自军政府成立，上下官庶均月支零用法钞二十圆。期年之后，始给薪俸。公则仅食公食，并未动支公费。以故革命一役，一切取之省库所固有，且豁免丁粮一年，讫未借款募债也。公侧席求贤，礼聘四达，所用官吏非革命功人，即老成硕望，是以初元新政极盛一时。公犹惧武人拥兵，尾大不掉，不惜以身作则，自解兵柄。适因刺宋案起，南北政见各殊。公虑国内纷争，致阻列邦之承认，为求统一计，本意力主调和。及调和无效，公鉴于辛亥武汉创巨痛深，不忍乡邦首当其冲，再罹兵燹之祸。至赣省独立，各趋极端，九江之师，无术阻止，中心苦痛，莫可名言。及湘省独立在后，北廷犹主加兵。公则挠缓曹师前进，劝其取销独立，且为主要诸人出脱，诡言独立为应付潮流，系先与商量办理，以身保证，百口解释。其免除战祸，为国为友，苦心维持有如此者。会正式被选为副总统，遂解职入都。公公忠体国，至诚待人，一身利害在所不计，虽处危疑之地，而坦怀相与，泰然自若，无一毫自经之私与不谨之失，人亦无可如何而乐与交欢，故能履险如夷。

初，公以项城才能统治中国，保障共和，是以屈意拥护，尽力赞助，期与宏济艰难，奠定大局。迨筹安会起，洪宪势成，公知无可挽回，而身处嫌疑，言动不便，乃力辞参政院长、参谋总长各兼职，退出瀛台。一时希旨儌功、威胁利诱者日必数起。公内断于心，一不为动。武义亲王之封，公文则拒之，俸金则却之。元旦百官来贺，公对众曰："辛亥革命牺牲无数生命财产，岂专为一人官禄地耶？诸君如相逼，则立时碰柱而死，以谢革命诸先烈。"盖以一身为民国作孤注矣！

丙辰六月，依法继任大总统，恢复旧约法，召集国会，由总统制改为内阁制，阁员皆各方首要人选，无一私人。公府守卫军警悉仍其旧，不自置一兵卒。灭省公府经费，悉罢崇文门与烟酒署等供应规费，匪颁好用，不另向财部开支，廓然示天下以无私。整理财政，恢复中国银行兑现，以恤民困，乃为资产势力所挟持，行之不久，为始意所不及料。

公既让政权于内阁，首揆总持大体，任人不任力，其用事者喜专擅，事体重要者，每不先关白。公素勤政，事必躬必亲。及事发觉，势不免于诘难。府院龃龉，实根于此。对德绝交，公与外交总长伍公廷芳主持在先，宣战为必至之势，安有犹豫？实因驻日公使为日人所利用，与内阁密商大借款，电信往来已成巨帙，而公一无所闻。民党议员以内阁假参战之名行借款之实，致国会反对内阁。公内不满于借款之行为，外无以间执议员之口，调和无术，因主慎重，是以终其任而借款不成。借款不取销，而宣战案不得通过成立。此国会与内阁之争，并非公怀疑于宣战也。公爱国爱民，视公财如私财，视国事如己事，以为国穷民困至此，何忍轻加负担。且参战亦自有其道，如招募华工、接济军需材料，均可协助联军，何必出兵战场，更何须如许绝大借款。且参战以求利也，利未形而害先著，骛虚名而贻实祸，智者不为。故阁会积不相能，宁肯去阁而存会，此解决政争不得已之办法，并非与阁揆有私憾也。

公本富于责任心，以为坐啸画诺、尸位素餐、贻害国民，亦何责有此共主？何颜以临民工？故凡要政之未先与闻得同意者，临事必加考虑，乃始用印，以防朦蔽。院方用事者，则以宣战一案，公府与国会一气足以制内阁也，乃外联督军为抵制府会之计，于是有徐州会议，其愤激者但求能解散国会，推翻总统，即复辟亦可赞成。计划已定，于是有各督军齐集都门、联呈请罢国会之举。及总统免职，于是而各省称兵独立，胁罢国会；于是张勋主和，入京，藉图复辟，皆其阴谋豫定之步骤。而公诚信待人，未之逆臆也。公手创共和，素重统一，不欲亲见国内分崩，故不惜徇新总理权衡利害轻重之言，暂停国会以取消独立。盖先存国会为经常，后罢国会为权变，总之皆为国家大局计。是时，公已决定暂时忍辱负重，事平即引咎辞职矣。张勋以两千兵敢在军警数万之首都肆行复辟，其先得强有力之私通默许，不问可知。事发之晨，陆军兼参谋总长及步军统领带领梁鼎芬等入见，意在请求归政。公声色俱厉，大义相责，儆告以世界大势与国民公意，同趋共和，国体之不可纷更，革命之不可再见，专制之万难幸存，复辟之决无成功，谓梁不识时务，受人利用，陷害故主，侥幸功名，为清室罪人等语，义正辞严，堂皇训诰。梁懊丧退，复说其守卫司令，至午乃出。公既无亲兵，其守卫司令为梁门人，复为所惑。乃召集军官议讨叛逆，陆参兼长面阻之。附郭将领有请战者，复力戒止之。公知若辈不可与谋，在府不能有所建白。前之免阁揆以存国会者，原以解一时之政争，非有他意。今国会既停，内阁当复。次日，即复任段公祺瑞为国务总理兼讨逆总司令，遣员赍密令送之天津。又次日，而出居东交民巷，并将大总统印信送段转交冯副总统而通电辞职。及辟乱讨平，总理敦请复职。公慨然谢绝，出居天津。其诚于爱民，勇于让国，明于责己，观过知仁，心迹可白于天下矣！

公既去职，当道遂废，国会设参议院，于是旧国会议员南行至广州，旧阁员有南迁者，海军亦继往南方，元老与疆吏群起以护法为名，政府、国会俱备而莫适为主。屡有人请公南行。公虑成南北对峙之局，不欲民国自我身而分裂，延长战祸，以重苦吾民，故宁肯开罪同志，牺牲名位而不之应。于是有七总裁与大元帅先后护法之役，扰攘数岁。至壬戌，全国舆论佥以恢复法统为解决时局之要道，北洋将领因迎公复位。公知为利用过渡，不能行使职权也，固辞不获，至与虎谋皮，以废督为要约，以示谢绝，而各疆吏亦貌然应之。时中央无主，全国各法团一致劝进。迫不得已，单骑入都，撤销六年被独立督军团与复辟首领胁迫之解散国会令，俾参众两院议员复职，并咨请国会解释继任大总统期限，以昭公信。废督政策以安徽为始，参酌情势，行之以渐，军阀中有干预大政、出言不谨者，明电申斥之，其整纲饬纪、不畏强御有如此者。

公廉洁刚直，于财政尤风厉。前任都督、大总统时，财政当局偶有嫌疑，必为彻底根究，以息谣诼，而立威信。是时奥国债款之案，阁员秘密进行。公据议长密告及人证，迅破其谋而事以寝。但能为国家节省财力，虽结怨于人，失之严厉急切，亦所不惜。故公两任总统，无一外债之案贻累国民。元二督鄂与此次继任均不受本职薪俸，且裁灭原有公府经费三分之二，月支尚不及十万圆。至历任已免复收之崇文税关、烟酒署等供应规费，月六万圆，适值留东及京局学费窘迫，立予全数拨充，均为他人所不能及者。公以国家之乱，由于无法，因敦促宪法成立，至为筹款增发委员出席费。而虎视眈眈者不之谅，反诬以为固位之计，篡逐之谋乃益棘。公见犯上作乱，逼府围宅，军警为势利所摇惑，不任保护之责，因之避地回津，中途复有劫车夺印之事。由此而贿选公行，国会破产，其不附贿选之议员相继请公南行，冀伸大义于天下，复为所在疆吏所跋疐。至于避居海外，始得屏息。纲常之废坠，势利之高张，世道人心之陷溺一变至此。此乃全国之是非，非公个人之荣辱也。

公以正治国，不屑为奸雄狐媚阿世之术，奈处军阀官僚恶浊环境，一传众咻，遇非其时，直道不容，既不假外财以供挥霍，复不结外援以张声势，所部无一亲兵，所属无一私党，是以失败如此之易。然公之办法虽不得行，公之主义则不可磨灭，卓然有以自立于天壤。故两次被逼逊位，一则激成护法，首都成偏安者五年；再则反对贿选，中原相劫夺者三变，其所谓武力，卒致同归于尽。公之进退关系民国统一与治乱安危，顾不大哉？

公体气素强，且善卫生，起居有节，饮食有度，临大变而不惊，遇大难而不惧，处大困而不忧，故素无疾病。独至两次罢政，一则病于京师，一则病于上海及日本，皆以求治反乱、激刺太过、忧国忧民、负责引慝之故，元气之伤，实基于此。迨至近年，兵连道阻，平昔所苦心经营之实业，原冀以倡导民生者，转而摧残殆尽。既失望于政治，复痛心于实业。起视人民，则廛市为墟，饥寒载道，革命救民之谓何？重以外交惨案，实逼处此，虽以豁达大度，竟至忧劳伤人。寝疾七日，遂以不起。盛德大业，未竟其用，此诚公之憾事，亦即民国之痛史也已！公行谊繁多，关系至重。略举所知，未尽百一。其他大事要闻，与夫嘉言懿行，搜罗纪载，尚赖名贤，惟方家幸垂督焉！

按：该文钞本现藏国家图书馆，贺培新捐献。文末作者注云："此乃未定之稿，仅举个人所知。就中所述，殊多疏漏之处，尚须与在事同人公同考订，慎勿率尔据以发表为幸。述者谨附注。"

国民政府主席蒋公六十寿序

中华民国三十有五年十月三十一日为国民政府主席蒋公六十揽揆之辰。斯时也，倭寇之夷亦既一载。含生之伦，托庇洪庥，讴歌载颂，莫可言宣。于是华北之各界首长及耆绅，奔走相告，咸欲共进一言献于左右，以申上寿之忱，而推宗仁主其事。宗仁以谓，古之善颂者率以富贵寿考为言，子思子独于禄位寿三者之外特举乎名。盖以名者，造物之所吝惜而获之不容偶然，故比重之曰有德。否则位与禄纵盛极一时，不转瞬而音沈响绝，等量彭殇，寿于何有？故必名实相辅，斯足不朽，斯足称庆。然则扬名扢实，以祷寿康，居今之日，舍主席孰克当之？因扬觯而告于众曰：

有史以来，圣贤英伟，代不绝书，或以创业，或以守成，或以文治，或以武功。惟主席值天下非常之会，逢旷代未有之艰，揽古通今，弸中彪外，龙蛇赤子，以驯以徇，兼孕并包，寓定于变，言为世法，动为群率，彰往察来，一人而已。

主席幼承母教，孝名闻于里党。长而入学，怵然于明亡之惨，辄奋发有恢复之志。负笈东瀛，刿目维新，反镜内憾，卧薪尝胆，遂以澄清天下为己任。嗣谒国父，倾盖之间，引为国士，革命大业乃肇于此时。归国后，赞襄国父，举凡建军为政，组党育材，荦荦大端，皆以主席总其成，遇合之深，千禩罕觏。岭南夙为革命策源之地，护法以来，迭经叛乱。主席不动声色，或戡或辑，莫不转危为安，易祸为福。数年之间，浸浸向治。此虽方面之效，然勋名所播，隐然已负苍生之望矣！当斯时也，北洋军阀窃据政柄，列强虎视，利诱威胁，人民处水火之中，国家有将亡之痛。国父悲焉忧之，栖栖南北，竟赍志以殁。主席秉承遗教，誓师北伐，指顾之间，东南底定。乃异党构搧，不得不稍事休整。至十七年始重张挞伐，直指幽燕，以王者之师，吊民问罪，卒克北平。革命统一之功，亦于是告成焉！然而天厄中国，赤氛潜滋；邻敌窥伺，乘隙抵衅，噬我疆土。主席度势量力，知己知彼，以为非团结不足以御侮。于是宵旰勤劳，刚柔互济。内忧甫平，外患剧作，狼奔豕突，中原板荡，遂遭亘古未有之大难。主席不震不惊，胸罗成算。十年生聚，百折不挠。统率全军，周旋应战。溯洄群海，指划大圜。气冠千军，目营八极。不以失利而自馁，不以援绝而自危。卒以唤起举世之同情，挽回全民之劫运，伸张天下之正义，坚定民族之信心，厝国家于磐石之安，驱敌寇于边圉之外，扬威环宇，跻列五强，从此诸邦啧啧，共仰中华伟人，而比肩横肱，主盟坛坫，有史以来未尝有也。

昔诸葛武侯之治蜀也，开诚布公，鞠躬尽瘁，而独取澹泊明志、宁静致远二语以自喻其所得。盖从古伟人，未有不如是而能任天下之艰且巨者。主席平居，处有事若无事，虽羽檄倥偬而指挥若定，读书未尝一日辍，治军之暇，训诲将吏，抚循疾苦，仁惠不啻父母之于子女，是非有得于明志致远之学者，孰能至此？抑又闻之，主席一生大节，涵濡于太夫人者居多。孟岳名贤，有由来已。而主席缕述懿德，孝思不匮，允为国人矜式。德配宋夫人，以贞慧之才，襄赞万机。故孔子曰："君子之道，造端乎夫妇。"而系易至家人，则以天下之定，责效于严君。由此观之，主席齐家之道，关系国运，庸不巨哉？叔孙氏之言曰："立德、立功、立言，虽久不敝，此之谓三不朽。"有是三者而后可以言名，有是三者而后可以言寿。虽然名者贤智之所难，而天人之所始也。主席以一身荷天下之重，为天人所交困者屡矣。而巍巍名德乃日增而月盛。主席则不以自有,不以自多,谦冲自下,从谏如流,慊然时若不足,退然时若无与。然则屏天人之所妒,成革命之伟业,为万世开太平,为五洲树楷模。斯主席之所以为寿也欤?中华民国三十五年十月三十一日。

按:该文发表于《天津民国日报》1946 年 10 月 31 日第 6 版,大题为《平各界恭上寿序》。报纸原编者按曰:“主席今日六旬华诞,北平各党政军各首长及地方耆绅五百余人,由李主任宗仁领衔,恭颂寿序一篇,系冀省名流贺培新(孔才)氏所撰,顾随(羡季)氏所书。兹志原序如次。”

卷二 书目序 艺术史论

天游室集总目并序

文一　起民国八年已未，讫民国十八年己巳，凡十一年，为文五十篇。

文二　起民国十九年庚午，讫民国二十五年丙子，凡七年，为文五十一篇附丁丑为文一篇。

诗一　起民国十年辛酉，讫民国十三年甲子，凡四年，为诗百二首。

诗二　起民国十四年乙丑，讫民国十七年戊辰，凡四年，为诗百九首。

诗三　起民国十八年己巳，讫民国二十一年壬申，凡四年，为诗九十九首。

诗四　起民国二十二年癸酉，讫民国二十五年丙子，凡四年，为诗百三十首。

诗五　起民国二十六年丁丑，讫岁尽，为诗四十八首。

自己未至丁丑，凡十九年，得文百二篇、诗四百八十八首。

余年十六受业北江先生门，今二十载。侍讲之余，偶有所作，盖无一字不就正于先生。于古作者精微之蕴，盖无不获承指授。才质驽下，未之能副也。积稿渐多，友好辄欲为出资刊行。余谓先哲昔贤，学成名立，往往终身不自出其书，其意量固非凡常所能喻。第今日变端之亟，亦古来所未有。区区所蓄积，不以供之当世，而必俟乎千百世下，则今日之文，不乃可毋作乎？且亦安见夫后世之必有子云也。因仿旧时书院课艺，取吾师历年评定之稿付梓，就正于同道，又因以自省焉。中华民国二十六年八月记。

按：该文原载1937年刊刻的《天游室集》卷首。

潭西书屋书目序

潭西书屋书目，为贺培新孔才所藏书。吾所藏书，始自前清乾嘉间，吾太高祖慎舟公所购。太高祖时官江苏知县，搜求善本且十万卷。同治中，高祖兄弟三人析产，所谓绍业堂、述业堂、广业堂者，各得三之一。至光绪二十年，述业堂之书，吾祖父松坡公尽购收之。又数年，从祖父心铭汇亭又以广业堂之书尽售于我。惟长房绍业堂之书售之他人。吾曾祖苏生公亦藏，时有所增益，所购多通用之书。祖父则非名家钞校宋元明善本不取，而所收尤多。至是遂与旧所藏相埒。此书多自武强县北代村辗转移至故城县郑家口。民国十五年，移家北平。二十年，复移书来平。二十二年析产，蕴德堂应得六之三，颐年堂、十书堂，各得六之一。余所留藏，亦只六之一耳。至卅年，蕴德堂之书出售。我尽收之。卅三四两年，颐年、十书二堂之书，复归我，可三之二。余居北平三十年，所购多金石原拓及名家考校之本。此潭西书屋今日所藏书，二百年来更替变迁分合消长之迹，俱如此。此目随手检录，不次年代，不分部居。而著者名氏，刊刻年代，卷帙函册，备列无遗。先人手泽，某家批校，某氏印章，亦悉入载。惟当卅年，蕴德堂之书来归时，室狭不能尽庋，尝以通常之本一部，寄存于某中学图书馆中。卅四年，购潭西书屋新居于西北城隅积水潭畔，遂取而合璧，乃见书面尽钤有某校图记。而潭西书屋藏书图记反未及一一钤入，亦憾事也。卅八年北平解放，适书目草成，遂依目点交国立图书馆，将永为国家人民所公有。卅八年三月，孔才贺培新书于潭西书屋。

按：1949年3月25日，贺培新将家藏书籍捐献给国家时，曾辑《潭西书屋书目稿》目录一册，并撰序一篇置于册首。此目录并序文手稿现藏国家图书馆，贺仁先生供稿。

篆刻学

(一) 总说

世皆以篆刻微艺不屑为，然由秦汉迨今数千年间，卓然与古为徒者，有几人哉？文彭名天下，而生平绝少佳制。邓顽伯书名家矣，篆刻亦不足与古。独赵㧑叔氏，擩秦汉至深，集中大氐名作，迈绝前人。西泠六家，惟丁氏尚有可取，至今日号称极盛，然亦不能跨赵氏而上之，还秦汉也。呜呼！世交弃之，以其微末不足以为也，而其难如此。苟非殚力以求之，乌能有得哉？夫求之而不力，虽此微艺犹不能至，况其艺之难于此者哉？

雅俗之办，为百艺所尤要。何时何事，好而为之者非不多，而成者则独寡，篆刻其甚焉者也。盖篆刻于美术中为至高古至淳雅一种，自较他艺为难为。故不能办雅俗，根本全失所据矣。

篆刻必以秦汉为宗。古今名家印集，亦宜广为涉猎，然不宜乱。其选择务须精审，否则终不免彷徨于歧路，欲返正而无由耳。

石鼓文琅琊台铭，石刻中最古最精者。其篆势之高古浑穆，神奇变幻，森然无可捉摩，讲篆刻者应时时涵咏其中也。至于岣嵝碑之伪品，峄山碑之翻本，古意全失，不特篆刻家不必深研，即学书者亦可略之。汉魏六朝名碑至为繁多，总以多读为上。唐以后气息单弱，神情板滞，浑穆高古更无论矣。虽研之深，亦难益于篆刻，置之可耳。

秦汉印最饶趣味，而其趣味具在平正中，不以出奇为上。间有奇者，未必其中上品也。后人喜其奇制，不顾篆法章法，一意造奇，便堕落俗派，不足登大雅之堂矣。而于其平正之制，不能识其天趣所在，则又以琢磨做作工夫，专以工整为务。于是秦汉人之天趣全失。篆刻不成其为篆刻，直如匠人之刻木雕板，美术中最高艺术一种，遂为此辈无识之徒坏之，良可慨矣！

自赵㧑叔以一代高才，精心研求，卓然以此名家。全集中朱白文具多精制，秦汉人天趣栩栩然如欲复生，前弊为大矫。近吴缶庐又崛起沪上，一时从游徒友各有所独到，各自名家。篆刻之学至今日为大振矣。然世人囿于数百年故习，犹往往呰议，则所谓堕井取黑，反疑天之何小矣。辩不屑辩矣。

虽然，近今一派，亦不免流弊。盖徒视其苍苍莽莽，而漫然摩拟之，必至草率无刀法，散乱无章法，是失其所谓雅、所谓美矣。然苟循规蹈矩，不敢少事放纵，又何能得其神妙。故于兹有必具二事焉：（一）为天资过人。天赋之资，思想自高，目力自强。始真能办其雅俗，明其微妙，会其精神，兴之所至，把石奏刀，精采自悠然来合、焕然发耀矣。（一）为功力所至。功力既深，俗所谓熟能生巧，不拘常法，不顾定例，随意所到，剖石挥刀而成文字，苍莽光怪神奇幻化，莫测其端，而一笔一画，皆脚踏实地，其稳重若千钧之不可改移，篆法章法，具合乎古，渺无越矩犯规之验。呜呼！人必先有所法而后能。若此境，则所谓臻于变而后大焉者，非一朝一夕之功也。老于此者自觉之，初学恐不及深识耳。（未完）

按：该文发表于北京大学造型美术学会编《造型美术》，1924年第1期。

洛阳龙门考察报告

龙门古称伊阙（非《禹贡》所谓“导河碛石至于龙门”之龙门。《禹贡》龙门为今陕晋接界黄河奔流泻口处）。因两山对峙，崖石壁立，望之若阙；伊水历其间北流，故谓之伊阙。唐韦应物诗“凿山导伊流，中断若天阙”即此。盖西山曰龙门山，东山曰香山，后总称之曰龙门。

唐诗人白居易字乐天，居香山久，今其墓犹在，后人称为白香山。香山尝曰："洛阳四野山水之胜，龙门首焉。"龙门在洛阳城南三十里，唐诗人自韦应物、白乐天外，如李白、杜甫、刘禹锡等皆尝游居于此，多有诗。

造像龛

龙门之有石佛造像龛，乃自元魏始。《魏书·释老志》云："景明初（民国前一四一二年），世宗诏大长卿白整，准代京灵岩寺石窟（即大同云冈）于洛南伊阙山，为高祖（孝文帝）文昭皇太后营石窟二所。初建之始，窟顶去地三百二十尺。至正始二年，始斩山二十三丈。至大长卿王质谓斩山太高、费工难就，奏求下移就平，去地一百尺，南北一百四十尺。永平中，中尹刘腾奏，为世宗复造石窟一，凡三所。从景明元年至正光四年（民前一三八九年）计营造二十四年之久，用工八十万二千三百六十六。"由此可见，元魏造龙门龛像工程之浩大。《金石文字记》称："后魏胡太后崇信浮图，凿崖为窟，中刻佛像，大者丈余，凡十余处。后人踵而为之，尺寸可磨，悉镌佛像。"惟永平六年（北齐后主年号，民前一三三七年，太后当国）者，书法差可。唐人则为总章（唐高宗年号，民前一二四四年）以后及武后年号。由此可知魏、齐、唐三代之为此者，无非女主之崇饰。隋亦有《龙门造像记》，述其造像事迹。据此则龙门佛龛造像乃尽由后魏、北齐、隋、唐时造，距今则千数百年。其间造像上至帝王皇后、王公贵戚，下及仕宦富人，均各凿崖刻像，亦各有造像记可考。创作非出于一时，工力财费尤不可以亿计。明彭纲《题龙门石像》诗云："当时锤凿斫民脂，万金不恤穷妖奇。"讽刺得体。

雕刻艺术

龙门两山石壁间，高下凿为大洞，或为小龛，不啻千数，琢成诸佛相、菩萨相、大士相、阿罗汉相、金刚相、天王护法神相等。有全身者，有就崖壁露半身者（按：小龛现十龛九空。其空者皆为全身像，不与石壁连，故为人窃去）。极巨大者数丈，极小者寸许。有趺坐者、立者、侍者。一龛中或数像，或数十像，或数百像，或数千像，最多者，一龛中万余像，万余像者亦不只一龛，总数无虑亿万计。诸像神态千变万化，或喜或怒，或闭目冥思，或昂首遥望，神采飞动，衣纹飘舞，骨干硬挺，气魄雄伟，雕刻之美，可谓精绝。然其工有朴有细，以时代分之，大抵魏像古朴浑穆，隋唐像则飞动庄严，实有其美术上之价值，与东方雕刻及吾国文化史皆有关系。前美国人马密曾称："就中国古物论，当以龙门之古物为尤可宝贵。"此外英法美术家，亦多有论赞龙门造像之著述。因此在外人横行中国之时，遂勾结奸商，竞相盗买矣。

造像被毁

龙门造像盖自金元以后即开始毁坏。元萨天锡《龙门记》云："诸石像旧有裂衅。及为人所击，或碎首，或损躯，其鼻目、其手足或缺焉，或半缺、全缺。金碧装饰悉剥落，鲜有完者。"（按：隋唐像当年多金碧装饰，缨络秾丽）毁坏开端盖自元时已然。后世不知保存，屡加毁坏。据查自民国十七八至二十七八年，十年间毁坏最甚。帝国主义者盗买中国古物唯恐不尽，勾结贩古奸商恣意取求。如龙门造像原系全身不连崖石者固所欢迎，其就崖石现半身者，得一佛头则若拱璧，往往出港洋数十之价。因此除小龛全身像无一留存者外，其半身像亦千数中无一二完整者，更或断残大像之手或臂。以今观之，无一龛之像不被碎首损躯者。后往往补以石灰首、泥首，丑劣不堪矣！

石刻碑碣

龙门山壁危峭，造像如林。龛内外及造像傍，多镌字为造像记，半出自后魏人手，其出自北齐、北周、隋唐人手者亦有之，宋以降至元明清勒石作碣者亦不乏，总计不下数百种。前人多好集拓为全山、一百品、三十品、二十品者，以龙门二十品最享名，传播亦最广。二十品者，清德砚香取书法最善者，若孙秋生、魏灵藏、薛法绍、洛州刺史始平公、杨大眼、北海王元详、长乐王丘穆陵亮夫人尉迟氏、广川王贺兰汗、郑长兽、高树、广川王祖母太妃侯氏、安定王元燮、比丘尼慈香、北海王国太妃高氏、比丘道匠、司马解伯达、一弗、比丘惠感、比丘法生、齐郡王佑、马振拜等造像记二十种，均系后魏太和、景明、正始、熙平、神龟年间(民前一四二九至一三二九)人所书。造像记多刻在高处，拓至不易。他如北齐、后周、隋、唐伊阙诸造像记名目繁多，最著者为北齐《洛州老人佛龛碑》。唐岑本文、褚遂良书《龙门三龛记》(按：碑额为伊阙佛龛之碑)书法最佳，然已残毁不完。前金石家论龙门石刻之著述甚多，清武亿著《伊阙诸造像记》言之尤详，有曰："龙门不仅为石镌佛场，亦古碑林也。"近人关葆谦(字伯益，前河南博物馆馆长)箸《伊阙石刻图表》有图有记，体例尤精。此次在汴、在洛，遍觅竟不可得。

考查程序

石廔 出龙门镇自北而南，入龙门北口，在西山北端半山，有泉喷溢四出，注入伊水，以蛤蟆嘴泉势最盛(旧石质蛤蟆嘴，现已移至洛阳民教馆保存，现喷泉者为普通之石嘴)。上有石方池，中多水藻，澄清可鉴。再上有高台，台上嵌有石刻"石廔"，横额为清光绪壬寅郡守文悌题字。再上有石室。

潜溪寺 由石廔而南，半山上，唐杜宣猷龙门潜溪故处，原为唐宰相李蕩别墅，宣猷购得之。至寺则建于宋代，至清时尚盛。内造像龛一，石像甚巨大。龛前有斋祓堂，壁间多清代刻石，如刘墉等。

宾阳洞 由斋祓堂略南，上山即至，即唐龙门三龛也。据考，后魏时建有八寺，或谓此即其中之石窟寺。中有三石龛，其内穹窿如覆釜，高可数丈。每龛皆有大像一，皆就山石之自然凿成，高可丈六，庄严博大。其顶及四周壁间，遍镌造像，或趺坐莲台，或宝幢往来云间，形状各异，像首多毁碎。据《集古录》云："唐之三龛乃魏玉泰为长孙皇后(太宗后)造。"龛外刻有褚遂良书之《三龛记》，可以征信。洞前有南北两室及临河东阁，北室壁间，嵌有近代石刻，东阁望对面香山如画。

陈搏字 斋祓堂南，宾阳洞北，山壁间嵌有宋陈搏书"开张天岸马，奇异人中龙"十字。搏字图南，五代时稳居华山，寝处恒百余日不起。闻宋太祖登极，曰："天下自此定矣！"太宗时，赐号希夷先生。其书法奇逸非常，为康有为字所自出，然胜于有为多矣！其崖顶上有四面造像小石塔。

莲花缝　自宾阳洞下山南行，途经大石岩下，整个山岩列缝寸许，深阔幽邃，称为莲花缝。因俯瞰其中，石之上下，有天然莲花瓣，瓣若人工所琢雕。

八造像　再南，半山腰石壁上有大造像六，左壁有小像二，较完整者四，似当时有未刻成者二。

锣鼓洞　由八造像下山再南行，石崖中有飞泉悬流下注，风激则响，声若锣鼓，故名。高处，半山壁上，石龛无数。又有珍珠泉，在石崖上凹处。

八仙洞　此为旧名，与事实不合，应号十佛洞。过锣鼓洞南行半山即至，有左右二洞。左即此，右即下述之千佛洞。此洞深丈许，高八尺余。列坐造像实有十：中一，左五，右四。又非道家所称钟离、吕洞宾之八仙，故不合事实。

千佛洞　八仙洞右即是。两壁密镌方格，造二寸小像，其数千余，像首多毁。

万五佛洞　过千佛洞即是。此洞为唐人所造，极其瑰丽。洞顶上刻莲花宝盖，圜转刻大字"大唐永隆九年十一月三十日成大隘姚神表，内道场运禅师一万五尊像记"。

郭爱洞　洞前原有碑，题："郭爱洞为父造。"今陷土中不可见，旧时洞内有泉，流入伊水，故亦有郭爱河之名。今其泉已竭，造像亦不完。

莲花洞　洞左壁上刻有"伊阙"二大字，故称之为伊阙洞亦可。或云为后魏遗迹。内造像多毁，顶上亦刻有莲花宝盖。

龙门　过莲花洞，山壁间有缺口，旁刻"龙门"二字。缺口之孔，可容一人，上透山顶。旧时迷信话，传为真龙卧处，后自此飞升而出。缺口处颇多后魏永安以后造像记。每雨，山水自此口下注。傅毅曰：

“因龙门以畅化，开伊阙以达聪”，谓此。

奉先寺 为魏、唐龙门十寺之一，俗称九间房，初建于后魏。唐高宗咸亨三年(民前一二四〇)，重建寺造殿，至上元二年毕工，武后助脂粉钱二万贯成之，调露元年赐额。寺在半山，右阶磨毁，登高上之，颇费攀缘。中有大座像，曰大卢舍那，高八丈五尺(或云百三十丈，因山之高转见其低)，必退行距像数丈外视之，方能睹其全，为龙门造像之最大者。左右金刚立像，高亦八丈。人立其下，眉仅及靴。游人戏抱左壁金刚佛脚，多难合围。大像座下左侧西首，刻有造大卢舍那像龛记，为开元十年。其左壁有功德碑，楷书；张九龄书像龛记，隶书，均刻在左崖壁上。右壁上有残碑，已无文可考。旧传为虢公碑，宋丁裕题字。唐调露元年曾于大像前置寺，今无存矣。

药方洞 下奉先寺南行即是。所谓药方，多成文之歌诀，皆刻在两门壁上。虽多残毁，漫漶处不能尽读，然字大体多完好，书法亦整饬。右门壁上，左上端有唐武平六年造像记。过此洞至古阳洞，中间石壁上有“古精理阁”四字。

古阳洞 在药方洞南。俗名老君洞，传老子炼丹于此，殊不经。或云古时有于此洞捞金者，老君者，捞金之音讹。此洞大小造像均为后魏时镌造，极可宝贵，惜多毁首断臂。洞顶四周壁上遍刻后魏造像记多种，所谓龙门二十品者，此洞中即有十九品，琳琅壁间，非他洞可比。中坐石像背后，有洞穴，幽邃深邈。有人谓持火把进探，数里不见端倪。正中三像，皆用泥重塑，丑甚。

牛骨洞 在古阳洞上缘石岩侧行，上下壁立，路狭仅容一足。余畏难未敢过，故不及目睹。据考，洞中壁间造像及造像记甚多，为后魏、北齐时作品，中有龙门二十品之一品。所谓牛骨者，传昔人有于此烧牛骨为业。再南行即伊阙口，西山诸造像龛至是已尽。

据考，原尚有石经洞，上下四方遍刻佛书无虑万字。古金像洞、双塔洞均在西山，唯已无迹可寻。

八节滩 由此下山，折回北行，乘舟渡伊水至香山，所经之滩为八节滩，为唐白居易所开。旧至险峭，不易渡舟。乐天有开滩诗，并记其事云："龙门潭之南有八节滩、九峭石。船筏过此，例被破伤。舟人楫师，推挽束缚。大寒之月，躲跣水中，饥冻有声，闻于中夜（乐天时居香山寺故得闻声）。余尝愿有力者救之。会昌四年（武宗），有悲智僧道遇，适同发心经营开凿，贫者出力，仁者施财。呜呼！从古有碍之险，未来无穷之苦，一旦尽除之。"宋欧阳修亦有咏八节滩诗。

香山寺 过八节滩到香山，仍由北而南。山下有泉从石窦中出，冬月犹温，故称香山温泉。有路整阔，上山即香山寺。寺初建于后魏时，唐时最盛。白乐天云："龙门十寺游观之盛，香山首焉。"乐天于太和（文宗）三年为河南尹，六年曾修香山寺，有记，又修有香山寺藏经堂。乐天共居洛十八年，曾集遗老李元爽，年百三十六；禅僧如满，年九十五等，合乐天为九老会，书姓名年齿，写形刻石为九老图。至宋时富弼、司马光、文彦博等，慕其风流，而集十三人为耆英会。香山寺自乐天后始著，宋时犹存，金元之际始废。清康熙四十七年学政汤右曾重建，据考已非旧址，后尽塌圮。今之屋宇为民国所建，为新旧合璧式之楼房，已不似寺宇，然工料甚精坚，亦无造像，仅在南门内东偏，有康熙庚子汤右曾画像碑。正厅后高台上，有乾隆题诗碑。厅前左侧，有光绪年修衣钵塔。

二莲花洞 下香山寺南行，过深沟，破屋后有南北二洞，洞顶皆刻有莲花宝盖痕迹，余故名之曰二莲花洞。洞皆黝黑，南洞造像差有完者，北洞像毁坏过甚，只一像尚可观。洞口外颇多小龛造像。

看经寺 过二莲花洞为看经寺，俗传唐僧晒经处，前有石曰晒经石，清末重修。洞内只有一像孤坐正中，周围多就壁刻小造像及罗汉像。

万佛洞 亦称大万五佛洞。由看经寺南行，再经山沟，两沟石崖间多造像龛，皆魏、隋、唐雕刻品，且高处龛中造像尚偶有完者。过沟即万佛洞，东山诸洞造像毁坏更甚，唯此洞较完整，有左右二洞。左洞正中三大像孤坐，壁上造像极繁极小；右洞中一像孤坐，壁间像较大。左洞三像，两首皆换泥塑，丑劣不堪。

据考，此外另有擂鼓台、乾元寺，今已不易觅其遗迹。其缘石崖石壁而造之石龛，因不集中无从记计。总之龛多而像少。又东山龛洞中，像多不依壁而孤立，故余谓两山空龛，恐皆因造像孤立而被盗去。大像不能盗，故幸而存之。

白冢 在香山极北端小山（名青山）颠上。余此次查看龙门香山，原自香山寺而南，行至南端，又返北行，凡上下山数次。询之农人，始觅得白冢。冢前有碑，题曰"唐少傅白公墓"，南旁跋文为"康熙四十八年学使者都给事汤右曾重修"，原有祠，今圮不见，碑为汪士鋐书。据人云，祠中旧有汪士鋐书十二屏石刻，今已不知去向。墓左旁有乾隆三十六年张某捐修，白氏子孙为之立碑。再前山下层，有新建石亭，今已倒毁。墓前更有太守赵于京题碑，未书年代。

按：看经寺与万佛洞之间的石崖在 1949 年时被烧石灰凿取石块，破坏了多处，并伤及崖间的洞窟。后来洛阳县人民政府布告，禁止在龙门附近五里内取石烧灰，破坏的事才停止了，但这一段地区的景观今已面目全非。看经寺附近洞里仍有人在烧饭及栓牲畜，这也是急应禁止的事。

按：该文发表于文物参考资料编辑委员会编《文物参考资料》月刊第 2 卷第 12 期，1951 年 12 月 25 日北京出版，第 73－81 页，署名贺泳；又发表于中南军政委员会文化部文物处编《中南文物通讯》1951 年第 3 期，1951 年 2 月 10 日汉口出版，第 5－8 页，尾注"1949 年 9 月"，署名贺泳。

河南古迹考察报告

巩县石窟寺

寺在县城西七八里外，洛水北岸，距洛水汇黄处不远，遥见邙山尽头所谓神堤也。邙山本尽土质，故亦称土岭。而石窟寺处偏有石山，前人因就石造龛、造像，多后魏及唐人所为。以年代论，大同云冈最先，伊阙次之，石窟寺又次之。北山壁有大像四五，小像无数。因石带土质，坚凝性不足。风雨剥蚀，早已酥裂。大像差可观，小像多模糊者。造像龛可分左右各三洞。右面尽西一洞，大像多残毁，塑泥补之。壁间小像无数，多完整，大类龙门之万佛洞。往东有二小洞：一洞内满储柴草，不能入观；一洞洞口，“大唐龙朔（太宗）二年魏处昊仰为家造像”，又“咸亨元年（唐高宗）八月比丘禅法秤造释迦牟尼佛”。左面第一洞洞口，“大唐龙朔二年二月史行威造像”，其旁“后魏孝文帝故希玄寺之碑”，碑亦刻石壁上。意者后魏时此地名希玄寺耶？大篇文字，字体精整，惜下截埋没土中不得读。又“龙朔二年四月造像”。左东壁上有铭文极精，已残缺不完，不办年代。再左二洞间及尽东洞口，有“天平三年（西魏梁敬帝）造像记”，洞内北面有“咸亨四年造像记”。洞口外右北壁上，“乾封（唐太宗）二年”，左壁“乾封三年造像记”，洞口上“康国十二年造像记”。左三洞中亦有一洞，壁间小像至繁。左右各洞，洞顶皆刻有花纹，俨同精舍。除四壁像外，大像多居洞之中央而四面造之，其作风与伊阙皆有不同。像固然亦多破坏，但完整程度较伊阙为优，虽大像亦尚有完好者。然左三洞原深入地下，现自洞口注入水，土渐与地平。大石像或只露半身，或只露首部。人入洞口则须深折腰矣。

石窟寺窟前有厅，厅廊下保存古石刻颇多。略说如下：

元丰（宋神宗）三年欧阳修经幢刻石。

咸亨二年刻石。

明万历元年重修石窟寺碑。

唐开元十九年九面经幢二。

显庆（唐太宗）五年两面造像（奇特，惜只余半截）。

唐故禅大德演公塔铭（嵌左窗下壁间）。

隆庆（明穆宗）元年铁钟。

宋绍圣(哲宗)三年宝月大师碑。

中和(唐僖宗)二年毗沙门天王碑。

金大定十五年刻石;又兴定五年刻石(嵌右窗下壁间)。

二长石造像各五龛,无年号。

卢招造像残石。

佛顶尊胜经幢。

中和二年造像。

熙宁(宋仁宗)六年碑等。

以上诸石保管极佳。其曾破碎者用洋灰黏之。或镶嵌壁上,或安置廊下,而栏以木栅,置门设钥。据在龙门煤矿所遇之巩县人白镜清云:“系旧绅张仲友字和薰者所为。”可资取法。现寺已无僧,各屋宇中亦无像,有“完全小学”在焉。

叶县《幽兰赋》刻石

叶县为古汝坟昆阳地。春秋时楚狂接舆、长沮、桀溺、荷篠丈人所尝讽刺孔子者,皆出叶县。名人为县令者尤多,如春秋楚人沈诸梁,字子高,号叶公,尝问政于孔子。汉王乔,字子晋,为令时,更传得仙于此。宋梅尧臣,字圣俞;黄庭坚,字鲁直,号山谷,皆尝为县尉。他如孟浩然、李白、孟郊、欧阳修、苏轼等,均曾行居其处,有诗歌记载。山谷于熙宁元年初至叶县,有诗云:“白鹤去寻王子晋,真龙得慕沈诸梁。”熙宁二年《次韵裴仲谋》诗云:“舞阳去叶才百里,贱子与公皆少年。”自注云:“时仲谋尉舞阳。”因叶县为山谷宦游之地,故不特叶县诗载在其集中者较多,县中祠宇遗迹留于后者亦不乏。

【《幽兰赋》刻石原委及现状】 叶县黄山谷祠旧有二:一名黄山谷祠,在县东南,明天启中,知县王者佐创修,今废;一名黄文节公祠,在城北卧羊山,清同治八年,知县欧阳霖创修。欧阳来为叶令,发现卧羊山有山谷题刻山磨崖五十六字,为山谷尉叶时游观所留,因而建祠于山。又刻其所书《幽兰赋》置祠中。《幽兰赋》刻石共十二,末石尾处刻有欧阳跋云:“此帧为袁端敏公(按即袁世凯之父)督师皖江所得。刘伯瑗观察守陈时，从筱鸥学士处双钩副本，以赠傅青余都转，欲付剞劂而未逮也。丁卯冬，霖由中牟迁叶，于城北卧羊山，得公磨崖五十六字，为公尉叶时游观所留，因建公祠于上。时都转兵备汝南观察守宛，固索此本，命工刻石焉。帧中与唐文原本不无稍异，姑存疑以俟博物君子。至公之书品，海内巨公自能办之，无俟霖之赘述也。同治己巳小阳月朔日，彭泽欧阳霖跋。""宝丰郭含章钩镌。"

卧羊山黄祠，在民国后期，为国民党反动军阀汤恩伯所拆毁。磨崖存否不可知。《幽兰赋》刻石之残者四，无人顾及。后经"在家里"的人们运至城东关祠堂院中，石大且多，运输费力，当时且建亭覆之。叶县解放后，亭被拆毁，刘伯承将军过叶时见之，尝谆嘱妥为保护。后在家里的人们复拟将石运至某私人宅中，县政府不许，且谓如愿保存，最好在原处仍建屋覆护。然彼等竟不修也。现该祠堂房舍已由政府没收，为东关街政府办公之地。石碑十二，各有碑座，每石高六尺，宽一尺九寸，厚半尺，座南向北，作圆转周围形，矗立于院之南偏。北二，南二，东西各四。所谓碑亭，今已片瓦无存。每帧三行，第一帧书"唐韩庸《幽兰赋》""吏部员外郎臣黄庭坚奉敕敬书于绩熙殿中"。石第二帧已断为三段，第三、第五、第十各断为二段。第三帧首行"而"字，中行"外"字，略有镐凿伤痕。末帧中行"既"字剥蚀痕甚重。

与此对面北屋西墙上，嵌有徐世昌题跋刻石云："卧羊山为叶之胜境。光绪五六年间，查艺庭先生权知县事，余客其幕，每偕朱郁庭孝廉、袁翊恒处士登眺于斯，读山谷所书《幽兰赋》，芳馨俊逸，浸人肌骨。天风浪浪，觉去古未远也。兹有田中将作霖，复择佳处构亭筑楼，介郁庭之子宝仁乞余题匾，更请有以志之。呜乎！山河阻修，人事代谢。了了前尘，如梦如幻。何可以记，又何可以不记。书此付之，俾勒石以语后之访古者。丁巳冬月，徐世昌。"

此外另有横石一，仰弃院中，为民国八年田作霖审定摹刻者。署款"山谷道人黄庭坚"，但一望知为赝品。田作霖可谓无目。而群众有目，不加珍惜弃置院中。

在叶觅《幽兰赋》拓本观之，除末帧中行"既"字原有剥蚀外，十二石皆不断不残，可见石残为汤恩伯拆祠时无疑。但各断碑现黏修颇好，矗立尚无恙。唯第二石背面残缺较重。

叶县中学校长董栖之谓："《幽兰赋》原墨迹始终存在项城袁氏后人之手。"今不知有无，希望省府或中原政府注意，令饬访寻。原墨本胜于摹刻万倍，最好由公家保存。

洛阳白马寺

白马寺在洛阳城东廿五里，创建于汉明帝时，距今约一千九百年左右，为中国最古之佛寺。背邙山，临洛水，东西故洛阳城废址。盖自建白马寺而后，中国始有佛教。魏收《释老志》云："明帝夜梦金人，顶有白光，飞行殿庭，乃访群臣，傅毅始以佛对。帝遣郎中蔡愔、博士弟子秦景等，使于天竺，写浮屠遗范。愔乃与沙门摄摩腾、竺法兰东还洛阳。中国有沙门跪拜之法，自此始也。愔又得佛经四十二章及释迦像。明帝命画工图佛像，置清凉台及显节陵上，缄经于兰台石室。愔之还也，以白马负经而至，汉因立白马寺于洛阳雍关西。摩腾、法兰咸卒于此寺。"又云："自洛中构白马寺，盛饰浮图，画迹甚妙，为四方式，凡宫塔制度，咸依天竺旧状而重构之，从一级至三、五、七、九，世人相承，谓之浮图，或佛图。"

据考，汉明帝梦金人在永平七年，遣使至天竺，得佛书、沙门，为永平八年。白马寺建于永平十一年。距今为一千八百十二年。历代后于白马寺而建之寺多矣，即以元魏一朝在洛阳所建之伽蓝，凡一千余寺，今皆不存。白马寺盖历代以其为古寺，屡经重葺，故愈久而弥珍。魏晋隋唐以下，代有重修。最后重修为民国二十一年。

清凉台

汉明帝图画佛像即置于此。台在白马寺后院毗卢殿，僧舍均建此台上。台堆土而成，高四丈，周围方五十余丈。毗卢阁殿前有甘露井，古柏双株。僧圆觉述白马寺源流碑一座。

夜半钟

旧云月白风清之夜，击此钟远闻数十里。今已废毁不见。

断文碑

在前院草莽中，旧云最古之碑。今余半截，且已无字可考。原置断文碑处，就旧龜座立新碑，乃康熙年重镌者。

腾兰墓

即摄摩腾、竺法兰二人之墓。入白马寺大门左即法兰墓，右摩腾墓，均在院墙角落。墓前各嵌有短碑，均崇祯七年镌造。

齐云塔

出白马寺门东行数十步，有方塔即是，又称金方塔，盖金大定中所建。塔系砖造，形制颇古，今尚大体完好。前有三碑：左端拱（宋太宗），右一金大定十五年（宋淳熙二年）五月初八日重修洛阳白马寺塔记，又一为明嘉靖三年修白马寺塔记。据考，齐云塔址即汉明帝初建浮图之故处，后代屡有兴废，金因旧址而建齐云塔，非至金始有塔也。

佛　像

白马寺共殿五层，一二四五，四殿之像，其雕塑皆庄严美丽，第三层殿立像大逊。据僧人云：只第三层为后代重塑，余四层殿均古代遗留原塑，而历朝屡加装饰者。腾兰亦有二像，塑于后院东西庑中。全寺之像均为泥塑。殿宇楹栋多旧物，砖瓦多后代修葺增添，故庙貌并不见古。藏经，据僧人云：寺内存经二部：一为自上海运来之影印本，装潢极精；二为木刻本，不全。影印本共为八橱，现内满住荣誉军人。经橱散置各室中，未便启视目睹。

碑　碣

除齐云塔前三碑外，寺庭内尚有数碑。一、元至顺四年巨碑，书甚工；一、宋苏易简碑，已碎毁；更有明嘉靖年二碑；清康熙年二碑；乾隆年一碑。另据清黄易《嵩洛访碑记》所载：有采摩腾入汉灵记、宁远将军造像、佛舍利子石函、魏造像幢、唐造像、晋造像。但今皆不见。

白马寺现为河南荣誉军人教养院，现住五六百人。据云来齐可千余人。住持僧号白如，共有僧人七人。据云极盛时，曾有僧五十余人。院内多由荣誉军人开畦种菜。

洛阳周公庙及民教馆

周公庙在洛阳县城西关外，庙为清时重修，民国又重修，现又废毁。院有数碑，定鼎堂内满存废铁。院内遍设网雷。堂前左侧二碑：一为清康熙十三年，一为十四年。右侧二碑皆康熙十三年。堂前阶上右侧为顺治十三年，左侧康熙四十七年。庙前大道南，立有吕忠节公维祺(明)殉难处石碑。

周公庙左原有五夫子祠，今毁圮。院内尚树有二碑，皆原二程子祠碑记，一为明正德年，一为康熙二十九年。

周公庙定鼎堂后院有碑林，为旧政府中原社会教育馆所造。北房五间，尽东间三十二石，正中墓盖二十八石，中西间三十九石，尽西间三十六石；西房三间共八十四石，皆用砖与洋灰将各刻石镶嵌壁间。屋中除四壁外，中间或隔一壁，或数壁，作法与开封河南博物馆略同(博物馆因连通十余间，或中隔数十壁)。北房、西房所藏尽唐志。东屋三间全部倒塌成瓦砖堆，只有一宋代小碑半露瓦砾间。意者东房中原或多藏宋志未可知也。北房外廊下散置二石，皆唐志。尽后院有三合空房，大体尚完整。其北房廊下散置唐志盖一石。

前院已倒塌之东屋，其中原藏之石，是在砖土下埋藏，抑渐渐为人窃去，不可考。余亲数周公庙碑林现存之石，可考见者为二百六十方。而民教馆存案数字，谓连倒塌之东屋存石在内为二百二十一方，其数字显然不符。

民教馆现存古物据馆存古物清册如下：

六朝造像一(白石质，无年月)，护法石像一(无年月)，魏造像一，铁佛像一(无年月)，唐造像一，魏造像碑一，唐造像一，木佛一，石幢十四，汉三体石经二方(东汉灵帝熹平四年蔡邕书)，唐墓志二十一，唐墓志盖二，魏墓志五，后周墓志二，宋墓志六，宋碑一，金碑二，石塔二，石磬一，魏造像碑一，魏造石床残石二，六面造像二，岳飞草书手卷刻石共四(文教局北房西头,去厕所小门下阶,有二石刻:一即此卷题跋,一为明万历刻石),石刻草一,清刻洛神赋一,清石刻二,宋砖筒共九(已破烂者六)。

按以上数字八十九件,合周公庙现存可考见者为三百四十九件。据前民教馆长王飞庭云:原两处所存共为四百余石。可能压覆在周公庙已塌房基下者有之,亦可能有些损失。

周公庙碑林原雇有专人看管,每月小米老秤五十斤,由三十七年十一月二十四日至三十八年三月造册时尚仍旧。但现已无人看管,且碑林院并无锁钥,垣墙亦不完整。余进入查看之时,院内尚有采薪者。

民教馆所存诸石刻,未能一一细看,因散置屋院,重叠压覆,与其他材料杂置一起,搬动不易。

按:该文发表于中南军政委员会文化部文物处编《中南文物通讯》1951年第5期,1951年4月10日汉口出版,第6-8页。